全国物流专业应用型本科“十二五”规划系列教材

物流企业人力资源管理

瞿群臻　甘胜军　编著

中国财富出版社

图书在版编目（CIP）数据

物流企业人力资源管理/瞿群臻，甘胜军编著．—北京：中国财富出版社，2014.11（2022.8 重印）

（全国物流专业应用型本科“十二五”规划系列教材）

ISBN 978-7-5047-5352-6

Ⅰ.①物…　Ⅱ.①瞿…②甘…　Ⅲ.①物资企业—人力资源管理—高等学校教材　Ⅳ.①F253

中国版本图书馆 CIP 数据核字（2014）第 199654 号

策划编辑　张　茜　　　**责任印制**　梁　凡

责任编辑　白　昕　水源宋　　　**责任校对**　饶莉莉

出版发行　中国财富出版社（原中国物资出版社）

社　　址　北京市丰台区南四环西路 188 号 5 区 20 楼　　**邮政编码**　100070

电　　话　010-52227588 转 2098（发行部）　　010-52227588 转 321（总编室）

010-52227566（24 小时读者服务）　　010-52227588 转 305（质检部）

网　　址　http://www.cfpress.com.cn

经　　销　新华书店

印　　刷　北京九州迅驰传媒文化有限公司

书　　号　ISBN 978-7-5047-5352-6/F·2220

开　　本　787mm×1092mm　1/16　　**版　　次**　2014 年 11 月第 1 版

印　　张　26.5　　**印　　次**　2022 年 8 月第 2 次印刷

字　　数　645 千字　　**定　　价**　60.00 元

前　言

与自然资源、资本资源、信息资源相比，“人力资源”是一种特殊的资源。随着全球现代化管理理论日趋成熟和深化，我国已经从计划经济的封闭型、粗放型管理，向市场经济的开放型、集约型管理方式转变。企业间的竞争已经由最初的产品竞争转化到人力资源的竞争，人力资源已经成为知识经济的第一要素。

21世纪的中国正处在一个发展的关键时期，我国物流产业得到了迅速发展，逐步成为我国经济发展的重要产业和新的增长点。作为“第三利润源泉”的物流产业，其价值效益已逐渐为人们所认识。从发展趋势来看，我国物流产业现在已经进入高速发展阶段，对物流技能型从业人员的需求量迅速增加，人才的匮乏已成为制约物流产业发展的重要因素之一。如何培养高水平的物流人才已成为各类高校教育亟需解决的一个新课题。我国的人力资源管理研究者和实践工作者一直都在探索适合中国国情的人力资源管理之路。《物流企业人力资源管理》适合作为高等院校人力资源管理专业、物流管理专业及相关经济管理专业的教材，也可作为物流企业高层管理者和人力资源管理相关人员的参考书。

本书是为物流管理和工商管理类专业学生学习编写的，是系统阐述物流企业人力资源管理基本理论和具体做法的一本基础平台教材。全书博采众长，力求反映近年来国内外在相关理论与技术方面的最新研究成果，在系统性与前沿性、实用性与可操作性、创新教学方法等方面形成自身特色。全书力求视野清晰、概念解释详细、理论阐述深入浅出、论述充分、内容编排紧凑、相关知识前后呼应，非常适合物流管理与工商管理类本科生、研究生（包括MBA）对人力资源管理理论和实践知识的学习，也适合其他对人力资源管理感兴趣的人士阅读和思考。

本书在编写上具有四个特征：第一，系统性。本书系统、全面地介绍了现代物流企业战略性人力资源管理的基本理论、实务、工具与技术等。第二，本土化。本书每章精心编排了“引导案例”和“章末案例”，介绍了多家国内本土优秀物流企业的成功经验，让学生在学习过程中有身临其境的感觉，不至于生涩难懂。第三，适用性。本书适当精简了理论的介绍，贴近物流企业的应用与实践活动。第四，前沿性。包含国内外最新的人力资源管理理论研究和操作技术，在内容上具有一定的前沿性。

本书从人力资源的本质特征出发，首先明确人力资源管理的目标和途径，进而围绕员工获取、使用、激励与开发这一线索，对人力资源管理的各项职能进行分析和介绍。书中不仅说明了不同管理职能的任务、程序与依据，而且解释了不同职能之间的相互关系，力求让读者较为系统地了解人力资源管理的知识结构，较为具体地把握人力资源管理的工作技能。

本书由瞿群臻和甘胜军共同撰写。全书的框架、思路由瞿群臻负责，全书的统稿由甘胜军负责。全书共分 10 章内容，分工如下：瞿群臻编写第 2 章、第 3 章、第 4 章、第 6 章、第 7 章和第 10 章；甘胜军编写第 1 章、第 5 章、第 8 章和第 9 章。书稿中凝结了编者家人无言的爱和默默的奉献，铭记并感恩于心。

限于我们的认识水平和能力，书中难免会存在很多不足之处，敬请读者批评指正。

编　者

2014 年 3 月

目　　录

1 人力资源管理导论

学习目标

- 了解人力资源的含义和特点。
- 掌握人力资源管理的含义和特点。
- 了解人力资源管理的目标和任务。
- 了解物流企业人力资源的特征。
- 熟悉物流企业人力资源管理存在的主要问题。
- 掌握四种人性假设的基本理论。
- 熟悉马斯洛的需要层次理论主要观点及其在管理上的运用。
- 了解马克思主义关于人的理论的基本观点。
- 了解管理学科的发展和人力资源管理的兴起。
- 了解泰勒的人力资源管理思想。
- 了解法约尔的人力资源管理思想。
- 了解韦伯的人力资源管理思想。
- 了解行为学派的人力资源管理主要思想。
- 了解人力资源管理的发展趋势。

引导案例

马士基航运公司的人力资源管理

引 言

马士基航运公司是A.P. 穆勒—马士基集团下属的集团公司。马士基集团成立于1904年，总部设在丹麦哥本哈根。马士基集团不仅是一家伟大的船公司，集团多元化的业务范围极其广泛，包括物流、石油及天然气之勘探和生产、造船业、航空业、工业生产、超级市场零售业和IT等。马士基航运公司是全球领先的海运公司之一，拥有全球最大的集装箱运输服务网络，在125个国家设有325个办事机构，拥有约16900名员工和7600名船员，拥有500多艘集装箱船舶和1900000多只集装箱，客户遍及全球。如果将马士基航运公司所有集装箱一个个堆叠起来，大约有2500千米高，相当于将8550个埃菲尔铁塔叠起来的高度。

一、马士基的选人策略

马士基航运公司的招聘有一个与众不同的招聘环节，就是在第一轮筛选时给候选人做一份性格测试和逻辑思维测试，测试结果会成为录用与否的一个参考。公司会根据不同的岗位定义出需要的候选人性格，比如做财务的性格要内向安静，销售要开朗活泼等。这样招聘的结果能够保证合适的人从事合适的岗位，但是另一面就是人员组成不够多元化，难以迸发火花和激发灵感。如今，测试结果在录用决定中只是作为一个参考因素。因为马士基从事的是国际航运业务，他们会鼓励人才在公司内部良性流动，实现不同背景、性格、特长人才的多样化组合。

二、马士基的育人策略

如果参加过马士基航运公司的校园招聘宣讲会的话，对 MISE（Maersk International Shipping Education）应该不会陌生了（校园宣讲会往往就只提到这个）。这是马士基航运公司的一个两年的培训计划，两年内有几次机会去丹麦哥本哈根总部，跟来自世界各地的员工一起培训，接触来自五湖四海的朋友，而且工资补贴非常高（一年以后到外地工作的补贴具体多少就视当地情况而定，一般这种工资以外的外派补贴不会比当地同事的工资低多少）。培训完两年以后可以出国工作，担当中层管理职位。

其实很多大公司都有自己的管理培训生计划，马士基航运公司是比较出名的，而且有着比较严格的筛选标准，年龄是 24 岁或以下，性格测试一定要完全符合要求，英语水平要达到一定标准，面试表现要优秀，平时工作要突出等。

能够进入这个培训计划的都是比较优秀的人才，但同时也要付出一些代价，每天除了完成日常工作以外，还有大量的学习考试负担，有人说自己每天花在作业上的时间也有两三个小时，当然也有不少人学得比较轻松。另外，还有一年时间是任由公司调遣去某个地方工作。

三、马士基的用人策略

金融危机后马士基航运公司的业务有了长足进步，公司清楚的战略定位、完善的流程、新产品以及服务的推出保证了业务的发展和效率的提高。人员招聘方面平稳进行，校园招聘和社会招聘互为依托并相互补充，保证稳定的人才供给。在校园招聘方面，除了普通的应届生招聘，公司每年会有选择地招聘管理培训生，通过公司内部的轮岗加快人才的成长，为公司的长期发展提供人才储备。在社会招聘方面，公司希望能吸引到更多的优秀经理人来马士基工作，相信公司优秀的流程和系统，能够拓展他们职业发展的视野。

四、马士基的留人策略

知名人事资源管理人说过，人的贪欲是无止境的，人走了，可以很轻易地从应届毕业生当中招回来，换句话说，马士基航运公司的每一个人都可以轻易被取代。但是公司主张尽量留下那些对公司有帮助的人。

公司通过员工价值主张 EVP（Employee Value Proposition）来强化公司对人才的吸引和保留。EVP 是一个双向的过程，它要考量员工如何看待公司，发现员工对公司的“期望”，如薪酬福利、职业发展、成就感等方面的需求，然后公司根据自身情况，通过加薪、晋升、规划职业发展路径等方式回报员工的“期望”与“付出”。通过 EVP，公司不但可以留住内部的人才，还可以吸引外界的潜在员工。

公司很喜欢发一些小福利，例如，水果、日历、曲奇饼、电影票，甚至是足浴按摩优惠券等，公司也经常让大家在最高级的酒店里面消费，也算是福利的一种。

1.1 人力资源管理的概念

1.1.1 人力资源的含义和特点

1.1.1.1 人力资源的含义

所谓人力资源是指能够推动整个经济和社会发展的劳动者的能力，即处在劳动年龄的、已直接投入建设的和尚未投入建设的人口的能力。

人力的最基本方面包括体力和智力。如果从现实的应用形态来看，则包括体质、智力、知识和技能四个方面。

人力资源在宏观意义上的概念是以国家或地区为单位进行划分和计量的，在微观意义上的概念则是以部门和企事业单位进行划分和计量的。

人力资源数量构成包括8个方面。

（1）处于劳动年龄之内、正在从事社会劳动的人口，它占据人力资源的大部分，可称为“适龄就业人口”。

（2）尚未达到劳动年龄、已经从事社会劳动的人口，即“未成年劳动者”或“未成年就业人口”。

（3）已经超过劳动年龄、继续从事社会劳动的人口，即“老年劳动者”或“老年就业人口”。

以上三部分人构成了就业人口的总体。

（4）处于劳动年龄之内、具有劳动能力并要求参加社会劳动的人口，可以称作“求业人口”或“待业人口”，它与前面三部分人一起构成经济活动的人口。

（5）处于劳动年龄之内、正在从事学习的人口，即“就学人口”。

（6）处于劳动年龄之内、正在从事家务劳动的人口。

（7）处于劳动年龄之内、正在军队服役的人口。

（8）处于劳动年龄之内的其他人口。

根据人力资源的定义和上面的讨论，人力资源的判定标准有如下三个。

一是处于劳动年龄阶段。如未达到劳动年龄但已劳动的也属于人力资源，如（2）；如超过劳动年龄但依然劳动的也属于人力资源，如（3）。

二是具有劳动能力。如不具备劳动能力的残疾人士，不属于人力资源。

三是具有劳动意愿。正在学习的大学生和已投入建设的，都可以视为具有劳动意愿。乞丐则视为不具有劳动意愿，不属于人力资源。

1.1.1.2 人力资源的特点

要进行社会生产，就必须具备人、财、物三种基本资源。由于财力（即资金）是人力和物力的货币表现，因此，社会生产的最基本要素或基本资源，就是人力和物力。

人力资源作为国民经济资源中的一个特殊部分，有以下六个特点。

1. 人力资源的生物性

它存在于人体之中，是有生命的、“活”的资源，与人的自然生理特征相联系。

2. 人力资源的能动性

自然资源在其开发过程中，完全处于被动地位，人力资源则不同，在被开发过程中，人有意识、有目的地进行活动，能主动调节与外部的关系。人不同于自然界的其他生物，因为他具有思想、感情，具有主观能动性，能够有目的地进行活动，能动地改造客观世界。人具有意识。这种意识不是低级水平的动物意识，而是对自身和外界具有清晰看法的、对自身行动做出抉择的、调节自身与外部关系的社会意识。由于作为劳动者的人具有社会意识，并在社会生产中处于主体地位，因此表现出主观能动作用。

人力资源的能动性，主要表现在3个方面：

(1) 自我强化。人类的教育和学习活动，是人力资源自我强化的主要手段。人们通过正规教育、非正规教育和各种培训，努力学习理论知识和实际技能，刻苦锻炼意志和身体，使自己获得更高的劳动素质和能力，这就是自我强化过程。

(2) 选择职业。在市场经济环境中，人力资源主要靠市场来调节。人作为劳动力的所有者可以自主择业。选择职业是人力资源主动与物质资源结合的过程。

(3) 积极劳动。敬业、爱业，积极工作，创造性地劳动，这是人力资源能动性的最主要方面，也是人力资源发挥潜能的决定性因素。

3. 人力资源的智力性

人类在劳动中创造了机器和工具，通过开发智力，使器官的效能得以延长，从而使得自身的功能迅速扩大。人类的智力具有继承性。人力资源所具有的劳动能力随着时间的推移而得以积累、延续和增强，正所谓“长江后浪推前浪”。现代的小孩似乎都比以前的小孩聪明，这是人类整体智能的进步。

4. 人力资源的动态性

由于人作为生物有机体，有其生命周期，能从事劳动的自然时间被限定在生命周期的中间一段，人的劳动能力随时间而变化，在青年、壮年、老年各个年龄组人口的数量及其相互联系，特别是“劳动人口与被抚养人口”比例，都是不断变化的。因此，必须研究人力资源的形成、开发、分配和使用的时效性、动态性。

5. 人力资源的再生性

经济资源分为可再生性资源和非再生性资源两大类。最典型的非再生性资源是矿藏，如煤矿、金矿、铁矿、石油等，每开发和使用一批，其总量就减少一批，绝不可靠自身机制恢复，所以人类必须现在就努力寻找或开发可再生的替代能源，如海水、太阳能和风能等绿色能源的有效利用。还有一些资源，如森林、土壤，在开发和使用过后，只要保持必要的条件，可以再生，保持资源总体的数量。人力资源也具有再生性。人力资源在使用过程中也会出现损耗，既包括人的自身体力、衰老的自然损耗，也包括知识、技能相对于科学发展而落伍的无形损耗。但是人力资源基于人口的再生产和劳动力的再生产，能够通过人口总体内个体的不断更替和“劳动力耗费→劳动力生产→劳动力再次耗费→劳动力再次生产”的过程实现自我补偿、自我更新、持续开发。它基于人口的再生产和劳动力的再生产，得以实现。当然，人力资源的再生性不同于一般生物资源的再生性，除了遵守一般生物学规律之外，它还受人类意识的支配和人类活动的影响。

6. 人力资源的社会性

人生活在社会与团体之中，个体的素质与团体素质密切相关，若每个个体素质都有所提高，必将形成高水平的人力资源质量。同时个体要通过一定的群体来发挥作用，合理的群体组织结构有助于个体成长和更好地发挥作用，而群体组织结构在很大程度上又取决于社会环境。因此，人力资源的形成、开发、配置和使用都离不开社会环境和社会实践，社会环境构成了人力资源的大背景。从本质上讲，人力资源是一种社会资源，应当归整个社会所有，而不应仅仅归属于某一个具体的社会经济单位。

1.1.2 人力资源管理的含义和特点

1.1.2.1 人力资源管理的含义

作为最主要的资源——人力资源必须进行科学而有效的开发和管理，才可能最大限度地造福社会、造福人类。可以从两个方面去理解人力资源的开发与管理。

1. 对人力资源外在要素——量的管理

社会化大生产都要求人力与物力按比例合理配置，在生产过程中人力与物力在价值量上的比例是客观存在的。

对人力资源进行量的管理，就是根据人力和物力及其变化，对人力进行恰当的培训、组织和协调，使两者保持最佳比例和有机结合，使人和物都充分发挥出最佳效应。

2. 对人力资源内在要素——质的管理

请思考，一个和尚挑水吃，两个和尚抬水吃，三个和尚没水吃，问题出在哪？

问题不在于和尚，而在于方丈，在于方丈的制度设计。好的制度设计，应该能够明确每个员工的责任，准确评价每个员工的绩效，并给予员工相应的薪酬。也就是说，好的制度设计能够充分调动员工的积极性。一个和尚挑水吃，因为责任是明确的，绩效也能准确地界定。两个和尚，情形比较复杂，所以大家一起干，谁也不肯吃亏，谁也不想多干。三个和尚，靠自觉性无法解决“经济人”的局限，无法明确绩效和报酬，所以，必须依靠制定设计来解决问题。所以，不是员工越多越好，关键要对人力资源进行质的管理。

所谓质的管理就是指对人的心理和行为的管理。

就人的个体而言，主观能动性是积极性和创造性的基础，而人的思想、心理活动和行为都是人的主观能动性的表现。

就人的群体而言，每一个个体的主观能动性，并不一定都能形成群体功能的最佳效应。因为这里有一个内耗的问题（1+1<2，1+1=0）。只有群体在思想观念上一致，在感情上融洽，在行动上协作，才能使群体的功能等于或大于每一个个体功能的总和。台湾作家柏杨在《丑陋的中国人》中说：一个日本人是头猪，三个日本人是条龙；一个中国人是条龙，三个中国人是头猪。中国人内耗比较多，所以群体功能难以发挥。

对人力资源质的管理就是指采用现代化的科学方法，对人的思想、心理和行为进行有效的管理（包括对个体和群体的思想、心理、行为的协调、控制与管理），充分发挥人的主观能动性，以达到组织目标。

总之，人力资源的开发与管理指运用现代化的科学方法，对与一定物力相结合的人力进行合理的培训、组织与调配，使人力、物力经常保持最佳比例；同时对人的思想、心理和行为进行恰当的诱导、控制和协调，充分发挥人的主观能动性，使人尽其才，事得其人，人事相宜，以实现组织目标。

1.1.2.2 人力资源管理的特点

人力资源开发与管理，作为一门学科，具有几个明显的特点。

1. 综合性

人力资源的开发与管理是一门相当复杂的综合性的学科，需要综合考虑种种因素，如政治因素、经济因素、文化因素、民族因素、地缘因素、组织因素、生理因素、心理因素等。它涉及经济学、社会学、人类学、心理学、人才学、管理学等多种学科，是一门综合学科。

2. 实践性

人力资源开发与管理的理论来源于实际生活中对人力管理的经验，是对这些经验的概括和总结，并反过来指导实践，接受实践的检验。

人力资源开发与管理成为一门科学，仅仅是最近二三十年的事情，它是现代社会化大生产高度发达、市场竞争全球化和白热化的产物，其主要理论诞生于发达国家。美国的经济发展水平最高，其管理学科的理论水平也最高，我们一般借鉴欧美国家的理论来研究中国的问题，创新性不够。我国在长期的计划经济年代，只有人事管理，没有人力资源管理，政治决定一切，员工必须要服从国家统一安排，不能有自主性。改革开发以来，人力资源管理的思想开始被越来越多的人接受，但现状仍不容乐观，许多组织只有人力资源管理，没有或不愿进行人力资源开发。

3. 发展性

人们对客观规律的认识总要受一系列主客观条件的制约，不可能一次完成，总是需要一个漫长的认识过程。因此，各个学科都不是封闭的、停滞的体系，而是开放的、发展的认识体系。作为一个新兴学科，人力资源开发与管理更是如此。其理论的来源，大体上可以归纳为三个部分（或三个发展阶段）：

（1）古代的人事管理思想——包括中国古代的人事管理思想，其中有许多闪光的东西。至于西方古代的人事管理思想，则大体上以量的管理为主，不系统。

（2）科学管理思想——以泰勒、法约尔和韦伯为代表，以“经济人”假设为基础，以效率为中心，把人当作物去管理，管理的重点是量上的配合，并使之科学化、系统化。

(3) 现代管理思想——把科学管理与行为科学相结合，以“社会人”“自我实现人”的假设为基础，以人为中心，量与质并重地管理人力资源，并逐步过渡到以质的管理（即观念的管理）为主，使这门科学更多地深入到人才学、心理学领域。

4. 民族性

人毕竟不同于物，人的行为深受其思想观念和感情的影响，而人的思想感情无不受到民族文化传统的制约。因此，对人力资源的开发和管理带有鲜明的民族特色。不顾民族特点对他国的经验盲目搬用，在人力资源开发和管理领域最为有害。

以美国和日本为例，他们皆为资本主义制度，都搞市场经济，但两国在人力资源开发与管理上差别甚大。美国是个人主义的资本主义，人力资源的特点是“契约人”，“按契约办事”是美国人的通行原则。相应地，在人力资源开发与管理上，实行的是自由雇用制，这是一种个人之间高度竞争的“压力型”劳动制度。而日本则不同，他是家族主义的资本主义，儒家文化重群体、尊长辈、讲内和的传统，使其人力资源的特点是“家族人”，“忠于企业大家庭”是日本人的行为准则。相应地，在人力资源开发与管理上，实行的是终身雇用制，这是一种个人之间密切合作的“吸力型”劳动制度。美日在人力资源开发与管理上的主导方面的差异是东西方文化差异的集中表现，谁都无法主观地加以改变。

5. 社会性

作为宏观文化环境的一部分，社会制度是民族文化之外的另一重要因素。现代经济是社会化程度非常高的经济，影响劳动者工作积极性和工作效率的诸多因素中，生产关系（分配制度、领导方式、劳动关系、所有制关系等）和意识形态是两个重要因素，而它们都与社会制度密切相关。我们在借鉴和研究不同国家的人力资源开发管理经验时，千万不要忘记这一点。

例如，中国与日本同为东方民族，都具有以儒家文化为主的民族文化传统。在人力资源开发与管理上，都在一定程度上把“家庭”观念移植到企业中，形成团结、互助、内和外争的格局。但由于两者的社会制度不同：中国实行社会主义制度，职工是国家的主人、企业的主人，经理（厂长）与职工地位完全平等，是同志式的关系；在日本则不同，其本质上仍然是资本主义的雇佣关系，是老板与雇员的关系，因而是不平等的。在中国和日本企业中，都提倡“以厂为家”，但在企业这个大家庭中，管理者与被管理者之间，在中国是“同志关系”，在日本则是“父子关系”。

1.1.3 人力资源管理的目标

在一切资源中，人力资源是最宝贵的，自然成了现代管理的核心。不断提高人力资源开发与管理的水平，不仅是当前发展经济、提高竞争力的需要，也是一个国家、一个民族、一个地区、一个单位长期兴旺发达的重要保证。

人力资源管理的最高目标就是要“激活人”，调动全体员工的积极性和创造性。具体来讲，人力资源开发与管理的目标和任务是取得最大的使用价值，发挥最大的主观能动性，培养全面发展的人才。

1.1.3.1 取得最大的使用价值

根据价值工程理论：

$$V\text{（价值）}=\frac{F\text{（功能）}}{C\text{（成本）}}$$

价值等于功能成本比。

若使V最大，有四种办法：

（1）成本不变，功能提高；

（2）功能不变，成本降低；

（3）成本提高，功能提得更高；

（4）功能提高，成本降低。

其中第四种办法最理想，被称作大、高、低目标管理原则，即大价值、高效能、低成本。正如马克思所说，真正的财富在于用尽量少的价值创造出尽量多的使用价值，换句话说，就是在尽量少的劳动时间里创造出尽量丰富的物质财富。

在人力资源方面，就是通过合理的开发和管理，实现人力资源的精干和高效。我国劳动人事制度的改革，其根本目标就在于此，具体如下：

人的使用价值达到最大＝人的有效技能最大地发挥

人的有效技能＝人的劳动技能×适用率×发挥率×有效率

其中：

$$\text{适用率}=\frac{\text{适用技能}}{\text{拥有技能}}\text{（即是否用其所长）}$$

$$\text{发挥率}=\frac{\text{耗用技能}}{\text{适用技能}}\text{（即干劲如何）}$$

$$\text{有效率}=\frac{\text{有效技能}}{\text{耗用技能}}\text{（即效果怎样）}$$

努力方向是提高适用率、发挥率、有效率。

1.1.3.2 发挥最大的主观能动性

美国学者通过调查发现：按时计酬的职工每天只需发挥自己20％～30％的能力，就足以保住个人的饭碗。但若充分调动其积极性、创造性，其潜力可发挥出80％～90％。两相对比，差距如此悬殊，可见发挥人的主观能动性是人力资源管理十分重要的目标和任务。

影响人的主观能动性发挥的主要因素有三方面。

1．基本因素——价值标准和基本信念

众所周知，需要产生动机，动机导致行为。人的需要带有客观性，而人们动机则是纯主观的，但它却是行为产生的直接原因。人的主观能动性的大小主要受动机驱动。对人的行为动机产生深刻影响的是人的价值标准和基本信念。“为国捐躯最光荣”的价值标准和“有我无敌”、“人在阵地在”的坚强信念，是产生以一当十、视死如归的战斗英雄和一系列可歌可泣英雄事迹的真正动力。反过来，“保命最重要”的价值标准和“趋利避害乃人之本能”的基本信念，则是产生逃兵、胆小鬼和战场上一系列怯懦行为的温床。市场如战场，经济活动与军事活动有许多相通之处，价值标准和基本信念对人的主观能动性的制约作用即是其一。

具体而言，有如下三个层次。

（1）社会价值观

每个社会都有自己的主导价值观，它决定了社会风气的性质和方向，也决定了社会对个人行为的评价，因此对人们的主观能动性发挥的影响十分巨大。中国台湾《天下》杂志曾登载一篇论文，讨论“日本经济背后的文化现象”。作者指出：“一种清晰的被社会认同的价值观，使日本人具有超强的整合力和刚韧的凝聚力。这种价值观念来自于对团体的忠诚。日本人多遵循儒家的社会伦理观念，忠诚于老师、忠诚于团体的教育”。正是忠于团体的共同价值观，使日本企业的竞争力高于美欧等西方发达国家。当今中国，层出不穷的官二代、富二代、星二代的嚣张跋扈、生活奢侈、无视社会公德的负面新闻报道，已经撕裂了整个社会的价值观。

（2）群体价值观

每个企业、事业单位，在同样的社会大气候下，可能会形成不同的传统、风气，其背后是不同的群体价值观。组织内部的群体价值观构成组织的心理气氛和文化氛围，它随时随地影响着每个组织成员的能动性的发挥。世界著名的“电脑王国”——美国 IBM 公司，有三条群体价值观：第一，尊重个人；第二，顾客至上；第三，追求卓越。几十年来，组织外部环境发生了剧烈变化，但这三条群体价值观却从未改变。正是这种积极向上的价值观，激励着 IBM 的员工不仅创造出质量最好的产品，而且创造出使用户满意的最佳服务。有人形容 IBM 员工的积极状态“可以与狂热的教徒”媲美。

（3）个人价值观

在一个组织或群体内部，各个成员主观能动性的发挥程度并不一样。这与组织结构、人员任用、激励方法、领导作风、人际关系等客观因素密切相关。从主观因素来讲，每个人的个人价值观之差异是一个关键。有些人的价值观指向个人和金钱，而另一些人指向集体和事业，这两部分人的积极性、创造性、责任感、事业心都会有巨大的差异。所谓忠臣与奸臣，君子与小人，先进与落后，其本质上的差别就在于个人价值观的不同。它不仅决定了个人能动性的大小，而且决定了个人能动性的取向。

2. 实际因素——现实的激励因素

现实的激励因素之优劣，决定了对员工工作动机激发的强弱，只有强有力的激励，才会出现员工主观能动性的高涨。一般而言，现实的激励因素主要包括八方面内容。

（1）任用情况

如果领导善于用人，量才而用，用其所长，补其所短，就会使事得其人，人尽其才，人事相宜，人们的主观能动性就会得到充分发挥。

这要求领导者知人善任。知人即善于观察人，较快地认识到每个人的兴趣、爱好、志向、才能、知识的水平和倾向；善用即按事选人，平等竞争，使每个人都有同样的机会找到最适合发挥自己才干的舞台。“任何一个人，都可以找到一个位置，使他成为最能干的人”。这是领导者的责任。

《三国演义》里马谡失街亭，诸葛亮挥泪斩马谡，其实，失街亭的责任不在马谡，而在于诸葛亮用人不当。马谡在镇守街亭之前，一直是参谋，从未领兵打仗、独当一面。先帝刘备也告诫过诸葛亮，马谡是将才而不是帅才。可是，诸葛亮却用马谡守街亭，将将才放在帅才的位置上，用人不当，造成街亭失守，使蜀国走向颓势。

(2) 信任程度

“民无信不立”。领导者与被领导者的互相理解、互相信任，是同心协力、发挥下级能动性的前提。为此，上级对下级应贯彻“用人不疑，疑人不用”的原则，应该充分地信任下级，给他们足够的权力，鼓励他们放手大胆地开展工作。

有些企业对员工的手机进行 GPS 定位，随时监控员工的行踪，让员工不敢偷懒懈怠。有些企业监控员工上网的一举一动，禁止员工网上进行工作以外的活动。可是，这些行为会引起很大的道德风险，让员工感觉到企业的不信任，削弱员工对组织的忠诚度。他们不敢违反组织的规章制度，但也不会努力工作。

(3) 晋升制度

每个人都希望得到晋升，获得更大一些的舞台，使自己的潜能充分地释放出来，但由于职位有限，不可能全面满足每个人的晋升需求，这就要求有一个合理的晋升制度，其要点是公正、公平，严格考核，重视业绩与成效，平等竞争，择优晋升。晋升制度合理就会激励大家不断提高自己，充实自己，以自己的优秀绩效在竞争中取胜，自然就会发挥出自己的主观能动性。

(4) 工资制度

工资是员工取得劳动报酬的主要形式，是维持一定生活水平的物质基础。在我国，温饱问题尚未完全解决，生活质量还不高的情况下，工资仍然是一种有效的激励手段。工资制度的改革，主要是破除“大锅饭”，破除分配上的平均主义，真正做到合理地“按劳取酬”。

真正贯彻“按劳取酬”的原则是不容易的。在当前，应该恰当地解决以下几个问题：第一，按劳分配中“劳”的计量问题，即劳动数量、质量的考核问题。对脑力劳动的计量和考核更具复杂性。第二，处理好工资关系问题，包括不同工种、不同岗位、不同职位之间的工资差距；脑力劳动与体力劳动工资报酬的合理区别；管理者与被管理者的工资差距等。从宏观上，应该处理好不同所有制的企业之间、不同地区之间的工资关系问题。

中国的行业之间工资差距正在越拉越大。目前，电力、电信、金融、保险、水电气供应、烟草等行业职工的平均工资是其他行业职工平均工资的 2～3 倍，如果再加上工资外收入和职工福利待遇上的差异，实际收入差距可能更大。2006 年 6 月 26 日《第一财经日报》报道，某市一位电厂抄表工的真实收入状况是：每月工资 6500 元，一年发 16 个月的工资，但是加上奖金、住房公积金及各种补贴后，其年薪可达到 15 万元，相当于全国职工年均工资的 10 倍。而他所需要做的，只是一天抄 4 次电表。作为垄断行业的一般岗位，其收入水平与其贡献和价值背离。

(5) 奖励制度

奖励包括物质奖励和精神奖励，用来满足职工的生存、社交、自尊和自我实现的需要，进而不同程度地提高其主观能动性。

正确的奖励制度才能有效地激发大家的劳动积极性，否则将适得其反。其要点是：第一，考核制度是奖励制度的前提，没有公平的考核，就不会有公平的奖励；第二，正确处理物质奖励与精神奖励的关系，根据员工的需要层次和结构，选择物质奖励与精神奖励的合理比例结构；第三，随着人们温饱问题的解决，应该将重点由物质奖励向精神奖励转移，在保持一定外激水平的基础上，着重提高内激的强度。

(6) 处罚制度

处罚作为一种负强化手段，与奖励这种正强化手段是共生的，两者缺一不可。它可以有效地防止和纠正各种非期望行为，借以保护多数员工的主动性和积极性。

规定合理的处罚制度应注意以下几点：第一，处罚制度应严肃，内容应在调查研究的基础上反复推敲，宽严适度，并经过职代会讨论通过；第二，处罚制度一旦制定，就应有章必循，违章必究，必须按章行事，防止以言代法；第三，处罚制度主要是针对少数人的，而且是一种辅助手段，应防止过分夸大惩罚作用和以罚代管的倾向。

据 2010 年 8 月 19 日中国之声《新闻纵横》报道，江西乐平的不少司机师傅反映，车辆超载罚款在当地搞起了罚款包年制，超载司机只要交 1900 元就可保证一季度不被罚款，交 8000 元可以保证一年不被罚款。听起来这种罚款包年的制度和移动通信公司的“预付费套餐”挺像的，交警应当收的罚款顺利到手，广大司机也得到了优惠，难怪有人把它称为最具创意的罚款政策。可是这项政策的目的是收取罚款，而不是有效治理超载，反而是鼓励超载。这就是典型的以罚代管。此外，在治理卖淫嫖娼、黑车运营领域，某些地方也存在以罚代管、养鸡生蛋的做法。

(7) 参与程度

一个单位的成员不管职位多低，也都有各自的自尊，希望得到他人（包括上级）的尊重、理解和平等对待，希望自己对工作的看法和建议有人倾听并被采纳。总而言之，他们不希望别人仅把自己看做会说话的工具，而是把自己当做平等的伙伴；他们不希望别人仅把自己看做消极的执行者，而是把自己当做决策的参与者，以施展个人的聪明才智，实现个人价值。因此，在决策过程中应该鼓励下级民主参与，参与程度越深，越易于发挥下级的主观能动性。

当然，参与程度有许多限制条件——诸如问题的性质、职权范围、人员素质、时间条件、参与成本等。在条件许可的情况下，应尽量加大民主参与的程度。

(8) 福利状况

生活福利包括住房、医疗保障、养老保障、工作环境、福利设施（食堂、浴室、理发厅、卡拉 OK 厅、文化宫、图书馆、剧院、体育场馆）等，是满足员工生存、安全、社交需要的重要途径，也是外在激励的组成部分。良好的福利条件，会使员工感到组织的温暖，增强组织的凝聚力，从而激发员工更积极地工作，自觉发挥出个人的主动性、创造性和能动性。

这些年，随着我国经济社会发展，人们的福利越来越好。然而，在一个普遍水涨船高的大环境下，不同人群的福利水平差距却有所扩大，特别是一些垄断行业、大型国企以及某些行业部门的福利水平过高，进一步加大了收入差距。2010 年 10 月中石油被曝中秋节发放 1.8 万元福利与住房低价团购门就是垄断行业高福利的现实缩影。前中石化老总陈同海有一句名言："每月交际花一二百万算什么，公司一年上缴税款二百多亿元。不会花钱，就不会赚钱。"据悉，陈同海每日挥霍的钱超过 4 万元。

3. 偶发因素

偶发因素指在组织中发生的一些偶然事件会影响组织成员主观能动性的发挥。如称赞、表扬、友好的表示、善意的交往、尊重的举动，这些积极的偶发事件，会加强组织成员的满意感、归属感、成就感、责任感，激发出更大的主观能动性。反之，讽刺、挖苦、批评、贬损、冷落、不公正地对待、不友好的举动、恶意的中伤等消极的偶发事件，则会减弱或破坏组织成员的满意感、归属感、成就感和责任感，甚至产生不满和敌意，其主观能动作用也就无从谈起了。

1.1.3.3 培养全面发展的人员

人类社会无论是经济的、政治的、军事的、文化的发展，最终的目的都要落实到人——一切为了人本身的发展，都是为了不断地提高人的工作、生活质量，使人变得更富裕、更文明、更有教养、更趋完美。马克思在《1884 年经济学——哲学手稿》中论证了人的全面发展，指出全面发展的人就是身心健康成长、体脑均衡发展的人。用邓小平同志的话来说，我们不同部门的一个共同任务是培养有理想、有纪律、有道德、有文化的一代新人。因此，教育与培训在人力资源开发管理中的地位越来越高。马克思指出，教育它不仅是提高社会生产的一种方法，而且是造就全面发展的人的唯一方法。

随着市场经济的发展，国家民族间的竞争、企业间的竞争，透过产品的质量、价格和服务竞争的层层迷雾，人们看到的是不同国家、不同民族、不同组织之间人力资源的竞争。因此，无论是国家领导人，还是组织管理者，均把培养高素质的人当作首要任务。

"造物之前先造人"，是日本松下公司的座右铭。松下幸之助指出："松下电器公司与其他公司最大的不同就是在员工的培育与训练上。""这种'造就人才'的风气，竟成为推动公司发展的原动力。"松下要培养的人才，是德、智、体全面发展的，他把这三育称作人类的三根支柱。他特别重视德育，指出："德育从某种意义来说，比智育、体育还要重要。""只有五位员工的商店，可以靠精神信条，赶上没有店训的大商店。"

美国学者布雷德福和科恩在《追求卓越的管理》一书中，把传统的领导模式概括为"师傅型领导"（人治）和"指挥型领导"（法治），这两种模式的共同点是由领导者控制一切、指挥一切，也统称为"英雄型领导"，不利于下级素质的提高，不利于人才的培养。他们认为：现代的领导模式应该是"育才型领导"，它具有以下特点。

（1）同舟共济，以部属为中心，由上级和下级共同决策，领导者充当教练的角色。

（2）组织的目标有两个：第一，完成工作任务；第二，使部属不断进步，提高素质。

（3）实行"育才型领导"应具备三个要素：第一，建立起共同负责的团队；第二，持续培养每个人的才干（技术才干、合作精神、管理能力等）；第三，确立共同的目标。

（4）以育才为导向，使培养人成为组织的出发点和归宿。这两位美国学者是从管理理论上论证了现代组织的一个重要目标，就是培养高素质、全面发展的人。

1.2 物流企业人力资源管理的概念

1.2.1 我国物流业发展状况

1.2.1.1 物流的含义

我国国家标准《物流术语》(2001年4月17日颁布）的定义中指出：物流是“物品从供应地到接收地的实体流动过程，根据实际需要，将运输、储存、装卸、搬运、包装、流通加工、配送、信息处理等基本功能实施有机结合。”

我国2001年加入WTO后，物流企业在物流市场的开放程度日益扩大的情况下得到了长足发展。据一份对我国物流企业发展的调查研究显示，2003—2008年物流企业的平均发展速度是1998—2001年的5.7倍，2009年企业业务覆盖范围是2000年的11.8倍，物流企业的年均业务投入实现了9.7个百分点的增加幅度，其硬件设施建设和经营管理的理念、制度和业务运作机制不断得到发展和健全，其直接投入产出比2010年达到了1∶13.6，对于其他产业的贡献率也每年以5.3%的速度增加。

1.2.1.2 我国物流业人力资源管理现状

综观我国现代物流企业实施人力资源管理实践的状况不难看出，物流行业在人才结构层次的发展层面存在一定的不合理性，体现了人力分布不均匀，低水平人员数量多，中高级资源人才普遍欠缺的现状特征。同时，与物流行业发达的国家相比，其在物流探究发展阶段中，高水平人力资源总量则呈现出显著的差距。物流企业属性的不同，也令行业人力资源的分布呈现出差异性。例如，一些铁路国有物流企业的管理领导层观念陈旧、思想滞后，不注重对人力资源的培养建设和对精英人才的吸引，而是仍旧采用聘用人才的传统模式，向领导关系户、内部家属开绿灯，无法对人才能力水平进行全面考核与择优聘用。在现代物流企业中，该类现象则得到了一定的抑制，管理决策层引入必要策略吸引高级人才，令其在企业内部相对集中。这从一个侧面反映出高级人力资源在我国不同物流企业中分布不均，国有物流企业对高端人才的吸引力相对薄弱等不良问题。伴随市场经济的飞速发展，我国物流行业发展建设逐步扩充，规模日益扩大，并创建了较多大型现代物流企业。然而由于受到传统计划经济的影响，物流企业在人才建设层面还存在一定的弊端，无法创设有效的留人、用人、培育人、评价人的全面科学机制与配套策略，在人力资源管理方面各成一派，缺乏良好的集成化管理与有效的沟通，物流企业人力资源难以满足现代化社会与物流行业全面发展的综合需求。

1.2.2 现代物流企业人力资源的特征

1.2.2.1 物流企业人力资源特征

现代物流业被称为“第三利润源”，发展潜力巨大，该行业为外向型和增值性服务行业。它集劳动密集、知识密集、资本密集和技术密集为一体，其人力资源的特征主要如下。

1. 员工层次多样化

物流企业的人力资源可以分为两个层次。一是位居高层的管理类人才，包括各业务部门主管、总经理等，主要负责公司的重大问题，如经营战略、运营方向等，他们不仅要有扎实的理论知识，还要有良好的沟通能力和协调能力。二是操作层的技术性人才，他们的技术要非常娴熟、精湛。

物流企业员工的20%为第一类核心队伍，中层和一线、二线员工占80%。所以，物流企业的人力资源管理不仅要管理核心队伍，更要关注操作层面的人员。

2. 人员需求量大

物流业的业务活动烦琐多样，涉及面大，具有很强的科学性和系统性。对不同类型的人才有很大的需求量，尤其急需综合管理人才。

3. 人员分散性强

我国大多数物流企业的组织结构都是直线职能制，即一个总公司，多个分公司和营业部，具有很强的区域性，导致人力资源不集中，不易管理。

4. 人才流失率高

物流企业许多岗位的劳动强度很大，而且工作单调乏味，环境艰苦，加上不合理的薪酬制度，导致员工流失率居高不下。

1.2.2.2 物流人才的结构特征

1. 物流人才的知识结构

(1) 国际贸易和通关知识。经济的令球化是知识经济时代的特征之一，物流是商流的载体，贸易活动中货物交付活动伴随始终。加入 WTO 之后，我国境外商贸繁荣发展，跨国企业之间商贸往来频繁。为降低企业生产成本和经营风险，跨国企业的采购方式逐渐向即时化、零库存的方向发展。这一转变要求物流服务随之跟进，物流企业的人员必须具备相关的国际贸易、国际结算、外汇交易等相关知识。

(2) 运输及仓储领域专业知识。海运、空运、陆运等多种运输方式和手段是综合性物流企业开展业务的前提，而多式联运的执行水平也是衡量一个物流企业综合能力的指标之一。只有在对多种交通工具的使用知识熟练掌握并运用自如的情况下，物流企业的工作人员才能设计出切实可行且经济有效的运输办案，为客户提供安全便捷的物流服务。在仓储管理方面，随着信息技术的广泛应用，仓储管理已经从传统的进出仓管理、堆码摆放等简单的人力劳动扩展到作业控制、自动化技术、包装、加工、检验、维修等多个领域。业务范围的扩大要求仓库管理人员必须积极拓展知识面，提高管理技能。

(3) 财务成本管理知识。物流作业涉及各种费用，包括企业内部费用和外部费用，这些费用均关系到企业的运作成本。只有在对成本进行精密核算的基础上，物流企业才能在确保合理利润的前提下为客户提供易于接受的价格方案。要完成这一任务，要求工作人员必须具备一定的财务知识。

(4) 外语知识、安全管理知识及其他知识。经济全球化要求物流企业人员必须掌握英语这一全球商务通用语言。此外，作为介于买卖双方之间的货物代理人，物流企业在作业过程中处于供应链的中心环节，必须确保物资安全到达买方手中，确保买卖双方之间合作的顺利进行。因此，其工作人员必须具备与业务相关的诸如保险、航运、空运等安全知识，防患于未然，提高作业的安全系数；作为社会中的一个经济体，物流企业势必与其他经济体进行交易，有交易就必然建立法律关系，确定双方或多方权利义务关系。为了确保企业的利益，物流企业员工必须具备如经济法、合同法、公司法、海关法等相关法律知识。

2. 物流人才的基本素质结构

作为知识经济时代经济活动的执行者，具备严谨周密的思维方式是确保物流服务能够动态、连续进行的主要素质；此外，物流服务具有网状结构的物理特性，这一特性要求物流工作人员必须具备强烈的团队合作精神，确保各个作业点紧密衔接，实现业务无缝操作。

3. 物流人才的能力结构

知识经济时代市场环境瞬息万变，知识技术日新月异。要跟上时代发展脚步，要求物流企业工作人员必须具备信息技术的学习和利用能力，推动物流质量的持续改进和业务的更新换代。此外，作为供应链的中心环节，物流业的安全性至关重要。因此，面对时刻可能出现的突发事故，物流人才还必须具备应急作业的处理能力，在采取各种措施预防未果的情况下，使损失减少到最低限度。

1.2.3 物流企业人力资源管理的作用

据相关统计分析，影响物流发展最关键的问题之一就是人力资源管理问题，它与物流一体化成功的相关系数是0.54，相关程度远远高于影响物流的其他问题。所以对物流企业人力资源管理问题进行研究的意义重大。竞争条件的改变要求物流企业必须重新认识人力资源对企业发展的重要作用。

1. 适应知识化发展的趋势

知识化使企业的竞争规则和财富的衡量标准发生了变化。作为企业资产的知识具有明显的战略性，企业拥有创新知识可以帮助其持续地提高生产效益，增强竞争优势。而人力资源是知识和技能的载体，物流企业可以用人力资源衡量拥有的能力、技能和专门知识的总量。优秀的人力资源队伍可以增强企业创新知识的独特性和技术优势的垄断性。

2. 满足网络化运营的要求

网络化的发展突破了传统的时空障碍，迅速发展的科学技术不仅推动了物流企业经营效益的提高和交易费用的下降，还冲击了物流企业的人力资源管理方式。

3. 迎接全球化竞争的挑战

全球化使竞争的边界越来越模糊，物流企业面临的挑战来自于国内、国外两个市场。要想在全球化的经济中拥有竞争优势，物流企业务必突破思维方式的局限，放眼全球，重新审视人力资源角色和价值，通过创新人力资源管理模式和流程来培养、增强和维持企业的核心竞争力。

1.2.4 物流企业人力资源管理的问题

1. 人才管理观念较滞后

我国物流企业起步较晚，对人力资源管理的理解仍停留在传统的人事管理理念上，没有充分认识到人力资源管理在现代企业管理中的核心地位。没有把人看成是一种获得的资源来加以开发和利用，从而造成人才浪费。

物流企业在制定本公司的发展规划时，往往忽视了对企业人力资源管理的规划管理，没有将人力资源的规划管理纳入到企业的整体发展规划之中，这是当前物流企业人力资源管理所面临的一个重要问题，并且这一问题完全不利于企业人力资源管理的进步和发展。同时，企业相关人员在进行人力资源管理工作时，往往都缺乏对于人力资源管理的认识，缺乏创新意识，人力资源管理工作十分被动，所以即使物流企业的整体发展规划涉及企业的人力资源管理方面，在实际的操作过程中也往往会偏离企业预定的发展目标，不能够为企业的整体健康稳定发展起到积极的作用。企业人力资源管理工作的发展无法与企业的整体发展相结合。

有许多中小物流企业家口头上说要尊重知识、尊重人才，但从其内心深处却更加相信经验，对知识和人才缺少强烈的需求；另外，多数中小物流企业属家族式企业，他们认为企业的发展壮大是自己和其家族成员努力的结果，所以在用人上不是任人为贤，而是任人为亲，盲目排外，使招进来的人才感觉发展无望。再则，中小物流企业在识别人才时，片面注重学历和职称的“含金量”，而忽视人才的综合能力的要求。

2. 人员数量和质量不足

首先，人员在数量上不足。目前，我国物流企业从业人员的待遇一直处于中下水平，再加上现有的人才自主择业、自主流动政策，一般技术人才都不愿意进入物流行业，甚至出现本行业专业人才外流的现象。其次，人员质量不高。我国的物流企业由传统的运输、仓储储运企业转化而来，通常并不需要高学历、高素养的从业人员，致使很多物流企业现有员工的平均文化水平相对较低。很多基层物流从业人员只有高中以下学历，管理人员具有大专以上层次者比例不高，这严重制约了物流企业的人力资源管理与开发模式，从而阻碍我国物流企业发展前进的步伐。

在经济飞速发展的今天，高素质的新时代人才所能选择的职业面也在不断变宽广，选择性变得越来越大，企业之间的竞争也变得日益激烈。物流企业如何发挥自己的企业优势，留住新时期的高素质人才是当前物流企业人力资源管理工作的一项重要内容。只有为企业留住了人才，那么以后针对企业内部的人力资源管理工作才具备良好的发展条件，才具备良好的发展基础。

3. 人力资本投入力度小

伴随着科学技术的快速发展和全球化竞争的不断加剧，社会产业结构的高度职能化和信息化要求物流企业尽快更新知识和能力，但是，很多的企业管理人员对人力资本投资意识缺乏，只是关心眼前的利益，不重视员工的培训，很少做长期的人力资源规划、预测和开发。没有形成和企业发展规划相统一的培训机制。物流企业对人力资源的投资成本不够，不利于物流企业人员自身水平和综合素质的提升，不利于物流企业的发展。

现在，人的职业生涯与其家庭生活同等重要，人们有愿望和要求去开发自己的职业生涯。国有企业和跨国物流企业都设有专门的培训机构，非常重视培训工作。但大多数中小物流企业最多只进行浅层次的上岗培训，几乎没有人才的发展培训，使人才感觉企业是在搜刮自己的智慧。另外，还有一些中小物流企业在人才培训方面存在急功近利现象。它们认为只要投资了，就应当马上见到效益，否则就认为投资不值得。这样的企业对人才缺乏吸引力，难以留住人才。

4. 绩效管理体系不健全

对企业员工来说，绩效考评是上级和同事对自己工作状况的评价。它直接反映员工完成工作的数量、质量和效率，也反映了员工的工作能力和工作态度。绩效考评的信息会直接影响员工薪酬、职位的升迁和未来的发展。科学合理的绩效考评体系是对员工的肯定，可以对员工起到激励作用，反之，则会严重挫伤员工工作的积极性，导致优秀员工的流失。

很多物流企业都存在着对绩效管理不够重视、缺乏完整的绩效评价体系、绩效考核标准单一、内容空泛、绩效考核流于形式、考核结果与应用严重脱节等问题，使得绩效评估及薪酬的结果难以做到公平、科学、合理，这样容易使企业员工产生不满，萌生去意。

5. 人才激励机制不合理

中小物流企业留不住人，一方面是因为人才市场日趋活跃，高级管理、技术人员的流动速度加快；另一方面是因为中小物流企业内部缺乏完善有效的激励机制，激励方法单一，针对性不强。根据马斯洛的需求层次论可知，人的需求可以有多种，既有物质方面需求，又有精神方面的需求；同时人的需求是有层次的，指人在其不同发展时期需求也有所不同，企业员工的需求会从低层次的物质需求转化为高层次的精神需求。因此，物流企业高级管理人才、技术人员、操作人员需求是不同的，因而激励方法和手段也应有所不同。越是物流高技术专业人才，对自己的专业成就感就越强，激励方法更应注重精神激励。一些物流企业正是由于缺乏对核心专业人才的正确激励，才使人才发生流失。

1.3　人性假设与人的哲学

人力资源开发与管理的对象是人，因此，怎样认识人的本质就成为人力资源开发与管理的基础理论。

1.3.1 人性假设基本理论

请思考,《三字经》说:"人之初,性本善",思想家荀子说:"人之初,性本恶"。新加坡国际大专辩论赛有一年的辩题就是:"人之初,性本善"对"人之初,性本恶"。你认为,"人性本善"还是"人性本恶"?

人性是复杂的,可以多方面解读。在这方面,有不少学者作过深入的研究,较著名的有美国行为科学家道格拉斯·麦格雷戈(DouglasM·McGregor)提出的"x 理论—y 理论",以及美国行为科学家埃德加·沙因归纳出的"四种人性假设理论",我们在此重点介绍后者。

沙因在《组织心理学》一书中把前人已经提出过的"经济人"假设、"社会人"假设、"自我实现人"假设,同他自己提出的"复杂人"假设列为四种人性假设,作为这方面理论的概括和比较。

1. 经济人假设

这是古典经济学家和古典管理学家关于人性的假设。沙因把"经济人假设"归纳为以下四点。

(1) 人是由经济诱因来引发工作动机的,其目的在于获得最大的经济利益。

(2) 经济诱因在组织的控制之下。因此,人总是被动地在组织的操纵、激励和控制之下从事工作。

(3) 人总是以一种合乎理性的、精打细算的方式行事,力图用最小的投入取得满意的报酬。

(4) 人的情感是非理性的,会干预人对经济利益的合理追求。组织必须设法控制个人的感情。

在春秋战国时期,诸子百家争论的热点之一即人的本性。法家早期思想家荀子提出了"性恶论"的看法。他认为,"人之初,性本恶"。性恶的根据是"若夫目好色,耳好声,口好味,心好利,骨体肤理好愉逸,是皆生于人之情性者也。"(《荀子简释·性恶》)人为什么生五官、身体?无非是为了满足声色味利诸方面的欲望,厌恶劳动、贪图安逸和享乐,乃人的恶的本性。这种观点与西方的"经济人"假设十分相近。

2. 社会人假设

这是人际关系学派的倡导者梅奥等人依据霍桑试验提出来的。沙因把社会人假设归纳为以下四点。

(1) 人类工作的主要动机是社会需要,而不是经济需要。人们要求有一个良好的工作气氛,要求与同事之间建立良好的人际关系。

(2) 工业革命和工作合理化的结果使工作变得单调而无意义。因此,必须从工作的社会关系中去寻求工作的意义。

(3) 非正式组织有利于满足人的社会需要,因此,非正式组织的社会影响比正式组织的经济诱因对人有更大的影响力。

(4) 人们最期望于领导者的是能承认并满足他们的社会需要。

儒家思想家孟子主张“性善论”。他认为：“人之初，性本善”。其根据是“人皆有不忍人之心。……所以谓人皆有不忍人之心者，今人乍见孺子将入于井，皆有怵惕恻隐之心——非所以内交于孺子之父母也，非所以要誉于乡党朋友也，非恶其声而怨也。由是观之，无恻隐之心，非人也；无羞恶之心，非人也；无辞让之心，非人也；无是非之心，非人也。恻隐之心，仁之端也；羞恶之心，义之端也；辞让之心，礼之端也；是非之心，智之端也。人之有四端也，犹其有四体也。”（《孟子·公孙丑上》）这些善良的本性乃与生俱来的。这种看法，类似于西方的“社会人假设”。

3. 自我实现人假设

马斯洛的“需求层次论”中最高一级需要是自我实现的需求。阿吉里斯的“不成熟—成熟理论”中所谓成熟的个性，也就是自我实现的人。关于自我实现人的假设，有以下四个要点：

(1) 人的需求从低级到高级可分为多种层次，其最终目的是满足自我实现的需求，寻求工作上的意义。

(2) 人们力求在工作上有所成就，实现自治和独立，发展自己的能力和技术，以便富有弹性，能适应环境。

(3) 人们能够自我激励和自我控制，外部激励和外部控制会对人产生威胁，造成不良的后果。

(4) 个人的自我实现同组织目标的实现并不是冲突的，而是能够达成一致的。在适当的条件下，个人会自动地调整自己的目标，使之与组织目标配合。

在中国春秋战国时代，没有类似西方“自动人假设”的观点，但在近代有个著名的思想家——梁启超，提出了“个性中心论”。他倡导“尽性主义”，他说：“尽性主义，是要把各人的天赋良能发挥到十分圆满。就私人而论，必须如此，才不致成为天地间一赘疣。人人可以自立，不必累人，也不必仰人鼻息。就社会国家而论，必须如此，然后人人各用其所长，自动地创造进化，合起来便成强固的国家、进步的社会。”（《欧游心影录》）这里说的“尽性”的人即把个人聪明才智充分发挥的人，他们可以“自立”，“自动地创造进化”，与西方的“自我实现人”假设即“自动人”假设十分相近。

4. 复杂人假设

沙因等人认为“经济人”假设、“社会人”假设和“自我实现人”假设，各自反映出当时的时代背景，并适合于某些人和某些场合。但是，人有着复杂的动机，不能简单地归结为一两种。事实上存在着各种各样的人。人的工作动机包括生理的、心理的、社会的、经济的各个方面，再加上不同的情境和时间因素而形成。因此，他们提出“复杂人”假设，其要点如下。

(1) 人的工作动机不但是复杂的，而且变动性很大。每个人都有许多不同的需求。人的动机结构不仅因人而异，而且同一个人也因时而异，因地而异。各种动机之间交互作用而形成复杂的动机模式。

(2) 一个人在组织中可以形成新的需求和动机。因此，一个人在组织中表现的动机模式是他原来的动机与组织经验交互作用的结果。

(3) 人在不同的组织和不同的团体中可能表现出不同的动机模式。在正式组织中与别人不能和谐相处的人，在非正式组织中可能是合群的，从而满足其社会需要。在某些复杂的组织中，各个部门可以利用不同的动机来达到其目标。

(4) 一个人是否感到心满意足并肯为组织尽力，决定于他本身的动机结构与他同组织之间的相互关系；工作的性质、本人的工作能力和技术水平、动机的强弱、人际关系的好坏，都可能产生影响。

(5) 人可以依自己的动机、能力及工作性质对不同的管理方式做出不同的反应。因此，没有一种适合于任何时代、任何人的万能管理方式。复杂人假设产生了超 y 理论，成为权变理论的理论基础。

春秋战国时期还有另一位思想家——告不害，告子提出了“性无善恶论”。告子认为：“性无善无不善也。”善与恶都不是天生的，而是后天教育培养的结果。他把人性比作流水，他说：“性犹湍水也，决诸东方则东流，决诸西方则西流。人性之无分于善不善也，犹水之无分于东西也。”（《孟子·告子上》）这种看法具有一定的唯物主义因素，而与西方的“复杂人假设”相似。

中西观点的类似，说明人类在认识自己的过程中逐渐取得了共识，也说明了这些观点的典型意义。人性假设理论如表 1-1 所示。

表 1-1　　人性假设 4 种观点对比

西方理论	经济人（x）	社会人	自动人（y）	复杂人（超 y）
中国古代理论	性恶论	性善论	尽性主义	流水人性
内涵	目好色，耳好声，口好味，心好利，骨体肤里好愉逸。（荀子）	恻隐之心，羞恶之心，辞让之心，是非之心。（孟子）	把各人的天赋良能发挥到十分圆满，人人可以自立。（梁启超）	人性无分善与不善，决诸东方则东流，决诸西方则西流。（告子）

1.3.2 马斯洛的需要层次理论

最反映人的本质的是人的需要。关于人的需要的理论很多，最著名的是美国人本心理学家马斯洛提出的“需要层次论”。亚伯拉罕·哈罗德·马斯洛（Abraham Harold Maslow，1908.4.1—1970.6.8），美国社会心理学家、比较心理学家，人本主义心理学（Humanistic Psychology）的主要创建者之一，心理学第三势力的领导人。马斯洛的人本主义心理学思想，主要载于他 1954 年出版的《动机与个性》一书。

1. 需要层次理论的内容

马斯洛把人的基本需要划分为五个层次。

(1) 生存需要——主要指衣、食、住、行、性这些维持生存的基本需要。生理上的需要是人们最原始、最基本的需要，如吃饭、穿衣、住宅、异性等。若不满足，则有生命危险。这就是说，它是最强烈的不可避免的最底层需要，也是推动人们行动的强大动力。显然，这种生理需要具有自我和种族保护的意义。如饥渴是人类个体为了生存而必不可少的需要。当一个人存在多种需要时，例如同时缺乏食物、安全和爱情，总是对填饱肚子的需要有最大的渴求，“死也要当饱死鬼”，死刑犯在临刑前都能饱餐一顿，这说明当一个人为生理需要所控制时，其他一切需要都被推到幕后。

(2) 安全需要——指人们对失业保障、医疗保障、养老保障、生产安全、社会治安、环境污染等方面的需要。安全的需要要求人生安全、财产安全、职业安全，希望免于灾难，希望未来有保障等，具体表现在三个方面。第一，人身安全。为了人身安全而需要医疗服务、雇私人保镖、买防弹衣和防弹车等。第二，财产安全。为了财产安全而买门、买锁、买保险柜，为了减少意外灾害带来的损失而购买人生保险、财产保险、养老保险等。第三，职业安全。为了减少失业带来的损失而购买失业保险，寻找稳定的工作岗位，特别是在经济不景气的时候。或者通过学习获取更多的证书，增加自己求职的保险系数。总之，安全需要比生理需要高一级，当生理需要得到满足以后就要保障这种需要。

(3) 社交需要——指人与人交往的需要，归属一个团体的需要，对友谊、爱的需要，建立良好人际关系的需要。社交的需要也叫归属与爱的需要，是指个人渴望得到家庭、团体、朋友、同事的关怀、爱护、理解，是对友情、信任、温暖、爱情的需要。社交的需要包括：第一，社交欲，希望和同事保持友谊与忠诚的伙伴关系，希望得到互爱等；第二，归属感，希望有所归属，成为团体的一员，在个人有困难时能互相帮助，希望有熟识的友人能倾吐心里话，说说意见，甚至发发牢骚。以前中国人见面常问“你是哪个单位的?”，似乎你不归属某个组织就是一件不可思议的事情，自由职业者无异于刁民。马克思说：“人从本质上讲是各种社会关系的总和”。看一下“狼孩”的故事。1920 年人们在印度莫巴尼地区米德纳普尔密林中的一个狼窝里发现了两个人形模样的孩子（大的约八岁，小的约一岁半），没有语言，不会说话，只会嗥叫，回到人间以后虽经训练也没有恢复到正常人类的水平，十年中仅只学会了日常生活所接触到的不完整的 45 个单词。两个孩子虽然具有人类的基因，但是脱离了人类社会，无法发育出人类的智力。所以，脱离了人类社会的人是不完全意义的人。再看看英国丹尼尔·笛福名著《鲁滨孙漂流记》的故事。一个苏格兰水手鲁滨孙·克鲁索在遭遇海难流落到荒岛上以后，他运用自己的头脑和双手，修建住所，种植粮食，驯养家畜，制造器具，缝纫衣服，把荒岛改造成“世外桃源”。他在海外冒险 28 年，经历千辛万苦，终于得到了可观的财富，回到了英国，完成了一个时代的英雄人物的创业历程。小说之所以成为世界名著，不在于故事多么精彩，而在于故事反映了个体人对人类社会的渴望，并通过个人奋斗实现了对人类社会的回归。总之，每个人都生活在一定社会关系中，不能脱离社会关系而单独存在，必须积极融入社会中，否则就是“自闭症”，是一种病态。

(4) 尊重需要——指人们自尊的需要，受别人尊重的需要，包括上级的赏识、表扬、荣誉、地位、晋升等。尊重的需要分为自尊、他尊和权力欲三类。我们每个人都希望获得尊重，渴望实力、名誉与声望。古代新官的“跨官三日”、“衣锦还乡”等都是基于这种需要。获得他人尊重的前提是要有自尊。不同人的自尊是不同的，这也会决定人们的行为方式。比如很多乞丐也比较有钱，常有报道说，有些乞丐白天上街乞讨，晚上换洗衣服后去娱乐场所潇洒。《现代快板》2014 年 5 月 6 日报道，随着南京地铁百日整治活动的开始，乱景一夜之间似乎都不见了。但是，地铁乞丐却依旧打着“游击”，有一名职业乞丐已经跟随地铁 8 年多，处罚上百次，可他还是坚守在“岗位”，这是为什么呢？南京地铁保护办公室负责人介绍，这名乞丐姓姚，每天乞讨收入不低于 500 元，高的时候上千元。南京地铁保护办公室执法大队迄今为止已经处罚他 100 多次，可他屡教不改。我们来看看大学生找工作，现在就业难，有些大学生因为没有工作经验找不到工作，将期望的薪水一降再降，2000 元都愿意工作，甚至不要薪水，只要提供工作机会也愿意。请问，同样是为了钱，这些大学生为何不去乞讨？为何不去当小偷？为何不去抢劫？这里面就是自尊心在起主导作用。

(5) 自我实现需要——这是最高层次的需要，指人们充分地发挥个人聪明才智，取得成就，实现个人价值的需要。自我实现的需要是最高等级的需要。有自我实现需要的人，似乎在竭尽所能，使自己趋于完美。马斯洛特别强调顶峰体验的概念。顶峰体验（Peak Experience）指自我实现者在人生历程中曾有过体验到欣喜感、完美感及幸福感的经验。比如高考，《中国青年报》2014 年 5 月 7 日报道，四川商人梁实 5 月 4 日在成都金牛区教育局招生考试办公室填写完了高考登记信息。不久之后，他将拿到人生中的第 18 张高考准考证。1983 年起，梁实开始报名参加高考，至今已经参加过 17 次高考，被网友戏称为“中国第一铁脑壳”“高考最牛钉子户”“中华第一考王”。虽然每次高考成绩都不理想，身边的很多人也不支持，但梁实笑着告诉四川新闻网记者，他对高考从未心灰意冷过。1997 年 6 月 1 日，柯受良驾驶着一辆风驰电掣的汽车从山西一方飞越黄河，落到了陕西一方。2006 年 4 月 23 日，历经 48 天痛苦而漫长的绝食过程后，掉肉 45 斤的俄罗斯莫斯科市民布劳恩·迪亚布活着走出了设在莫斯科闹市区的一间玻璃屋，创造了绝食时间最长的吉尼斯世界纪录。2006 年 5 月 15 日，新西兰无腿残疾登山员马克·英格利斯成功登顶珠穆朗玛峰。这些人的行为都是为了自我实现需要，完成自己的某种夙愿。高龄考生即使读了大学，也不可能再去找工作。那些参加极限运动的人，虽然成功了可以获得荣誉，可是付出的可能是生命的代价，如果仅仅为了荣誉，你愿意冒这个险吗？说到底，还是为了实现心中的一种意愿。比如那位无腿的登山运动员，1982 年，在攀登新西兰最高峰库克峰时，他的双腿被冻坏。截肢后的英格利斯改练自行车，并获得残奥会银牌。但是，他从未放弃登山梦想，终于在 2006 年 5 月 15 日梦想成真。用他妻子的话说，“登顶那一刻，他摸到了天”。

总之，人的五种需要是分层次的，生理需要和安全需要是低层次的需要，是物质需要；社交需要、尊重需要和自我实现需要是高层次的需要，是精神需要。

2. 需要层次理论的运用

(1) 人的需要有轻重层次，某一个低层次的需要得到满足之后，高层次的需要才出现。人们常常是五种需要同时存在，只是各自的需要强度不同，呈现出不同的需要结构。在较低层次的需要得到满足之前，较高层次的需要的强度不会很大，更不会成为主导的需要。管子曰：“仓廪实而知礼节”，如果连温饱都没有解决，谁会去考虑礼节问题。古代中国是礼仪之邦，而西方是未开化的蛮夷之地。现代西方经济发展水平高了，是文明社会了，而中国相当一部分人还在温饱线上挣扎，“忧心忡忡的穷人即使对最美丽的景色也无动于衷”。以前大家忙着填饱肚子，对旅游不感兴趣。现在生活水平提高了，有经济能力了，旅游日益成为人们生活的一部分。一个真正的乞丐想得最多的是怎样得到一个馒头，他不会去考虑怎样成为一个公司的老板；当一个老板有了钱，他不会计较一个馒头多少钱，他可能想得更多的是怎样出名，在社会上更有地位。所谓“饱暖思淫欲”，只有吃饱了、穿暖了，人才会去追求那至高无上的爱情。

(2) 只有尚未满足需要能够影响行为，已经得到满足的需要不能起激励作用。比如，对一个要挣钱养家糊口的年轻人，500 元的加班工资可能会吸引他大年三十到单位值班。而对于在单位混日子的富二代来说，可能 5000 元也无法吸引他加班。对于不差钱、有上进心的人来说，职位晋升比涨工资、发奖金有更大的激励作用。

1.3.3 马克思主义关于人的理论

马克思主义把唯物辩证法应用于对人本身的研究，得出了一系列科学的结论，其要点有三。

1.3.3.1 人的自然属性

在马克思主义出现之前，盛行的看法是：上帝造人，给了人肉体和灵魂。马克思主义出现后，唯物主义代替了唯心主义，对人的认识有了一个飞跃。马克思主义认为，第一，人属于自然界，这是人的自然化；第二，人统治自然界，这是自然界的人化。第三，人具有一定的动物性，正如恩格斯所说：“人来源于动物的事实已经决定了人永远不能摆脱兽性，所以问题永远只能在于摆脱得多些或少一些。”生物学家巴甫洛夫发现了三种无条件反射——食物反射、防御反射和性反射，以及在此基础上形成的某些条件反射，乃人与动物所共有。人的动物性或自然属性，主要表现在人的生存需要——衣、食、住、行、性。

1.3.3.2 人的社会属性

只承认人的自然属性，不承认人的社会属性，就会导致庸俗唯物主义、历史唯心论。人的社会实质——人不是孤立的、“纯粹的”个人。马克思说：“人的本质并不是单个人所固有的抽象物。在其现实性上，它是一切社会关系的总和。”

人的社会性有 4 个方面的含义。

1. 人不能离群索居，必须在社会中生存

马克思指出：“人是最名副其实的社会动物，不仅是一种合群的动物，而且是只有在社会中才能独立的动物。”前面讲的“狼孩”的例子说明人不能离开社会群体而单独存活。现在的一些网瘾少年患上“自闭症”也说明了社会群体的重要性。环境的影响很大。2012 年 9 月有则新闻说明动物界也是如此。国外一个牧场的主人训练自己的牧羊犬喂小羊羔，这只牧羊犬很热爱自己的新工作，每天乐此不疲地叼着奶瓶喂小羊羔，结果这些小羊羔也每天叼着木棒到处跑，模仿牧羊犬的动作，并且学习狗叫。

2. 人除了生存需要外，还存在着许多社会需要

社会需要包括安全需要、社会交往需要、自尊需要、自我实现需要。这些需要来自于社会，也只能通过社会得到满足，存在着客观的社会尺度。

3. 人的需要存在着客观的社会尺度

马克思、恩格斯指出："我们的需要和享受是由社会产生的，因此，我们对于需要和享受是以社会的尺度去衡量的。"（《马克思恩格斯全集》第 6 卷第 492 页）具体而言：

（1）人的需要具有时代性。不同的时代，科学技术和生产力水平不同，人们的生活方式不同，人们的需要也带有明显的时代特征。以吃为例：中国人在 20 世纪 60 年代的饮食特点是主食型、素食型，而 20 世纪 90 年代则走向副食型、肉食型。以穿为例：不同的时代流行样式各异。20 世纪 50 年代中国流行"列宁式"，20 世纪 60 年代流行"中山式"，20 世纪 70 年代末流行"喇叭式"，20 世纪 80 年代末流行"牛仔式"。

（2）人的需要具有阶级性。马克思在《资本论初版序》中指出：在阶级社会中，一切人"都不过是经济范畴的人格化，是一定的阶级关系和阶级利益的体现。"人总是阶级的人，超阶级的人是没有的。同样，人性都必然是具体的、带有阶级性的人性，抽象的、超阶级的人性是没有的。在这方面，毛泽东、鲁迅等人都曾有过精彩的论述。父母出生在广东的美籍华裔美国驻华大使骆家辉到北京履新之前，无数中国人对他充满亲切感，认为来了自己人当大使。可是 2011 年 8 月 14 日刚刚上任的骆家辉在官邸会见媒体时便多次强调自己的美国人身份，他强调："我和父母、妻子和孩子都直接代表美国以及美国作为自由、平等和机会之土地的希望。我，以官方身份，作为服务于总统和美国人民的美国驻华大使，将代表的正是这永久希望和这些价值观"。这充分说明了人的阶级性。

4. 人的全面发展取决于社会的高度发展

一个社会制度的优劣的主要标志之一是精神文明和人的全面发展。人的全面发展，是人力资源开发与管理的重要内容。人类推动自身全面发展的一个重要杠杆是教育。马克思指出：教育"它不仅是提高社会生产的一种方法，而且是造就全面发展的人的唯一方法"。这包括文化知识、技术技能的教育，也包括品德和作风的教育。教育在人力资源开发中越来越处在一个关键的地位。

1.3.3.3 人的思维属性

人与动物的本质区别是能够思维，有思想。根据恩格斯的观点，认识过程可分为三个阶段：第一个阶段是感性阶段，即对个别事物的感觉、知觉、表象；第二个阶段是知性阶段，即对事物之间关系进行分析、综合、归纳、演绎；第三个阶段是理性阶段，即通过辩证思维形成概念并研究概念的本性。第一、第二阶段是人和动物所共有的，第三阶段才是人所独有的，辩证思维才是人本质的反映。

综上所述，马克思主义认为，人的本质是人的自然属性、社会属性和思维属性的辩证统一，而且统一在人的实践活动之中。

1.4 人力资源管理的兴起

综观企业管理的全部历史，大致经历了经验管理、科学管理、文化管理三个阶段，总的趋势是管理的软化。能否清醒地认识到这一点，对于能否自觉地提高我国企业的管理现代化进程是至关重要的。

1.4.1 管理科学的发展历程

1.4.1.1 企业管理的三个阶段

20世纪70年代末80年代初，美国人从日本第二次世界大战后经济神速发展的奥秘中发现了企业文化对企业发展的巨大推动作用后，文化管理理论和管理方法开始席卷全球。它的产生迎合了社会生活的多元化、个性化的需求，是人们对管理个性的需求，同时也是从“机会”市场走向“能力”市场的产物。激烈的国际竞争必须在文化阶段达到新的竞争。中国加入WTO之后，必须与狼共舞，但企业家们认识到，如果没有狼的体质，必然被狼拖死，而要具备狼的素质，必须提升企业素质，自己也变成狼，甚至比狼还强，才能战胜狼。这些没有文化管理的参与都是难以实现的。

总的来说，文化管理不是无源之水、无本之木，它是管理理论发展到一定阶段的产物。迄今为止，管理理论的发展经历了3个阶段。

1. 经验管理——人治、经济人

所谓经验管理是指没有成型的管理规律、成文的管理制度可以遵循，企业完全按照经营者自己的设想，跟着感觉，凭经验、直觉去管理。所以，在经验管理条件下，企业的兴衰成败完全取决于经营者的个人素质，这包括决策能力、指挥能力、凝聚人的个人魅力、良好的感觉和直觉。

1769年，英国诞生了第一家现代意义上的企业，成为人类走向工业社会的标志。在此后的漫漫岁月中，与这种小规模家族式的企业相伴随的是幼稚的市场和低水平的科学技术，这使管理者从实践中积累的经验不但完全可以满足对企业管理的需要，而且在一定程度上成为企业发展的积极推动力。然而，随着生产力的发展、企业规模的不断扩大及社会化大生产的形成，经验管理从不适应到逐步成为企业发展的桎梏。

2. 科学管理——法治、机械人

在世界上第一家企业诞生142年后的1911年，美国人泰勒的《科学管理原理》一书的问世，使企业管理由漫长的经验管理阶段迈进了划时代的科学管理阶段，使依法治厂、依法治企成为可能，使企业管理从经验上升为科学。

在此后长达半个多世纪的岁月里，科学管理极大地推动了生产效率的提高。泰勒认为，懒惰是所有人的共性，因此，重奖、重罚、金钱刺激是提高员工工作热情的唯一手段。但泰勒的科学管理重物轻人，仅仅把员工当做工具，对员工采取胡萝卜加大棒式的管理思想和管理方式，随着经济和技术的发展，越来越显现出其消极的一面。

3. 文化管理——文治、价值人

文化管理充分发挥文化覆盖人的心理、生理、人的现实与历史的特点，把以人为中心的管理思想全面地显示出来。文化是一整套由一定的集体共享的理想、价值观和行为准则形成的。

流行于20世纪六七十年代的行为科学，虽然未能补充科学管理的不足，却为文化管理提供了重要的理论基础。行为科学将人的需要划分为生存、安全、社交、自尊、自我实现5个层次，人的需求从低到高不断攀升。正是从这一理论出发，人们认识到随着生产力的发展和人们生活水平的提高，企业管理从重物不重人的科学管理向强调“以人为本”，关心人、理解人、尊重人、培养人，在满足人的必要物质需要的基础上，尽量满足人的精神价值需要的文化管理发展，是企业管理的必然趋势。

科学管理与文化管理的本质区别与联系：科学管理的实质是以资本为核心，文化管理的实质是以人为本；科学管理的目标是追求资本效益的最大化，文化管理的目标是人的全面发展，在实现社会价值最大化的同时，实现个人价值的最大化。

文化管理是建立在科学管理之上的一种管理方式，是通过对科学管理的肯定和否定建立起来的一种管理模式。文化管理同时还包涵了科学管理的一部分合理内容，比如科学的决策机制、严格的制度管理、追求最大的工作效率等。

1.4.1.2 文化管理的主要内容

文化管理是一种“以人为本”的管理模式，其本质是以人为本，以人的全面发展为目标，通过共同价值观的培育，在系统内部营造一种健康和谐的文化氛围，使全体成员的身心能够融入到系统中来，变被动管理为自我约束，在实现社会价值最大化的同时，实现个人价值的最大化。

文化管理是目前正在探索和实践着的管理目标，其内涵是不断丰富发展的，包括如下内容。

（1）把企业看成有机的、“人的组织”，是培养人性的学校。传统上把企业看成生产产品的地方，充满机床设备、物化的东西；而从文化的角度看，企业家在市场经济中面临两种使命，赚取利润和培养人性，更重要的使命是培养员工的文化素质，增加其对企业价值观的认同。

（2）从人性假设来看，企业把员工看成是有血有肉、有着自我价值实现的“文化人”，人人是目的，每一个人的人生经历都是不可替代的，企业家是这样，每个员工也是这样。

（3）“外圆内方”式管理。外圆指通过文化来实行好的管理，内方指制度的内化，慢慢把制度演变为一种习俗。文化管理很好地诠释了制度与文化的关系。文化管理寻找的是一种中性的智慧，寻找的是一种中性的管理理念。文化是制度的润滑剂，再好的制度如果没有文化的润滑则难以成为自觉的人格行为，难以内化成为习俗。制度和文化之间是相互塑造的关系，应该借鉴中国古代老子的智慧：无为而治、自我管理。

（4）重视感情和价值在管理中的运用。以前强调要什么，不要什么，感到人是一种很被动的存在；文化管理通过感情、价值观的渗透，变人的被动为主动。

1.4.2 人力资源管理的兴起

与经验管理、科学管理、文化管理相对应的人力资源管理，大体上可以概括为雇用管理、劳动人事管理和人力资源开发与管理。

1. 雇用管理阶段

在雇用管理阶段，人们把员工与机器、工具一样，看成是简单的生产手段和成本。实行以录用、安置、调动、退职和教育训练为中心的劳动力管理，管理的主要目的是降低人力成本。

2. 劳动人事管理阶段

在劳动人事管理阶段，重点放在劳动效率的提高上。诸如如何挑选和招募一流的工人；如何培训员工以提高生产效率；如何建立员工档案，更科学地调配和使用员工；如何正确进行考核和给付薪酬；如何妥善处理劳资纠纷；如何维护劳动力以维持再生产等，成为管理的重要内容。

3. 人力资源开发与管理阶段

人力资源开发与管理阶段，主要有以下几项内容。

(1) 合理组织劳动力。如改善劳动组织，完善劳动定额，编制劳动定员，劳动力的录用和调配，城镇待业人员的安排，劳动力潜力的挖掘，节约使用劳动力，巩固劳动纪律和开展劳动竞赛等。

(2) 员工教育和培训。主要通过职工大学、技工学校、职工业余技校、社会大学（电大、函授、刊授等）、管理干部学院、党校，以及各种进修班、研修班、短训班等形式，对干部、员工进行技术培训、政治思想培训、文化培训等，切实提高人员素质，适应现代化建设的需要。

(3) 员工考核和激励。我国当前应主要解决“各尽所能，按劳分配”的问题，继续推进劳动用工制度、工资制度和干部制度的改革，科学地对人员进行考核和激励，不断满足员工的物质需要和精神需要，不断提高员工的物质文化生活水平，充分发挥分配对生产的促进作用。

(4) 员工的劳动保护、劳动保险和生活福利。一方面是保护员工的安全和健康，改善劳动条件，保证生产安全，建立和健全劳动保护规章制度，进行安全生产和安全技术教育；另一方面是解决员工老、病、残、伤及死亡的劳动保险，以及员工的集体福利待遇。通过这些环节促进劳动力的更新。

(5) 与上述四方面工作有关的人事计划、人事统计、人事评价工作，以及组织文化建设。

1.5 人力资源管理的思想

西方国家人力资源开发与管理思想在 20 世纪初才形成理论体系，即古典管理理论的组成部分，其代表人物有泰勒（美国）、法约尔（法国）、马克斯·韦伯（德国）。在其后又出现了以美国梅奥为代表的“人群关系学派”，及其在此基础上形成的行为科学理论。20 世纪 70 年代后，系统理论学派出现；20 世纪 80 年代则是企业文化理论带来了人力开发管理的最新思想。

1.5.1 泰勒的人力资源管理思想

被称为“科学管理之父”的泰勒（Taylor，1856—1915），美国管理学家，主要著作有《计件工资制》《工厂管理》《科学管理的原理和方法》《科学管理》《在美国国会的证词》等。他的理论成果使管理在历史上第一次从经验上升为科学，其主要的人力资源开发与管理思想如下。

1. 科学地确定劳动定额

过去雇主与工人争论不休的一个问题，是“谁来规定劳动定额”？泰勒的答案是：劳动定额既不是由雇主说了算，也不是由工人说了算，而是成立相应的机构，由专业人员通过“时间和动作研究”科学地加以确定。这在历史上第一次使定额工作建立在精确的调查研究的基础之上，更科学也更客观。泰勒指出：“企业里的每一个人，无论职位高低，每天都应该有明确的任务摆在面前。这项任务不应有丝毫的空洞或不明确之处，必须全部加以详细规定，并且应该不是那么轻易就能完成的。”（《工厂管理》）

2. 人事相符

为实现这一原则，泰勒主张：把过去由工人挑选工作，改变成由工作挑选工人。每项工作都应挑选一流的工人。这项工作应由专门的机构——“劳动科（雇用科）”去实施。他们应“调查申请人的经历、专长和品格，经常修订适合工厂中各种位置的人选名单。计划科应能很好地为各个人立一份档案，载明各个人是否按时出勤，或无故旷工、违反厂规、搞糟工作、损坏机器工具，及其对各项工作的熟练程度；还要登记各个人的平均收入以及其他优良品德，以供本部门和车间纪律检查员之用。”（《工厂管理》）

3. 科学培训

一流的工人不是天上掉下来的。一是通过严格挑选，二是通过科学培训。过去，培训是工人自己的事，由自己计划，自己实施。现在，培训是厂方的事，由专门机构和人员（教师）进行。为了提高劳动生产率，泰勒在时间动作研究的基础上，提出了一系列科学的工作方法，使工具标准化、操作方法标准化、工作环境标准化、原材料标准化。这些标准化的措施要想落实，归根结底应使有关工人完全掌握它，这必须通过系统的、科学的培训。（《科学管理原理》）

4. 差别计件工资制

为了推行“科学的高定额”，泰勒改变了传统的工资制度，力主推行“差别计件工资制”。在传统的计件工资制下，随着生产率的提高，工资率就会下降，工人拿不到实惠，因此缺乏增产的积极性。而在差别计件的工资制度下，“对同一种工作设有两个不同的工资率：对那些用最短的时间完成工作、质量高的工人，就按一个较高的工资率计算；对那些用时长、质量差的工人，则按一个较低的工资率计算（这个较高的工资率应当使工人比在同一机构中的工人每日的收入多些）。”这种工资制度，使完成高定额、大大提高生产率的工人也大幅度地提高了工资收入，因而维持了增产的积极性。（《计件工资制》）

5. 严肃纪律

“科学管理理论”所采取的激励模式是重奖、重罚。如果说“差别计件工资制”体现了重奖优秀工人的话，那么还有一系列纪律和对违纪者的惩罚措施。泰勒主张“采用一种前后一致的、经过精心考虑的方案”，并且使这种纪律制度“广泛到足以管束整个工厂各种工人的形形色色的品质和性格”。具体而言，惩罚措施包括解雇、降低工资、长期或短期停职、罚金、记过。（《工厂管理》）

6. 人员素质

一个组织的竞争力往往取决于人才素质的高低。“要得到一个具备多种专门知识，以及为完成其全部工作所必需的各方面的智力和道德品质的人极不容易，因为一个全才必须具有下列 9 种品德：脑力；教育；专门知识或技术知识、手艺或体力；机智；充沛的精力；毅力；诚实；判断力或常识；良好的健康情况。”这 9 项包括了教育背景、智力、体力、知识和技能以及必要的品德（主要指毅力和诚实）。不同的工作岗位，对素质的要求有明显差别。泰勒认为，“具备上述品质中三项的人，只要用普通工人的工资就可以随时雇到很多，但四项加在一起的就得用较高工资才能雇到，而具备五种品质的人便开始不大好找了，至于兼有六种、七种或八种上述品质的人则几乎是求之不得了。”“管理工作也应按工作性质的不同分门别类，由具有不同才能的人来分负其责。”（《工厂管理》）

7. 成立“职能式”的组织

为了提高人员办事效率和工作质量，确保科学管理，泰勒提出：“所有的工人以及班组长、工段长，都应该尽可能解除其全部计划工作以及或多或少带有办公室性质的那些工作。一切可能用脑的工作都应该从车间里转移出来，集中到计划或设计部门，留给工段长和班组长的只能是纯属执行性质的工作。”具体而言，就是实行“职能工长制”。设立 8 个职能工长，4 个负责执行工作，4 个负责计划工作（职能管理员）。（《工厂管理》）

虽然在实施过程中职能工长制因“多头指挥”而失败，但是泰勒将计划工作与执行工作分开，将脑力劳动独立出来成立职能部门的思想是正确的。他认为，工厂的日常工作不应由直线人员（经理、车间主任）来管理，而应由职能人员（计划部门）来管理。（《工厂管理》）

建立职能组织，“把计划工作和脑力劳动尽可能从体力劳动中分开会降低生产成本，这是毫无疑问的。可是这样做的时候，显然要给脑力劳动者以足够的工作量，使其不断有事可干。”这一点也同样重要，否则将造成人浮于事、无所事事的不良局面。

8. 劳方与资方共同进行“思想革命”

泰勒在《在美国国会的证词》中强调：“我不轻视成本会计制度、时间研究、职能工长制，也不轻视任何一种新的工资方法，也不轻视任何效率措施——如果它们的确是可以提高效率的措施。我相信它们，但我强调指出这些措施都不是科学管理，它们是科学管理的有用附件。”那么，什么是科学管理呢？他说：“科学管理的实质是在一切企业或机构中的工人们的一次完全的思想革命——也就是这些工人在对待他们的工作责任，对待他们的同事，对待他们的雇主的一次完全的思想革命。同时，也是管理方面的工长、厂长、雇主、董事会，在对他们的同事、他们的工人和对所有的日常工作问题责任上的一次完全的思想革命。没有工人与管理人员双方在思想上的一次完全的革命，科学管理就不会存在。”“在科学管理中，劳资双方在思想上要发生的大革命就是：双方不再把注意力放在盈余分配上，不再把盈余分配看作是最重要的事情。他们将注意力转向增加盈余的数量上，使盈余增加到使如何分配盈余的争论成为不必要。”这就是著名的“大饼原理”（或“蛋糕原理”）。即劳资双方合作把饼做大，饼大到这样的程度：如何分饼成为没有必要争论的问题，劳方的报酬足够多，资方的利润也足够多。那时，劳资关系就会出现新局面——“用和平代替斗争，用全心全意兄弟般的合作代替争吵和冲突，用向同一方向努力代替背道而驰，用互相信任代替相互猜疑，双方成为朋友而不是对头。”

1.5.2 法约尔的人力资源管理思想

法约尔（Fayul，1841—1925）是法国的著名管理学家，他与泰勒一起奠定了古典管理理论的基础。在他的代表著作《工业管理与一般管理》中，蕴藏着丰富的人力资源开发与管理思想。

1. 劳动分工

法约尔认为：“工人总是做同一部件，领导人经常处理同一些事务，则对自己的工作就可熟练、自信和准确，从而提高效率。”“这是使用个人和集体的最好办法。”劳动分工的结果“是职能专业化和权力的分散”。显然，并不是分工越细越好，“劳动分工有一定的限度，经验与尺度感告诉我们不应超越这些限度”。

2. 权责一致

人力资源的使用离不开权力和责任。法约尔认为：“责任是权力的孪生物，是权力的当然结果和必要补充。凡权力行使的地方，就有责任。”为了使人们牢记自己的责任，必要的奖惩是关键，“首先应规定责任范围，然后制定奖惩标准。”

在我国，很多贪官在入狱后都提到犯罪的一个原因：一把手的权力太大，没有监督，为所欲为。这是权力和责任失衡的一个后果。比如，2010 年 11 月因受贿罪被判处有期徒刑 13 年的原海南省东方市委副书记吴苗在忏悔时说，因为自己在地方当组长、部长，没人敢监督自己，于是开始受贿并且金额越来越大。

3. 纪律

人力资源的利用离不开必要的纪律。法约尔认为：“为使企业顺利发展，纪律是绝对必要的，没有纪律，任何一个企业都不能兴旺繁荣。”纪律是以尊重而不是以恐惧为基础的，并且“纪律是领导人造就的”，优良的纪律是优秀领导的成果，不良的纪律是不良领导的产物。法约尔强调指出：“无论哪个社会组织，其纪律状况都主要取决于其领导人的道德状况。”

4. 个人利益服从整体利益

在人力资源开发与管理工作中，总要碰到个人利益与整体利益的关系问题，其处理得好坏，直接关系到人的积极性能否发挥和组织目标能否实现。法约尔认为：“一个人或一些人的利益不能置于企业利益之上，一个家庭的利益应先于其一个成员的利益，国家利益应高于一个公民或一些公民的利益。”“然而无知、贪婪、自私、懒惰、懦弱以及人类的一切冲动总是使人为了个人利益而忘掉整体利益。这是一场要持久进行的斗争。”也就是说，为了充分地开发和利用人力资源，就要坚持同个人主义作斗争，这一思想至今仍是正确的。

5. 公平报酬

报酬公平与否是影响人力资源发挥其潜力的重要因素。法约尔认为："人员的报酬是指其服务的价格应该合理，并尽量使企业同其所属人员（雇主和雇员）都满意。"但很难找到十全十美的付酬方式。通常，人们希望报酬方式满足以下三个条件："一是它能保证报酬公平；二是它能奖励有益的努力和激发热情；三是它不应导致超过合理限度过多的报酬。"

对工人的付酬方式主要有三种：一是按劳动日付酬，适合于所进行的劳动不能测定的情况；二是按任务付酬的方式，只与任务执行情况有关，而与任务完成期限无关，其长处也是无须像按日付酬那样进行严密的外部监督；三是计件付酬的方式，常用于一些生产大量相同零件的车间。只要劳动可以测量，都应尽可能采用此种方式。法约尔认为："这三种方式各有利弊，其效果取决于实际情况和领导人的灵活性。"

6. 适度集权

在任何组织内部，权力的分配影响各级人员积极性和才能的发挥。集权意味着上级的重要性和作用增加，分权则意味着下级的重要性和作用增加。法约尔认为："集中和分权的问题是一个简单的尺度问题，问题在于找到适合于该企业的最适度。"一般来讲，"在小型企业里，领导人的命令直接传到下层人员中，集中是绝对的；而在大型企业里，领导和下级人员之间由许多等级隔开。""领导人的特点、才能，下属人员的才能，还有企业的条件决定了给中间人多少主动性。集中的程度应随不同情况而变化。"合理的集中度"目的是尽可能地使用所有人员的才能。"

7. 社会秩序

法约尔主张在企业内部不仅应建立起物质秩序，而且应建立起社会秩序，即"应该使每个人都有一个位置，每个人都在指定给他的位置上。""完善的秩序还要求位置适合于人，人也适合于他的位置。"如英国的格言所说："合适的人在合适的位置上。""这样的社会秩序必须以胜利完成两项最艰难的管理工作为前提，即良好的组织与良好的选拔工作。确定组织顺利发展所必需的岗位并选拔了在这些岗位上任职的人之后，使每个人都在他能发挥出自己最大能力的岗位上任职，这就是'最理想的'社会秩序。"

法约尔高度重视对人的选拔和招募工作。他说："这是企业最重要、最困难的工作之一。它对企业的命运有很大影响。""人员等级越高，挑选工作就越困难。""股东会议最重要的工作是任命董事会，而董事会最关心的是要有一个好的总管理处。挑选各等级的人员则是权力执行机构最关心的事情之一。"

8. 人员稳定

每个人要适应他的新职位，胜任工作，都需要一定的时间。如果刚刚适应工作就发生流动，则工作必将受到损失。法约尔指出："在那些大企业中，这种不稳定带来的令人恼火的结果尤其可怕。"特别是管理人员的不稳定，带来的损失更大。"一般来说，繁荣的企业的领导人员是稳定的，而那些运气不佳的企业的领导人员却是常变换的。这种不稳定同时是企业不景气的原因与结果。"

“然而人员的变动是不可避免的，年老、疾病、退休、死亡都会打乱企业的人员构成——某些人不能再承担他们的职务了，而另一些人可以担负起比目前更大的责任。”因此，人员如果始终不流动，组织就会死水一潭，应该有秩序、有计划地安排人员并补充人力资源，以保证人员的稳定。当然，“像其他所有的原则一样，稳定的原则也是一个尺度问题。”

9. 人员团结

在企业或其他组织中，人员不是孤立地进行活动的，因此人员的协作和团结十分重要。法约尔指出：“团结就是力量。”“一个企业中，全体人员的和谐与团结是这个企业的巨大的力量。”他告诫人们“不要使自己的下属人员分裂——使敌人分裂以削弱其力量是聪明的；但使自己的队伍分裂对企业来说则是一个严重的错误。”如 2012 年中日钓鱼岛争端，日本最担心的是大陆和台湾联手保钓。

维护人员团结，要求领导者具有真正的才干，“才能协调力量，激励起热情，发挥所有人的能力，奖励每个人的长处而不引起可能的嫉妒与破坏协调的关系。”需要协调的最主要的是相互利益关系，法约尔指出：时代的潮流是“通过一个共同的协议解决有关相互利益的大部分问题。这是一个新纪元的开始，它已深深地改变了习俗与思想。企业的领导应特别注意这种变化。”

10. 首创精神

首创精神指人们“发明与执行的可能性”和“建议与执行的自主性”。法约尔指出：“在社会等级的每一级上，人们的热情与积极性也都由于首创精神而增长。”因此，首创精神“是人类活动最有力的刺激物之一”，也是人力资源开发管理的重要因素。“全体人员的首创精神对于企业来说是一股巨大的力量，特别是在困难的时刻更是这样。所以，应尽可能地鼓励和发展这种能力。”具体而言，“需要极有分寸地，并要有某种勇气来激发和支持大家的首创精神。应该使领导者能够牺牲自己的虚荣心去满足其下属人员的虚荣心。”“在工作中，由于领导慎重地去引导部下而不代替他们，以及时的赞扬来鼓励他们，有时为维护部下的利益而牺牲自己的面子，所以领导能很快把一些有潜在能力的人造就成杰出的工作人员。”

11. 领导者率先示范

人员积极性和潜力能否发挥取决于一系列管理要素，“领导做出榜样是最有效的工作方法之一。”“当领导在出勤方面做出榜样时，谁也不敢迟到，当领导积极地、勇敢地、忘我地工作时，职工们也将效法他。如果他擅长此道，他会使人感到工作的乐趣。”“然而，坏的做法同样有感染力。由于这种坏做法来自领导，所以对整个单位都产生了极恶劣的后果。”这些精辟的论述，在现在看仍然是正确的。21 世纪初，日本的八佰伴集团破产，一个很重要的原因就是领导的铺张浪费，为了安装一个办公桌（上百平方米）上的玻璃台板花费上百万元，导致集团浪费成风。

12. 人员素质

法约尔深入细致地研究了各类人员所应具备的素质和能力。

人员的基本素质被法约尔概括为 6 个方面：“一是身体——健康、体力旺盛、敏捷；

二是智力——理解和学习的能力，判断力正常，精力充沛，头脑灵活；三是道德——有毅力、坚强、勇于负责任、有首创精神、忠诚、有自知之明、自尊；四是一般文化——具有不限于从事职能范围的各方面知识；五是专业知识——技术，或商业，或财务或管理等专业职能知识；六是经验——从业务实践中获得的知识，这是人们自己从行动中汲取的教训的记忆。”

13. 人员培养

法约尔高度重视人员的培养工作，他指出：“不管选择人员是如何困难，它总没有培养人员那样困难。一个好的工作人员——技术的、商业的、财政的、管理的或其他方面的——其才能不是天生就有的。为了使他具有这些能力，就要对他进行培养。这种培养一般体现了家庭、学校、工厂与国家所做的长期艰苦的努力。”法约尔详细研究了学校、工厂、家庭、国家在人员培养中的作用和问题，并提出了具体的建议。

14. 淘汰没有工作能力的人

为了维护工作的高效率，人力资源的新陈代谢是不可避免的，因此淘汰没有工作能力的人就成为领导者艰巨的、不可推卸的职责。当被淘汰者是一位组织重要成员时，此项工作难度极大。法约尔举例说：“对一个地位高、受尊敬、受爱戴的老服务员来说，他做过许多工作，但他的工作能力不知不觉地减弱了，以致影响到企业的发展，这种人就应该淘汰。”但是，“由于人们回忆起这位老服务员所做的工作，人们对他的感情以及淘汰后必然会产生的反响促使人们推迟执行这个能使这位忠诚的、受人尊敬的老人感到意外和深感痛苦的措施。”然而，无论如何也必须采取淘汰措施。法约尔指出：“领导是整体利益的裁决者与负责者，只有整体利益迫使他及时地执行这项措施。职责已确定，领导应该灵活地、勇敢地完成这项任务。”

1.5.3 韦伯的人力资源管理思想

马克斯·韦伯（Max Weber，1864—1920）同泰勒和法约尔是同时代人，是古典管理理论在德国的代表人物，被称为“组织理论之父”。他在人力资源的开发与管理方面也留下了宝贵的思想遗产。

1. 理性管理

韦伯在《社会和经济组织的理论》中分析了三种纯粹形态的合法权力：理性的法定权力、传统的权力、超凡的权力。他认为：这三种纯粹形态的权力中，传统权力的效率较差，因为其领导人不是按能力来挑选的，其管理单纯是为了保留过去的传统而行事。超凡权力则过于带感情色彩并且是非理性的，不是依据规章制度而是依据神秘或神圣的启示，所以这两种权力都不宜作为行政组织体系的基础，而只有理性的法定权力才能作为这种基础。因此，韦伯主张进行理性管理，排斥感情色彩，在法定权力基础上建立等级分明的行政组织，在这一点上他与泰勒的主张十分相似。

2. 理想的行政组织

韦伯倡导的金字塔形组织机构，可分为上、中、下三层，上层职能主要是决策，中层职能主要是执行，下层职能主要是操作。其中的每一层管理者都依据法定权力行事，上下级间是简单的命令和服从关系。他认为这种组织结构效率最高，最容易发挥人力资源的效用。显然，韦伯的这一组织结构理论对后世影响极大，至今仍有其现实意义。

3. 等级原则

在韦伯的理想行政组织中，各种职务和职位都是按照等级原则组织起来的，形成一个行政指挥体系。

4. 法定职权

韦伯指出："每一职务都有一明确规定的法律意义上的职权范围"，即使组织的最高领导者，"他的权力也存在于法定'职权'的范围之内"，大家都不能超出法定职权范围之外去行使权力。

5. 自由契约

韦伯认为："职务是通过自由契约关系来承担的。因此，从原则上讲，存在着自由选择。"每个工作人员"他们在人身上是自由的，只是在与人身无关的官方职责方面从属于上级的权力。"他们"始终有辞职的自由"。

6. 人员任用

韦伯指出，各个职位的"候选人是以技术条件为依据而挑选的，在最合乎理性的情况，他们是通过考试或表明其技术训练的证件或两者兼而有之来挑选的。他们是被任命而不是被选举的。"

7. 职务级别工资

韦伯认为，在行政组织的一切工作人员，"有固定的薪金作为报酬，绝大多数有权享受养老金。""工资等级基本上是按等级系列中的级别来确定的。但除了这个标准以外，职位的责任大小和任职者在社会地位上的要求也可能要予以考虑。"

8. 升迁制度

韦伯指出，所有工作人员的升迁，一律"由上级的判断来决定。"上级也不是随意判断的，"存在着一种按年资或成就或两者兼而有之的'升迁'制度。"

9. 纪律和控制

纪律和控制是理性管理的主要手段。韦伯认为，工作人员"在行使职务时受到严格而系统的纪律的约束和控制。"组织成员必须遵守的规则和纪律是不受个人感情影响，在任何情况下都适用的。

10. 分工和协调

韦伯指出，在理想的行政组织体系中，为了实现组织目标所需要的全部活动都被划分为各种基本的作业，作为任务分配给组织中的各个成员。经过这样的合理分工，在组织的每一个环节上，都可以由拥有必要职权的专家来完成其任务。组织要明确规定每一成员的职权范围和协作形式，并做好协调工作，以便各个成员正确行使职权，减少摩擦和冲突。

1.5.4 行为学派的人力资源管理思想

以泰勒为代表的科学管理理论，有效地提高了劳动生产率，对人力资源的开发和管理做出了重要贡献。但是，他主要侧重在生产技术和工作方法方面，而对劳动者本身，特别是劳动者的社会和心理方面却注意不够，而且在事实上增加了工人的劳动强度，激起了工人的反抗，使人力资源的利用受到很大限制。于是，行为科学理论便应运而生。

行为科学学派在人力资源开发与管理上的主要思想概述如下。

1. 非经济人假设

人性假设是对人的本质的认识，是人力资源开发与管理的基础和前提。古典管理理论历来把职工看成是“经济人”：人是追求经济利益最大化的动物，其本性是懒惰的、怕负责任的，唯一的工作动机是赚钱。在这种假设下，必须对工人实施严格的外部监督和运用物质刺激手段。行为科学学派在“人性假设”方面，反对“经济人假设”，他们提出了“社会人假设”和“自我实现人假设”。“社会人假设”认为：职工不是“经济人”，而是“社会人”，他们不仅有经济上的需要，更有社会上的需要，即与人交往的需要、友谊的需要、感情的需要、归属的需要。人力资源开发与管理的重要方面是满足职工的这些需要，方法是大力改善工作气氛，建立良好的人际关系，实行有人情味的管理。“自我实现人假设”认为多数职工具有强烈的自我实现需要，他们的本质不是懒惰的、怕负责任的，而是渴望有一个施展个人聪明才智的舞台，负起责任，做出成绩，实现自我价值。对于这样的职工，必须以工作的合理安排满足其自我实现的需要，而不是对其实施“胡萝卜加大棒”那样的刺激，逼迫其完成工作定额。

2. 内在激励

古典管理理论把工人看成是“经济人”，所以在激励方式上迷信金钱刺激、物质激励，即在工资报酬、工作条件、福利待遇上下工夫，其关注的焦点是职工工作的外部条件，亦被称为“外在激励”。行为科学学派提出了“非经济人假设”，马斯洛提出了人的五层次需要论，指出人不仅有生存、安全这样的物质需要，而且有社交、自尊和自我实现这样的精神需要，如果说满足物质需要属于外在激励的话，那么满足精神需要则属于内在激励。“内在激励”关注的焦点不是工作的外部条件，而是工作本身，是工作本身能否使工作人员满足兴趣爱好、满足求知求美的欲望，能否使工作人员在工作中取得成就，发挥个人潜力，满足其自尊和自我实现的需要。显然，内在激励比外在激励更深刻、更持久。我们应该把激励的重点由物质激励转向精神激励，由外在激励转向内在激励。近三十年来，在发达国家中方兴未艾的“工作重新设计”即“工作扩大化、丰富化”，以及组织内的民主参与制度、自我培训计划等，都是通过提高工作生活质量，满足职工的高层次需要，调动其工作积极性的。

3. 重视非正式组织

古典管理学派只重视正式组织的作用，而行为科学学派发现了非正式组织的重要性。“人群关系论”的创始人梅奥等人认为，在正式组织中形成非正式组织是有一定必然性的。在正式组织中，以效率的逻辑为重要标准，而在非正式组织中，则以感情的逻辑为重要标准，前者被称作“管理人员的逻辑”，后者被称为“工人的逻辑”。梅奥发现非正式组织对于满足职工的社会需要发挥着不可替代的重要作用，它的存在利大于弊。他强调，企业管理者必须高度重视非正式组织的作用。注意在正式组织的效率逻辑同非正式组织的感情逻辑之间保持平衡，以便使管理人员同工人之间、工人相互之间能互相协作，充分发挥每个人的作用，提高工作效率。

4. 人道主义领导

行为科学学者许多是人道主义者。他们主张组织的领导者应实施人道主义领导。罗特利斯伯格在《管理和士气》一书中指出："一个人是不是全心全意地为一个组织提供他的服务，在很大程度上取决于他对他的工作，对他工作上的同伴和他的上级的感觉。"工作气氛和在工作中形成的人际关系，发挥举足轻重的作用。因此，一个好的领导应同时具有技术与经济的能力和人际关系的能力，应该实行有人情味的管理。具体而言，应该做到以下三点。

（1）在正式组织与非正式组织之间取得平衡，充分发挥非正式组织的积极作用，并限制其消极作用。

（2）在领导过程中，善于将组织目标与职工的个人目标统一起来。麦格雷戈在《企业的人性方面》一书中，把Y理论（自我实现人假设）直接称为"个人目标和组织目标的结合"。领导者应力求在组织目标中包含更多的职工个人目标，使职工在实现组织目标的进程中，也较多地实现了个人目标，这是调动职工积极性，充分利用人力资源的必由之路。

（3）领导者在实施领导时，应该把关心工作与关心人密切结合起来。美国管理学家布莱克和莫顿在《新管理方格》一书中，详尽地讨论了这个问题。两位管理学家将管理方式归结为两个因素的不同组合，这两个因素是："对人的关心"和"对生产的关心"。由于两个坐标各分为9个等级，总共有81种管理方式可供选择。目前最常见的是9.1方式（权威式），只关心生产，不关心人，这是典型的理性管理。最值得推崇的理想管理方式是9.9方式，即协作式（团队式）。在这种管理方式下，对生产充分地关心，对人也充分地关心，将两者有机地统一起来，从而形成团结协作的团队。在这种情况下，人力资源的潜力可以获得最大限度的发挥。布莱克和莫顿指出，协作式管理具有两大特点：一是以信念、献身精神及创造力为基础进行诚挚的沟通；二是领导者与部属的关系以相互尊重为基础。协作式管理最富有人性，最有效率，因而成为管理的大势所趋。

5. 组织文化

人力资源是一个群体的概念，它不是指孤立的个人，而是指在一个组织内部用一定规则进行协作的群体。因而，人力资源的开发和管理就必然进入群体行为、组织行为领域，从而进入组织文化领域。组织文化指一个组织在长期的生存发展中形成的，为组织多数成员共同遵循的基本信念、价值标准和行为规范。显然，组织文化对人力资源开发与管理的影响是十分巨大的。

20世纪80年代初，组织文化特别是企业文化的理论进一步系统化，这既是行为科学的继续发展，又预示着一种新管理学派——文化管理学派的诞生，同时宣告了一个崭新的管理阶段即文化管理时代的来临。在文化管理时代，组织文化是整个管理的关键一环，也是人力资源开发与管理的关键一环。"以人为中心进行管理"，管理的重点由人的行为层次上升为人的观念层次，用群体价值观去影响和激励组织成员积极工作，发挥出高度的劳动热情和首创精神，从而形成配合默契的团队，这是竞争力、内聚力和组织活力的真正源泉。

1.6 人力资源管理的发展趋势

人力资源管理被引入中国的20年也是中国企业自身发生巨大变化的20年，面对需求的急迫性以及存在的问题和现状，中国企业的人力资源开发与管理应该走向何方呢?

1. 科学化趋势

科学管理使组织管理走上了规范化、制度化和科学化的轨道，极大地推动了生产效率的提高。同时，在实践中也暴露出其本质的弱点——对职工的忽视。与生产高效化伴生的是人的工具化，以及工人对工作的厌烦，劳资矛盾的激化。于是，文化管理应运而生。

尽管实现文化管理是当今企业的向往所在，然而对当前我国的大多数企业而言，当务之急不是登上文化管理的台阶，而是进入科学管理的殿堂。要实现中国企业人力资源管理的科学化，关键是要夯实以下四项基础工作：第一，组织结构的精简和优化；第二，重视工作分析，编写完善的职位说明书；第三，搞好职位评价，建立以薪点为基础的工资制；第四，采用规范的方法和手段，进行正确的能力评价。

2. 制度化趋势

中国原有的组织有着浓厚的人治色彩：一个人说了算，而且决策只凭个人的直觉和经验。由于缺乏深入的调查研究和预测，缺乏健全的决策支持系统，又不遵循科学的决策程序，这种决策方式既无科学性，又无民主性，因此决策质量差、决策失误率高。

科学管理方法是指人们主动对组织的内在规律进行研究，制定出最能够反映组织运作内在规律的制度、方法和程序。因此，科学管理首先就要求中国组织建立科学的人力资源管理制度；其次，树立制度的权威性。中国组织往往就容易犯这样的错误，组织的制度成千上百条，然而做起来却无视制度的存在，就是有太多的“特殊情况”。可见，树立制度的权威，是实现人力资源管理制度化的保证。

3. 人性化趋势

过去以物为中心的传统人事管理导致人成为物的附属品，更是效率的牺牲品。随着“经济人”逐渐向“社会人”“自动人”转变，组织的员工不再是只会工作的机器或工具，这就要求人力资源管理转变到以人为中心，而这正是现代人力资源管理的重要特征。作为劳动密集型行业，员工是物流企业中最广大的群体，也是为企业创造收益的主体，他们具有强烈的自我实现愿望，企业不能将其仅仅看做成本，而应将员工视为企业的财富，通过人本化管理，考虑员工多方面的需求，为其提供舒适的工作和生活环境，从员工发展的角度为其提供培训教育的机会。

以人为中心要走出两个误区：其一，以人为中心而不是以官为中心；其二，以人为中心而不是以精英为中心。以人为中心的真正内涵是以员工为中心。也就是说，只有组织以员工为上帝，员工才会以顾客为上帝；只有组织为员工创造价值，员工才能为顾客创造价值。要从尊重员工的权力入手，在此基础上再增加人力资源开发的投入，促进员工在岗位上成才，与组织一道成长，增加员工们的主人翁思想，这是实现以人为中心的首要工作。

4. 战略化趋势

随着市场竞争的白热化，通信手段的现代化，世界变小了，组织决策加快了，决策的复杂程度更是大大提高。这使战略管理的地位空前重要，不得不要求人力资源管理部门转换角色——从事务性部门走向战略性部门。

现代人力资源战略是组织发展战略的重要组成部分。这不仅为组织决策提供重要的人力资源，成为组织成长的坚强后盾；而且作为一个有效增值的环节，它为组织各个直线部门创造价值，支持和促进各部门的发展。可见，转变成战略性部门无论对提升人力资源部门的战略地位，还是对整个组织的战略决策都是十分必要的。

5. 专业化趋势

作为人力资源管理的对象——人，是最复杂的，他们不仅有物质欲求，更有精神需要；他们不仅需要与人交往，还要求得到别人的尊重与友好对待；他们不仅需要胜任工作，取得成就，而且需要不断得到培训，不断自我完善与自我超越；他们不仅与企业有一定的联系和感情，而且容易被外界所诱惑。因此，人力资源管理的难度越来越大。相应地，随着其科学化程度的提高，其专业化程度越来越强。这要求人力资源管理的工作人员具备更多的人力资源管理专业的知识。

传统人事部门的办事人员往往不具备相应的专业知识，已经不再适应现实的变化。因此，这些办事人员要向职能专家转变，成为人力资源战略策划专家、人才测评专家、绩效评估专家、薪酬管理专家、人力资源开发培训专家、劳动关系专家以及组织文化专家。专业化的人力资源职能专家不仅能促进科学管理，更重要的是可以为员工提供内部的咨询和服务，而这项功能往往比以往的简单管理控制更重要。

6. 国际化趋势

进入21世纪后，经济全球化、国际化的脚步加快，经济超越了国界，跨国公司如雨后春笋般拔地而起，组织的经营范围也跟着扩大到了全球，其员工在地区、民族、文化方面也呈现出多元化趋势。经济全球化、国际化的趋势要求人才的全球化和国际化，进而要求人力资源管理的社会化、国际化，逐步从封闭式管理走向开放式管理，唯有适应这一变化，中国组织才能经得起挑战和冲击。

为了提高人力资源管理的效率和效益，组织逐渐趋向于将一部分低附加值的工作外包给中介机构，例如委托中介机构为其招聘员工、测评人才、结算和发放工资、进行业务技能培训等。而具有战略意义的工作，如价值观的培训、创新的发动、团队组织的建设等，则由组织自己进行优化管理。中介公司不仅为组织提供了专业化的可能，而且也有利于组织不断增强自身的核心竞争力。不能不说，外包是人力资源走向开放式管理的又一项重要产物，也是人力资源管理社会化的必然趋势。

知识链接

人才国际化的表现形式

(1) 人才定义国际化。长期以来，各国、各地对人才的标准不尽相同。进入人才国际化社会首先要求对人才的定义国际化。国际化的人才定义应包含4个基本点：一是人才的内在素质好；二是人才的劳动离不开一定的条件；三是人才必须具有创造性劳动成果；四是人才的贡献要大于一般人，其作用和影响直接推动社会的进步和发展。简言之，人才应该是指那些具有良好的内在素质，能够在一定条件下通过取得创造性劳动成果，对社会的进步和发展产生较大影响的人。

（2）人才观念国际化。一是尊重劳动、尊重人才、尊重知识、尊重创造的观念在世界范围普遍形成，人才在经济建设和社会发展中的重要地位和作用形成共识。二是人才的价值观念趋向一致，市场经济的价值观念，在世界范围内广为人们所接受，已经成为人才价值观念的基础。

（3）人才使用国际化。人才的活动空间越来越大，已经拓展到全球范围。人才的跨国流动，既有人员流动，又有智力流动。随着国际经济技术交流合作的日益广泛，国际人才与智力的交流合作也日益深入。几乎所有的国家都有大量的人才去其他国家工作，也有大批的外国人才来本国提供服务。最近20年来，人才占移民总量的比例不断攀升，许多优秀人才远离故土去国外长期工作。这种现象无论是在发展中国家还是发达国家都普遍存在。

（4）人才评价国际化。长期以来，对人才水平和业绩的评价，常常局限于一国一地。目前这种状况正在改变，在学术、科研、文化等领域，人们越来越多地将国际标准和水平作为衡量人才成果的尺度。由于经济全球化，各国市场同时面临国内外同行的竞争。因此，人才在经济社会领域内取得的成果最终评价也应该是国际化的。

（5）人才培养国际化。一是培养目标的全球化能否适应国际经济社会发展的需要，已成为人才培养的出发点和落脚点；二是教育体制的多样化；三是课程设置的综合化，更加着眼于复合型人才的培养；四是教育手段的现代化。

（6）人才素质国际化。经济全球化对人才的知识结构提出了新的要求，人才培养和使用的国际化加剧了人才在素质方面的竞争。复合型、高层次、具备跨文化操作能力以及通晓国际市场“游戏规则”等素质，将成为国际上普遍认同的人才衡量标准。

（7）人才待遇国际化。人才待遇国际化是人才国际化的重要内容。如果人才待遇不能国际化，那么人才流动空间的国际化就不能实现。哪个地方人才待遇与国际接轨工作做得好，哪个地方人才的聚集力就强。人才待遇国际化是人才流动和竞争中自然形成的趋势。

（8）人才竞争国际化。随着经济竞争的加剧和信息技术的发展，人才的竞争已经突破国界，国与国之间出现了“零距离”竞争的态势。同时，由于外资企业、跨国公司大量使用本土人才，这就使得“国内竞争国际化，国际竞争国内化”的现象非常普遍。国界一经打破，人才竞争的国际化就成为必然，挑战与机遇并存。

思考题

1. 人力资源的含义和特点是什么？
2. 人力资源管理的含义是什么？有什么特点？

3. 现代物流企业人力资源有哪些特征？
4. 简述我国物流企业人力资源管理的主要问题。
5. 简述人力资源管理的主要目标和任务。
6. 简述4种人性假设理论的主要观点。
7. 马斯洛的需要层次理论包括哪5种基本需要？在管理上有什么运用？
8. 泰勒的人力资源管理思想有哪些？
9. 法约尔的人力资源管理思想有哪些？
10. 韦伯的人力资源管理思想有哪些？
11. 行为学派的人力资源管理思想有哪些？
12. 简述人力资源管理的发展趋势。

案例分析

大连远洋运输公司人力资源管理案例

1. 背景

大连远洋海运公司（大连远洋）是中国远洋运输（集团）总公司（中远集团）所属的大型航运企业，成立于1978年1月1日，是中远集团旗下唯一的以液体散货运输为主的专业化运输公司。它一直位列世界五百强，极其看重为其提供服务的供应商的信誉和实力，对与其有业务关系的海运公司在职业健康、安全管理和环境保护提出了详尽的要求。公司陆地管理机构每年至少三次对这些国际大石油公司进行安全评估，公司船舶也要按其要求接受定期检查和不定期抽测。

大连远洋的船舶可以进行全球航行，为炼油化工项目提供服务的船舶类型齐备，可以承运原油、成品油、液化石油气、液化天然气、散装化学品；船舶吨位齐全，小至2000吨，大到30万吨。公司在国际、国内市场上完全市场化操作，经营方式灵活，有航次租船、定期租船、包运、与船东联合经营、与货主战略合作等。

公司综合实力处于国内领先水平，近几年在国际上也树立了品牌形象。针对海运市场的情况，公司制定了打造“中国第一，国际领先”的专业化液体散货运输企业的战略，以经济效益为中心，以安全生产为保障，以改革发展为创新动力，确保国家能源运输安全，保持企业全面、协调、可持续发展。根据海运行业的特点和对海运企业发展过程中关键要素的分析，公司提出了“运力与运量同步增长，增量与增效同步提高，经营与管理同步发展，员工与企业同步成长”的发展目标。

作为海运业一个重要分支的液体散货运输，对船员有着特殊的要求，船员必须通过专业的培训，持有相应的证书，才能满足国际公约的要求上船工作。据相关资料显示，我国持有液体散货运输证书的船员仅占我国船员总数的5%～6%，船东之间对这种特殊船员的竞争非常激烈，公司要想有所发展，就必须要吸引、留住这种人才。针对目前这种持有特殊证书的船员稀缺的窘境，不少公司开出高薪等诱惑条件来吸引他们。

2. 公司现存问题

(1) 船员结构不均衡

水手长和机工长两个职务的平均年龄已分别达到了52.83岁和53.12岁，由于船舶工作对水手长和机工长的体力、精力要求较高，大多数达到退休年龄的水手长和机工长都会因无法上船工作而选择办理提前退休。厨工、服务员的状况和水手长、机工长基本相同。公司在2009—2011年3年内出现了一次水手长、机工长、厨工、服务员的大的退休潮。

水手、机工在年龄上出现两极分化，30岁以下的水手和机工分别占总数的66%和80%，年轻水手、机工所占比例过大，尽管年轻水手、机工从精力、体力和语言方面较老水手、机工占有优势，但工作经验明显不足。产生水手、机工在年龄上出现两极分化现象的原因是公司在前十年忽视了招聘补充，造成断档现象，由此也造成机工长、水手长和泵匠后继无人的现象。

从船员学历结构情况来看，在一线船员中，唱"主角"的不是高学历船员，而是以"中专生"为主的中等学历船员。普通船员除二级机工、二级水手外，大部分为高中及以下学历。尽管学历高低不会对船舶一线的工作造成很大的影响，但船员中缺少高学历人才，对今后公司机关管理人才将造成潜在的威胁。由于机关相对于船舶对文化程度的要求较高，海务监督员、货物监督员和机务监督员等岗位必须要由具有船长、轮机长资历的人员担任，在船船员高学历人才的匮乏将使高素质的机关管理人才后继无人。

(2) 高级船员流失

虽然公司不愿对外界透露近几年高级船员辞职的信息，但内部统计的数字却不得不让公司管理层重视这个问题，他们希望找到原因和答案。

在国际船员劳务市场上，中国船员，尤其是高级船员多以薪酬低廉作为竞争优势。

大连远洋也因此受益良多，较低的人力资源成本也一度成为其立足行业的生存法则，员工学习与培训的机会相对较少，即使公司组织一些培训，参加人员也要自掏腰包，船员能力和表现参差不齐。

大连远洋给这些高级船员的薪酬虽然不能完全与世界接轨，但也应该是较高的，目的就是希望这些高级船员能够将自己的才华奉献给企业，为企业的长远发展做出贡献。对于一个在全球性具有知名度的海运企业，高级船员被其竞争对手频频挖角是一件不可思议的事情，甚至是一件不可原谅的事情。高级船员在打算离开企业的时候，会进行利弊的权衡，对手头的工作已经是心不在焉了，这样会对企业的工作绩效产生巨大的影响，如果由于流失者具有特殊的技能或流出者在岗位上占有重要地位，其流失后造成的成本损失比因其流失而产生的职位空缺造成的成本损失更为重大。

而且这种成本损失的影响常常会延续到接替其职位的新船员能充分胜任其工作为止。再者，由于流出者和流入者人力资本具有一定的差异性，流失高质量的人才或流失具有很大潜力的船员对企业造成的损失将是长期的，不利于企业的长期发展。

船员跳槽还有一个特点，他们经常结帮结伙，到了新公司还不断招引留下的船员。

结合案例思考以下问题：

(1) 如果你是大连远洋海运公司 HR 经理，你该如何应对船员结构不均衡的问题？

(2) 试用赫茨伯格的双因素理论分析影响船员去留的因素。

(3) 为了能避免竞争对手“挖墙脚”而留住高级船员，企业能在哪些方面做出创新？

2 物流企业的人力资源规划

学习目标

- 掌握人力资源规划的定义及其内容、类型。
- 学会预测人力资源需求。
- 了解影响人力资源规划的因素。
- 掌握人力资源规划的方法。
- 掌握人力资源需求预测及人力资源供给预测的相关方法。
- 了解人力资源规划的编制和执行。
- 掌握人力资源供给与需求不平衡的调整方法。

引导案例

人力资源经理的培训工作困境

W公司是一家物流公司，随着物流业的发展，公司规模不断扩大，成长迅速。在年度工作总结会上，王总没点名批评人力资源部，但是在公司内部管理尤其是公司制度建设和员工培训上表示了不满。

张君来W公司时间并不长，两年前作为招聘主管进入公司。凭着诚恳的工作态度和娴熟的专业技能，一年后，他被提为人力资源部负责人。上任之初，王总就找他单独谈过，王总表示，近年来随着公司成长，人员增多，疏忽了内部管理，员工整体素质大不如从前。因此，王总希望张君能把整个人力资源部抓起来，把员工培训做好。

张君首先走访各部门同事，特别是各部门负责人和基层的一线员工，听取大家对培训的想法和意见。同时，他还组织人力资源部发放培训需求调查表，对公司全体员工进行书面调查。经过两周的访谈和调查，人力资源部分析出了公司全体人员的培训需求，开始着手编写公司培训管理办法。

首先是年度培训费用。张君提出，W公司的培训总预算占上一年总销售额的1.5%，培训预算费用太高。在王总建议下，预算费用减半，方案通过。但针对今年新员工增加比较多，对企业认同感比较低，人力资源部准备请知名培训专家来公司做企业文化培训的计划由于费用问题而取消。

考虑到培训预算，张君决定开发课程，编写教材，选拔一批业务熟练、表达能力强的人组成内部讲师队伍。由企业内部培训师培训，不涉及教材的版税，只需要员工的工资，再加上一些设备、材料的损耗费，培训费用最低。

张君决定将公司培训分为内部培训和部门培训两个层次。人力资源部把公共类的计划和课程早早地编写完，但各个部门对编写课程叫苦不迭。专业培训课程迟迟不能出炉，一直拖到年后3月，内容和形式大都达不到要求。经反复修改，到4月才勉强定稿，但几乎无人报名担任内部讲师，员工感觉平时工作已经很累，哪有时间和精力备课，况且报酬又寥寥无几。最后公司指定，每部门必须出一人，讲师才基本到位。

但各部门负责人似乎希望人力资源部能全力承担所有的培训工作，基本都没有完成专业培训计划。新入职员工自从人力资源部做完入职培训后，部门几乎就没有再专门做其他培训，一部分经验相对缺乏的员工在试用期就萌生了离职的念头。

折腾了一年，公司培训似乎还是原来的样子。张君沉思，这里面到底有什么问题呢?

很多企业都出现过W公司遇到的这种情况，企业的HR持续不断地招人，但企业似乎一直缺人。企业的环境和待遇都不错，但企业一直处在缺人和招人的怪圈中。究其原因，企业只是每年年初做人力资源定编计划，而对于人力资源战略性储备或者人才培养都没有足够的重视。有的人力资源经理认为，企业现在的人力资源需求都没满足过，无须考虑未来。显然，企业缺的不仅仅是一份需求预测，而是科学的人力资源规划。本章将讨论人力资源规划的相关问题。

2.1 人力资源规划概述

“凡事预则立，不预则废。”人力资源管理同样如此。随着人力资源在国际竞争中地位的提高，为了保证人力资源管理整个系统正常运转，发挥人力资源的重要作用，必须做好人力资源规划。

2.1.1 人力资源规划的概念

1. 人力资源规划的含义

人力资源规划（human resource planning ）就是根据组织的发展战略、目的以及组织内外环境的变化，科学地预测、分析组织的人力资源需求和供给状况，制定必要的管理政策和措施，以确保组织在需要的时间和职位上获得所需的人力资源的过程。简单地讲，人力资源规划就是对组织在某个时期内的人员供给和人员需求进行预测，并根据预测的结果采取相应的措施来实现人力资源的供需平衡。

准确理解人力资源规划的含义，必须把握以下几个要点：

(1) 人力资源规划是以组织的发展战略目标为依据的，当组织的发展战略目标发生变化时，人力资源规划也随之发生变化。因此也可以说，组织的发展战略目标是人力资源规划的基础，人力资源规划是组织发展战略目标实现的重要支撑。

(2) 组织外部环境中政治、经济、法律、技术、文化等一系列因素处于不断的变化之中，因此组织中的人力资源状况也要随环境条件及组织战略的变化不断调整。战略目标的变化则将引起组织内外人力资源供需的变化，人力资源规划就是要对人力资源供需状况进行分析预测，以确保组织在近期、中期和长期对人力资源的需求。

（3）人力资源规划必须将组织确定的人力资源战略转化为必要的人力资源政策措施，以确保组织对人力资源的需求如期实现。政策措施要正确明晰，如对涉及内部人员调动补缺、晋升或降职、外部招聘、开发培训以及相应的人力资源投资等要有切实可行的措施保证，否则就无法确保组织人力资源规划的实现。

（4）人力资源规划要使组织和个人得到长期的利益。这是指组织的人力资源规划还要创造良好的条件，充分发挥组织中每个人的主观能动性，使每个人在不断提高自己的能力素质及工作效率的同时，提高组织的效率，使组织的目标得以实现。

（5）人力资源规划要注意实现员工的目标。人力资源规划在注重实现组织长远利益的同时，也要切实关心组织中每个人在物质、精神和业务发展等方面的需求，并帮助他们在实现组织目标的同时实现个人的目标。

人力资源规划根据时间长短不同，可以分为长期规划、中期规划、年度规划和短期规划四种。长期规划适用于大型组织，往往是5～10年的规划；中期规划适用于大中型企业，一般的期限是2～5年；年度规划适用于所有的组织，它每年制定一次，通常是组织年度发展规划的一部分；短期规划适用于短期内组织人力资源变动加剧的情况，是一种应急计划。

2. 人力资源规划的意义

人力资源是企业最具决定性、最活跃的要素资源，因此，人力资源规划在企业管理过程中起着关键作用。对于企业各项具体的人力资源管理活动而言，人力资源规划不仅具有先导性和全局性，它还能不断地调整人力资源政策和措施，指导人力资源管理活动的有效进行。具体而言，人力资源规划的重要意义表现在以下几个方面。

（1）人力资源规划有助于企业确定在生存发展过程中对人力资源的需求。随着周围环境的变化，企业生产规模和经营领域也需要随之变化，相应地企业对人力资源在数量、质量和结构上的需求也必然发生变化。企业如果不对其未来发展阶段的人力资源需求进行预测，提前做好准备，就会不可避免地出现符合企业需要的人力资源的短缺，而且在某些时候这种缺乏是很难通过临时招聘和短期培训来弥补的，比如与企业独特的生产技术密切相关的高技能人员的缺乏便是如此。因此，人力资源规划有助于人力资源在数量、效率和制度上与企业战略要求保持一致，使人力资源管理体系能够有效支持企业战略，并获得竞争优势。

（2）人力资源规划有助于人力资源管理活动的有序化。人力资源规划组织人力资源管理的基础性工作，它为人力资源管理活动，如员工招聘、职业生涯设计、员工培训、绩效管理与薪酬管理等提供可靠的相关信息依据，以保证管理活动的有序化。此外，人力资源规划事先通过对组织的人力资源状况进行系统分析，并采取有效措施，使企业避免人力资源不足或过剩的困扰，进而在日趋激烈的市场竞争环境中保证人力资源管理系统正常有序地运转。

(3) 人力资源规划有助于企业有效控制人工成本。企业的人工成本中最大的支出是工资，而工资总额很大程度上取决于企业中的人员分布状况。人员分布状况是指企业中的人员在不同职务、不同级别上的数量状况。当企业处于发展初期时，低层职位的员工多，人工成本相对便宜。随着企业的发展，员工职位水平上升，人工成本也会提高。因此，根据人力资源规划中所做的预测，有计划地调整人员分布状况，把人工成本控制在合理支付范围内是十分重要的。

(4) 人力资源规划有助于满足员工需求和调动员工的积极性。人力资源规划展示了企业内部未来的发展机会，使员工能充分了解自己的哪些需求可以得到满足，以及满足的程度。如果员工明确了可以实现的个人目标，就会去努力追求，在工作中表现出积极性、主动性、创造性。否则，在前途和利益未知的情况下，员工就会表现出干劲不足，甚至有能力的员工还会采取另谋高就的方法实现自我价值。如果有能力的员工流失过多，就会削弱企业实力，降低士气，从而进一步加速员工流失，使企业的发展陷入恶性循环。

2.1.2 人力资源规划的内容

人力资源规划是运作人力资源管理系统的前提，是人力资源管理各子系统重大关系决策的依据，按照影响的范围，人力资源规划可分为两个层次：人力资源总体规划和人力资源业务规划。

1. 人力资源总体规划

人力资源总体规划是对计划期内人力资源规划结果的总体描述，包括预测的需求和供给分别是多少，做出这些预测的依据是什么，供给和需求的比较结果是什么，企业平衡需求与供给的指导原则和总体政策是什么等。人力资源的总体规划具体包括三方面的内容，分别是人力资源数量规划、人力资源素质规划和人力资源结构规划。

(1) 人力资源数量规划是依据企业未来业务模式、业务流程、组织架构等因素确定未来企业各部门人力资源编制，以及各类职位人员配比关系，并在此基础上制订企业未来人力资源需求计划和供给计划。

(2) 人力资源素质规划是依据企业战略、业务模式、业务流程和组织对员工的行为要求，设计各类人员的任职资格，包括人员素质要求、行为能力要求以及标准等。素质规划具体包括企业人员的基本素质要求、人员基本素质提升计划以及关键人才招聘、培养和激励计划等。

(3) 人力资源结构规划是指依据行业特点、企业规模、未来发展战略重点以及业务模式，对企业人力资源进行分层分类，同时设计和定义企业职位种类和职位责权界限等，从而理顺各层次、各类职位上的人员在企业发展中的地位、作用以及相互关系。

2. 人力资源业务规划

人力资源业务规划是总体规划的分解和具体化，它包括人力资源补充计划、人力资源配置计划、人力资源接续计划、人力资源培训与开发计划、工资激励计划、员工关系计划和退休解聘计划等内容（见表2-1）。

表 2-1 人力资源业务规划的内容

规划名称	目标	政策	预算
人力资源补充计划	类型、数量、层次、人员素质结构改善	人员资格标准、人员来源范围、人员起点待遇	招聘甄选费用
人力资源配置计划	部门编制、人力资源结构优化、职位匹配、工作轮换	任职条件、工作轮换的范围和实践	按使用规模、类别和人员状况决定薪酬预算
人力资源接续计划	后备人员数量保持、人员结构改善	选拔标准、提升比例、未提升人员安置	职位变动引起的工资变动
人力资源培训与开发计划	培训的数量和类型、提供内部的供给、提高工作效率	培训计划的安排、培训时间和效果的保证	培训与开发总成本
工资激励计划	劳动力供给增加、士气提高、绩效改善	工资政策、激励政策、激励方式	增加工资奖金的数额
员工关系计划	提高劳动效率、员工关系改善、离职率降低	民主管理、加强沟通	法律诉讼费用
退休解聘计划	劳动力成本降低、生产率提高	退休政策及解聘程序	安置费用

资料来源：董克用．人力资源管理概论［M］．2版．北京：中国人民大学出版社，2003.

2.1.3 人力资源规划的原则

1. 战略性原则

企业战略就是确定企业的目标和方向，并采取一定的行动实现这些目标的过程。企业战略管理就是将企业的主要目标、政策和行为进行整合的过程。根据迈克尔·波特的战略理论，企业战略有三种基本形式：成本领先、差异化和集中战略。人力资源与市场营销、财务会计、生产制造，都对企业总体战略的实现具有重要意义。当企业的高层管理者在制订企业战略行动方案时，对员工招聘、选拔、发展和激励等有关事项进行思考时，就为人力资源战略和规划奠定了基础。反之，没有考虑企业人力资源战略，就不会促使有效的人力资源战略的形成。

人力资源规划是指组织在一定时期内指导和规范人力资源管理工作的纲领性文件。因此，人力资源规划的制定必须始终贯彻组织战略的思想，从战略高度思考和谋划人力资源队伍发展和人力资源管理工作的全局。这就要求人力资源规划要具有长期的稳定性、科学的预见性和较强的适用性，把人力资源规划建立在对人力资源活动发展规律的正确把握和对组织内外环境发展变化的准确判断基础之上，以使人力资源规划在执行过程中能最大限度地适应环境变化，及时做出调整。

2. 系统性原则

系统性原则要求把人力资源规划工作视为一项系统工程来看待，以组织整体目标的优化为目的，同时理清各系统之间具有的内在联系，协调整个人力资源规划方案中各个组成部分的相互关系，以保证后续人力资源管理各项工作能够顺利进行。因此，在制定人力资源规划时，应该将每个具体规划的特性放到大系统的整体中去权衡，从整体着眼，部分着手，统筹协调，达到整体的最优化。

3. 服务性原则

人力资源规划本身就是人力资源战略的具体文本化，而人力资源战略又是组织总体发展战略的一部分。因此，人力资源规划不能独立于组织发展战略之外，而是要服从和服务于组织的总体发展要求和总战略，为实现组织既定的目标提供强有力的人力资源保障和支撑。如果说组织发展规划是一级规划，那么人力资源规划就是二级规划。要根据组织战略实施的路径和发展的不同阶段，分别制定出相应的人力资源具体规划和对策措施。

4. 人本性原则

人是组织管理对象中唯一能动的资源要素，是组织生存和发展的决定性因素。对人的管理的成败关乎组织的命运。人本性原则就是要求在人力资源规划的制定和实施过程中，坚持以人为本的理念，在注重组织目标实现的同时，关注员工的全面发展。通过规划，加强对员工行为的规范、培训、引导和激励，把个人的成长目标和组织的目标统一起来，实现双赢。人本性原则要求：一要遵循人力资源个体成长规律、群体配置规律和人力资源市场交换规律；二要尊重员工个性，了解员工需求，调动员工积极性；三要激发员工的创造力，发挥员工的作用，实现其个人价值；四要建立良好的组织文化和民主管理的氛围，凝练共同的价值观，提升员工的认同度，增加员工的归属感，使员工与组织得到共同发展。

5. 动态性原则

面对不断变化的组织内外环境，必须果断放弃陈腐的静态规划观念，将人力资源规划看做一个动态的过程，加以动态性管理。人在不断地成长，组织也在不断地发展，因此，人力资源规划也要不断更新观念，不断充实和改善。这就要求人力资源规划的制定要在保证主体稳定的前提下，具有一定的灵活性和扩展性，只有这样才能不断地促进组织和员工的全面进步。

2.1.4 人力资源规划与其他职能关系

人力资源规划，作为人力资源管理的一个重要职能，与人力资源管理的其他职能之间存在非常密切的关系。

1. 与工作分析的关系

人力资源规划的一个重要内容是进行工作分析规划，而工作分析所得到的职位描述与职位规范为人力资源的数量和质量要求提供了明确的信息，进而为人力资源的供需预测提供了依据。

2. 与员工招聘的关系

在人力资源规划中，具体规定了员工的需求数量、人员结构、需求的时间等项目，这就为员工招聘提供了科学依据。员工招聘的完善不仅能满足规划对员工数量的要求，还能够达到规划对所聘人员的素质要求。

3. 与员工配置的关系

员工配置就是在企业内部进行人员的晋升、调动和降职等。人力资源规划是员工配置决策的一个重要因素。员工配置的一项很重要的作用就是对组织内部某个层次人力资源的需求与供给进行预测，而当预测结果出来后，企业就可以根据现有的人员状况制订相应的员工配置计划，以实现供需平衡。

4. 与职业生涯管理的关系

人力资源规划包含了职业生涯发展规划，职业生涯发展规划为员工指明了职业发展目标及通道，员工明确了自己将来的职业发展目标与方向，就会去努力追求，进而在工作中会表现出积极性与主动性。

5. 与员工培训的关系

人力资源规划与员工培训的关系更多地体现在员工质量方面。企业培训工作中关键的一项内容就是培训需求，只有培训的需求符合企业的实际，培训才有可能发挥效果。供需预测的结果则是培训需求确定的一个重要来源，通过比较现有员工和所需员工的质量，就可以确定出培训的需求，这样通过培训就可以提高内部供给的质量。此外，健全的培训模块能够在短时间内提升员工的职业技能，进而对人力资源规划的实施具有推动作用。

6. 与绩效管理的关系

在人力资源规划中，绩效评价是进行人员需求和供给预测的一个重要基础，通过对员工工作业绩以及态度能力的评价，企业可以对员工的状况作出判断，如果员工不符合职位的要求，就要进行相应的调整，这样造成的职位空缺就形成了需求预测的一个来源；同时，对于具体的职位来说，通过绩效评价可以发现企业内部有哪些人能够从事这一职位，这也是内部供给预测的一个重要方面。

7. 与薪酬管理的关系

人力资源需求的预测结果可以作为企业制订薪酬计划的依据，由于需求的预测既包括数量，也包括质量，因此企业可以根据预测期内人员的分布状况，并结合自身的薪酬政策进行薪酬总额的预测，或者根据预先设定的薪酬总额调整薪酬的结构和水平。此外，企业的薪酬政策也是预测供给时需要考虑的一个重要因素，人员供给的预测是针对有效供给来进行的。比如就外部供给而言，如果企业自身没有吸引力，那么再大的外部供给市场对它来说也是没有意义的，因此在进行外部供给预测时需要衡量企业自身的吸引力，而薪酬就是衡量吸引力的一个重要指标。

8. 与员工解聘的关系

人力资源规划与员工解聘的关系是比较明显而直接的，从长期来看如果需求小于企业内部的供给，就要通过对人员的解聘辞退实现供给的平衡。

2.2 人力资源规划的制定和执行

2.2.1 人力资源规划的制定程序

人力资源规划的最终目的是通过人员管理获得和保持企业竞争优势的机会。随着组织所处的环境、企业战略和战术计划、组织目前的工作结构和员工的工作行为的变化，人力资源规划的目标也不断变化。因此，制定人力资源规划不仅要了解企业现状，更要认清企业的战略目标方向和内外环境的变化趋势；不仅要了解现实的表现，更要认清人力资源的潜力和问题。人力资源规划程序如图 2－1 所示可分为四个阶段。

1. 调查分析准备阶段

在收集制定人力资源规划所需要的信息时，首先，要把握影响企业战略目标的宏观环境和行业环境；其次，可以利用企业的人员档案资料来估计目前的人力资源技术、能力、潜力，并分析目前这些人力资源的利用情况；最后，对于外在的人力资源环境，如劳动力市场结构、市场供给与需求状况、人口与教育的社会状况、劳动力择业心理等有关影响因素，需要做专门的深入调查分析。需要特别指出的是，在这一阶段，需要对组织内外人员流动的状况做特别的分析。人员流动可分为组织内流动和组织内外流动两大类，其中组织内外流动包括各种形式的离职、招聘。由于员工离职的不确定性较大，因此离职信息难以准确把握，这给人力资源供需预测带来了不确定性。

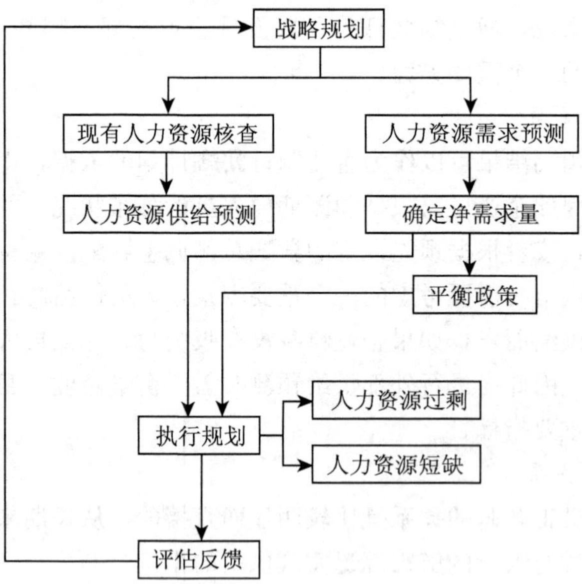

图 2－1　人力资源规划程序

2. 供给和需求预测阶段

进行供给和需求的预测阶段是人力资源规划中较技术性的部分。在所收集的人力资源信息基础上，对人力资源的供给和需求进行预测。预测可采用主观经验判断和各种统计方法及预测模型，并应与所实施或假定的人力资源政策相关，它对组织的管理风格和传统往往会产生重大影响。

3. 规划的制定和实施阶段

规划的制定和实施紧密相连。通常，企业首先形成人力资源战略，根据人力资源战略制定总体规划，再制订各项具体的业务计划以及相应的人事政策，以便各部门贯彻执行。人力资源规划的制定要保持各项计划和政策的一致性，确保通过计划的实施使人力资源战略的目标得以实现。人力资源规划的方案最终要在方案执行阶段付诸实施。方案执行阶段的关键问题在于必须要有实现既定目标的组织保证。除分派负责执行的具体人员外，还要保证实现这些目标所需的必要权力和资源。

4. 规划的评估和反馈阶段

人力资源规划是一个长久持续的动态过程，它具有滚动的性质。组织将人力资源的总规划和各项业务计划付诸实施后，要根据实施的结果精细评估，并及时对评估结果进行反馈，以修正人力资源规划。对人力资源规划的反馈与评估可以采用定期报告执行进展的形式。通过定期的报告和检查，可以确保所有的方案都能够在既定的时间里执行到位，并且方案执行的初期成效与预测的情况是一致的。有些企业只重视人力资源规划的制定与实施，而忽视人力资源规划的评估工作，这可能使人力资源规划流于形式，最终导致战略目标无法实现。对人力资源规划的实施结果进行评估可以明确规划的有效性，了解问题所在，促使规划更好地得以落实。

2.2.2 人力资源规划的执行程序

执行人力资源规划是十分重要的一个环节。如果前面规划得十分理想，但是在执行过程中出了问题将前功尽弃。执行人力资源规划主要包括四个步骤：实施、检查、反馈和修正。

1. 实施阶段

实施是最重要的步骤。在实施过程中要注意以下几点：

(1) 不折不扣地按计划执行；

(2) 在实施前要做好准备工作；

(3) 实施时要全力以赴。

2. 检查阶段

检查是不可缺少的不足，许多企业在执行人力资源规划时由于缺少检查而产生不少问题。例如，使实施流于形式，使实施缺少必要的压力，不能掌握第一手信息。检查者最好是实施者的上级，至少是平级，切忌是实施者本人或实施者下级。检查前，检查者要列出检查提纲，明确检查目的与检查内容。检查时，检查者要根据提纲逐条检查，千万不要随心所欲或敷衍了事；检查后，检查者要及时地、真实地向实施者沟通检查结果，以利于激励实施者，使之以后更好地实施项目。

3. 反馈阶段

反馈是执行人力资源规划中的一个重要步骤，通过反馈，可以知道原来规划中的内容哪些是正确的，哪些是错误的，哪些不够全面，哪些不符合实际情况，哪些需要加强，哪些需要引起注意等重要信息。反馈中最主要的一点是保持信息的真实性。由于环境和个体一样真实，因此去伪存真、去粗取精显得格外重要。反馈可以由实施者进行，也可以由检查者进行，还可以由两者共同进行。

4. 修正阶段

修正是最后一个步骤，谁也不能保证人力资源规划一经制定后就完全正确。因此，根据环境的变化、实际情况的变化、实施中的反馈信息，及时修正原规划中的一些项目将会显得十分必要。

执行人力资源规划时应遵循以下五条原则。

（1）战略导向原则。根据战略目标制定人力资源规划以及具体的人力资源计划，避免人力资源规划与企业战略脱节。

（2）螺旋式上升原则。人力资源规划并非一劳永逸，企业每年都需要制定新的人力资源规划，即各类人员规划都会随着内外环境的变化、战略的转变而改变，但同时它们又是在过去的基础上制定的，且一年比一年准确、有效。

（3）制度化原则。人力资源规划划分为两个层次：一是技术层面，即前面所说的各种定性和定量的人力资源规划技术；二是制度层面，一方面是指将人力资源规划制变化；另一方面是指制定、调整有关人力资源管理制度的方面、原则，从机制的角度理顺人力资源各个系统的关系，从而保证人力资源管理的顺利进行。

（4）人才梯队的原则。在人力资源规划实施的过程中建立人才梯队，从而保障工作人员的层层供给。

（5）关键人才优先规划原则。对企业中的核心人员或骨干人员应首先进行规划，即设计此类人员的晋升、加薪、替补等通道，以保证此类人员的充足供给。

2.3 人力资源供需预测

2.3.1 人力资源需求预测

人力资源需求预测是指对企业在未来某一特定时间内所需的人力资源的数量、质量以及结构进行估计。其主要任务是预先确定组织在什么时候需要人，需要多少人，需要什么样的人。为此，规划人员首先要了解哪些因素可能影响到组织的人力资源需求，然后根据这些因素的变化对组织人力资源需求状况进行分析和预测。

2.3.1.1 人力资源需求因素分析

人力资源需求分析主要从几个影响人力资源需求的因素入手，既有社会、政治、经济方面的因素，也有企业的战略、经营状况、管理水平及现有员工素质等因素，如表 2-2 所示，下面我们将分别从宏观层面和微观层面加以分析。

表 2-2 人力资源需求的影响因素

宏观层面	微观层面
经济环境	企业战略
社会、政治和法律环境	企业的经营状况（产品、产量、效率等）
劳动力市场	企业的管理水平和组织结构
技术进步	现有人员的素质和流动情况
	外部竞争者

1. 宏观层面

（1）经济环境。经济环境影响企业未来的发展趋势和社会经济发展状况，对企业人力资源需求也有很大的影响。这里的经济环境既包括国家或地区的经济状况、行业的经济状况，也包括世界的经济状况。目前，我国正处于经济转型过程中，经济转型对人力资源需求产生了显著的影响，也提出了更高的要求，要在尽可能大的范围寻找企业最需要的人。虽然经济因素对人力资源需求的影响较大，但是可测性较差，只能据此做一些宏观层面的分析。

（2）社会、政治和法律环境。这包括社会习惯、法律法规、国家政策和行政体制等方面的因素。社会政治因素如政局的动荡会影响人力资源需求，进而影响企业的人力资源规划。法律法规的变更也会影响人力资源需求，特别是西方发达国家，法律法规的影响更显著，表明政策法规对我国企业人力资源管理活动的强制作用呈加强的趋势。有关雇佣关系的各种行政法规，规范和界定了雇佣关系的性质以及人力资源管理活动的合法范围。这些因素虽然容易测量，但是对企业的真正影响却难以确定。

（3）劳动力市场。劳动力市场是企业获取合格人才的潜在场所，而企业员工的能力在很大程度上决定着企业能否顺利地实现自己的目标，因此劳动力市场是人力资源管理必须考虑的一个重要的外部环境因素。劳动力市场是随时变化的，这也引起企业内部劳动力质量和数量的变化。企业只有对劳动力市场进行分析，才能够准确地进行人力资源需求预测。

（4）技术进步。技术革新与进步对人力资源需求的影响较大。市场竞争推动技术进步，技术创新和升级换代通常伴随着对技术水平低的工人的需求减少，对有技能的工人的需求增加。技术的创新和升级经常在不同行业中出现，不同技术也需要不同类型、不同专业的人力资源。现在，信息技术和生物技术革命已经对我们的社会经济生活各方面产生了巨大的影响，它们既会直接影响企业的人力资源需求，也会通过人们对企业产品或服务需求的改变对企业人力资源需求产生间接影响。

知识链接

自由贸易区的建立将推动物流企业大爆发

据了解，上海自贸区具体方案最终将落实到金融、贸易、航运等五大领域的开放政策，以及管理、税收、法规等五个方面创新。具体内容方面，曾参加过官方有关上海自贸区研讨会、座谈会的上海财经大学国际贸易系副主任、上海自由贸易区研究中心副主任陈波透露，上海自贸区的功能首先是实现商品的自由流通，加工贸易商品进口关税将免除；此外，加工贸易企业的企业所得税也有望降低到15%以内。

随着贸易限制的取消，以及关税的降低或取消，这些措施将直接降低商品流通成本，自贸区内外的物资流通速度将加快，越来越多的各国货物到自贸区进行集散周转，自贸区内企业的数量和种类将大幅增加，由此带来的整个贸易、物流量也会相应大幅增加。这对于物流业来说是一个契机。

自贸区贸易量的增加给物流企业带来更多的业务，让企业获得更多的利润，除此之外，上海自贸区的设立还有助于提升物流企业的转型升级。功能多元化的自由贸易区需要多种货运业务，如保税物流、保税加工、仓储、商品展示等。在多元化的货运业务需求下，物流企业必须要改变单一的、粗放式的经营模式，开展各种增值服务是企业发展的方向。并且，自由贸易区的综合性功能也会引导物流企业向多元化的方向发展。

还需要提出的是，根据上海自贸区方案，将重点打造对外投资的服务促进体系，鼓励企业走出去，参与国际竞争，实现产业的转型升级。这对于物流企业来说也是不可多得的机会。当然，自贸区的空间毕竟有限，进入自贸区的加工、贸易企业都会是实力超强的大型企业，而它们则需要高效的物流，这对物流企业来说也是一个挑战。

（资料来源：中国物流与采购网 http：//www.chinawuliu.com.cn/zixun/201309/23/256112.shtml.）

2. 微观层面

上面分析了影响人力资源需求的宏观因素。但是，社会对人力资源的需求是以微观经济单位为基础的，人力资源需求的现实形态是微观的，各个微观经济单位对人力资源的需求总和才会形成一个社会对人力资源的总需求。所以说，虽然我们进行人力资源需求预测离不开宏观因素的考虑，但是对企业而言，明白影响企业人力资源需求的微观因素也许更有意义。

从微观层面看，影响企业人力资源需求的因素主要有企业战略、经营状况、企业的管理水平和组织结构、现有人员的素质和流动情况，以及外部竞争者等。

（1）企业战略。企业战略是影响人力资源需求的重要因素，企业的战略目标规划为企业规定了发展方向和目标，决定了其发展速度，决定了企业发展需要什么人来完成。由于战略的实施一般需要较长的时间，因此在制定企业战略时，既要考虑现有的人员状况，也要为未来的发展储备人才，要么进行培训开发，要么从外部招聘。战略一旦制定，就会对企业未来的人力资源需求和配置产生决定性影响。如果企业希望发展壮大，采取扩张性战略，进入新的市场或扩建部门机构或成立分公司，即将来需要的具备一定素质的员工数量就会增加。因此，战略规划和组织计划制约、规定着人力资源规划，并对人力资源需求预测提出要求。

（2）企业的经营状况。组织的经营效率也是影响人力资源需求的重要因素。高效率的组织为了满足企业高速扩张的需要，可能需要的人员数量较少，但是质量要求较高。如果组织经营效率低下，则需要分析现有人员的配备是否合理，甚至涉及减员问题。其他与经营状况有关的影响企业人力资源需求的具体指标有组织的工作任务、完成工作量的决定因素等。

（3）企业的管理水平和组织结构。企业的管理水平是指组织、管理生产经营活动的技术和方法所达到的先进程度。管理水平高，则企业可以充分利用现有人员，但是管理水平的高低首先取决于管理人员的素质。管理水平高，自然对高水平管理人员的需求就较大。此外，现有组织高层发生重大变化时，组织战略及人事政策都会随之改变，自然也会影响人力资源需求。组织结构对人力资源需求也会产生影响。随着组织趋于扁平化，管理幅度增加，员工跨层升迁的机会也就有所减少，同一级别的人员供给相对过剩。对一般员工的需求减少，对具有较高管理能力的高层管理人员的需求增加；对现有员工的需求减少，而对从外部招聘新人的需求增加。组织结构对人力资源需求的影响，还体现在要求员工有更高的素质、能学习适应新角色等方面。

（4）现有人员的素质和流动情况。人力资源需求预测其实不仅仅是预测未来所需的人才，合理使用现有的人力资源更为重要。现有的人员要看能否满足企业增加产量、提高效率的需要，能否适应市场竞争的需要。此外，还要考虑组织中人员因为辞职、调动、升迁或中止合同而发生的流动比例或流动频率等因素。人员流动对企业来说成本相当高，包括离职成本、重置成本和培训与开发成本等，对于专业技术人员和管理人员来说，可能流动成本还要高得多。人员流动性对人力资源需求提出了更高的要求，一方面可能是由于前期的人力资源需求预测不到位，另一方面也要求面向未来做出更合理的预测。

（5）外部竞争者。竞争者一直是影响企业人员需求的一个重要因素。一方面，竞争者之间可能相互争夺人才，影响企业的人力资源配置和需求；另一方面，竞争对手的易变性，导致社会对企业产品或劳动力的需求变化，这种对产品或劳动力的需求变化必然引起企业人力资源的需求变化。特别是在人才紧缺的地方，竞争对手的人才政策对企业的人才有很大的影响，企业更需要有针对性地进行人力资源需求预测，并开展人员招聘活动。此外，不同的地区由于经济发展不同，人力资源需求也不一样。地区因素在对人力资源需求产生影响的同时，对人力资源的供给也会产生影响，而且地区因素对人力资源供给的影响也许更显著。

管理案例

南京快递行业用工量激增

元宵节后，由于南京市各大快递公司部分员工并未按时到岗，加上节后快递业务逐渐恢复正常，快件量迅速回升，导致各快递公司目前普遍承受着用工量激增却难招到人的运营压力。

快递行业缺人并不是节后才集中爆发，而是一直处于用工短缺状态。快递业属于劳动密集型行业，进入门槛并不高，各个公司对员工几乎不限学历要求，只要“能吃苦耐劳，做事认真”就行。在南京各大招聘网站，除了顺丰快递开出 5000～8000 元钱薪金外，申通、中通、天天、韵达快递等纷纷打出月薪 3000～5000 元急招人的字样。“现在是有多少人我们要多少人，就是快递行业太苦了，愿意吃苦的人并不多。”

“元宵节后还是有几个员工没来上班，我们网点原来每天派送 600～700 件快递，这六七个业务员的工作量现在只能由三个人来完成。自从初七上班以来，我已经不知道午饭是什么滋味了。”申通快递的陈影直报怨。全峰快递的老周也介绍说，“我们平均每天要派送 70～100 件，现在元宵节刚过，快递业还处于相对淡季，我们能轻松点。去年双十一的时候，我们都要加班加点、风雨无阻地去送件。”

快递公司是物流行业的终端部分，当前的“缺人”的现象也一定程度上反映了物流行业的用工荒。然而，一些快递公司总是在有用工缺口的情况下才临时招聘，相当多的业务员并没有与快递公司签订劳动合同，两者聘用关系非常不规范，更不用说五险一金等福利待遇了，导致快递业务员流动性非常频繁。

（资料来源：中国新闻网 http://www.chinawuliu.com.cn/zixun/201402/18/278216.shtml.）

2.3.1.2 人力资源需求预测方法

用于测定人力资源需求的技术很多，大体可以归为定性预测法和定量预测法两类。

1. 定性预测法

（1）现状规划法。人力资源现状规划法是假设组织保持原有的生产规模和生产技术不变，组织的人力资源也应处于相对稳定状态，即组织目前各种人员的配备比例和人员的总数将完全能适应预测规划期内人力资源的需求。在此预测方法中，人力资源规划人员所要做的工作是测算出在规划期内有哪些岗位上的人员将得到晋升、降职、退休或调出本组织，再准备调动人员去弥补就行了。该方法适用于短期人力资源规划预测。

（2）主观判断法。它是由管理人员根据以往的经验，以及对人力资源影响因素的未来变化趋势进行主观判断，自上而下地确定未来所需人员的方法。具体做法是先由基层管理者根据自己的经验和对未来业务量的估计，提出本部门各类人员的需求量，再由上一层管理者估算平衡，直至最高层管理者做出决策，然后由人力资源管理部门制订出具体的执行方案，发展较均衡，一般采用这种方法。

(3) 德尔菲法。这是由美国兰德公司开发的一种预测方法。运用德尔菲法（Delphi），首先应成立一个研究小组，将需要预测的专题概括为若干问题，然后邀请20～30位专家，将问题表寄给他们，请他们回答，参加的专家是匿名的，参与者处于互不知晓的状态。当小组收到专家寄回的问卷答案后，进行统计分析与归纳，将第一次回答的结果归纳成新的问题表，反馈给专家。一般经过两三轮的反馈后，意见趋于收敛。根据专家提出的最后意见，总结前几轮的反馈结果，进行最后预测。

德尔菲法主要用于人力资源需求的中长期预测，要想有效使用该方法，还应该遵循以下原则：一是要为专家提供充足的信息，使他们能做出准确的预测；二是所提的问题要尽量简单，以保证所有专家对问题有相同的理解，而且是他们能够回答的问题；三是对专家的预测结果不要求精确，但要他们说明对预测结果的肯定程度；四是要向专家说明预测对组织的重要性，以取得他们的支持。

(4) 分合性预测法。分合性预测法是一种常用的预测方法，它采取先分后合的形式。这种方法的第一步是组织要求下属各个部门、单位根据各自的生产任务、技术设备等变化的情况对本单位将来对各种人员的需求进行综合预测，在此基础上，把下属各部门的预测数进行综合平衡，从中预测出整个组织将来某一时期内对各种人员的需求总数。这种方法要求在人事部门或专职人力资源规划人员的指导下进行，下属各级管理人员能充分发挥在人力资源预测规划中的作用。

(5) 组织愿景预测分析法。组织愿景预测分析（Scenario Analysis）涉及用劳动力环境扫描数据来开发可供选择的劳动力方案。这些方案是通过召开部门管理者和人力资源管理者参加的头脑风暴会议来制订的，他们预测在未来五年或五年以后他们认为自己所需要的劳动力会是什么样子。一旦这些预测成形了，管理者接下来就要回过头去识别关键的变化点。组织愿景预测分析的最大优点是它鼓励开放的、不受固定框框约束的思考。

2. 定量预测法

(1) 比率预测法。比率分析法（Ratio Forecast）是基于对员工个人生产效率的分析来进行的一种预测方法。该方法常见的有：第一，人员比例法。例如，某企业有200名生产人员和10名管理人员，那么，生产人员与管理人员的比率就是20，这表明1名管理人员管理20名生产人员。如果企业明年将生产人员增加到400人，那么根据比率可以确定企业对管理人员的需求为20人，也就是要再增加10名管理人员。第二，生产单位与人员比例法。例如，某企业有生产工人100名，每日可生产50000单位的产品，即一名生产工人每日可生产500单位产品。如果企业明年要提高产量，每日生产100000单位产品，根据比率可以确定需要生产工人200名，也就是要再增雇100名生产工人。比率分析法假定生产率保持不变。如果销售生产率上升或下降，那么就需要根据新的比率调整所需人员了。

【例2-1】 某物流企业2013年有雇员100人，年销售额3000万元，预计2014年企业年销售额将达到5100万元，届时需要多少雇员？

根据2013年的相关数据，企业人均销售额为：3000/100＝30（万元/人）

那么，到2014年企业所需雇员数为：5100/30＝170（人）

（2）总体需求结构分析预测法。总体需求结构分析预测法主要是在充分考虑未来技术进步对组织人力资源配置的影响的前提下，根据组织的生产计划对未来的人力资源需求做出预测。其计算公式为：

$$NHR=P+C-T$$

式中：NHR——未来一段时间需要的人力资源；

P——现有的人力资源；

C——未来一段时间需要增减的人力资源（主要由生产计划的调整所引起，可正可负）；

T——只由于技术提高或设备改进后节省的人力资源（即效率提高所引致的人力资源的节省）。

（3）人力资源成本分析预测法。这种方法是从成本约束的角度进行人力资源预测的方法。其计算公式为：

$$NHR=\frac{TB}{(S+BN+W+O)\times(1+a\%)T}$$

式中：NHR——未来一段时间内所需要的人力资源；

TB——未来一段时间内人力资源预算总额；

S——目前每位员工的平均工资；

BN——目前员工的平均奖金；

W——目前每位员工的平均福利；

O——目前每位员工的平均其他支出；

$a\%$——组织计划每年人力资源成本增加的平均百分比；

T——未来一段时间的年限。

这种方法更多地从组织的财务预算出发，确保组织有多大的财务能力就相应配备多少员工，因而比较经济，但可能由于财务预算有限，人力资源不足，从而导致生产计划量难以完成。

（4）趋势预测法。趋势预测法（Trend Forecast）是根据企业过去若干年份的人员数量和变化趋势，来预测企业在未来某一时期人力资源的需求量。具体做法是：以时间为自变量，人力资源需求量为因变量，根据历史数据，在坐标轴上绘出散点图；由图形可以直观地判断应用哪种趋势线拟合，从而建立相应的趋势方程；用最小二乘法求出方程系数，确定趋势方程；在此基础上，就可对未来某一时间的人力资源需求进行预测。

（5）回归预测法。回归预测法（Regression Forecast）是指根据数学中的回归原理对人力资源需求进行预测。基本思路是：确定与企业中的人力资源数量和构成高度相关的因素，建立回归方程；然后根据历史数据，计算出方程系数，确定回归方程；这时，只要得到了相关因素的数值，就可以对人力资源的需求量做出预测。回归模型包括一元线性回归模型、多元线性回归模型和非线性回归模型。一元线性回归是指与人力资源需求高度相关的因素只有一个；多元线性回归是指有两个或两个以上的因素与人力资源需求高度相关。如果人力资源需求与其相关因素不存在线性关系，就应该采用非线性回归模型。多元线性回归与分线性回归非常复杂，通常要借助计算机来处理。

【例 2-2】 已知某公司过去 12 年的人力资源数量，如表 2-3 所示，预测未来 15 年的人力资源需求量是多少？

表 2-3　　某物流企业过去 12 年的人力资源数量

年度	1	2	3	4	5	6	7	8	9	10	11	12
人数（人）	510	480	490	540	570	600	640	720	770	820	840	930

可绘制散点图，建立直线趋势方程：$Y=a+bX$。式中：Y 为人数；X 为年度。利用最小二乘法，可以得出 $a=390.7$，$b=41.3$。因此回归方程为 $Y=390.7+41.3X$。

由上面的回归方程可以预测第 15 年的人力资源需求量为 1010 人。

（6）计算机模拟法。随着计算机技术的飞速发展，人力资源管理的信息化趋势越来越明显，运用计算机技术来完成人力资源需求的预测，在很大程度上是依靠计算机强大的数据处理能力。一些企业已经在组织内部开发出了完善的人力资源信息系统，使用 IT 管理人力资源，将人力资源部门和直接部门所需的信息集中在一起，建立起综合的计算机预测系统。在这一系统中需要保存的信息包括生产单位产品的直接工时、当前产品系列的销售额计划。通过这两者可以初步确定直接生产人员的人数，从而确定企业内部人力资源需求。

2.3.2 人力资源供给预测

人力资源供给预测是指对在未来某一特定时间内能够供给企业的人力资源的数量、质量以及结构进行估计。人力资源供给预测主要包括：一是内部人员拥有（供给）量预测；二是外部人员供给量预测。重点是前者，而且侧重于对关键员工或核心员工的预测。

2.3.2.1 人力资源供给因素分析

人力资源供给分析首先要从分析影响企业内部供给与外部供给的诸因素入手。

1. 内部供给影响因素分析

企业内部人力资源供给通常是企业未来人力资源的主要来源，所以企业人力资源需求的满足应优先考虑内部人力资源供给。影响企业内部人力资源供给的因素主要如下。

（1）员工年龄结构。员工年龄结构关系到企业发展过程中员工新老交替的顺利进行，而且不同年龄的员工对不同职位有不同的优势和作用，根据年龄结构是否合理，可以做出科学的补充计划。年龄结构分析可按以下方法进行：一是计算平均年龄；二是将年龄组的统计资料用表格的形式或在坐标轴上以曲线图的形式表示出来，以此作为内部人员供给的一个基本依据。

（2）员工队伍稳定状况。通常用人力资源流动率来考察员工队伍稳定状况，人力资源流动率是一定时期内某种人力资源变动与员工总数的比率，适度的人力资源流动率是保证企业新陈代谢的条件。人力资源流动率通常分为人力资源流出率与人力资源新进率。如果人力资源流出率较高，未来企业的人力资源供给就会减少；反之，如果人力资源新进率较高，未来企业的人力资源供给就会增加。

（3）员工素质状况。企业员工素质可划分为员工的知识技能水平、思想素质和文化价值观、员工群体的知识技能层次结构等几个主要维度。在其他条件不变的前提下，员工素质的变化会影响内部供给，两者通过劳动生产率这个中间变量进行调节。员工素质状况的改善，与工资水平的提高、教育培训机会的增多，以及各种激励措施都可能相关，因此若对企业内部员工素质状况进行分析，必须对这些影响因素的变化给予高度关注。

2. 外部供给影响因素分析

影响企业外部人力资源供给的因素是多种多样的，在进行人力资源外部供给预测时主要应考虑以下五个方面因素。

（1）宏观经济形势。一般来说，宏观经济形势越好，失业率越低，劳动力供给越紧张，招聘就越困难；宏观经济形势越差，失业率越高，劳动力供给越充足，招聘就越容易。

（2）政府的政策法规。政府的政策法规是影响企业外部人力资源供给不可忽视的一个因素。各地政府为了各自经济的发展，保护本地劳动力的就业机会，就会颁布一些相关的政策法规，包括不准歧视女性就业、保护残疾人就业、严禁雇用童工、员工安全保护法规、从事危险工种保护条例等，从而影响外部人力资源供给。

（3）劳动力市场状况。劳动力市场发育良好将有利于劳动力自由进入市场，由市场工资率引导劳动力的合理流动；劳动力市场发育不健全势必影响人力资源的优化配置，也给组织预测外部人员供给带来困难。

（4）人口状况。人口状况是影响企业外部人力资源供给的重要因素，主要包括两个方面：一是人口总量。人口总量决定了人力资源供给总量。人口总量越大，人力资源供给越充足。二是人力资源的总体构成。主要包括人力资源的年龄、性别、受教育程度、技能、经验等，该因素决定了在不同的层次与类别上可以提供的人力资源的数量与质量。

（5）社会就业意识和择业心理偏好。就业意识和心理偏好是影响外部人力资源供给的重要因素。比如，一些城市失业人员宁愿失业也不愿从事苦、脏、累、险的工作；应届大学毕业生普遍存在对职业期望值过高的现象，大多数人希望到经济发达地区或进入国家机关、大公司或国有企业工作，而不愿到经济落后地区或小企业工作。

2.3.2.2 人力资源供给预测方法

人力资源供给预测是为了满足企业对员工的需求，即对将来某个时期内，公司从内部和外部所能得到的职工的数量和质量进行预测。

人力资源供给预测包括外部供给预测和内部供给预测。外部供给预测方法主要有直接调查有关信息和查阅现有资料两种方法。下面介绍几种有代表性的内部供给预测方法。

1. 人员接替模型法

人员接替模型法（Management Succession）主要是通过人员接替来预测组织内的人力资源供给。人员接替法把每个工作职位均视为潜在的工作空缺，而该职位下的每个人均是潜在的供应者。人员接替法以员工的绩效作为预测的依据，当某位员工的绩效过低时，组织将采取辞退或调离的方法；当员工的绩效很高时，其将被提升替代其上级的工作。这两种情况均会产生职位空缺，其工作则由其下属替代。图 2－2 为一典型的管理人员接替图例。

职位	总经理	
现任	张（46 岁）	A/2
接替人	王（42 岁）	B/2
现职	生产经理	C/2

图 2－2 管理人员的接替

图 2－2 中，括号内的数字表示该管理者的年龄，竖线旁的字母和数字是对其绩效和晋升可能性的评估。A 表示现在就可以提拔，B 表示还需要一定的开发，C 表示现有职位不很合适。对其绩效的评估在此分为 4 个等级。1 表示绩效突出，2 表示优秀，3 表示一般，4 表示较差。通过一张图表，就可以对组织内管理人员的情况非常明了。所以，人员接替图被认为是人力资源规划中十分重要的部分。

2. 马尔科夫模型法

马尔科夫模型法（Markov Model）是指以企业人员移动的历史数据为基础，预测未来企业在各时段上（一般为一年）各类人员分布状况的一种动态预测技术。它的基本思路是找出过去人力资源流动的比例，以此来预测未来人力资源的变化。马尔科夫模型预测方法实际上是一种转换概率矩阵，使用统计技术预测未来的人力资源变化。可通过下面例子来研究。

3. 技能清单法

技能清单法（Skill Inventory）又叫人员核查法。技能清单是一个反映员工工作能力特征的列表，这些特征包括员工的培训背景、工作经历、持有的资格证书、工作能力的评价等内容。它提供了一种迅速和准确地估计组织内可用技能的工具。随着计算机和网络技术的广泛应用，技能清单的制作和应用越来越便利。除了为晋升和调动决策提供帮助之外，技能清单还可以用于规划未来培训甚至员工招聘工作。技能清单可以用于所有员工，也可以仅包括部分员工，当然不同员工类型的技能清单，其具体项目可以根据需求进行修改和调整，以反映该员工类型的主要特征。

2.3.3 人力资源供需平衡

人力资源规划工作的核心和目的就是人力资源的供需平衡。人力资源供需预测比较，会出现以下几种结果：一是供需在数量、素质以及结构等方面都平衡；二是供需在数量上平衡，但结构上不匹配；三是供需在数量上不平衡，包括供大于求和供小于求两种情况。当供需数量平衡而结构不匹配时，需要对现有的人力资源在结构上进行调整。而当供需数量上也存在差异时，则需要制定出相应的规划政策，以确保组织在发展的各时间点上供求平衡。

1. 人力资源结构不平衡的调整措施

（1）通过企业内部人员的晋升和调任等，满足空缺职位对人力资源的需求。

（2）对于供过于求的普通人力资源，可以有针对性地对其进行培训，在提高他们的知识和技能的基础上，将其补充到空缺的职位上。

（3）招聘与裁员并举，即一方面要从外部招聘企业急需的人员；另一方面，对企业内的冗员进行必要的裁减。

2. 人力资源供大于求的调整措施

（1）扩大经营规模或者开拓新的增长点，以增加对人力资源的需求。例如，企业可以实施多种经营吸纳过剩的人力资源。

（2）永久性的裁员或者辞退员工。这种方法虽然比较直接，但是由于会给社会带来不安定因素，因此往往会受到政府的限制。

（3）鼓励员工提前退休。就是给那些接近退休年龄的员工以优惠的政策，让他们提前离开企业。

（4）冻结招聘。就是停止从外部招聘人员，通过自然减员来减少供给。

（5）缩短员工的工作时间，实行工作分享或者降低员工的工资。通过这种方式也可以减少供给。

（6）对富余员工实施培训。这相当于进行人员的储备，为将来的发展做好准备。

3. 人力资源供不应求的调整措施

（1）从外部雇用人员，包括返聘退休人员。这是最为直接的一种方法，可以雇用全职的，也可以雇用兼职的，这要根据企业自身的情况来确定。如果需求是长期的，就要雇用全职的；如果是短期需求增加，就可以雇用兼职的或临时的。

（2）提高现有员工的工作效率。这也是增加供给的一种有效方法，提高工作效率的方法有很多，例如，改进生产技术、增加工资、进行技能培训、调整工作方式等。

（3）延长工作时间，让员工加班加点。

（4）降低员工的离职率，减少员工的流失，同时进行内部调整，提高内部的流动率来增加某些职位的供给。

（5）将企业的部分业务外包。这实际上等于减少了对人力资源的需求。

（6）由于企业人力资源供给与需求的不平衡不可能是单一的供给大于需求或者供给小于需求，往往会相互交织在一起，出现某些职位的供给大于需求，而其他部门或职位的供给小于需求的现象。因此企业在制定平衡供需的措施时，应当从实际出发，综合运用这些方法，努力使人力资源的供给和需求在数量、质量以及结构上达到平衡匹配。

思考题

1. 什么是人力资源规划？简述人力资源规划的内容及类型。

2. 人力资源规划的预测技术方法有哪些？

3. 什么是人力资源规划需求预测？常用方法有哪些？

4. 什么是人力资源规划供给预测？常用方法有哪些？

5. 人力资源供需不平衡的情况有几种？不平衡时的调整措施有哪些？

6. 结合你所熟悉的企业，了解情况后，编写一份人力资源规划（包含短期、中期、长期的内容）。

案例分析

某大型物流公司的人力资源工作现状

某大型物流公司的前身是某货物运输代理公司，经营了数年的货物运输代理业务，其中大部分拥有企业所在省市的行业垄断地位。随着市场化的变革与政策的逐步放开，竞争日益激烈，利润率也不断走低，但由于长期积累的市场优势和雄厚实力，公司仍保持着不错的经营业绩。为了保持竞争优势，公司决定整合物流资源，进行重大业务改革，将在河南地区与物流相关的多家公司组成“某物流有限公司”。成立后的新公司提出了“做强货运，做大物流”的战略发展方针，并对原有的人力资源体系做出了相应的改革，而由于相关制度制定仓促，不够科学、透明、合理，基础工作不够扎实细心，引起了部分员工的不满和个别员工的强烈反对。为了系统提升人力资源管理能力，公司针对存在的问题，决定建立一套科学合理的人力资源管理制度和运作体制。

通过专业咨询公司的调查分析发现公司存在中国企业的传统病，尤其是大锅饭、能进不能出、冗员繁多现象最为严重。在人力资源规划与控制方面存在以下问题：招聘过程中业务部门不参与招聘面试，发挥不了其职能的优势；部门存在人员结构不合理的情况；没有实行定岗定编，老员工存在因人设岗的情况；没有退出机制，形成员工对企业的依赖；中层管理人员的管理技巧与技能缺乏；员工身份繁杂，有正式工、临时工、借调人员、外派人员；部门专业人才缺乏，现有人员素质不够，没有一定的人才储备。

结合案例思考以下问题：

这些都制约了公司的发展，如果让你对该公司进行人力资源规划，你打算怎么做？

联邦快递公司的辞职风波

在 1993 年 6 月 3 日登载在《孟菲斯商业诉求》上的一篇文章中，作为航空包裹运送行业领袖的联邦快递公司，宣布了两位高级执行官的突然辞职。托马斯·R. 奥列弗，联邦快递公司负责全球顾客运作的副总裁，他的辞职的生效日期是 1993 年 6 月 21 日，他接受了一名为语音沟通系统公司的总裁和首席执行官的职位。

卡罗尔·A. 普莱斯利，联邦快递公司负责营销和公司传播的资深副总裁，她的辞职生效日期是 1993 年 9 月 1 日。她计划移居佛罗里达，写作并创建一家咨询公司。她的辞职决定是突然和自愿的。

该公司任命威廉·拉祖克接替奥列弗。拉祖克是负责销售和顾客服务的前资深副总裁。没有人接替普莱斯利夫人，也没有人填补由拉祖克先生的晋升而留下的空缺。

这两个关键人物的辞职都发生在这样一个时期：该公司报告国际性亏损和公司赢利下降。人们说奥列弗已经改善了国际性的运作，尽管它们不赢利。

在这些辞职之后，联邦快递公司的股票价格下跌。一个经纪公司把该公司的股票从它的推荐名单上画掉了，另一个经纪公司则把评定从“买进”变成了“适度有吸引力”，这些都是市场对这两位高级执行官辞职的反应。该公司的股票在 6 月 3 日星期四以每股 45.50 美元收市，每股下降了 4.371 美元。那一天在纽约股票交易所有 764100 股的交易，其平均日交易量为 165100 股，股票交易甚至在市场开盘时被推迟了，因为卖出股数多于买进股数而导致了某种订单失衡。兄弟公司的一位分析员承认，她担心该公司继续失去管理人才。根据摩根·斯坦利公司的另一位分析员的说法，流动不是一个好兆头。

结合案例思考以下问题：

(1) 你认为这些人为什么辞职？

(2) 大致描绘该组织为避免未来发生这种性质的问题能够采用的计划。

(3) 这些辞职将会怎样影响为该公司的短期和长期未来而制定的总体战略规划？

3 物流企业的工作分析

学习目标

- 理解工作分析的基本理论，认识工作分析的目的和意义。
- 掌握工作分析的基本流程和组织实施的基本步骤。
- 掌握工作分析的基本方法和遵循的基本原理。
- 理解工作设计的基本理论，掌握工作设计的方法。
- 掌握工作描述与工作说明书的基本技能。
- 掌握工作说明书的内容，能够熟练编写工作说明书。
- 能够运用本章知识解决实际问题。

引导案例

UPS 的工作分析

成立于 1907 年的联邦快递公司，总部设在美国，是当今的物流业巨头，为全球 220 个国家及地区提供专业的物流服务，在全球拥有 677 架飞机及近 14 万名员工。从其创建的那一天起，UPS（联合包裹服务公司）就深谙公司的声誉几乎完全维系于第一线员工，正是他们进行着日常的包裹收取、配送以及和客户之间的互动。

UPS 公司现任首席执行官吉姆·凯利（Jim Kelly）认为，UPS 每年在不同的地区举行 3 次董事会例会，这一措施能够帮助凯利和公司其他决策人准确地把握 9 万名公司员工正在面临的机遇和挑战。

"这能够使我们有机会走出去亲眼目睹我们的销售团队的活动，"他说道，"我们能够倾听基层操作人员的意见，能够会见司机、行政人员、电话接线员以及那些负责贯彻落实'提供第一流客户服务'这一目标的第一线员工。我们谈论他们的工作，以及他们在和客户打交道时遇到的问题。尽可能地通过个人接触获得许多反馈信息，这有利于我们实施计划应对他们提到的这些挑战。"

该公司副总裁格拉多尔夫说，UPS 的员工，无论是新招聘的司机还是高级经理人，都必须同心协力向客户提供解决方案。这一理念已经深深根植于该公司的层层面面。为了避免不必要的冲突，第一线的销售人员和司机之间采取了一种独特的协作形式。格拉多尔夫指出成功的关键是信息流的质量。

他说道："在客户眼中，司机代表着UPS，因此必须使司机明白只有他们密切配合才能确保销售人员的努力不会白费。司机就是我们的眼睛和耳朵，所以公司必须以一种对他们具有吸引力的方式利用好他们这种资源，使他们懂得销售人员的成功也就是他们的成功。否则，他们会认为'销售人员越成功，我们将不得不分拣和运送更多包裹'。其中最大的变数在于销售人员能否理解司机们的想法。销售人员必须负责培育双方的良好关系。司机们都很愿意帮助企业不断成长，但如果不能在他们和销售人员之间建立友好联系，他们就不会积极主动地帮助销售人员捕捉商机。这也正是为什么销售人员应该主动站出来向司机伸出友善援助之手，帮助他们向客户提供更好的服务。"

没有什么企业能够比UPS公司更透彻地理解流程的有效运作。早在20世纪60年代，该公司的工程师就开始研究动作与工时的关系，分析从包裹分拣到配送这一流程的每一个步骤，例如，按门铃、等待答复以及分拣包裹等动作所需要的平均时间。结果该公司的司机几乎成为了科幻小说所描述的人类效率的典范。例如，他们在交货的时候，不是将货车钥匙链放在裤兜里，而是套在涂有淡红色的右手手指上，这样，他们一回到车上，就能用左手系安全带，同时右手将钥匙插入货车点火发动，从而节省几秒钟的宝贵时间。

格拉多尔夫指出，在UPS公司司机并不是唯一以效率最大化原则设计其工作日的员工。"我们花费大量时间和地区销售经理以及大区销售经理一道帮助我们的业务员设计一天的工作计划，"他说，"例如，今天你应该尽力完成哪些工作？你所设定的中长期目标是什么？我们通力合作以决定获取信息的最有效率的方式。我们身处一个变革的年代，必须帮助员工在区别良莠方面更具效率，使他们知道行事的次序，而不会丢三落四。"

他又指出，UPS销售人员的目标应该是在设计高效率的计划和全神贯注于工作成果这两者之间实现完美均衡，而且这是一个不断变化的目标。"业务员不仅要对什么时候打销售电话设定时间表，而且必须对其他方面的信息交流以及与司机有关的其他活动设定时间表。关键是你怎样才能在1天之内合理安排所有这些活动。我们坚信如果你对每一天进行规划，而不是顺其自然，那么你成功的概率将大大提高。但是我们也尽力把握好行动和成果之间的平衡。"

其成功的第一心智定位，是创造联邦快递成功神话的根本。一个成功的定位可以改变历史，而一个失败的定位则可以使企业走向破产。这种定位与工作分析息息相关。

结合案例思考以下两个问题：

(1) 从案例中你获得哪些启示？

(2) 从案例看，工作分析应注意什么？

工作分析是人力资源管理部门一项艰巨而复杂的基础性工作。它是在对一切问题进行深刻了解的基础上进行的，所产生的结果可以在人力资源管理的组织设计、招聘录用、绩效管理、人力资源规划、员工培训、薪酬设计等多个领域应用，会提高人力资源管理实践的成功率。在实行过程中，必须牢牢把握与工作岗位实际情况相结合的基本原则，必须从本组织工作岗位中获得真实可靠的信息。工作分析是人力资源管理的基础和平台，是作为整个组织人力资源管理的依据和参考。因此，它是每个人力资源管理者必须熟练掌握的一门专业技能。

3.1 工作分析概述

3.1.1 工作分析的概念

3.1.1.1 工作分析的定义

工作分析（Job Analysis），也称职位分析或岗位分析，是指一个组织中对某一特定工作的目标、性质做出明确规定，并确定完成这项工作所需技能、责任和知识的系统过程。工作分析是人力资源管理的基本流程，也是人力资源招聘、培训、绩效管理及薪酬设计的基础。在一个组织中，工作分析是工作信息提取的手段。工作分析的目的是通过工作分析提供有关工作的全面信息，使企业的工作目标能够具体地、稳定地分解落实到每个任职者身上，以工作设计为中心环节，形成结构化的分工协作体系，从而为员工建立规范化的工作行为模式。这一模式的建立，能够为员工的甄选、培训、评估、奖惩、调配以及薪酬支付等提供客观依据，从而可建立起有效的人力资源管理平台。

进行工作分析，首先要了解现有工作方式的特点和存在的问题；接着要以分工协作的客观规律为依据，对现有职务的工作方式进行改进；在此基础上，还要进一步寻找工作行为特征与员工行为能力之间的对应关系，确定与职务特点相适应的任职资格。任职资格的建立，实现了从事到人的转变，可为人力资源管理系统的运行提供直接基础。作为一项技术性很强的专业活动，工作分析需要合理安排。在工作分析过程中，会涉及不同的方法和技术，需要加以合理使用。

3.1.1.2 工作分析的术语

工作分析是一项专业性较强的人力资源管理工作，它涉及许多专业术语，但是这些术语的含义经常容易被人们混淆。

1. 工作要素

工作要素是指工作中不能再分解的最小动作单位。例如，教师讲课包括讲解、写板书、提问等工作要素。

2. 工作任务

工作任务是指工作活动中为达到某一目的而由相关工作要素直接组合成的集合，是一个人所做事情的具体描述。例如，教师的工作任务有讲课、改作业、改卷子、答疑等。

3. 职责

职责是指员工在某一方面承担的一项或者多项任务组成的相关任务的集合。例如，打字员的职责是打字、校对、机器维护等。

4. 职位

职位也称工作岗位，是指承担一系列工作职责的某一任职者所对应的组织位置，职位一般与职员一一对应。例如，销售部经理。

5. 职务

职务是一组重要职责相似或相同的职位。例如，某企业设两个领导岗位，一个分管企业生产，一个分管企业销售。就其工作内容来说，两个人的职责内容不尽相同。但是就整个企业来说，职责相当，谁也不比谁重要。因此，这两个职位可以统称为“部门经理”。

6. 职位族

职位族是指组织内部具有非常广泛的相似内容的相关工作群，又称为职位群。例如，企业内部从事技术的职位组成技术类工作族，所有从事销售工作的职位组成销售类工作族。

7. 职业

职业是在不同组织、不同时间从事相似活动的一系列工作的总称。例如，会计师、工程师等就是不同的职业。每个单位的会计师与工程师的具体工作内容与数量不尽相同，但是他们彼此所担负的职责以及对他们的任职要求却是相似的。职业是跨组织的，是对整个行业而言的。

8. 职业生涯

职业生涯是指一个人在其工作生活中所经历的一系列职位、工作或职业。例如，某人在进入企业的初期是销售员，后来经过了销售主管、销售部副经理、销售部经理，直至副总经理，这个职位的变化过程体现了一个人的职业生涯。

3.1.1.3 工作分析的作用

工作分析的目的是为了解决以下六个重要的问题：一是需要完成什么样的工作内容？二是工作将在什么时候完成？三是工作将在哪里完成？四是将如何完成此项工作？五是为什么要完成此项工作？六是完成工作需要哪些条件？这些对于决定工作分析的重点，确定相关信息收集的范围，选择合理的分析工具和方法很有意义。

工作分析是人力资源管理中的一项基础性工作，它所得到的信息是进行人力资源管理中的其他活动所必需的基础和依据。从图 3－1 中可以清楚地看到工作分析在人力资源管理中的地位和作用。

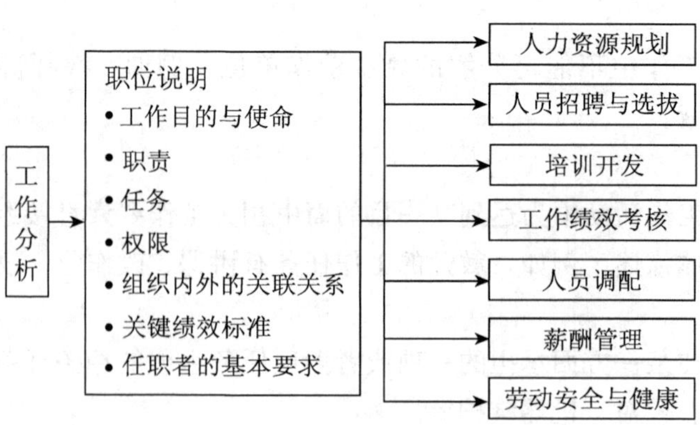

图 3－1 工作分析在人力资源管理中的地位和作用

下面分别从人力资源管理的各个工作环节上来看一看工作分析的地位和作用。

1. 人力资源规划

人力资源规划是指根据组织发展战略、组织目标及组织内外环境的变化，预测未来的组织任务和环境对组织的要求，为完成这些任务和满足这些要求而提供人力资源的过程。它包括预测组织未来的人力资源供求状况、制订行动计划及控制和评估计划的过程。人力资源规划的目标是：确保组织在适当的时间和不同的岗位上获得适当的人选（包括数量、质量、层次和结构），一方面，满足变化的组织对人力资源的需求；另一方面，最大限度地开发和利用组织内现有人员的潜力，使组织和员工的需要得到充分满足。

为了达到这样的目标，必须对各个职位的工作特性和用人要求有清楚的了解，而这恰恰是工作分析所要解决的问题。人力资源规划中很重要的一部分内容就是各个岗位上的定编定员。在对岗位进行定编定员时，必须考虑组织发展的战略和目标，以及组织内外环境的发展变化，同时还必须充分了解各个岗位的工作内容和特性，这样才能准确地判断岗位上所需人员的数量和质量，做出切实可靠的岗位用人规划。只有了解岗位的职责和任务，才能在此基础上测算各个岗位的工作量，从而计算出岗位所需人员的数量。通过工作分析，了解职位对人的要求，这样才有可能进一步获悉从哪里可以得到这些符合要求的人员，才能做出组织未来的人员补充和供给的预测和规划。

2. 人员招聘与选拔

人员招聘和录用是工作分析在人力资源管理中应用得最广泛的一个环节。工作分析是人员招聘和录用工作的基础。只有通过工作分析，才能知道等待招聘的职位需要完成哪些特定的工作任务，履行哪些职责，胜任该职位的人应具备哪些基本的要求。对于招聘者和应聘者来说，有了工作分析的结果，招聘工作和应聘工作才能有的放矢。招聘者知道了应该招聘什么样的人才能胜任工作，他们就可以根据职位的要求和职位候选人的情况对候选人进行选择，选择最适合该职位的人选。应聘者也了解了工作的基本内容和要求，从而去应聘适合自己的工作，避免盲目地去应聘。

另外，根据工作分析的结果，可以帮助招聘者选择使用适宜的测评与选拔人才的手段和方法。不同的职位对从事该职位的人有不同的要求，因此不同的职位在选拔时的侧重点也有所不同。例如，对财务人员的要求中比较强调对数字的敏感性，因此对他们进行选拔时就要采用一些关于数量关系问题的测验；对操作工人的选拔比较看重手指的灵活性，因此就采用一些操作性的测验方法；对管理人员的选拔要注重综合的管理能力，因此应注重对其管理能力的考察。

招聘中所使用的招聘广告通常就是根据工作分析的结果做出的。招聘广告中对职位的描述通常包括两部分，即职位的主要职责和基本要求。下面举一个典型的招聘广告的例子。

A 公司是全球最大的物流企业之一。目前在全球的员工超过 5 万人，年销售额达 300 多万美元。A 公司在中国各地设有 14 个合资企业。由于在中国大陆的业务迅速发展的需要，需招聘下列人员：

职位名称：高级人力资源官员

工作地点：北京

工作职责：

• 处理日常的人力资源管理事务，包括人员招聘选拔、培训与发展、薪酬福利等；

• 向公司内部其他部门解释和运用人力资源的政策，为各部门提供高质量的人力资源服务；

• 与外企服务总公司、政府机构和其他人才机构保持良好的关系。

基本要求：

• 本科以上学历，最好学过工商管理方面的课程；

• 三年以上的跨国公司日常人力资源运作经验，熟悉有关的劳动法规和政策；

• 熟练运用英语进行口头和书面的交流，熟练使用计算机进行文件处理；

• 良好的人际交往和沟通技能。

从上面这个例子中可以看出，招聘广告中对职位的主要职责和任职者基本要求的描述都是基于工作分析的结果。

3. 培训开发

一个员工被组织雇用了之后，在工作的过程中需要不断接受各种各样的培训。这些培训，除了关于组织基本政策和理念的培训之外，更多的是与工作岗位密切相关的岗位技能的培训。培训不仅是员工完成职位所规定的工作任务的必需过程，也是对员工激励的一种重要手段。员工为了能使自己适应工作发展的需要，具有学习和提高的愿望和需求，因此，能够为员工提供满足工作发展要求的培训，将会提高员工的工作满意感和工作的积极性。那么，选择哪些培训课程呢？如何确定培训的目标呢？这就要依赖于工作分析的结果。根据工作分析，得出各个职位的工作职责和任务，以及完成这些职责和任务所需的知识技能，这就是培训的目标。

现在很多先进的组织建立了组织内部的评价中心和发展中心，在这里将工作的要求与培训密切结合起来了。所谓建立评价中心和发展中心就是根据各个岗位的工作特性分析出任职者的核心胜任特质，然后开发出针对这些胜任特质的评价手段，以及培养和提高这些核心胜任特质的培训方法。所有这些工作，都是以工作分析为基础的。

4. 工作绩效考核

对员工的绩效进行考核也是人力资源管理工作中的一项重要内容。对员工的绩效考核通常要依据一定的绩效标准，而制定绩效考核的标准一般要基于工作分析的结果。

一般来说，员工的绩效中可评价的指标一部分应该是与其工作产出直接相关的，也就是直接对其工作结果的评价，有的国外管理学家将这部分绩效指标称为任务绩效；另一部分绩效指标是对工作结果造成影响的因素，但并不是以结果的形式表现出来的，一般为工作过程中的一些表现，通常被称为是周边绩效。任务绩效的指标来自于工作的目标，而工作目标是根据由工作分析得出的某个职位的工作职责和任务来确定的，因此，这样的绩效考核指标直接依赖于工作分析的结果。

任务绩效的指标可以使用与工作职责任务相关的数量、质量、时效性、成本控制等指标。例如，某销售职位的工作职责是进行产品的销售，那么每月销售的产品的数量就可以作为一个绩效指标；对于某个生产职位来说，其职责是生产合格的产品，那么生产的废品率就可以作为衡量工作绩效的指标，如可以规定废品率不超过千分之一。

周边绩效的指标是根据工作职责和任务的分析提取出来的，因此是间接地来自于工作分析的结果。例如，在生产性的职位上，工作的质量是非常重要的，因此可以将“遵守规则和纪律”作为周边绩效中的一个指标；在从事研发的职位上，非常看重工作中的创造性，因此就可以将“创新意识”作为周边绩效的一个指标。所以，只有通过工作分析，才能客观、合理地确定各个职位的绩效标准，从而进行合理的绩效考核工作。如果没有工作分析，那么绩效考核工作就很难做到有的放矢。

5. 人员调配

员工并不是从进入一个组织开始就始终在一个职位上工作，而是需要在不同的职位上流动的。

第一，一个员工可以晋升到什么岗位上去？

第二，哪些岗位上的员工可以进行相互之间的岗位轮换？

第三，当某个岗位上的员工临时无法在该岗位上工作时，可以由哪些岗位上的员工进行临时性的替代呢？

第四，当某个岗位上的员工离职或调走，应该由什么岗位上的员工来补充这个职位空缺呢？

这种种问题将如何得到解决呢？这是摆在人力资源管理者面前的问题。解决这些问题的重要依据就是工作分析中得到的信息。根据工作分析的结果，可以确定在工作性质上相似、难度上有层次差异的一系列工作之间的晋升、轮换和替代关系。因此，有了工作分析的结果，解决上述这些问题就可以做到有据可循，就能有效地进行人员调配。

6. 薪酬管理

在一个组织中，不同的人取得不同的薪资，各个组织都有自己的薪资体系。人们常常会问一个问题：为什么不同的人薪资不同呢，薪资的差距是由什么决定的？薪资管理中一个重要的原则就是根据职位的不同而给予不同的报酬，不同的职位在组织中的价值大小不同。那么，通过什么来确定职位的不同价值呢？这就需要找到一系列衡量职位不同价值的因素。

（1）不同职位所承担的责任不同。有的职位需要对组织承担较大的责任，有的职位承担的风险较大，有的职位有较多的指导、监督他人的责任，有的职位需要承担较多的在组织外部进行协调的责任。根据承担的责任不同，所应获得的薪酬也应有所不同。

（2）不同职位对知识和技能的要求不同。不同的职位在对学历的要求上可能有所不同，有的职位要求必须要本科毕业的人员才能担任，有的职位要求特定的专业方向上的学历。不同的职位要求的技能也有所不同，有的职位对数量关系的能力有较高要求，有的职位对言语表达的能力有较高的要求，有的职位则没有特定的要求。

（3）不同职位的工作复杂程度也有所不同，有的职位只需要任职者按照既定的程序进行操作就可以，而有的职位则需要任职者根据情况的变化采取不同的应对方法，有的职位则要求任职者自己创造出解决问题的方法。因此，对知识和技能有不同需求的职位上的任职者应获得不同的薪酬。

（4）不同职位所面临的工作环境也是有所不同的。有的职位在作息时间上总是有变化，没有规律；有的职位需要在户外工作，或经常接触有毒有害物质；有些职位的工作环境对体力有较高的要求。因此，在不同环境中工作的人应获得的报酬也有所不同。

以上只是举出了几方面的例子，造成不同职位工作价值差异的因素还有很多。从这些例子中可以看出，衡量工作价值的因素大多与工作分析的结果有关，例如，工作的责任、知识和技能的要求、工作环境等，都可以从工作分析的结果中找到依据。因此，在工作分析的基础上，对各个职位进行工作评价，确定各职位的相对价值大小，从而才能有效地确定各个职位的薪资等级。

7. 劳动安全与健康

在工作分析中，要对工作环境的各种因素进行分析，同时也会对生产作业的流程进行分析，这样就可以帮助了解影响劳动安全的主要因素，以便采取有效的预防和处理措施，提高劳动的安全，保护员工的健康。很多职业，如矿工、化工企业的工人，都需要员工在危险的环境中工作。进行了工作分析，就可以知道哪些危险是可以事先避免的，在哪些工作环节上容易出现事故，从而进行提前的防范。这样就可以降低事故发生的概率，也有利于保护员工的身体健康。

总之，根据不同的目标导向，工作分析的侧重点也会有所不同，如图 3－2 所示。

目标导向	工作分析的重点
以组织优化为导向的工作分析	强调对工作职责、权限的明确界定；强调将工作置于工作流程与战略分解体系中来重新思考该职位的定位；强调职位边界的明晰化
以人才甄选为导向的工作分析	强调对工作所需教育程度、工作经验、知识、技能与能力的界定，并确定各项任职资格要求的具体等级或水平
以薪酬为导向的工作分析	强调对薪酬决策有关的评价性分析，包括职位在组织中的地位及对组织战略的贡献，工作所需要的知识、技能与能力水平，工作职责与任务的复杂性与难度，工作环境条件下，工作负荷与强度的大小等
以绩效考核为导向的工作分析	强调对工作职责以及责任细分的准确界定，并收集有关各项职责与任务的重要程度、过失损害的信息，为考核指标的提取以及权重的确定提供基础
以培训开发为导向的工作分析	强调对工作典型样本、工作难点的识别 强调对工作中常见错误的分析 强调任职资格当中可培训部分的界定

图 3－2　不同目标导向的工作分析侧重点

3.1.2 工作分析的内容

工作分析的基本内容包括工作分析要素、工作说明、工作规范三个部分。

1. 工作分析要素

要进行工作分析，首先必须弄清该项工作由哪些要素构成，具体含义是什么。一般来说，工作分析包含的要素有以下8个：

(1) 什么职位。工作分析首先要确定工作名称、职位。即在调查的基础上，根据工作性质、工作繁简难易、责任大小及资格四个方面，确定各项工作名称，并进行归类。

(2) 做什么。即应具体描述工作者所做的工作内容，明确在岗位上要完成什么样的工作。在描述时应使用动词，如包装、装裁、刨、磨、检测、修理等。

(3) 如何做。即根据工作内容和性质，确定完成该项工作的方法和步骤，这是决定工作完成效果的关键。

(4) 为何做。即要说明工作的性质和重要性，表示任职者的工作目的，就是这项工作在整个组织中的作用。

(5) 何时做。即开展和完成工作的具体时间，也包括比如季节性等方面的时间要求。

(6) 为谁做。即该项工作的隶属关系，明确前后工作之间的联系及职责要求。

(7) 在哪里做。即完成工作地点和所需要的具体环境。

(8) 需要何种技能。即完成这项工作所需要的工作技能。

2. 工作说明

工作说明是有关工作范围、任务、责任、方法、技能、工作环境、工作联系及所需要人员种类的详细描述。它的主要功能有：让职工了解工作的大致情况；建立工作程序和工作标准；阐明工作任务、责任与职权；有助于员工的聘用与考核、培训等。编写工作说明时要注意：①描述要具体化而非抽象化；②描述的句子要简明，内容不要过于繁杂，最好不超过三页；③使用技术性术语时应加以解释。

3. 工作规范

为了使员工更详细地了解其工作的内容和要求，以便能顺利地进行工作，在实际工作中还需要比工作说明书更加详细的文字说明，规定执行一项工作的各项任务、程序，以及所需的具体技能、知识及其他条件。为此，企业在工作分析的基础上，可设立“工作规范书”或将此项内容包括在工作手册、工作指南等之中。所谓工作规范就是指完成一项工作所需的技能、知识以及职责、程序的具体说明，它是工作分析结果的一个组成部分。

在确定工作规范时：一是要把着眼点放在工作、职位本身上，对于工作对人的要求，既不能夸大也不能降低，而应该实事求是，秉承人员与职位相互匹配的原则；二是保持管理的客观性与公平性，将规范的标准定为最低要求，而并非理想或是期望要求，使之对于每一个人都保持同一标准。表3-1为某物流公司招聘专员工作规范的示例。

表 3-1　　工作规范示例：招聘专员工作规范

职位名称：招聘专员	
所属部门：人力资源部	
直接上级职务：人力资源部经理	
职位代码：XL－HR－021	
资格条件：	
1. 生理要求	
年龄：23～35 岁	性别：不限
身高：女性：1.55～1.70 米	男性：1.60～1.85 米
健康状况：无残疾，无传染病	
2. 知识和技能要求	
（1）学历要求：本科，大专需从事专业 3 年以上；	
（2）工作经验：三年以上大型企业工作经验；	
（3）英文水平：达到国家六级水平；	
（4）计算机：熟练使用 Windows 和 MS Office 系列软件。	
3. 其他要求	
（1）能够随时准备出差；	
（2）不可请一个月以上的假期。	

资料来源：林莉，王岩．人力资源管理［M］．北京：清华大学出版社，2012.

3.1.3　工作分析的原则

为了提高工作分析研究的科学性、合理性和有效性，在组织实施过程中，应遵循以下原则。

1. 系统原则

一个组织、单位是相对独立的系统，在对某一职务进行分析时，要注意该职务与其他职务的关系，从总体上把握该职务的特征及对人员的要求。

2. 动态原则

工作分析的结果不是一成不变的，要根据组织的战略目标、环境的变化、业务的调整，经常性地对工作分析的结果进行调整，工作分析由此也成为一项常规性工作。

3. 目标原则

在工作分析中，要明确工作分析的目的，注意工作分析的侧重点不一样。如果工作分析是为了明确工作职责，那么分析的重点在于工作范围、工作职能、工作任务的划分；如果工作分析的目的在于选聘人才，那么工作重点在于任职资格界定；如果工作分析的目的在于决定薪酬标准，那么工作重点在于工作责任、工作量、工作环境、工作条件等因素的界定等。

4. 参与原则

工作分析尽管是由人力资源管理部门主持开展的工作，但它需要各级管理人员与员工的广泛参与，尤其需要高层管理者加以重视，各业务部门大力配合才能成功。

5. 岗位原则

工作分析的出发点是岗位，分析岗位的内容、性质、关系、环境及人员胜任特征，即完成这个岗位工作的从业人员需要具备什么样的资格和条件，而不是分析在岗的人员如何。

6. 应用原则

应用原则是指工作分析的结果、工作描述与工作规范，一旦形成工作说明书后，管理者就应该把它应用于企业管理的各个方面。

3.2 工作分析的程序

工作分析是一项技术很强的工作，需要做周密的准备，同时还要有科学、合理的操作程序。一般来说，工作分析的整个过程包括中准备、调查、分析和完成四个阶段。这四个阶段相互联系、相互衔接并相互影响。

1. 准备阶段

（1）确定工作分析的目的。确定工作分析的目的就是明确工作分析要解决的问题是什么，其用途是什么。工作分析的目的直接决定了工作分析的重点、需要收集的信息类别，以及采用哪些方法收集信息。

（2）成立工作分析小组。工作分析是技术性很强的工作，应由专业人士负责操作。工作分析小组一般由以下三类人员组成：一是企业的高层领导；二是工作分析人员，主要是人力资源管理专业人员和熟悉本部门情况的人员；三是外部的专家和顾问，他们具有这方面的丰富经验和专门技术，可以防止工作分析的过程出现偏差，有利于保证结果的客观性和科学性。工作分析小组一旦成立，企业就应赋予小组成员相应的活动权限，以保证分析工作的协调和顺利进行。

（3）对工作分析人员进行培训。为了保证工作分析的效果，一般还应由外部的专家和顾问对工作分析小组成员进行业务培训。

（4）做好其他必要的准备。由于工作分析涉及诸多部门及人员，因此在开展工作分析之前，还需协调好各部门及其管理者之间的关系，做好员工的心理准备工作，建立起友好合作关系。

2. 调查阶段

（1）涉及调查方案。根据工作分析的目的，制定工作分析的时间计划进度表，并选择和确认工作分析的内容与方法等。

（2）收集工作的背景资料。背景资料包括组织架构图、工作流程图、国家的职位分类标准、国家标准职业分类、前人做过的工作分析资料以及工作说明书等。

(3) 收集需要被分析工作的相关信息。工作信息的来源包括工作执行者、管理者、顾客、工作分析专家、职业名称词典等多个渠道。在调查过程中应保持严谨客观的态度，科学地选取有代表性的样本，保证工作信息的准确性。

3. 分析阶段

这一阶段的主要任务是深入分析调查阶段所获得的信息，运用科学的方法找到各个职位的主要成分和关键要素。

(1) 整理资料。将收集到的信息按照工作说明书的各项要求进行归类整理，看是否有遗漏的项目，如果有的话再返回上一个步骤，继续进行调查。

(2) 审查资料。工作分析小组的成员要一起审查、核对和确认经过整理的资料，这样可以修正信息中的不准确之处，使工作信息更为准确和完善。

(3) 分析资料。如果收集的资料没有遗漏，也没有错误，接下来就要对这些资料进行深入分析，也就是要归纳和总结出编写工作描述和工作规范所需要的材料和要素，要创造性地揭示出有关工作和任职者的关键信息。

4. 完成阶段

这一阶段的主要任务是根据规范和信息编制工作说明书，并对整个工作分析过程进行总结。

(1) 编写工作说明书。根据分析阶段归纳和总结出的相关材料和要素，草拟工作描述和工作规范，并将之与实际工作进行对比，认真检查工作说明书，分析并评估其中所包含信息的完整性及准确性，查遗补漏，经多次讨论、反馈和修订，直至形成最终的工作说明书。

(2) 总结整个工作分析过程。找出其中成功的经验和存在的问题，为以后的再次工作分析提供参考依据。

(3) 将工作分析的结果运用于人力资源管理以及企业管理的相关方面，让工作分析及工作说明书真正发挥作用，而不是在这项工作结束后，就将工作说明书束之高阁，不加利用，导致资金的浪费。

3.3 工作分析的方法

工作分析的目的和内容确定后，就应该选择适当的工作分析方法。工作分析方法主要有定性和定量两种。

3.3.1 定性方法

定性工作分析方法收集的信息以定性信息为主，叙述较多，带有主观色彩。虽然定性方法存在一定的缺陷，但由于许多工作任务和活动很难全部定量化，也不容易有绝对客观的标准，因此该类方法仍得到了广泛的应用。

3.3.1.1 观察法

观察法是指在工作现场直接观察员工工作的过程、行为、内容、工具等，并进行记录、分析和归纳总结的方法。观察法是最早被使用的工作分析方法之一，也是最简单的一种方法。观察法应该包括观察设计和观察实施两个步骤：①设计阶段要确定观察内容，观察内容要准确反映工作分析的目的，而且应该是可以被观察到的项目，此外应根据观察内容制定观察提纲，以确保观察准确、高效；②实施阶段要根据事先确定的观察内容及提纲，对工作人员的工作过程进行认真观察，深入了解工作程序、环境、体力消耗与工作中所使用的工作设备等，并将观察到的结果适时记录下来。在现场观察时，观察人员应尽量不引起被观察者的注意，更不应该干扰被观察者的工作，以保证观察的真实性与有效性。

1. 观察法的分类

由于不同的观察对象的工作周期和工作突发性有所不同，所以观察法具体可分为直接观察法、阶段观察法和工作表演法。

（1）直接观察法。工作分析人员直接对员工工作的全过程进行观察。直接观察适用于工作周期很短的职务。如保洁员，他的工作基本上是以一天为一个周期，工作分析人员可以一整天跟随着保洁员进行直接工作观察。

（2）阶段观察法。有些员工的工作具有较长的周期性，为了能完整地观察到员工的所有工作，必须分阶段进行观察。比如行政文员，他需要在每年年终时筹备组织总结表彰大会。工作分析人员就必须在年终时再对该职务进行观察。有时由于时间阶段跨度太长，分析工作无法拖延很长时间，这时采用“工作表演法”更为合适。

（3）工作表演法。对于工作周期很长和突发性事件较多的工作比较适合。如保安工作，除了有正常的工作程序以外，还有很多突发事件需要处理，如盘问可疑人员等，工作分析人员可以让保安人员表演盘问的过程，来进行该项工作的观察。

在使用观察法时，工作分析人员应事先准备好观察表格，以便随时进行记录。条件好的组织，可以使用摄像机等设备，将员工的工作内容记录下来，以便进行分析。另外要注意的是，有些观察的工作行为要有代表性，并且尽量不要引起被观察者的注意，更不能干扰被观察者的工作。

2. 观察法优点

工作分析人员能够比较全面和深入地了解工作的要求，适用于那些主要用体力活动来完成的工作，如装配工作、保安人员等。

3. 观察法缺点

（1）不适用于脑力劳动成分较高的工作，以及处理紧急情况的间歇性工作，如律师、教师、急救站的护士、经理等。

（2）对有些员工而言难以接受，他们会觉得自己受到监视或威胁，从而对工作分析人员产生反感心理，同时也可能造成操作动作变形。

（3）不能得到有关任职者资格要求的信息。

（4）不能定量分析。

4. 观察法的操作要求

（1）要注意工作行为样本的代表性。

（2）观察人员在观察时尽量不要影响被观察者的注意力，干扰被观察者的工作。

(3) 观察前要有详细的观察提纲和行为标准。

(4) 观察者要避免机械记录，应反映工作有关内容，并对工作信息进行比较和提炼。

5. 举例说明

工作分析的观察法举例如表 3-2 所示。

表 3-2　　工作分析观察提纲示例

年　月　日	
被观察者姓名：	观察者姓名：
工作部门：	工作类型：
观察内容：	
1. 工作准备时间：从　　到	
2. 什么时间正式开始工作？	
3. 上午工作多少小时？	
4. 上午休息几次？	
第一次休息时间：从　　到	
第二次休息时间：从　　到	
5. 上午完成多少件产品？	
6. 上午上过几次厕所？	
7. 与哪些同事交谈？	
8. 交谈的主要内容是什么？	
9. 与同事交谈几次？　　；每次交谈几分钟？	
10. 室内温度：　　；湿度：	
11. 工作时间喝了多少水？	
12. 什么时候开始午休？	

3.3.1.2　访谈法

访谈法是与任职者或相关人员一起讨论、分析职位的特点和要求，从而取得相关信息的方法。访谈法是目前国内企业运用较广泛，且相对成熟与有效的方法。

1. 常用的三种访谈法

(1) 对每个雇员进行个人访谈；

(2) 对做同种工作的雇员群体进行的群体访谈；

(3) 对完全了解被分析工作的主管人员进行的主管人员访谈。

2. 工作分析访谈的要求

(1) 明确访谈的意义；

(2) 建立融洽的气氛；

（3）准备完整的问题表格；

（4）要求按工作重要性程度排列；

（5）访谈结果让任职者及其上司审阅修订。

3. 工作分析访谈的标准

麦考米克于 1979 年提出了访谈法的一些标准，它们是：

（1）所提问题要和工作分析的目的有关；

（2）工作分析人员语言表达要清楚、含义准确；

（3）所提问题必须清晰、明确，不能太含蓄；

（4）所提问题和谈话内容不能超出被谈话人的知识和信息范围；

（5）所提问题和谈话内容不能引起被谈话人的不满，或涉及被谈话人的隐私。

4. 工作分析访谈的内容

访谈法广泛运用于以确定工作任务和责任为目的的情况。访谈的内容主要是得到任职者四个方面的信息：

（1）工作目标：组织为什么设置这个工作岗位，并根据什么给予报偿；

（2）工作的范围与性质：工作在组织中的关系，所需的一般技术知识、管理知识和人际关系知识，需要解决问题的性质及自主权，工作在多大范围内进行，员工行为的最终结果如何度量；

（3）工作内容：任职者在组织中发挥多大作用，其行动对组织的影响就有多大；

（4）工作的责任：涉及组织战略决策、执行等方面的情况。

5. 工作分析访谈的优点

（1）可以对工作者的工作态度与工作动机等较深层次的内容有比较详细的了解；

（2）运用面广，能够简单而迅速地收集多方面的工作资料；

（3）使工作分析人员了解到短期内直接观察法不容易发现的情况，有助于管理者发现问题；

（4）沟通比较容易，可以当面向任职者解释工作分析的目的和功用；

（5）有助于与员工沟通，缓解工作压力。

6. 工作分析访谈的缺点

（1）访谈法要专门的技巧，需要受过专门训练的工作分析专业人员；

（2）比较费精力和时间，工作成本较高；

（3）收集的信息往往已经扭曲和失真；

（4）访谈法易被员工认为是其工作业绩考核或薪酬调整的依据，所以他们会故意夸大或弱化某些职责；

（5）不能定量分析。

7. 工作分析访谈的注意事项

采用访谈法，应注意规避以下问题：

（1）事先需征得样本员工直接上级的同意，尽量获取直接上级的支持；

（2）在无人打扰的环境中进行面谈；

(3) 向样本员工讲解工作分析的意义，并介绍面谈的大体内容；

(4) 为了消除样本员工的紧张情绪，工作分析人员可以以轻松的话题开始；

(5) 鼓励样本员工真实、客观地回答问题，不必对面谈的内容产生顾及；

(6) 工作分析人员按照预先准备好的面谈提纲的顺序，由浅至深地进行提问；

(7) 营造轻松的气氛，使样本员工畅所欲言；

(8) 注意把握面谈的内容，防止样本员工跑题；

(9) 在不影响样本员工谈话的前提下，进行谈话记录；

(10) 在面谈结束时，应该让样本员工查看并认可谈话记录。

8. 举例说明

工作分析访谈法举例如表 3-3 所示。

表 3-3　访谈法问题样本

访谈法问题样本
(1) 请问你的姓名、职务名称、职务编号是什么？
(2) 请问你在哪个部门工作？你的部门经理是谁？你的直接上级是谁？
(3) 请问你主要做哪些工作？可举一些实例。
(4) 请你尽可能详细地讲讲你昨天一天的工作内容。
(5) 请问你对哪些事情有决策权？对哪些事情没有决策权？
(6) 请讲你在工作中需要接触到哪些人？
(7) 请问你需要哪些设备和工具来开展职务？其中哪些是常用的？对现在设备是否满意？
(8) 请问你在人事批审权方面有哪些职责？可举些实例。
(9) 请问做好这项职务需要什么样的文化水平？需要哪些知识？需要什么样的心理素质？
(10) 你能确保你回答的内容都是真实的吗？

3.3.1.3 问卷调查法

问卷调查法是让任职者或相关人员以填写问卷的方式回答被分析职位问题的方法。问卷调查法是一种应用非常普遍的方法，其基本过程是将现有的工作设计问卷分发给选定的员工，要求在一定的期间内填写，然后收回问卷以获取相关信息。这种方法成败的关键在于问卷设计的质量，在一定程度上，一份周详的问卷可以将回答者所可能造成的误差减至最小。

1. 问卷调查法的分类

通常问卷可分为两类：

(1) 结构性问卷，仅在设计好的问卷中勾选答案。

(2) 非结构性问卷，对设计好的问题做主观的陈述性表达。

问卷调查法的效果取决于问卷的结构化程度，最好是既有结构化问题，也有开放式问题。

2. 调查问卷法的优点

(1) 费用低、速度快、节省时间，可以在工作之余填写，不会影响正常工作；

(2) 调查范围广，可用于多种目的、多样用途的工作分析；

(3) 调查样本量很大，适用于需要对很多工作者进行调查的情况；

(4) 调查的资源可以量化，适合于用计算机对结果进行统计分析。

3. 问卷调查法的缺点

(1) 设计理想的调查问卷要花费较多时间，人力、物力、费用成本高；

(2) 在问卷使用前，应进行测试，以了解员工对问卷中所提问题的理解程度，为避免误解，还经常需要工作分析人员亲自解释和说明，这降低了工作效率；

(3) 填写调查问卷是由工作者单独进行，缺少交流和沟通，因此被调查者可能不积极配合，不认真填写，从而影响调查的质量。

4. 采用调查问卷法的注意事项

使用调查问卷还要注意以下事项：

(1) 使用调查问卷的人员，一定要受过工作分析的专业训练；

(2) 对一般企业来说，尤其是小企业，不必使用标准化的问卷，因为成本太高，可考虑使用定性分析法或开放式问卷；

(3) 在调查时，对调查表中的调查项目应进行必要的说明和解释；

(4) 及时回收调查表，以免遗失；

(5) 对调查表提供的信息认真鉴定，结合实际情况，做出必要的调整。

5. 举例说明

营销总监工作内容调查表

在符合的选项后，打“√”。

1. 是否需要经常到人才市场招聘销售人员？ •是 •不是

2. 是否经常跟客户谈判、报价、签合同？ •是 •不是

3. 需要对所有的订单帮忙跟踪吗？ •是 •不是

4. 是否负责费用报销审核？ •是 •不是

5. 是否负责督促拟订销售与推广行销方案？ •是 •不是

6. 是否负责拟订产品销售价格策略的执行方案，并监督执行？ •是 •不是

7. 是否全面负责协调营销系统与公司其他部门之间的工作关系？ •是 •不是

8. 是否负责制定公司的营销管理制度及工作规范？ •是 •不是

9. 是否负责对公司营销人员进行业务指导和专业培训？ •是 •不是

10. 是否定期主持召开公司营销工作会议，全面准确掌握公司的营销运行状况？

•是 •不是

11. 是否及时、准确地领会公司的意图和直接上级的指示，并贯彻执行？

•是 •不是

12. 是否代表公司协调处理与政府相关职能部门、新闻媒体、广告策划公司的关系，重要危机公关？ •是 •不是

13. 是否负责审核销售佣金内部分配方案的执行？ •是 •不是

14. 是否领导、规范、考核直接下级的工作？ •是 •不是

15. 是否完成直接上级委派的其他任务？ •是 •不是

16. 是否负责对分、子公司营销计划的审核及管控？ •是 •不是

17. 是否全面负责公司客户信息管理，妥善处理营销层面的客户投诉问题？ •是 •不是

感谢大家对调查的支持。

3.3.1.4 关键事件法

关键事件法是要求管理人员、员工以及其他熟悉工作职务的人员记录工作行为中对他们的工作绩效来说比较关键的工作特征和事件，从而获得工作分析资料的方法。关键事件法是一种常用的行为定向方法，它需要认定员工与职位有关的行为，并选择其中最重要、最关键的部分来评定其结果。这种方法对每一事件的描述内容包括：导致事件发生的原因和背景；员工特别有效或多余的行为；关键行为的后果；员工自己能否支配或控制上述后果。在大量收集这些“关键事件”以后，就可以对它们做出分类，并总结出职位的关键特征和行为要求。

1. 关键事件法的优点

关键事件法主要应用于绩效评估程序上，它的优点如下：

(1) 被广泛应用于人力资源管理方面，比如识别甄选标准及确定培训方案，尤其可以用于绩效评估的行为锚定与行为观察；

(2) 由于行为可被观察与测量，所以对职务行为的描述和行为标准的确立才可以更加准确；

(3) 能更好地确定每一行为的利益和作用；

(4) 揭示了工作的动态性本质；

(5) 提出的问题更具操作性。

2. 关键事件法的缺点

(1) 需要花大量时间去收集那些“关键事件”，并加以概括和分类；

(2) 并不对工作提供一种完整的描述，比如，它无法描述工作职责、工作任务、工作背景和最低任职资格的轮廓；

(3) 对中等绩效的员工难以涉及，遗漏了平均绩效水平。

3. 关键事件法的注意事项

(1) 调查的期限不宜过短；

(2) 关键事件的数量应足以说明问题，事件数目不能太少；

(3) 正反两方面的事件要兼顾，不得偏颇。

3.3.1.5 工作日志法

工作日志法就是让员工以日记的形式按时间顺序记录工作过程，然后经过归纳提炼，

获得所需工作信息的方法。

1. 工作日志法的要求

(1) 及时。在一天工作开始之前，员工必须将工作日志放在手边，边做边记，切忌一天结束之后补记。

(2) 具体。其检验的标准是一个对工作完全不了解的人，仅凭记录就能看明白任职者在做什么。

(3) 真实。不能弄虚作假，日志关注的焦点是“工作”本身，不是对任职者的评价。

(4) 完整。若因工作原因中途外出，要在出发前记下离开的时间，并在回来后的第一时间予以补记。

2. 关键事件法的注意事项

(1) 调查的期限不宜过短；

(2) 关键事件的数量应足以说明问题，事件数目不能太少；

(3) 正反两方面的事件要兼顾，不得偏颇。

3. 举例说明

工作分析的工作日志法举例如表 3-4 所示。

表 3-4　　工作日志表示例

工作日志

姓名：

职位：

所属部门：

直接上级：

从事本业务工龄：

填写日期：自　　年　月　日至　　年　月　日

说明：

1. 在每天工作开始前将工作日志放在手边，按工作活动发生的顺序及时填写，切勿在一天结束后一并填写。
2. 严格按照表格要求填写，不用遗漏任何细小的工作活动。
3. 请您提供真实的信息，以免损害您的利益。

请您注意保管，防止遗失。

日期		工作开始时间		工作结束时间	
序号	工作活动名称	工作活动内容	工作活动结束	时间消耗	备注

3.3.2 定量方法

为了提高工作分析结果的科学性与准确性，针对定性方法存在的问题，在这些方法的基础上又发展出了一些新的定量工作分析方法。

1. 美国公务员委员会工作分析方法

美国公务员委员会为了制定一套能够对不同的工作进行比较和分类的标准程序而专门设计了一种分析方法，即美国公务员委员会工作分析程序。

对于美国公务员而言，任何一项特定工作，其工作信息及分析结构均按照下列方式记录：

(1) 工作（职务）识别。

(2) 工作内容摘要：主要任务和职责。

(3) 工作任务说明：知识要求、技术要求、能力要求、工作中所包含的身体活动、工作的特定环境条件、典型工作事件、对员工兴趣的要求。

事实上，任何工作都是由单项的工作任务组合而成的，而每一个任务又都可以根据所要求的知识、技能等来进行分析。美国公务员委员会工作分析程序就是提供了一种对不同的工作进行对比和分类的标准的工作分析方法。

2. 职位分析问卷

职位分析问卷法（Position Analysis Questionnaire，PAQ）是心理学家麦考密克耗费10年时间设计的一种利用清单的方式来确定工作要素的方法。该问卷是一份包括194个问项的标准化工作分析问卷。这些问项代表了能够从各种不同的职位中概括和提炼出来的各种工作行为、工作条件以及工作本身的特点，可以划分六个方面：

(1) 信息投入——任职者从哪里以及如何获得完成工作所必需的信息。

(2) 脑力运用——在执行工作任务时需要完成的推理、决策、计划以及信息处理活动。

(3) 体力活动——任职者在执行工作任务时所发生的身体活动以及所使用的工具、设施等。

(4) 与他人的关系——在执行工作任务时需要与其他人发生的关系。

(5) 工作环境——执行工作任务时需要与其他人发生的关系。

(6) 其他特点——上面描述过内容之外的与该职位有关的各种活动、条件以及特征。

PAQ的优点在于内容比较丰富，不仅涵盖了工作的环境和背景因素，还涵盖了投入、产出以及工作流程等因素；获得的工作信息有利于不同类型职位之间的比较。它的缺点是不能提供特定工作内容的完整描述，只能起到辅助作用。

3. 管理职位描述问卷法

管理职位描述问卷（Management Position Description Questionnaire，MPDQ）是专门针对管理性工作而设计的一种结构化的职位分析问卷。该问卷由沃尔特·W. 托尔诺和帕特里克· R. 平托编制。MPDQ在调查方法和信息收集格式上与PAQ相近，如要求工作分析者检查每一项是否是适合被分析的工作。

MPDQ 弥补了 PAQ 问卷难以对管理职位进行分析的不足，进而能够区别处理组织内不同职能或层次的管理工作，并为不同组织及职能间的管理工作提供了分析比较的依据。它的缺点是在分析技术类职位时显得不够具体，灵活性差，费时，而且效率低下。

4. 美国劳工部工作分析方法

美国劳工部工作分析方法的主要目的在于寻找一种能够对不同工作进行量化等级划分，以及对分类比较实施标准化的方法，其核心是对每一项工作都按照任职者和数据、人员、事务三者之间的关系来进行等级划分。这三个对象所进行的活动课区分为若干不同的功能，每一特定对象的活动功能会有层次之分，高层次功能可以包含低层次功能，但是低层次功能不包含高层次功能。

该工作分析法的基本程序为：①清理出任职者在数据、人员、事务这三个维度上有哪些基本活动，并予以归纳总结；②根据目标职位的任职者在理论上需要哪个层次的活动，并赋予相应的分数；③这三项得分的总和就成为此项工作等级划分的基础。这种方法的结果主要用于职位描述，但无法确定任职资格条件。

5. 职能性工作分析法

职能性工作分析法（Functiona Job Analysis，FJA）又称功能性工作分析方法，是美国培训与职业服务中心开发的一种以工作为中心的工作分析方法。它以员工所需发挥的功能与应尽的职责为核心，列出需要收集与分析的信息类别，并使用标准化的陈述和术语来描述工作内容。

FJA 与上述第四种方法的主要区别有两个方面：第一，FAJ 不仅仅是依据数据、人员、事务三个方面对工作进行分类（见表 3 - 5）。它对工作的分类还考虑以下四个因素：在执行工作时需要得到多大程度的指导；执行工作时需要运用的推理和判断能力应达到什么程度；完成工作所要求具备的数学能力有多高；执行工作时所要求的口头及评议表达能力如何。第二，FAJ 还能确定工作的绩效标准以及工作队任职者的培训要求。

表 3 - 5　　FJA 职能等级

信　息	人　员	事　务
0. 综合	0. 指挥	0. 安装
1. 协调	1. 谈判	1. 精度工作
2. 分析	2. 教导	2. 操作控制
3. 编辑	3. 监督	3. 驾驶性操作
4. 计算	4. 传递	4. 搬运和操作
5. 复制	5. 规劝	5. 照管
6. 比较	6. 交流—示意	6. 进料及取货
7. 无关紧要	7. 服务	7. 操纵
8. 无明显关系	8. 接受指导	8. 无明显关系

FAJ 的优点是对工作内容提供一种非常彻底的描述，对培训的评估极其有用，但是它对每项职位都要求做详细分析，因而执行起来相当耗费精力和时间。

上述多种分析方法，每一种都有所不同，各自具有长处，在实践中，工作分析者可根据工作分析目的、现有和所需要信息以及环境条件等具体情况来确定究竟采取哪种工作分析方法及组合。例如，可先通过问卷法让被研究职位的现任任职者填写有关的工作信息，了解职位的概况；然后通过面谈法深入了解有关信息；最后，用 MPDQ 或 FJA 让任职者及其主管进一步明确并核实所收集到的工作信息。

3.4 工作设计

3.4.1 工作设计的含义和内容

3.4.1.1 工作设计的含义

所谓工作设计，是指为了有效地达到组织目标，提高工作绩效，对工作内容、工作职责、工作关系等有关方面进行变革和设计。它是对工作完成方式及完成一项工作所需完成的任务进行界定的过程，会涉及工作内容、工作职责及工作关系等方面的改革。工作设计是一种通过满足员工与工作有关的需求来提高工作绩效的管理方法，它所要解决的问题是组织向其他成员分配工作任务和职责的方式，其目的是为了有效地实现组织目标，提高工作绩效。

3.4.1.2 工作设计的内容

1. 工作内容

它包括确定工作一般性质的几个维度，主要有多样性、自主性、复杂性、难度与整体性（即做一件工作的全部过程）。

2. 工作职责

它是指做每件工作的基本要求与方法，包括工作责任、工作权限、信息沟通方式、工作方法以及协作配合等方面。

3. 工作关系

它是指个人在工作中发生的人与人之间的关系，包括在工作中与其他人相互联系及交往的范围、建立友谊的机会，以及工作班组中的相互协作和配合等方面。

4. 工作产出

它是指工作的业绩与成果的产出情况，它包括标志工作的完成所要达到的具体标准（如产品的产量、质量和效益等），以及工作者的工作感受与反应（如满意感、出勤率、缺勤率和离职率等）。

5. 结果反馈

它包括两个方面：一是对工作本身的客观反馈；二是来自别人对工作结果的反馈，如同事、上级和下级对工作的评价。

3.4.2 工作设计的原则和方法

3.4.2.1 工作设计的原则

1. 因事设岗原则

工作设计虽然需要考虑员工的需求，但它仍然是以组织利益为前提。组织的发展目标决定了一系列的工作任务和岗位，这就是因事设岗原则。不能因人设岗，因为岗位和人是设置与配置的关系，而不能颠倒。

2. 动静结合原则

工作设计的目的是兼顾组织与员工。而环境的变化迫使组织的目标、策略经常性变化，同时，员工的需求也在不时地变化，这就要求工作设计必须动静结合，该动则动，宜静则静。

3. 工作满负荷原则

实行满负荷工作就是力求使员工的各项指标达到最佳状态，做到人尽其力、物尽其用、时尽其效。在组织中，每个职位的工作量都应当饱满，使有效劳动时间得到充分利用，这是改进工作设计的一项基本任务。

4. 工作环境优化原则

工作环境优化是指利用现代科学技术，改善工作环境中的各种因素，使之适合于劳动者的生理、心理安全健康，建立起“人—机—环境”的最优系统。

5. 员工能力开发原则

组织的发展越来越依赖于组织的员工，员工也越来越注重个人的发展和能力的提升。而员工能力的开发不仅仅通过培训完成，更多时候是来源于工作实践中的锻炼。这就要求在工作设计中，一方面权衡经济效率原则和员工生理、心理需要，保证每个人满负荷工作；另一方面要让员工感觉到适度的压力和挑战，使员工在挑战中不断提高自己的能力。

3.4.2.2 工作设计的方法

从 20 世纪初至今，工作设计发展形成了一些典型的方法，包括工作专门化、工作轮换、工作扩大化和工作丰富化。

1. 工作专门化

工作专门化（Job Specialization）是通过动作和时间研究，将工作分解为若干很小的单一化、标准化及专业化的操作内容与程序。员工通过操作单一的工作或程序，增加了熟练程度，从而提高了生产效率。

工作专门化通过严格区分工作，让每位员工以最有效的方式只从事一种工作活动，从而避免了传统生产方式中许多无效的行为；通过分工明晰的原则，让员工依据明晰的权责关系来从事企业中程序化的工作，从而避免了工作中的盲目状态；通过专业化的分工，让员工长期专注于某一领域内的工作，不仅有利于员工提高技能与进行发明创造，还有利于组织开展员工甄选与培训工作，从而在一定程度上避免了资源的浪费。工作专业化的诸多优势，确实使企业的生产效率在很长一段时期内得到了极大的提高。但是，20 世纪 60 年代以后，工作专业化带来的负面效应逐渐显现出来。为了避免工作专门化带来的负面影响，人们开始探求更适用的工作设计方法。在这种情况下，工作轮换、工作扩大化、工作丰富化等新方法应运而生。

2. 工作轮换

工作轮换（Job Rotation）是为减轻员工对工作的厌烦感而将其从一个职位换到另一个职位。工作轮换通常是指横向的轮换，即在同一水平上工作的变化。轮换可依据具体情况和要求进行。许多大型组织在实施开发管理才能的规划中也使用了工作轮换的方法，这可能包括直线职位和参谋职位人员之间的轮换，通常也允许没有充分发挥潜力的员工向经验丰富的员工学习。

工作轮换并不改变工作设计本身，只是使员工定期从一个工作转到另一个工作，因此是一项成本较低的组织内部调整和变动。对员工而言，工作轮换可以使员工比日复一日地重复同样的工作更能对工作保持兴趣和新鲜感，可以使员工从原先只能做一项工作的专业人员转变为能做多种工作的多面手，增强员工的工作适应能力，进而满足他们职业选择与成长的需要，激励他们做出更大的努力。对组织而言，工作轮换可以激发组织活力、储备多样化的人才与增强部门间协作，进而促进组织发展。但是，工作轮换也存在一些问题：首先，它会增加培训成本，临时导致生产率的下降；其次，如果轮换次数过于频繁，会导致员工工作稳定性差，进而不利于提高忠诚度；最后，它有赖于完善的工作轮换流程设计、绩效评价体系等，否则将难以发挥正常的效用。因此，企业在实施工作轮换时应着眼于企业的战略需要，根据实际情况灵活运用。

管理案例

物流公司铁路运输部岗位轮换学习储备人才

为了适应公司发展需要，近日，铁路运输部结合各岗位特点，实行了岗位轮换学习，既提高了业务人员的业务能力和技术水平，又为公司储备了人才。

按照公司的要求，铁路运输部率先实行了岗位轮换学习，首先由业务主管制订了培训计划，并根据学习内容和要求，不同岗位的核算员互学，不同业务的主办互学；核算员和业务主办互学；并由部门领导定期提问和检查，并进行实际操作，同时要求岗位轮换学习的人员，要勤学、勤问、勤干，尽快掌握所学的内容，能够独立操作，大力提倡不同专业、不同岗位之间互学，以共同提高部门业务水平，达到全能的工作要求。

实行岗位轮换学习以来，铁路运输部全体员工互帮、互学的积极性明显提高，同时团队协作也有了很好的改善。

（资料来源：中冶美利物流有限公司官网 http：//www.zymlwl.com/_d274518745.htm）

3. 工作扩大化

工作扩大化（Job Enlargement）是增加员工工作任务的数量或变化性，是工作任务的水平扩展。它扩大了工作范围，让员工有更多的工作可做，如果说过去做一道工序，现在就扩大为做多道工序。这种工作设计由于不必把产品由一个人传给另一个人而节约了时间，并且通过增加某一工作的内容，减少从事单一工作而产生的厌烦感，员工通过学习和培训掌握更多的知识和技能，提高了工作兴趣。有研究表明，工作扩大化增加了员工的工作满意度，提高了工作质量。

20 世纪 60 年代，工作扩大化盛行一时，但此后员工对增加一些简单的工作内容仍不满足，原因在于工作内容虽然增加了，但是在“参与、控制与自主权”方面没有增加任何新东西，而且，更多的工作量意味着更重的工作负担，在激发员工的积极性和培训挑战意识方面没有太大意义。因此，许多企业积极寻求新的工作设计方法。

4. 工作丰富化

工作丰富化（Job Enrichment）是对工作内容和责任层次的改变，是指对工作内容的纵向扩展和对工作责任的垂直深化，旨在向员工提供更具挑战性的工作。工作丰富化与工作扩大化的根本区别在于，后者是扩大工作的范围，前者则是工作责任的垂直深化，以丰富工作的内容。实施工作丰富化，应该增加员工的工作要求，赋予员工更多的责任和自主权，不断与员工进行沟通反馈，以及对员工进行相应的培训等。

工作丰富化始于 20 世纪 40 年代的 IBM 公司。20 世纪 50 年代，越来越多的企业对工作内容丰富化感兴趣。工作丰富化使员工在完成工作的过程中获得一种成就感、认同感、责任感和自身发展，它能够增强员工对工作计划、执行和评估的控制程度。工作丰富化的工作设计方法与常规性、单一性的工作设计方法相比，虽然要增加一定的培训费用、更高的工资以及完善或扩充工作设施的费用，但提高了对员工的激励和员工的工作满意度，进而提高了员工的生产效率与产品质量，并降低了员工的离职率和缺勤率等，给工作带来积极的影响。当然，工作丰富化也存在设计成本高、遭遇阻力多等缺陷，这要求企业审时度势，谨慎推行。

3.5 工作说明书

3.5.1 工作说明书的含义

工作说明书，也称职位说明书，是关于工作是什么以及工作任职者具备什么资格的一种书面文件。在工作分析的各阶段，编制工作说明书的工作最复杂，它是在工作调查和分析的基础上，根据实际情况科学、合理地设计出来的。

一般而言，工作说明书包括两个部分：一个是工作描述，说明有关工作的特征，即对有关的工作职责、工作内容、工作条件和工作环境等工作自身特性等方面进行的书面描述；另一个是工作规范，又称任职说明，解释对从事工作的人的具体要求，即描述了工作对人的知识、能力、品格、教育背景和工作经历等方面的要求。

3.5.2 工作说明书的内容

工作说明书的编写要求是简洁、准确、规范、清晰，也就是要用普通人能够理解的、最简练的语言完整地描述与工作有关的重要信息资料。在编写之前，还需要明确工作说明书的规范用语、版面格式和各个栏目的具体内容要求。工作说明书一般包括以下十项内容。

（1）工作认定。工作认定包括工作职位的名称或职务、所在部门、直接上级、定员、部门编码、职位编码，以及编写人、编写日期、审批人等。

（2）工作目标与职责权限。工作目标与职责权限重点描述从事该职位的工作所要完成或达到的工作目标，以及该职位的主要职责权限，包括决策权限、用人权限、财务支配权限、监督权限等。一般应分条记载并略加说明，标准词汇应是负责、确保、保证等。

（3）工作内容。这是最主要的内容，此栏详细描述该职位所从事的具体工作，应全面地、详尽地写出完成工作目标所要做的每一项工作，切忌泛泛概括。

（4）工作关系。工作关系是指该职位工作者与组织内外其他人，以及部门、机构之间的关系，主要描述该职位与组织内上级、下级、同事的关系，与组织内其他部门的工作配合关系，与机构外部及人员的合作关系。

（5）绩效标准。绩效标准是指对工作的最低绩效标准进行描述，包括最低工作量、完成某项服务的时间限制、工作质量、顾客满意度等。此项反映该职位完成的工作标准，以及如何根据工作完成情况进行考核，具体内容通常与该组织的考核制度结合起来。

（6）任职资格。任职资格是指从事本职工作所需要的资历，亦称工作规范。此项反映从事某一职位之前，应具有的最起码的工作经验要求，一般包括两个方面：一个是专业经历要求，即相关的知识经验背景；另一个可能需要的是本组织内部的工作经历要求，尤其针对组织中的一些中、高层管理职位。在担任这些管理职位之前，通常要求员工在组织中其他职位上工作过或对其他职位的工作有一定的了解。

（7）专门培训。专门培训是指从事某职位前，应进行的基本专门培训，否则将不允许上任或不能很好地胜任工作。具体是指员工在具备了教育水平、工作经历、技能要求后，还必须经过哪些培训（不包括专业技能与其他能力列出的内容）。

（8）工作条件。工作条件是指与工作有关的特殊环境条件，亦称工作环境，包括噪声、粉尘、辐射等方面的情况。

（9）工作时间。工作时间包含班制设计和工作时间长度界定两个方面。常见的班制有长白班、三班倒、两班倒、四班倒、四八班制等。工作时间长度有周标准工时、月工作工时和年标准工时等指标。

（10）体能要求。对于体力劳动型的工作，这项非常重要。

以上10项是工作说明书的主要内容，至于工作说明书的编写格式则没有明确规定，可根据组织具体情况自行设定。

3.5.3　工作说明书的编写

1. 确定工作分析信息的用途

编写工作说明书时，首先要明确工作分析所获得的信息将用于何种目的。因为工作分析所获得信息的用途直接决定了需要收集何种类型的信息，以及使用何种技术来收集这些信息。

2. 收集与工作有关的背景信息

查看那些可得到的与工作有关的背景信息，如组织图、工作流程图和工作说明书等。组织图显示出当前工作与组织中的其他工作是一种什么关系，以及它在整个组织中处于一种怎样的地位。组织不仅确定了每一种职位的名称，而且用相互连接的直线明确表明了谁应当向谁汇报工作，以及工作的承担者将同谁进行信息交流等。

3. 选择有代表性的工作进行分析

当需要分析的工作有很多，而它们彼此又比较相似的时候，如果对他们所做的工作逐个进行分析，必然非常耗费时间。在这种情况下，选择典型工作进行分析显然是十分必要的，同时也是比较合适的。

4. 收集工作分析的信息

在这一步，就是要通过收集有关工作活动、工作对员工行为的要求、工作条件、工作对人员自身条件的要求等方面的信息，来进行实际的工作分析。

5. 共同审查所收集到的工作信息

工作分析提供了与工作的性质和功能有关的信息。而通过工作分析所得到的这些信息只有与从事这些工作的人员，以及他们的直接主管人员进行核对才有可能不出现偏差。这一核对工作有助于确定工作分析所获得的信息是否正确、完善，同时也有助于确定这些信息能否被所有与被分析工作相关的人所理解。此外，由于工作描述是反映工作承担者的工作活动的，所以这一审查步骤实际上还为这些工作的承担者提供了一个审查和修改工作描述的机会，而这无疑会有助于赢得大家对所收集到的工作分析资料的认可。

6. 编写工作说明书和工作规范

大多情况下，在完成了工作分析之后都要编写工作说明书和工作规范。工作说明书就是对有关的工作职责、工作活动、工作条件和工作对人身安全危害程度等工作特性方面的信息所进行的书面描述。工作规范则是全面反映工作对从业人员的品质、特点、技能，以及工作背景或经历等方面要求的书面文件。有时候，工作说明书和工作规范书分成两份文件来写，有时候则会合并在一份说明书之中。如表 3－6 所示。

表 3－6　　人事主管工作说明书范例

编号：

<table>
<tr><td>职位名称</td><td>人事主管</td><td>所属部门</td><td>人力资源部</td></tr>
<tr><td>直接上级</td><td>人力资源部经理</td><td>直接下级</td><td>人事专员</td></tr>
<tr><td rowspan="2">任职资格</td><td colspan="3">1. 学历和专业知识；大学本科以上，具有人力资源管理、企业管理、劳动法等相关专业知识</td></tr>
<tr><td colspan="3">2. 工作经验：两年以上人力资源管理相关工作经验</td></tr>
<tr><td rowspan="4">职责一</td><td colspan="3">职责表述：组织编制人事管理制度与工作计划</td></tr>
<tr><td rowspan="2">工作任务</td><td colspan="2">1. 组织编制企业人事管理的相关规章制度，经人力资源部经理审批后组织实施</td></tr>
<tr><td colspan="2">2. 组织招聘、培训等工作计划，经人力资源部经理审批后组织实施</td></tr>
<tr><td colspan="3">考核重点：人事管理制度与工作计划得到贯彻执行</td></tr>
<tr><td rowspan="4">职责二</td><td colspan="3">职责表述：组织人员招聘与录用管理</td></tr>
<tr><td rowspan="2">工作任务</td><td colspan="2">1. 按照企业各部门、分支机构的用人标准，招聘、录用各类人员，保证企业的正常运转</td></tr>
<tr><td colspan="2">2. 负责人力资源的发现、挖掘、储备工作</td></tr>
<tr><td colspan="3">考核重点：领导满意度</td></tr>
<tr><td rowspan="4">职责三</td><td colspan="3">职责描述：组织员工培训</td></tr>
<tr><td rowspan="2">工作任务</td><td colspan="2">1. 根据各部门、各分支机构提交的员工年度培训计划，编制企业年度培训计划，报人力资源部经理审批后执行</td></tr>
<tr><td colspan="2">2. 根据培训计划，组织员工进行相应培训</td></tr>
<tr><td colspan="3">考核重点：年度培训计划完成率</td></tr>
</table>

思考题

1. 如何理解工作分析是人力资源管理的基础？

2. 什么是工作分析？工作分析的作用有哪些？

3. 工作分析应遵循哪些基本原则？

4. 工作分析的定量、定性分析方法有哪些？

5. 结合企业的实际，举例说明工作分析的基本术语，如任务、责任、职位之间的关系。

6. 什么是工作设计？它包含哪些方法？每种方法的优缺点是什么？

7. 什么是工作说明书？其各部分的主要内容是什么？

8. 如何编写工作说明书？

9. 请你编写一份物流企业人力资源管理部经理的工作说明书。

10. 请讨论以下几个方面的趋势是如何改变组织管理类工作的技能要求的：一是计算机应用的普及；二是国际竞争加剧；三是工作和家庭冲突的激化。

案例分析

A 公司的工作分析

A 公司是我国中部省份的一家物流公司。近年来，随着当地经济的发展，物流发展迅速，公司规模持续扩大，众多的组织和人力资源治理问题逐渐凸显。部门之间、职位之间的职责与权限缺乏明确的界定，扯皮推诿的现象不断发生；有的部门抱怨事情太多，人手不够，任务不能按时、按质、按量完成；有的部门又觉得人员冗杂，人浮于事，效率低下。

面对这样严峻的形势，人力资源部开始着手进行人力资源治理的变革。变革首先从进行工作分析、确定职位价值开始。工作分析、职位评价究竟如何开展，如何抓住工作分析、职位评价过程中的要害点，为公司本次组织变革提供有效的信息支持和基础保证，是摆在公司面前的重要课题。

首先，他们开始寻找进行工作分析的工具与技术。在阅读了国内目前流行的基本工作分析书籍之后，他们从中选取了一份工作分析问卷，来作为收集职位信息的工具。然后，人力资源部将问卷发放到各个部门经理手中，同时他们还在公司的内部网上发了一份关于开展问卷调查的通知，要求各部门配合人力资源部的问卷调查。

据反映，问卷在下发到各部门之后，一直搁置在各部门经理手中，并没有发下去。很多部门直到人力资源部开始催收才把问卷发放到每个人手中。同时，由于大家都很忙，很多人在拿到问卷之后，都没有时间仔细考虑，草草填写完事。还有很多人在外地出差，或者任务缠身，自己无法填写，而由同事代笔。此外，据一些较为重视这次调查的员工反映，大家都不了解这次问卷调查的目的，也不理解问卷中那些生疏的专业术语，何为职责、何为工作目的，许多人对此并不理解。很多人想就疑难问题向人力资源部进行询问，可是也不知道具体该找谁。因此，在回答问题时只能凭自己个人的理解来进行填写，无法把握填写的规范和标准。

一个星期之后，人力资源部收回了问卷。他们发现，问卷填写的效果不太理想，有一部分问卷填写不全，一部分问卷答非所问，还有一部分问卷根本没有收上来。辛劳的调查没有发挥其应有的价值。

与此同时，人力资源部也着手选取了一些职位进行访谈，但发现访谈的效果也不好。人力资源部的几位主管负责对经理级以下的人员进行访谈，在访谈中出现的情况出乎意料。大部分时间都是被访谈的人在发牢骚，指责公司的治理问题，抱怨自己的待遇不公平。在谈到与工作分析相关的内容时，被访谈人往往又言辞闪烁，顾左右而言他，似乎对人力资源部这次访谈不太信任。访谈结束之后，访谈人都反映对该职位的熟悉还是停留在模糊的阶段。这样持续了两个星期，访谈了大概1/3的职位。人力资源部经理认为时间不能拖延下去了，因此决定开始进入项目的下一个阶段——撰写工作说明书。

可这时，各职位的信息收集却还不完全。怎么办呢？人力资源部在无奈之中，不得不另觅他路。于是，他们通过各种途径从其他公司收集了许多工作说明书，试图以此作为参照，结合问卷和访谈收集到的一些信息来撰写工作说明书。

在撰写阶段，人力资源部还成立了几个小组，每个小组专门负责起草某一部门的工作说明，并且还要求各组在两个星期内完成任务。在起草职位说明书的过程中，人力资源部的员工颇感为难，一方面，不了解别的部门的工作，问卷和访谈提供的信息又不准确；另一方面，缺乏写工作说明书的经验，因此，写起来都感觉费劲。规定的时间快到了，很多人为了交稿，不得不急急忙忙地东拼西凑了一些材料，再结合自己的判定，最后成稿。

工作说明书终于出台了。然后，人力资源部将成稿的工作说明书下发到了各部门，同时，还下发了一份文件，要求各部门按照新的工作说明书来界定工作范围，并按照其中规定的任职条件来进行人员的招聘、选拔和任用。但这却引起了其他部门的强烈反对，很多直线部门的治理人员甚至公开指责人力资源部，说人力资源部的工作说明书是一堆垃圾文件，完全不符合实际情况。

于是，人力资源部专门与相关部门召开了一次会议来推动工作说明书的应用。人力资源部经理本来想通过这次会议说服各部门支持这次项目，但结果却恰恰相反，在会上，人力资源部遭到了各部门的一致批评。同时，人力资源部由于对其他部门不了解，对于其他部门所提的很多问题，也无法进行解释和反驳，因此，会议的最终结论是让人力资源部重新编写工作说明书。后来，经过多次重写与修改，工作说明书始终无法令人满意。最后，工作分析项目不了了之。

人力资源部的员工在经历这次失败的项目后，对工作分析彻底丧失了信心。他们开始认为，工作分析只不过是“雾里看花，水中望月”的东西，说起来挺好，实际上却没有什么大用，而且认为工作分析只能针对西方国家那些治理先进的大公司，拿到中国的企业来，根本就行不通。原来雄心勃勃的人力资源部经理也变得灰心丧气，但他对这次失败耿耿于怀，对项目失败的原因也是百思不得其解。

那么工作分析真像他们认为的是“雾里看花、水中望月”吗？A公司的工作分析项目为什么会失败呢？

结合案例思考以下问题：

(1) A公司为什么决定从工作分析入手来实施变革，这样的决定正确吗？为什么？

(2) 在工作分析项目的整个组织与实施过程中，A公司存在哪些问题？

(3) A公司所采用的工作分析工具和方法主要存在哪些问题？

4 物流企业的招聘管理

学习目标

- 了解招聘的含义。
- 熟悉招聘的流程和招聘渠道。
- 了解人力资源规划和工作分析对员工招聘的意义。
- 掌握人员甄选的概念。
- 了解人员甄选测评标准体系的设计。
- 熟悉甄选的方法并掌握甄选方法的选择办法。

引导案例

顺安捷公司的职能岗位竞聘会

深圳顺安捷公司是一家物流企业，公司为了激励员工积极向上，实现企业和个人共同发展的目标，在二楼大会议室举行了职能岗位竞聘会，公司领导、各部门负责人、一线员工等近40人参加了这次竞聘会。

竞聘会由总部操作部经理王鹏亮同志主持，他首先向大家简要报告了此次竞聘的筹备工作情况。这次竞聘通告一公布，就得到了员工的积极响应，有10余名员工报名参加。竞聘演讲会上，由总经理梅连军、客服渠道部经理舒腾、操作部经理王鹏亮等领导组成的评委团，对竞聘者进行了各项能力考评打分，如沟通能力、管理能力、领导组织能力等。为了能脱颖而出，竞聘者均做了充分的准备，一个比一个表现出色。结合所竞聘职位，大家分别总结了工作的酸甜苦辣，并表达了自己对物流操作管理的理解，表示愿意在新的平台上完善自我，挑战自我。个人展示场上，应聘者慷慨陈词，表现着睿智和信心，对应聘岗位的描述清晰、目标定位准确、整改措施得当。他们的精彩演讲不时博得评委们由衷的掌声。评委们仔细聆听，严肃而不失风趣，提出的问题既犀利，又让人无法回避，整个过程紧张而热烈。

演讲结束后，梅连军总经理做了总结。他首先称赞了竞聘员工的勇气和胆略，以及现场的出色表现。他指出公司在逐步发展中，需要更多务实、肯干、勤奋的员工，公司要创造一个公开、公平、竞争的环境，为青年人设计自己的职业生涯、实现自我价值搭建一个平台，让每位有志员工有一个施展才华的机会和舞台。他在表扬青年人有勇有谋、临场不慌等优势后，语重心长地指出了青年人还存在缺乏底气、缺乏实战经验等不足，需要通过不断磨炼来克服。最后他希望全体竞聘员工都能加强学习、勤奋工作、不断磨炼、不断进取，为实现自我价值、完成共同的目标而努力。他相信通过此次竞聘，能为公司的管理团队增添一股年轻、有活力的血液。

通过竞聘，深圳顺安捷物流公司推出了一批新人，真正践行“能者上、平者让、庸者下”的用人制度。

本章第一部分首先介绍了招聘的概念、意义和主要内容；第二部分比较详细地阐述招聘流程中的主要步骤，包括招聘决策、发布信息、招聘测试、人事决策；其次它要围绕内部招聘和外部招聘展开，对两者的不同方式和利弊进行分析；最后对招聘活动的效果进行评估。

4.1 员工招聘概述

员工招聘就是组织为了发展的需要，吸收具有劳动能力的个体的全过程，对组织的发展至关重要。人员招聘是整个组织人力资源管理工作的基础，只有招对了人，才能有效地育人、用人和留人。员工招聘的内容主要是由招募、筛选、录用、评估等一系列活动构成。

4.1.1 招聘的概念

4.1.1.1 招聘的概念

招聘是指组织为了发展的需要，从组织内外部吸收具有劳动能力的个体的全过程。

招聘的任务就是依据科学的方法，按照一定的程序，根据组织当前和未来的需要，进行人才选拔和调整。

招聘工作是组织人力资源管理中的经常性工作，这是因为一个组织要想永远留住自己所需要的人才是不现实的，也不是人力资源管理手段所能控制的。当工作机会充裕时员工流动比例高，工作机会稀缺时员工流动比例低，再加上组织内部正常的人员退休、辞退以及调动，使人员的补充成为一种经常性的行为。

作为一项重要的管理职能，招聘与其他人力资源管理职能有密切的联系。简单地说，人力资源计划规定了招聘的目标，即组织所要吸引的人员数目和类型；而工作分析既决定了对特殊人员的需求，同时也向招聘者提供在招聘信息中使用的工作描述；能否向受聘人员提供高报酬和福利在一定程度上决定了招聘的难易，即招聘效果与报酬、福利有关；招募和选拔则是两个紧密相连的过程，招募到的申请人是选择的基础，招聘就是从申请人中选择和雇用最有资格的人员。

不同的组织、不同的职位，招聘选拔的条件有所不同。如世界一流的管理咨询公司麦肯锡坚信只有一流的人才才会造就一流的公司，因此该公司每年招聘的全是世界一流的人才，从美国的斯坦福、哈佛，到英国的牛律、剑桥，从日本的东京大学、韩国的汉城大学，到中国的北京大学、台北大学等，公司要求应聘者不仅是精英人才，而且必须具有谦虚的品质、良好的语言沟通及团队精神等各方面能力。松下对于吸收人才却有不同的见解，其闻名的“70%求才法”主张吸收中上等人才。松下幸之助之所以这样做是出于对一流人才的不信任。他认为这类人往往比较自负，不安心工作，如果是一个中上等人才，那么他便会踏踏实实、兢兢业业地努力工作。

4.1.1.2 招聘的原因

招聘是一项巨大的工程，会耗费大量的人力物力。没有充足的理由，企业或组织不可轻举妄动。一般情况下，企业或组织招聘是源于以下几种情况的人员需求：

(1) 新的企业或组织成立；

(2) 企业或组织发展了，规模扩大；

(3) 现有的岗位空缺；

(4) 现有岗位上的人员不称职；

(5) 突发的雇员离职造成的缺员；

(6) 岗位原有人员晋升了，形成空缺；

(7) 机构调整时的人员流动；

(8) 为使组织的管理风格、经营理念更具活力，而必须从外面招聘新的人员。

组织在进行招聘决策时应慎重行事。强调人力资源在组织管理和发展中的意义，并不意味着人力资源的数量越多越好。人力资源管理的一个中心目标是提高生产率，而提高生产率恰恰要求降低人力投入，而且招聘工作本身也要花费大量的资金。因此，在人力资源决策中，增加人力资源的数量应该尤为慎重，切不可以为“人多力量大”。当组织出现劳动力短缺时，除了进行招聘之外还有多种方法可以选择，如果职位空缺是偶然性的或季节性的，往往找一个兼职或临时性雇员就可以胜任；如果组织的某项工作有不同的技术要求和时间安排，相对于一个专职的雇员而言，将其向外发包给具有这项工作专长的转包商则是一个比较好的选择；如果现有的雇员愿意工作更长的时间，那么加班加点则被许多雇主认为是雇用和培训新雇员更好的一种选择。

4.1.1.3 招聘的意义

招聘的成效是申请人的数量与质量、组织的甄选技术和员工激励政策共同作用的结果。在当前组织的竞争就是人才竞争的背景下，作为人才输入环节的招聘工作的重要意义不言而喻，说其关系到组织的生死存亡也不为过。招聘的重要性包括以下几方面。

1. 招聘是整个组织人力资源管理工作的基础

一方面，人员招聘工作直接关系到组织人力资源的形成。另一方面，招聘是人力资源管理中其他工作的基础。组织人力资源管理所包括的各个环节，从招聘、培训、考核、薪酬到人力资源保护、劳动关系、奖惩与激励制度等环节中，人员的招聘是基础。如果招聘的人员不能够胜任，或不能满足组织要求，那么，组织人力资源管理的工作效益就得不到提高。各项工作的难度将增加，图4－1显示了招聘与其他人力资源管理职能的关系。

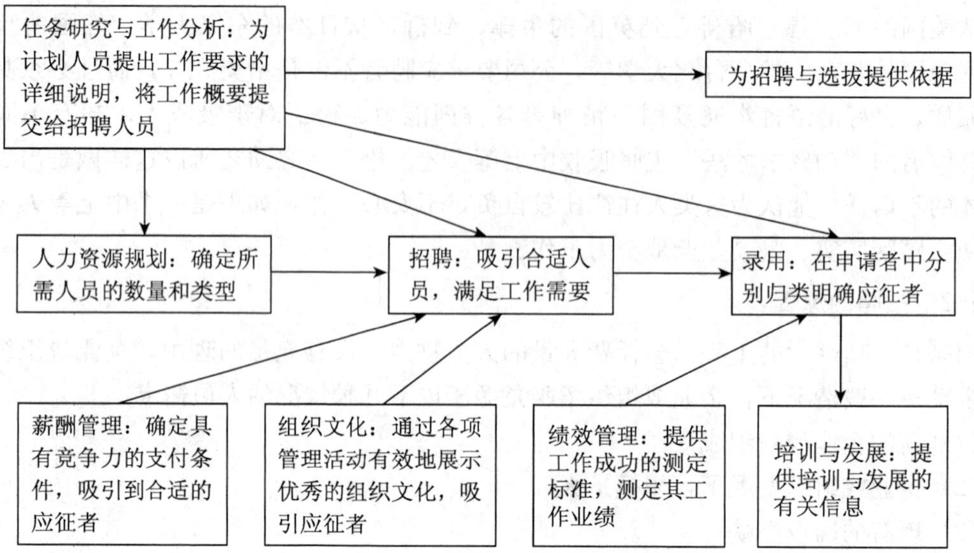

图 4－1　招聘与其他人力资源管理职能的关系

2. *招聘是组织人力资源投资的重要形式*

从人力资源投资的角度出发，招聘也是组织人力资源投资的重要形式。人员的招聘与录用无疑将花费组织的费用。如果人员招聘与录用工作出现失误，对组织产生的影响将是极大的。例如，企业录用的生产线的员工如果不符合标准，就可能需要花费额外的精力去进行修正（培训）；与客户打交道的员工如果缺乏技巧，就可能使企业丧失商业机会；在工作团队中，如果招聘来的人员缺乏人际交往技能，就会打乱整个团队的工作节奏和产出效益等。员工的等级越高，招聘工作就越难开展，其成本也就越大。要衡量一位招聘来的管理人员的作用，需要花费很长的时间才能准确评价。尤其是在人才竞争的 21 世纪，能否招聘到高质量的人才，对组织的发展是非常重要的。当今世界的组织竞争就是人才的竞争，在一定程度上说，也是招聘竞争。因此，如果组织的招聘与录用工作的质量高，一方面能为组织招聘到优秀人员；另一方面，也能为组织减少由于录用人员不当而带来的损失。

3. *成功的招聘是组织成功管理的基础*

招聘过程中信息传递的真实与否会影响应聘者进入企业以后的流动。如果向外部传递的信息不真实，只展示企业好的一面，隐瞒差的一面，员工进入企业后就会产生较大的失落感，这会降低他们的工作满意度，从而导致人员较高的流动率；相反，如果传递的信息比较客观真实，就会有助于降低人员的流动率。

4. *良好的招聘是组织与外界沟通的窗口*

招聘，尤其是外部招聘，本身就是企业向外部宣传自身的一个过程。为了实现招聘的目的，企业向外部发布自己的基本情况、发展方向、方针政策、企业文化以及产品特征等各项信息，这些都有助于企业更好地展现自身的风貌，使社会更加了解企业，营造良好的外部环境，从而有利于企业的发展。

5. 成功的招聘为组织注入新的管理思想和活力

招聘虽然是组织新成员的招募过程，但是也会在组织变革、技术创新、管理变革等各个方面为组织增添新的动力和活力。通过招聘，组织也可以了解潜在人力资源到组织工作的动机、目标、劳动力市场状况、竞争组织的策略、行业竞争状况等一系列非常重要的信息。

6. 失败的招聘会引发巨大的经济损失

作为人力资源管理的一项基本职能，招聘活动的成本构成了人力资源管理成本的重要组成部分，招聘成本主要包括广告的费用、宣传资料的费用、招聘人员的工资等，全部费用加起来一般是比较高的。因此，招聘活动的有效进行能够大大降低它的成本，从而降低人力资源管理的成本。

具体而言，招聘到与工作职位不相匹配的员工主要有以下弊端：不可能有较高的生产力；组织不得不解雇不合适者，寻找新的替代者；员工有可能主动离职，岗位继续空缺。招聘失败引致的直接损失包括：员工离职资遣费，新应聘者的招聘、筛选和考核成本，新员工上岗前职位空缺的临时替补费用，新员工培训费，以及职位空缺期所造成的生产力损失等。而员工离职中80％的经济损失被认为是“隐性”损失或间接损失，包括由于员工离职对现岗员工的业绩和士气的影响，以及对吸引顾客的不良影响等。

7. 招聘能够提高组织的声誉

招聘工作需要严密的策划，一次好的招聘策划与活动，一方面可以吸引众多的求职者，为应征者提供一个充分认识自己的机会；另一方面，既是组织树立良好公众形象的机会，也是组织一次好的广告宣传。成功的招聘活动，将能够使组织在求职者心中、公众心目中留下美好的印象。

8. 招聘能够提高员工的士气

当组织在不断发展的时期，自然会产生一些空缺职位，组织需要从外部寻找合适的人选来填补空缺，使组织的发展不至于受到限制。一方面，引进“新”员工可以带来新的思想，使员工队伍具有新的活力；另一方面，也为“老”员工带来新的竞争，使他们在招聘的岗位上获得新的挑战和机会。

总之，招聘工作不仅影响到组织的未来，同时也关系到员工个人的前程，对组织、对个人都有着重要的作用和意义。

4.1.1.4 招聘的内容

员工招聘内容主要是由招募、筛选、录用、评估等一系列活动构成的。

招募：是组织为了吸引更多、更好的工作申请者应聘而进行的若干活动，主要内容包括招聘计划的制订与审批、招聘信息的发布等。对企业的招募活动做出积极反应的人就成为工作的申请者。

筛选：是组织从人与职位相匹配的原则出发，挑选出最合适的人来担任某一职位，由初步筛选、面试、笔试、测评、调查取证、体检等环节组成。

录用：主要涉及对经挑选合适的候选人进行录用决策、初始安置、试用、正式录用等过程。

评估：包括招聘行为本身和招聘结果的成效两个方面，对招聘行为本身的评估，包括招聘计划的可操作性、招聘信息发布后吸引的申请者数量、实际招聘成本与预算的差距、招聘组织的状况，招聘的宣传效果等内容。招聘评估的重点是新录用员工的质量、在职时间的长短等方面。

4.1.1.5 招聘的原则

招聘活动事关组织的生存发展，需要遵守相应的原则，才能保证招聘活动的顺利完成。

1. 公平公正的原则

招聘的首要原则是公平公正的原则，因为它是企业招聘到合适优秀人才的前提，也是树立良好企业形象的关键。管理者应该使招聘过程和招聘结果都满足公平和公正的要求，这可通过公开招聘信息、公平竞争、结果公平等方面来予以实现。

2. 因事择人的原则

企业的招聘活动是为特定时期、特定组织、特定的岗位搜寻最合适的人选，因此所有的招聘活动都必须以特定的“事”为依据，不能随心所欲。在招聘过程中要仔细分析组织的战略、文化、经济实力、岗位特点等因素，选择合适的招聘策略和方法，以招聘合适的人员。招聘工作的目的，不是要选择素质最好的人才，而是量才录用，做到人尽其才、才尽其用、人事相宜，实现持久、高效地发挥人力资源的作用。

3. 双向选择原则

招聘的过程实际上是应聘者和企业双向选择的一个过程，只有双方在充分了解对方的基础上进行平等选择，才能保证招聘的有效性。但是由于信息不对称，在招聘过程中应聘者明显处于劣势地位，没有真正的选择权利。在招聘过程中，企业提供的信息极其有限，而且大多数是片面的信息，使得应聘者形成对企业不切实际的预期。在此基础上做出的选择决策具有很大的隐患，新员工的高离职率便是其一，致使员工和组织都遭受重大损失。使用“真实工作预览”技术可以极大地改善这一问题，实现真正的双向选择。

4. 注重效率的原则

注重效率是市场经济条件下一切经济活动的内在准则。谁的效率高，谁就能在激烈的竞争中赢得主动权，人员甄选与聘用也不例外。这一原则要求组织力争用尽可能少的招聘费用，录取到高素质、适应组织需要的人员。或者说，以尽可能低的招聘成本录用到同样素质的人员。为了使效率最高，就要求人力资源部门根据不同的招聘要求，设计合格的招聘程序，选择合适的招聘渠道，使用有效的招聘方法，在保证聘用员工质量的情况下，尽可能地降低聘用成本。

5. 依法招聘的原则

我国以《劳动法》为依据，已经颁布了一系列与招聘和录用有关的法律、法规、条例和规定，包括《劳动合同法》《集体合同规定》《企业劳动争议处理条例》等。因此，组织在制订招聘计划和实施招聘录用工作中，必须充分考虑现行法律、法规和政策的有关规定，防止出现违背相关政策法规的行为，也避免产生法律纠纷，避免组织人力、物力、财力的不必要损失。

4.1.1.6 招聘中的问题

在当今的经济和社会环境中，对人才的竞争越来越激烈，这对招聘工作提出了新的挑战。

1. 关键岗位人才难求

人才的供应和需求之间的矛盾始终存在着。对有的职位而言，应聘者供大于求，这种情况下，组织对人员的需求很容易得到满足。而对于另一些职位来说，则很难找到可供选择的合格人才，尤其是专业技术要求较强的职位或管理职位。因此，人力资源部门经理经常感叹："伯乐常有，而千里马不常有。"

2. 忽视应聘者与组织的适应性

在选拔面试中，招聘人员往往只注重应聘者与空缺职位任职资格的符合程度，而很少考虑应聘人员与组织文化、部门现有员工的适应性。因而导致在录用后才发现新员工并不符合该职位的要求，或者与企业的文化很难融合。职位的要求主要规定了从事某一职位工作的任职者应该具有的知识、技能和能力，但是仅仅具备这些素质还远远不够。因为工作的完成离不开与他人的合作，因此合格的员工还应该具备所在团队所要求的人格特点、企业文化所要求的价值观念，以及对企业使命的认同。这就要求招聘人员要以特定组织、特定岗位对人员的要求为依据，来选拔出合适的员工。

3. 新聘员工短期流动率较高

随着经济发展的多样化和择业观念的不断变化，近年来企业中人才的跳槽现象越来越普遍，周期也在缩短，新聘员工的流动率不断增高。人员流失过快给企业招聘工作带来很大的挑战。耗费很大精力招聘进来新员工，并且投入很大的财力对他们进行岗前培训，但是他们却很快就流失了，确实令人非常痛心。在招聘选拔过程中，有些招聘者倾向于选择那些十分优秀的人才，却往往忽视这些人才的稳定性，辛辛苦苦招来了员工却很快就发现是在为竞争对手做嫁衣，不但给企业造成财力、人力上的损失，而且从另一方面也削弱了企业自身的竞争力。由于企业人员流失速度快，企业就需要不断地招聘人员来满足工作的需要，同样又加大了人才招聘工作的难度，产生恶性循环。

4. 招聘成本高

由于合适的候选人不易获得，加上人员流失速度的加快，企业不得不在招聘方面投入巨大的成本。不同企业在争夺同类人才的时候，为了表现出自己企业的吸引力，很多企业不惜斥巨资进行宣传。为了获得足够符合要求的候选人，企业要动用各种各样的手段去吸引应聘人员。为了能够有效选拔人才，不少企业也投资使用一些先进的、昂贵的人才选拔手段，招聘选拔费用构成了一笔巨大的开支。

4.1.2 招聘的基础

4.1.2.1 人力资源规划

人力资源规划的实质是促进企业实现其目标，因此它必须具有战略性、前瞻性和目标性，要体现组织的发展要求。人力资源规划最显著的特点是把员工看作是资源，这与传统的只涉及员工的招聘与解雇问题的人事计划完全不同。

人力资源规划具有重要的意义。

(1) 人力资源规划有利于组织制定战略目标和发展规划。人力资源规划是组织发展战略的重要组成部分，同时也是实现组织战略目标的重要保证。

(2) 人力资源规划确保组织生存发展过程中对人力资源的需求。人力资源部门必须分析组织人力资源的需求和供给之间的差距，制定各种规划来满足对人力资源的需求。

(3) 人力资源规划有利于人力资源管理活动的有序化。人力资源规划是企业人力资源管理的基础，它由总体规划和各种业务计划构成，为管理活动（如确定人员的需求量、供给量、调整职务和任务、培训等）提供可靠的信息和依据，进而保证管理活动的有序化。

(4) 人力资源规划有利于调动员工的积极性和创造性。人力资源管理要求在实现组织目标的同时，也要满足员工的个人需要（包括物质需要和精神需要），这样才能激发员工持久的积极性，只有在人力资源规划的条件下，员工对自己可满足的东西和可满足的水平才是可知的。

(5) 人力资源规划有利于控制人力资源成本。人力资源规划有助于检查和测算出人力资源规划方案的实施成本及其带来的效益。要通过人力资源规划预测组织人员的变化，调整组织的人员结构，把人工成本控制在合理的水平上，这是组织持续发展不可缺少的环节。

4.1.2.2 人力资源的配置状况

人员招聘工作开展之前，应在人力资源规划的基础上，对组织现有人力资源的配置状况进行分析，以确定岗位对人员的现实需求。人员需求的变化除了受环境因素的影响，也可能是由于人力资源自身的因素造成的。一方面是员工的自然流失带来的人员需求，如老员工的退休、员工辞职、解聘、意外死亡或疾病、各种原因的休假（病假、产假、探亲假等）都会产生工作岗位的空缺，需要招聘正式或临时的员工来补充；另一方面，还可能是内部人力资源配置不合理而引发的招聘需求。

对于员工自然流失带来的人员需求，可以通过收集企业人员流动的历史数据和相关资料，使用前面介绍的相关方法加以预测和判断；另外，也需要富有经验的主管经常盘点部门的人力资源，密切关注每个下属的日常表现，以准确预测人员需求。内部人力资源配置情况，是招聘现实需求的分析重点。人员配置指的是人与事的配置关系，它已成为人力资源管理状态是否良好的标志之一。招聘工作的目标就是成功地选拔和录用组织所需的人才，实现所招人员与待聘岗位、人员与组织的有效匹配，充分开发利用员工，实现组织目标。人员配置分析主要包括人与事总量配置分析、人与事结构配置分析、人与事质量配置分析、人与工作负荷是否合理状况分析、人员使用效果分析五个方面的配置内容，如表 4－1 所示。

表 4-1 人力资源配置状况分析五维度

人与事总量配置分析	指人与工作的数量关系是否匹配。即多少工作需要多少人做。这种数量关系随社会的发展而变化，是动态的匹配过程
人与事结构配置分析	指不同性质特点的工作应由具有相应专长的人去完成，把各类人员分配在最能发挥专长的岗位上
人与事质量配置分析	指人与工作之间的质量关系，即工作的难易程度与人的能力水平的关系
人与工作负荷是否合理状况分析	工作负荷是否与人的承受能力相适应，是否能够保证人力资源的身心健康
人员使用效果分析	对人员绩效的好坏与自身能力的强弱进行比较，分析问题，制定措施，提高绩效

4.1.2.3 工作分析

工作分析又称职位分析、岗位分析或职务分析，工作分析是通过系统全面的情报收集手段，提供相关工作的全面信息，以便组织进行改善管理效率。工作分析是人力资源管理工作的基础，其分析质量对其他人力资源管理模块具有举足轻重的影响。工作分析在人力资源管理中的位置，通过对工作输入、工作转换过程、工作输出、工作的关联特征、工作资源、工作环境背景等的分析，形成工作分析的结果——职务规范（也称工作说明书）。职务规范包括工作识别信息、工作概要、工作职责和责任，以及任职资格的标准信息，为其他人力资源管理职能的使用提供方便。

组织的招聘工作必须基于工作分析的基础上，因为确定招聘人选的条件要求首先是由该职位的关键工作职责决定的。按照招聘管理中的能岗匹配原则，只有素质技能符合该岗位要求的人，才是最合适的人选。不同的职位需要具有不同能力和素质特点的人来从事。通过职位分析，在明确职位的职责、权限、任职资格等因素的基础上，形成该职位的工作基本规范和职责描述，从而为组织选拔人员提供基础，提升人事匹配度，提高甄选的效度。

工作分析是人力资源管理的一项核心基础职能，工作分析的基本程序为：确定工作分析的目标；确定工作分析的执行者；选择有代表性的职位来进行分析；收集工作分析所需要的信息资料；编写工作说明书和工作规范。

4.1.2.4 招聘的影响因素

招聘管理同其他管理系统一样都是开放的系统，受诸多相关联因素的影响和制约。招聘的成功既受外部环境的影响，也受组织内部环境的影响。

1. 影响招聘的外部因素

外部因素包括经济因素、国家的政策法规、科技因素以及劳动力市场因素等。

经济因素又分不同经济体制的影响和国家经济运行情况的影响两部分。我国在过去实行的是计划经济，人事管理实行统包统配制度，组织的用人计划、招用范围等都是统一计划管理，缺乏选人用人自主权。随着改革的深入和观念的变化，目前组织的人力资源招聘也从无到有，由计划经济指导下的招聘向市场配置下的招聘转变。宏观经济中通货膨胀对招聘的影响，尤其明显地表现在对组织高级管理层和技术人员的招聘上。

国家和地方的有关法律、法规和政策，从客观上界定了组织人力资源招聘的对象选择和限制条件。建立健全法律法规体系，以进一步规范我国的劳动力用工市场，是我们当前和今后都需要不断改进和努力的方向，也是组织实施有效招聘管理的重要前提。另外，政府的政策也是组织招聘的重要外部因素，如政府的财政政策、税收政策等都可以通过对组织的生产行为产生影响而最终影响到组织的招聘行为。此外，政府购买的产品和服务也在一定程度上决定着劳动力市场上的职位的数量和种类。

科学技术的发展对招聘管理的影响表现在以下三个方面：科技发展对劳动力市场有深远影响；科技发展对就业者的基本素质提出了新的要求；科技的发展影响了人们的工作和生活方式。

有效的招聘管理是基于对动态变化的劳动力市场的分析与把握的，既包括对整体劳动力市场的分析与把握，也包括对组织所在行业的劳动力市场的分析和把握。劳动力市场即劳动力蓄水池状况，是劳动力供求之间在劳动力使用权的转让与购买上达成一系列合约的总合。劳动力市场状况将影响组织人力资源战略的导向和人力资源规划的确立。对劳动力市场的准确认识与预计，能使组织的招聘工作更有准备，从而赢得许多富有成效的招募机会。

2. 影响招聘的内部因素

影响组织招聘的内部因素包括组织的战略导向、组织形象与条件、求职者状况三个方面的内容。

组织的战略目标和战略类型决定着组织人力资源战略的内容，而招聘管理属于组织人力资源管理的重要组成部分，因此组织的战略目标和战略类型，以及组织文化这些因素，都会与人力资源招聘工作相互作用，影响着招聘决策的内容。

组织的声望与管理水平、组织提供的报酬和所处的地理位置、招聘成本都会影响组织的招聘。另外，求职动机与强度、求职者个人职业倾向也会影响到招聘活动的进行。

4.2 招聘的基本程序

人员招聘工作是一项系统工程。完善的招聘工作过程或程序是人力资源管理的经验总结，也是每个组织做好招聘与录用工作的保证。具体而言，该工程由三个相互关联而又各自独立的操作系统组成。系统运行的每个组成部分都是为了保证组织人员招聘与录用工作的质量，为组织选拔合格人才。

这三个系统包括：人员招聘与录用的总过程，招聘面试与测试人员过程，以及人员录用的过程。这里主要介绍人员招聘与录用的总过程，其他两个过程将分别在以后介绍。

人员招聘与录用工作过程具体包括招聘、选拔与测试、录用与评估等方面，如图 4－2 所示。

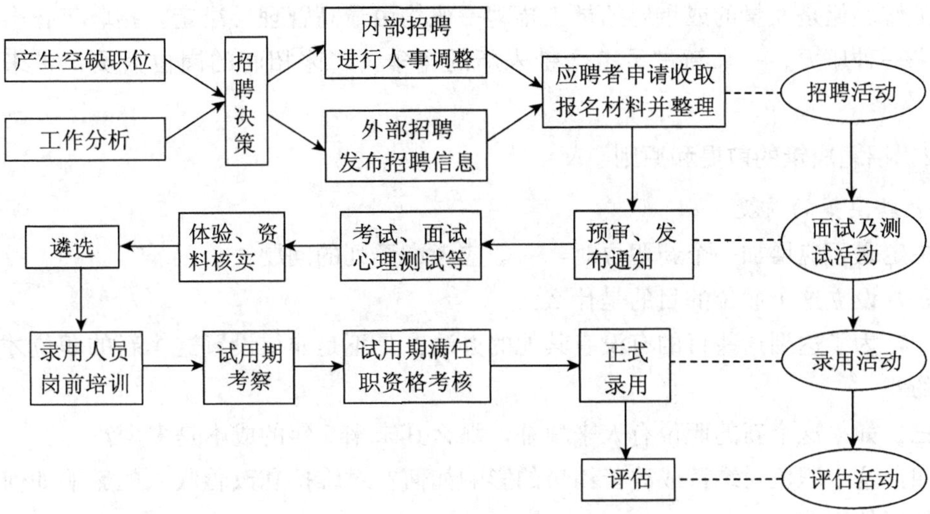

图 4－2　人员招聘与录用工作的过程

员工的招聘有两个前提：一是从人力资源规划分析中得到人力资源净需求预测，确定预计需要招聘的职位空缺、部门、人员数量、时限、类型等因素；二是工作分析提供的工作说明书为人员的选择和录用提供了主要的参考依据，也为应聘者提供了与该工作相关的详细信息。

员工招聘的基本程序包括招聘决策、发布信息、应聘者提出申请、人员面试、招聘测试、人员甄选六大步骤。

4.2.1　招聘决策

4.2.1.1　招聘决策的概念和意义

1. 招聘决策的概念

招聘决策是指组织中的最高管理层关于重要工作岗位招聘的决定过程。

个别不重要的工作岗位招聘，不需要经过最高管理层的决定，也不需要经过招聘基本程序的四大步骤。

2. 招聘决策的意义

任何组织都需要进行招聘决策，招聘决策的好坏直接影响以后招聘的步骤。

（1）适应组织的需要。组织要发展，一定要使人才流动起来，一定要吸引更多的人才来担任新增的工作。

（2）使招聘更趋合理化、科学化。由于招聘决策影响其他步骤，一旦失误，以后的工作就很难开展。

(3) 统一认识。招聘是一件涉及组织未来发展的大事，只有最高管理层观点一致，才能顺利地完成招聘全过程。

(4) 激励员工。有些大型组织，在人力资源开发管理部下分设员工招聘科，从事日常的招聘工作。但是大量的或重要的员工招聘一般均由最高管理层决定，招聘工作会给现职员工带来一种压力，一来新进员工会带来新的竞争，二来招聘的岗位为员工带来了新的挑战。

4.2.1.2 招聘决策的前提和原则

1. 招聘决策的前提

在决定是否应增加一个新职位时，一般应考虑下列的问题：

第一，设立这个职位的目的是什么？

第二，为了达到这些目的有没有其他的办法？是不是非得设置这个新的职位才能达到这些目的？

第三，如果这个新的职位有人来填补，那么其未来5年的成本是多少？

第四，这个职位对维持或改善销售的影响如何？对维持和改善收入的影响如何？对改善人的使用的影响如何？

第五，现在是谁在进行该职位的工作？

第六，现在进行该职位的人超时工作已经多久了？

第七，这个"超载"职位的部分工作职责能否转移到该部门的其他地方进行？

第八，在劳动力市场上招聘这个职位的人员可能性有多大？

第九，该职位能够维持存在至少两年吗？

第十，是否其他部门和雇员都认为这个职位是必需的？

第十一，这个新的职位对其他职位的影响如何？尤其是对那些被它"抢走"了职责的相关职位的影响如何？

第十二，如果不新设置这个职位，最坏会发生什么情况？

2. 招聘决策的原则

(1) 少而精原则。可招可不招时尽量不招；可少招可多招时尽量少招，招聘来的人一定要充分发挥其作用。组织是创造效益的集合体，不是福利单位。

(2) 宁缺勿滥原则。招聘决策时一定要树立起"宁缺勿滥"的观念。这就是说，一个岗位宁可暂时空缺，也不要让不适合的人占据，这要求招聘决策时要有一个提前量，而且广开贤路。

(3) 公平竞争原则。只有通过公平竞争才能使人才脱颖而出，才能吸引真正的人才，才能起到激励的作用。

4.2.1.3 招聘决策的运作步骤

招聘决策的运作可分为以下几步。

1. 用人部门提出申请

需要增加人员的部门负责人向人力资源开发管理部提出需要人员的人数、岗位、要求，并解释理由。

2. 人力资源开发管理部复核

人力资源开发管理部门应该到用人部门去复核申请，是否一定要这么多人员，再减少点数量是否可以，并写出复核意见。

3. 最高管理层决定

根据组织的不同情况，可以由高层管理层作会议决定，也可以在中层管理层作会议决定。决定应该在充分考虑申请和复核意见的基础上产生。

4.2.1.4 招聘决策的主要内容

组织员工招聘的决策应包括以下一些主要内容：

（1）什么岗位需要招聘？招聘多少人员？每个岗位的具体要求是什么？

（2）何时发布招聘信息？运用什么渠道发布招聘消息？

（3）委托哪个部门进行招聘测试？

（4）招聘预算是多少？

（5）何时结束招聘？

（6）新进员工何时到位？

4.2.1.5 招聘决策的关键

组织管理者在制定招聘决策时，有两个关键问题需要注意：一是当出现空缺职位时，是使用核心人员还是用应急人员填补？二是如果使用核心人员，是从内部招聘还是从外部招聘？

目前，国际上已经有许多公司开始采用核心人员和应急人员两种方法去填补空缺的战略。所谓核心人员，即以“传统”方法所聘用的员工，他们出现在组织的工资表上并被认为是“长期员工”。所谓应急人员是指虽然为组织工作，但并不在组织直接领取工资；相反，他们被代理人雇用再以固定费用临时性地“租借”给组织，工资与津贴由代理人支付。代理人分为三种：劳动力出租人、临时雇用代理人和独立承包商。

在通过劳务代理人获得的应急人员中，被租借的人员的雇用合同期比临时性人员要长；通过独立承包商获得的人员不同于其他应急人员，即他们被挑选完成全部职能。例如，组织通过一个做技术贸易的承包商订立维修工作合同。有些专家预言，未来典型的大公司中的人员也许会由相对少量的长期核心雇员组成，劳动力的剩余部分则由为具体的、暂时的任务而雇用的个人组成。

1. 使用应急人员的好处

一是它可以使用柔性的管理去控制固定的人工成本，其数目可根据业务条件的变化很容易地增加或减少。

二是应急人员的使用减轻了组织人力资源管理者的负担，代理人行使了工资单、保险、福利津贴的管理工作，由代理人去筛选和录用人员。

二是节约成本。应急人员的成本低于核心人员，因为代理人已经支付了某些一般的管理费，如工资和保险。

2. 使用应急人员的不足

一是应急人员在开始工作之前，需要进行关于组织工作程序和政策方面的培训，这就是使用应急人员的成本问题；

二是应急人员与核心人员相比，表现出对组织较低的忠诚度或承诺感；

三是在完成相同工作情况下，由于应急人员比核心人员取得更高的工资，容易引起核心人员的不公平感，从而影响士气。

3. 使用应急人员的情形

一般而言，组织在以下几种情况下，可以选择应急人员：

一是组织需要一些在劳动力市场很难找到的专门技术人员；

二是组织希望在远离组织总部的分部或地区补充新的办公室职员；

三是组织希望补充职位来实施项目，而在这些项目中，存在异常高的风险因素，且有可能损害组织原有员工的报酬率。

管理案例

某企业招聘计划实例

一、招聘目标（人员需求）

职务名称	人员数量	其他要求
软件工程师	5	本科以上学历，35 岁以下
销售代表	3	本科以上学历，相关工作经验 3 年以上
行政文员	1	专科以上学历，女性，30 岁以下

二、信息发布时间和渠道

1. ××日报　　1 月 18 日

2. ××招聘网站　　1 月 18 日

三、招聘小组成员名单

组长：王岗成（人力资源部经理，对招聘活动全面负责）

成员：赵 刚（人力资源部薪酬专员，具体负责应聘人员接待、应聘资料整理）

刘雾英（人力资源部招聘专员，具体负责招聘信息发布，面试、笔试安排）

四、选拔方案及时间安排

1. 软件工程师

资料筛选　　开发部经理　　截至 1 月 25 日

初试（面试）　　开发部经理　　截至 1 月 27 日

复试（笔试）　　开发部命题小组　　截至 1 月 29 日

2. 销售代表

资料筛选　　销售部经理　　截至 1 月 25 日

初试（面试）　　销售部经理　　截至 1 月 27 日

复试（面试） 销售副总 截至1月29日

3. 行政文员

资料筛选 行政部经理 截至1月25日

面试 行政部经理 截至1月27日

五、新员工的上岗时间

预计在2月1日左右

六、费用招聘预算

1. ××日报广告刊登费 4000元

2. ××招聘网站信息刊登费 800元

合计： 4800元

七、招聘工作时间表

1月11日：起草招聘广告

1月12日—1月13日：进行招聘广告版面设计

1月14日：与报社、网站进行联系

1月18日：报社、网站刊登广告

1月19日—1月25日：接待应聘者、整理应聘资料、对资料进行筛选

1月26日：通知应聘者面试

1月27日：进行面试

1月29日：进行软件工程师笔试（复试）、销售代表面试（复试）

1月30日：向通过复试的人员通知录用

2月1日：新员工上班

人力资源部

2014年1月5日

4.2.2 招聘信息发布

组织在做出招聘决策——招聘核心人员后，就可进行发布招聘信息工作。发布招聘的时间、方式、渠道与范围都是根据招聘计划确定的。由于所需招聘的岗位、数量、任职者要求的不同，招聘对象的来源与范围不同，以及新员工到岗的时间不同和招聘预算的限制，发布信息的过程也将不同。

4.2.2.1 发布招聘信息的原则

组织在发布招聘信息时，必须遵循下列原则。

1. 面广原则

如果只考虑招聘的效果，不考虑成本因素，那么，发布招聘信息的面越广，接收到该信息的人越多，应聘的人也越多，这样可能招聘到合适人选的概率也越大。

2. 及时原则

在条件许可的情况下，招聘信息应该尽量早地向人们发布，这样既有利于缩短招聘进

程，而且有利于使更多的人获取信息，使应聘人数增加。

3. 层次原则

招聘的人员都是处在社会的某一层次的，要根据招聘岗位的特点，向特定层次的人员发布招聘信息。

4.2.2.2 发布招聘信息的类型

对组织而言，招聘信息发布渠道的选择也是很重要的。如果组织选择使用广告进行空缺职位的宣传，就应该进行招聘广告的安排。一般而言，广告招聘能够比其他的招聘方式吸引更多的应聘者。广告已经成为广大组织普遍采用的一种招聘方式，其优势在于宣传的范围广。

招聘广告按照传播媒体的不同，可以划分为广播广告、电视广告、报纸广告、杂志广告和网络广告等。

1. 广播与电视广告

在我国，组织使用广播与电视广告并不多，其原因主要如下：

一是电视广告费用相当昂贵，仅用于招聘似乎太高；

二是广播和电视广告在受众面前停留的时间有限，也不能被“剪下来”保存；

三是广播和电视广告的受众多，易于吸引较多的应聘者参与，从而加大了招聘与录用工作的难度；同时在组织招聘人数一定的情况下，众多的应聘者中也会产生较多的落选者，容易引起他们的不满，对组织的公众形象会产生影响。

因此广播和电视广告主要是用于招聘组织的高级管理人才。有时组织将招聘高级人才以访谈面试的形式出现，组织可以借机宣传组织的形象。事实上，在广播和电视上发布招聘广告进行人员招聘的组织大多是政府的职业中介机构或猎头公司，也有少部分的知名企业。它们在广播和电视媒体上发布广告的目的更多的是提高组织的知名度和塑造组织的形象。

2. 报纸广告

报纸广告是组织进行招聘时使用最为频繁的媒体，因为报纸广告的费用比电视广告的成本要低得多，同样能吸引众多的申请者，因此是我国企业使用最广泛、最多的媒体。报纸广告不仅受组织的欢迎，也受到了应聘者的欢迎。其主要的优点是可以在不同的时间、地点被多个不同的读者阅读，能够方便地复印抄写。

3. 行业或专业杂志广告

行业或者专业杂志广告，也是组织招聘专业的管理人员和技术人员的最佳选择。因为行业或专业杂志的读者大多是与行业有关的专业人员，杂志的读者群比一般的报纸更为集中，所以，广告的针对性就更强一些。当组织在这类杂志上发布招聘广告时，招聘信息就会被目标受众接受。

进行杂志广告招聘要注意两点：

一是由于专业杂志的印刷期较长，所以招聘广告发布的提前量要比较充分，并要注明招聘截止日期。

二是杂志广告的创作，既要美观，又要有创意，做到既能吸引读者目光，又能宣传组织形象。

4. 网络广告

网络广告是一种新型的广告形式，将它用于招聘活动将是未来招聘的一种时尚。

组织在网络上发布广告主要有两种途径：

第一种是在组织自己的网站上发布招聘信息，这可以将组织的每一个空缺岗位逐一列出，必要时还可以做适当的描述，可以清晰地罗列对应聘人员的资格要求，内容可以不受篇幅的限制，并且招聘广告发布的费用相对较低，但是这类广告是否被有效地发布，与组织自身的知名度和网站的知名度密切相关。因此，只有名声较大的组织才能够运用此种途径。

第二种是在门户网站或者专业的招聘网站上发布招聘信息，而这时由于广告的费用比前一种方式高，篇幅也有所限制，所以这类广告的内容要简明扼要，尤其是联系方式要清晰。

组织在确定招聘信息发布渠道时，一定要注意以下几个问题。

一是要了解不同媒体在哪些人群中利用率最高。通过了解不同地区、不同性别、不同学历、不同职业的人喜欢接触的是什么媒体，组织再决定采用什么广告方式，做到"有的放矢"。

二是选择在该媒体中的哪家发布广告。选择了在什么媒体上进行广告之后，组织就需要选择具体在该媒体中的哪家发布广告。因此招聘者还需要对不同的报纸、杂志、电视台的发行量、读者群的情况有所了解，这样才会做到"心中有数"。

三是组织应该根据空缺职位的性质（工资待遇、职位层级、权限的大小、工作条件等）决定是否采用广告方式。不仅对于应聘者有限的职位采用广告方式不合算，而且对于过分热门的职位，采用广告方式同样不合算，因为需要花费大量的人力、物力和财力来完成阅读简历、进行面谈、接待来访者的工作，对于这种情况，组织可以采用匿名广告的形式来避免。所谓匿名是指在广告中不说明招聘组织的名称。求职者可以直接将申请和个人简历寄到广告中指定的杂志、信箱或报社，通过中介机构将这些简历转到组织。这样既可以避免数不清的电话或登门访问和查询者，又可以避免因为求职者未被录用而给组织可能带来的社会和公共关系方面的麻烦。另外，制作招聘广告时还应考虑组织的利益与应聘者的择业观和择业动机。

除了以上主要渠道外，还有随意传播的发布形式，如有关部门或有关人员用口头的、非正式的方式进行发布招聘信息的类型。这种方式的主要特点是费用最低，可以进行双向交流，速度较快。其主要缺点是覆盖面窄，在一般劳动力市场上明显供大于求，招募层次不是很高时，可以选用这种类型。

4.2.2.3　招聘工作的宣传策略

在招聘过程中，组织一方面需要尽可能地吸引应聘者，另一方面还必须利用招聘过程的机会进行组织形象或者声誉的宣传活动。因此对招聘工作应该从更高的地位来认识，制定好宣传策略。招聘的宣传策略主要是指在招聘活动中，人力资源部门对组织及其相关政策的宣传。将组织的招聘政策及时与外界沟通，有利于招聘活动顺利地开展。

1. 发布招聘广告

完整的招聘广告包含以下要素：组织简介、招聘职位和数量、工作地点、专业要求和经验要求、职称要求和优先者条件、工作职责、应聘者个性特点要求、应聘材料、联系方式和截止日期等。

2. 公布招聘政策

组织的招聘政策在一定程度上是区别于其他组织招聘活动的关键。招聘政策运用得是否恰当对招聘成功有着重大的影响。如何制定招聘政策呢？

(1) 市场领袖薪酬策略

该策略是指在同等职位条件下，该组织的薪资报酬领先于其他组织的策略。该策略是通过高薪来吸引最优秀的人才。所以，在宣传时，组织要注意以下两个方面。

一是突出宣传组织的发展远景并且与高薪相结合，此目的是尽可能多地吸引应聘者。

二是对应聘者的要求比较严格，在招聘广告的内容中，设置一些必要的遴选指标，让不具备条件的应试者知难而退，以减轻录用工作的压力。市场领袖薪酬策略，通常被一些市场领先者运用，他们通过对人才的控制来保持市场领先的状态。由于该策略会使组织劳动力成本升高，进而导致产品成本升高，影响产品的市场份额，所以除非是市场的绝对领先者，该策略一般不轻易使用。

(2) 自由雇用政策

自由雇用政策是指雇用关系的双方都可以在任何时候以任何理由解除雇用关系。与之相对的是劳动合同制，即组织和新进员工要签订劳动合同，规定员工在合同期限内不能离开组织，否则，要缴纳一定的违约金；而组织如果在合同期限内解雇员工，则要给员工一定金额的赔偿。劳动合同制很好地防止了组织人力资源外流，防止了人才流失给组织带来的损失。换句话说，当组织想保持人员的相对稳定时，可以采取这种策略。

但自由雇用政策与此相反，它是一种鼓励人员流动、鼓励人员竞争的策略。该策略一般运用于高新技术企业，该类企业需要不断地吸引新人新思维来进行创新活动，来促进企业的发展，促进企业内部的竞争，在内部进行优胜劣汰。一旦采用劳动合同制，如果被淘汰的人员太多，则企业支付的赔偿金将会过高，从而影响企业的经济效益。同时，某些优秀的人才比较喜欢自由雇用政策，不愿意被合同把自己束缚在一个企业里。自由雇用政策和劳动合同制各有利弊，组织应该根据自身情况谨慎选用。

(3) 公司形象的广告宣传

组织有时进行招聘活动不仅仅是为了招聘新员工，还有宣传组织形象的目的。组织有三种招聘途径可以宣传其形象。

一是组织网站或中介机构的招聘网页。精美的网页往往能体现组织的内在文化，所以好的网页会给受众留下美好的印象。

二是精心组织的招聘会。联想公司每年都要在全国著名高校举办专场招聘会，会上联想公司由高层主管（不仅仅是人力资源主管）向毕业生们介绍公司的成长历史、市场地位和发展规划，然后在接下来的几天里才进行求职资料的收取以及面试工作。尽管每次招聘会只录取少数几名毕业生，但是总能够吸引大批的毕业生踊跃地投送求职材料。所以，通过形象宣传活动，联想公司几乎成为了各大高校毕业生的首选。

三是举止得体的招聘者。招聘者的一言一行代表着组织，他们的行为关系到组织的形象。所以，对招聘者也应该进行培训，使之举止得体，这既有利于招聘活动本身，也有利于组织形象。

3. 公布招聘流程和结果

把招聘流程和结果公开是招聘成功与否的另一个关键。公开招聘流程和结果，有助于形成公平竞争的气氛，有助于应聘者熟悉应聘流程并灵活地安排自己的时间，有助于缓解落选者的失落感，也会降低由于落选者不满而散布不利于组织形象的信息的可能性。

4.2.3 应聘者申请

表 4－2 ××企业人员招聘申请表

<table>
<tr><td>姓名</td><td></td><td>性别</td><td></td><td>出生年月</td><td></td><td>政治面貌</td><td></td><td rowspan="8">照片</td></tr>
<tr><td>学历</td><td></td><td>毕业学校</td><td colspan="2"></td><td>专业</td><td colspan="2"></td></tr>
<tr><td>职称</td><td></td><td colspan="2">现从事的专业/工作</td><td colspan="4"></td></tr>
<tr><td>现在工作单位</td><td colspan="3"></td><td colspan="2">联系电话</td><td colspan="2"></td></tr>
<tr><td>通信地址</td><td colspan="3"></td><td colspan="2">邮编</td><td colspan="2"></td></tr>
<tr><td>家庭地址</td><td colspan="3"></td><td colspan="2">身份证号码</td><td colspan="2"></td></tr>
<tr><td>掌握哪种语言</td><td colspan="3"></td><td colspan="2">程度如何，有无证书</td><td colspan="2"></td></tr>
<tr><td>技能与特长</td><td colspan="3"></td><td colspan="2">技能等级</td><td colspan="2"></td></tr>
<tr><td>个人兴趣</td><td colspan="2"></td><td>身高</td><td>米</td><td>体重</td><td>千克</td><td>健康状况</td><td></td></tr>
<tr><td>个人简历</td><td colspan="8"></td></tr>
<tr><td colspan="2">准备离开原单位的原因</td><td colspan="4"></td><td>现在工资</td><td colspan="2"></td></tr>
<tr><td colspan="2">准备加入单位的重要原因</td><td colspan="7"></td></tr>
<tr><td>收入期望值</td><td>元/年</td><td colspan="2">可开始的工作日期</td><td colspan="5"></td></tr>
<tr><td colspan="3">晋升期望（职位、时间）</td><td colspan="6"></td></tr>
<tr><td colspan="3">培训的期望（内容、日期、时间）</td><td colspan="6"></td></tr>
<tr><td colspan="3">其他期望</td><td colspan="6"></td></tr>
<tr><td colspan="3">家庭成员情况</td><td colspan="6"></td></tr>
<tr><td colspan="3">备注</td><td colspan="6"></td></tr>
</table>

自愿保证，本人保证表内所填写内容真实，如有虚假，愿受解职处分。

申请人签名：　　　日期：

应聘者在获得组织的招聘信息后，可以向招聘组织提出应聘申请。一般有三种方式：一是应聘者通过信函向招聘组织提出申请；二是直接填写招聘组织的应聘申请表；三是应聘者通过电子邮件方式向招聘组织提出申请。随着计算机网络技术的普及，这种形式将是一种重要的方式。无论是哪种方式，一方面招聘组织应提供应聘人员申请表（见表4－2）；另一方面应聘者都应向招聘组织提供个人资料：

(1) 应聘申请表，重点说明将应聘的职位；

(2) 个人简历，主要说明学历、工作经验、技能、成就、个人品格等个人信息；

(3) 各种证件，包括学历、成就（各种奖励）证明的复印件；

(4) 身份证复印件。

个人简历与应聘申请表应该尽量详细，以便于招聘组织的人力资源部门进行必要的审定与核实等工作。

招聘组织要求应聘者在规定的时间内在指定地点报名，领取报名登记表，填写并上交表格。在实际操作中，还有一些具体的策略。比如，有时为了限制名额，需要应聘者支付报名费；有时为了了解应聘者的某些资格和特殊技能，需要他们递交附加材料；有时为了了解应聘者的耐心，故意让报名程序比较复杂。

4.2.4 人员面试

由于人员资格审查与初选不能反映应聘者的全部信息，组织不能对应聘者进行深层次的了解，个人也无法得到关于组织的更为全面的信息，因此需要通过面试使组织与个人各自得到所需要的信息，以便组织进行录用决策，个人进行是否加入组织的决策。面试是双向选择的一个重要手段。

面试是供需双方通过正式交谈、面试，组织能够客观了解应聘者的业务知识水平、外貌风度、工作经验、求职动机等信息；应聘者能够了解到更全面的组织信息。与传统人事管理只注重知识掌握不同，现代人力资源管理更注重员工的实际能力与工作潜力。进一步的面试还可帮助组织（特别是用人部门）了解应聘者的语言表达能力、反应能力、个人修养、逻辑思维能力等；而应聘者则可了解到自己在组织的发展前途，能将个人期望与现实情况进行比较，组织提供的职位是否与个人兴趣相符等。面试是员工招聘过程中非常重要的一步。

4.2.4.1 面试的类型

1. 从面试所达到的效果来分类

从面试所达到的效果来分类，可分为初步面试和诊断面试。

(1) 初步面试。初步面试用来增进用人单位与应聘者的相互了解，在这个过程中应聘者对其书面材料进行补充（如对技能、经历等进行说明），组织对其求职动机进行了解，并向应聘者介绍组织的情况、解释职位招募的原因及要求。初步面试类似于面谈，它比较简单、随意。通常，初步面试是人力资源部门中负责招聘的人员主持，不合适的人员或对组织不感兴趣的应聘者将被筛选掉。

（2）诊断面试。诊断面试则是对经初步面试筛选合格的应聘者进行实际能力与潜力的测试，它的目的在于招聘单位与应聘者双方补充深层次的信息，如应聘者的表达能力、交际能力、应变能力、思维能力、个人工作兴趣与期望等，组织的发展前景、个人的发展机遇、培训机遇。这种面试由用人部门负责，人力资源部门参与，它更像正规的考试。对于高级管理人员的招聘，则组织的高层领导也将参加。这种面试对组织的录用决策与应聘者是否加入组织决策至关重要。

2. 从参与面试过程的人员来分类

从参与面试过程的人员来看，可分为个别面试、小组面试和集体面试。

（1）个别面试。个别面试是一个面试人员与一个应聘者面对面地交谈，这种方式的面试有利于双方建立亲密的关系，促进其相互了解，但这种面试的结果易受面试人员主观因素的干扰。

（2）小组面试。小组面试是由两三个人组成面试小组对各个应聘者分别进行面试。面试小组由用人部门与人力资源部门的人员共同组成，从多种角度对应聘者进行考察，提高面试结果的准确性，克服个人偏见。

（3）集体面试。集体面试也称为成组面试，它是由面试小组对若干应聘者同时进行面试，在集体面试过程中，通常是由面试主考官提出一个或几个问题，引导应聘者进行讨论，从中发现、比较应聘者表达能力、思维能力、组织领导能力、解决问题的能力、交际能力等。集体面试的效率比较高，但对面试主考官的要求较高，主考官在面试前要对每个应聘者都有大致的了解，在面试时要善于观察，善于控制局面。

3. 从面试的组织形式来分类

从面试的组织形式来看，可分为结构型面试、非结构型面试、压力面试。

（1）结构型面试。结构型面试是在面试之前，已有一个固定的框架（或问题清单），主考官根据框架控制整个面试的进行，严格按照这个框架对每个应聘者分别做相同的提问。这种面试的优点在于，对所有应聘者均按同一标准进行，可以提供结构与形式相同的信息，便于分析、比较，同时减少了主观性，且对考官的要求较少。研究表明，结构型面试的信度与效度较好。结构型面试的缺点是过于僵化，难以随机应变，所收集信息的范围受到限制。在进行结构型面试时，应注意以下问题：一是工作技能需求分析。在面试之前，主考官应弄清招聘的职位所需的技能，并对各个技能区分其需要的重要程度，这有助于寻找到合适的人选。技能分为两类，一类是如何做好工作、达到预期的工作绩效目标的技能，另一类是需要何种技能去完成此项工作。二是面试问题的准备。面试的问题应当围绕着所需了解的信息，重点是对能力与潜力的了解，问题要简单扼要，应有一定的诱导性，尽量给应聘者以更多的发挥机会。三是对面试过程的引导与控制。由于这种面试更接近于考试，因此主考官应注意不要给应聘者较大的精神压力，注意引导面试的氛围。四是对面试结果的评价。主考官对应聘人员的评价应建立在公正平等的基础之上，将应聘者的实际表现与技能需求分析做对比分析，然后列出各个应聘者的优劣。

（2）非结构型面试。这种面试无固定的模式，事先无须作太多的准备，主考官只要掌握组织、职位的基本情况即可。在面试中往往提一些开放式的问题，如“谈谈你对某件事情的看法”，“你有何兴趣与爱好”等。这种面试的主要目的在于给应聘者充分发挥自己能力与潜力的机会，由于这种面试有很大的随意性，主考官所提问题的真实目的往往带有很大的隐蔽性，要求应聘者有很好的理解能力与应变能力。

非结构型面试由于灵活自由，问题可因人而异、深入浅出、可得到较深入的信息。但是这种方法缺乏统一的标准，易带来偏差，且对主考官要求较高，主考官需要有丰富的经验与很高的素质。

（3）压力面试。这种面试给应聘者提出一个意想不到的问题。压力面试往往是在面试的开始时就给应试者以意想不到的一击，通常是敌意的或具有攻击性，主考官以此观察应试者的反应。一些应聘者在压力面试前显得从容不迫，而另一些则不知所措。用这种方法可以了解应聘者承受压力、情绪调整的能力，可以测试应聘者的应变能力和解决紧急问题的能力。压力面试一般用于招聘销售人员、公关人员、高级管理人员。

4. 最新研究成果的面试分类

（1）行为描述面试。行为描述面试（Behavior Description Interview）也称 BD 面试，是近年来的研究成果。这种面试是基于行为的连贯性原理发展起来的。面试主考官通过行为描述面试要了解两方面的信息：一是应聘者过去的工作经历，判断他选择本组织发展的原因，预测他未来在本组织中发展所采取的行为模式；二是了解他对特定行为所采取的行为模式，并将其行为模式与空缺职位所期望的行为模式进行比较分析。在 BD 面试过程中，主考官往往要求应聘者对其某一行为的过程进行描述。如主考官会提问：“你能否谈谈你过去的工作经历与离职的原因?”“请你谈谈你昨天向你们公司总经理辞职的经过?”等。BD 面试在提问过程中，所提的问题还经常是与应聘者过去的工作内容、绩效有关的，且提问的方式更有诱导性。例如，对于与同事的冲突或摩擦，“你与你同事有过摩擦吗?举例说明”的提问显然不如“告诉我，与你工作中接触最少的同事的情况，包括问题是如何出现的，以及你们之间关系最紧张的情况”更激起应聘者更真实的回答。BD 面试中所提的问题，都是从工作行为分析中得到的，这种分析可以确定在特定的与工作有关的情形下，应聘者应做的事情，什么是有效的，什么是无效的，即确定期望的行为模式，通过应聘者对问题的回答来判断他的行为模式是否符合需要。

（2）能力面试。能力面试是继 BD 面试法之后的又一研究成果。与注重应聘者以往取得的成就不同的是，这种方法关注的是他们如何去实现所追求的目标。在能力面试中，主考官要试图找到过去成就中所反映出来的优势。要确认这些优势，主考官要寻找 STAR——情景、任务、行动和结果。其大致过程如下：先确定空缺职位的责任与能力，明确它们的重要性；然后询问应聘者过去是否承担过与空缺职位类似的职位，或是否处于类似的“情景”，一旦主考官发现应聘者有类似的工作经历，则再确定他们过去负责的“任务”，进一步了解一旦出现问题他们所采取的“行动”，以及“行动”的“结果”究竟如何。

4.2.4.2 面试的提问技巧

在面试过程中，主考官常常向应聘者提问，应注意提问的内容与技巧。适当的提问技巧可帮助主考官获得更多的信息，提高面试的质量。以下是常用的提问技巧。

1. 简单提问

在面试刚开始时，通常采用简单提问来缓解面试的紧张气氛，消除应聘者的心理压力，使应聘者能轻松进入角色，充分发挥自己的水平和潜力。这种提问常以问候性的语言开始，如“一路上辛苦吗？”“你乘什么车来的？”“你家住在什么地方？”等。

2. 递进提问

在用简单提问提出几个问题以后，谈话的气氛往往开始轻松下来，这时可采用递进提问方式将问题向深层次引申一步。递进提问的目的在于引导应聘者详细描述自己的工作经历、技能、成果、工作动机、个人兴趣等。提问应采用诱导式提问，如“你为什么要离职？”“你为什么要到本公司来工作？”“你如何处理这件事情？”“你如何管理你的下属”等，避免使用肯定/否定式提问，如“你认为某事情这样处理对吗？”“你有管理方面的经验吗？”因为前一种提问方式能给应聘者更多的发挥余地，能更加深入地了解应聘者的能力与潜力。

3. 比较式提问

比较式提问是主考官要求应聘者对两个或更多的事物进行比较分析，以达到了解应聘者的个人品格、工作动机、工作能力与潜力的目的。如“如果现在同时有一个晋升机会与培训机会，你将如何选择？”“你在以往的工作经历中，你认为你最成功的地方是什么”等。

4. 举例提问

这是面试的一项核心技巧。当应聘者回答有关问题时，主考官让其举例说明，引导应聘者回答解决某一问题或完成某项任务所采取的方法和措施，以此鉴别应聘者所谈问题的真假，了解应聘者实际上解决问题的能力。如“请你举例说明你对员工的管理成功之处”等。

5. 客观评价提问

这是主考官有意让应聘者介绍自己的情况，客观对自己的优缺点进行评价，或曾在主考官身上发生的某些事情，以此引导应聘者毫无戒备地回答有关敏感问题，借此对应聘者进行更加深刻的了解。如“世上没有十全十美的人，比如说，我在处理突发事件时就易冲动，今后有待于进一步改善。你觉得你在哪些方面需要改进？”

面试主考官除要掌握上述技巧外，还需要具备如下素质：能客观公正地对待所有的应聘者，不因个人的主观因素评价应聘者，而以录用标准加以衡量；良好的语言表达能力，在提问过程中语意表达清楚、准确，不引起应聘者的误解，并善于引导应聘者回答问题；善于倾听应聘者的陈述，并能准确理解应聘者的陈述；有敏锐的观察能力，善于观察应聘者在面试过程中的各种行为，如身体姿态、语言表达、面部表情、眼神变化、服装、精神面貌等；善于控制面试的进程，能创造一个良好、轻松愉快的面试气氛，善于把面试引向结束。

6. 常用面试提问举例

（1）你为何要申请这项工作（了解应聘者的求职动机）？

(2) 你认为这项工作的主要职责是什么？或如果你负责这项工作将怎么办（了解对应聘岗位的了解程度及其态度）？

(3) 你认为最理想的领导是怎样的？请举例说明（据此可了解应聘者的管理风格及行为倾向）。

(4) 对你来应聘你家庭的态度怎样（了解其家庭是否支持）？

(5) 你的同事当众批评、辱骂你时，你怎么办（了解其在现场处理棘手问题的经验及处理冲突的能力）？

(6) 你的上级要求你完成某项工作，你的想法与上级不同，而你又确信你的想法更好，此时你怎么办（困境中是否冷静处理问题）？

4.2.4.3 面试的组织技巧

1. 控制面试进程

由于面试时间最多不超过几十分钟，为能在这段时间里根据面试者的要求提供更多的信息，一般要求应聘者先简单介绍一下自己的情况。这段时间便于面试者观察一下对方，浏览一下应聘者的材料，认真倾听，然后进入正式面试阶段。

2. 采用结构式面试

正式面试阶段，一般要按照结构式面试的方式展开。所提问题可根据求职申请表中发现的疑点，先易后难逐一提出。

(1) 多问开放式的问题。即“为什么?”“怎么样?”目的是让应聘者多讲。

(2) 面试中不要暴露面试者的观点和想法，不要让对方了解你的倾向并迎合你，掩盖他真实的想法。

(3) 提问题要直截了当，语言简练，有疑问可马上提问，并及时做好记录。

(4) 不要轻易打断应聘者的讲话，对方回答完一个问题，再问第二个问题。

(5) 面试中，除了要倾听应聘者回答的问题，还要观察他的非语言的行为，如脸部表情、眼神、姿势、讲话的声调语调、举止，从中可以反映出对方的一些个性情况。

(6) 传统的面试往往集中问一些信息，十分注意求职申请表中所填的内容，并加以推测分析。同时还询问应聘者过去做过的工作，据此来判断他将来能否担任此项工作，这是完全必要的。但有时应聘者也会编造一些假象。为了克服这一点，在考察对方工作能力、工作经验时，可针对应聘者过去工作行为中特定的例子加以询问。基于行为连贯性原理，所提的问题并不集中在某一点上，而是一个连贯的工作行为。例如，过去半年中你所建立最困难的客户关系是什么？当时你面临的主要问题是什么？你是怎样分析的？采取什么措施？效果怎样？从而能较全面考察一个人。

(7) 面试中还可提出一些案例，这些案例均是与应聘职务有关的，从中来观察应聘者的分析、判断能力，也可提出一个话题让对方讲述，从中判断他的表述能力。

(8) 面试中非常重要的一点是了解应聘者的求职动机，这是一件比较困难的事，因为一些应聘者往往把自己真正的动机掩盖起来，但是面试者可以通过他的离职原因、求职目的、个人发展、对应聘职位的期望等方面加以考察，再与其他的问题联系起来综合加以判断。如果应聘者属于高职低求、高薪低求，离职原因讲述不清或频繁离职，则须引起注意。

3. 做好面试结束阶段

（1）面试结束时要给应聘者以提问的机会。

（2）不管录用还是不录用均应在友好的气氛中结束面试。

（3）如果对某一对象是否录用有分歧意见时，不必急于下结论，还可安排第二次面试。

（4）及时整理好面试记录表。

面试结束后，根据面试记录表对应聘人员进行评估（见表 4－3）。评估可采用评语式评估，也可采用评分式评估。评语式评估的特点是可对应聘者的不同侧面进行深入地评价，能反映出每个应聘者的特征，但缺点是应聘者之间不能进行横向比较。评分式评估则是对每个应聘者相同的方面进行比较，其特点正好与评语式评估相反。

表 4－3　　××公司面试评价表

姓名	性别	年龄	编号		
应征职位		所属部门			
评价要素	评价等级				
	1（差）	2（较差）	3（一般）	4（较好）	5（好）
1. 个人修养					
2. 求职动机					
3. 语言表达能力					
4. 应变能力					
5. 社交能力					
6. 自我认识能力					
7. 性格内外向					
8. 健康状况					
9. 掩饰性					
10. 相关专业知识					
11. 总体评价					
评价	□建议录用	□有条件录用	□建议不录用		
用人部门意见	签字：________	人事部门意见	签字：________	总裁（总经理——意见）	签字：________

4.2.4.4 面试的影响因素

在实际面试中，以下因素会影响面试效果。

(1) 过早地做出录用决策。面试者常在见面后的几分钟，凭印象产生录用决策的意向。

(2) 过分强调面试表中的不利内容，以致不能全面了解个人。

(3) 面试者本人对空缺岗位的任用条件不了解，无法通过正确的标准去衡量应聘者。

(4) 面试者本人缺乏面试经验。

(5) 面试过程中，面试者本人讲得太多，未让应聘者多讲，失去了招聘面试的意义。

(6) 有时，由于招聘时间紧迫，为完成招聘任务，不得不加快速度，急于求成。

(7) 面试者易受前一位应聘者的影响，并以此作为标准去衡量后一位应聘者。

(8) 第一印象、晕轮效应、群体定见、趋中效应、以貌取人、个人偏见等常见心理偏差，均会影响面试效果。

(9) 面试中，采用非结构式面试的结果不如结构式面试可信和有效。

4.2.5 招聘测试

在组织员工招聘过程中，招聘测试是重要的一环。

招聘测试是指在招聘过程中，运用各种科学方法和经验方法对应聘者加以客观鉴定的各种方法的总称。人与人之间是存在差异的，这种差异可以通过各种方法加以区别，这为招聘测试奠定了基础。

招聘测试，有时简称测试，在员工招聘中具有重要意义。

(1) 挑选合格的员工。应聘者的各种条件，不一定符合招聘者的各种要求。挑选合格的员工对于建立组织文化、提高生产率、发展组织等均有重要的推动作用。只有通过测试才能挑选到合格的员工。

(2) 让适当的人担任适当的工作。有些应聘者来应聘多个岗位时，会出现“某人适合从事甲岗位而不适合从事乙岗位”的现象，只有通过测试才能了解谁担任哪个岗位最合适。

(3) 体现公平竞争原则。当应聘者多于招聘名额时，测试可以让最合适的人选脱颖而出，落选者也能了解自己的不足之处，相对比较心平气和地接受落选的事实。

组织员工招聘测试种类很多，主要有以下几种。

4.2.5.1 心理测试

心理测试是指通过一系列的心理学方法来测量被试者的智力水平和个性方面差异的一种科学方法。通过心理测试可以了解一个人所具有的潜在能力，了解一个人是否符合该组织某一岗位的需要。

1. 职业能力倾向性测试

这是用于测定从事某项特殊工作所具备的某种潜在能力的一种心理测试。由于这种测试可以有效地测量人的某种潜能，从而预测他在某职业领域中成功和适应的可能性，或判断哪项工作适合他。这种预测作用体现在，什么样的职业适合某人；为胜任某职位，什么样的人最合适。因此它对人员选拔、配置都有重要意义。在人员选拔过程中运用这种测试时，只需将测试结果——应聘人员潜能与空缺职位所期望能力相比较，就可判断他是否能胜任该职位，或找出最适合他的职位。

能力倾向测试的内容一般可分为三种。一是普通能力倾向测试，其主要内容有：思维能力、想象能力、记忆能力、推理能力、分析能力、数学能力、空间关系判断能力、语言能力等。二是特殊职业能力测试。它是指那些特殊的职业或职业群的能力。测试职业能力的目的在于：测量已具备工作经验或受过有关培训的人员在某些职业领域中现有的熟练水平；选拔那些具有从事某项职业的特殊潜能，并且能在很少或不经特殊培训就能从事某种职业的人才。三是心理运动机能测试。其主要包括心理运动能力和身体能力两大类。心理运动能力包括选择反应时间、肢体运动速度、四肢协调、手指灵巧、手臂稳定、速度控制等。身体能力包括动态强度、爆发力、广度灵活性、身体协调性与平衡性等。在人员选拔中，对这部分能力的测试一方面可通过体检进行，另一方面可借助于各种测试仪器或工具进行。

美国劳工部曾花数十年的时间，编制了《一般能力倾向成套测试》，该测试主要测定九种职业能力倾向：一般智力、言语能力、数理能力、书写知觉、空间判断力、形状知觉、运动协调、手指灵巧度、手腕灵巧度。该测试同时分析了 13 个职业领域 40 种职业的能力倾向模式，它既可作为职业指导的依据，也可帮助做出人员选拔的决策。目前，该测试已有中文版，并已得到应用，效果良好。

由于不同的职业对能力的要求不同，人们设计了针对不同职业领域的能力倾向测试，用于人员的选择、配置与职业设计。以我国公务员考试所采用的行政职业能力测试为例，它是专门用来测量与行政职业有关的一系列心理潜能的考试，包括知觉速度与准确性、判断推理能力、言语理解能力、数量关系与资料分析能力五方面，可以预测考生在行政职业领域多种职位上成功的可能性。深圳市政府公开招聘公务员时，就采用了能力倾向测试的方法。又如，使用《一般能力倾向成套测试》可测出人的手指灵巧度这一能力倾向，对于缺乏用手指准确操作细小东西能力的人来说，是不宜从事涉及手指活动的一系列职业的，如打字员、银行出纳员、会计等。

2. 个性测试

人的个性问题，在组织行为学中曾经探讨过它的概念。但在本学科中，更需从应用的角度进一步研究它的可操作性的测试技术。

个性是一个人能否施展才华、有效完成工作的基础，某人的个性缺陷会使其所拥有的才能和能力大打折扣。毋庸置疑，对组织而言，一个干劲十足、心理健康的员工，远比一个情绪不稳定、积极性不高的员工更有价值。人员选拔中的一项工作就是将应聘者个性与空缺职位员工应具备的个性标准相比较，选拔相符的员工。当然，具有特定个性的人并不是就一定能够从事特定的工作或只能从事特定的工作；同样，特定的工作也不是只能由特定个性的人来胜任。只不过是特定的工作需要特定的员工个性。如会计、秘书均需具备心细的品格特征，而市场营销人员则需要有强烈的创新、开拓意识。很显然，心细的人不一定就能当好秘书，也决非只能当秘书；有强烈创新、开拓意识的人就一定能干好市场营销工作，也不是只能从事市场营销工作。另外，由于人往往具有多种个性特质，使得人对工作的选择余地更多一些。

个性测试可以更好地了解应聘者的个性特点，如性格、气质等，帮助组织进行人员选拔。好的个性测试应准确反映出一个人的个性特征。英国学者的调查研究表明，在20世纪80年代中期，65%的组织从未用过个性测试，而20世纪90年代初，该数字下降到36%，有27%的组织在超过半数的招聘活动中均使用了个性测试。另在一项深入调查中发现，在雇员超过2000人的组织中有50%使用了个性测试，74%的组织使用了能力测试，而对规模较小的组织，这两个数字分别为41%和62%。

在组织中用得较多的个性测试主要有两类：一类是自陈式测试，如卡特尔16种个性特征问卷等多维度综合个性测试工具，以及某些单维的、密切结合某类职业特点的个性测试工具等；另一类为投射测试，如罗夏赫墨迹测试、主题统觉测试等。

卡特尔16种个性特征问卷由美国伊利诺伊州州立大学卡特尔教授（R. b. Cattell）于1963年发明。此工具自20世纪80年代初已引入我国。卡氏的“16PF手册”中甚至列有中国经理们的常模，但只依据海外华人的数据，于中国本土未可尽信。该测试主要测定人的个性中16种主要特征（见表4－4）。该测试由187个问题组成，最后可得出个人的个性特征剖面图，还可进一步分析个人的心理健康、专业有无成就、创造力、成长能力等状况。

投射测试可以探知个体内在隐蔽的行为或潜意识的深层的态度、冲动和动机。由于采用图片测试，避免了文字测试中常用的社会赞许反应倾向性，即不说真心话而投测试者所好。在人员选拔上，往往用投射测试来了解应聘者的成就动机、态度等。

投射法测试所依据的原理是根据人的一些基本个性特征与倾向性是深藏于自己意识的底层，处于潜意识状态下的，他自己并未明确认识到它们。当把某一个意义含混、可做多种解释的物件，如一件实物，更多是一张图或照片，突然出示给被测者看，并不容他细加思索推敲，而让他很快地说出对该物体的认识和解释；由于被测者猝不及防，又无暇深思，就会把自己内心深处的心理倾向“投射”到对那物体的解释上去，难以做出掩饰，因而较为可信。那个诱导被测者说出心里话的物体，就叫投射物。

表4－4　卡特尔人格特征问卷测定人的个性中主要特征

特质	低程度特征	高程度特征
乐群性	缄默、孤独	乐群外向
聪慧性	迟钝、学识浅薄	聪慧、富有才识
稳定性	情绪激动	情绪稳定
恃强性	谦虚顺从	好强固执
兴奋性	严肃审慎	轻松兴奋
有恒性	权宜敷衍	有恒负责

续 表

特质	低程度特征	高程度特征
敢为性	畏缩退怯	冒险敢为
敏感性	理智、着重实际	敏感、感情用事
怀疑性	依赖随和	怀疑刚愎
幻想性	现实、合乎成规	幻想、狂放不羁
世故性	坦白直率、天真	精明能干、世故
忧虑性	安详沉着、有自信心	忧虑抑郁、烦恼多端
实验性	保守、服从传统	自由、批评激进
独立性	依赖、随群附众	自主、当机立断
自律性	矛盾冲突、不明大体	知己知彼、自律谨严
紧张性	心平气和	紧张困扰

罗夏墨迹测试是一种最典型的投射测试。该测试是用一套（十至三十多张）墨迹图，状如一滴墨水滴落白纸上，向四方渗扩，干燥后形成的，墨迹的轮廓无确定意义。这些图片在被测试者面前出现的次序是有规定的。测试人员每出示一张图片，就要向被测试者问“这看上去像什么?”“这可能是什么?”“人们在这张图片中能看到许多事物，现在请你告诉我，你看出了什么？你以为这可能是什么？这使你想到什么?”测试人员必须记录被测试者的每条反应语句；每张图片从出现到开始第一个反应的时间；各反应之间的时间间隔；对每张图片反应所一共需要的时间；其他行为与动作。反应时间之所以重要，是因为它可以判断情绪受某种刺激而发生的抵触或阻滞。对 10 张图片反应测试完毕后，可再对被测试者询问墨迹中哪些部分使他产生反应，并让被测试者澄清或增补其原始反应。

主题统觉测试（简称 TAT）是一种常用于人员选拔中对素质及心理特征测评的投射测试。“统觉”是一个心理学术语，指当前事物引起的心理活动与已有的知识经验相联系、融合，从而更明显地理解事物意义的现象。主题统觉测试就是向被测试者提供一个意义含混的投射物，以引导被测试者的心理活动，通过这些心理活动的分析，来发现和确定被测试者的个性。最著名而又被广泛使用的是美国学者麦克里兰（D. McClell and）所开发的一套（至少六张，多可到十余张）图片或照片用来测试备选管理者在追求成就、情谊和权力三方面动机（需要）的强度。测试时，给被测试者逐一观看那些图片，每张图片只允许观看 8～10 秒钟，并要求被测试者在短期内当场根据这张图片编写出一个短故事。被测试者的描述应该包括：在这张图片中发生了什么事情；什么东西导致图中的景象；将要发生什么事情等。对所编的故事进行评分时要考虑几个方面：图画中被测试者认为的主角人物；故事如何反映被测试者的某些需求与关切的事物；什么因素有助于或有碍于被测试者满足这些个人需求。

另一种测试管理者的投射式方法，是句子完成式量表，如美国学者迈纳（J. B. Miner）设计的这类工具，每套量表包含 40 条句根，被测者需在规定的较短时间内将这些句根逐一续写成一个完整的句子，据此以评测他们在管理、创业等方面动机的强弱。

以上几类心理测试主要通过测试人员与被测试者双方的理解进行，无定量的精确标准，因而易受主观因素的影响，测试者应经专门培训并富有经验，结果才能有效。

近年来有心理学家用笔迹来测试人的心理。据说在欧洲有70%的企业都应用了此法。笔迹学测试法是以书写字迹分析为基础，来判断应试者个性，预测其未来业绩的一种方法，笔迹学家一般需要应试者提供至少一整页一气呵成的字迹，最好是用钢笔或圆珠笔写在未画线的纸上。字迹的内容并不重要，但一般不希望应试者照抄一段落文字，因为这样会影响书写速度。接下来要遵循一套严格的规定测定字迹的大小、斜度、页面安排、字体宽度及书写力度。这些测量的结果即可转译为对书写者个性的说明。如书写力度反映了书写者的精力是否旺盛。再如，字体大小也可反映人的个性。字体巨大表明此人自信心很强，喜欢冒险，个性强，为人公正无私，光明磊落，做事积极，且大刀阔斧；字体细小则表明此人缺乏信心，做事谨慎，思考细致，警觉性亦强，忍耐力强，观察力强，但气量狭小，有时贪图小利；字体不大不小，说明此人适应能力强，遇事能随机应变，待人接物举止大方，但有时做事容易反悔；字体大小不一，则此人喜怒易形于色，甚至喜怒无常，头脑灵活，但缺乏自制力，情感的变化好像一根绳子，中间常会打结，有时候会自寻烦恼。

3. 价值观测试

评价工作价值观对人员选拔也有重要的意义。有些职业或空缺岗位与求职者的工作价值观并不相符，对此用人单位必须慎重考虑是否接收。一些求职者由于某些特殊的原因去应聘与其工作价值观完全不符的职业或职位，他们对所求的职业或职位可能并不满意，这不仅降低其工作的热情与积极性，而且还会直接影响其工作绩效，甚至于影响到组织的效率。测试内容也可包括道德方面，如诚实、质量和服务意识等价值观。通过价值观测试，可以深入了解应聘者的价值取向，作为选拔录用的一种补充性依据（见表4－5）。

表4－5　　工作价值观测试样例

评价因素	你认为的重要程度（在数字上面画圈）				
有趣的工作	5	4	3	2	1
非工作时间	5	4	3	2	1
收入	5	4	3	2	1
挑战	5	4	3	2	1
住房	5	4	3	2	1
福利	5	4	3	2	1
明确的责任	5	4	3	2	1
技能应用	5	4	3	2	1
公司荣誉	5	4	3	2	1
培训机会	5	4	3	2	1

续 表

评价因素	你认为的重要程度（在数字上面画圈）				
与经理的工作关系	5	4	3	2	1
赏识	5	4	3	2	1
建议被倾听	5	4	3	2	1
反馈	5	4	3	2	1
贡献	5	4	3	2	1
公平竞争	5	4	3	2	1
提升	5	4	3	2	1
合作的同事	5	4	3	2	1
和谐的组织气氛	5	4	3	2	1
地区	5	4	3	2	1

4. 职业兴趣测试

职业兴趣提示了人们想做什么和他们喜欢做什么。如果当前所从事的工作或欲从事的工作与其兴趣不相符合，那么就无法保证他会尽职尽责、全力以赴地去完成本职工作。在这种情况下，不是工作本身，而更可能是高薪或社会地位促使他们从事自己并不热衷的职业。然而，一个有强烈兴趣并积极投身本职工作的人与一个对其职业毫无兴趣的人相比，两者的工作态度与工作绩效是截然不同的。如果能根据应聘者的职业兴趣进行人职合理匹配，则可最大限度地发挥人的潜力，保证工作的圆满完成。例如，把一个喜欢计算机操作与维护的人员安排到营销部门显然就不合适。进行有效的职业兴趣测试可以保证组织招聘到“志同道合”的人员，并为他们的岗位安排提供重要的参考依据。

5. 情商测试

情绪智商，即情商（Emotional Quotient，EQ）是20世纪90年代由美国心理学家提出的新概念。在日常生活中，人们对智商（Intelligence Quotient，IQ）非常熟悉，但人们也发现许多IQ很高的人不一定能够获得成功，而IQ不高的人却有很多获得了成功。美国心理学家经研究发现，人的EQ对成功起到了关键性的作用。EQ包含了五个方面的内容：第一，自我意识——认识自身的情绪。这是EQ的基石，要求人们在一种情绪刚露头时就能辨识出来。在工作中，会有各种各样的因素影响人们的情绪，显然，有自知之明的人能更好地把握自己，做好本职工作。第二，控制情绪——妥善管理情绪。人在工作与生活中好情绪与坏情绪交替出现，关键是如何控制使它们保持平衡。情绪管理必须在自我认知的基础上，学会如何自我安慰，摆脱焦虑、灰暗或不安。这方面能力较匮乏的人常处于情绪低落之中，工作毫无积极性，当然也不可能有高绩效。第三，自我激励。要激励自己在工作上取得成就，首先要为自己树立明确的目标，要有良好的工作动机，要有乐观、自信的工作态度与饱满的工作热情；其次，要善于在困境中激励自己努力拼搏，要善于将情绪专注于目标，将注意力集中在目标之上；再者，无论出现何种局面，要能克制冲动，切忌凭一时冲动而做出不理智的决策。第四，认知他人的情绪。管理是通过他人把事情办好。要借助他人的力量就必须注意他人的情绪，关注他人的需要，否则，只凭管理者自身的愿望与努力不可能实现预期的目标。第五，人际交往技巧。人在工作中离不开与他人交际，在交际过程中要特别注意他人的情绪变化。人际交往技巧是管理他人情绪的艺术。一个人的领导能力与之有密切的关系。

一个高 IQ 者可能是一个专家，而高 EQ 者却具备综合与平衡的才能，可能成为杰出管理者。EQ 是组织领导人所必须具备的基本能力。

目前，西方各大企业的人员选拔与配置过程中非常重视选拔与配置对象的 EQ，但遗憾的是，至今仍无人开发出精确而有效的 EQ 测量工具。许多组织只是借助于一些心理测试的方法来测定测试对象的 EQ。

6. 智力测试

招聘过程中的智力测试不同于一般的智商水平测试。智力测试是对应聘者的数字能力和语言能力进行测试。它主要通过词汇、相似、相反、算术计算等类型的问题来进行。一般地，智力测试中成绩较好的人，在今后的工作中具有较强的能力关注新信息，善于找出主要问题，其业绩也不错。

4.2.5.2 知识考试

知识考试是指主要通过纸笔测验的形式，对被试者的知识广度、知识深度和知识结构了解的一种方法。这也是对特定职位所要求的特定知识的测试。其内容也因岗位的不同而不同。如对国家公务员要实行行政管理知识、国家方针政策、法律法规知识的考核，对管理人员要测试管理的基本知识等。各种能力证书既是对能力的证明，也是对其所掌握的专业知识的承认。

4.2.5.3 技能测试

技能测试是对特定职位所要求的特定技能进行的测试。其内容因岗位的不同而不同。如对会计人员则需考核珠算、记账、核算等能力，对秘书则需测试其打字、记录速度和公文起草能力，三资企业还对应聘者的外语能力进行测试。技能测试有多种形式，可进行现场测试，也可验证应聘者已获得的各种能力证书，如会计上岗证、计算机能力培训合格证、外语四六级通过证书都是对应聘者能力的证明。

4.2.5.4 情景模拟

情景模拟测试是根据被试者可能担任的职位，编制一套与该职位实际情况相似的测试项目，将被试者安排在模拟的、逼真的工作环境中，要求被试者处理可能出现的各种问题，用多种方法来测试其心理素质、实际工作能力、潜在能力的一系列方法。

情景模拟测试主要是针对被试者明显的行为、实际的操作以及工作效率，应用多种方法进行测试，重点测试那些书面测试（智力测试与心理测试）中无法准确测试的被测试者的领导能力、交际能力、沟通能力、合作能力、观察能力、集中能力、理解能力、解决问题能力、创造能力、语言表达能力、决策能力等实际能力。由于这种测试方法设计复杂，且费时耗资，准确度高，因此只有在招聘高层管理人员时才使用它。

工作情景模拟测试至少有两个优点：一是可从多角度全面观察、分析、判断、评价应聘者，这样组织就可能得到最佳人选；二是由于被测试者被置于其未来可能任职的模拟工作情景中，而测试的重点又在于实际工作能力，因此通过这种测试而选择出来的人员往往可直接上岗，或只需有针对性地培训即可上岗，这为组织节省了大量的培训费用。工作情景模拟测试有许多方法。

1. 公文处理模拟法

这是已被多年实践充实、完善并被证明是很有效的管理干部测评方法。向每一个被测评者分发一套文件，其中第一页是引导语，介绍被测评者现在被委派扮演的角色——企业某职位上的干部，并介绍此人的个人背景与企业的情况。然后告诉他，现在因某种特殊的紧急情况，他忽然被匆匆地提升到某个上一级的、本由他上司担任的职位上了。又由于某种条件的限制（例如，他必须马上出差去赴某一个早已约定的会晤等），他必须在给定的时间内（通常是半小时或一小时），处理好本应由他前任（即他原上级）处理但未做而留下来的文件。这情景虽是虚构的，却需详细而逼真，使人不会有“这是在演戏”的感觉。文件约有15～25份，包括下级呈上来的报告、请示、计划、预算，同级部门的备忘录，上级的指示、批复、规定、政策，外界用户、供应商、银行、政府有关部门乃至所在社区的函电、传真、电话记录，甚至还有群众检举或投诉信等；总之，该岗位上的干部在真实工作环境下可能会碰到和处理的各种文件。要求每位被测试者要“进入角色”，站在所指派角色立场，完全投入、真刀真枪地按照自己原有的知识、经验、信念及个性特征，以圈阅、批示、草拟函电要点、提纲、起草备忘录、指示安排会议及接见的日程、内容、参加者等形式去处理这些文件。文件中应有足够的信息才能做出合理决策。往往还附有该企业组织结构系统图、有关人员名单及当月的日历等，供作参考。

处理结果将交由测评组，按既定的考评维度与标准进行考评。通常不是定性式地给予评语，而是就那些维度逐一定量式地评分（常用五分制）。最常见的考评维度有七个，即个人自信心、组织领导能力、计划安排能力、书面表达能力、分析决策能力、敢担风险倾向与信息敏感性；但也可按具体情况增删，如加上创造思维能力、工作方法的合理性等。总的说来，公文处理模拟法是评估被测者在拟予提升岗位上独立工作的胜任能力与更远程发展的潜力与素质。

为了保证文件编写的逼真与准确，应以组织的存档文件、记录、函电、报告及现场调访收集的信息作素材来提炼加工。这些素材有些是已经被事实证实过成败的经验和教训，有些则是条件与信息已完整具备或仅有部分还不完善，有待决策与执行的。依次编写的文件的处理难度与重要性也各不相同。

有时，测评者不是待被测者处理完毕后对结果进行评分，而是不断直接考察其处理情况并在中间插入口头提问，以评测其工作方法（例如，是马上取来逐份文件阅评，还是先游览一遍，分出轻重缓急，先处理重要而紧急者等）及了解其对总体情况的感知（例如，前任对此职是否胜任，此组织有何主要问题，准备采取什么纠正或挽救措施等），并可追问其决策依据。测评者可以扮演来检查工作的上级角色，从而在情景中引入一种权力关系及心理压力，扩大了考测范围。

这种方法是较科学的，因为情景十分接近真实的现场工作环境；对每个被测者也都是公平的，因为所有被测者都面对同样的标准化情景。但在设计文件时，除真实具体外，还应注意与待评测的各维度相联系，并考虑评分的可操作性。此法若与下列两法结合，则更能收到取长补短、相得益彰之效果。

2. 无领导小组讨论法

所谓"无领导"是说不指定谁充任主持讨论的组长，也不布置议题与议程，更不提要求；但却要发给一个简短案例，即介绍一种管理情景，其中隐含着一个或数个待决策和处理的问题，以引导小组展开讨论。根据每人在讨论中的表现及所起作用，测评者（实际上也是教练员）沿既定测评维度予以评分。这些维度通常是主动性、宣传鼓励与说服力、组织能力、人际协调团结能力、精力、自信、出点子与创新力、心理压力耐受力等。应注意的是，这些素质和能力是通过被评者在讨论中所扮演的角色（主动发起者、组织指挥者、鼓动者、协调者等）的行为来表现的。

小组通常是由 4～6 人组成，引入一间只有一张桌子、数把椅子的小空房中。即使冷场、僵局、争吵发生，测评者也不出面、不干预，令自发进行。测评是依据闭路电视或录像进行的。测评者随时记录下所观察到的应注意的事项，以便评分时有事实依据。最后测评组开会，彼此交流记录与看法，经过讨论协商后得出集体评分与鉴定结论。

3. 组织决策模拟竞争法

竞赛也可称游戏，也是一种情景模拟测评技术。被测者每 4～7 人组成一个小组，就算是一个"微型企业"。组员自愿组合或指派均可，但每人在本"企业"中分工承担的责任或职务，则由每人自报或推举，小组协商确定，不予指派。组内是否要有分工或分工到什么程度，由各组自定，不予强求。各组按照竞赛组织者所提供的统一的"原料"（可以是纸板与浆糊或积木玩具或电子元件与线路板，甚至可是一些单个字母或单词），在规定的工作周期内，通过组合拼接，装配"生产"出某种产品（纸板糊成的小提篮、电子部件或完整的有意义的句子等），再"推销"给竞赛组织者。测评者然后根据每人在此过程中的表现，循既定考评维度进行评分。这些维度与以上两法类似，无非是进取心、主动性、组织计划能力、沟通能力、群体内人际协调团结能力、出点子与创造思维能力等。但此法还可对小组作为一个集体的某些方面，如"产品"的数量与质量、团结协作状况等进行评定。这还可由各组派代表组成"评委会"来评判，优胜者还给予象征性的奖励，从而使活动具有竞赛或游戏性质。

4. 角色扮演法

角色扮演法就是要求被测试者扮演一个特定的管理角色来处理日常的管理事务，以此来观察被测试者的多种表现，了解其心理素质和潜在能力的一种测试方法。例如，要求被测试者扮演一个高级管理人员，由他来向下级作指示；或者扮演一名销售人员，向零售商推销产品；或者要求被测试者扮演一名车间主任，请他在车间里直接指挥生产。在测试中要强调了解被试者的心理素质，而不要根据他临时的工作意见做出评价。有时可以由主考官主动给被试者施加压力，如工作时不合作，或故意破坏，以了解该被试者的各种心理活动以及反映出来的个性特点。

5. 即席发言

即席发言是指主考官给被试者出一个题目，让被测试者稍做准备后按题目要求进行发言，以便了解被试者快速思维反应能力、理解能力、思维的创意性和发散性、语言的表达能力、言谈举止、风度气质等方面的心理素质。即席发言的题目往往是做一次动员报告、开一次新闻发布会、在职工联欢会上的祝词等。在即席发言前应向被试者提供有关的背景材料。

6. 案例分析法

从被测试者所给一个或数个管理案例的分析中，可以判断他们的分析、决策、书面或口头表达等方面的能力。

4.2.5.5 信度和效度分析

招聘中对申请人进行选拔实际上是组织谋求最大化效用的结果。如果组织的目标就是招聘到申请人中最优秀的员工，那么组织的办法不仅是简单的，而且也是唯一的，即接受所有工作申请人的申请，然后根据他们在工作中的实际表现再决定留用哪些员工。但是由于这种方法的成本过高，并需要有足够多的工作设备和其他条件，还容易发生事故，而且工作申请人也未必接受这样的安排，因此这实际上是不可行的。所以，对工作申请人的选择实际上是组织在招聘成本与招聘效果之间平衡的结果。

1. 招聘的信度评估

信度指的是可靠性程度，指通过某项测试所得的结果的稳定性和一致性，通常信度可分为稳定系数、等值系数、内在一致性系数。

（1）稳定系数。它是指用同一种测试方法对一组应聘者在两个不同时间进行测试的结果的一致性，一致性可用两次结果之间的相关系数来测定。此法不适用于受熟练程度影响较大的测试，因为被测试者在第一次测试中可能记住某些测试题目的答案，从而提高了第二次测试的成绩。

（2）等值系数。它是指对同一应聘者使用两种对等的、内容相当的测试的结果之间的一致性。例如，如果对同一应聘者使用两张内容相当的个性测试量表时，两次测试结果应当大致相同。等值系数可用两次结果之间的相关程度（即相关系数）来表示。

（3）内在一致性系数。它是指把同一（组）应聘者进行的同一测试分为若干部分加以考察，各部分所得结果之间的一致性。这可用各部分结果之间的相关系数来判别。

2. 招聘的效度评估

效度指的是有效性。它是指用人单位对应聘者真正测到了品质、特点与其想要测的品质、特点的符合程度。一个测试必须能测出它想要测定的功能才算有效。效度可分为三种：预测效度、内容效度、同测效度。

（1）预测效度。它说明测试用来预测将来行为的有效性。在人员选拔过程中，预测效度是考虑选拔方法是否有效的一个常用指标。组织可以把应聘者在选拔中得到的分数与他们被录后的绩效分数相比较，两者的相关性越大，则说明所选的测试方法、选拔方法越有效，以后可根据此法来评估、预测应聘者的潜力。若相关性很小或不相关，说明此法在预测人员潜力上效果不大。

（2）内容效度。即某测试的各个部分对于测量某种特性或做出某种估计有多大效用。考虑内容效度时，主要考虑所用的方法是否与想测试的特性有关，如招聘打字员，测试其打字速度和准确性、手眼协调性和手指灵活度的操作测试的内容效度是较高的。内容效度不用预测结果与工作绩效考核得分的相关系数来表示，而是凭招聘人员或测试人员的经验来判断。内容效度多应用于知识测试与实际操作测试，而不适用于对能力和潜力的测试。

（3）同测效度。它是指对现在员工实施某种测试，然后将测试结果与员工的实际工作绩效考核得分进行比较，若两者的相关系数很大，则说明此测试效度很高。这种测试效度的特点是省时，可以尽快检验某测试方法的效度，但若将其应用到人员选拔测试时，难免会受到其他因素的干扰而无法准确地预测应聘者未来的工作潜力。例如，这种效度是根据现有员工的测试得出的，而现在员工所具备的经验、对组织的了解等则是应聘者所缺乏的，因此，应聘者有可能因缺乏经验而在测试中得不到高分，从而错误地被认为是没有潜力或能力的。其实，他们若经过一定的培训或锻炼，是有可能成为称职的员工的。

4.2.6 人员甄选

1. 人员甄选的含义

人员甄选是指通过运用心理学、管理学和人才学等学科的理论、方法和技术对招募到的求职者进行鉴别和考察，区分他们的人格特点与知识技能水平，预测他们的未来工作绩效，从而最终挑选出组织所需要的，填补恰当空缺职位的活动。这一阶段的工作直接决定组织最后所雇用人员的状况，会给组织带来重大的经济和战略后果，因而是招聘过程中最重要的决策阶段。同时，这一阶段也是技术性最强的一步，需要采用多种测评方法，帮助组织公平、客观地做出正确决策。

要准确地理解人员甄选的含义，还需要理解以下三点。

（1）甄选应包括两方面的工作：一是评价应聘者的知识、技能和个性；二是预测应聘者未来在组织中的绩效。对应聘者绩效的准确预期对组织而言是最为关键性的事情。

（2）甄选要以空缺职位所要求的任职资格条件为依据来进行，组织所需要的是最合适的人，并不一定是最优秀的人。

（3）甄选应当由人力资源部门和直线部门共同完成，最终的录用决策应当由直线部门做出。

2. 招聘甄选的内容

招聘甄选的内容是应聘者的综合素质。在人力资源管理领域，人员素质是指个人在完成特定活动和特定任务时必须具备的基本条件和基本特点，是影响个人从事活动的自身因素，是个人固有的特点，对一个人的职业倾向、工作能力与潜力、工作成就和事业的发展起着决定性的作用。

人员甄选是对候选者个性心理素质、知识与技能、工作经验、能力素质、身体素质这几个方面的因素进行测量和评价。每个企业对应聘者的素质技能要求均有所不同。例如，比尔·盖茨心目中最佳雇员所应具有的十大素质包括：一是你必须对你的公司或小组的产品抱有寻根问底的好奇心；二是在与顾客进行讨论如何使用产品时，你必须真诚关切地投入会谈中，你必须抱有传道般的热情；三是一旦了解顾客的需要后，你必须不断思索，力求寻找出令产品符合客户需要的方法；四是必须致力于长远目标；五是你虽具有远见卓识，但仍需要具备专业知识和技术；六是你必须灵活利用可带给你灵感的机会；七是好雇员应了解做生意的经济学原理；八是你必须留意竞争者，我们的竞争者有哪些策略棋高一着，我们可以从中学到些什么，如何才能避免重犯他们的那种错误；九是你必须用脑，要分析问题，要明了各种潜在交易所给予的提示；十是必须不忽略明显的基本条件，诸如诚实、忠厚和勤奋。

3. 甄选测评标准体系的设计

有效的甄选系统应达到以下标准。

（1）标准化，要保证每位参加选拔录用程序的应聘者都经历同样数量和类型的选择测试和面试。

（2）有效排列，将那些比较复杂、费用较高的程序，如与组织高层面谈、体检等放在系统的最后，使这些程序只用于那些最有可能被录取的应聘者。

（3）提供明确的决策点，所谓决策点是指那些能明确做出淘汰或保留的关键性内容。如体检结果，笔试成绩等。这些决策点应当是对岗位和组织而言意义重大的内容。

（4）充分提供应聘者是否胜任空缺职位的信息，一个好的系统不仅要保证不遗漏空缺职位的工作内容，而且还要保证能从应聘者那里收集到与决策有关的充足信息。

（5）突出应聘者背景情况的重要方面，有效的系统应能按照需要多次核实和检查最重要的情况。

甄选测评标准体系的设计是人员招聘选拔活动的重要工作，在整个人员选拔过程中具有重要的作用和意义：第一，有利于将人员和岗位连接起来；第二，有利于提高选拔测评的科学性和客观性；第三，有利于统一观点、深化认识；第四，有利于测评主体对任职资格和岗位深入了解。

管理案例

某物流公司的招聘流程

总体原则：招聘员工本着以用人所长、容人所短、追求业绩、鼓励进步为宗旨；以面向社会，公开招聘、全面考核、择优录用为原则，从学识、品德、能力、经验、体格、符合岗位要求等方面进行全面审核。

招聘流程如下。

第一，提交需求。各部门根据用人需求情况，由部门经理填写《招聘申请表》，报主管经理、总经理批准后，交人力资源部，由人力资源部统一组织招聘。

第二，材料准备。人力资源部根据招聘需求，准备以下材料：招聘广告。招聘广告包括本企业的基本情况、招聘岗位、应聘人员的基本条件、报名方式、报名时间、地点、报名需带的证件、材料以及其他注意事项，公司宣传资料，发给通过初试的人员。

第三，选择招聘渠道。渠道主要有三种：参加人才交流会、由人才交流中心介绍、刊登报纸广告。

第四，填写登记表。应聘人员带本人简历及各种证件复印件来公司填写《应聘人员登记表》。《应聘人员登记表》和应聘人员资料由人力资源部保管。

第五，初步筛选。人力资源部对应聘人员资料进行整理、分类，定期交给各主管经理。主管经理根据资料对应聘人员进行初步筛选，确定面试人选，填写《面试通知》。主管经理将应聘人员资料及《面试通知》送交人力资源部，人力资源部通知面试人员。

第六，初试。初试一般由主管经理主持，主管经理也可委托他人主持。人力资源部负责面试场所的布置，在面试前将面试人员资料送交主持人；面试时，人力资源部负责应聘人员的引导工作。主持人在面试前要填写《面试人员测评表》，特别注意填写“测评内容”的具体项目。主持人应将通过面试人员介绍至人力资源部，由人力资源部人员讲解待遇问题、赠送公司宣传资料。面试结束后，主持人将《面试人员测评表》及应聘人员资料交至人力资源部。通过初试并不代表一定被公司录用。

第七，复试。通过初试的人员是否需要参加复试，由主管经理决定。一般情况下，非主管经理主持的初试，通过初试的面试者都应参加复试。复试原则上由主管经理主持，一般不得委托他人。复试的程序与初试的程序相同。

4.3 招聘的渠道和方法

如果组织出现空缺职位，如何招聘到合适人员对于组织来说非常重要。人员招聘渠道分为：外部招聘与内部招聘。内部招聘主要通过员工晋升、工作调换、工作轮换、内部人员的重新聘用来进行。外部招聘有员工推荐、广告、猎头公司、职业协会、职业介绍机构、校园招聘等。外部招聘与内部招聘对组织来说各有利弊，每一种招聘方法都并非完美，要求组织权衡利弊进行选择。

4.3.1 内部招聘

4.3.1.1 内部招聘人员来源渠道

内部招聘有很多优点，从内部获得人员是一种重要的来源渠道。

它主要包括：员工晋升、工作调换、工作轮换与内部人员重新聘用等方面。

1. 员工晋升

从组织内部提拔一些适合空缺岗位要求的人员是常用的一种方法。这种方法可迅速从员工中提拔合适的人选到空缺的职位上，内部晋升为员工提供了发展的机会，使员工感到在组织中是有发展机会的，个人职业生涯发展是有前途的。

晋升的优点：一是有利于组织建立自己的稳定的、核心的人员队伍，使组织拥有高绩效的员工；二是新上任的员工能很快适应新的工作环境；三是能省时、省力、省费用。

晋升的不足：一是由于人员选择范围小，可能聘不到最优秀的员工而造成“近亲繁殖”的弊端；二是有可能使未被晋升的优秀员工对组织产生不满而离开，导致组织人才流失。

因此当组织的关键职位和高层级职位出现空缺时，一般采用内外同时招聘的方式。

2. 工作调换

工作调换指职务等级不发生变化，工作岗位发生变化。它是组织从内部获得人员的一种渠道。工作调换为提供员工从事组织内多种工作的机会，为员工今后的发展或提升作好准备。它一般用于中层管理人员的招聘。

3. 工作轮换

工作轮换多用于一般员工的培养上，让有潜力的员工在各方面积累经验，为晋升做好准备，也可以减少员工因长期从事某项工作而带来的枯燥、无聊。

4. 重新聘用

有些组织由于一段时期经营效果不好，会暂时让一些员工下岗待聘，当组织情况好转时，再重新聘用这些员工。由于员工了解组织，对工作岗位很快适应，为此可以节省大量的培训费用。同时又以较小的代价获得有效的激励，使组织具有凝聚力，促使组织与员工个人共同发展。

从某种意义上讲，内部人员招聘也是组织员工职业生涯管理实现的重要途径。

4.3.1.2 内部人员的招聘方法

内部人员的招聘方法主要包括：推荐法、档案法以及布告法等方法。

1. 推荐法

推荐法是由本组织员工根据单位和职位的需要，推荐其熟悉的合适人员，供用人部门或人力资源部门进行选择和考核。它既可用于内部招聘，也可以用于外部招聘。因推荐人对用人部门与被推荐者双方比较了解，也使组织很容易了解被推荐者，所以它比较有效，成功率也较大。

2. 档案法

组织人力资源部门都有员工的档案，从中可以了解员工的各种信息，帮助用人部门或人力资源部门寻找合适的人员补充空缺的职位。尤其是建立了人力资源管理信息系统（HRMIS）的组织，则更为便捷、迅速，并可以在更大范围内进行挑选。档案法只限于员工的客观或实际信息，如员工所在职位、教育程度、技能、教育培训经历、绩效等信息，而对主观的信息如人际技能、判断能力、正直等难以确认，但对很多工作而言，这些能力是非常重要的。

3. 布告法

布告法，也称张榜法，它是内部招聘最常用的方法，尤其是对非管理层的职位而言。组织在确定空缺职位的性质、职责及所要求的条件等情况后，将这些信息以布告的形式公布于组织中，使所有的员工都能获得信息。所有拥有这些资格的员工都可以申请或“投标”该职位，人力资源部门或用人部门筛选这些申请，最合格的申请人被选中进行面试。

布告法的优点在于：一是提高了组织最优秀员工将被选拔从事该工作的可能性；二是给员工一个对自己职业生涯的开发机会，许多员工认为有这种晋升的机会而更加努力提高其工作技能和绩效；三是使员工有机会离开现有的工作环境，承担更有挑战性的工作。

布告法的不足是：一是因需要花费较长时间填补空职，有些职位在较长时间内保持空缺；二是某些员工由于缺乏明确的方向而在工作中“跳”来“跳”去；三是申请被拒绝的员工可能会疏远组织。

组织应注意在内部进行职位公告的有关事项：一是资格问题，即应是在组织经过了使用期而长期雇用的员工；二是职位公告的内容，即职位资料应全面、准确，人力资源部门还应负责回答雇员提出的疑难问题；三是公告范围，即应保证组织内每一位员工都能获得内部招聘的信息；四是减少内部招聘可能对原来的人员产生的冲击；五是职位公告应具有公开性；六是职位公告的时间安排也应适当，即根据不同的具体情况来确定到底留出多少时间给员工做出反应。

4.3.2 外部招聘

由内部招聘获得人员的最大不足是并不能从根本上解决组织内部劳动力短缺的问题。尤其是当组织处于创业时期、快速发展时期或需要特殊人才时，仅有内部招聘是不够的，必须借助外部劳动力市场。因此外部招聘也是重要的人员来源渠道。

4.3.2.1 求职者自荐

求职者自荐即指在没有得到组织内部人员推荐的情况下，应聘者直接向招聘单位提出求职申请的。求职者在某种程度上已经做好了到组织工作的充分准备，并且确信自己与空缺职位之间具有足够的匹配程度，然后才会提交求职申请。

求职者毛遂自荐的最大优点为：费用低廉，可以直接进行双向交流；而且求职者已花费很长时间了解组织，也更容易受到激励。

不足之处是：随机性较大，时间较长，合适的人选不多。因此，用这种方式招聘合格人员需要专人负责接待，要有详细的登记表格，并尽可能鼓励求职者表现自己的才能。

4.3.2.2 广告招聘

尽管通过广告所招募来的人往往比直接来组织求职的人和被推荐来的人要稍差，并且成本通常也更高一些，但是它仍然是目前最为普遍的招募方式之一。

组织在设计招聘广告时，首先要回答两个非常重要的问题：我们需要说些什么？我们要对谁说？就第一个问题来说，许多组织由于没有回答好，导致职位空缺的细节内容没有有效地传递出去。在理想情况下，看到招聘广告的人应当能够获得足够的信息来对工作以及要求做出评价，从而使他们能够判断自己是否具备招聘广告中的资格要求。这可能意味着广告的篇幅要长一些，成本也更高一些。

在哪些人会看这些招聘广告的问题上，准备刊登广告的组织必须根据岗位和人员的特点，来决定采用何种媒体发布招聘广告。一般来讲，地方报纸的分类广告是最为常见的媒介，它是一种相对较为便宜的招募手段，它的特点是能够在某一特定地区内将信息传递给大量正在寻找工作的人。从不利的方面来说，它无法使组织有针对性地招募具有特定技能水平的求职者。从吸引劳动力市场中某一特定部分劳动者方面来说，专门以某一特定读者群为对象的期刊和杂志会比一般性的报纸效果要好。

4.3.2.3 就业服务机构招聘

在我国，随着人才流动的日益普遍，人才交流中心、职业介绍所、劳动力就业中心等就业服务机构应运而生。这些机构通过定期或不定期地举行人才交流会，供需双方面对面地进行商谈，增进了彼此的了解，并缩短了招聘与应聘的时间。根据就业服务机构的性质和服务业务的不同，可分为公共就业服务机构、私营就业服务机构与高级经理人员搜寻公司。

1. 公共就业服务机构

我国目前存在的人才交流中心、职业介绍所、劳动力就业中心多属于公共就业服务机构，能够为组织提供比较全面的人力资源管理代理服务。相当多的组织也通过它招聘所需要的人员。在劳动力市场发达的国家，公共就业服务机构的服务比较全面。如美国，雇主可以将自己的职位空缺登记到当地的州政府就业办公室，该机构会从当地失业者的资料库中检索出合适的人选。这些公共就业服务机构免费向企业提供适合空缺职位需要的候选人，然后由雇主对他们进行面试或测验。

公共就业服务机构的优点是：应聘者众多，很难形成裙带关系，时间较短。缺点是：需要一定费用，对应聘者情况不够了解，不一定有需要岗位的合适人选，应聘人员素质较低。所以组织要选择信誉较高的机构，同时对应聘者要再进行一次测试，为了保障测试的可靠性和有效性，组织还应该让职业机构提供较为详细的应聘者资料。

2. 私营就业服务机构

一般地，公共就业服务机构主要是为“蓝领”劳动力市场服务的；私营就业服务机构则有如下不同之处：

(1) 它填补了更广泛类型的工作资源，除提供文员和“蓝领”工人外，也提供技术和低层管理人员的工作；

(2) 求职者更愿意在私人代理机构登记，因而比公共代理机构的求职者更愿意接受工作；

(3) 其代理服务需要收费，因此受契约的约束。当较高层级的管理职位被填补时，通常是组织付费给私营代理机构，而文员和“蓝领”求职者要自己付费。私营就业服务机构减轻了组织寻找、联系、预先筛选求职者的行政负担，因此具有特殊的作用。

我国与发达国家不同，公共就业服务机构在招聘中扮演主体作用。

3. 高级经理人员搜寻公司

高级经理人员搜寻公司（Executive Search Firms，ESF），也称猎头公司（Hunter Head），它是私营就业服务机构的一种具体形式。它定位于在别的组织工作成功的经理，并未主动寻找新工作的人。近年来，为适应组织对高层次人才的需求与高级人才的求职需要，我国的猎头公司迅速增多，业务发展迅速。猎头公司在供需匹配上较为慎重，其成功率也比较高；收费也非常高，一般标准为录用后的经理人年薪的 1/3 左右。

对高级管理人员而言，与猎头公司打交道是一件很敏感的事情，因为他们可能不愿意将其准备离开就职组织的想法“公开”，以免引起当前雇主做出某些反应。因此猎头公司往往充当了这些高级经理人员的当前雇主与未来新雇主之间的一个秘密缓冲地带，这也是猎头公司存在的重要基础。

4.3.2.4 校园招聘

在大学或学院进行招聘，正在逐步成为组织喜欢运用的招聘渠道。在我国，校园面试是招募初级专业人员以及管理人员的一个最重要来源。许多组织认为，要想争取到最优秀的学生，除了通知这些在不久的将来要毕业的学生来参加面试之外，给学生们留下强烈印象的最好方式是实行大学生见习计划。

校园招聘的显著好处就是：组织能够找到相当数量的具有较高素质的合格申请者，不足之处则是：毕业生缺乏实际工作经历，对工作和职位的期望值高，一旦录用后，容易产生较高的流失率。为了保证校园招聘的效果，这就要求组织精心选择学校，对招聘者进行培训，和高等院校建立良好的关系，实施大学生实习计划，以及考虑在招聘的时候采用真实工作预览的策略。

事实上，大多数学院和大学中也都设置了就业办公室来辅助组织进行校园招聘，进而帮助毕业生实现就业。

4.3.2.5 网络招聘

它是一种新兴的招聘渠道，它是指组织通过网络渠道来获得应聘人员的资料，从而选拔合格员工的方式。组织可用两种方式通过网络来进行招聘。一种方式是在组织网站上建立一个招聘渠道，由组织自己来进行求职者资料的获取和筛选；另一种方式是委托专业的招聘网站进行招聘，最后再进行验证测试即可。

招聘网站其实是一种新型的网上职业中介机构，它通过计算机技术，在求职者和组织之间建立了一种方便沟通的桥梁。网络招聘的意义：第一，它通过数据库技术，实现对庞大的求职者资料和组织职位空缺资料的管理，可以方便地增加、修改和删除这些资料；第二，它通过网络技术，实现异地用户之间的信息传递；第三，它通过搜索技术，使资料的查询、求职者与职位空缺之间的匹配更加迅速、便捷。

目前，我国的优秀招聘网站并不多，与国外相比还存在很大的差距。全球最大的招聘网站是美国的 monster. com，每年 monster. com 仅招聘收入就达 4 亿多美元。不仅是在美国，中国台湾的 104 人力银行网 2000 年也在招聘的业务上赚了 1000 万美元，在中国台湾全岛占据了 60％的市场份额。

我国招聘网站发展的瓶颈主要有两个：一是网民的商业价值还不高。网民的年龄结构年轻、收入有限，不少还是学生。而在美国，30～35 岁的网民很多，这些人是掌握了社会资源的人，也是企业最需要的人才；二是在招聘业务上还面临传统媒体的强大竞争。因为上网需要购买 PC，这需要很大的投入，而看报纸就没有这个“门槛”。所以目前在内地，报纸的传播面要比网站大得多。所以很多组织还是把招聘广告投在了传统媒体上。

4.3.3 招聘渠道的选择

1. 招聘渠道的优势劣势比较

在组织招聘实践中，无论是内部招聘还是外部招聘，都有其一定的优势和劣势，如表4-6所示。

表4-6 内外部招募优劣势比较

内部招聘	外部招聘
优势：	优势：
组织对应聘者的能力有清晰的认识	更大的应聘者蓄水池
应聘者了解工作要求和组织	会把新的技能和想法带入组织
鼓励高绩效，有利于鼓舞员工士气	比培训内部员工成本低
组织仅仅需要在基本水平上雇用	降低徇私的可能性
更低的成本	激励老员工保持竞争力，发展技能
劣势：	劣势：
会导致“近亲繁殖”状态	增加与招募和甄选相关的难度及风险
会导致为了提升的“政治性行为”	需要更长的培训和适应阶段
需要有效的培训和评估系统	内部的员工可能感到自己被忽视
可能会因操作不公或心理因素导致内部矛盾	新的应聘者可能并不适合企业文化增加搜寻成本

2. 招聘渠道选择的影响因素

一般说来，在大的劳动力市场进行招聘活动比在小的劳动力市场进行招聘更容易达到目的。在我国，像京、津、沪、渝地区一般有比较充足的劳动力供应。但是，如果考虑职位的类型或吸引力、劳动力市场等因素，在选择人员的来源渠道时会更复杂些。

组织在不同的发展时期可以选择不同的招聘渠道。在组织的初创期，特别需要有能力、有经验的人才加盟，然而现场招聘这样的人员几乎没有可能性，因为这些人才往往已经有稳定的职位，不大会有空闲时间去参加现场招募会，但有可能通过网络投放简历，所以组织可以采用网络招募的方式去寻找。初创时期，由于组织规模较小、员工人数有限，一些组织在此阶段会更多地从外部进行招聘以补充大量的空缺职位，尤其是基层的很多岗位。

职位、类型和级别也会对招聘方式产生影响。招聘时，技能要求越高以及层次越高的职位，越需要在大的范围内进行，如在区域性的、全国性的甚至是跨国范围内进行。

招聘的范围和投入的力量也会由于组织的规模不同而不同。一般说来，组织越大，其在劳动力市场上的声誉越大，应聘者就越可能注意到它；同时，组织越大，在其内部招聘的可能性也越大，可以从中挑选合适的人员来补充职位；此外，应聘者认为在员工众多的组织中有更多的晋升机会，即使是同样的职位，在大的组织中拥有的职权更大。

4.4 招聘中的评估

招聘评估是招聘程序的最后一个步骤。整个招聘活动对组织来说实际上只存在两个方面的影响：一是对招聘成本的影响；二是应聘者对空缺职位的适应性，即被录用员工未来的工作绩效。因此，招聘的效果评价也是围绕着这两个方面来进行。

4.4.1 招聘成本评估

1. 成本评估

招聘成本评估是指对招聘中的费用进行调查、核实，并对照预算进行评价的过程。

招聘成本评估是鉴定招聘效率的一个重要指标。如果成本低，录用人员质量高，就意味着招聘效率高；反之，则意味着招聘效率低。

另外，成本低，录用人数多，就意味着招聘成本低；反之，则意味着招聘成本高。

$$\text{招聘单价}=\frac{\text{总经费（元）}}{\text{录用人数（人）}}$$

组织进行小型招聘时，成本评估工作很简单；如果是一次大型的招聘活动，一定要认真做好成本评估工作。

2. 招聘预算

组织每年的招聘预算应该是全年人力资源开发与管理总预算的一部分。

招聘预算中主要包括：招聘广告预算、招聘测试预算、体格检查预算、其他预算，其中招聘广告预算占据相当大的比例，一般来说按 4∶3∶2∶1 比例分配预算较为合理。例如，一家组织招聘预算是五万元，那么，招聘广告预算是二万元；招聘测试预算是一万五千元；体格检查等预算是一万元；其他预算是五千元。

当然，每个组织可以根据自己的实际情况来决定招聘预算。

3. 招聘决算

招聘决算是指对招聘经费的使用情况进行度量、审计、计算、记录等的总称。

通过决算可以了解招聘中经费使用的准确情况，是否符合预算，以及主要差异出现在哪些环节上。

4.4.2 录用人员评估

录用人员评估是指根据招聘计划对录用人员的质量和数量进行评价的过程。

在大型招聘活动中，录用人员评估显得十分重要。录用人员的来源不一致，通过录用的方法也不一致，进行录用人员分析，有利于组织了解某一类人才利用何种渠道来招聘最有效，有利于组织了解某一类人才最有效的测试或录用方法。如果录用人员不合格，那么招聘过程中所用的时间、精力、金钱都浪费了；只有全部招聘到合格的人员才能说全面完成了招聘任务。

4.4.2.1　录用人员的数量评价

录用人员的数量可用以下几个数据来表示。

1. 录用比

录用比是录用人数和应聘人数的比值，也是最终产出率，是反映从参加招聘的人中最终录用人员所占比例的情况。录用比越小，相对来说，录用者的素质越高；反之，则可能录用者的素质较低。

公式：

$$录用比=\frac{录用人数}{应聘人数}\times 100\%$$

2. 招聘完成比

招聘完成比是录用人员和计划招聘人数的比值，是反映招聘完成情况的一个指标。一般来说，该指标越接近于1，则招聘的效果越好。如果招聘完成比等于或大于100%，则说明在数量上全面或超额完成招聘计划。

公式：

$$招聘完成比=\frac{录用人数}{计划招聘人数}\times 100\%$$

3. 应聘比

应聘比是应聘人数和计划招聘人数的比值，反映的是招聘宣传的力度和招聘广告的吸引力。如果应聘比越大，说明发布招聘信息效果越好，同时说明录用人员可能素质较高。

公式：

$$应聘比=\frac{应聘人数}{计划招聘人数}\times 100\%$$

4.4.2.2　录用人员的质量评价

除了运用录用比和应聘比这两个数据来反映录用人员的质量，另外也可以根据招聘的要求或工作分析中的要求对录用人员进行等级排列来确定其质量。

下面的指标则是录用人员在质量方面的指标：

(1) 录用人员受教育年数，可以反映录用人员的知识水平；

(2) 录用人员参加工作年数，可以反映该人员从事工作的经验和能力；

(3) 录用人员担当的职位，可以反映录用人员的重要程度。

这几个指标能够有力地说明录用人员的总体素质情况。

4.4.3　综合评价

顾名思义，综合评价是指对招聘过程中的招聘来源、招聘方法、招聘过程等方方面面进行评价，是招聘小结具体的、实质性的内容。一般地，综合评价是根据组织的实际需要而进行的。

在实际的招聘评价过程中，可以使用一些客观因素或指标来进行评价，包括不同来源申请人的招聘成本、不同来源的新员工的工作绩效或者留职率等指标。

4.4.3.1 招聘评价指标体系

一个比较详细的招聘评价指标体系包括以下内容。

1. 一般评价指标

(1) 补充空缺的数量或百分比；

(2) 及时地补充空缺数量或百分比；

(3) 平均每位新员工的招聘成本；

(4) 业绩优良的新员工的数量或百分比；

(5) 留职至少一年以上的新员工的数量或百分比；

(6) 对新工作满意的新员工的数量或百分比。

2. 基于招聘者的评价指标

(1) 从事面试的数量；

(2) 被面试者对面试质量的评级；

(3) 职业前景介绍的数量和质量等级；

(4) 推荐的候选人中被录用的比例；

(5) 推荐的候选人中被录用而且业绩突出的员工的比例；

(6) 平均每次面试的成本。

3. 基于招聘方法的评价指标

(1) 引发的申请的数量；

(2) 引发的合格申请的数量；

(3) 平均每个申请的成本；

(4) 从方法实施到接到申请的时间；

(5) 平均每个被录用的员工的招聘成本；

(6) 招聘的员工的质量（业绩、出勤等）。

4.4.3.2 综合评价的步骤

(1) 收集招聘数据，计算并整理；

(2) 依据特定的要求，分析数据和结果并得出结论。

4.4.3.3 综合评价的实例

假设，有一家企业结束了招聘活动，想了解在下次招聘活动中有哪些内容需要改进。其已知的资料如表 4－7 所示。

表 4－7 **企业招聘相关数据**

	地区大学	名牌大学	员工推荐	报刊广告	猎头公司
吸引求职简历的数量（个）	200	400	50	500	20
接受面试人数（人）	175	100	45	400	20
合格应聘人数（人）	100	95	40	35	19
接受工作的人数（人）	90	10	35	25	15
成本（元）	30000	50000	15000	20000	90000
计划招聘人数（人）	180				
招聘预算（元）	200000				

说明：合格应聘者包括那些通过了各种测试，但最终没有接受该项工作的人。他们可能由于企业待遇问题拒绝和企业签约，也可能是被其他企业捷足先登。

根据资料可以得出该企业招聘活动的一系列重要的指标，如表 4－8 所示，根据这些指标可以进行综合分析。例如，企业想了解对于某一既定职位空缺来说，到底哪一种招募来源的质量更好，这时它可以比较每个招聘来源的产出率，据此来确定对于被调查的职位来说哪一种招募来源是最有效率的。

表 4－8 **企业招聘活动重要指标**

	地区大学	名牌大学	员工推荐	报刊广告	猎头公司
吸引求职简历的数量（个）	200	400	50	500	20
接受面试人数（人）	175	100	45	400	20
产出率（%）	87	25	90	80	100
合格应聘人数（人）	100	95	40	35	19
产出率（%）	57	95	89	12	95
接受工作的人数（人）	90	10	35	25	15
产出率（%）	90	11	88	50	79
累计产出率	90/200	10/400	35/50	25/500	15/20
（录用比）	45	3	70	5	75
成本（元）	30000	50000	15000	20000	90000
单位雇用成本（元）	333	5000	428	800	6000
计划招聘人数（人）	180				
招聘完成比（%）	97.2				
招聘预算（元）	200000				
招聘预算完成比（%）	102.5				

表 4－7 中列有 5 种招募来源的产出率以及单位雇用成本等指标。从中可以看出，对于该企业所出现的这些职位空缺而言，当地大学以及内部雇员推荐是两个最佳的招募来源。报纸广告所吸引来的人数尽管最多，但是却只有很少人符合职位要求。到全国名牌大学中去进行招募倒是可以招募到素质很高的应聘者，但是却只有相对很少的人最后接受企业所提供的职位。最后，猎头公司可以招募到人数不多、质量却很高的候选人，但是与其他几种招聘来源相比，它的费用无疑太高。因此如果企业空缺职位的差异性不大，那么在未来的招聘来源选择上，可以考虑使用当地大学和内部员工推荐两种渠道。

当然，还可以根据上述资料作更多的分析，例如招聘费用分配情况分析、人员来源结构分析等，这里不一一介绍了。

4.4.4 招聘小结

在招聘活动结束后，组织通常要将活动内容和结果进行整理，尤其是将综合分析的结果进行整理，在整理的基础上形成招聘小结，为下一次成功的招聘打好基础。

1. 招聘小结的撰写原则

(1) 真实地反映招聘的全过程。将招聘活动中一般过程和重要细节记录下来，不能带有主观色彩，这便于之后客观、正确地分析问题。

(2) 由招聘的主要负责人撰写。在招聘过程中，主要负责人对招聘全过程有清楚的了解，能够全面地记录整个招聘过程，而其他招聘人员大多只熟悉其中的某一个步骤。

(3) 明确指出成功之处和失败之处。在客观描述的基础上，再用独立的段落写出招聘活动的经验，这对于下一次招聘有重要的参考价值。

2. 招聘小结的主要内容

(1) 招聘计划简述。招聘计划是在制定人力资源规划之后，实施招聘活动之前产生的，在这里只需要说明招聘岗位名称、数量、招聘计划何时完毕、人员何时能够上岗工作、招聘工作由哪个部门负责实施等。

(2) 招聘进程。招聘进程则以时间表的形式描述招聘与录用的时间安排与落实。

(3) 招聘结果。招聘结果记录每次通过测试的人员的数量和最终录用决策。

(4) 招聘经费。该部分内容应该详细地叙述招聘费用的使用和支付情况。

(5) 招聘评定。该部分内容实质上就是招聘综合分析的结果，在撰写招聘评定时，既要总结出合理的有借鉴意义的成功经验，又要客观地指出招聘工作存在的不足。

在招聘小结完成后，招聘的负责人应给参与招聘活动的人员阅读和学习，使之能够全面地了解已经进行的招聘活动；同时应该交给专人妥善保存，以供随时查阅。

管理案例

HR 管理世界专访联邦快递中国区人力资源部董事总经理

(1) HR 管理世界：作为全球快递物流业的标杆企业，联邦快递 FedEx 在招聘员工时主要关注候选人哪些素质？

夏康琳（Corinne Schuchard）：在招聘员工的时候，公司首先考虑的是候选人是否是一个善良正直的人；然后考察的是候选人是否有比较开放的社会观和人生观。在公司看来，具备开阔的视野的人才是可塑之才。当然，候选人还应具有一定的文化水准和职业技能，这就要与其所应聘的岗位的要求相匹配；最后，我们要考察候选人是否有出色的服务意识。因为联邦快递 FedEx 所处行业的宗旨即是为客户服务。能够把客户放在心里的员工，才是优秀的员工。从招聘战略上来说，正如之前我提到的，联邦快递 FedEx 长期以来都在通过招聘“文化匹配”的管理人员到合适的位置来降低文化差异的影响。这样的战略同时也能使员工感到他们的声音受到管理层的重视和处理。只有这样，我们的文化和价值观才能真正被员工理解、接受和分享。

(2) HR 管理世界：联邦快递 FedEx 非常支持员工以各种培训的形式来丰富自己。能介绍一下联邦快递 FedEx 主要有哪些培训计划和系统吗？

夏康琳：为了支持我们的“员工—服务—利润”哲学，联邦快递 FedEx 坚信对我们员工的尊重和回报是提供最佳服务的关键，我们把这称为“紫色承诺”：我们说，联邦快递 FedEx 的员工流淌着紫色的血液。我们在中国有超过 2000 位员工，他们来自不同的地区，拥有不同的背景，大家团结在一起，为的是我们共同的使命：我们承诺去做任何我们可以做的，来满足客户的需求。每天我们都要全力以赴，使我们的客户体验到满意。而为了提高工作标准与能力，为了保留公司最有价值的员工，联邦快递 FedEx 展开了系列的工作培训。我们可以举几个例子：联邦快递 FedEx 拥有使员工实现最高潜能的优良传统。我们提供员工“终身学习环境”，鼓励他们获得职业的进步，并提供员工大量的培训机会。有一个很有代表性的例子是我们提供奖学金计划——联邦快递 FedEx 的每位员工每年总共能获得 2500 美元的奖学金来支持他们的未来教育。

(3) HR 管理世界：联邦快递 FedEx 为员工规划和准备了丰富、系统性的培训项目。但是联邦快递 FedEx 也从很早就开始提倡公司结构向扁平化发展，这也从另一个角度对员工的职业发展体系提出了挑战。您能否谈谈联邦快递 FedEx 的员工的职业发展规划是什么样的？

夏康琳：世界上本来没有直接一步一步迈向管理层级的阶梯，但联邦快递 FedEx 提供给员工很多机会，让他们可以接触新的领域。学习和培训本来就是我们给予员工的职业发展福利。此外，在联邦快递 FedEx，员工的职业发展不会受到限制。我们的管理者 91% 都是从非管理岗位提拔上来的。比如说，联邦快递 FedEx 的 CEO 最早是联邦快递 FedEx 的一位递送员。联邦快递 FedEx 执行副总裁 Mike Ducker 是负责国际运营工作的，他刚进入联邦快递 FedEx 时是一位收款员。联邦快递 FedEx 亚太区总裁简力行（David Cunningham）刚加入联邦快递 FedEx 时是一名初级的操作员。而联邦快递 FedEx 中国区总裁陈嘉良刚刚加入联邦快递 FedEx 时是一名普通的客户主任。联邦快递 FedEx 大约 65% 的管理层是本地人，他们与联邦快递 FedEx 一同成长，他们流淌着“紫色的血液”。他们已经融合进了我们的“员工—服务—利润”的文化中，他们知道联邦快递 FedEx 想要完成什么事情和使命。从雇主角度来说，我们鼓励内部提拔制度。所有职位的空缺信息会首先在公司内部公开。而作为管理者，我们为第一层级的经理人制订了领导力计划，这些领导力计划已经成为其他公司效仿的榜样。而员工为了扩大职业发展的空间，也就更积极主动利用公司的资源进行培训，参加与职业相关的课程。从此可以将我们的培训计划与员工的职业发展计划有机结合，达到效益的最大化。同时，联邦快递 FedEx 也非常鼓励员工创新。因为联邦快递 FedEx 总是在寻找各种独特的方法来满足或预测顾客的需求。联邦快递 FedEx 激励员工去树立公司形象，努力塑造一种既为客户考虑，也为员工着想的企业形象。公司精心建立起来的形象有益于保持并扩大其市场份额，而员工以自己的工作为自豪的信心同样使公司声誉倍增。对员工而言，这样的经历和经验的积累，不仅能让他们对公司的文化和业务更加了解，也更能激励他们体验到工作的成就感与认同感。

思考题

1. 什么是招聘？有效招聘可以为组织带来什么样的好处？
2. 招聘工作受到哪些因素的影响？
3. 试分析招聘在人力资源管理系统中的地位与作用。
4. 招聘工作应当怎样进行？
5. 内、外部人员招募的优缺点各是什么？
6. 在进行人才甄选的过程中，应该注意哪些问题？
7. 人才甄选中，测评体系的作用有哪些？
8. 什么是选拔录用？它有什么意义？
9. 选拔录用系统的标准是什么？
10. 应当怎样进行选拔和录用？
11. 如何理解信度和效度？

案例分析

中远集团的“三个三百”人才工程

中国远洋物流有限公司以“做最强的物流服务商，做最好的船务代理人”为奋斗目标，秉承“一切为了客户满意”的服务理念，以发展现代物流事业为己任，以科学管理为手段，以高素质人才队伍为基石，以国际化物流服务体系为依托，以传统运输代理业务为基础，悉心建设以现代科技为支撑的物流操作平台，努力做大做强综合性的运输服务体系，为广大客户实现价值最大化架设安全、便捷通道。

企业的竞争归根结底是人才的竞争，中远物流早就认识到了物流人才培养的重要性。为解决现代物流人才匮乏问题，从 2003 年开始，中远物流与英国 CRANFIELD 大学合作，把管理人员送到该大学培训，并为接受培训的员工提供全部学费和生活费。此外，中远物流每年都向国外最先进、最知名的大学派遣留学生，学习国外领先技术和先进经验，现在很多经过培训的留学生，已经回到中远物流，在关键岗位上发挥着举足轻重的作用。

不仅如此，中远物流还从国外招聘富有实践经验的物流经营管理专家深入到中远各物流项目的经营管理活动中，中远物流经理叶伟龙把他们这一培养人才的计划称为“洋务运动”。在国内，中远物流公司在比较知名的一些物流院校成立了中远物流班，大学二年级就开始招生，从中挑选一些优秀人才，自大三开始派自己的专家为他们讲课，参加实地培训，为中远物流提前培育适合企业发展战略的优秀人才。正是因为采取了这一系列措施，吸引了大批的物流人才，让其充分发挥作用，才使中远在家电物流、汽车物流、电力物流等项目中脱颖而出，形成了自身独有的竞争优势，并使其营业收入保持着每年增长50%以上的强劲势头。

同时，中远集团注重内部人员培训，重视各类专业人才队伍的培养，按照长短期发展规划和目标，每年组织各类专业人才培训班或派出到国内外参加有关机构组织的培训和学习。2009 年 10 月，为配合国务院国资委对中央企业经营业绩实施经济增加值（EVA）考核的工作，中远集团组织 70 人参加了为期 3 天的经济增加值考核宣贯工作的培训。为确保中国远洋属下各成员公司经营工作依法合规，2009 年 7 月、12 月中国远洋有关部门先后举办了“中国远洋关联交易培训研讨会”和“中国远洋信息披露工作培训研讨会”，培训会邀请香港普衡律师事务所、中通律师事务所、罗宾咸永道会计师事务所等相关专业人员对香港联交所上市规则、上交所上市规则有关关联交易、信息披露等内容进行全面讲解培训。培训会同时要求各成员公司对公司内部相关人员进行关联交易和信息披露的更全面的培训，使各公司有关业务人员全面掌握上市规则的有关治理内容，确保中国远洋依法合规经营。

“三个三百”人才工程是中远集团人才队伍建设的重点，三百个经营管理人才、三百个科技人才、三百个船舶高级管理人才，为中远集团提供高素质的高级管理人才提供充实的后备队伍。自从中远集团 2003 年开展“三个三百”人才工程以来，已先后对进入“三个三百”人才库的相关人员进行了多次培训。由于每期培训准备充分，参训学员对培训的满意度比较高，知识、技术得以更新，自身综合能力、应变能力和业务水平得以加强。2009 年共举办“三个三百人才”培训 9 期，培训了 460 名业务骨干。其中，经营管理专题 2 期，培训 108 人；政工干部专题 2 期，培训 110 人；船长、轮机长专题 4 期，培训 188 人；综合运输专题 1 期，培训 54 人。

中远集团以培养造就高层次人才为核心，提高中远集团人才队伍建设的整体水平，为建设“和谐中远”提供智力支持和人才保障。

结合案例思考以下问题：

(1) 中远集团突破了传统的招聘形式，在大学二年级就开始招生，这种做法有什么优势？

(2) 中远集团的“三个三百”人才工程对其他企业人才选拔工作有什么借鉴意义？

德邦物流的员工招聘

30 岁的陈永建 6 年前还只是个有着初中文化的个体户，2004 年加入德邦物流广州车队时，做梦都没有想到自己能进入管理层。目前，他已是公司的高级经理。现在说起自己的晋升经历，陈永建仍然很激动。“2008 年 4 月广州车队准备设立一个指导员的职位，当时我是 2007 年的明星司机，就被车队推荐到人事部去面试，对我进行综合考评后，根据面谈和平时的综合绩效，最终我获得了这个全新的职位。”指导员的工作主要是与上百名司机保持沟通，从新司机招聘、培训到平时的工作情况、工资分配，指导员需要做好司机与公司之间的桥梁工作。一年下来，陈永建在指导员这个岗位上做得游刃有余，很快就被提升到总部，担任公司文化部员工关系组的高级经理。现在，他要负责的是全国驾驶员的关系管理。像陈永建这样的经历，在已经位列全国民营零担公路运输领先企业的德邦物流内并不算少，而这完全得益于德邦物流董事长崔维星制定的员工晋升和干部储备制度。都说做货运物流的公司，最头疼的事情就是司机难管，但是德邦物流就是通过种种晋升和培训制度，让司机们一个个都“死心塌地”地为公司干。

对于很多物流企业来说，对人才的管理是非常粗糙的，它们并不认为一个司机也有职业生涯。而在德邦物流，如果想走管理通道，司机也可以向直属领导自荐，直属领导就会有意识地先安排一些统计、数据管理和分析等的工作，并适时培养和推荐。作为德邦的管理层，其中一项考核就是每年下属中有几个人晋升，并且还能得到“伯乐奖”等奖金。随后的晋升制度和通道也非常清晰，首先是通过自荐或者经理推荐成为储备干部，这其中有至少 25％的名额会留给司机等非文职人员，对储备干部进行培训后，综合考评的前 75％都有资格竞聘经理，然后通过面谈、辩论等，就有望走上管理层的工作岗位。“对于非文职人员的管理也要相对精细化，他们也有职业生涯，我们公司很多高层就是从司机、搬运工等做起的，公司人力资源部门有专员配备研究非文职类员工的职业发展，也有专业技术类通道和管理通道。”崔维星说，企业只管员工干活，不顾职业荣誉感的管理在五六年前或许还可以，但现在已经过时了。听起来也许会觉得很新鲜，在德邦物流，参加培训也可以获得奖金。比如打字，崔维星规定如果不会打字的员工通过练习，一分钟能打 30 个字就奖励 200 元，每增加 10 个再奖 50 元钱。陈永建就是得到打字奖励的受益者之一。初中毕业的他以前从来没摸过电脑，到了德邦物流后，发现公司有一间专门的员工活动室供员工学电脑，每个车队都能分到 2～4 台，“在这里既可以赚钱，还学了东西，没有理由不学习啊。”陈永建笑称，学会了电脑，实际的好处也随之出现，“现在随时可以上网看公司的信息平台，可以对公司的整体情况有更多的了解。”而除了学电脑学打字，在德邦物流，司机和搬运工都要参加 5 类培训：技能、安全、企业文化，以及户外拓展和军训。每个季度公司的培训中心都会公布一个培训列表，员工可以自由选择。公司还安排了很多外部培训，2～3 天或者一个月的都有。另外由于司机和外场的工资是提成制的，为了保证他们既能积极学习，又不影响到他们的提成，德邦物流还给予参加培训的司机和外场补助 10 元/小时。

在人员招聘上，德邦物流也有一个曾为业内所讥的做法，就是只招应届大学毕业生。现在德邦物流的接送员 50％是大专生，今年这一比例会达到 60％～70％，司机中也有 270 多名应届大专生，如果招聘进来没有驾驶证，公司还提供 4 个月的技术培训。公司的管理层中也只有 5 个是外聘的，其他都是从一线提拔上来。在整个中国的物流行业里，能够有这么多的大学生，而且是自我培养起来的比较少见。德邦物流副总裁施鲲翔告诉记者，德邦物流从 2005 年开始做大规模的校园招聘，目前公司的本科大学生已经有 4300 多人，大专以上的 3800 多人，占据员工总人数的一半。而在文职人员中，90%都是应届大学毕业生。施鲲翔说："我们认为，未来公司的核心竞争力不仅仅是网络和服务，而且是人才管理。"而在崔维星看来，司机等非文职人员，在运输这种服务业中也扮演了很重要的角色，"我们的非文职人员一半时间在与客户直接接触，送货接货过程中，他们的职业素养代表了德邦物流的品牌形象。德邦物流只招聘应届大学毕业生是基于 3 年、5 年、10 年后的人才梯队建设考虑；招聘大学生从事基础岗位工作不仅能提高服务质量，还能为基础管理岗位储备人才；另一方面培养我们敬业的基础岗位员工，让他们享受公司的福利和培训，跟随公司的发展，除了赚钱，职业生涯也要有收获。"

结合案例思考以下问题：

(1) 德邦物流花很大精力对招收的员工进行培训，对其他企业今后的招聘选拔有什么启示？

(2) 德邦物流公司只选择应届大学生的原因何在？请根据案例说明德邦物流公司的根据。

5 物流企业的培训管理

学习目标

- 了解培训的含义和主要内容。
- 掌握培训的作用和主要类型。
- 了解脱产培训和在职培训。
- 掌握物流企业培训的主要内容。
- 能够进行培训需求分析。
- 了解培训目标设置的含义、意义、原则和层次。
- 掌握培训计划编制的含义和主要内容。
- 能够设计培训活动实施的流程。
- 掌握培训效果评估的含义、基本模型和流程。
- 了解培训成果转化的含义、影响因素和改进设想。

引导案例

A 航运公司中国分公司的员工培训

A 航运公司于 1970 年注册于瑞士，是一家全私营的航运公司。自成立以来，A 航运公司就一直保持着很高的发展速度。特别是最近几年，A 航运公司在船队规模上一举跃为全球第二大航运公司。A 航运公司在全球的雇员超过一万名，并且拥有超过 160 家办事处及相关代理。而每家代理又分辖管理着若干子代理公司。A 航运公司一直致力于投资自有的资源，包括更新、维修及维护所拥有的集装箱船队。A 航运公司在很多国家投资建立了运输公司，去运作经营自己的集装箱业务。在此基础上，A 航运公司还投资建立了员工培训基地、船厂、集装箱堆场、船舶设计中心，以及危险品运输管理中心。因此，可以看出，A 航运公司已经建立了广泛的全球范围的业务经营网络，从而可以最大限度地为其客户提供方便快捷的运输服务。

当 A 航运公司建立中国分公司之初，在管理和组织架构上就存在着许多问题，问题存在以下几个方面。

分公司的大部分员工是从原来的公司调过来的，将要从原公司转入 A 航运公司中国分公司的员工，他们已完全适应了原来公司的形态，融入了原来公司的企业文化。对于新的环境，他们很难适应。员工的士气非常低落，工作态度也很不积极。这种做法导致许多员工产生了不满情绪。

A航运公司中国分公司的高层管理层开始进行人员变动，新的管理者根据市场的变化重新建立了分公司的结构。这些新管理者的管理理论对员工也产生了很大影响。而一些关键位置的员工也在观望自己是否有机会进入新的管理层。

随着公司业务的急速膨胀，公司的职员也在大幅增加。但是，公司却没有给管理层足够的时间去整合整个系统，也没有给他们的新员工足够的时间去适应新的工作环境。

工作上的压力加上管理层和员工在管理理念上的分歧，造成了公司内部的不和谐，担忧和紧张的气氛在员工间蔓延开来。

自A航运公司在中国建立分公司之日起，就缺乏一个系统的运作流程去指导员工如何准确地执行日常业务的操作。这一点主要是因为公司业务高速增长带来的后遗症。另外一个原因就是中国地区所特有的航运操作上的复杂性。而这种复杂性使得航运公司没有严格和具体的规章制度可循。因此，员工的本身素质就显得尤为重要，特别是在公司没有成文的工作手册的情况下。

鉴于前面提到的一系列存在的问题，造成A航运公司中国分公司内部员工的士气和忠诚度都显得比较低，工作态度不积极。相当一部分的员工对公司的管理理念难以适从。由于员工的工作压力大而导致内部关系不和谐。有些员工的素质比较低，而有些工作能力强的员工在寻找另外的工作机会跳槽到其他的航运公司。所以，公司的跳槽率一直居高不下，甚至在有的月份跳槽率高达5%，过高的跳槽率也对在职的员工心理上产生了不良的影响。

为了使中国公司的运营步入正轨，有关专家对公司的员工培训提出如下建议：

第一，为初级员工设计特定的培训计划。对于那些低级/初级员工，应该设计一个培训计划，让他们通过相关的培训去了解公司的整体情况以及公司的运作流程。而部门经理有责任在这个培训中担任培训师，讲解自己负责部门的工作内容、工作性质和流程。

第二，为新员工建立和推广“导师制度”。所有新进员工无论何时进入公司，都将被指定一个导师，这个导师可能是他/她今后的部门主管，也可能不是。但导师至少是部门经理或更高的行政级别。新员工可以和自己的导师共同商议解决所碰到的任何问题，这些问题可以是任何方面的，不仅仅局限于业务方面的。

第三，培训英语和航运方面的专业知识。公司有些员工在英语方面的水平非常低，因此，必须要制订相应的培训计划去提高员工的英语能力。如果员工有良好的英语水平，就能没有任何障碍地理解工作的内容。同时，很多低级员工非常缺乏航运方面的专业知识，也需要相应的培训。

本章主要介绍物流企业人力资源培训的相关理论。

5.1 培训概述

从上面海尔公司开展员工培训的例子中可以看出，在当今社会，一个组织所处的外部环境和内部环境是急剧变化的。为了适应内外部环境的变化，为了满足市场竞争的需要，也为了满足员工自身发展的需要，组织必须重视员工的培训工作，对员工进行定期与不定期的、脱产与不脱产的培训和人力资源开发工作。可以说，如果一个组织不重视人力资源的管理和培训工作，或者只重视人力资源管理工作而不重视培训工作，或者认识到培训工作的重要性但为了眼前利益而不将培训工作付诸实施，那么组织的长久竞争力必然会不断下降，以至于被市场淘汰。

5.1.1 培训的含义

5.1.1.1 培训的含义

纵观现代经济的发展，不难看出，组织之间的竞争归根结底就是人才的竞争，从某种意义来讲，就是组织培训的竞争。在今天的市场经济条件下，各种组织对培训工作的研究越来越多，但是何为培训，大家却是各抒己见，至今没有统一的定义。

以下摘录一些培训的含义供大家参考。

(1) 培训：指各企业为适应业务及培育人才的需要，用补习、进修、考察等方式，进行有计划的培养和训练，使其不断更新知识适应新的要求，拥有旺盛的工作能力，更能胜任现职工作，及将来能担任更重要职务，适应新技术革命带来的知识结构、技术结构、管理结构和干部结构等方面的深刻变化。

(2) 培训：指向员工传授工作所需知识和技能的任何活动，是与工作有关的任何形式的教育。

(3) 培训：指创造一个环境，使员工能够在这一环境中获得或学习特定的与工作要求密切相关的知识、技能、能力和态度。

(4) 培训：指给新雇员或现有雇员传授其完成本职工作所必需的基本技能的过程。

综合以上含义，总结的培训含义如下：

培训是为了使组织成员具备完成某项工作所必需的知识、技能和素质，而有计划地对其进行的短期的培养和训练活动。

5.1.1.2 培训的内容

根据培训的含义，可以看出培训的主要内容大体上可以分为知识培训、技能培训和心理素质培训三种。

1. 知识培训

知识培训是员工获取持续提高和发展的基础，员工只有具备一定的基础知识以及专业知识，才能为其在各个领域的进一步发展提供坚实的支撑。

现代物流业是一个跨行业、跨部门的综合性行业，需要复合型人才，既要具有专业物流知识，又要懂得相关管理学和经济学概念，要有扎实的理论基础、宽泛的知识面和较强的适应性。因此，物流人才专业知识主要涉及以下几个方面。

（1）物流流程管理知识：主要涉及仓储管理知识、运输管理知识、配送管理知识和物流营销知识。物流流程是整个物流活动的基础，物流企业通过物流流程实现为客户服务的目的，这是物流人才必须掌握的基础知识。

（2）供应链管理知识：包括采购管理、物流成本、客户服务等。面对日益激化的市场竞争，现代企业竞争已经转变为供应链之间的竞争。一个企业供应链管理战略的成功实施，必然是以成功的物流管理为基础，因此物流和供应链两者之间密不可分，作为现代物流人才，必须掌握供应链的相关知识。

（3）物流信息管理知识：现代物流运用了大量先进的信息技术，如物流管理信息系统、RFID、条码技术等，物流人才只有不断学习、不断更新自己的信息技术知识，才能适应现代物流的发展。

（4）国际贸易知识：全球经济一体化进程加快，国际贸易飞速发展，国际物流的重要性越来越突出。一名合格的物流人才，必须熟练掌握国际贸易术语、流程、货代等知识。

2. 技能培训

知识只有转化成技能，才能真正产生价值，人们常说的“知识就是力量”，就是这个道理；“科技是第一生产力”，只有当科技转化成为生产力的时候，它才能成为第一生产力；员工的工作技能是组织生产高质量的产品和产生最佳效益、获得发展的源泉。因而，技能培训是组织培训中的重点环节。

物流职业能力主要涉及两大块：物流职业业务能力和物流职业发展能力。

物流职业业务能力反映物流人才在物流企业具体业务中的工作能力，比如物流流程作业管理能力（仓储作业能力、运输作业能力、物流信息管理能力）、物流市场拓展能力、采购作业和客户服务能力等。

物流职业发展能力则反映物流人才的为人处世和发展前景，主要包括以下几方面。

（1）学习能力：看一个人是否是真正的人才，最重要的是看他接受继续教育、学习新知识的能力。树立终身学习的理念，通过各种方法学习新知识、吸取经验、提高技能。

（2）人际沟通能力：物流工作需要协调单位内部和外部很多相关部门，只有通过充分的沟通和交流，才能真正了解各部门和客户的实际需求，更好地提供服务，建立良好协作关系，确保物流工作高效有序地进行运作。

（3）计划组织能力：物流工作人员需要针对不同的实际工作任务进行资源分配，提出实施目标，进行宏观规划，制订实施方案。

（4）异常事故处理能力：物流工作中，经常碰到突然事件，要求工作人员既能够按照规章制度执行并完成作业指令，又要具备处理异常事故的能力。

（5）创新能力：一个企业的生命力取决于其创新能力，物流从业人员既要确保企业竞争力不断提高、服务水平连续稳定，又要不受以往经验的束缚，不断发现潜在问题，优化作业流程，持续改进作业方式，提高效率，满足市场对物流服务水平越来越高的期望。

3. 心理素质培训

如果员工具备了扎实的理论知识和过硬的业务技能，但如果没有正确的价值观、积极的工作态度和良好的思维习惯，那么，他们给组织带来的很可能不是财富，而是损失。而高素质员工，即使暂时在知识和技能方面存在不足，但他们会为实现目标而主动、有效地去学习和提升自我，从而最终成为组织所需的人才。此类培训是组织必须持之以恒进行的核心重点。

市场经济下，经济活动要靠价值规律调节，集体的自主权、个人的选择权不断扩大，人们的自主性、积极性得到发挥；但不可否认，市场经济也有诱发功利主义、个人主义、拜金主义思想的一面，而现代物流人才应该德才兼备。物流行业员工的心理素质包括以下内容。

(1) 社会道德：应该讲求信用，重视承诺，诚实守信，真诚不欺，信誉至上。

(2) 团队合作精神：物流管理的最终目的是整合企业内外部资源，在企业利润最大化的同时满足客户需求，因此物流管理人员需要具备强烈的团队合作精神，在物流作业过程中，不仅能够做好本职工作，同时多为其他相关部门和岗位着想，使上下游协调一致。

(3) 爱岗敬业：勇于承担责任，坚守工作岗位，提高职业技能，面对工作一丝不苟、全心全意。

5.1.2 培训的作用

未来组织获得核心竞争力的唯一途径就是比竞争对手学得更快。重视培训、重视员工全面素质的提升和组织文化的认同，把组织建成学习型组织，提高组织核心竞争力，从而最终实现组织与员工“双赢”，是组织获得发展的最根本手段。因此，组织开展员工培训工作的意义，可以从员工、组织和社会三个层面分别阐述。

5.1.2.1 培训对员工的作用

1. 促使新员工尽快融入组织

组织对新聘员工进行上岗前和上岗后的培训，让他们掌握必需的生产经营技术和能力，接受组织文化，服从组织目标，使他们尽快地与组织融为一体。

2. 帮助员工获得较高收入

培训可以提高员工的工作技能，而员工的劳动报酬是和其在工作中表现出来的劳动效率和工作质量直接相关的。因此，培训活动也可以提高员工的劳动报酬。

3. 满足新老员工自身发展的要求

根据马斯洛（Abraham Harold Maslow）的需求层次理论，每个人都有生理需求、安全需求、社交和归属需求、尊重和自尊需求、自我实现需求五个由低到高的需求。虽然每个员工因学历、背景、个性等不同而有不同的主导需求，但就大多数而言，都渴求不断充实自己、完善自己，使自己的潜力充分发掘出来。尤其是优秀的员工，其自我实现的需求就更加强烈。组织如能满足员工的这种自尊和自我实现的需求，将激发出员工深刻而持久的工作动力，从而增强对组织的归属感。

管理案例

中国海运集团的农民工培训

中国海运集团建设船员基地，主要以高考落榜的高中或高职毕业的农村青年为招收对象，经笔试、面试后择优选拔，再送中国海运集团培训中心进行为期6～8个月的培训，经国家海事主管部门适任证书考证合格后录用。农民工上岗前，均安排实习，安排实践经验丰富的职工带教，发挥“传帮带”作用，使农民工能尽快成长，适应新的工作岗位；任职工作期间，还通过“在船、在岸、在线”等方式，组织农民工立足岗位参加各类业务培训，不断提高农民工岗位技能水平。同时，集团鼓励和组织农民工参加职业技能鉴定、获取国家职业资格证书，对考取技师资格或表现优秀的农民工将提升为水手长、机工长或工长，至2012年年底有农民工水手长37人、机工长29人。

5.1.2.2 培训对组织的作用

1. 迎接内外环境变化的挑战

物流企业内外部环境都在发生迅速变化，比如航运业，船舶不断向专业化、大型化、高速化和自动化方向发展，船舶已装备了各种先进的仪器设备，承运的货物也千差万别。今天还非常称职的员工，如果不坚持学习，明年就很可能落伍，如果不经常接受培训，变成不合格员工几乎是不可避免的事情。要解决好这一矛盾，就要通过必要的培训手段，使其更新观念、增长知识、提高技能、提升素质，重新适应职位的要求。

2. 化解市场竞争的压力

从20世纪末开始，人类社会进入了高速发展的时代，市场的竞争在不断升级，无论是产品竞争、销售竞争还是资本竞争，都离不开人力资源的竞争，因为人是最根本的、最主要的竞争优势。一个组织要想在激烈的竞争中立于不败之地，就必须重视培训，否则组织难以避免在激烈竞争中被淘汰的厄运。

3. 提高组织运营的效益和效率

企业的目标是获利，这个目标的实现必须依靠企业提高其运营的效益和效率。这一切都离不开高素质的员工，而高素质员工又主要依赖于员工培训。培训不但可以提高企业的短期效益，也可以提高企业的长期效益，在培训中下功夫，通过提高员工的素质来提高工作效率、降低成本、减少故障，从而提高企业的效益。

4. 完善组织文化的建设

通过员工培训，能够使员工逐步理解并接受组织文化，理解并能够有效贯彻组织的战略意图。通过培训，可以调整员工的观念，使其行为有利于组织的运转，并使组织与员工融为一体，共同求得生存和发展。比如，南京远洋公司提出“乘风破浪，创造卓越”的外部口号，确立“全员创新，持续发展”的精神标语。公司在企业文化建设上，特别注重企业和员工的“心理契约”问题。员工家属在这份“契约”中扮演着重要角色，在公司通过员工家属来做员工（如长期在外的船员）的思想工作已是屡见不鲜的事了。

此外，培训对于构建学习型组织也具有举足轻重的作用（见知识链接：学习型组织）。

知识链接

学习型组织

自从1990年麻省理工学院斯隆管理学院彼得·圣吉（Peter Senge）出版了《第五项修炼——学习型组织的艺术与实务》一书，提出了学习型组织概念，全球便掀起了组织学习和创建学习型组织的热潮。美国的AT&T、福特汽车（Ford）、通用电气（Genera Electronic）、摩托罗拉（Motorola）、科宁（Corning）、联邦快递（Federa Express）、欧洲的赛恩斯钢铁、罗福（Rover）、ABB等都正在积极创建学习型组织。

所谓学习型组织，是指通过构建整个组织的学习气氛、充分发挥员工的创造性思维能力而建立起来的一种有机的、高度柔性的、扁平的、符合人性的、可持续发展的组织。这种组织具有持续学习的能力，具有高于个人绩效总和的综合绩效。在致力于创造学习环境的组织中，员工培训是最为优先的选择。

学习型组织不会轻易地自发出现。通过把时间、能力、资源持续地投入到员工培训和开发上，学习型组织才能培育出来。如果以增加了解、提高绩效和效率作为目标，那么通过培训和开发活动以及采取论坛的形式来鼓励学习是极为必要的。

5.1.2.3 培训对社会的作用

1. 增加社会存量人力资本

美国著名经济学家西奥多·舒尔茨（Theodore Schultz）和加里·贝克尔（Gary S. Becker）等人共同提出了现代人力资本理论，他们认为，人力资本远比物力资本要重要。但是人力的取得不是无代价的，需要消耗资本投资，只有通过一定方式的投资，掌握了知识和技能的人力资源才是一切生产资料中最重要的资源，对人投资带来的收益率超过了对一切其他形态资本的投资收益率。学校的素质教育和组织的技能培训都是人力资本投资的形式。所以，组织对员工进行培训，客观上也增加了社会的存量人力资本，能够提升我国企业或组织在世界舞台上的竞争力。

2. 弥补学校学历教育的不足

学校提供的是学历教育，学生在学校学的知识，不论是基础知识还是专业知识，都很难直接用于某一职业上，必须要将这些知识转化为相应的技能。组织对员工培训正是将知识转化为工作技能的途径之一，因此，对整个社会而言，组织的员工培训弥补了学校学历教育的不足。

知识链接

中小型物流企业培训管理现状

1. 培训对象——物流从业人员素质普遍较低

物流现场操作的主要工作是价格谈判、货物搬运、载运等，虽然国家在倡导提高物流作业现代化水平，但毕竟有条件实行机械化作业的企业不多，一些中小型物流企业无法达到这种经济条件，所以大部分工作还是得依靠人的手工操作，或者说大量基础工作不需要太高的学历文凭。那些有文化、素质高的人员可能吃不了苦，关键是他们没人愿意去做这又苦又累的工作，导致人员招聘的重心基本都定位在出生于1980年以前的低学历人群，这类人年龄大、文化低、无技术、无特长，仅有的是一身体力，也只有这类人群才愿意做此工作，才能留得下来。一般中小型企业的中低层管理人员也是从基础作业工人提升上来的，他们有丰富的工作经验，缺乏管理理论指导和先进的思想理念，沟通能力也大打折扣，知道事情该怎么做，就是表达不出来，最大限度也只是以“传—帮—带”来指导作业工人，无法起到管理者的教练作用，无法配合人力资源部门展开人才培训工作，这给企业培训带来很大的挑战。

2. 培训机制——缺乏计划性和系统性

没有完整适用的培训管理制度、培训办法和培训组织方式，没有专业的师资力量，没有培训课题研究，没有年度、季度、月度的培训计划，没有年度培训费用预算，没有培训的效果评估，没有培训后的员工成长与激励措施等。有的企业不注重培训，在培训上不会花太大的功夫，更不说要健全培训机制了，当管理上出现问题或在经营上出现问题的时候，才安排员工培训，培训如同赶场“救火”，随意性很大，无系统操作规范，缺什么补什么，很少有管理者考虑过：公司究竟需要培训什么？怎样开展公司员工培训？如何做培训效果跟踪、反馈、评估和激励相关分析？培训为什么每次都充当了马后炮？诸如此类现象说明企业的培训管理水平有较大差距，也由于物流企业自上而下缺乏培训的观念而造成培训成为可有可无的事情。

3. 培训组织者——责任不明，主体错位

大量的非人力资源部门人员认为培训是人力资源部的事，与己无关。所以高层不重视、中层不支持、基层不理解，经常还会出现：一边在倡导培训的重要性，另一边又只做应付培训。鼓吹培训是福利，忽视员工参加培训的义务。企业员工素质不高，工作中出现了问题认为是人力资源部培训工作没有做好。孰不知培训不是只靠人力资源部一个部门就能做好的，需要得到各个部门的支持和协作。管理者都应该清楚一个常识——“所有的管理者首先都是人力资源工作者”，管理者的第一责任是下属人员的能力提升和内部团队的打造，没有强大的团队，所有的管理工作都无从谈起。因此，用人部门的管理者是部门内部人才培训与开发的第一责任人，而人力资源部是协助和指导这项工作有效推进的部门。另外，培训也不是万能的，员工成才也需要一个过程，仅靠几次培训根本无法解决企业的人才梯队建设问题，因为这需要其他人力资源管理手段系统的设计和全面的协作。

4. 培训观念——企业经营管理者理解错误

有的企业经营者认为，不做培训前，员工会老老实实为企业工作，企业花费了大量的人力、财力、物力开展培训后，员工在知识、技能得到了提升会跳槽。他们认为，外聘人才比培训人才更快捷，所以当企业出现岗位空缺时，他们会直接外聘同岗有工作经验的人员，而花费力气去培养人才是得不偿失的，没有意义的。

有的经营者认为企业的发展还是取决于企业自身，关键要靠头脑灵活、懂经营、会管理，经济实力才能主宰一切，认为培训在实际工作中没多大意义。有的中低层管理人员和员工还认为培训是浪费时间，认为这只能给公司增加成本。在公司培训中，有的管理人员及其多年的老员工总认为自己工作经验丰富，常以工作繁忙为由不参加培训，以致拖延培训时间。培训成了地地道道的形式主义。

培训不是全能的，我们在科学设计培训制度、方式、办法的同时，还要以明确的晋升机制、弹性的薪酬福利机制、科学的绩效考评制度、高效快捷的工作流程和公开透明的管控方式等管理措施配合，企业管理是系统工程，而培训只是这个大系统中的一个小系统。

5. 培训管理者——人力资源部自身力量不足

培训工作是否卓有成效虽然有赖于企业决策层重视、企业各级管理者支持，但最重要的是人力资源部门要有人才储备、人才开发的战略思维，有培训管理的全局高度，有培训培养制度、机制的构建能力，要有培训组织与控制的实操能力。人力资源部是企业人才开发与培训的制度建设者、培训资源的整合者、培训体系的构建者、培训过程的指导者、培训结果的控制者，是企业人才素质提升的关键推动力量，对企业人才培训起到举足轻重的作用。因此，优秀的人力资源经理人能说服决策层的支持，能设法获取各级管理者的配合，能确保员工层的理解，能充分采用包括薪酬福利、绩效考评、员工职业发展等人力资源管理与开发多种手段配合培训工作达到效果，而非仅仅是被动等待。

在大量中小物流企业中，要么人力资源部没有满额的编制或者压根没有设置，要么一个企业只有一名人事专员负责所谓的人事管理工作，要么有人力资源经理但并非专业人士，要么有完整的配置但没有结合企业实际、没有充分理解企业自身的特性而照搬理论，所以，大量企业的培训工作处于无序状态。

6. 培训效果——缺乏评估和应用

中小物流企业开展培训之后普遍缺乏效果评估和结果应用。要么培训结束后开展一次沟通交流草草结束，要么培训下来大家对讲师评头论足，要么一次培训之后紧接着另一场培训，要么培训之后员工回到各自岗位没有任何改变。

物流企业应该始终重视员工的内部培养，企业应将人才梯队建设、人才培训作为人力资源开发的重中之重。“人才培训”成为物流业人力资源管理与开发的一大难题。没有好的薪酬福利制度、没有好的绩效管理方式、没有科学的人才晋升方案、没有符合实际的员工职业发展设计，培训就成了无源之水，单一靠培训解决全部的人才成长问题、解决团队建设问题只是一种奢望。

（资料来源：刘志刚．中小型物流企业培训管理现状［J］．科技创业家，2013，（01下）：235.）

5.1.3 培训的类型

按照员工在培训期间是否脱离工作岗位，培训有在职培训和脱产培训两种类型。此外，还有一种类型是自我培训，主要针对有强烈上进心的员工而言的。

5.1.3.1 在职培训

在职培训是指员工不脱离岗位，利用业余时间和部分工作时间参加的培训，这是组织应用最普遍的培训类型。在职培训不仅是一种有效的培训手段，更是一种培训观念，将在职培训理念导入日常管理活动中，是提高经理管理水平和员工工作效率的有效途径。在职培训是许多经济学家所强调的除正规教育以外的另一种重要的人力资本投资形式。事实上劳动者所具有的许多有用的劳动技能都不是在学校里获得的，而是得之于在职培训。

1. 在职培训的优点

（1）不耽误工作时间。与脱产培训不同，在职培训将培训和工作紧密结合起来，融培训于工作之中，使培训和工作之间产生互动，使员工从工作中获得培训，从培训中获得更多的工作机会，从而获得更有价值和实际意义的提升。

（2）节约培训费用。尽管培训不被看作成本而是投资，但毕竟它还是要产生费用。与脱产培训相比，在职培训可以节约大量的培训费用，同样两千元的费用，参加短训班的话也许只够一个人用，如果两千元钱买套光盘，则可以培训更多的人，让更多的人从中受益。

（3）建立经理与员工之间的沟通渠道。通过在职培训增加经理和员工接触的机会，方便彼此的沟通，互相学习，建立彼此的信任基础和沟通渠道，让培训成为经理和员工沟通的方式。

（4）更有针对性。培训既是提高员工能力的必需，更是解决问题的必需。在工作当中，经理和员工更容易发现问题并做出思考，在在职培训的观念指导下，经理指导员工思考问题，提出改进建议，加深员工的印象，使改进更有针对性和时效性。

2. 在职培训的缺点

（1）存在一些不易被觉察的成本。比如说，为了指导受训者，指导者不得不丢开正常的工作，这会降低劳动生产效率。同时，新雇用的没有经验的员工也会使产量减少，并有可能损坏机器设备。

（2）增加了事故的可能性。对于有些工作而言，让受训者操作机器是很危险的，因为受训者出事的概率要比有经验的工作高得多。

3. 在职培训的方法

前面介绍的培训方法，有些可以供在职培训使用，有些不可以。具体来说，在职培训主要有以下一些方法。

（1）工作轮换。这种培训方法是指让受训者在预定的时期内变换工作岗位，使其获得不同岗位的工作经验，一般主要用于新进员工。现在很多组织采用工作轮换则是为培养新进入组织的年轻管理人员或有管理潜力的未来的管理人员。工作轮换能丰富培训对象的工作经历；工作轮换能识别培训对象的长处和短处，组织能通过工作轮换了解培训对象的专长和兴趣爱好，从而更好地开发员工的所长；工作轮换能增进培训对象对各部门管理工作的了解，扩展员工的知识面，对受训对象以后完成跨部门、合作性的任务打下基础。

（2）设立助理职务。这种培训方法是指让员工在一段时间内担任某种职位的助理，让其对这一职务有更多的了解，同时也帮助他增加工作经验与培养胜任这一职务的能力。

（3）特别任务。给某个员工或某一个有新员工的群体布置一项特别任务，要求其在规定时间内完成。这种特别任务可能是写一份报告，做一份可行性分析报告，拟订一项计划，准备组织期刊等。通过让员工完成这些特别任务来锻炼、提高他们的某项技能和能力。

（4）员工发展会议。针对受训者的具体问题召开相关的员工发展会议，在这类会议上，讨论每个员工的工作特点及其如何提高个人工作绩效。通过这类会议，受训者可以明确自己存在的问题以及如何改进，有很强的针对性。

（5）解决问题会议。这类会议的目的是解决某一部门或组织面临的某一问题。它往往运用创造性思维展开问题的讨论并提出解决方案。通过这类会议，可培养员工特别是管理人员分析组织内部问题和解决问题的能力，有很强的实践性。

（6）个别指导。让有经验的员工作为新员工的指导老师，帮助新员工了解组织，为新员工提供各种建议。对于新员工来说，有些信息不便于或不能从直接主管那里得知，可向指导老师寻求帮助和解决。

（7）师徒制。这种培训方法是较为常见的在职培训方法，在手工艺人中，这是培训新人最常用的方法。它的特点是由一经验丰富的师傅负责带一名或几名新来的员工。其传授技能过程为：告诉受训者要做什么→亲自做示范→受训者跟着做→检查受训者做的效果。师徒制往往使师傅和徒弟间建立起深厚的感情。

5.1.3.2 脱产培训

脱产培训是指员工离开工作岗位，去专门从事知识或技能的学习。组织可以把员工送到各类学校、商业培训机构或自办的培训基地接受培训，也可以选择本单位外的适宜场地自行组织培训。如上海某企业为部分中层管理人员在某管理学院为期三个月的 miniMBA 班级学习，这些人员集中时间脱产进行管理知识和技能的培训。

1. 脱产培训的优点

（1）可以使受训者集中精力进行学习。脱产培训可以使员工摆脱工作的压力，集中精力学习新知识。可以传授员工系统的专业知识，形成比较全面的知识构架，从而训练其思维方式。可以使管理人员考虑问题更具有全局性，能够从战略态势出发统揽全盘，能够协调各方面利益，进行宏观上的调控和系统上的管理。

（2）可以利用组织外的培训资源。脱产培训可以大量利用组织外的具有突出成就的人员作为训练指导者，承担教学任务，如工程师、咨询顾问、大学教授等。

(3) 有利于培训新人，特别是后备管理人员。

2. 脱产培训的缺点

(1) 影响正常的工作。脱产培训需要专门安排时间，对正常工作会有一定的影响，特别是当工作量大、人手不够时影响更大，甚至会导致组织放弃脱产培训。

(2) 耗费较多的培训经费和资源。为保证达到预期的培训目标和效果，在策划和组织脱产培训时，要耗费较多的培训经费和资源。

3. 脱产培训的方法

脱产培训主要有以下一些方法。

(1) 课堂教学法。课堂教学法常被用于一些理念性知识的培训，用于向群体学员介绍或传授某一个单一课题的内容，如对本组织一种新政策或新制度的介绍与演讲、引进新设备或技术的普及讲座等理论性内容的培训等。

(2) 影视教学法。影视教学法多用于新进员工培训，用来介绍组织概况、传授技能和概念性知识的培训等。多媒体教学也适合于学员自我学习，它几乎可以涵盖任何专业主题，包括组织实务操作规范程序、礼貌礼节行为规范等。

(3) 情境化培训。情境化培训就是在教学过程中，依据教学内容，设计安排一个或多个现实问题相关的情境，其中蕴含了与学习有关的问题悬念，引导学员独立思考，激发学员对教学内容的强烈求知欲望，以最佳的学习状态进行学习。该方法适用于新知识的学习，尤其是某些情境或事件的处理办法与技巧等。

(4) 经营模拟。经营模拟法指通过让受训者分别模拟同一行业中互相竞争的组织的经营者，并向他们提供相同的经营条件和数据，让其根据这些进行竞争“经营”，最后以“经营”成绩优劣来研究经营决策得失的培训方法。该法适用于激发管理层员工对组织的策略及实际管理兴趣的培训，也可用于员工调任的职前训练。

(5) 实战模拟。实战模拟就是假设一种特定的工作情景，由若干个受训组织和小组，代表不同的组织或个人，扮演各种特定的角色，例如总经理、财务经理、营销经理、秘书、会计、管理人员等。他们要针对特定的条件、环境及工作任务进行分析、决策和运作。这种职业模拟培训旨在让受训者身临其境，提高自身的适应能力和实际工作能力。实战模拟不仅适用于刚刚走上工作岗位而缺乏经验的新手，也适用于对于某项新任务来说缺乏能力的在职人员。它是职前实务训练中被广泛采用的一种方法。

(6) 沙盘模拟。沙盘模拟即是将整个组织的运营方式展示在沙盘之上，使得组织的现金流量、产品库存、生产设备、人员编制、银行借贷等指标显得清晰直观。这种培训方式适用于组织的中层管理者、组织的高层决策者，财务及非财务从业人员。

(7) 参观访问。参观访问就是指针对某一特殊环境或事件组织学员做实地的考察和了解。有计划、有组织地安排员工到有关单位参观访问，也是一种培训方式。员工有针对性地参观访问，可以从其他单位得到启发，巩固自己的知识和技能。参观访问主要适用于某些无法或不易于在课堂上讲述的议题。通过参观帮助学员了解现实世界的一些真实情况，了解理论与实际之间的差距。

（8）团体训练。所谓团体训练，就是个人或团体，运用有声或无声的培训方法让学员开放自己，接受别人，或从训练中与别人合作共同完成工作来学习与人相处及合作的方法。在团体训练中要强调融洽、合作及尊重别人的意见，如果同一团体中有不同意见的学员，要妥善化解冲突。团体训练法主要是改变学员的态度和行为，适用于人际关系和领导技能开发目的的培训。

除了传统的在职培训和脱产培训外，美国的 Ronald L. Jacobs 博士提出了一个新的培训概念——“结构化的在职培训”（Structured On－The－Job Training）（见知识链接：结构化的在职培训）。

知识链接

结构化在职培训

结构化在职培训（S－OJT）是有计划地培养员工工作能力的一个流程，由资深员工在工作现场或者与工作现场相似的环境中，对新员工进行培训。结构化在职培训的四点特征是：第一，结构化在职培训按照事先规划的流程推行，并能够稳步实现培训目标；第二，培训的明确目标是向员工传授完成特定任务的能力；第三，结构化在职培训强调采用一对一的个性化方式；第四，培训要在工作现场或者与工作现场类似的环境中进行。结构化在职培训与非结构化在职培训的不同之处在于对规划好的培训流程的利用上。系统化地实施培训计划可以确保培训有良好效果，且能够把培训的手段与目的区分开来。结构化在职培训能够较好地改善企业的业绩，因为它可以将员工能力提升到适当的水平。拥有这些能力的员工可以提高生产率、按时完成项目、降低缺陷率，或者实现其他重大工作成果。这些对企业至关重要，也必须从这一角度出发，判断结构化在职培训是否有效。

管理案例

中国外运集团别具一格的培训

中国外运集团是一家跨国经营的企业集团，所以年轻人在这里出国工作、培训和学习的机会比较多。每年都会有德才兼备的年轻人被公司外派出去，赴国外工作或参观学习。对于有出色业绩同时又兼具管理才能的员工，公司也提供了去清华、北大、中欧管理学院等名校进行在职培训的机会。

中国外运集团培训还有与众不同的地方。2000 年起，公司推出了别具一格的人才培训措施，凡是新员工都要到基层公司锻炼。这种方式在计划经济时期的企业中很常见，目前又将这种做法提出来会不会有些过时？集团人力资源部经理解释说，新员工下基层的时间有半年左右。此举目的有二：一是让员工了解基层的情况，熟悉货运、海运等全部业务流程。二是这一阶段可以对人才进行全面的考察。比如，工作态度如何、适应工作环境的能力如何。考核的最终结果是使那些能够充分发挥个人潜力，很快熟悉业务流程、做事踏实认真的员工脱颖而出。

为了培养员工的团队意识与协作精神，克服心理上的障碍。2001年起公司又特意为新员工安排了为期3天的拓展训练。在拓展训练中，主要是利用一些特有的自然环境设计的体育团体活动，锻炼人的勇气、意志及团队精神，拓展训练对人的体能要求并不太高，更多的是对心理的挑战和发挥团队精神。参加过这一训练的员工感到自己有了非常大的收获。

5.1.4 培训的基本方式

组织培训的方法很多，按照培训方式分为三类：第一，直接传授培训法，如课堂教学法、专题讲座法、个别指导法、影视教学法等；第二，参与式培训法，如案例分析法、头脑风暴法、角色扮演法、研究讨论法等；第三，信息时代新兴的培训方式，如网上学习(E－LEARNING)、虚拟培训等。各种培训方法都有其自身的优缺点，为了提高培训质量，达到培训目的，往往需要各种方法配合起来，灵活使用。组织在培训时可根据培训方式、培训内容、培训目的而择一种或择多种配合使用。

5.1.4.1 直接传授培训法

直接传授培训法是传统的培训方法，在培训过程中，主要以教师的单向传授知识为主，而受训者处于被动的接受知识的地位。

1. 课堂教学法

课堂教学法就是指讲授者通过语言表达，系统地向受训者传授知识，期望这些受训者能记住其中的重要观念与特定知识。课堂教学法用于培训时要求：①讲授内容要有科学性，它是保证讲授质量的首要条件；②讲授要有系统性，条理清楚，重点突出；③讲授时语言要清晰，生动准确；④必要时应用板书；⑤应尽量配备必要的多媒体设备，以加强培训的效果；⑥讲授完应保留适当的时间让培训师与学员进行沟通，用问答方式获取学员对讲授内容的反馈。

课堂教学法虽是培训中应用最普及的一种方法，但它既有显而易见的优点，同时也有很多缺陷。课堂教学法的优点：①有利于受训者系统地接受新知识；②容易掌握和控制学习的进度；③有利于加深理解难度大的内容；④可以同时对许多人进行教育培训，经济高效。课堂教学法的缺点为：①讲授内容具有强制性，受训者无权自主选择学习内容；②学习效果易受教师讲授的水平影响；③由于主要是单向性的信息传递，缺乏教师和学员间必要的交流和反馈；④受训者之间不能讨论，不利于促进理解；⑤学过的知识不易被巩固。

2. 专题讲座法

专题讲座法是指根据教学目标和目的的要求，将培训涉及的内容划分为有机联系的若干专题，进行讲授的教学方法。这种方法要求教师总结出可以以点带面的知识链条突破口、教学重点，不拘泥于培训教材的框框，广泛搜集素材，加大信息量，扩大内容涵盖面，对学员有比较大的吸引力。专题讲完以后，要求学员阅读培训教材中的相关内容，形成比较完整的知识体系。

它是适于管理或技术人员了解专业发展方向或当前热点问题的培训方法。专题讲座法的优点：①对问题阐述比较深刻、透彻，扩大学员的知识面。专题性讲座法是教师围绕培训教材中的某一内容详细展开讲解，既能够联系培训教材相关知识，又能够补充培训教材外新知识，对问题阐述比较深、比较透，学员则感到扩大了知识面，学到了新知识；②为学员留下较大的思考空间，提高学员的分析问题、解决问题的能力。专题性讲座法能够为学员的学习留下较大的思维空间，能够促使学员在听课和自学中不断进行思考，促使学员既要做横向比较，又要做纵向整理分析，综合归纳。它不拘于一个概念、一个知识点，而是对一个大的问题、一门学科甚至几门学科的总体把握和思考。专题讲座法的缺点：对教师的要求高，需要做大量的准备工作。专题讲座法需要培训教师具备相当的专业素质，具有较强的分析综合能力，在上课前做大量细致的准备工作。

3. 个别指导法

个别指导法也叫师带徒培训，是由一位有经验的技术能手或直接主管人员在工作岗位上对受训者进行培训。负责指导的教练的任务是教给受训者如何做，提出如何做好的建议，并对受训者进行鼓励。个别指导法用于培训时要求：①一定要有详细、完整的教学计划，但应注意培训的要点：第一，关键工作环节的要求；第二，做好工作的原则和技巧；第三，须避免、防止的问题和错误；②培训前要准备好所有的用具，搁置整齐；③教练一边示范操作，一边讲解动作或操作要领。示范完毕，让受训者反复模仿实习；④对受训者的试做给予立即的反馈。

个别指导法应用广泛，可用于基层生产工人。同样，它既有显而易见的优点，同时也有很大的缺陷。个别指导法的优点：①通常能在培训者与受训者之间形成良好的关系，有助于工作的开展；②一旦师傅调动、提升、退休或辞职时，组织能有训练有素的员工顶上。个别指导法的缺点为：不容易挑选到合格的教练或师傅，有些师傅担心“带会徒弟饿死师傅”而不愿意倾尽全力，所以应挑选具有较强沟通能力、监督和指导能力以及宽广胸怀的教练。

4. 影视教学法

影视教学法就是利用现代视听技术（如投影仪、录像、电视、电影、电脑等工具）对员工进行培训。影视教学法用于培训时要求：①播放前要清楚地说明培训的目的；②依讲课的主题选择合适的视听教材；③以播映内容来发表各人的感想或以“如何应用在工作上”来讨论，最好能边看边讨论，以增加理解；④讨论后培训师必须做重点总结或将如何应用在工作上的具体方法告诉受训人员。

影视教学法也有其优缺点。影视教学法的优点：①由于视听培训是运用视觉和听觉的感知方式，直观鲜明，所以比讲授或讨论方式给人更深的印象；②教材生动形象且给学员以真实感，所以也比较容易引起受训人员的关心和兴趣；③视听教材可反复使用，从而能更好地适应受训人员的个别差异和不同水平的要求。影视教学法的缺点为：①视听设备和教材的成本较高，内容易过时；②选择合适的视听教材不太容易；③学员处于消极的地位，反馈和实践较差，一般可作为培训的辅助手段。

5.1.4.2 参与式培训法

参与式培训法也是现在广泛使用的员工培训方法，它通过员工亲自参与的方式，克服了直接传授培训法中员工仅仅是被动接受而积极性不高、效果较差的局限性。

1. 案例分析法

案例是指用一定的视听媒介，如文字、录音、录像等描述客观存在的真实情景。它作为一种研究工具早就广泛用于社会科学的调研工作中，21 世纪 20 年代起，哈佛商学院首先把案例用于管理教学，称为案例分析法。案例用于培训时有三个基本要求：①内容应是真实的，不允许虚构。为了保密，有关的人名、单位名、地名可以改用假名，称为掩饰，但其基本情节不得虚假，有关数字可以乘以某掩饰系数加以放大或缩小，但相互间比例不能改变；②教学中应包含一定的管理问题，否则便无学习与研究的价值；③教学案例必须有明确的教学目的，它的编写与使用都是为某些既定的教学目的服务的。

案例教学法目前广泛应用于组织管理人员（特别是中层管理人员）的培训，目的是训练他们具有良好的决策能力，帮助他们学习如何在紧急状况下处理各类事件。案例教学法越来越受到人们的喜爱，但作为一个教学方式它也不可避免地有其优缺点。案例分析法的优点：①它提供了一个系统的思考模式；②在个案研究的学习过程中，接受培训可得到一些有关管理方面的知识与原则；③作为一个简便方法，有利于使受培训者参与组织实际问题的解决；④学员参与性强，变学员被动接受为主动参与；⑤教学方式生动具体，直观易学；⑥容易使学员养成积极参与和向他人学习的习惯。案例分析法的不足之处在于：①每一个案例都是为既定的教学目的服务的，缺乏普遍适用性，不一定能与培训目的很好吻合；②案例的准备需时较长，案例数量有限，并不能满足每个问题都有相应案例的需求；③案例无论多么真实，但它毕竟是使受训者以当事人的角度去考虑，因而不必承担任何责任，不能像当事人那样承受种种压力，不可避免地存在失真性；④对培训师和学员的要求都比较高。

2. 头脑风暴法

头脑风暴法（Brain Storming）又称智力激励法、BS 法，是由美国创造学家 A. F. 奥斯本（A. F. Osborn）于 1939 年首次提出、1953 年正式发表的一种激发创造性思维的方法。此法经各国创造学研究者的实践和发展，至今已经形成了一个发明技法群，如奥斯本智力激励法、默写式智力激励法、卡片式智力激励法等。头脑风暴法亦称畅谈会，是通过会议的形式，邀集有关专家就某一问题敞开思想，畅所欲言，从中收集决策方案或评估方案的方法。头脑风暴法分直接头脑风暴法和反头脑风暴法两种。直接头脑风暴法是集中专家进行专题研究的一种形式。会议在非常融洽和轻松的气氛中进行。会议有四条规定：①鼓励每个人独立思考、开阔思路、自由发言；②欢迎提出大量的方案；③对别人提的方案不批评、不反驳、不做结论；④可以结合别人的意见进行思维，补充或发展自己的意见。反头脑风暴法采取和直接头脑风暴法大体相同的会议形式。其不同之处在于：专家不是提出方案，而是对已经系统化的方案和设想提出质疑。反头脑风暴法的运用可以弥补方案设计中思考的不周，帮助决策者分析评估方案。

作为现在广泛使用的一种方法，头脑风暴法也有其优缺点。其优点是：获取广泛的信息、创意，互相启发，集思广益，想出优秀的策划方案来。其缺点有：①产生的想法不成熟，不符合实用性、独创性和一致性标准；②与会者不愿意主动发表意见，时常出现冷场的局面；③与会者不主动发言，但是做“狙击手”，“枪打出头鸟”，攻击别人的观点；④当众受到批评会心存不满，伺机反击，把头脑风暴会变成辩论会。

3. 角色扮演法

角色扮演法是指在一个模拟的工作环境中，指定参加者扮演某种角色，借助角色的演练来理解角色的内容，模拟性地处理工作事务，从而提高处理各种问题的能力。这种方法比较适用于训练态度仪容和言谈举止等人际关系技能。比如询问、电话应对、销售技术、业务会谈等基本技能的学习和提高。角色扮演法用于培训时要求：①培训师要为角色扮演准备好材料以及一些必要的场景工具，确保每一事项均能代表培训计划中所教导的行为；②为了激励演练者的士气，在演出开始之前及结束之后，全体学员应鼓掌表示感谢；③演出结束，培训师要针对各演示者存在的问题进行分析和评论；④角色扮演法应和课堂教学法、讨论法结合使用，才能产生更好的效果。

角色扮演法适用于新员工、岗位轮换和职位晋升的员工，主要目的是为了尽快适应新岗位和新环境。这种方法也有它的优缺点。角色扮演法的优点：①学员参与性强，学员与教员之间的互动交流充分，可以提高学员培训的积极性；②特定的模拟环境和主题有利于增强培训的效果；③通过扮演和观察其他学员的扮演行为，可以学习各种交流技能；④通过模拟后的指导，可以及时认识自身存在的问题并进行改正。角色扮演法的缺点：①角色扮演法效果的好坏主要取决于培训教师的水平；②扮演中的问题分析限于个人，不具有普遍性；③容易影响学员的态度，而不易影响其行为。

4. 研究讨论法

研究讨论法按照费用与操作的复杂程序又可分成一般研讨会与小组讨论两种方式。研讨会多以专题演讲为主，中途或会后允许学员与演讲者进行交流沟通，一般费用较高。而小组讨论法则费用较低。研究讨论法培训的目的是为了提高能力，培养意识，交流信息，产生新知。这种方法用于培训时要求：①每次讨论要建立明确的目标，并让每一位参与者了解这些目标；②要使受训人员对讨论的问题发生内在的兴趣，并启发他们积极思考。

研究讨论法比较适宜于管理人员的训练或用于解决某些有一定难度的管理问题。这种培训方法同样有它的优缺点。研究讨论法的优点：①强调学员的积极参与，鼓励学员积极思考，主动提出问题，表达个人的感受，有助于激发学习兴趣；②讨论过程中，教师与学员间，学员与学员间的信息可以多向传递，知识和经验可以相互交流、启发，取长补短，有利于学员发现自己的不足，开阔思路，加深对知识的理解，促进能力的提高。据研究，这种方法对提高受训者的责任感或改变工作态度特别有效。研究讨论法的缺点：①运用时对培训指导教师的要求较高；②讨论课题选择的好坏将直接影响培训的效果；③受训人员自身的水平也会影响培训的效果；④不利于受训人员系统地掌握知识和技能。

5.1.4.3 信息时代新兴培训法

随着科学技术的发展，特别是计算机技术和互联网技术的迅猛发展，出现了一些新兴的培训方法，如网上学习法、虚拟培训等，它们正逐渐受组织重视。

1. 网上学习法

网上学习法（E-LEARNING）是一种新型的计算机网络信息培训方式，主要是指组织通过内部网，将文字、图片及影音文件等培训资料放在网上，形成一个网上资料馆，网上课堂供员工进行课程的学习。这种方式由于信息量大，新知识、新观念传递优势明显，更适合成人学习。因此，特别为实力雄厚的组织所青睐，也是培训发展的一个必然趋势。

网上学习法虽然是随着互联网发展而出现的一种日益受青睐的培训方法，也有其优缺点。网上学习法的优点：①使用灵活，符合分散式学习的新趋势，学员可灵活选择学习进度，灵活选择学习的时间和地点，灵活选择学习内容，节省了学员集中培训的时间与费用；②在网上培训方式下，网络上的内容易修改，且修改培训内容时，不需重新准备教材或其他教学工具，费用低，可及时、低成本地更新培训内容；③网上培训可充分利用网络上大量的声音、图片和影音文件等资源，增强课堂教学的趣味性，从而提高学员的学习效率。网上学习法的缺点：①网上学习要求组织建立良好的网络培训系统，这需要大量的培训资金；②该方法主要适合知识方面的培训，如人际交流的技能培训就不适用于网上培训方式。

2. 虚拟培训法

经济全球化的发展，导致竞争残酷激烈，无论哪个行业都将规避风险、降低成本作为迎接激烈竞争的有力武器和首要任务。为了满足这种要求，充分运用高科技手段，综合计算机、图形、仿真、通信和传感等技术，为培训建立起一种逼真的、虚拟交互式的三维空间环境，这种与现实世界极其相像的、虚拟的人力资源培训与开发技术应运而生，并开始得到广泛的认可和运用。

虚拟培训法是影视教学法的发展。虚拟培训有许多优点，所以许多人预测网上培训是未来培训方法的主流。但不可否认，虚拟培训也有着其自身的缺点。虚拟培训法的优点：①虚拟培训法包括时空、内容、设备和角色的虚拟化，具有沉浸性、自主性、感受性、适时交互性、可操作性、开放性和资源共享性等优点。虚拟现实技术为现代组织的人力资源培训开辟了一条新的道路。特别是为那些投资成本极高、难度很大、环境危险和操作性较强的技能培训搭建了崭新的平台；②可以根据受训者的需要量身定制培训课程，避免了传统的以计算机为辅助的培训方式的缺陷，增加了许多有吸引力的互动功能；③能促进组织文化的良性改变，调动学员的学习积极性，使整个组织变成一个学习型组织，紧跟最新的技术和市场变化。虚拟培训法的缺点：①培训课程的电脑程序设计复杂，甚至要耗费大量的时间和金钱，但是被人盗版却十分容易；②网速度不保证。在许多地方，由于受到带宽等基础设施的限制，上网速度很慢。有人将 WWW（World Wide Web）戏称为 World Wide Wait（世界范围内的等待）。许多网民由于等待时间过长，常常放弃登录。由于网络这一缺点，使其有效性大打折扣；③并非所有的培训内容都适用于网上培训，如关于人际交流的技能就不是能通过网络便能学会的。

管理案例

中远集团工作场所中人的发展与培训

中远集团坚持以人为本的教育培训指导思想，坚持人才强企战略，注重提升职工队伍整体素质。制订了各类人才培养计划，提供充足的经费保证，注重培训与实践紧密结合，积极开展企业经营管理人员、专业技术人员等各类培训，企业的管理水平和市场竞争能力得以不断提升。

第一，公司高层领导培训。2011 年先后组织公司高层领导参加了中央党校“省部级干部进修班”、“公司法人治理与企业党的建设专题研讨班”，国家行政学院“省部级干部提高对外开放水平专题”、“后金融危机时代金融体系建设专题研究班”，中组部、总政治部“国防交通战备专题研究班”，中组部“低碳能源领导者专题研究班”等。

第二，全员培训。中远集团高度重视员工素质的提高和个人发展，在董事会的指导下，总部及所属各业务单元都建立了高效的培训体系，并不断探索和完善，针对公司业务的需要有针对性地制订年度培训计划和培训方案，通过培训，增强了员工的管理、应变能力，使之达到上市公司对人才的要求。通过结合生产需要，采取“请进来、送出去”的方式，积极开展新知识、新技术培训，培养各类专业人才。

第三，“三个三百”人才工程建设。“三个三百”人才工程（三百个经营管理人才、三百个科技人才、三百个船舶高级管理人才）是中远集团人才队伍建设的重点，中远集团为提供充实的高素质的高级管理人才后备队伍，自 2003 年开展“三个三百”人才工程以来，积极组织进入“三个三百”人才库的相关人员参加了多次培训。由于每期培训准备充分，参训学员对培训的满意度比较高，知识、技术得以更新，自身综合能力、应变能力和业务水平得以加强。

第四，船员培训。中远集团把加强安全培训作为提高职工安全素质的关键手段，以“加强安全培训，提高一线船员的综合素质”作为保证集团安全生产的治本之策。中远集团依据船员队伍发展规划，进一步加强船员队伍建设，各单位船员管理部门从源头上严把招募关、培训关、提升关、调配关，在“坚持培训、持续提高”的原则下，不断提高船员的安全技能水平和职业道德规范，确保拥有一支数量充足、质量过硬、结构合理的船员队伍。

第五，有效的培训考核激励机制。培养造就高层次人才为核心，提高人才队伍建设的整体水平，为公司的可持续发展提供智力支持和人才保障。为提高培训效果，把职工学习技能、晋职晋级同企业分配制度挂钩，落实相应的待遇；定期对实施职工素质工程情况进行检查考评，并将考评结果作为先进评比和奖励的重要依据；制定了在职攻读学位教育奖励规定，大大激发了员工学习的热情和积极性，发挥了培训的激励作用；完善各种人才保障机制，为职工学习成长创造良好的氛围和环境。

5.2　培训需求分析

5.2.1　培训中的常见误区

员工培训非常重要，然而很多组织的培训工作做得并不理想，主要是他们陷入了一些认识上的误区，主要有以下几个方面的表现。

1. 把培训看作成本而不是投资

有些人认为，培训是一种成本。既然是成本，就应当降低，能省则省，于是有些组织在培训方面投入的资金几乎接近零。

现代人力资源开发与管理的理论和实践都反复向人们指出：培训是一项回报率极高的投资。美国布兰卡德训练中心总裁布兰卡德明确指出：培训是一项回报率极高的投资①。他举例说，一家汽车公司经过一年的培训，花费培训费用 20 万美元，但当年就节省成本支出 200 万美元，第二年又节省了 300 万美元。

2. 把培训机构看作医生而不是教练

许多中国组织喜欢把咨询机构比作医生，实际上，咨询机构最合适的角色是教练，因为病人很被动，而队员则有很大的主观能动性，教练不可能代替队员。高水平的培训专家并不能取代日常管理，而是以事实为基础，为组织进行分析并提出具体建议和培训计划，协助组织人员去实施。

培训公司通常会这样展开工作：培训顾问亲自拜访客户，通过提供免费的诊断咨询来了解公司培训需求。分析工具包括调查问卷、电话访谈和小组讨论。

3. 员工可以自然而然胜任工作

有些人认为，新进员工只要随着时间的推移，会逐渐适应环境而胜任工作的。因此，有些组织对新进员工没有进行有效的培训，就立即分配到正式工作岗位上去。以后新员工成功与否，基本上就取决于他对环境的适应能力了。

比如，对于现成的人才，民营企业江都前进航运有限公司考虑的就是如何使用，而非培养。该公司轻培养，认为最好的培养就是提供一个表现空间，让员工自生自灭。干得好，晋升加薪；干得不好，降职走人。该公司轻培养，除自上而下的主观意识外，也有一定的客观条件：从内部讲，企业人员少，负荷满，没时间和精力考虑培养人才的事。从外部讲，人才外流趋势较为严重，人们对经济高度发达的大都市所拥有的机遇和神话的日趋向往，使这种外流趋势更加严重。迄今，顺应此趋势流向大都市的员工有五名。现成的人才流入流出，虽可惜但也无奈，若是自己投入心血培养出的人才流走，痛何以堪？因此该公司将送员工外出培训视为畏途。

事实上，这是拿员工和组织的命运“开玩笑”，实际上是把新员工的成功寄托在其本

---

①邓瑾轩.《人力资源管理》[M].重庆：重庆大学出版社，2002.

身的适应能力以及其所处的小环境上。然而，新员工若在长时间内不能提高其技能，不能适应新的人、物和事，就会产生强烈的挫折感和失落感，离职就成为其无可奈何的选择。

4. 高层管理人员不需要培训

我国一些组织的最高领导人常认为：培训只是针对基层的管理人员和普通员工的，高层管理人员不需要培训，其理由是：他们都很忙，他们经验丰富，他们本来就是人才。

显然，这种认识是错误的。应该说，一个组织高层管理人员的素质高低对于组织发展的影响最大。因而高层管理人员更加需要更新知识，改变观念。国外许多知名组织就做出这样的规定：越是高层管理者，参加的培训就越多，有的甚至把培训作为一项福利安置进行分配。

许多管理人员以前的经验现在已经彻底过时，改革和创新成为当务之急。朱镕基同志则指出："管理科学是提高企业效益的根本途径，管理人才是实现现代化管理的重要保证，实施管理培训工程是当务之急。"

5. 流行什么就培训什么

国内不少组织往往是"流行什么就培训什么"或者"缺什么就补什么"。据调查，有些组织的管理者喜欢赶潮流，报纸上宣传网络经济，就立即组织"网络经济研讨班"，在推广组织知识产权战略，马上办一期"知识产权培训班"等。由于活动没有连续性，不仅会造成人力、物力、财力的浪费，而且极有可能使培训成为组织的一种负担。从表面上看，组织培训工作开展得轰轰烈烈，其实效果并不理想。要想改进员工的内心愿望、目标、抱负和标准，进而提高员工素质，就需要组织有目的、有步骤、有系统地进行培训。

国内很多物流企业，培训缺乏全面性，未能达到一种高度。大多数员工都只能在自己所属的一个小领域里从事相应工作。而日本则率先消灭船上部门划分，设立了一种完全取代船上组织管理的新模式。在相关重大技术改革的基础上，采用值班高级船员、双重适任高级船员等配员形式。这些船员都有值班高级船员的证书，具有驾驶员或轮机员的复合资格，而不是仅有轮机员或驾驶员值班操作单方面的适任资格。

6. 培训时重知识、轻技能、忽视态度

组织培训的内容很多，一般由知识培训、技能培训和态度培训三部分组成。有些管理者在培训时往往片面地强调立竿见影，因此出现了"重知识"的误区，而在其他方面的培训做得不够，如对组织文化的传承、组织内聚力的加强、员工工作热情的激发等方面认识不足，导致只注重技能培训，忽视态度培训。知识的遗忘相对较快，而技能的获得较慢，一旦掌握了技能就不易失去。但重要的是建立正确的态度，一旦态度正确，员工自觉地去学习知识、掌握技能，并在工作中运用。如果缺乏正确的工作态度和优良的职业精神，最终结果是员工离职率居高不下，组织的培训投入白白浪费。

正确的观点应该是：培训应以建立正确的态度为主，重点放在提高技能方面，同时兼顾知识的传播。

5.2.2 培训需求分析的三层面

以上存在的对培训认识的误区说明，很多组织虽然意识到培训的重要性，但是却不能正确地进行培训。要想有效地进行培训工作，使培训工作有的放矢，而不是为了培训而培训，首先要找出组织在人力资源培训方面的迫切需要。

培训需求分析指在规划与设计每项培训活动之前，由培训部门、主管负责人、培训工作人员等采用各种方法与技术，对参与培训的所有组织及其员工的培训目标、知识结构、技能状况等方面进行系统的鉴别与分析，以确定这些组织和员工是否需要培训，以及如何需要培训的一种活动或过程。确定组织培训需求分析需从多维度来进行，包括组织、工作、个人三个方面。

5.2.2.1 组织分析

1. 组织层面培训需求分析的含义

从组织整体的角度看，培训具有战略性的功用，可以确保培训的内容与组织总体的发展战略和发展方向一致。组织层面的培训需求分析有以下三个方面的含义。

(1) 组织的人力资源需求分析。这是从人力资源的角度要求组织人员在能力水平上必须满足组织运行与发展的需求。

(2) 组织的效率分析。包括组织的生产效率、人力支出、产品的质量和数量、浪费状况、机器的使用和维修。组织对这些因素加以分析，制定出相应的效率标准。如果不能达到效率标准要求的，就要考虑使用培训的手段加以解决。同时这些标准也是培训效果的评价指标。

(3) 组织文化分析。组织文化是组织的管理哲学及价值体系的反映，通过培训可以将组织完整的价值体系输入到每一个员工的头脑中，从观念上指导他们的工作行为。

2. 组织层面培训需求分析的注意事项

(1) 要有预见性。要以发展的眼光去确定培训需求，要预测本组织未来在技术上、销售市场上、组织结构上可能发生什么变化。了解现有员工的能力并推测出未来将需要哪些知识和技能，从而估计出哪些员工需要在哪些方面进行培训，以及这种培训真正见效所需要的时间，进而推测出培训期的长短。

(2) 预测要有依据。必须对组织过去绩效评估的统计数据进行分析。对生产、成本、安全、质量、设备保养维修等方面的指标仔细检查，能有助于发现培训需要。但需注意，这些指标当初并不是为了找出培训需求而设置和测录的，所以负责培训计划的人事干部在查阅这些统计数据时，要全面考虑影响这些指标的各种因素。

(3) 要进行调查。不要只看那些“硬”的、技术性方面的问题，同时还应注意“软”的、思想方面的问题。例如出勤、纪律、离职等方面的记录，职工的牢骚、投诉、建议等常能反映态度与士气方面的问题，这也是可以通过适当培训来解决与克服的。组织员工满意感调查，查阅缺勤、违纪、离职记录，找有关员工谈心等，都是找出这类培训需要的有效手段。

3. 组织层面培训需求分析的信息来源

对组织层面培训需求信息的获取主要有以下渠道：

(1) 组织目标及发展计划，这能反映培训的大方向和面向未来培训的价值；

（2）组织结构的变化，这提供了组织未来发展的信息，从而也在一定程度上展示了未来的培训需求情况；

（3）人力资源规划，这能向培训管理者提供培训的多方面具体信息；

（4）工作绩效数据，这反映了实际业绩与期望业绩之间的差距，成为培训需求的直接依据；

（5）人力资源统计资料，这提供了有关员工流动和缺勤的情况，能够向培训管理者显示存在的问题和原因，从而为培训提供依据；

（6）离职和退休人员会谈等。

5.2.2.2　工作分析

工作分析的目的在于了解与绩效问题有关的工作的详细内容、标准，以及达成工作所应具备的知识和技能。工作分析的结果也是将来设计和编制相关培训课程的重要资料来源。工作分析需要富有工作经验的员工积极参与，以提供完整的工作信息与资料。

1. 工作层面培训需求分析的内容

工作分析依据分析目的的不同可分为一般工作分析和特殊工作分析两种。

（1）一般工作分析。一般工作分析的主要目的是使任何人能很快地了解一项工作的性质、范围与内容，并作为进一步分析的基础。一般工作分析的内容包括：第一，工作简介。主要说明一项工作的性质与范围，使阅读者能很快建立一个较为正确的印象。其内容包括工作名称、地点、单位、生效及取消日期、分析者、核准者等基本资料。第二，工作清单。工作清单是将工作内容以工作单元为主体，并以条列方式组合而成，使阅读者能对工作内容一目了然。而每项工作单元又可加注各工作的性质、工作频率、工作的重要性等补充资料，这对员工执行工作，管理层进行工作考核和进行特殊工作分析皆有益处。

（2）特殊工作分析。特殊工作分析是以工作清单中的每一工作单元为基础，针对各单元详细探讨并记录其工作细节、标准和所需的知识技能。由于各工作单元的不同特性，特殊工作分析可分为下列数项：第一，程序性工作分析。程序性工作就是具有固定的工作起点、一定顺序的工作步骤和固定的工作终点等特性。程序性工作分析主要强调工作者和器物间的互动关系。程序性工作分析就是通过详细记录工作单元的名称、特点、标准、应具有的知识技能、安全及注意事项、完整操作程序等，为员工的培训和培训评估提供依据。第二，程式性工作分析。程式性工作分析多无固定的工作程序，对工作原理的了解和应用程度要求也较高，其工作内容主要强调工作者和系统间的互动。第三，知识性工作分析。知识性工作属于内在思维的工作行为，可以说是人与人，或人与知识间的交流互动，而且是以不具形体的知识为桥梁，进行理性的思考、沟通与协调，以达成工作需求。知识性工作分析是一种研究程序，它能够帮助管理者确认影响工作绩效的有关重要知识。

2. 工作层面培训需求分析的步骤

任务分析包括三个步骤。

（1）选择要分析的工作岗位，列举出工作岗位所需的各项任务的基本清单。主要通过访谈、现场观察等方式进行，也可以和其他任务分析人员共同讨论确定岗位任务清单。

（2）确保任务基本清单的可靠性和有效性。可以采用德尔菲法，让一组专家以开会或书面调查的形式回答有关各项工作任务的问题。通用的问题如下：执行该任务的频率是多少？完成各项任务需要多长时间？该任务对取得良好的工作业绩有多重要？学习各项任务的难度有多大？该任务对新员工的要求标准是什么？……然后把各专家的回答进行统计分析，找出关键性影响因素，这样就可以确定比较客观的任务清单。

（3）工作任务确定后，就要明确胜任一项任务所需的知识、技能。获取有关工作所必备的基本技能要求是工作任务分析的核心，这同样可通过访谈和调查问卷形式来收集。对于比较规范的组织，这项工作开展起来比较简单，因为此工作的实质也可以理解为员工能力素质模型或胜任力模型，对于已经建立此类模型的组织，只需按照模型中对应的岗位能力、素质要求，挑选出工作清单所列的岗位要求的能力、素质要求即可。

工作分析是培训需求分析中最烦琐的一部分，但是，只有对工作进行精确的分析并以此为依据，才能编制出真正符合组织绩效和特殊工作环境的培训课程来。

5.2.2.3 个人分析

个人分析是将员工现有的水平与预期未来对员工技能的要求进行比照，发现两者之间是否存在差距，以此来确定谁需要接受培训，以及接受什么内容的培训。

1. 个人作层面培训需求分析的内容

个人的培训需求包括两个方面。

（1）人员的能力、素质和技能分析。这是与工作分析密切相关的工作。工作分析明确了每项工作所要求的能力、素质和技能水平。从人员的角度进行同样的分析是用以考察工作人员是否达到了这些要求，以及其能力、素质和技能达到了什么样的水平，并由此决定对培训的需求状况。此外，对人员的能力、素质和技能加以分析不仅仅是为了满足当前工作的需要，也是为了满足组织发展的工作需要。培训的目的之一就是发挥人的潜能。通过培训，使组织的人力资源系统得到合理的利用和发挥。但这一切都要求对人员的能力、素质、技能状况进行全面准确的分析。

（2）针对工作绩效的评价。如果人员的工作绩效不能达到组织提出的效益标准，就说明存在着某种对培训的需求。

2. 个人层面培训需求分析的信息来源

个人分析的重点是评价工作人员实际工作绩效以及工作能力。对个人层面的培训需求信息的获取主要有以下渠道。

（1）个人考核绩效记录。主要包括员工的工作能力、平时表现（请假、怠工、抱怨）、意外事件、参加培训的记录、离（调）职访谈记录等。

（2）员工的自我评量。自我评量是以员工的工作清单为基础，由员工针对每一单元的工作成就、相关知识和相关技能真实地进行自我评量。

（3）知识技能测验。以实际操作或笔试的方式测验工作人员真实的工作表现。

（4）员工态度评量。员工对工作的态度不仅影响其知识技能的学习和发挥，还影响与同事间的人际关系，影响与顾客或客户的关系，这些又直接影响其工作表现。因此，运用定向测验或态度量表，就可帮助了解员工的工作态度。

调查培训需求时可以采用的方法很多，如观察法、调查问卷法、面谈法、阅读技术手册和记录、访问专门项目专家等。由于面临的竞争越来越激烈，不少组织借鉴竞争对手的培训模式来制定适合自己工作发展的培训类型。

管理案例

南京远洋公司的培训机制

通常，企业为满足成长的需要，可以从内外两方面（即引进人才和内部培训）来丰富自己的人力资源构成。引进人才的渠道一般有两种：一是院校储备；二是市场招聘。由于全国所有重点海洋院校的优秀学生几乎被中国远洋集团以及中国海运集团所垄断；并且由于远洋运输行业的特殊性，市场中可供选择的高级专业人才十分缺乏。在人力资源开发过程中，“内部培训”扮演着相当重要的角色。南京远洋公司一直致力于将自身建设成为一个培训型组织，其良好的培训机制使员工素质得以迅速提升。南京远洋公司的培训机制呈现以下特点。

第一，科学的培训规划。在具体操作中，公司定期对人力资源状况进行全面清查，即进行人员需求预测和供给预测：通过供给预测，了解现有人力资源数量、质量、结构、预期可能出现的职位空缺、劳动市场状况、社会有关政策以及本单位在公众中的吸引力等；通过需求预测，了解产品市场需求、工作时间变化、技术与组织结构、劳动力的稳定性等。

第二，严格的费用控制。培训是一项投资，要花费大量资金。有效的培训应该是付出的代价小于培训给企业带来的总收益。在实际操作中，公司将培训费用分摊到部门，因为他们坚信，只有当部门承担培训费用时，各部门才会把最合适的员工送去培训，从而避免不必要的浪费。

5.3 培训设计和实施

明确培训需求以后，就可以制定培训的具体目标，为培训提供明确的方向和框架。有了目标，才能确定培训对象、内容、时间、教师、方法等具体内容，并可在培训之后，对照此目标进行效果评估。

培训方案是培训目标、培训内容、培训指导者、受训者、培训日期和时间、培训场所与设备以及培训方法的有机结合。培训需求分析是培训方案设计的指南，一份详尽的培训需求分析就大致勾画出培训方案的轮廓，在前面培训需求分析的基础上，下面就培训方案各组成要素进行具体分析。

一个完整的培训流程可用 PPAI 循环（见图 5 - 1）来概括：P - Plan，即培训计划；P - Practise，即培训实施；A - Appreciate，即培训评估；I - Improve，即培训改进。

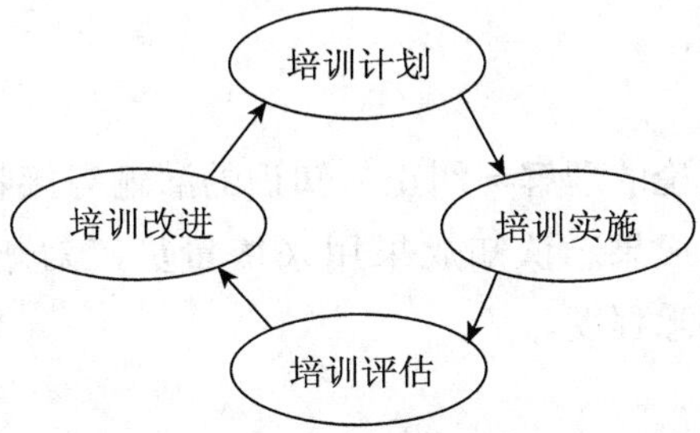

图 5－1 培训流程的 PPAI 循环

5.3.1 培训目标的确定

培训需求分析之后，就要为培训项目确定目标。

5.3.1.1 培训目标的含义

培训目标就是以描述受训者应该能做什么来作为培训结果，即简明扼要地确定培训活动的目的和结果。

5.3.1.2 确定培训目标的意义

培训目标是培训方案实施的导航灯，为培训方案提供明确的方向和依据。

有了明确的培训总体目标和各层次的具体目标，对于培训指导者来说，就确定了实施教学计划，积极为实现目的而教学；对于受训者来说，明了学习目的之所在，才能少走弯路，朝着既定的目标而不懈努力，才能达到事半功倍的效果。相反，如果目的不明确，则易造成指导者、受训者偏离培训的期望，造成人力、物力、时间和精力的浪费，提高了培训成本，从而可能导致培训的失败。培训目标与培训方案其他因素是有机结合的，有了建立在需求分析基础上的培训目标，才能为培训计划提供方向、指针、构架和信息输入，才能将对象、内容、时间方法、教师等要素有机结合，还能为衡量培训效果提供评估依据。

5.3.1.3 确定培训目标的原则

组织设置的培训目标必须是可实现的和可考核的。

1. 培训目标可实现

每次培训所能达成的目标都是有限的，因此，应抓住职位的“应有素质”与“现有素质”之间的差距，确立具体可行的总体目标以及具体目标，切忌过于宽泛而缺乏操作性。

2. 培训目标可考核

培训目标是进行培训效果评估的依据，所以必须保证每个目标都是可测量的。在设置培训目标时，对于能够定量计量的，制定合理的定量指标；对于不能定量计量的，按照重要性分等级，进行合理的定性描述。

5.3.1.4 培训目标的层次

组织的培训目标可以划分为若干层次，主要可分为知识传播、技能培养和态度转变三大类。培训目标所指向或预期的培训成果可以分成认知成果、技能成果、感情成果、绩效成果和投资回报率五个大类。

1. 传授知识

传授知识包括概念和理论的理解与纠正、知识的灌输与接收、认识的建立与改变等。

相关的培训成果是认知成果。认知成果用来衡量员工对培训内容中强调的原理、事实、技术、程序或过程的熟悉程度。

2. 技能培养

基层员工主要涉及具体的操作训练；高级管理者主要是思维活动和技巧的训练，如分析问题的能力、决策的能力、沟通能力、人际关系能力等。

相关的培训成果是技能成果。技能成果用来评价员工在技术或运动技能，以及行为方式上的提高程度，它包括员工对一定技能的学习获得，以及在实际工作过程中的应用两个方面。

3. 转变态度

态度的确立或转变涉及情感因素，所以在性质和方法上不同于单独的知识传授。

相关的培训成果是情感成果。情感成果用来衡量员工对培训项目的感情认识，以及包括个人态度、动机、忍耐力、价值观、顾客定位等在内的情感、心理因素的变化情况，这些因素往往影响或决定个人的行为意向。

4. 改善工作表现

指受训者经过培训后，在一定的工作环境下达到特定的工作绩效和行为表现。

相关的培训成果是绩效成果。绩效成果是用来衡量员工接受培训后对工作绩效的提高情况，绩效成果通常以受训员工的流动率、事故发生率、成本、产量、质量、顾客服务水平等指标的上升或下降来度量。

5. 实现组织目标

培训的结果应该有助于实现部门或组织的绩效目标。

相关的培训成果是投资回报率。投资回报率是指培训的货币受益与培训成本（包括直接成本和间接成本）的比较，它可以用来评价组织培训的效益。

5.3.2 培训计划的编制

5.3.2.1 培训计划的含义

培训计划是按照一定的逻辑顺序排列的记录，它是从组织的战略出发，在全面、客观的培训需求分析和培训目标确定的基础上做出的对培训时间（When）、培训地点（Where）、培训者（Who）、培训对象（Whom）、培训方式（How）和培训内容（What）等的预先系统设定。培训计划必须满足组织及员工两方面的需求，兼顾组织资源条件及员工素质基础，并充分考虑人才培养的超前性及培训结果的不确定性。

培训计划按不同的划分标准，有不同的分类。以培训计划的时间跨度为分类标志，可将培训计划分为长期、中期和短期培训计划三种类型。按计划的层次可分为组织培训计划、部门培训计划与培训管理计划。

管理案例

大连航运集团的培训计划

班别	培训对象及范围	学习形式	上课形式	办学形式	办学单位
新四证	新船员	脱产	集中面授	委托	中海客轮公司
B01、B02	船员	脱产	集中面授	委托	中海客轮公司
一条龙培训	高级船员	脱产	集中面授	委托	中海客轮公司
高级医护	船长、大副	脱产	集中面授	委托	中海客轮公司
GDSS	驾驶员	脱产	集中面授	委托	海事大学
雷达二小证	驾驶员	脱产	集中面授	委托	海事大学
适任证书	高级船员	脱产	集中面授	委托	海事大学
滚装培训	船员	脱产	集中面授	委托	中海公司
轮补电	轮机员	脱产	集中面授	委托	中海公司
法规	高级船员	脱产	集中面授	委托	港监
油轮证书	船员	脱产	集中面授	委托	大远
高速客船	船员	脱产	集中面授	委托	中海公司
水手适任证书	1998年以后船员	脱产	集中面授	委托	中海公司
机工适任证书	1998年以后船员	脱产	集中面授	委托	中海公司
SMS相关培训	船员	脱产	集中面授	自办	本公司培训中心
公约、法规	船员、管理人员	脱产	集中面授	自办	本公司培训中心
专业英语	高级船员	脱产	集中面授	自办	本公司培训中心
微机培训	高级船员	脱产	集中面授	自办	本公司培训中心
法律知识	船员	脱产	集中面授	自办	本公司培训中心
水手培训	普通船员	脱产	集中面授	自办	本公司培训中心
机工培训	普通船员	脱产	集中面授	自办	本公司培训中心
ISM培训	船员、新聘人员	脱产	集中面授	自办	本公司培训中心
网络培训	管理人员	脱产	讲座	自办	本公司培训中心
电器焊班	水手、机工	脱产	实际操作	自办	本公司培训中心
公文写作	管理人员	脱产	集中面授	自办	本公司培训中心
形势教育	管理人员	脱产	讲座	自办	本公司培训中心
积极分子培训	非党积极分子	脱产	集中面授	自办	本公司培训中心
政委培训	船舶政委	脱产	集中面授	自办	本公司培训中心

5.3.2.2 培训计划的主要内容

一个完整的培训计划应包含培训目的、培训对象、培训课程、培训形式、培训内容、培训讲师、培训时间、培训地点和设备、考评方式、调整方式、培训预算，以及培训出现问题时的调整方式等内容。

1. 培训目标

组织在进行培训之前一定要明确自己的培训目的，它是指导培训工作的基础，也是衡量培训工作效果的标准。每个培训项目都要有明确目标，为什么培训？要达到什么样的培训效果？怎样培训才有的放矢？培训目标要简洁，具有可操作性，最好能够衡量，这样就可以有效检查员工培训的效果，便于以后的培训评估。

2. 培训对象

哪些人是主要培训对象？这些人通常包括中高层管理员工、关键技术员工、营销员工，以及业务骨干等。确定了培训对象就可以对培训内容进行分组或分类，把同样水平的员工放在一组进行培训，这样可以避免培训浪费。比如说对于新员工，他们刚进入组织，不太了解组织的历史和组织文化，不了解组织的运行计划和远景规划，不了解组织的政策，不了解自己的岗位职责，不熟悉自己的上司、同僚及下属，必须对他们进行岗前培训；对于即将升迁的员工及转换工作岗位的员工，或者不能适应当前岗位的员工，他们的职能与既有的职务或预期的职务出现了差异，职务大于职能，对他们就需要进行在岗培训或脱产培训。

3. 培训课程

培训课程一定要遵循轻重缓急的原则，分为重点培训课程、常规培训课程和临时性培训课程三类。其中重点培训课程主要是针对整个组织的共性问题、未来发展大计进行的培训，或者是针对重点对象进行的培训。

例如，中海集团的安全培训。安全工作的“三个关键”（安全意识要到位、操作行为要规范、技术水平要过硬）都有赖于培训工作的加强。中海集团组织员工坚持不懈地学习国际海上公约、国家《安全生产法》和有关法规、企业安全管理体系，认真贯彻安全生产的方针和目标，落实各项安全管理规章制度，研讨安全理论，通过开展安全学习、安全知识竞赛，征集安全警句，严格安全检查、安全演习等方式营造高素质的安全文化氛围，提高船员的安全技能。

4. 培训形式

组织培训类型大体可以分为在职培训和脱产培训两大类。组织培训的方法有多种，如课堂教学法、演示法、案例法、讨论法、视听法、角色扮演法等，各种培训方法都有其自身的优缺点，为了提高培训质量，达到培训目的，往往需要各种方法配合起来，灵活使用。

比如，南京远洋公司的员工培训方式是多种多样的。企业定期对员工进行管理、计算机、英语等方面的教育培训；鼓励企业职工半脱产攻读 MBA 学位，或者进入研究生进修班学习；与南京周围的高校联合办学，对企业员工进行有针对性的在职培训。

5. 培训内容

培训计划中每一个培训项目的培训内容是什么。培训内容涉及管理实践、行业发展、组织规章制度、工作流程、专项业务、组织文化等课程。从员工上讲，中高层管理员工、技术员工的培训以外训、进修、交流参观等为主；而普通员工则以现场培训、在职辅导、实践练习更加有效。从层次上讲，培训内容包括知识培训、技能培训和素质培训三个层次。究竟选择哪个层次的培训内容，是由不同受训者的具体情况决定的。一般来说，管理者偏向于知识培训与素质培训，而一般职员则倾向于知识培训和技能培训，它最终是由受训者的职能与预期的职务之间的差异所决定的。

比如，中远船务工程集团有限公司规定每个进厂的员工每年至少接受100小时的专门安全教育时间，在员工进厂时必须接受48小时的厂级安全教育，实现专人专门场地的电化安全教育；在员工工作后，规定每周的星期二早上所有企业停产一小时专门进行安全教育，每天作业前按规定还要进行安全交底。

6. 培训讲师

讲师在培训中起到了举足轻重的作用，讲师分为外部讲师和内部讲师：内部讲师包括组织的领导、具备特殊知识和技能的员工；外部讲师是指专业培训人员、学校教师、公开研讨会或学术讲座上的发言人等。外部讲师和内部讲师各有优缺点，但比较之下，还是首推内部培训讲师。只有在组织业务确实繁忙，分不开人手时，或确实内部培训资源缺乏适当人选时，才可选择外部培训讲师。尽管如此，也要把外部讲师与内部讲师结合使用才为最佳。

7. 培训时间

培训时间包括培训执行的计划期或有效期、培训计划中每一个培训项目的实施时间，以及培训计划中每一个培训项目的课时等。培训计划的时间安排应具有前瞻性，时机选择要得当，以尽量不与日常的工作相冲突为原则，同时要兼顾学员的时间。通常情况下，有下列四种情况之一时就需要进行培训：第一，新员工加盟组织；第二，员工即将晋升或岗位轮换；第三，由于环境的改变，要求不断地培训老员工；第四，满足补救的需要。由于员工不具备工作所需要的基本技能，从而需要培训进行补救。在下面两种情况下，必须进行补救培训：第一，由于劳动力市场紧缺或行政干预，或其他各方面的原因，不得不招聘不符合要求的职员；第二，招聘时看起来似乎具备条件，但实际使用上其表现却不尽如人意。

8. 培训地点和设备

培训内容及培训方法决定着培训场所及设备。培训场所有教室、会议室、工作现场等，若以技能培训为内容，则决定了最适合的场所为工作现场，因为培训内容的具体性要求信息传授的具体性，而许多工作设备是无法推进教室或会议室的。培训设备则包括教材、笔记本、笔、模型，有的还需幻灯机、录像机等，不同的培训内容及培训方法最终确定了培训场所和设备。

9. 考评方式

采用笔试、面试还是操作，或是绩效评估等方式进行。

10. 调整方式

调整方式包括计划变更或调整的程序及权限范围。

11. 培训预算

培训预算包括整体计划地执行费用和每一个培训项目的执行或实施费用。预算方法很多，如根据销售收入或利润的百分比确定经费预算额，或根据公司人均经费预算额计算等。

比如，实行低成本战略的南京远洋公司非常注意进行严格的培训费用控制。在实际操作中，公司将培训费用分摊到部门，因为只有当部门承担培训费用时，各部门才会把最合适的员工送去培训，从而避免不必要的浪费。

管理案例

中国海运（集团）总公司人才培养培训计划

人才资源是第一资源，教育培训是百年大计，培训是提高企业竞争力的必然要求。为贯彻落实2012年中国海运集团工作会议精神，按照“百年中海、世界一流”的战略目标，围绕集团大力发展“航运、工业制造、物流码头金融”三大板块协调发展战略，制订了《中国海运（集团）总公司人才培养培训计划》，其中“集团千人计划”包括以下内容。

第一，计划用4年时间（到“十二五”末），重点培养造就、培训好1000名集团重要岗位上的国际化高级经营管理人才，包括：100名具有世界眼光、战略思维、市场开拓精神、管理创新能力的国际化企业领导人才；200名驻外干部和在国外知名大学学习深造过的具有海外资历的国际化人才；300名具有国际化视野、现代企业领导方法和领导艺术、现代管理理念、较强执行能力、较高管理水平的，能带领队伍开拓市场、能打硬仗的一线企业厂长经理书记；400名总部机关处级干部和直属企业部室负责人，培养成具有国际化思维、战略规划、资本运作能力，精通航运、工业制造、物流码头金融、财会、法律等知识的国际化专业技术管理人才。

第二，重点培养造就、培训好1000名现代化、大型化、全球航行的船舶“三长”，包括400名船长、400名轮机长、200名政委。

管理案例

华中航运集团设立华航商学院

华中航运集团每年投入大量的资金对不同层次干部员工进行培训，并成立了华航商学院，采取“军队＋家庭＋学校”的模式，用军队的方式来管理企业，用家庭的方式关心职工，用学校的方式培养员工，员工整体素质得到极大的提高。开办的武汉物流企业中首家商学院，主要针对35岁以下的年轻人进行综合素质培训，老师主要是公司内部高管，也从外面聘请专家、教授，授课方式灵活。公司领导说：“公司每个星期五要组织专业知识讲座，包括法律、商务、保险理赔、现场发货、工作流程等。”此外，商学院还安排了国学课。如此多的富有创新性的育人方式，实在让各界人士叹为观止。

5.3.3 培训活动的实施

在培训计划确定以后，培训机构的主要任务是合理地组织培训实施工作。所谓培训实施，就是根据已确定的教育培训计划和组织的突发性培训需求，着手课程的设计、培训讲师的确定、培训场地的准备、相关辅助材料及开课等组织工作。培训实施的流程如图 5－2 所示。

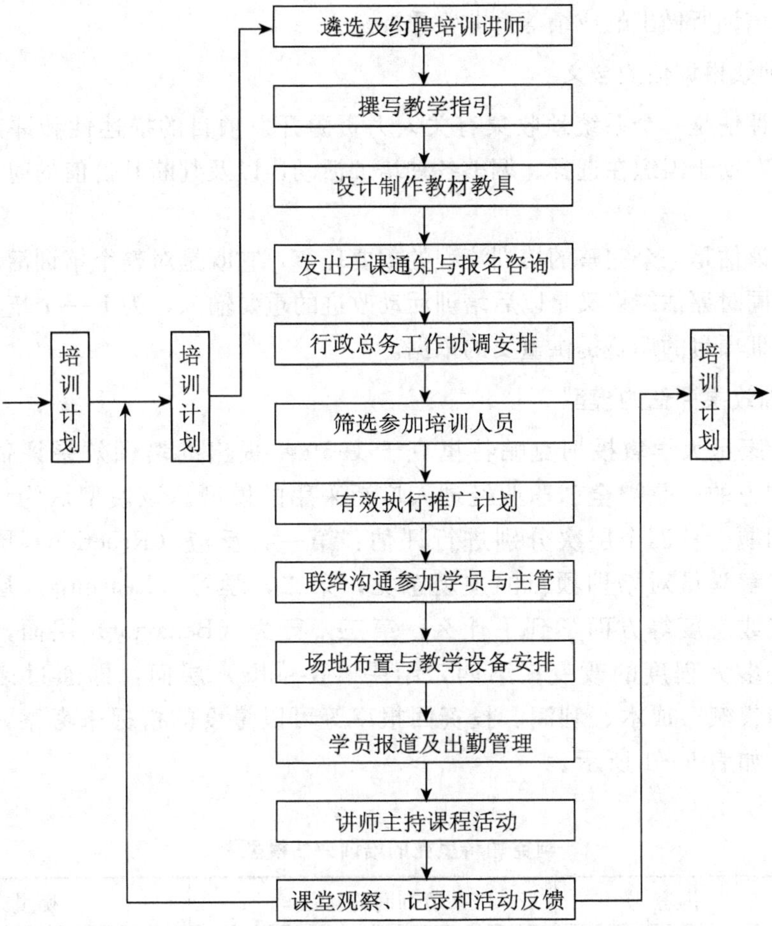

图 5－2 培训实施流程

5.4 培训效果评估和培训成果转化

有效的评估机制是培训课程实施取得预期效果的坚强保障，有利于培训目标的达成和培训事业的发展。同时，只有及时地把培训成果转化到员工实际工作中去，才能真正实现培训的目标。

5.4.1 培训效果的评估

在培训体系的PPAI循环中，培训评估环节（Appreciate）是提高培训体系有效性的基础工作。一方面培训评估的结果是人力资源部门向上级汇报的重要资料之一，让组织管理层和业务管理者认识到培训能帮助业务部门产生绩效，是培训获得重视、认可、支持的重要方式；另一方面，科学的培训评估对于了解培训投资的效果，界定培训对组织的贡献，证明员工培训所做出的成绩等都非常重要。

5.4.1.1 培训效果评估的含义

培训效果评估是一个系统地收集有关人力资源开发项目的描述性和评判性信息的过程，其目的是有助于组织在选择、调整各种培训活动，以及判断其价值的时候做出更明智的决策。

培训效果评估是一个完整的培训流程的重要环节，它既是对整个培训活动实施成效的评价和总结，同时评估结果又是以后培训活动改进的重要输入，为下一个培训活动培训需求的确定和培训项目的调整提供重要的依据。

5.4.1.2 培训效果评估的模型

美国威斯康星大学教授柯克帕特里克于1959年提出的培训效果评估的四层次模型是最有影响力的，是被全球职业经理人广泛采用的模型。该模型认为评估必须回答四个方面的问题，从四个层次分别进行评估：第一，反应（Reaction）层面，即课程刚结束时，了解学员对培训项目的主观感觉；第二，学习（Learning）层面，即学员在知识、技能或态度等方面学到了什么；第三，行为（Behavior）层面，即学员的工作行为方式有多大程度的改变；第四，结果（Results）层面，即通过诸如质量、数量、安全、销售额、成本、利润、投资回报率等可以量度的指标来考察，看最终产生了什么结果，如表5－1所示。

表5－1　　柯克帕特里克的培训评估模型①

评估层次	内容	可询问的问题	衡量方法
反应层面	观察学员的反应	·学员喜欢该培训课程吗？ ·课程对自身有用吗？ ·对培训师及培训设施等有何意见？ ·课堂反应是否积极主动？	问卷、评估调查表填写、面谈观察、综合座谈

①青云.《如何衡量培训效果》[J].科技与企业，2004（1）：82－83.

续 表

评估层次	内容	可询问的问题	衡量方法
学习层面	检查学员的学习结果	·学员在培训项目中学到了什么？ ·培训前后，学员知识、技能等方面有多大程度的提高？	提问、笔试法、口试法、模拟练习与演示、角色扮演、演讲、心得报告、案例研究、文章发表
行为层面	衡量培训前后的工作表现	·学员在学习基础上有无改变行为？ ·学员在工作中是否用到培训所学的知识、技能？	问卷调查、行为观察、访谈法、绩效评估、管理能力评鉴、任务项目法、360 度评估
结果层面	衡量公司经营业绩变化	·行为改变多组织的影响是否积极？ ·组织是否因培训而经营得更好？	考察事故率、生产率、流动率、士气、客户与市场调查、360 度满意度调查

1. *反应层面*

反应评估是指参与者对培训项目的评价，如培训材料、培训师、设备、方法等。受训者反应是培训设计需要考虑的重要因素。

这个层面的评估易于进行，是最基本、最普遍的评估方式。但它的缺点显而易见，比如，因为对老师有好感而给课程全部高分；或者因为对某个因素不满而全盘否定课程。

以下解决办法值得尝试，比如：强调评价的目的，请求大家配合；鼓励大家写意见、建议；与历史数据或其他公司数据比较；对大公司来讲，在全面铺开某个课程之前先试讲；结合使用问卷、面谈、座谈等方式；不同主题的课一起开时，要及时反馈，马上填问卷等。

2. *学习层面*

学习评估是测量原理、事实、技术和技能获取的程度。评估方法包括纸笔测试、技能练习与工作模拟等。

这个层面评估的优点有：对培训学员有压力，使他们更认真地学习；对培训讲师也是一种压力，使他们更负责、更精心地准备课程和讲课；学习是行为改善的第一步。

但问题在于，压力是好事也可能是坏事，有可能使报名不太踊跃。再者，这些测试方法的可靠度和可信度有多大？测试方法的难度是否合适？对工作行为转变来说并非最好的参考指标。

3. *行为层面*

行为评估是测量在培训项目中所学习的技能和知识的转化程度，受训者的工作行为有没有得到改善。这方面的评估可以通过参与者的上级、下属、同事和参与者本人对接受培训前后的行为变化进行评价。

这个层面的评估的好处是：培训的目的就是改变学员的行为，因此这个层面的评估可以直接反映课程的效果；可以使高层领导和直接主管看到培训的效果，使他们更支持培训。

但是，这个层面的评估要花很多时间、精力，人力资源部门可能忙不过来；问卷的设计非常重要却比较难做；因为要占用相关人员较多时间，各方面可能不太配合；员工的表现多因多果，如何剔除其他因素的影响也是一个问题。

4. 结果层面

结果评估是在组织层面上绩效是否改善的评估，如节省成本、工作结果改变和质量改变。

这种评估方式的优点显而易见，因为组织及组织高层主管在培训上投资的根本目的就是为了提高这些指标。如果能在这个层面上拿出详实的、令人信服的调查数据，不但可以打消高层主管投资于培训的疑虑心理，而且可以指导培训课程计划，把有限的培训费用用到最可以为组织创造经济效益的课程上来。

但是，与其他事情一样，最令人向往的事往往最难做到。这个层面的评估首先需要时间，在短期内是很难有结果的；其次，对这个层面的评估，人们才刚刚开始尝试，缺乏必要的技术和经验；再次，必须取得管理层的合作，否则你就无法拿到相关的数字；最后，多因多果，简单的对比数字意义不大，你必须分辨哪些结果与你要评估的课程有关系，在多大程度上有关系。

5.4.1.3 培训效果评估的流程

培训效果评估的流程包括以下几个方面（见图 5-3）。

1. 整理学员出勤情况

统计出席人员及原因，分析参加者的成绩并通知其主管，对完成课程学员的资料建档。

2. 分析课程评估表

对讲师及学员的评估意见加以分析，一方面给予讲师回馈建议，另一方面作为课程设计的改进参考。

3. 撰写课程实施报告

对于课程的规划、执行方面所发生的状况，进行整合性的分析与检讨，提出综合报告。

4. 培训后访查学员

在培训结束后两周内，抽样访查参加学员，追踪其对参加培训的印象及可应用程度。

5. 学员绩效评估

在训练后一周内，整理出课程精华摘要，通知各学员的直属主管，以利于主管对学员受训后的应用跟踪。

6. 召开课程检讨会议

针对课程规划、执行及追踪相关人员的意见统计做全盘检讨，以利于行动展开及以后改善。

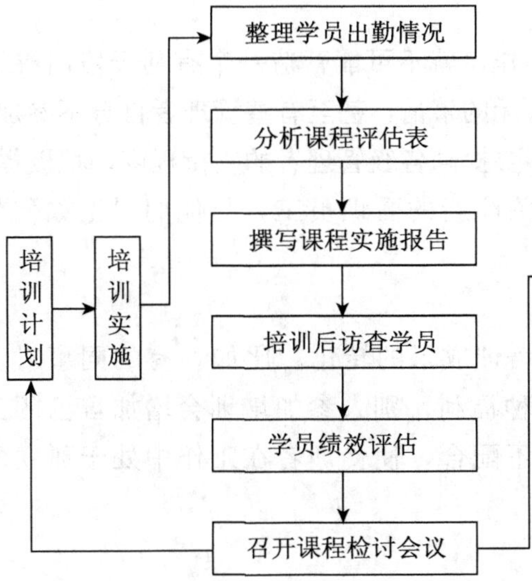

图 5-3 培训评估流程

5.4.2 培训效果的转化

2001 年，美国企业投入了约 1000 亿美元的培训费用，但是培训成果的转换率只有 10％～20％，也就是说大约 800 亿美元都没有发挥真正的作用。百分之十几和八百亿元的浪费，有多少组织的培训主管还会认同培训是所有投资中风险最小、收益最大的战略性投资？恐怕极少。

通过培训获得的新知识、技能、行为或态度等如果没有或不能迁移（转化）到工作中去或在一定时间里不能维持，培训的价值就是很小的，培训的投资回报率也是很低的，所以培训转化在组织的人力资源开发中处于非常重要的地位。

5.4.2.1 培训成果转化的含义

培训成果转化，又称培训成果迁移（转移），指受训者将在培训中所学到的知识、技能和行为应用到实际工作当中的过程。

培训的根本目的是学以致用，切实提高员工的工作技能。无论组织采用什么样的培训方法与手段，受训者在获得知识技能、理念上的进步之后，要巩固培训效果，必须通过运用实践才能有效且持续地将所学到的知识、技能、能力等运用于生产、管理、研发工作中。而组织就应建立相应的机制来对这种转化过程进行跟进和强化。

5.4.2.2 培训成果转化的影响因素

有关培训的研究表明，一般的培训仅产生 10％～20％的转化率，即 80％～90％的培训资源和成果被浪费了，这是任何一个高绩效组织都无法容忍的浪费。因此，培训后返回岗位，员工需要一个能够促进培训成果转化的环境，组织要激励员工学以致用。然而在现实的工作环境中，存在着诸多阻碍员工进行培训成果转化的因素，主要包括以下内容。

1. 管理者不支持

如果管理者不支持培训工作，就不可能营造一个有利于培训成果转化的环境。有时，管理者认为培训是一件可有可无的事情，甚至有些管理者自身不参加培训，也就根本不知道应提倡员工做什么。因此，要提高各级管理者的支持程度，积极提倡将培训运用到工作中并奖励运用得好的员工，关注新的受训员工，与他们讨论如何将培训成果运用到工作中。

2. 同事不支持

同事的不支持也会影响培训成果的转化。比如，有的同事对受训者抱着排斥的态度，认为别人培训是享受一种福利，别人参加培训会增加自己的工作量等，因此对受训者返回工作岗位后的工作不配合，使受训者在工作中处于孤立的地位，降低了培训成果的转化。

3. 自我管理能力薄弱

受训者自我管理能力薄弱，不善于将培训过程中学得的知识、技能转化到实际工作中。

4. 运用所学知识的机会缺乏

工作本身的限制，如工作中经常面临时间紧迫、资金短缺、设备匮乏等现象，让受训员工难以应用新的技能等。受训员工经常学了就忘，培训对工作帮助不大，培训没有与激励、反馈机制挂钩，所有这些都让大家对培训感到失望。

5. 技术不配套

有时，受训者在培训中掌握了新的知识和技能，然而组织机器、设备的水平没有相应地提高，受训者学到的知识和技能没有用武之地，也就难以转化培训成果。

6. 制度不健全

要促使培训成果转化为生产力，还必须制定一系列制度与措施，把培训与考核相结合，培训与使用相结合，培训与工作报酬相结合，培训与员工职业生涯相结合。

5.4.2.3 培训成果转化的改进设想

就培训转化来说，很多人都接受美国的管理学者雷蒙德·诺埃（Raymond A. Noe）提出培训转化模型（图略）。根据此模型，要提高培训的转化率可以有适应性培训转化（如培训项目的设计和工作环境）和刺激转化（如受训者的动机和能力）这两种方法。在以往的经验中，人们往往关注培训与当前环境的适应和转化环境的创造，很少从人的角度考虑转化的问题，将转化看作受训者个人的一种本能行为，而实际情况常常由于个体的差异，培训转化的效果千差万别。为什么人们在其他管理活动中充分考虑到这种差异而在培训转化中不去考虑或者说对这种差异视而不见呢？

人们不应该因为个人差异的存在就去接受转化效率的差异，应该通过合理的激励措施去提高培训成果转化的效率。有人的地方就需要激励，激励在刺激受训者转化动机上将发挥重要的作用，这是培训转化的内在动力。

培训本身就是一种激励，杰克·韦尔奇说过“我要让最好的人才聚集到这里（克罗顿维尔—GE 的培训中心)，而不是让那些已疲惫不堪的人到这里讨取最后一次奖赏”。培训是组织对受训者个人的一种开发，是组织对受训者的重视和尊重。但是培训这种激励正在逐渐由以往的激励因素向保健因素转变（F. Herzberg“双因素理论”），对组织的作用更多地表现为增加了员工的忠诚度、减少了不满意感，对培训成果的转化并没有直接的作用，所以不管任何形式的培训，培训成果转化中的激励都是非常必要的。

培训转化分为两个步骤：个人转化和组织转化。个人转化是指培训内容转化为个人的知识和观念，即外显知识内隐化、组织知识个人化；组织转化是指个人将所学到的知识和观念应用于培训所期望的提高组织业绩或组织目标的活动中，即将个人内隐知识外显出来的过程。一般来说第一步转化干扰因素较少，员工个人的积极性较高，所以转化效率较高；但是对于第二步转化，由于复杂的组织环境以及各种各样难以控制的干扰因素，加之员工的动力不足，转化率非常低，需要在这个过程中发挥激励的引导作用，这是培训转化中激励作用的重点。

总之，培训成果转化中的激励是使受训人产生主动学习并主动将所学应用于工作之中从而提高个人能力和组织业绩的动机。有动机才有动力，才有较强的转化力和自我管理能力，这些都是决定转化的重要因素。

思考题

1. 简述培训的含义和作用。
2. 物流企业培训有哪些内容?
3. 论述培训的类型和基本方式有哪些？其优缺点如何?
4. 论述培训中常见的问题，并提出改进的设想。
5. 简述培训需求分析的三个层次。
6. 简述培训目标设置的含义、意义、原则和层次。
7. 论述培训计划编制的含义和主要内容。
8. 简述培训活动实施的流程。
9. 论述培训效果评估的主要内容。
10. 试用激励理论探讨如何提高培训成果的转化率。

案例分析

神华中海航运的员工培训案例

神华中海航运有限公司是中国神华能源股份有限公司和中海发展股份有限公司出资组建的合资公司，始建于 2012 年 9 月，原名为“珠海新世纪航运有限公司”，2010 年 3 月重组更名为“神华中海航运有限公司”，纳入神华集团板块管理和矿、电、路、港、航一体化运营管理。

公司主要承担着神华控股沿海电厂、煤炭应急储备基地、神华煤炭进出口、神华到岸贸易煤炭运输的沿海、沿江、国际航运。根据公司战略发展和人力资源总体规划需要，遵循“五湖四海纳人才，不拘一格降人才，人人是才，人尽其才”的人才发展战略理念，加快培养航运企业急需的经营管理型、专业技术型及复合型人才，努力创造用事业造就人才、用环境凝聚人才、用机制激励人才、用制度保障人才的良好环境，使专业技术人才干事有宽阔的舞台，发展有足够的空间，逐步形成一支数量适中、结构合理、学习创新、能力较强，能够引领和支撑神华中海航运有限公司迈向国际一流航运企业的人才队伍。公司“十二五”期间人才建设的重点任务是：解决人才缺口、提升人才专业素质、优化人才年龄结构、创新人才选用机制。

2011 年上半年世界干散货运输市场的运价大幅下滑，首要因素是干散货运输船队呈现增长态势，供过于求的运力投放导致干散货运输市场的航线运价不容乐观。在如此严峻的市场形势下，神华中海航运有限公司毅然决定派遣公司 15 名职工前往江苏省江阴市中船澄西船厂进行为期半年的培训。在目前公司人手不充裕的情况下，公司领导们仍做出如此决定，体现了公司领导们对职工的关怀与培养，也体现了公司对人才（核心竞争力）的重视。在航运市场不景气的形势下，公司领导们审时度势，意识到要想让公司在如此形势下实现更好更快地健康长远发展，离不开源源不断的高素质、专业性强的人才的支撑。

人力资源部作为公司不可或缺的部门之一，是公司重要的职能管理部门，负责制定公司人力资源战略规划和进行日常组织管理等工作，主要承担公司包括员工招聘、考察考核、培训，以及干部任免调配等在内的组织人事工作和包括薪酬福利、劳动用工、社会保险和离退休人员管理服务等在内的劳动保障工作。自 2010 年 5 月公司组建至今，为适应公司跨越式发展需要，人力资源部全体员工不断改革和创新体制机制，在基础弱、人手少、任务重的情况下，出色完成公司人才招聘、人员培训和各级各类劳动保障任务，荣获 2011 年公司民主测评综合排名第一的优异成绩，公司人才队伍建设显著增强。

人力资源部本着用好现有人才、引进急需人才和培养后备人才的原则，扎实推进中长期人才发展规划，进一步深化内部人事、收入分配和社会保障制度改革，加大人才培养和引进力度，建设和谐部门文化，为公司可持续发展付出的努力和心血有目共睹。人力资源部员工培训方面的具体工作如下：一是完成了对大连海事大学、上海海事大学的调研工作，并就船员联合培养与继续教育、管理人员在职培训、专业人员工程硕士培训、校企联合科研合作、人才使用等方面进行了深入交流，为将两所大学建成公司两个培训基地奠定了基础；二是与海事大学合作，成功组织开展了为期 3～5 年的工程硕士班的培训工作，共组织了 26 名员工参加学习，其中公司员工 23 人。为了保证学习成效，达到“学以致用”的目的，针对公司业务需求，实现了工程硕士班具体课程的定制要求，增加了多门与公司业务密切相关的课程；三是完成了驻澄西、江都船厂培训班的组织实施工作，充分利用公司船舶建造有利时机，让员工亲临船舶建造现场，学习船舶建造以及航运管理的专业知识，公司先后有 40 人参与培训，培训成效显著。在每期长达 6 个月的驻厂培训实践过程中，人力资源部克服人手少、工作量大的困难，定期派人驻扎培训现场，监督培训质量，巡查培训情况，制定培训人员管理办法；四是完成了各部门新进入普通岗位员工行政能力的测试工作，了解了该部分员工的能力现状，为公司下一步制订员工培训计划，提供个性化的培训项目提供了依据。

同时，人力资源部注重员工培训和部门文化建设，一是建立内部定期培训制度，让内部员工结合本岗位工作及专题定期讲课，快速提高自身专业能力；二是建立内部轮岗及A、B岗位制度，减少岗位对个别人的依赖性；三是强制部门人员参加人力资源管理师等专业培训班培训，2年内要求持证上岗。在部门经理的带动下，人力资源部形成了“做人要大气、做事要正气、对待同事要和气、对待工作要下力气”的良好部门文化氛围。

结合案例思考以下问题：

(1) 神华中海航运公司采用了哪些培训类型？这种培训有什么优点？

(2) 神华中海航运公司对员工的培训能否提升公司的核心竞争力？为什么？

(3) 神华中海航运公司对员工的培训给我们什么启示？

6 物流企业的绩效管理

学习目标

- 了解绩效管理的内涵及其作用。
- 了解绩效管理的系统构成。
- 了解绩效考核和绩效管理的区别。
- 掌握绩效评估的主要方法。
- 理解绩效管理与绩效评估的关系。
- 掌握绩效评估结果的应用。
- 了解绩效管理体系的建立过程。
- 掌握现代物流企业绩效评价框架。
- 掌握物流企业运输活动和仓储活动绩效评价量化指标体系设计。

引导案例

绩效管理失灵，企业发展受阻

Y公司是一家位于南方某省会城市的汽车物流企业，主要业务是提供国产和进口汽车配件的批发和零售服务。公司成立于1996年，经过十多年的发展已经成为华南地区知名的汽车物流企业。但是随着公司的不断发展，企业业务规模不断扩大，人员不断增加，经营管理方面的问题也越来越多，比如，员工素质低导致工作中失误较多，经常出现货品型号或数量错误；库存管理混乱，自己也不知道到底有多少货；采购与入库脱节，采购配件的入库标准存在很大差别……大量的工作失误和错误给公司造成了不小的损失，业务量越大，面临的风险就越大。但是公司的绩效考核措施对于这些损失却起不到什么作用。

目前，Y公司对员工的绩效考核包括三个部分：一是每年年底由各个部门经理和总经理组成一个评价小组，对公司基层员工进行打分评价，评价的指标就是考勤、积极性、团结同事、责任心等几个方面，标准比较模糊，完全是主观评价，评价结果好的部分员工可以获得加薪；二是每年年底全体员工投票选出优秀员工，给予奖励；三是对于公司经理层由董事长根据每年业绩进行主观评价，评价结果体现在保密发放的红包上。

尽管多年的商场历练让董事长的商业感觉在同行业企业家中出类拔萃，但是面对公司目前这种纷乱如麻的管理现状他也感觉筋疲力尽。虽然在行业中该公司的规模已经跨入前列，但还远远不能让董事长满意，他的理想是通过对汽车配件行业多系列产品的扩展、地域的扩张，以及纵向产业链上的扩张，以及不断地降低成本和产品价格来扩大规模，进而取得竞争优势，将公司做大做强，可现在连目前这样一个公司还管不好，企业又谈何做大做强呢？

看过Y公司高层的自我反省，不禁要问：真是绩效犯的错？或许很多人不会同意这个观点，因为几乎所有的组织都在实行绩效考核，很多的组织都是成功的；但是另一面也不得不承认，有过“绩效之痛”的组织也绝不仅仅是Y公司一家。现在一部分管理者在反思绩效管理，一方面绩效管理脱胎于工业生产时代，而现在组织内部大多是知识员工，管理产业工人的绩效管理要怎么才能适应知识员工？另一方面，绩效管理本身存在缺陷，比如不能全面反映员工工作情况、对文化的破坏、影响沟通等，用什么方法才能弥补这些问题？

随着经济全球化和信息时代的到来，世界各国组织都面临着越来越激烈的国内和国际市场竞争。为了提高自己的竞争能力和适应能力，许多组织都在探索提高生产力和改善组织绩效的有效途径，组织结构调整、组织裁员、组织扁平化、组织分散化成为当代组织变革的主流趋势。尽管上述的组织结构调整措施能够减少成本，也能从一定程度上改善绩效，但是，如果缺少客观的评价体系，那么它们只能达到一个短期激励的效果，即在一定时期内虽然能够提高员工个人绩效，但不能够从根本上改善企业的整体绩效。要想实现员工个人绩效与组织整体绩效的协调一致，就必须建立一个有效的评价绩效和界定绩效的绩效管理体系，即“绩效管理”。

6.1 绩效管理概述

6.1.1 绩效的内涵

绩效是在企业中一个常常被挂在嘴边的词，一个所有组织都在关心的话题。企业的人力资源管理部门对绩效的管理成了工作中的重点。现在许多的企业将企业的绩效管理认为就是绩效考核。那么，什么是绩效？如何对绩效进行管理？采用什么样的方法实施呢？

6.1.1.1 绩效的含义

对于绩效的理解，学者们的观点不一，概括起来，主要包括三种观点：第一种是把绩效看作结果；第二种则把绩效看作个体行为；第三种把绩效看作素质。

1. 把绩效看作结果的观点

以伯纳丁（Bernadin，1995）为代表，观点主要有：

（1）绩效应该定义为工作的结果，因为这些工作结果与组织的战略目标、顾客满意度及所投资金的关系密切；

（2）绩效是在特定的时间里，由特定的工作职能或活动产生的产出记录。

2. 把绩效看作个体行为的观点

反对把绩效看作结果的观点的学者认为，绩效结果受多种因素的影响，有些与工作无关的因素也可能产生员工的工作结果；而且有些岗位由于工作性质的限制，很难将结果作为衡量员工工作绩效的标准；对绩效结果的过分追求忽略了过程和行为。

为此，坎贝尔（Campbell，1990）指出，绩效是行为，应该与结果区分开，因为结果会受系统因素的影响。他在1993年提出，绩效是行为的同义词，它是人们实际的并能观察到的行为表现。

在坎贝尔的基础上，另一些学者伯曼（Borman&Motowidlo，1993）提出了绩效的二维模型，认为行为绩效包括任务绩效和关联绩效两个方面。任务绩效指所规定的行为或与特定的工作熟练有关的行为，是正式定义的工作的各个方面；关联绩效指自发的行为或与非特定的工作熟练有关的行为，属于超职责行为。任务绩效与关联绩效的提出更加符合社会发展与管理发展的现实，也为传统的考核结果的方法增加了新的内容，即考核行为的方法，如关键事件法、行为锚定法等。

3. 把绩效看作素质的观点

这一观点在伯姆瑞（Brumbrach，1988）的定义中得到了很好的体现，即“绩效指行为和结果。行为由从事工作的人表现出来，将工作任务付诸实施，行为不仅仅是结果的工具，行为本身也是结果，是为完成工作任务所付出的脑力和体力的结果，并且能与结果分开进行判断”。该观点强调员工潜能与绩效的关系，不再认为绩效是对历史的反映，而更关注员工素质，关注未来发展。对绩效概念的这一认识，实际上已将个人潜力、个人素质纳入了绩效评价的范畴。

事实上，关于绩效各种观点的发展，反映出人们对绩效认识不断深化的过程。综合各种观点可以看出，绩效是一个多义的概念，在不同情景下有不同的解释和侧重。将上述观点结合起来，本书对绩效做如下定义：绩效是员工在一定时期内以个人知识、技能等的投入，通过某种方式、方法实现某种结果的过程。

6.1.1.2 绩效的性质

根据绩效的定义，可以概括出绩效具有如下性质。

1. 多因性

绩效的多因性是指员工绩效的好坏并不仅仅取决于单一因素，而是要受到员工个人以及工作环境、社会环境等多种因素的影响。这些因素共同作用于绩效，只是在不同的时间、不同的情境下某一种或某几种因素起着决定作用的，表面上容易表现出单一性。这就要求人们在研究绩效问题时，要抓住目前影响绩效的众多因素中的关键因素，这样才能更有效地对绩效进行管理。

2. 多维性

绩效的多维性是指要从多个角度或方面去分析与评估绩效。例如考察生产线上工人的绩效，不仅要看产量，而且要综合考虑产品质量、原材料消耗、出勤情况、团队意识、服从意识、纪律意识等，通过综合评价得出最终结论。通常，在进行绩效评估时要综合考虑员工的工作能力、工作态度和工作业绩三个维度，只是根据不同的评估目的，在选择不同维度的评价标准和评价指标体系时其权重可能有所不同。因此，在设计绩效评估指标体系时，往往要根据组织战略、文化以及岗位特征等方面的情况设计出一个由多维度评价指标、不同权重组成的评价指标体系。

3. 动态性

绩效的动态性是指员工的绩效会随着时间的推移而发生变化，即绩效的好坏并不固定，原来较差的绩效有可能变好，原来较好的绩效也可能变差。绩效的这一特点要求我们在绩效管理中做到不要以一成不变的思维来看待绩效，要充分考虑到绩效的动态性，用发展的眼光和思维来掌握员工的绩效情况。

6.1.1.3 绩效考核的含义

绩效考核是指考评主体对照工作目标或绩效目标，采用科学的考评方法，评定员工的工作任务完成情况，员工的工作职责履行程度和员工的发展情况，并且将评定结果反馈给员工的过程。绩效考核的方法很多，而且分类的方式也很多。从实用的角度出发，我们可以分为以下几类：

一是系统的考核方法；

二是衡量关键职务职责的考核方法；

三是对绩效形成控制的考核方法；

四是对人员能力与素质的考核方法。

6.1.2 绩效管理的内涵

1. 绩效管理的含义

绩效管理这一概念的提出始于20世纪70年代后期，随着人力资源管理的发展逐步得到人们的重视，对绩效管理概念的定义也经历了一个逐步完善的过程。历史上人们对绩效管理的定义主要包括以下三种观点：①绩效管理是管理组织绩效的系统；②绩效管理是管理员工绩效的系统；③绩效管理是管理组织绩效和员工绩效的综合系统。

在人们对绩效管理的概念认识不断完善的基础上，本书更倾向于同意董克用教授在《人力资源管理》(2005) 一书中所提出的观点，即绩效管理是指制定员工的绩效目标并收集与绩效有关的信息，定期对员工的绩效目标完成情况做出评价和反馈，以改善员工工作绩效，并最终提高企业整体绩效的制度化过程。在理解绩效管理的含义时，还应注意，绩效管理是针对组织的整个战略目标而对员工进行的管理工作，因此，绩效管理具有重要的战略意义。

一个优秀组织的绩效管理应该具有什么样的特点呢？对世界500强企业及其他优秀企业大量研究的资料显示，这些全球最优秀的公司，他们的绩效管理都具有相同的五个要素，即明确一致且令人鼓舞的战略；进取性强又可衡量的目标；与目标相适应的高效组织结构；透明而有效的绩效沟通和绩效评价；迅速而广泛的绩效成绩应用。这五个基本要素对任何一个优秀组织的绩效管理来讲，都是不可或缺的，缺少其中任何一个要素，都不是真正意义上的完整绩效管理。

2. 绩效管理与评估

绩效评估和绩效管理是在人力资源管理实践中经常被混淆使用的两个概念。绩效评估是指根据人力资源管理的需要，运用相应的制度和系统化的方法，考评员工在一定考评周期内对规定职责的履行程度，并评价其工作业绩的过程。

绩效管理是人力资源管理的核心内容，绩效评估是绩效管理的关键环节。绩效管理与绩效评估是密切相关的，但两者并不能画等号。绩效管理是在传统的绩效评估基础上的延伸和发展，是一个包括计划、实施、评估、反馈等环节的完整的系统；而绩效评估只是绩效管理的一个环节。绩效管理是一个管理者和员工之间持续双向沟通的过程，最终通过提高员工的绩效来实现组织的战略目标；而绩效评估只是对员工在考评期内工作的总结和评价。

因此，在具体的管理工作中，不能简单地认为绩效管理就是绩效评估。与绩效评估相比，绩效管理更注重对员工潜力的培养，更利于领导者与员工之间协作关系的建立。如果只注重评估结果，而忽视计划、实施、反馈等环节，必然会偏离进行绩效管理的初衷。有效的绩效评估依赖于整个绩效管理过程的成功开展。

3. 绩效管理与绩效考核的区别

实际上绩效考核是企业绩效管理过程中的一个环节，不能以绩效考核来代替绩效管理。而现在的许多企业却将这个环节看成为企业的绩效管理。同时，也作为对企业员工的绩效进行管理的应用。

从绩效考核和绩效管理的概念来分析，绩效考核更多的是事后结果的考核，总结事态发生后对历史的问题进行评定。而绩效管理更多的是对事态的事前计划、事中管理和事后考核所形成的三位一体的系统。绩效管理是为了达成组织的目标，通过持续开发的沟通过程，形成组织目标所预期的利益和产出，并推动团队和个人做出有利于目标达成的行为。而绩效考核是一套完整的、正式的、结构化的制度，用来衡量、评价并影响与员工工作有关的特性、行为和结果。

因此，绩效考核是绩效管理的重要一部分，是绩效管理不可分离的一项重要工作。绩效管理的成败是靠绩效考核来支撑的。但是，绩效考核与绩效管理并不是等价的。绩效管理是人力资源管理体系中的核心内容，而绩效考核只是绩效管理中的关键环节，两者区别如下。

（1）绩效管理是一个系统工程，而绩效考核只是这个系统中的一部分。

（2）绩效管理是一个过程，注重过程管理，而绩效考核是一个阶段性的总结。

（3）绩效管理具有前瞻性，能够帮助企业和管理者前瞻性地看待问题，有效规划企业和员工的未来发展，绩效考核则是回顾过去一个阶段的成果，不具备前瞻性。

（4）绩效管理注重能力的培养，绩效考核注重成绩的大小。

（5）绩效管理有监督和控制的手段和方法，绩效考核只是提取绩效信息的一个手段。

（6）绩效管理能建立管理者与员工之间的绩效合作伙伴的关系，绩效考核则使管理者与员工站在对立面，距离越来越远，甚至会制造出紧张的气氛和关系。

通过我们对绩效考核与绩效管理的对比，可以看出，绩效管理对组织的持续发展具有重要的意义，绩效管理更多的是与企业的发展战略相联系。因此，绩效管理是组织在管理系统中不可缺少的管理工具和手段，是企业提高核心竞争力的绩效管理系统。

6.1.3　绩效管理的作用

绩效管理，作为人力资源管理的一个职能，为各项人事决策提供了客观依据，是人力资源管理不可缺少的一个环节。无论从组织的角度还是从管理者和员工的角度，有效的绩效管理会给管理工作带来益处。

1. 绩效管理对组织的作用

面对越来越大的竞争压力，组织必然将战略目标迅速转化为行动，将有限的资源进行合理配置，不断提升获利能力。绩效管理为组织战略贯彻落实提供了有效途径，绩效目标通过上级与下级之间的绩效目标协议，可以实现有效的工作授权，将组织目标切实地分解到各个部门和岗位；通过日常工作中上级对下级提供有效的工作指导（这对一些新加入组织的员工尤其重要），组织可以有效地了解目标的达成情况，可以及时发现目标实施过程中的问题，找出工作的优点、差距，有效确定改进方向和改进措施，将考核结果作为人员调配和人员培训的客观依据。具体来说，绩效管理为组织的工作带来的益处如下。

（1）将组织战略转化成实际的定量目标与定性目标，管理报告更完整、更清楚地反映重要经营活动。

（2）组织战略能够根据外部环境变化，迅速调整并反映到员工的任务绩效中，很快得以实施。

（3）有效的绩效管理程序具有预警功能，一旦发现潜在的问题即发出信号，避免重大问题的发生。

（4）学习型组织的理念得到加强。员工注重不断进步，不断发展，不断提高绩效，因此充实知识、提高技能的学习意识加强，有利于学习型组织的建立。

（5）通过对高绩效员工贡献的认可，形成良好的组织氛围，留住高绩效人才。

根据翰威特公司对美国所有上市公司的研究成果显示，具有绩效管理系统的公司在利润率、现金流量、股票市场绩效、股票以及生产率方面，明显优于那些没有绩效管理系统的公司，如表 6－1 所示。

表 6－1　　绩效管理对企业组织成功的影响

指标	没有绩效管理系统的公司	有绩效管理系统的公司
全面股东收益（%）	0.0	7.9
股票收益（%）	4.4	10.2
资产收益（%）	4.6	8.0

续 表

指标	没有绩效管理系统的公司	有绩效管理系统的公司
投资现金流量收益（%）	4.7	6.6
销售实际增长（%）	1.1	2.2
人均销售（美元）	126100	169900

资料来源：翰威特公司调研报告，《绩效管理对企业组织成功的影响》.

2. 绩效管理对管理者的作用

对各级管理人员而言，他们常常因为事务的冗繁和时间不够用而烦恼：员工对自己的工作缺乏了解，工作显得不够积极主动；员工们对谁应该做什么和谁应该对什么负责有异议；员工们给经理提供的重要信息太少；问题发现太晚以致无法阻止其扩大；员工重复犯相同的错误等。

尽管绩效管理不能直接解决所有的问题，但它为处理好其中大部分管理问题提供了工具。绩效管理强化了工作要求，使员工责任心增强，明确了怎样做才能更符合组织的期望，实现了员工的自我管理，由此为管理者节省了时间，大大减轻了管理者的工作负担。

3. 绩效管理对员工的作用

绩效管理对员工是一件有压力的事情，然而很好地理解了员工对工作的需求之后，绩效管理对于员工成长也是必需的，是“激励因素”的体现。员工通过绩效管理，可以了解自己的绩效表现，从而努力提高自己的绩效水平，提高自己的能力，增强自身的竞争力。

绩效管理要求为提高工作质量定期进行面谈，这一环节能使员工得到有关他们工作业绩和工作现状的反馈，这样员工就会对自己的工作表现有一个比较清楚的认识；加之，由于绩效管理能帮助员工明确他们应该做什么和为什么要这样做，因此能够使员工了解自己的权力，即进行日常决策的能力，从而提高工作效率。

具体而言，员工在绩效管理中可以得到如下益处。

(1) 了解自己的绩效，提高个人能力。

(2) 使个人的职业规划更切合实际。

(3) 了解别人眼中的自己。

(4) 得到与自己贡献相匹配的薪酬。

6.2 绩效管理流程

一个有效的绩效管理过程是由五个相互联系、相互依存的部分组成的循环系统，是绩效管理反复经历的五个阶段，分别是：绩效计划、绩效实施、绩效评估、绩效反馈以及绩效结果的应用，如图 6-1 所示。

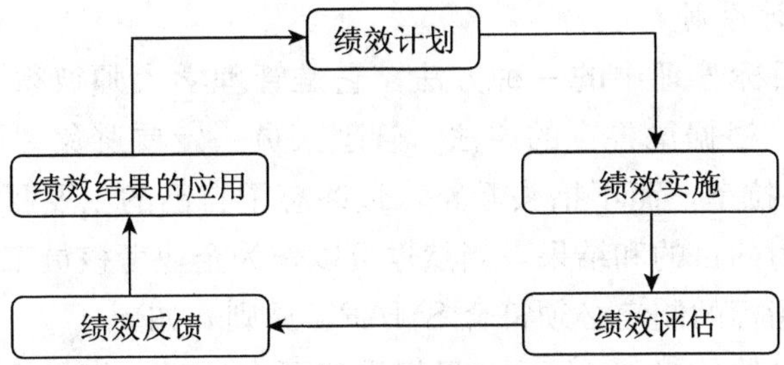

图 6-1 绩效管理流程

6.2.1 绩效计划

许多管理者认为绩效评估是绩效管理中最重要的环节，所以，在管理过程中往往忽略了绩效计划。殊不知，绩效计划是顺利进行绩效管理的前提和基础。没有好的绩效计划，绩效评估很容易引起双方的争议和矛盾。

绩效计划是指确定组织对员工的绩效期望并得到员工认可的过程。

绩效计划是绩效管理过程的起点，在每一个绩效期开始的时候，都要制订绩效计划。制订绩效计划的目的在于明确组织的战略目标，以保证组织战略的顺利实施和目标的实现。

6.2.1.1 计划的内容

绩效计划应该清楚地说明期望员工达到的结果，以及为达到该结果所期望的行为与技能。因此，绩效计划一般包括以下几方面的内容：

(1) 绩效周期内所要达到的工作目标（量化与非量化）；

(2) 衡量手段；

(3) 时间期限；

(4) 从何处获得员工工作的信息；

(5) 拥有哪些权力，可以使用哪些资源；

(6) 需要的支持和帮助；

(7) 可能遇到的困难和障碍；

(8) 管理者如何帮助员工实现目标；

(9) 其他相关问题（技能、知识、培训）。

绩效计划的制订是一个将阶段性的目标与员工的岗位职责有机结合的过程，绩效评价的指标和标准必须涵盖员工 70%～80%的工作。

6.2.1.2 绩效指标的设计

绩效指标的设计是绩效计划中的核心部分，合理的绩效指标设定在很大程度上决定了绩效管理的成功与否。绩效指标不可能把所有的工作都包括进去，而是选取其中 3～5 项最为关键的指标，要抓住员工绩效指标中的关键所在。

1. 绩效指标的设计原则

SMART 原则是目标管理中的一种方法，它是管理学大师彼得·德鲁克在《管理实践》一书中提出来的，根据德鲁克的说法，管理人员一定要避免“活动陷阱”（Activity Trap），不能只顾低头拉车，而不抬头看路，最终忘了自己的主要目标。企业的目标也能理解为是公司上下努力的目的和结果，当然也可以作为企业考核员工绩效的标准。

一般来说，绩效指标的制定必须符合 SMART 原则，如下。

（1）指标必须是具体的（Specific）。目标设置要有项目、衡量标准、达成措施、完成期限以及资源要求，使考核人能够很清晰地看到部门或科室每月计划要做哪些事情，计划完成到什么样的程度。

（2）指标必须是可以衡量的（Measurable）。目标的衡量标准遵循“能量化的量化，不能量化的质化”。使制定人与考核人有一个统一的、标准的、清晰的可度量的标尺，杜绝在目标设置中使用形容词等概念模糊、无法衡量的描述。对于目标的可衡量性应该首先从数量、质量、成本、时间、上级或客户的满意程度五个方面来进行，如果仍不能进行衡量，其次可考虑将目标细化，细化成分目标后再从以上五个方面衡量，如果仍不能衡量，还可以将完成目标的工作进行流程化，通过流程化使目标可衡量。

（3）指标必须是可以实现的（Attainable）。目标设置要坚持员工参与、上下左右沟通，使拟定的工作目标在组织及个人之间达成一致。既要使工作内容饱满，也要具有可达性。可以制定出跳起来“摘桃”的目标，不能制定出跳起来“摘星星”的目标。

（4）指标必须和其他目标具有相关性（Relevant）。绩效指标是实实在在的，可以证明和观察；绩效指标是与本职工作相关联的。

（5）指标必须具有明确的完成期限（Time - based）。目标设置要具有时间限制，根据工作任务的权重、事情的轻重缓急，拟定出完成目标项目的时间要求，定期检查项目的完成进度，及时掌握项目进展的变化情况，以方便对下属进行及时的工作指导，以及根据工作计划的异常情况变化及时地调整工作计划。

绩效指标确定之后不是一成不变的，需要根据组织业务和竞争环境的变化进行修改和完善。因此，绩效指标既具有相对稳定性又具有灵活性，两者之间要平衡和适度。

知识拓展

物流企业绩效评价指标的设计原则

目前我国物流企业的发展水平仍较为低下，企业对第三方物流的不满意比例高达五成以上。企业面对数量日益增加的形形色色的物流服务商，总是无从选择；物流涉及的服务范围很广，很多物流服务商甚至难以对自己的整体水平做出一个客观的评价。只有对物流企业进行绩效评价与分析，才能够正确判断企业的实际经营水平，提高企业的经营能力，进而增加企业的整体效益。平衡积分卡指标体系由四个部分组成。它的选择应该根据不同行业和企业的实际情况，以及按照企业制定的愿景和战略目标来制定。卡普兰和诺顿认为应遵循因果关系、结果动因和业绩动因与财务连结这三个原则才能设计出科学的并能与战略相连结的业绩衡量指标。因此，物流企业绩效指标的设计原则如下。

（1）因果关系原则。因果关系原则是建立物流企业 BSC 绩效评价体系最核心的原则。它清楚地表明了四个维度的逻辑关系。财务方面所关注的是股东的利益，是否为股东创造了价值。公司要在财务方面取得成功需要通过两个方面要素的结合。一个方面是为客户创造价值，从而需要了解客户是如何看待绩效的。但一个公司可能因为不顾一切地取悦客户而招致破产，因此必须确保它在内部的各个关键方面表现良好。只有在有效的内部关键过程的基础上，才能将为客户创造的价值转为股东的价值。另一个方面是使这种价值创造能够持久。今天的业绩并不能预示以后的成功，为了保证明天的公司仍会被客户欣赏并保持资源的有效利用，应组织员工必须不断地学习和发展。平衡计分卡的因果关系如图 6-2 所示。

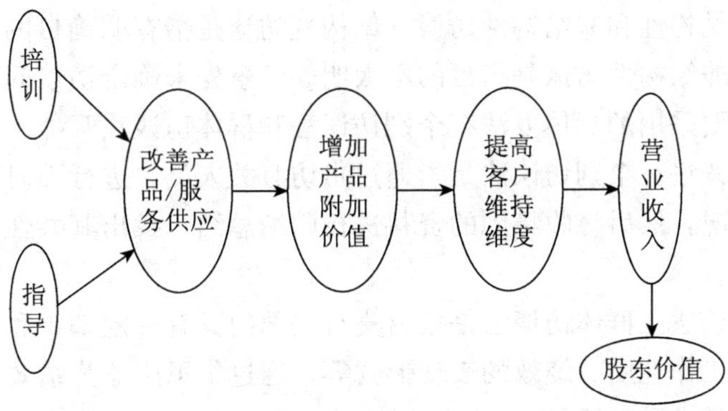

图 6-2 平衡计分卡的因果关系

（2）结果与业绩动因原则。一个有效的物流企业 BSC 绩效评价体系必须考虑结果动因和业绩动因原则。这是因为活动执行的过程与结果间会有时间的落差，因此指标又可以区分为衡量过程的领先指标及衡量结果的落后指标。结果的衡量常具有一般性，例如每一家企业都会衡量客户满意度，但是每一家企业达成客户满意度的方式会依其本身内、外特性而不相同，因此衡量其过程的指标也各不相同，具有独特性。一个好的平衡计分卡应在结果（落后指标）与业绩动因（领先指标）间有适当的组合，才能适合于企业的策略。

（3）与财务连接原则。物流企业平衡计分卡绩效评价体系应以财务指标为主。它为其他几个方面的目标和衡量提供了焦点。无论是客户方面、企业内部流程方面还是学习与成长方面的绩效衡量指标，其最终目的皆在于与财务目标产生因果关系，以达成企业既定的财务目标。

2. 绩效指标的设计方法

（1）个案研究法

个案研究法，顾名思义，是指通过选取若干个具有代表性的典型人物、事件或岗位的绩效特征进行研究，以确定绩效指标和指标体系。

个案研究可以分为典型人物研究和典型资料研究两种。

第一，典型人物研究。典型人物研究，就是以表现典型人物的工作情况、具体表现作为研究的直接对象，通过对其观察分析，确定出其所代表的人物或岗位的绩效指标体系。

第二，典型资料研究。典型资料研究，就是以典型人物或事件的文字资料作为直接的研究对象，通过对这些资料的总结分析，归纳出绩效评估的指标体系。

两种方法在实际应用时，可以根据研究情况和条件而定，如果能同时运用则是最理想的。在选择典型人物和典型资料时，可以选择成功的典型人物和典型资料，也可以选择失败的典型人物和典型资料，同样也可以将两者结合起来使用。

（2）访谈法

访谈法，顾名思义，是指通过访问各类人员以及与他们的谈话来收集有关资料，以此作为确定评估指标的依据。

访谈可以分为结构性和非结构性访谈。结构性访谈是指有明确目的的、事先确定访谈问题的访谈形式；非结构性访谈是指目的不太明确、事先未确定访谈问题的访谈形式。一般在进行访谈时主要采用的具体方法有个别访谈法和群体访谈法两种。

第一，个别访谈法。个别访谈法是指通过走访有关人员，进行面对面的谈话来了解被评估对象的各种情况，然后将收集到的资料进行归纳总结，找出其共性的内容，以此作为绩效评估的指标。

第二，群体访谈法。群体访谈法是指召集有关部门具有一定知识和经验的人员，共同讨论被评估对象的工作性质、绩效的表现形式等，通过集思广益为绩效评估指标的确定提供依据。参加群访的人数一般以5～8人为宜。

（3）问卷调查法

问卷调查法，是指问卷设计者以书面形式将项目和问题表示出来分发给有关人员，经填写后回收，是一种收集、征求不同人员意见的有效方法。

问卷调查分为结构性和非结构性问卷调查。这里主要讨论结构性问卷调查设计与实施的程序。

第一，搜集、分析与确定评估指标。根据评估目的、评估对象等情况，收集、分析和确定绩效指标。可以采用文献查阅、关键事件分析、访谈等方法确定这些绩效评估指标。

第二，描述评估指标。对每一个评估指标用恰当的语言加以描述，以确定它的内涵和外延。

第三，编制结构性调查问卷。对所有绩效评估指标的描述语句加以评定，并将这些语句随机加以排列，编排出一个结构性调查问卷。每一个绩效指标的语言描述需注意的有：不要在所提的一个问题中包含两个或两个以上的问题；提问的措辞要认真推敲，防止诱导；在问题回答的次序上可以按照逻辑性、先易后难的顺序回答。

第四，确定对象。根据调查的目的和单位的具体情况，确定问卷调查的对象、调查的范围和调查所采用的方法。

第五，分发问卷。通过一定的渠道和途径分发设计好的问卷，当然，选择的渠道和途径必须是可以回收问卷的。

第六，回收问卷。对分发的问卷进行回收，同时进行统计分析，得出调查结果。比如，根据每一个绩效评估指标的重要性进行排序，依据重要性的不同确定用于绩效评估的指标体系。

(4) 经验总结法

经验总结法是指根据特定时期的用人政策、本组织的具体情况，以及评估组织所积累的经验来确定评估指标体系；或者是参照总结一些较为权威的绩效评估指标体系以及同行业人员绩效评估的经验，再结合本组织的情况以及评估目的来确定绩效评估指标体系。一般可分为个人总结法和集体总结法两种。

第一，个人总结法。个人总结法是请人力资源专家或人力资源部门人员回顾自己过去的工作，通过分析最成功或最不成功的人力资源决策来总结经验，并在此基础上设计评估员工绩效的要素目录。

第二，集体总结法。集体总结法是请若干人力资源专家或组织内有关部门的主管（6～10 人)，集体回顾过去的工作，分析杰出人才和庸碌之辈的差异，列出长期以来传统评估人员素质的常用指标，并在此基础上提出评估要素。这种方法不仅可以迅速取得有关评估要素的信息，而且有助于人力资源部门的发展和完善。

(5) 工作分析法

工作分析法是采用科学的方法收集工作信息，并通过分析与综合所收集的工作信息找出主要工作因素。其实质就是要从不同个人职业生涯与职业活动的调查入手，顺次分析员工、职务、职位、职责、任务与要素的过程，并由此确定工作的性质要求与任职条件。工作分析的主要内容由两部分组成，一是职务说明书，二是人员的要求。职务说明包括各类人员的工作性质、职务、责任、进行工作所需的各种资料、物理环境、社会环境、与其他工作相联系的程度等。对人员的要求包括各类人员完成本职工作应该具备的智力、专业知识、工作经验、技能要求等。

在制定绩效评估指标体系的过程中进行的工作分析，最重要的就是分析从事某一职位工作的员工需要具备哪些能力和条件，责任与完成工作任务应以什么指标来评估，指出这些能力和条件与评估指标中哪些更为重要，哪些相对不那么重要，并对不同的指标完成情况进行定义。这种定义就构成了绩效评估指标的标准尺度。

6.2.1.3 制订绩效计划的程序

绩效计划的制订一般由以下步骤构成。

1. 准备阶段

包括工作分析、目标分解以及确定目标及标准。首先对总体目标进行分解，并确定组织部门的考核标准。然后进行工作分析，确定目标岗位的关键职责及其内容，形成员工的绩效指标与目标。

2. 沟通阶段

就拟订的绩效指标与目标同员工进行沟通，并达成共识。现代绩效管理强调员工参与和正式承诺的重要性。研究发现，当人们亲身参与了某项政策的制定过程时，人们一般会倾向于坚持立场。因此，绩效目标的设定应注重员工的意见及其认可，而有效的沟通是基本的手段。

3. 确认阶段

获得员工的认可与承诺，并最终形成绩效任务书。绩效管理的目的是帮助组织、部门和个人朝着一个共同的目标努力，因此，经过个人确认的目标充分尊重了员工的意见，促进员工为实现所承诺的目标努力工作。

6.2.2 绩效实施

绩效实施是紧跟绩效计划之后的环节，是指员工根据已经制订好的绩效计划开展工作，管理者对员工的工作进行指导和监督，对发现的问题及时协助解决，并根据实际工作进展情况对绩效计划进行适当调整的一个过程。

绩效实施的过程主要包括两个方面：一个是持续沟通式的绩效辅导，另一个是绩效信息的收集与分析。

6.2.2.1 持续沟通式的绩效辅导

绩效辅导是管理者和员工共同工作以分享有关信息的过程，是绩效管理过程的中间环节，其目的是了解问题并及时给予帮助；同时，也是对员工工作的一种激励。

在这一阶段，管理者与员工要开诚布公地沟通，对员工工作上的优点和缺点能够及时交换意见。这样不仅有利于员工工作达到预期的要求，而且有利于员工和管理者之间建立起良好的协作关系，有利于员工接受绩效评估结果。

1. 沟通的内容

沟通的内容包括如下几个方面。

(1) 了解工作进展及员工的努力程度。

(2) 需要改进的环节及措施。

(3) 对员工工作与目标之间的偏差进行纠正。

(4) 需要管理者的何种支持。

(5) 是否有外界因素的干扰。

(6) 沟通的方式

2. 沟通的方式一般有以下几种

(1) 正式沟通

正式沟通包括书面报告、定期面谈、会议等形式。

书面报告：节约时间、信息量大；但是容易流于形式。

定期面谈：沟通程度较深、气氛融洽、产生互动；但是容易带有个人色彩、不适宜团队。

会议：便于团队沟通；但是时间长、不够深入、走过场、选择性过滤。

（2）非正式沟通

非正式沟通包括走动式管理、开放式办公、工作休息、非正式会议等形式。

优点：灵活、效率高、有激励作用。

缺点：缺乏严肃性、不适宜所有情况。

沟通不是仅仅在开始，也不是仅仅在结束，而是贯穿于绩效管理的始终，需要持续不断地进行。在员工表现优秀的时候给予及时的表扬和鼓励，以扩大正面行为所带来的积极影响，强化员工的积极表现，给员工一个认可工作的机会。在员工表现不佳、没有完成工作的时候，也应及时、真诚地予以指出，以提醒员工需要改正和调整。

6.2.2.2　绩效信息的收集与分析

绩效信息的收集与分析是一种有组织地、系统地收集有关员工工作活动和组织绩效的过程，如图 6－3 所示。

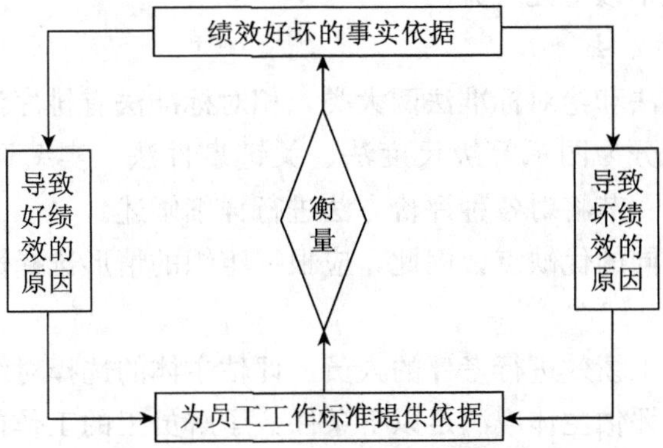

图 6－3　绩效信息的收集与分析流程

1. 收集绩效信息的内容

通常来说，收集绩效信息的内容主要包括：

（1）工作目标或任务完成情况的信息；

（2）来自客户的积极的和消极的反馈信息；

（3）工作绩效突出的行为表现；

（4）工作绩效有问题的行为表现等。

2. 收集绩效信息的方法

一般而言，获得绩效信息的方法主要有：

（1）观察法：主管人员直接观察员工在工作中的表现，并对员工的表现进行记录；

（2）工作记录法：对通过日常工作记录体现出来的员工工作目标完成情况的分析来获取信息的方法；

（3）他人反馈法：从员工提供工作服务的对象或发生业务关系的对象那里取得员工绩效信息的方法。

3. 收集绩效信息的好处

绩效信息的收集有以下好处：

(1) 提供绩效评估的实施依据，提供一份以实施为依据的员工工作情况的记录。

(2) 及时发现问题、提供解决方案。

(3) 提供改进绩效的有力证据。

(4) 诊断员工的绩效。

6.2.3 绩效评估

绩效评估就是在绩效周期结束的时候，人力资源经理和职能部门经理依据绩效指标体系和在绩效实施过程中能够说明被评估者绩效表现的数据和实施情况，对被评估者的绩效目标完成情况进行评估、检查，判断被评估者是否达到绩效指标的要求，并以此作为人力资源决策的依据。

具体的评估步骤包括以下几个方面。

1. 选择恰当的评估方法

一般分为相对标准法和绝对标准法两大类，相对标准法有排序法、两两比较法、强制分配法；绝对标准法又分为图示等级尺度法、关键事件法、实绩评价法、行为锚定评价法、目标管理法等，下一节将对各种评价方法进行详细阐述。

不同的方法具有不同的优缺点，因此，应根据组织的情形选择恰当的评估方法。

2. 选择评估主体

评估主体是指对员工绩效进行考评的人员。评估主体的选择对绩效评估结果的信度和效度产生直接的影响。评估主体应满足以下条件：了解员工的工作内容、工作要求，组织的相关政策以及评估标准；最好有直接观察员工工作情况的机会，能够将观察结果转化为有用的评估信息，并给出客观公正的评估结果；有助于实现一定的管理目的。

一般情况下，评估主体在以下六类人中进行选择，即员工的直接上级、同级同事、直属下级、员工本人、客户和外部考绩专家或顾问。

(1) 员工的直接上级

①优点：第一，由于上级担任着对员工的日常工作进行指导和监督的领导责任，对员工日常的工作表现十分了解，能够依据事实对员工的绩效进行评估；第二，有利于将员工的绩效评估结果与奖励、培训等更好地结合起来；第三，由直接上级对员工绩效进行评估，也有利于保持领导的威信，实现管理的目的。

②缺点：由于信息来源渠道单一，评估结果容易受到个人情绪的影响。

(2) 同级同事

①优点：第一，由于日常工作的频繁接触，同事之间对彼此的工作情况十分了解，能够依据事实对彼此的绩效进行评估；第二，当员工知道绩效评估是由同事来进行时，会明显提高日常工作的积极性。

②缺点：第一，员工间的私人关系会影响评估结果的公正性；第二，这种评估很容易引起同事间的关系紧张，导致不正当竞争的产生。

（3）直属下级

①优点：第一，这种评估有助于帮助管理者改进工作，提高绩效；第二，让下属对领导的绩效进行评估，可以促使领导者关心下级的工作，建立融洽的工作关系，有利于绩效沟通。

②缺点：第一，会导致领导迁就员工现象的出现，削弱领导威信；第二，有些员工碍于领导权威，不敢真实地反映情况。

（4）员工本人

①优点：第一，有利于增强员工的参与感与自觉性；第二，有利于员工工作的改进和对评估结果的接受。

②缺点：第一，由于评估标准不一致，员工对自己的评估往往过高；第二，当员工本人和其他评估主体的评估差异过大时，容易引发矛盾。

（5）客户

①优点：有利于员工服务质量和工作责任心的提高。

②缺点：很多组织的客户不固定，难以操作；此外，考核结果也比较片面。

（6）外部考绩专家或顾问

①优点：他们在绩效评估方面有扎实的理论基础和丰富的经验，在组织里也没有任何人际关系的纠葛，能够接触因绩效评估带来的人际矛盾，而且考评结构更加客观公正。

②缺点：成本较高。

3. 评估的时机与频率

正式的绩效评估一般一年一次或两次。研究表明，周期太长，对所做的工作进行回忆很困难，太短又造成工作量的增加。

越来越多的组织认识到一年一次的评估效果并不十分理想。许多组织要求管理人员对下属的工作绩效一年评估两次，而且要求与下级就如何提高工作绩效的非正式谈话次数更多。其优点是能为员工提供更为准确的信息，让员工了解自己的工作水平，便于及时调整。

6.2.4 绩效反馈

绩效管理并没有随着绩效评估工作的结束而结束，还需要将评估结果反馈给员工。

绩效反馈，顾名思义，就是通过正式面谈的方式，评估者（主要指上级）向被评估者（主要指下级）告知绩效评估结果，根据绩效评估结果的信息进行检视与讨论。

绩效反馈的目的是让员工更清楚地了解自己在评估期内的工作完成情况，以便进一步改善绩效，发挥潜能。绩效反馈是绩效评估工作关键的一环，它是绩效评估的延续。能否达到绩效评估的预期目的，取决于绩效反馈的实施效果。因此，绩效反馈不仅是主管和下属对绩效评估结果进行沟通并达成共识，而且要分析绩效目标未达成的原因，从而找到改进绩效的方向和措施。

6.2.5 绩效效果的应用

很多人认为得出绩效结果就代表着绩效评估过程的结束，实则不然。当绩效评估完成后，绩效结果并不是被束之高阁或置之不理，而是要与相应的其他管理环节相衔接，应用到实际的组织管理当中，如进行绩效改进，制定人力资源规划，进行员工招聘、录用、激励，调整人事政策等。

进行绩效评估的一个主要目的就是改进绩效。所以，制订绩效改进计划并贯彻实施是绩效管理的核心部分。绩效改进是绩效评估后续应用阶段的一个最重要的部分，是连接绩效评估和下一循环计划目标制定的关键环节。绩效评估的目的不仅仅是作为确定员工薪酬、奖惩、晋升或降级的标准，员工能力的不断提高以及绩效的持续改进才是其根本目的，而实现这一目的的途径就是绩效改进。

经过上面的五个环节，就经历了一个绩效管理的循环。绩效管理是一个循环的动态系统，各个环节紧密联系、环环相扣，任何一环的脱节都将导致绩效管理的失败。所以在绩效管理过程中应重视每个环节的工作，并将各个环节有效地整合在一起。

管理案例

物流企业绩效管理发展现状

通过对一些物流企业绩效管理的研究和咨询，目前物流企业在绩效管理上主要存在的以下三方面问题是绩效管理未能取得良好效果的症结所在。

1. 考核机制上存在的主要问题

(1) 物流企业绩效评价标准与企业文化理念背离，企业的核心价值观缺乏有效的传递系统。关键在于没有将企业文化融入绩效考核体系之中。

(2) 企业绩效管理与战略实践脱节，战略没有落地工具，绩效管理没有方向和效果。关键在于没有构建基于战略的绩效管理系统。

(3) 组织、部门、个体目标脱节，无法实现组织绩效、部门绩效、个人绩效的联动。关键在于缺乏对企业的绩效目标进行分解的正确方法。

(4) 从绩效管理的目标和思想上来看，物流企业现有绩效考评制度设计中考评色彩过浓而管理提升不足，绩效管理过程中缺乏与员工的沟通，没有起到促进员工能力和绩效提升的作用。

2. 考核指标上存在的主要问题

(1) 考评指标数据往往来源于财务结果，在时间上略为滞后，对公司当期考评意义不大，缺乏绩效目标牵引和过程监控。

(2) 考评要素与指标的设计过分重视其通用性，缺乏对不同部门、不同管理层级、不同职位的工作内容和业绩标准差异的区分度。

(3) 定量考评与定性考评的有机结合不够，在考评中过于注重定量指标的完成情况，缺乏通过定量指标分析定性问题的能力。

(4) 目前许多企业在定义胜任能力指标上还停留在一些笼统的概念上，指标得不到有效量化与细化，或者缺乏一致准确的定义，最后对员工胜任能力的考核往往成为主管以及考评相关者的主观评价，很难取得员工的信服，也就谈不上激励性与战略导向了。

3. 考评结果运用上的问题

(1) 目前许多企业考评结果的运用不显著，考评的配套机制不完善，不利于优秀员工的脱颖而出，不利于进一步调动企业员工的积极性、主动性和创造性。

(2) 企业中还有相当一部分员工对考评工作存在片面认识和误区，认为考评就是为了单纯的监控或发奖金，这说明企业在对考评的宣传导向上做得还不够，今后需要通过多种形式对考评的目的进行宣传和引导，使全体员工充分认识到考评只是一种管理手段，其最终的目的是总结成功的经验、发现存在的问题、提出整改的建议并持续改进，从而达到提高公司整体管理水平的目标，而不是单纯作为发奖金和涨工资的依据。

管理案例

物流企业绩效管理体系设计的七大要素

绩效管理体系是将公司的战略、资源、业务和行动有机地结合起来所构成的一个完整的管理系统。

1. 明确绩效管理的目的

通过有效的绩效管理，物流企业可以达到以下三个基本目标。

(1) 传导贯彻公司发展战略：通过绩效管理的指标导向和流程体系，把公司战略思想传达给每个层级的管理者，使每个层级的管理者明确自己的使命和职责，抓住公司成长的历史机遇。

(2) 建立管理平台，传播企业文化：落实目标管理，实行岗位责任制，通过明晰各级管理者的业绩指标及管理责任，建立公司业绩监控和信息传递的管理平台，并以此平台使管理者与下属的成长融为一体，形成开放、积极参与、主动沟通的企业文化。

(3) 完善公司激励—约束机制：通过完善的绩效管理，建立一个制度性的贡献评价体系，正确评价公司各个价值创造主体的作用，以便合理分配价值（工资、奖金、股权、福利、机会、职权等），不断提高员工的积极性和责任感，增强企业的凝聚力和战斗力。

2. 绩效管理的组织体系

绩效管理的组织者为人力资源部，主要履行绩效管理全过程管理技术支持与服务、管理数据的统计与分析等职能，并处理其中的可能申诉。绩效管理的责任人为直线管理上级。

3. 绩效管理的运行体系

绩效管理的运行体系要采用“分层分类”的办法。根据不同的业务模式和特点，按照分类的思想，将考核对象划分为“业务系统”、“职能部门”；根据不同的管理范围和重点，按照分层的思想，把考核对象划分为“管理者”和“员工”两个层面，再进一步将一线员工划分为“操作类”、“速递类”、“客服类”、“销售类”和“行政类”，并构建不同层级、不同工作性质员工的不同KPI和胜任能力模型，实行分层分类的考核管理。

4. 绩效管理的指标体系

(1) 业务系统的KPI指标体系。业务系统绩效重点在业务指标的结果考核，其KPI考核指标体系通过价值树的技术，将业绩指标层层分解，构建KPI指标矩阵，各级管理者都有明确的指标进行考核。

(2) 职能部门的KPI指标体系。职能部门的绩效重点在过程管理，其KPI考核指标体系通过鱼骨图的技术，将主要任务或职能标注出来，参照标准进行考核。

(3) 胜任能力考核指标——胜任能力模型。胜任能力模型是指在一定的工作情境下，员工工作行为中体现出的与绩效参考标准存在相关关系的可以被衡量或考查的个体特点。胜任能力模型描述的是包括知识、技能、能力、价值观、个性、动机等个体特征，对这些个体特征的构成维度进行标准化度量，构成了胜任能力评定指标库。并在此基础上，按照分层分类的思想，构建不同层级、不同性质的员工胜任能力矩阵。

5. 绩效管理的评价等级

绩效管理的结果评价采用强制分布的原则。每个考核期末，各考评者需要进行一对一的绩效评价面谈，与被考评者进行面对面沟通，就该阶段工作业绩进行现场评价和反馈。

6. 绩效沟通机制

日常绩效管理体系的内涵在于完善沟通和激励机制，实现管理者与下属员工的共同进步和发展。通过各个绩效管理循环的过程控制，同步或事后的反馈指导，循环结束后的总结改进，以及下一期的工作计划制订、业务培训和资源支持安排等各种方式，有目的地进行绩效提升。所有管理者和员工需要重视其中的每一个环节，使绩效提升成为公司管理提升的一部分。在绩效管理过程中，上级领导尤其要重视与考核结果不佳的下属随时沟通，并商讨绩效提升或工作改进办法，必要时应形成绩效提升具体计划来明确改进目标和改进措施。

7. 绩效管理结果的综合运用

绩效管理作为一个综合的人力资源管理策略，绩效管理系统的对外接口突出体现为两个方面。

(1) 绩效考核的结果必须与员工的个人利益相挂钩，这就体现为两个方面：一是考核结果成为员工薪资浮动和年度薪资调整的重要依据；二是考核结果成为人员调配、晋升和淘汰的重要依据。

(2) 绩效考核的结果为企业的培训开发提供了关于员工能力和业绩的重要依据，从而成为培训系统设计的重要基础。

6.3 绩效评估的方法

绩效评估的方法非常多，不同的方法侧重点不同，适用于不同的评估目标和不同的组织。在使用这些方法时，一定要结合本组织的实际情况，选择适合的评估方法。

6.3.1 传统的绩效评估方法

6.3.1.1 比较法

比较法又称排序法，是通过员工之间工作业绩的相互比较而得出评估结果的一种相对考评方法。比较法是最简便的评估方法，评估结果一目了然，适合作为奖惩的依据，但由于其不能提供有效的反馈信息，难以实现绩效管理的目的。比较法的弱点还在于：不是对员工的工作业绩、能力和态度进行的评估，而是靠一种整体印象得出的结果，容易给员工造成较大的心理压力，也无法对不同部门的员工做出比较。

按照实施绩效比较的过程不同，比较法包括简单排序法、交替排序法、配对比较法和强制分布法等。

1. 简单排序法

简单排序法就是管理者把组织的所有员工按照一定的标准（通常是总业绩）从最优到最差的顺序进行排列。简单排序法的优点在于评定简单，评估成本较低，可以避免考核的居中性。但是当员工的绩效相近时很难进行排序，特别是当考核项目是工作态度、工作品质等一些定性指标时，考评者是否公平很难进行监控。

例如某公司只有 5 名员工，其排序结果举例如表 6－2 所示。

表 6－2　简单排序法应用举例

顺序	等级	员工姓名
1	最好	张三
2	较好	李四
3	一般	王五
4	较差	赵六
5	最差	孙二

这种方法一般适用于规模较小的组织，用来考评人数不多，且从事相同工作的员工或同部门的员工。当员工的数量比较多、职位工作差别性较大时，以这种方法区分员工绩效就比较困难，尤其是对那些绩效表现一般的员工。

2. 交替排序法

交替排序法又称间接排序法，是一种运用得非常普遍的绩效评估方法。交替排序法的具体操作方法是：评估主体依据评估标准，根据自己的总体印象，先从所有被评估员工中选出最好和最差的两名，然后在剩下的员工中再选出最好和最差的两名，依次类推，直到排序完成。交替排序法在被评估对象少时使用，能够简单、迅速地得出评估结果。

在实际评估过程中，评估者的主观因素，如碍于人情、面子等，都会影响绩效评估结果，所以评估者往往都不会给被评估者较低的评价，容易造成“趋中效应”，从而影响绩效评估结果的准确性。

3. 配对比较法

配对比较法是评估者根据某一标准将每一员工与其他员工逐一进行比较，并将每一次比较中的优胜者选出。最后，根据每一员工净胜次数的多少进行排序。这一方法的比较标准往往不是笼统的、不具体的工作行为或工作成果，而是评估者对被评估者的整体印象。

例如某企业对员工 A、B、C、D 应用配对比较法进行考核，两两比较中，较好者记“+”号，较差者记“—”号，如表 6-3 所示。

表 6-3　　配对比较法应用举例

姓名	A	B	C	D	+号合计
A		+	—	+	2
B	—		—	+	1
C	+	+		+	3
D	—	—	—		0

从表 6-3 中可以看出，C 所得“+”最多，为 3 个，故 C 的绩效最好；A 次之；B 居第三；D 最差。

配对比较法是考虑了每一个员工与其他员工绩效的比较，准确度比较高；但是操作烦琐，时间成本较高，特别是随着人数的增多，这种方法实施起来更为困难。因此，该方法一般适用于人数较少的绩效评估，一般为 10 人左右。

4. 强制分布法

强制分布法是指按照“两头小、中间大”的正态分布规律，先确定好各绩效等级人数在被评估总人数中所占的比例，然后按照每个被评估者绩效的相对优劣程度，将其强制分配到其中的相应等级中的方法。

应用强制分布法需要评估者将工作小组中的成员分配到一种类似于一个正态分布的有限数量的类型中去。如，可以将所有员工分为优、良、一般、较差和差五种情况，其相应等级分别占 10%、20%、40%、20%和 10%，然后按照每人绩效的相对优劣情况进行强制分级，如表 6-4 所示。

表 6-4　　强制分步法应用举例

员工总数	优（10%）	良（20%）	一般（40%）	较差（20%）	差（10%）
50 人	5 人	10 人	20 人	10 人	5 人

这种方法操作简单，相对公平，适用于规模较大、员工较多的组织。缺点在于它的强制性，迫使管理者根据分布规则的要求而不是根据员工个人的绩效来进行归类。比如说，当一些考核规定只能有一定比例的“优秀”和一定比例的“差”时，会对被考核者产生较大的压力。假如大家工作都差不多，但又必须从中找出某些员工将其列入末位淘汰名单时，会给员工带来巨大的心理负担。

6.3.1.2　关键事件法

1. 关键事件法概述

关键事件法是客观评价体系中最简单的一种形式。它是由评估者通过观察、记录被评估者的关键事件，而对被评估者的绩效进行评估的一种方法。其中，关键事件是指那些会对组织或部门的整体绩效产生积极或消极影响的重大事件。

记录关键事件一般采用 STAR 法。其中，S—situation，情景，表示这件事发生时的情景是怎样的；T—target，目标，表示这件事要达到什么样的目的；A—action，行动，表示被评估者当时采取了什么样的具体行动；R—result，结果，表示被评估者采取行动之后获得了什么样的结果。借助于 STAR 法记录关键事件，可以有效把握关键事件的本质与核心。

2. 关键事件法应用举例

（1）背景资料

安妮是某公司的物流主管，当客户从海外的订货到港后，物流主管要负责货物的清关、报关、提取，按照客户的需要进行货物运送与交付。物流主管的工作在于保证上述整个过程的顺利进行。

安妮所在的是一家小公司，共有 20 位员工，只有安妮一人负责这项工作。物流工作除了她再没人懂了。在刚进行完一月份的考评后，安妮二月份就遇到了一件事情。事情大致经过是这样的：一天夜里，安妮 80 多岁的祖母突然病逝。安妮是由祖母一手带大的，祖母的病逝使她很悲伤。为料理后事，安妮人很憔悴，也病了。碰巧第二天，客户有一批货从美国进来，并要求清关后于当天下午 6 点钟之前准时运到，这是公司一个很大的客户。安妮怎么做呢？她把家里的丧事放在一边，第二天早上 6 点钟准时出现在办公室，安妮的经理和同事都发现，她的脸色铁青，精神也不好，一问才知道家里出了事。安妮什么话也没说，一直做着进出口报关、清关手续，把货从海关提了出来，并且在下午 5 点之前就把这批货发了出去，及时运到了客户那里。然后，安妮就离开了公司，回家去处理祖母的丧事，而公司的正常下班时间是 6 点钟。

如果你是安妮的直接主管你会怎么做？会不闻不问？会批评安妮早退？还是给大家说明事情的经过？或者您还会有更好的处理方法呢？

（2）案例分析

用 STAR 法对材料的情景进行具体分析如下：

当时的情景“S”是：安妮的祖母头一天晚上病逝了，但第二天的任务必须完成；

当时的目标“T”是：必须在第二天把一批货完整、准时地送到客户所在地，保证公司的信誉及利益；

安妮采取的行动“A”是：置家里的事于不顾，准时出现在办公室，提前一个小时把货发了出去；

事情的结果“R”是：客户及时收到了货，没有损伤公司的信誉。

针对上述事件，我们看看公司采取了什么措施呢？

在安妮 5 点钟下班走了以后，人力资源部及时给公司所有员工发了一份电子邮件。邮件重点利用 STAR 法罗列出了这一事件：当时是怎么回事，她为什么要干，采取了哪些行动，最后结果是什么。在这个 E-mail 的最后还增加一句评述：安妮的行为表现出其顾全公司大局，抛弃了自己的利益，这是非常光彩的行为，公司特此提出表扬，并希望所有员工能够向她学习。

这看似很简单的一个邮件一旦发出，大家会有什么样的反响呢？大家一下子都明白了，“安妮不是早退，是回去处理事情了”，而且她已经完成了公司的任务。这时大家会从心底里对她产生钦佩。如果安妮第二天回来上班的时候，发现了这个 E-mail，她心里会有什么样的感觉呢？会不会觉得暖洋洋的？她心里的第一个反应很可能是：我不过做了这么小的一件事情，经理们却全都看在眼里，那我以后更要好好表现，为公司增光。这是关键事件法直接导致的一个好的结果。

3. 关键事件法的优缺点

（1）优点：第一，可以为评估者向被评估者解释绩效评估结果提供确切的事实证据；第二，绩效评估所取得的关键事件是在一年内累积而来的，评估者在对被评估者的绩效进行考察时，所依据的是被评估者在整个考核期的表现，可以避免近因效应的误区；第三，有利于保存一种动态的关键事件记录，还可以使组织获得关于被评估者是通过何种途径消除不良绩效的具体事例。

（2）缺点：第一，应用关键事件法进行考核，其过程较长，需要长期地观察、了解员工的工作行为，操作成本较高；第二，因为评估过程主要针对被评估者的行为进行，从而缺乏比较，对于人力资源决策参考的意义不大；第三，评估的结果依赖于评估者个人的评价标准，评估结果的主管随意性较大。

关键事件法是一种辅助性的考核方法，一般不单独使用，而要结合其他一些考核方法同时使用。

6.3.1.3 行为锚定评估法

1. 行为锚定评估法概述

行为锚定评估法是建立在关键事件法基础之上的。它是以具体描述的特定工作行为是否被体现作为基础来确定员工绩效水平的绩效评估方法。行为锚定评估法的核心与图表等级评估法一样，其重点不是落在绩效结果上，而是在工作中表现出来的职能性行为上，其假设是职能性行为将会产生有效的工作绩效。

行为锚定评估法使用“工作维度”这个术语来表示构成工作的任务和责任的广泛范畴。每种工作一般有几个维度，对每个维度都必须制定独立的评分量表，如表 6－5 所示。

表 6－5　一个企业内训师授课行为锚定评估的例子

维度	课堂培训	教学技能
优秀	7	·内训师清晰、正确、简明、生动地回答学员的问题
	6	·内训师清楚、正确地回答学员的问题
中等	5	·当试图强调某一点时，内训师使用例子
	4	·内训师用清楚、能使人明白的方式授课
	3	·内训师基本能够让学员明白所教内容
极差	2	·讲课时内训师表现出许多令人厌烦的习惯
	1	·内训师在班上给学员们不合理的批评

采用行为锚定评估法评估绩效，要求评估者阅读每一个量表上的锚定一览表，通过对员工工作行为最好锚定的比较，查找与该锚定相对应的分值。工作中所有可以确定的维度都可采用这种方法。将查找出的分值与所有的工作维度结合就得到一个完整的评价。

2. 行为锚定评估法的基本步骤

行为锚定评估法一般是由管理人员和有关员工共同参加一系列会议后制定出来的。运用它进行员工绩效评估，通常要遵循以下三个步骤：

（1）管理人员与有关员工确定工作的相关维度；

（2）管理人员与有关人员为每个工作维度编写出行为锚定，应当为每个工作维度编写尽可能多的行为锚定；

（3）管理人员与工作承担者对所采用的分值及每一分值的锚定陈述分类达成一致意见，建立最终的工作绩效评估体系。

3. 行为锚定评估法的优缺点

（1）优点：第一，被接受的可能性更大。行为锚定评估法是通过管理人员及工作承担者双方的积极参与制定出来的，从而使该方法更易于被员工接受；第二，对工作绩效的计量更为精确。由于行为锚定评估体系是由那些对工作及其要求更为熟悉的人制定出来的，因此该方法应当能够比其他评估方法更准确地对员工的工作绩效进行评估；第三，工作绩效评估标准更为明确。等级尺度上的关键事件有利于评估者理解各种绩效等级的差别；第四，具有良好的反馈功能。该方法使员工知道领导对他们行为的期望，从而有利于员工改进自己的工作。

（2）缺点：第一，设计和实施的成本较高。该方法的实施需要聘请专业人力资源管理专家帮助设计、测试和修改，会花费大量的时间和金钱；第二，如果设计不好可能导致失败。当一个员工的表现处于量表两端的行为时，评估者就不知采用哪种评分等级。

6.3.2 现代的绩效评估方法

6.3.2.1 关键绩效指标法

1. 关键绩效指标法的含义

关键绩效指标法（KPI）是基于组织经营管理绩效的系统评估体系，是对传统绩效评估理念的创新，是将组织宏观战略目标经过层层分解产生可操作性的战术目标，是一套衡量、反映、评估组织业务运作状况的、可量化的关键性指标，通过 KPI 的牵引，使员工个人工作目标、职能部门工作目标与组织战略发展目标之间达到同步。

从表 6－6 中可以看出基于关键绩效指标体系的绩效评估体系与一般绩效评估体系的区别。

表 6－6　　关键绩效指标体系的绩效评估体系与一般的绩效评估体系的区别

	基于 KPI 的绩效评估体系	一般的绩效评估体系
假设前提	假设人们会采取一切必要的行动努力达到事先确定的目标	假设人们不会主动采取行动以实现目标，假定人们不清楚应采取什么行动以实现目标，假定制定、实施战略与一般员工无关
考核的目的	以战略为中心，体系的设计与运用都是为组织战略目标的达成而服务的	以控制为中心，指标体系的设计与运用来源于控制的意图，也是为更有效地控制个人的行为服务
指标的产生	在组织内部自上而下对战略目标进行层层分解产生	通常是根据个人以往的绩效与目标自下而上产生的
指标的来源	基于组织战略目标与竞争要求的各项增值性工作产生	来源于特定的程序，即对过去的行为与绩效的修正
指标的构成及作用	通过财务指标与非财务指标相结合，体现关注短期效益、兼顾长期发展的原则，指标本身不仅传达了结果，也传递了产生结果的过程	以财务指标为主，非财务指标为辅。注重对过去绩效的评价，且指导绩效改进的出发点是过去绩效存在的问题，绩效改进行动与战略需要脱钩

2. 关键绩效指标法的设计流程

关键绩效指标法的操作流程一般可以分为以下步骤。

（1）设计组织级 KPI。建立 KPI 指标的要点在于流程性、计划性和系统性。首先明确组织的战略目标，并在组织会议上利用头脑风暴法和鱼骨分析法找出组织的业务重点，也就是组织价值评估的重点。然后，再用头脑风暴法找出这些关键业务领域的关键业绩指标（KPI），即组织级 KPI。

（2）设计部门级 KPI。各部门的主管需要依据组织级 KPI 建立部门级 KPI，并对相应部门的 KPI 进行分解，确定相关的要素目标，分析绩效驱动因素（技术、组织、人），确定实现目标的工作流程，分解出各部门级的 KPI，以便确定评估指标体系。

（3）设计岗位级 KPI。在部门级 KPI 被设计好之后，各部门的主管和部门的 KPI 人员一起再将 KPI 进一步细分，分解为更细的 KPI 及各岗位的业绩衡量指标。这些业绩衡量指标就是员工考核的要素和依据。

（4）制定评分要素和评估标准。根据岗位的性质对每个指标设定测量和评估的评分标准，将每一个标准进行相应的具体描述。对于定量指标的标准一般较易确定，而对于定性指标通常对指标的完成状况给予详尽的描述，确定评分等级。如可以采取“5 分制”，从 1 分到 5 分按照完成工作情况的好坏进行描述。

（5）确定指标权重。由于各项指标的重要程度是不同的，在进行绩效评估时，为了反映各项指标的主次关系，就要确定各项指标的权重系数。权重的大小不能按照完成任务的时间长短来确定，而是由组织的领导层根据组织的发展目标和重点工作任务来确定。

（6）进行 KPI 指标特性与属性测试。特性测试包括指标的可控性、可靠性、可操作性、可理解性、可衡量性和一致性。属性测试包括 CQT（成本、质量和时间）测试、相互关系测试、指标负载测试和适应性测试。以相互关系为例，如对销售人员所套用的销售收入与销售费用指标，在一般的情况下，销售收入与销售费用是成正比的；但作为关键绩效指标，销售收入是越高越好，而销售费用则越低越好，两者之间是存在负相关的。把这两个指标放在一起，会对销售人员造成混淆——努力跑销售的话，则肯定会突破销售费用指标。假如把销售费用指标调整成为销售费用与销售收入的百分比，则两者之间的关系会变成中性。这样一来，在没有放弃评估销售费用的同时，亦可确保指标之间不会相互矛盾。

（7）构建指标逻辑。依据经营管理系统分级设计指标逻辑系统，使组织指标体系构成完整的因果关系逻辑系统，否则，该指标体系是无用的系统。

（8）建立指标词典。指标词典的内容包括指标名称、属性、编号、定义、设立目的、计算公式、资料来源、统计周期、统计方式与相关说明。

3. 关键绩效指标法的优劣分析

（1）优点：第一，关键绩效指标将结果与过程指标有机地结合在一起，能更公正、真实、全面地反映被评估者的工作绩效，并有利于判断被评估者的能力到底如何，优势和劣势在哪里，有利于对被评估者提出进一步的改进意见；第二，对 KPI 体系的建立和测评工作过程本身，也是统一全体员工朝着组织战略目标努力的过程，也会对各部门管理者的绩效管理工作起到很大的促进作用。

（2）缺点：由于 KPI 指标之间没有明确的内在联系，评估还是太多地定位在部门及其内部个体绩效的结果，而忽视了部门绩效之间的内在逻辑与组织战略实施之间的关系，因此这种评估方法还没能跨越其职能障碍，在如何让员工了解并利用其中内在的多重相互关系，发挥员工推动组织战略实施的整体优势，使战略的导向牵引作用贯彻于员工的绩效评估与行为的改进方面取得突破，绩效评估的落实层面也没有得到战略管理意义的深化。

管理案例

物流企业关键指标体系

1. 运输指标 KPI

(1) 评价客户服务水平 KPI

准时送货率　　服务水平（完好订单与总订单的比率）

(2) 评价运输管理水平 KPI

运输费用率　　车辆满载率

车辆利用率　　车辆实载率

吨公里成本

(3) 评价运输车辆管理水平 KPI

车辆完好率　　车辆公里维修成本

万公里事故率　　百公里油耗

2. 仓储系统 KPI

(1) 评价库存管理水平 KPI

月平均库存量　　库存面积利用率

库房利用率　　保管损失率

万箱差异率

(2) 评价库房工作效率的 KPI

平均出入库时间　　生产效率

单位储运成本　　分拣效率

3. 存货控制系统 KPI

库存周转率　　存货天数

订单更改率　　库存缺货率

4. 客户服务系统 KPI

送货周期　　紧急送货次数

顾客满意度　　订单提前期

6.3.2.2 目标管理法

1. 目标管理法的概念

目标管理法的概念是美国管理学家德鲁克 1954 年在其名著《管理实践》中最先提出的，其后他又提出“目标管理和自我控制”的主张。目标管理是一种程序或过程，它通过组织中的上级和下级一起协商，根据组织的使命确定一定时期内组织的总目标，由此决定上下级的责任和分目标，并把这些目标作为评估组织绩效以及每个部门和个人绩效产出对组织贡献的标准。

2. 目标管理法的实施步骤

目标管理法的实施一般经过以下步骤。

(1) 制定组织年度目标与实施方案

组织目标体系的核心是总目标，即组织的整体目标。总目标不但要适合短期需要，也要适合长期需要，因为组织的存续经营是永久性的。目标设定不但要考虑现在，也要考虑组织长远的发展。另外，总目标也要注意其整体性，要站在全局的高度来设定。比如，公司总目标的种类有利润目标、销售目标、产量目标、成本目标、研究发展目标、投资目标(如扩大生产规模，增设营销机构，收购其他公司等)，管理改进目标等。明确组织的总目标之后，要为每个目标制订实施方案。

(2) 组织总目标的分解与制定部门目标

组织的部门有直线部门和职能部门，组织总目标依据部门的不同相应分为直线部门目标与职能部门目标。一般直线部门（如生产部门、营销部门）目标先订立，职能部门（如行政人事、采购、财务、研发等）要作为后勤支援角色，根据直线部门目标制定职能部门目标，辅助直线部门目标的顺利实现。

目标分解的原则如下：

第一，应按照组织、部门、个人的层次与顺序，自上而下层层分解；

第二，各部门应根据目标寻找问题点，在研究问题点的基础上，确定实施对策。实施对策必须使下属明确无误，越往下展开，目标和措施应越具体，展开到解决问题为止；

第三，目标与对策应对应一致；

第四，在目标制定过程中，上下级之间应该反复沟通，并且就目标项目与目标标准达成一致。

目标的分解采用系统图法，如图 6-4 所示为某公司的目标分解示例。

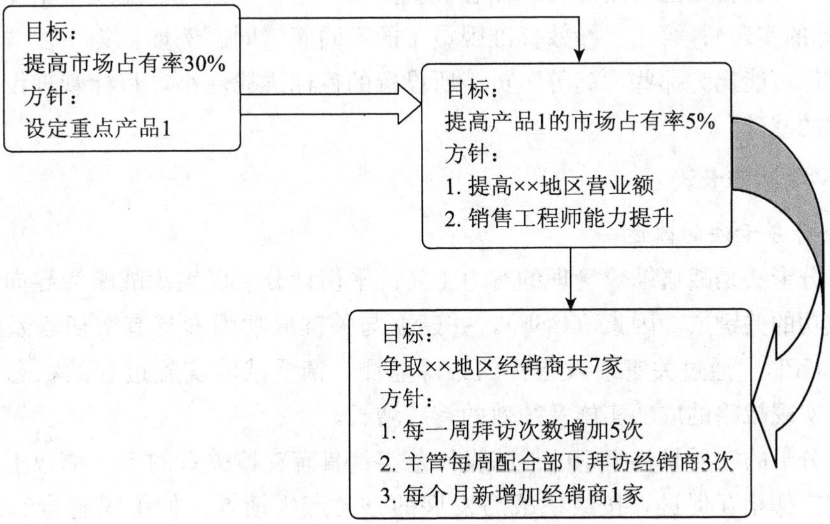

图 6-4 系统图法—目标分解示例

(3) 制定个人目标与实施方案

目标管理法应由员工推动，范围内的员工都应有目标。为此，要根据组织与部门目标，制定个人目标。根据个人目标以及组织与部门的实施方案制订自己的实施方案。

当然，在一个目标管理周期结束之后，人力资源部门要编写全年目标以及措施执行情况总结，报告组织高层会议决议。在评议会上系统总结目标管理周期的经验与教训，并且将之应用于下一个周期的目标管理中，以不断提高目标管理的质量。

3. 目标管理法的优缺点

(1) 优点：第一，权力责任明确，利于组织战略目标的实现。目标管理法通过自上而下或自下而上层层制定目标，在组织内部建立起纵横联结的完整的目标体系，把组织中各部门、各类人员都严密地组织在目标体系之中，明确职责、划清关系，使每个员工的工作直接或间接地同组织总目标联系起来，可以更有效地把全体员工的力量和才能集中起来，提高组织工作成果；第二，目标管理法调动了员工的主动性、积极性和创造性。由于强调自我控制，自我调节，将个人利益和组织利益紧密联系起来，因而提高了士气；第三，从公平的角度来看，目标管理法较为公平。因为绩效标准是按相对客观的条件来设定的，因而对它们进行评估就会减少偏见的产生；第四，目标管理法相当实用且费用不高。目标的开发不需要像开发行为锚定评估法那样花力气，必要的信息通常由被评估者填写，由评估者批准或进行修订就可以了；第五，目标管理法促进了被评估者及评估者之间的意见交流和相互了解，改善了组织内部的人际关系。

(2) 缺点：第一，没有具体指出达到目标所要求的行为。应对一些员工尤其是需要更多指导的新员工提供“行为步骤”，而目标管理法没有具体指出他们需要怎么做才能成功地达到目标；第二，目标管理法倾向于短期目标，即能在每年年底测量目标。员工们可能会为了达到短期目标而牺牲长远目标。例如，一个开发部的经理，由于要完成今年新产品开发的目标，可能会完全启用老员工而忽视新员工，这种行为有可能损害企业的未来前景（即长期目标的实现）；第三，绩效标准因员工的不同而不同。例如，为一位“中等”员工所设置的目标可能比为那些“高等”员工所设置的目标挑战性小，目标管理没有为相互比较提供共同的基础。

6.3.2.3 平衡计分卡法

1. 平衡计分卡法的概述

平衡计分卡法是战略绩效管理的有力工具。平衡计分卡以组织战略为导向，寻找能够驱动战略成功的关键成功因素（CSF），并建立与关键成功因素具有密切联系的关键绩效指标体系（KPI），通过关键绩效指标的跟踪监测，衡量战略实施过程的状态并采取必要的修正，以实现战略的成功实施及绩效的持续增长。

平衡计分卡的实质是将组织的战略发展落实到具有支持关系的工作绩效上，从而约束每一项具体工作相互促进，按组织战略发展的方向产生绩效，使组织整合起来的绩效最大，最符合组织发展的需要。

平衡计分卡法的核心思想是通过财务、客户、内部经营过程、学习与成长四个方面指标之间相互驱动的因果关系，实现从绩效评估到绩效改进以及从战略实施到战略修正的目标。

平衡计分卡四个角度常用的绩效指标如表 6－7 所示。

表 6－7　平衡计分卡四个角度常用的绩效指标

1. 财务角度	2. 客户角度
·利润率	·市场份额
·现金流量	·用户排名调查
·收入增长	·新客户的增加
·项目收益	·客户的保有率
·毛利率	·客户满意度
·回款率	·品牌形象识别
·税后净利润	·服务差错率
·净现值	
3. 内部流程角度	**4. 学习与发展角度**
·产品（服务）质量	·提供新服务收入的比例
·产品开发/创新	·员工满意度
·事故回应速度	·改善提高效率指数
·安全与环境影响	·关键技能的发展
·劳动生产率	·继任计划
·设计开发周期	·领导能力的发展
·生产周期	·人均创收
·生产计划	·员工建议数
·预测准确率	·新产品上市的时间
·项目完成指标	·新产品收入所占比例
·关键员工流失率	

2. 平衡计分卡的实施步骤

（1）说明远景，让经理们就组织的使命和战略达成共识。虽然最高管理层的本意很好，但“成为出类拔萃者”、“成为头号供应商”或“成为强大组织”之类的豪言壮语很难转化成有用的行动指南。对负责斟酌远景和战略表述用语的人来说，这些术语应当成为一套完整的目标和测评指标，得到所有高层经理的许可，并能描述推动成功的长期因素。

（2）沟通与联络，让管理人员在组织的上上下下交流他们的战略，并将战略与部门和个人目标连接起来。传统上，部门是按照财务绩效考核的，而个人的激励与短期财务目标紧密相连。平衡计分卡为管理人员提供了一种保证组织各个层次均能理解其长期战略的方法，并能使部门和个人的目标与战略一致。

（3）规划与设定目标，使组织能够整合他们的经营计划和财务计划。现在几乎所有的机构都在进行大量的改革，每一个方案都有它自己的支持者、领导者和顾问，都要花费高级管理人员许多时间。管理人员发现把这些多种多样的提议整合起来，实现他们的战略目标很困难。但是，当管理人员使用平衡计分卡设定的雄心勃勃的计划作为分配资源和设定优先次序的基础时，他们能够协调那些提议，推动管理人员向他们的长期战略目标前进。

（4）策略的回馈与学习，它赋予组织一项称之为战略性学习的能力。现有的反馈和考察程序都注重组织及其各部门、员工是否达到了预算中的财务目标。而当管理体系以平衡计分卡为核心时，组织就能从另外三个角度（顾客、内部流程以及学习与发展）来监督短期结果，并能够根据最近的业绩评估战略。因此，平衡计分卡使组织能够修改和调整战略以随时反映学习所得。

3. 平衡计分卡的优缺点

（1）优点：第一，克服财务评估方法的短期行为；第二，使整个组织行动一致，服务于战略目标；第三，能有效地将组织的战略转化为组织各层的绩效指标和行动；第四，有助于各级员工对组织目标和战略的沟通和理解；第五，利于组织和员工的学习成长和核心能力的培养；第六，实现组织长远发展；第七，通过实施 BSC，提高组织整体管理水平。

（2）缺点：第一，它不适用于战略制定。卡普兰和诺顿特别指出，运用这一方法的前提是企业应当已经确立了一致认同的战略；第二，它并非是流程改进的方法。类似于体育运动计分卡，平衡计分卡并不告诉你如何去做，它只是以定量的方式告诉你做得怎样。

管理案例

物流企业平衡计分卡绩效评价模型设计的程序

正如其他企业一样，对物流企业平衡计分卡绩效评价模型进行设计同样要遵循一定的程序，这里可以把它分为战略研讨、成立推进小组、前期调查与宣传等八个步骤层层推进。

（1）战略研讨。物流企业应制定战略目标，使每一部门可以来用一些绩效衡量指标去完成企业的战略。

（2）成立平衡计分卡推进小组。物流企业首先成立工作推进小组并界定平衡计分卡的管理对象，并向各个部门解释公司的价值定位及战略目标，并建立企业财务、客户、内部流程、学习与成长四个维度的具体目标。

（3）进行前期调查与宣传工作，组织培训与学习。为了获得企业全体人员的支持、参与并理解整个平衡计分卡的建设，推进小组要做好实施的宣传工作并组织相关人员（特别是高层管理者）参与培训与学习。

（4）绩效指标体系建立。根据物流企业的战略目标，结合长短期发展需要，成立专家组通过头脑风暴法为四类具体的指标找出其最具有意义的绩效衡量指标，并对设计的指标自上而下，从内部到外部进行交流，征询各方意见，吸收各方面、各层次的建设。这种沟通与协调完成之后，使所涉及的指标体系达到平衡，从而能全面反映和代表企业的战略目标。

(5) 加强物流企业内部的沟通和培训。利用各种不同沟通渠道，如定期或不定期的刊物、新建、公告栏、标语、会议等让各层管理人员知道企业的定位、战略目标与绩效衡量指标。

(6) 确定每年、每季、每月的绩效衡量指标的具体数值，并与企业的计划和预算相结合，找出薄弱环节。

(7) 将绩效评价结果与薪酬制度挂钩。例如，将平衡计分卡指标作为衡量企业经营成功的计算器和是否发放奖金的决定因素；把企业组织必须完成全部或部分的绩效目标作为企业向员工发放一定比例激励报酬的前提。

(8) 绩效指标体系的完善与战略的修订。首先要关注采用平衡计分卡以后，对于绩效评价是否有不全面或不科学之处，以便及时补充和修正。另外，根据本期完成绩效目标的情况，时时对企业的战略进行修定，以使其更加符合物流企业的实际情况。

6.3.2.4 360 度绩效考评体系

1.360 度绩效考核体系概述

360 度绩效考核是绩效考核方法之一，其特点是评价维度多元化（通常是 4 个或 4 个以上），一般包括被考评者、上级、下级、同级四个维度，它适用于对中层以上的人员进行考核，最早是由 Intel 公司提出并加以实施的。近十几年来，随着“人本”管理思想成为西方管理学中的主导管理理念以及网络信息技术的推广，以 360 度绩效评估为核心的绩效管理体系风靡全球。2010 年的一项调查显示，在《财富》杂志评选出的排名在前 1000 位的企业中，有近 90%已将 360 度反馈系统的某些部分应用于职业发展与绩效考核中，这些企业包括 IBM、摩托罗拉、诺基亚、福特、迪斯尼等知名企业。

(1) 被考评者。自我评价是指让经理人针对自己在工作期间的绩效表现，或根据绩效表现评估其能力，并据此设定未来的目标。当员工对自己做评估时，通常会降低自我防范意识，从而了解自己的不足，进而愿意改正自己的不足之处。

(2) 同事。同事的评价是指由同事互评绩效的方式来达到绩效评估的目的。对一些工作而言，有时上级与下属相处的时间与沟通机会反而没有下属彼此之间多。在这种情况下，上级要对部属做绩效评估也就非常困难。但相反的，下属彼此间在一起工作的时间很长，所以他们相互间的了解反而会比上级与部属更多。此时，他们之间的互评反而能比较客观。而且，部属之间的互评，可以让彼此知道自己在人际沟通这方面的能力。

(3) 下属。由部属来评价上司，这个观念对传统的人力资源工作者而言似乎有点不可思议。但随着知识经济的发展，有越来越多的公司让员工评估其上级主管的绩效，此过程称为向上反馈。而这种绩效评估的方式对上级主管发展潜能上的开发特别有价值。管理者可以通过下属的反馈，清楚地知道自己的管理能力有什么地方需要加强。若自己对自己的了解与部属的评价之间有太大的落差，则主管可针对这个落差深入了解其中的原因。因此，一些人力资源管理专家认为，下属对上级主管的评估会对其管理才能的发展有很大的裨益。

（4）主管。主管的评价是绩效评估中最常见的方式，即绩效评估的工作是由主管来执行。因此，身为主管必须熟悉评估方法，并善用绩效评估的结果作为指导部属、发展部属潜能的重要武器。

随着企业的调整，一些公司常常会推动一些跨部门的合作方案，因此一些员工可能同时会与很多主管一起共事。所以在绩效评估的系统建立上，也可将多主管、矩阵式的绩效评估方式纳入绩效评估系统之中。

2.360 度绩效考核体系操作过程

（1）准备阶段。准备工作相当重要，它影响着评估过程的顺利进行和评估结果的有效性。准备阶段的主要目的是使所有相关人员，包括所有评估者与受评者，以及所有可能接触或利用评估结果的管理人员，正确理解企业实施 360 度评估的目的和作用，进而建立起对该评估方法的信任。

（2）评估阶段。第一，组建 360 度绩效反馈队伍。必须注意评估要征得受评者的同意，这样才能保证受评者对最终结果的认同和接受。第二，对评估者进行 360 度评估反馈技术的培训。为避免评估结果受到评估者主观因素的影响，企业在执行 360 度评估反馈方法时需要对评估者进行培训，使他们熟悉并能正确使用该技术。此外，理想情况下，企业最好能根据本公司的情况建立自己的能力模型要求，并在此基础上，设计 360 度反馈问卷。第三，实施 360 度评估反馈。分别由上级、同级、下级、相关客户和本人按各个维度标准进行评估。评估过程中，除了上级对下级的评估无法实现保密之外，其他几种类型的评估最好是采取匿名的方式，必须严格维护填表人的匿名权以及对评估结果报告的保密性。大量研究表明，在匿名评估的方式下，人们往往愿意提供更为真实的信息。第四，统计并报告结果。在提供 360 度评估报告时要注意对评估者匿名需要的保护。还有重要的一点，要确保其科学性。例如，报告中列出各类评估人数一般以 3～5 人为底限；如果某类评估者（如下级）少于 3 人的话，则必须归入其他类，而不得单独以下级评估的方式呈现评估结果。第五，企业管理部门针对反馈的问题制定相应措施。

（3）反馈和辅导阶段。向受评者提供反馈和辅导是一个非常重要的环节。通过来自各方的反馈（包括上级、同事、下级、自己以及客户等），可以让受评者更加全面地了解自己的长处和短处，更清楚地认识到公司和上级对自己的期望及目前存在的差距。根据经验，在第一次实施 360 度评估和反馈项目时，最好请专家或顾问开展一对一的反馈辅导谈话，以指导受评者如何去阅读、解释，以及充分利用 360 度评估和反馈报告。另外，请外部专家或顾问也容易形成一种“安全”（即不用担心是否会受惩罚等）的氛围，有利于与受评者深入交流。

3.360 度绩效考核体系优缺点

（1）360 度绩效反馈法优点：第一，打破了由上级考核下属的传统考核制度，可以避免传统考核中考核者极容易发生的“光环效应”、“居中趋势”、“偏紧或偏松”、“个人偏见”和“考核盲点”等现象。第二，一个员工想要影响多个人是困难的，从而使管理层获得的信息更准确。第三，可以反映出不同考核者对于同一被考核者不同的看法。第四，防止被考核者急功近利的行为（如仅仅致力于与薪金密切相关的业绩指标）。第五，较为全面的信息反馈有助于被考核者多方面能力的提升。

(2) 360 度绩效反馈法的不足：第一，考核成本高。当一个人要对多个同伴进行考核时，时间耗费多，由多人来共同考核所导致的成本上升可能会超过考核所带来的价值。第二，成为某些员工发泄私愤的途径。某些员工不正视上司及同事的批评与建议，将工作上的问题上升为个人情绪，利用考核机会“公报私仇”。第三，考核培训工作难度大。组织要对所有的员工进行考核制度的培训，因为所有的员工既是考核者，又是被考核者。

(3) 解决办法：第一，匿名考核。确保员工不知道任何一位考核小组成员是如何进行考核的（但主管人员的考核除外）。第二，加强考核者的责任意识。主管人员必须检查每一个考核小组成员的考核工作，让他们明白自己运用的考核方法是否恰当，结果是否可靠，以及其他人员又是如何进行考核的。第三，采用统计程序和软件。运用加权平均或其他定量分析方法，综合处理所有评价。第四，识别和量化偏见。查出与年龄、性别、民族等有关的歧视或偏爱。

6.4 绩效结果的反馈

6.4.1 绩效反馈概述

6.4.1.1 绩效反馈及其作用

所谓绩效反馈就是通过正式面谈的方式，评估者（主要指上级）向被评估者（主要指下级）告知绩效评估结果，根据绩效评估结果所进行的检视与讨论。

绩效反馈本质上是信息沟通的一种方式，而绩效反馈最重要的实现手段也是评估者和被评估者双方的有效沟通。所以，绩效反馈和信息沟通两者联系密切，许多信息沟通中谈到的问题可以用于指导人们更好地进行绩效反馈；而绩效反馈的特定内容和目的也决定了评估者在进行沟通面谈时要使用的方法和技巧。

通过绩效反馈，评估者就被评估者在评估期间内的绩效情况进行面谈，在肯定成绩的同时，找出工作中的不足并讨论改进意见。被评估者可以在绩效反馈过程中，对评估结果予以认同，若有异议可以向组织高层提出申诉，最终使绩效评估结果得到认可。由于绩效反馈在绩效评估结束后实施，而且是评估者和被评估者之间的直接对话，因此，有效的绩效反馈对绩效管理起着至关重要的作用。

(1) 绩效反馈在评估者和被评估者之间架起了一座沟通的桥梁，使绩效评估公开化，确保评估的公平和公正。评估过程是评估者的施动行为，评估者不可避免地会掺杂自己的主观意识，导致这种公正性不能完全依靠制度的改善来实现。绩效反馈较好地解决了这个矛盾，它不仅让被评估者成为主动因素，更赋予了其一定权利，使被评估者拥有知情权和发言权。同时，通过程序化的绩效申诉，有效降低了评估过程中不公正因素带来的负面效应，在被评估者与评估者之间找到了平衡点，对整个绩效管理体系的完善起到了积极作用。

（2）绩效反馈使被评估者了解到自己工作中的不足，有利于改善绩效。绩效评估结束后，被评估者接到评估结果通知单，但对评估结果的来由并不了解，这时就需要评估者就评估的全过程，特别是被评估者的绩效情况进行详细介绍，指出被评估者的优缺点。评估者还需要对被评估者的绩效提出改进建议。通过这个环节，被评估者可充分了解到自身存在的不足，以便在日后的工作中不断完善，最终达到提高绩效的目的。

（3）绩效反馈可以排除目标冲突，有利于增强组织的核心竞争力。任何一个组织都存在两个目标：团队目标和个体目标。个体目标与团队目标一致，能够促进团队的不断进步；反之，会产生负面影响。在这两者之间，团队目标占主导地位，它要求个体目标处于服从的地位。有效的绩效反馈可以通过对绩效评估过程及结果的探讨，发现个体目标中的不和谐因素，借助团队中的激励手段，促进个体目标朝着团队目标方向发展，达到团队目标和个体目标的一致。

6.4.1.2　绩效评估结果反馈的过程

绩效评估结果的反馈具有两个主要特征：一是传递相关信息；二是激励和警醒员工。绩效反馈的四个阶段如下。

（1）反馈的知觉。员工对反馈得到的信息进行某种组合和解释，并检索出重要的信息。

（2）接受反馈。接受信息的员工认为，反馈信息正确地描述自己的工作情况和业绩，或者公正客观地指出了自己工作的不足。

（3）行为意向。所谓“有则改之，无则加勉”，员工根据反馈信息决定是否保持或增强那些被评估为有效的行为，改变或消除那些无效的、不良的行为。

（4）意向反思。员工根据绩效反馈的结果，重新审视和订立自己的新目标。

管理案例

通用电气公司的绩效评估

通用电气（中国）公司的做法是四张表格评优劣。在通用电气公司，年终评估有四张表格。前三张是自我鉴定，其中第一张是个人学历记录；第二张是个人工作记录（包括在以前公司的工作情况）；第三张是对照年初设立的目标自评任务的完成情况。根据一年中的表现，对照通用电气公司的价值观、技能要求等，确定自己哪些方面是强项，哪些方面还存在不足，哪些方面需要通过哪些方式提高，需要得到公司的哪些帮助，在未来的一年或更远的将来有哪些展望等。原首席执行官杰克·韦尔奇在当年刚加入通用公司时，就在他的个人展望中表达了他要成为通用公司全球总裁的愿望。第四张是经理评价。经理在参考前三张员工自评表的基础上，填写第四张表格。经理填写鉴定时必须与员工沟通，并取得一致的意见。

6.4.1.3 评估结果的表示方法

1. 文字叙述评估法

要求评估者以文字叙述的形式描述员工绩效，对所涉及的话题给出提示。这种以定量为基础的定性描述，具有形象化的特征，有较强的直观性，重点突出，内容集中，具有适当的分析，充分体现了定性与定量相结合的特点。

这种方法的缺点是：一方面，容易出现各位评估者对被评估者的评语雷同化的现象；另一方面，由于评估者不同，评估者的写作技巧不同，文字描述的长度和内容有极大差异。所以，这种方法仅适用于标准评估之后，在同等条件下对被评估者的一种概括的主观评估。一般在向上一级推荐员工时，在可测量性的绩效评估表后可附带着文字叙述的评估。

2. 图线表示法

图线表示法是通过建立直角坐标系，利用已知数据，描绘出图线来表示评估结果的方式。

这种方法的优点是简单明了、直观、形象、对比性比较强；其缺点是信息损失量大，只能了解总体情况。

3. 数字表示法

数字表示法是结果表示法的最基本形式，它是直接利用评估结果的分值对被评估者的绩效情况进行描述的方式。

数字表示法的优点是：一是可比性强。各评估对象和评估指标并列于表格之中，便于在各个被评估者之间进行各种比较，也容易从中找出有关绩效评估内容的差异与重点。二是言简意赅。这种方式充分利用了数字描述具有的规格统一、数据量大等特点，并为计算机管理创造了条件。其缺点是不能全面反映每个被评估者的具体情况，从而使信息受到损失，需要和文字描述相结合使用。

6.4.1.4 绩效反馈的技巧

在绩效反馈中，管理者为反馈源，员工为反馈接受者，而整个反馈周期内的工作绩效和绩效评估结果就是反馈信息。一般根据绩效反馈信息的内容以及反馈源态度的不同，将绩效反馈分为三类：负面反馈、正面反馈和建设性反馈。其中，负面反馈和建设性反馈都是针对错误的行为进行的反馈；而正面反馈则是针对正确行为进行的反馈。

1. 对错误行为的反馈

管理者针对员工的错误行为进行反馈的目的是通过让员工了解自身存在的问题而进行纠正。对错误行为的反馈就是人们通常说的批评。批评不一定非要是消极的，实际上批评也可以是积极的和建设性的。所谓建设性反馈就是针对员工的错误行为加以指出，并且提出改进的意见供对方参考，而不是横加指责和批评。现在越来越多的管理者已经认识到对员工的错误行为进行建设性反馈的重要性，掌握相关的技能也是管理者必须做到的。心理学家发现，以下七个要素对建设性反馈很有意义。

(1) 建设性反馈是战略性的。建设性反馈的战略性是指应当有计划地对错误的行为进行反馈。有时管理者和员工由于受到当时谈话气氛的影响而对自己的言行失去控制，这种情绪失控下进行的反馈不但毫无意义，并且会产生负面影响。事前充分明确反馈的目的，组织好思路和情绪并选择恰当的语言，可以有效地避免这种情况发生。

(2) 建设性反馈是维护对方自尊的。自尊是每个人在进行人际交往时都要试图保有的，管理者在绩效反馈时应当考虑到员工自尊。消极的批评容易伤害人、打击对方的自尊心，对人际关系具有破坏性。要做到这一点，最简单的方法就是在与对方进行反馈之前进行一下换位思考。

(3) 建设性反馈应掌握时机。建设性反馈应发生在适当的环境中，充分考虑时间、地点以及周围环境，寻找最佳时机以保证能够接受反馈的意见。

(4) 建设性反馈是以进步为导向的。绩效反馈应该着眼于未来，而不应该抓住过去的错误不放。强调错误的批评方式会使员工产生抵触心理，这将对绩效反馈的效果起消极作用。只有以进步为导向的批评，才能够真正达到绩效反馈的最终目的——提高员工的未来绩效。

(5) 建设性反馈是互动式的。批评往往是单向传递信息，这种方式会由于管理者单方的操纵和控制而引起员工的反感和抵触，从而产生排斥心理。建设性反馈主张让员工参与到整个反馈的过程中，也就是所谓的互动式绩效反馈。管理者应当通过有效的引导让员工提出自己的看法和建议。

(6) 建设性反馈是灵活的。灵活性要求管理者在反馈时应当根据不同的对象和不同情况采取不同的方式，并在反馈的过程中根据对方的反应进行方式上的调整。

(7) 建设性反馈是对员工的指导。建设性反馈不仅仅是单纯的好、坏、对、错这类信息的传递，更应当为员工提供明确的、具体的建议，以表明自己帮助他们的愿望。管理者应该让员工感受到对他们的关注以及信心，并使员工相信自己能够得到来自管理者的充分帮助。这种信息的传递不仅有助于改善绩效，也有助于改善管理者与员工的关系，提高相互之间的信任感。

2. 对正确行为的反馈

对正确行为的反馈与对错误行为的反馈同样重要，两者的最终目的都是提高员工绩效。对错误行为的反馈将注意力集中于减少不好的行为，而对正确行为的反馈是为了强化这种正确的行为。管理者往往容易忽视对正确行为的反馈，可能是由于他们对所谓的“正确行为”理解不全面而无法确认，也可能是没能掌握好对正确行为进行反馈的方式。

在实际工作中，对正确行为的反馈具体表现为管理者对员工的表扬和称赞。表扬是一种积极的鼓励、促进和引导，表扬员工不仅仅能够实现对员工优秀绩效的反馈，也是激发员工工作热情、提高积极性的重要手段，因此也是管理者应当掌握的重要沟通技巧。在具体做法上有以下四点。

（1）善于寄希望于表扬之中。当一个人因工作上的成绩受到表扬时，就会产生一种成就感、荣誉感和自豪感，这种积极的心理反应不仅会使其感到心情愉快，还能使其自信心大增。在这种状态下，如果对其提出带有希望性的要求与建议，不仅不会引发其反感，而且会使其真正从中感悟到上级的关心与爱护，这是员工最易接受上级希望的绝妙时机。因此，表扬不能满足于对成绩的肯定，而应注意趁热打铁，在表扬中提出有针对性的希望，给受表扬者以新的目标。例如，对工作中成绩一贯突出、积极向上的员工进行表扬时，要不断提出新的希望目标，促使其更加发愤努力，更好地发挥自己的优势。

（2）善于授经验于表扬之中。管理者在表扬员工时，不应仅仅简单地说一句“干得不错”，而应善于借表扬将成功者的经验与方法传授给更多的员工，以实现以点带面与资源共享。优秀员工应该成为学习和模仿的榜样，其经验是难得的资源，作为管理者在对受表扬者进行表扬之前，就应进行深入细致的调查分析，归纳总结其成功的经验和有效的方法，不仅要让表扬对优秀员工本人实现激励，更要使大家能从受表扬者的经验与方法中有所得益。

（3）善于寓道理于表扬之中。既然是表扬，就应注意以事论理、以理服众。如需公开表扬，一定要在员工取得公认的成绩时再采取这种方式，以免让其他员工感到管理者偏心、不公正，从而产生逆反心理；在表扬中要尊重客观事实，尽可能多地引用受表扬者的有关实例与数据，用事实来化解某些人的消极逆反心理；不要就事论事，要善于抓住事情的精神实质，给人以启迪，但切忌任意拔高、故弄玄虚。

（4）善于融鞭策于表扬之中。成熟的管理者总是善于在表扬中一箭双雕：既鼓励了先进，又鞭策了落后。事实上，对先进者的表扬，本身也就意味着对落后者的批评。由于这种批评是婉转的、间接的，是一种引导与鞭策，往往比直接的批评更有说服力，更有利于激发落后者的内在动力。因此，作为管理者在表扬先进的同时，要善于不点名地指出落后者存在的相关问题，启示他们在对比中看到差距，认识自我，明确努力的方向。

6.4.2 绩效反馈面谈

6.4.2.1 绩效反馈面谈及其目的

绩效反馈面谈是管理者就上一绩效周期中员工的表现和绩效评估结果与员工进行正式的、面对面的谈话，彼此交换信息、意见，做情感上的交流，或互相磋商以解决问题。

一般而言，绩效反馈面谈的主要目的有以下几个方面。

1. 对被评估者的表现达成双方一致的看法

对同样的行为表现，往往不同的人有不同的看法。管理人员对员工的评估只是代表了管理者的看法，而员工可能会对自己的绩效有另外的看法，因此，必须进行沟通以达成一致，这样才能制订下一步的绩效改进计划。

2. 使员工认识到自己的成就和优点

每个人都有被他人认可的需要。当一个人做出成就时，他需要得到其他人的承认或肯定。因此，绩效反馈面谈的一个很重要的目的就是使员工认识到自己的成就或优点，从而对员工起到积极的激励作用。

3. 指出员工有待改进的方面

人无完人。优秀员工的工作绩效中仍然存在有待进一步改进的方面，因此，在绩效反馈面谈中就有必要给其指出，这对于他们的成长与发展是非常重要的。

4. 制订绩效改进计划

在双方对绩效评估的结果达成一致意见之后，员工和管理人员可以在绩效反馈面谈过程中一同制订绩效改进计划。通过绩效反馈面谈，双方可以充分地沟通关于如何改进绩效的方法和具体的计划。

5. 协商下一个绩效管理周期的目的和绩效标准

绩效管理是一个往复不断的循环。一个绩效周期的结束，同时也是下一个绩效管理周期的开始。因此，上一个绩效管理周期的绩效反馈面谈可以与下一个绩效管理周期的绩效计划面谈结合在一起进行。由于刚刚讨论完员工在本绩效管理期内的绩效结果以及绩效的改进计划，因此在制定绩效目标的时候就可以参照上一个绩效周期中的结果和存在的待改进的问题来制定，这样既能有的放矢地使员工的绩效得到改进，又可以使绩效管理活动连贯起来。

6.4.2.2 绩效反馈面谈的准备工作

“先谋后事者昌，先事后谋者亡。”一个成功的绩效面谈来自事前的精心准备。首先应做好面谈计划，即明确本次绩效面谈主要谈什么，要达到什么目的，解决什么问题等。

在准备进行绩效反馈面谈时，需要做好如下三件事情。

1. 收集充分的信息和有关资料

重点在于研究面谈对象的工作职责和工作目标，将其实际工作绩效与工作所要达到的标准互相对照，找出差距，并翻阅该对象以往工作表现情况的记录，与目前表现相对照。

2. 给面谈对象以较充分的准备时间

应至少提前一周通知面谈对象，使其有时间对自己的工作进行总结：回顾一下自己的工作目标与工作职责，分析自己工作的成绩与存在的问题，找出原因，并进行小结。

主管做适当的口头确认，说明评估的重要性，督促员工在规定的时间内做好准备。最好在面谈正式开始的前一天与下属当面再确认一下具体时间和地点。

3. 选择适当的时间和地点进行面谈

应当找一个对双方来说都比较方便的时间进行面谈，以便为整个面谈过程留出一段较为充分的时间。面谈时，最好在组织的会议室而不是在主管的办公室谈；否则，主管的电话会不断地打断跟员工的面谈，而且让员工感觉像是在汇报工作；会议室的灯光不能晃眼，也不能只在窗户上现出主管的轮廓，让人看不清主管的表情。面谈双方桌椅的尺寸要差不多大，面谈起来显得比较平等；同时将桌面整理干净，不要让文件成为双方交流的障碍。安排座位时，尽可能创造出一种轻松的氛围，不要太正式。利用桌子的一角可以显示出一种友好随意的氛围，很实用，有利于目光交流，与面对面坐在桌子两边相比显得友好得多。面对面沟通时，主管的身体尽量前倾，保持身体直接面向下属，不必像平日里的正襟危坐而使员工依然感觉是向领导汇报。鼓励下属充分参与，与下属说话，然后认真聆听；关注下属的长处，谈话要具体、客观，态度要平和，要始终把握面谈是双方的沟通，而非一个人的讲演。

美国心理学家泰勒尔及其助手兰尼的实验研究，对于面谈地点的选择有一定的借鉴意义，如表 6-8 所示。

表 6-8　　面谈地点的选择

地点	特点	适用范围
办公室	严肃、重要	犯有错误的人；性格外向、喜欢交际的人
家中	亲切、平等	目的是沟通思想，增进双方了解，密切双方关系；或者劝导难度较大时
路上、室外	随便	性格内向、胆小怕事、敏感多心的人；屡教不改的人
公园、林荫路	平等、非正式	情绪低落、消沉的人

6.4.2.3　绩效反馈面谈的实施

（1）面谈开场白

绩效反馈面谈的开场白有各种各样的形式，采取什么样的方式取决于具体的谈话对象和情境。管理者应在这一阶段简短地向面谈对象说明面谈目的和基本程序。有的情况下员工可能会比较紧张，这时管理者可以选择一些轻松的话题开始谈话，缓和对方的心情和气氛。如果员工对面谈的目的比较理解，情绪平和稳定，就不妨开门见山地进入主题。

（2）员工自我评价

员工可以参照期初制订的绩效计划和绩效目标，简明扼要地汇报考核周期内的工作情况。此时，管理者应该做到：注意倾听，不要轻易插话和随意打断；关注工作实绩，并留意其失误的事实；对于不清楚的地方，应适时询问；适当记录。当员工自我评价结束后，管理者可以进行小结。

（3）确认绩效结果

管理者和员工双方应对照绩效计划和目标对员工的绩效行为和结果进行讨论。考虑到员工的接受能力，一般先谈员工表现好的地方，然后谈有待改进之处；先谈重要的问题，后谈次要的沟通。这样逐项沟通，双方意见一致就继续往下进行；如果意见不一致，就进行讨论；如果实在无法达成一致，可以暂时搁置。在这一过程中，管理者要耐心听取员工对绩效结果的意见，让员工对有出入的信息或结论做必要的说明和解释。

（4）分析诊断问题

由于绩效的特征使得最终影响绩效的原因是多方面的，因此管理者和员工应该共同分析，找到导致最终绩效差距的真正原因。一旦弄清楚绩效差距的原因，接下来就要寻求解决问题的办法以纠正错误。经过充分交换意见后，面谈双方在彼此要求和期望方面达成共识，即管理者对员工的要求和希望，员工在今后工作中需要组织提供的必要条件和支持等。管理者要认真听取员工的建议，对其提出的合理要求和措施应该给予积极的肯定和支持。

（5）面谈结束

当面谈目的达成或已经无法取得进展时，应该结束面谈，不要拖延。在绩效面谈结束之际，管理者应当对员工进行积极的鼓励，让其振奋精神、鼓足干劲，以积极、乐观的情绪开始下一阶段的工作。一般在面谈的结尾，谈过的事情或约定的事项都应该予以相互确认，要留一些继续面谈的可能性和话题给双方，以便最终全面达到面谈目标。

员工离开后，管理者要将面谈记录整理归档，并且设计落实双方达成一致的绩效改造和员工发展计划。最后，对整个面谈过程进行评估，作为将来改进面谈质量的依据。

知识链接

绩效面谈“十步走”

第一步：营造和谐气氛；

第二步：说明面谈的目的、步骤和时间；

第三步：根据预先设定的绩效指标讨论员工的工作完成情况；

第四步：分析失败与成功的原因；

第五步：讨论员工行为表现与组织价值观相符合的情况；

第六步：讨论员工在工作能力上的强项和有待改进的方面；

第七步：讨论员工的发展计划；

第八步：为员工下一阶段的工作设定目标和绩效指标；

第九步：讨论员工需要的资源与帮助；

第十步：双方签字认可。

6.4.2.4　绩效面谈的技巧

1. 鼓励员工说话

面谈是一种双向沟通，但有些员工可能会因为紧张、害羞或者性格上的原因而不敢说话。因此，管理人员要运用各种方法鼓励员工发表自己的意见。当然，建立彼此之间的信任有助于打开僵局，但有时可能需要管理人员提出具体的问题，才能让员工说话，因而灵活地运用各种提问技巧引导员工发言不失为一种好办法。比如，可以多提一些开放性的问题，像“你认为怎样才能使条件变得更好?”，多用一些激励性的话语进行追问，像“还有呢?”，绝对不能用如下的问题“这么简单的事情，你怎么就做不好呢?”

2. 认真地倾听

要想从面谈中获得有用的信息，就必须做一个好听众。当员工发表自己的意见和看法时，管理人员要认真地倾听，尽量不要打断。这种倾听不仅是保持沉默不说话，而是要真正地去听，去捕捉员工谈话中的关键信息。这种倾听也是一个动态的过程，管理人员要去发掘员工的想法和感受。当双方同时开口时，管理人员应该停下来让员工继续，这一点对于有的管理人员而言较为困难，但是却有助于保持整个面谈过程双向的信息交流，这等于告诉员工："你要说的比我要说的重要。"

3. 运用肢体语言

运用姿势、手势、表情等非语言手段也可以把自己想表达的心意传达给对方，这就是"肢体语言"。在面谈过程中，有时恰当地运用肢体语言可以收到比语言更好的效果。比如，倾听员工说话时，既可以用点头表示赞同，也可以使身体前倾或做一下笔记来表示对话题感兴趣。另外，注视说话人的眼睛也可以使对方感到自己的谈话受到重视。当然，管理人员在利用肢体语言传达自己意思的同时也要注意观察员工的表情、手势、动作等反应，以发现其中隐含的言外之意。

4. 小道具的运用

在面谈中，适当地运用一些"小道具"作为媒介，将有助于制造谈话的气氛。比如，倒杯茶或递支烟给对方、替对方点火或让对方替你点火，可以产生双方亲近的感觉，尤其在谈话突然中断、陷于尴尬沉默的一刹那，运用类似的动作对双方都是一种援救，可以松一口气，再使谈话继续下去。

5. 妥善处理员工的对抗情绪

防御性反应是人们在适应社会的过程中自然形成的，在面谈过程中，当员工被指责为表现差的时候，其第一反应往往是防御性的，因为承受自己的缺点对于任何人而言都比较困难。员工通常会为自己的行为找出各种各样的客观原因，甚至会变得异常恼怒并带有攻击性。此时，管理人员要明确员工这种防御行为的必然性，不要立刻批驳，待员工情绪较为平静时，再继续进行讨论。另外，管理人员还要明确一点，员工之所以会有这种反应是因为他预期自己会受到指责，因此，管理人员如果不是指责员工而是以一种建设性的态度来讨论员工的不足，这种对抗性的反应会相应地减弱一些。

6.4.2.5 绩效面谈实例评析

同样都是在做绩效面谈，但不同的做法，其结果却大相径庭。"有比较，才有鉴别"，下面就是一组对比鲜明的绩效面谈案例。

失败篇

（差五分钟下班，客户服务部经理王明正收拾整理一天的文件，准备下班后去幼儿园接孩子，吴总走了进来）

吴总：王明，你现在不忙吧？考核结果你也知道了，我想就这件事与你谈一谈。

王明：吴总，我下班后还有点事……

吴总：没关系，我今晚上也有个应酬，咱们抓点儿紧。

王明（无奈地）：那我就来。

（总经理办公室，办公桌上文件堆积如山。王明心神不宁地在吴总对面坐下）

吴总：王明，绩效考核结果你也看到了……

（电话铃响，吴总拿起了电话，"喂，谁？啊，李总呀，几点开始？好，一定……"）

吴总（通话用了五分钟。放下电话，笑容满面的脸重新变得严肃起来）：刚才我们谈到哪里了？

王明：谈到我的绩效考核结果。

吴总：喔，你上一年的工作嘛，总的来说还过得去，有些成绩还是可以肯定的。不过成绩只能说明过去，我就不多说了。我们今天主要来谈谈不足。王明，这可要引起你的充分重视呀，尽管你也完成了全年指标，但你在与同事共处、沟通和保持客源方面还有些欠缺，以后得改进呀。

王明：您说的“与同事共处、沟通和保持客源方面还有欠缺”具体指什么？

（电话铃再次响起，吴总接起电话，“啊，李总呀，改成六点了？好好，没事，就这样。”吴总放下电话）

吴总：王明，员工应该为领导分忧，可你非但不如此，还给我添了不少麻烦！

王明：我今年的工作指标都已经完成了，可考核结果……

吴总：考核结果怎么了？王明，别看我们公司人多，谁平时工作怎么样，为人处世如何，我心里可是明镜似的。

王明（委屈地）：我觉得您可能对我有些误会，是不是因为在上次销售报告会议上我的提议与李部长发生冲突，弄得很不愉快……

吴总：你不要乱琢磨。你看看陈刚，人家是怎么处理同事关系的。

王明（心想：怨不得他的各项考核结果都比我好）：吴总，陈刚是个老好人，自然人缘儿好，但我是个业务型的人，比较踏实肯干，喜欢独立承担责任，自然会得罪一些人……

吴总：好了，李总又该催我了，今天就这样吧。年轻人，要多学习，多悟！

王明（依然一头雾水）……

吴总自顾陪客人吃饭去了，留下王明一个人愣在那里。

成功篇

吴总：小王，这两天我想就你近来的考核结果和你聊一聊，你什么时候比较方便？

王明：吴总，我星期一、星期二、星期三准备接待公司的一批重要客户，星期四以后事不多，您定吧。

吴总：我星期五也没有其他重要安排，那就定在星期五，上午九点怎样？

王明：没问题。

星期五之前，吴总认真准备了面谈可能用到的资料，他侧面向王明的同事了解了王明的个性，并对面谈中可能会遇到的情况做了思考。在这期间，王明也对自己一年的工作情况对照考核结果进行了反思，并草拟了一份工作总结和未来发展计划。

（星期五上午九点，公司小会议室，宽敞明亮，吴总顺手关上了房门，在会议桌头上坐下，王明侧坐在吴总右侧）

吴总：小王，今天我们打算用大约一个到一个半小时的时间对你在过去半年中的工作情况做一个回顾。在开始之前，我想还是先请你谈一谈你认为我们做绩效考核的目的是什么？

王明：我觉得绩效考核有利于对优秀的员工进行奖励，特别是在年底作为发放奖金的依据。不知我说的对不对，吴总？

吴总：你的理解与我们做绩效考核的真正目的有些偏差，这可能主要是由于我们给大家解释得不够清楚。事实上，我们实行绩效考核，最终是希望在绩效考核后，能通过绩效面谈，将员工的绩效表现——优点和差距反馈给员工，使员工了解在过去一年中工作上的得与失，以明确下一步改进的方向；也提供一个沟通的机会，使领导了解部属工作的实际情况或困难，以确定可以为员工提供哪些帮助。

王明（不好意思地）：吴总，看来我理解的有些狭隘了。

吴总（宽容地笑笑）：我们现在不又取得一致了吗？我们现在逐项讨论一下。你先做一下自我评价，看看我们的看法是否一致。

王明：去年我的主要工作是领导客户服务团队为客户提供服务，但是效果不是很令人满意。我们制定了一系列的标准（双手把文件递给吴总），但满意客户的数量增幅仅为55%，距离我们80%的计划相去甚远。这一项我给自己"合格"。

吴总：事实上我觉得你们的这项举措是很值得鼓励的。虽然结果不是很理想，我想可能是由于你们没有征询客户建议的缘故，但想法和方向都没有问题。我们可以逐步完善，这项我给你"优良"。

王明：谢谢吴总鼓励，我们一定努力。

吴总：下一个。

王明：在为领导和相关人员提供数据方面，我觉得做得还是不错的。我们从未提供不正确的数据，别的部门想得到的数据我们都会送到。这一项我给自己"优秀"。

吴总：你们提供数据的准确性较高，这一点是值得肯定的，但我觉得还有一些有待改善的地方，比如，你们的信息有时滞后。我认为还达不到"优秀"的等级，可以给"优良"。你认为呢？……我想总的给你的评价应该是B+，你觉得呢？

王明：谢谢，我一定会更加努力的。

吴总：下面我们来讨论你今后需要继续保持和需要改进的地方，对此你有什么看法？

王明：我觉得我最大的优点是比较富有创造性，注重对下属的人性化管理，喜欢并用心培养新人。最大的缺点是不太注重向上级及时汇报工作，缺乏有效的沟通。我今后的发展方向是做一个优秀的客户服务经理，培养一个坚强有力的团队，为公司创造更好的业绩。

吴总：我觉得你还有一个长处，就是懂得如何有效授权，知人善任，但有待改进的是你在授权后缺乏有力和有效的控制。我相信，你是一个有领导潜力的年轻人，你今后一定会成为公司的中坚力量。

王明：好的，谢谢吴总。

两者相比，高下自明。下面重点来看一下整个绩效面谈中，容易被管理者忽略的一些细节。

1. 面谈前，管理者和员工都必须有充分的事前准备

管理者的准备工作主要集中在两个方面：一是时间、地点的准备和安排；二是相关材料的分析和准备。

管理者应与员工事先商讨双方都能接受的时间，选择安静、轻松的小会客厅实施面谈。在进行绩效面谈的时候，管理者最好能够拒绝接听任何电话，停止接待来访的客人，以避免面谈受到不必要的干扰。

管理者应注意安排好双方面谈时的空间距离和位置，双方成一定夹角而坐，可以给员工一种平等、轻松的感觉。

管理者在设计面谈计划时，应该考虑以下问题：设计开场白；确定该次面谈所要达到的目的等。由于绩效反馈面谈针对的主要内容是上一阶段绩效评估的结果，这个过程必然是围绕着评价员工上一阶段工作情况展开的，所以，管理者需要收集整理面谈中需要的信息资料，包括员工的“职位说明书”、“计划工作表”、“绩效评估表”等。

此外，管理者应该让员工也做好面谈准备。绩效面谈是管理者和员工两个人共同完成的工作，只有双方都做了充分的准备，才可能收到预期效果。

2. 面谈时，管理者应灵活运用正面和负面的反馈

正面的反馈是要让员工知道他的表现达到或超过了管理者的期望，得到了管理者的认可。要强化员工的正面表现，使之在以后的工作中不断发扬光大，继续为组织做出更多的贡献。

在表扬和激励员工时，要让员工真实地感受到你确实对他的表现很满意。你的表扬确实是真情流露，而不是套近乎、拉关系。只有这样，员工才会把你的表扬当成激励，在以后的工作中更加卖力。此外，表扬一定要具体。要对员工所做的某件事有针对性地提出表扬，而不是笼统地说“你表现很好”就完事。

对于负面的反馈，要注意以下几点：一是要具体描述员工存在的不足，对事不对人，描述而不作判断。不能因为员工的某一点不足，就做出员工“如何不好”之类的感性判断；要客观、准确、不指责地描述员工行为所带来的后果，员工自然就会意识到问题的所在；二是要以聆听的态度听取员工本人的看法，而不是一直喋喋不休地教导；三是与员工共同商定未来工作中如何加以改进，并形成书面材料。

管理者在不得不对下属进行较为严厉的批评时，可以考虑采用“汉堡法”：最上面一层面包如同表扬；中间夹着的馅料如同批评；最下面的一块面包最重要，即要用肯定和支持的话语结束。

首先，应表扬特定的成就，给予真心的肯定。表现再不好的人也有值得表扬的优点，千万别说“你这个人不行”，而应给予真诚的赞美，这样有助于建立融洽的气氛；其次，提出需要改进特定的行为表现，指出不足和错误，提出让员工能够接受的改善要求；最后，以肯定和支持的语气结束，和员工一起制订绩效改进计划，表达对员工未来发展的期望。

3. 面谈结束前，管理者应制订员工改进辅导计划

面谈结束前，管理者勿忘以下工作：首先，要帮助员工制定培训规划，与员工一起做

好全面的培训规划与设计，并做好培训效果的考核，保证培训达到预期效果；其次，要做好职业辅导，帮助下属员工进行职业生涯规划，把员工自身发展的需求变为不断提高绩效的动力。

6.5 绩效结果的应用

绩效管理是人力资源管理职能系统的核心环节，而绩效评估结果能否有效利用关系到整个绩效管理系统的成败。如果绩效评估结果没有得到相应的应用，在组织中就会出现绩效管理与人力资源管理其他环节脱钩的情况，产生绩效管理“空转”现象。在绩效管理实践中，绩效评估结果主要用于两个方面：一是通过分析绩效评估结果诊断员工存在的绩效问题，找到产生绩效问题的原因，制订绩效改进计划以提高员工的工作绩效；二是绩效评估结果是其他人力资源子系统的决策依据，如招聘、晋升、培训与开发、薪酬等。

6.5.1 绩效持续改进的应用

绩效改进是绩效评估的后续应用阶段，是连接绩效评估和下一循环计划目标制定的关键环节。绩效评估不仅仅是确定员工薪酬、奖惩、晋升或降级的依据，其根本目的是员工能力的不断提高以及绩效的持续改进，而实现这一目的的途径就是绩效改进。

6.5.1.1 绩效改进的指导思想

绩效改进是这样一个过程：首先，分析员工的绩效评估结果，找出员工绩效中存在的问题；其次，针对存在的问题制订合理的绩效改进方案，并确保其能够有效地实施，如个性化的培训等；最后，在下一阶段的绩效辅导过程中，实施已经制订的绩效改进方案，尽可能为员工的绩效改进提供知识、技能等方面的帮助。

传统的绩效考核侧重于考核员工过去的工作绩效，而现代绩效管理则强调如何改进员工未来的绩效。

要做好绩效改进工作，首先必须明确绩效改进的指导思想，用以指导我们的绩效改进工作。绩效改进的指导思想主要体现在以下几个方面。

1. 绩效改进是绩效管理系统不可或缺的部分

绩效改进是绩效考核的后续工作，所以绩效改进的出发点是对员工现实工作的考核，不能将绩效改进与绩效管理系统的其他部分割裂开来。由于绩效考核强调的是人与标准比较，而非人与人比，因此绩效改进的需求应该是在与标准比较的基础上确定的。绩效标准的确定应该是客观的，只有找到标准绩效与实际绩效之间的差距，才能明确绩效改进的需求。

2. 绩效改进是管理者应该承担的职责

绩效改进必须自然地融入到管理者的日常管理工作中，它不是管理者的附加工作，更不应被管理者视为负担。帮助员工改进绩效、提升能力，与完成管理任务一样都是管理者义不容辞的责任。管理者不应该以"没有时间和精力"、"绩效改进效果不明显"等理由来加以推脱，应该勇于承担绩效改进的责任。

6.5.1.2 绩效改进的流程

绩效改进流程如图 6-5 所示。

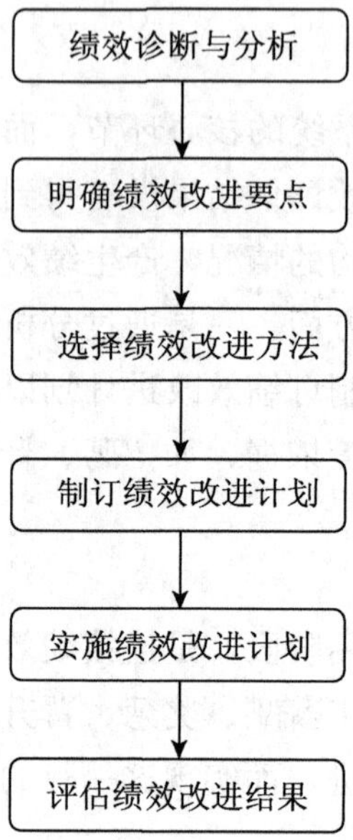

图 6-5 绩效改进流程

1. 绩效诊断与分析

绩效诊断与分析是绩效改进流程的第一步，也是最基本的环节。在绩效面谈中，管理者和员工通过分析和讨论评估结果，找出关键问题和产生绩效问题的原因，这是绩效诊断的关键任务。由于绩效具有多因性的特征，因此要快速有效地诊断绩效问题，必须对影响绩效的因素有所了解。换句话说，一个员工的绩效优劣并不是取决于单一因素，而是受制于来自主、客观方面的诸多因素，并且在不同的情境下各类因素的影响作用各不相同。比如，某企业引入一套新的设备，投入生产后，员工的工作绩效有明显下降。经过各种调查研究和数据分析，企业发现并不是由于员工不熟悉设备致使绩效下降，而是由于员工害怕新设备提高生产率导致企业有意裁员而故意怠工。该企业通过各种沟通方法向员工解释了新设备投入使用的目的和必要性，员工排除了非正常裁员的可能性之后，员工的工作绩效才像预期的那样有所提高。由此可见，只有在充分研究各种可能的影响因素的前提下，才能够找到问题的真正所在，然后对症下药对其进行有效的管理。

根据学者们的研究，诊断绩效问题通常有以下两种思路。

（1）四因素法

四因素法是从知识、技能、态度和环境四个方面着手来分析绩效不佳的原因，如图 6-6 所示。管理者可以通过与员工一起分析下面的问题，寻找到影响绩效的关键因素。

知识：员工有做这方面工作的知识和经验吗？

技能：员工具备运用知识和经验的技能吗？

态度：员工有正确的态度和自信心吗？

环境：有不可控的外部障碍吗？

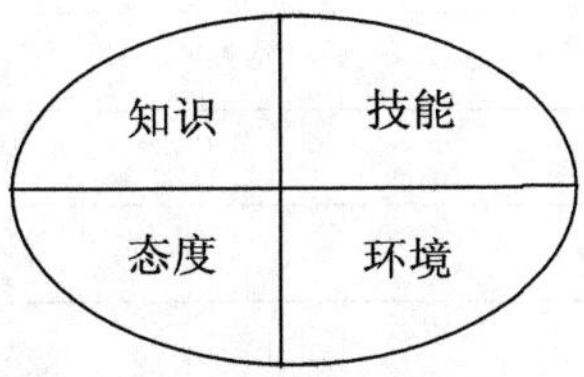

图 6－6　影响绩效的四因素法

（2）三因素法

三因素法是指从员工、管理者和环境三方面来分析绩效问题，如图 6－7 所示。

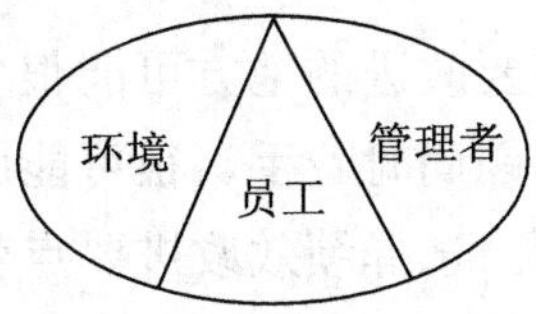

图 6－7　影响绩效三因素法

在员工方面，员工所采取的行动本身不正确，工作过程中努力不够，或者因为知识、技能不足都可能导致绩效不良，而员工对组织、管理者的要求理解有误，或是目标不明确，缺乏激励，也可能是绩效不良的原因。

在管理者方面，通常对管理者的管理行为从两个方面加以分析：一是管理者做了不该做的事情，比如监督过严、施加不当压力等；二是管理者没有做该做的事情，比如没有明确工作要求，没有对员工给予及时反馈，不给员工提供指导以及教育和培训的机会等。

在环境方面，包括工作场所、团队气氛等因素，都可能对员工绩效产生影响，具体包括工具或设备不良、原料短缺、不良工作条件（噪声、光线、空间以及其他干扰等）、同事关系、工作方法等。

以上两种方法各有特点，前者主要是从完成工作任务的主体来考虑，通过分析员工是否具备承担此项工作的能力和态度来分析绩效问题的原因。这种方法容易造成管理缺位，即把员工绩效问题产生原因归结为员工主观方面的问题，而忽视了管理者在产生绩效问题方面的责任，这样不利于找到绩效问题的真正原因，同时也不易被员工接受。后者从更宏观的角度去分析问题，较容易把握产生绩效问题的主要方面，认识到管理者在其中的责任以及客观外部环境的影响。要想更加透彻、全面地分析绩效问题，必须结合以上两种思路，在管理者和员工充分交流的情况下，对产生绩效不良的原因达成一致意见。表 6－9

可以作为管理者绩效诊断时的工具。

表 6 - 9　　绩效诊断表

影响绩效的维度		绩效不良的原因	备注
员工	知识		
	技能		
	态度		
管理者	辅导		
	其他		
环境	内部		
	外部		

资料来源：方振邦．《战略与战略性绩效管理》[M]．北京：经济科学出版社，2005.

2. 明确绩效改进要点

通过绩效诊断环节发现员工需要改进的地方可能很多，但最好能够选取一项重要并且容易进行的率先开始。如果多个问题同时着手，很可能由于压力过大导致失败。这种情况下就存在挑选绩效改进要点的问题。选择绩效改进要点就是综合考虑每个拟订项目所需的时间、精力和成本因素，选择用时较短、精力花费较少以及成本较低的项目，同时要争取员工的接受。可以采用表 6 - 10 所示的方法，在现有的绩效改进要点中进行选择。

表 6 - 10　　选择绩效改进要点的方法

绩效	不易改变	容易改变
急需改变	其列入长期改进计划	最先做
不急需改变	暂时不列入改进计划	第二选择

3. 选择绩效改进方法

经过绩效诊断和分析环节，选择了绩效改进要点并对影响的因素有了比较清晰的认识后，就要考虑解决问题的途径和方法。员工本人可以采取的行动包括：向管理者或有经验的同事学习，观摩他人的做法，参加组织内外的有关培训，参加相关领域的研讨会，阅读相关的书籍，选择某一实际工作项目，在管理者指导下训练等。管理者可以采取的行动包括：参加组织内外关于绩效管理、人员管理等的培训；向组织内有经验的管理者学习；向人力资源管理专家咨询等。在环境方面，管理者可适当调整人员分工，加强交流来改善团队氛围，对工作设备和环境进行改善等。

4. 制订绩效改进计划

所谓绩效改进计划（又称个人发展计划），是指根据员工有待发展提高的方面所制订的一定时期内有关工作绩效和工作能力改进和提高的系统计划。简言之，绩效改进计划是关于改善现有绩效的进展计划。通常，在绩效反馈面谈过程中双方就确定了下一阶段改进重点和改进计划。其后，即可选取一次缺失（即待改进的项目）率先开始进行绩效改进。如果同时进行多项改进，可能由于压力太大而无法完成。

（1）绩效改进计划的主要内容

在通常情况下，绩效改进计划的主要内容包括以下内容。

第一，员工基本情况、直接上级的基本情况以及该计划的制订时间和实施时间。

第二，有待改进的方面。根据上个绩效评估周期的评估结果和绩效反馈结果，确定该员工在工作中存在的问题，包括需要改进的工作方法、需要提高的工作能力和需要改善的工作态度等。

第三，对存在的问题提出有针对性的改进措施和明确责任人。包括具体的改进措施，建议接受的培训内容，例如参加在职培训、自我学习、他人帮助改进等。在可能的情况下，还应该针对特殊问题提出分阶段的改进意见，帮助员工有步骤地改进绩效。同时，还应当确定责任部门或责任人，以便更好地帮助员工并跟踪其改进的效果。

第四，明确经过绩效改进之后要达到的绩效目标。绩效的改进计划应该有明确清晰的目标，并在可能的情况下将目标明确地表示为员工在某个绩效评估指标上的得分。

为了制订包括上述内容的绩效改进计划，管理者和员工之间应进行充分的沟通。在绩效反馈面谈中，双方应就员工在上一个绩效评估周期的工作中存在的问题进行充分地交流。在这种交流的基础上，双方才能更好地制订详细的解决方案。

（2）制订绩效改进计划的过程

通常来说，制订个人发展计划需要经历以下过程。

第一，员工与主管进行绩效评估沟通。在主管的帮助下，员工认识到自己在工作当中哪些方面做得好，哪些方面做得不够好，认识到目前存在的差距。

第二，员工和主管共同就员工绩效方面存在的差距分析原因，找出员工在工作能力、方法或工作习惯等有待改进的地方。

第三，员工和主管根据未来的工作目标的要求，选取员工目前存在的有待改进的地方中最为迫切、最需要改进的地方作为个人发展项目。

第四，双方共同制订有待改进地方的具体行动方案，确定个人发展项目的期望水平和目标实现期限，以及改进的方式。必要时应该确定绩效改进过程中的检核计划，以便分步骤地达到目标。

第五，列出改进个人发展项目所需的资源，并指出哪些资源需要主管人员提供帮助获得。

5. 实施绩效改进计划

在制订了绩效改进计划之后，管理者还应该通过绩效观察和沟通实现对绩效改进计划实施过程的控制。这个控制的过程就是监督绩效改进计划是否能够按照预期的计划进行，并根据员工在绩效改进过程中的实际工作情况，及时修订和调整不合理的改进计划。管理者应该督促员工实现绩效改进计划的目标，并且主动与员工沟通，了解员工在改进过程中是否遇到了困难和障碍，需要管理者提供什么样的帮助。

6. 评估绩效改进结果

绩效改进计划作为绩效计划的补充，同样需要评估和反馈。绩效改进计划开始于上一个绩效评估周期的结束，结束于下一个绩效周期的开始。绩效改进计划的完成情况反映在员工前后两次绩效评估得到的评估结果中，如果员工在前后两次绩效评估中得到的分数有显著提高，那么就可以在一定程度上说明绩效改进计划取得了成效。绩效改进计划表如表 6－11 所示。

表 6－11　　绩效改进计划表（样表）

<table>
<tr><td colspan="2">员工姓名：</td><td colspan="2">职位：</td><td>计划执行时间：</td></tr>
<tr><td colspan="2">上级主管：</td><td colspan="2">职位：</td><td>待改进绩效：</td></tr>
<tr><td>计划采取的措施</td><td>执行者</td><td>计划实施日期</td><td>实际实施日期</td><td>取得的成果</td></tr>
<tr><td></td><td></td><td></td><td></td><td></td></tr>
<tr><td></td><td></td><td></td><td></td><td></td></tr>
<tr><td></td><td></td><td></td><td></td><td></td></tr>
<tr><td></td><td></td><td></td><td></td><td></td></tr>
</table>

6.5.1.3　员工绩效发展计划实例

王林是生产部新提拔上来的一名主管。他原来是该部门的一名普通员工，由于在技术上有所创新，被破格提拔为主管。部门内的员工都视他为楷模，大家都十分钦佩他的工作才干。但是，生产部的经理李强在上一周期的绩效评估中发现，新来公司的一些王林的下属员工对王林在新员工培训工作中的表现很不满意，因此，王林在指导下属能力这一评估指标上的得分受到了很大的影响。为此，李强与王林进行了绩效反馈面谈，并共同制定了下面的绩效改进计划。表 6－12 主体内容中的前三列是计划的内容；后面两列则是李强根据王林在实施该计划过程中的表现填写的。

表 6－12　　绩效改进计划样表

<table>
<tr><td>员工姓名：王林</td><td colspan="2">职位：生产部主管</td><td colspan="2">计划执行时间：1 月 1 日至 3 月 30 日</td></tr>
<tr><td>直接主管：李强</td><td colspan="2">职位：生产部经理</td><td colspan="2">待改进绩效：对新员工的培训</td></tr>
<tr><td>计划采取的措施</td><td>执行者</td><td>计划实施日期</td><td>计划实施日期</td><td>取得的成果</td></tr>
<tr><td rowspan="2">1. 向资深主管谭进请教如何培训新员工</td><td rowspan="2">王林</td><td rowspan="2">1 月 15 日</td><td>1 月 14 日</td><td>约好明天会见谭进先生</td></tr>
<tr><td>1 月 15 日</td><td>与谭进会谈，获得许多有用的指导</td></tr>
</table>

续 表

员工姓名：王林	职位：生产部主管		计划执行时间：1月1日至3月30日	
直接主管：李强	职位：生产部经理		待改进绩效：对新员工的培训	
计划采取的措施	执行者	计划实施日期	计划实施日期	取得的成果
2. 观察谭进对新进人员进行培训的过程	王林	下一次新人报到时	1月15日	谭进计划2月3日进行新员工培训，王林将观摩
			2月3日	谭进训练新人，王林观察后觉得很值得学习
3. 参加人力资源管理部门主办的新员工座谈会	王林	1月20日之前	1月15日	向人力资源部查询，获知1月18日举办，王林届时将参加
			1月18日	王林提出参加心得，他的若干意见已送人力资源管理部
4. 决定新员工报到的最佳时间	王林与人力资源部协调	1月20日之前	1月19日	决定新员工报到开始时间，由周一早晨7点改为9点
5. 参加新员工培训座谈会	王林	2月15日	2月10日	讨论座谈时间表与内容
			2月18日	讨论该座谈会及王林参加后的收获
6. 阅读下列书籍：①《干部与经理之自我发展》②《有效的沟通》③《干部与在职训练》	王林	2月15日前	1月3日	安排订购王林同意阅读的三本书
			1月14日	获悉王林①已阅读了一半
			1月31日	②进行一半①全部读完
			2月5日	②和③均已读完
7. 观察王林培训新员工	张明（现任培训主管）	下一次王林进行新员工培训时	1月20日	获悉王林有一名下属员工将于2月15日报到
			1月20日	听取张明观察王林培训新员工的意见
8. 与王林的新下属进行面谈	李强	下属上岗工作后	2月25日	与王林的新下属周荣谈话。他表示对王林提供的上岗培训大致满意，但在介绍公司的一些生产安全方面的保障制度的时候讲解得不太清楚，使他感到没有安全感

续 表

员工姓名：王林	职位：生产部主管		计划执行时间：1月1日至3月30日	
直接主管：李强	职位：生产部经理		待改进绩效：对新员工的培训	
计划采取的措施	执行者	计划实施日期	计划实施日期	取得的成果
9. 为王林提供一份检查表，供训练新人用	张明	10月15日	1月13日	向张明查询，表还没做好，答应在1月21日前完成
			1月21日	再向张明查询，还没有完全做好
			1月25日	检查表完成，已经交给王林
10. 为王林安排专用办公室，用以培训新人	李强	10月15日	1月10日	试图找一个专用办公室供王林使用。安排好人力资源部的会议室，如无人使用时可以借用。告诉王林，必要时可以用他的办公室，但需在24小时前先行通知。将尽力指定一个永久场所
11. 安排永久的培训场所	李强在	2月1日	2月1日	试图找一个培训新人的场所，无所获
			2月20日	再试着找一个培训场所。装运部门可能有一个地方
			2月28日	在装运部临时仓库的一角隔出一个临时场地，将继续努力安排一个永久场所

6.5.2 在人力资源系统中的应用

6.5.2.1 在招聘和选拔中的应用

在招聘前，通过分析绩效评估结果，人力资源管理人员可以对各个岗位优秀人员所具有的优秀品质与绩效特征有一定的理解，这些将为招聘工作的筛选提供有益的参考。例如，通过对企业中优秀销售员的绩效特征进行分析，发现这些特征主要是能吃苦、有耐心等，那么，在招聘销售员时，挑选什么样的人就不言而喻了。

招聘后，通过对新员工进入实际工作岗位后的绩效评估结果进行检测，与他们申请工作时的测验结果进行比较分析，就可以对招聘有效性进行判断。

总而言之，通过绩效评估结果的分析，可以确定在招聘和选拔员工时所使用的评估指标和标准，有效地提高了绩效的预测效度和招聘质量，降低了成本。

6.5.2.2 在晋升及辞退管理中的应用

当有岗位出现空缺时，如果具备晋升条件和要求的人数多于可能晋升的名额，在这种情况下，公平公正的做法就是依据员工的绩效，通过绩效评估结果择优晋升。同样，在制定员工调动、辞退或解雇的决策时，也都必须以绩效评估结果为依据，才可能做到令人信服。

6.5.2.3 在培训管理中的应用

组织的培训开发活动并不是盲目的，而是一种有明确目标的活动。这种目标的确定主要有两个依据：一是工作分析的结果，二是员工绩效评估的结果。

培训要发挥其应有的作用，必须要有针对性。通过对员工的绩效进行评估，可以发现员工的长处与不足、优势与劣势，从而识别员工的培训需求，制订有针对性的培训计划。

另外，人力资源开发与培训主要是通过提高员工的工作技能来提高他们的工作绩效，因此，检测人力资源开发与培训的效果如何，就可以通过绩效评估来判定。这样加强了对组织培训开发活动的管理，有助于提高培训开发活动的质量，使组织的人力资本投资取得最大的收益。

6.5.2.4 在薪酬管理中的应用

绩效评估的最初目的是更好地评估员工对组织的贡献，以便更好地在薪酬分配的过程中体现公平性原则。薪酬 3P 理论提出了三种薪酬支付方式：基于职位付酬，基于能力付酬以及基于绩效付酬。绩效薪酬（Pay－Related Performance，PRP）属于第三种，是一种与绩效管理制度相联系的薪酬管理制度。一般而言，为了强调薪酬的公平性并发挥薪酬的激励作用，员工的薪酬中都会有一部分与绩效挂钩。如何有效地发挥薪酬的激励作用，寻求绩效管理与薪酬管理有机结合的方式是大多数组织面临的一个难题。目前，组织常用的绩效薪酬制度有以下几种。

1. 绩效工资与绩效调薪

绩效工资是在基本工资中与绩效有关的工资，这部分工资收入是以员工的当期绩效表现为依据计算并一次性发放的。绩效调薪是依据绩效结果对基本工资水平的调整，这一调整不但可以上调，也可以下调。绩效工资与绩效调薪都是与工资相联系的绩效薪酬制度，这两种制度在计算和实施方法上有许多类似之处，同时也存在本质区别。最主要的区别在于：绩效工资是根据每个评估周期的绩效评估结果进行一次性加薪或减薪；而绩效调薪则是根据评估结果（通常是年度评估结果）累积式对基本工资进行调整（在原基本工资水平的基础上加薪或减薪，从而形成下一周期或年度的基本工资水平）。

绩效工资与绩效调薪对工资增长的影响比较如表 6－13 所示。

表 6-13　绩效工资与绩效调薪对工资增长的影响比较　金额单位：元

加薪幅度（%）	绩效工资	绩效调薪
2000 年某员工 A 的基本工资额：3000		
2000 年年底加薪 加薪幅度：4%	获得加薪量：3000×4%=120 支付总额：3000+120=3120	获得加薪量：3000×4%=120 支付总额：3000+120=3120
2001 年该员工的基本工资额	3000	3120
2001 年年底加薪 加薪幅度：5%	获得加薪量：3000×5%=150 支付总额：3000+150=3150	获得加薪量：3120×5%=156 支付总额：3120+156=3276
2002 年该员工的基本工资额	3000	3276
2002 年年底加薪 加薪幅度：6%	获得加薪量：3000×6%=180 支付总额：3000+180=3180	获得加薪量：3276×6%=197 支付总额：3276+197=3473
2003 年该员工的基本工资额	3000	3473
三次加薪后基本工资增加额	0	473

资料来源：林忠、金延平．《人力资源管理》[M]．大连：东北财经大学出版社．

2. 绩效奖金

绩效工资虽然体现了薪酬和绩效挂钩的直接联系，但是它的累加性往往会造成支付成本过高的问题，而基本工资的刚性特征也使得组织在实施这种方式时负担越来越重。一项对美国 250 家公司的调查表明，其中 30%的公司正在考虑取消绩效工资，10%的公司则干脆已经不再使用绩效工资，而一次性的绩效奖金正在逐渐取代绩效工资。绩效奖金一般规定完成某项任务或达到某种绩效水平就可以发放工资一定比例或一定金额的奖金。比如，销售人员每个季度的销售额达到计划的 100%，给予基本工资 10%的奖励；当销售额超过计划的 10%，就可以得到基本工资 20%的奖励。这种一次性奖励的绩效奖金由公司决定，并且一次性奖金不能加到基本工资内，每次需要员工重新通过争取获得这种奖励。

3. 长期激励计划

前面讲到的激励奖金是个人短期的激励报酬，长期激励计划则关注员工长期的努力成果，即根据 1 年以上的绩效周期内的员工绩效进行考核和奖励。常见的长期激励计划主要有以下几种形式。

（1）员工持股计划。员工持股计划是让员工分享组织所有权和未来收益权的一种制度安排。作为一种绩效薪酬计划，为了使员工持股计划能够更好地起到激发员工积极性的作用，应该将员工的行为与相应的收入挂钩。换句话说，当员工做出突出贡献或者在一个规定的较长周期内一直绩效优异，就授予一定比例的股票。通过员工持股计划可以使员工觉得自己是组织的主人，能提高员工的责任意识，把员工的利益高低和组织的成败联系在一起。

（2）股票期权计划。所谓股票期权计划，就是组织给予高级管理者在一定期限内按照某个限定的价格购买一定数量组织股票的权利。组织给予管理者的并不是现实的股票，也不是现金，而是一种权利。他们对组织价值有更多的了解且较一般员工愿意承担风险，同时由于股票期权计划要有比较多的资金投入，高层管理者比一般员工更加能够承受这种形式。股票期权计划作为长期薪酬管理的激励作用，不仅仅体现在一次性的计划实施过程中，其形式、内容、起讫时间都可根据组织的人才激励与人才吸引的需要而做出变动。一次股票期权计划接近结束时，下一次又会适时地开始，连续不断的股票期权计划，产生了“金手铐”的效应，将组织核心人才留在组织里，并尽力发挥他们的作用。

（3）团队激励计划。团队正在成为人们关注的焦点，要保证团队的协调与合作，有必要制订团队的激励计划。团队激励计划要同时考虑团队成员个人绩效和团队整体绩效，以及个人在团队绩效中的贡献，常见形式为收益分享计划。收益分享计划是组织与员工分享由于组织或团队的改善（可以是生产销售方面的改进，也可以是顾客满意度的提高或者是成本的降低以及更良好的安全记录）而带来的财务收益。制订收益分享计划的目的是使所有雇员都能从建议体系所要求的生产效率的提高中得到货币性奖励，同时它还反映了强调雇员参与的管理理念。

绩效薪酬制度比较如表 6 - 14 所示。

表 6 - 14　绩效薪酬制度比较

	绩效工资	绩效调薪	绩效奖金	收益分享计划
支付形式	一次结清	累进式的调整	一次结清	奖金
支付频率	每季度或每年	每年	每个绩效周期或随时	每半年或 1 年
需评估绩效	员工个人绩效	员工个人绩效	员工个人绩效	收益
覆盖面	全体员工	全体员工	全体员工	全体员工
收入与个人绩效	联系密切	联系密切	联系密切	联系较少
收入与组织绩效	联系较少	联系较少	联系较少	联系密切

总之，绩效评估的结果可以应用在诸多方面，一个有效的绩效管理，无论对组织还是对员工本人，它的益处都是显而易见的。

6.6　现代物流企业绩效体系设计及评价框架

6.6.1　现代物流企业绩效评价框架

物流企业绩效评价体系属于企业管理控制系统的一部分，它与行为控制系统、人事控制系统共同构成企业控制系统。有效的绩效评价体系主要由以下几个基本要素构成。

6.6.1.1 评价对象

物流企业绩效评价体系的评价对象包括对仓库作业、运输作业、客户服务质量等的评价，评价对象的确定是非常重要的。

6.6.1.2 评价目标

企业绩效评价体系的目标是整个运行的指导和目的，它服从和服务于企业目标。

6.6.1.3 评价指标

对物流企业绩效进行综合评价必须设置若干具体的指标，这些指标就是评价的依据和标准。评价指标的设定是否全面、选择的科学与否、指标值测定的准确度均影响物流企业的综合绩效评价结果。因此，我们必须对指标分类及构成进行分析。

按照物流企业内部运行以及外部链接可以划分为内部和外部综合评价指标两大类。

1. 内部综合评价指标

内部综合评价指标主要包括成本、利润、服务、质量、管控、运行效率（包括信息、计划、资金、主体、运输、仓储、配送、统计等效率）等指标。

（1）成本指标。主要包括总成本、环节和要素成本、商贸成本、运输费用、仓储费用、配送费用、管理费用、工资及附加等指标。

（2）利润指标。主要包括总利润、环节和要素利润等指标。

（3）服务指标。主要包括及时配送率、流程运行速度、服务方式、服务质量、服务态度、客户评价等指标。

（4）质量指标。主要包括物资系统及环节、要素运行质量、物资损坏程度、物资损坏次数、物资使用事故次数。物资使用事故程度、赔偿金额、退货次数、退货金额及退货费用等指标。

（5）管控指标。主要包括资金运营效率、仓储物资周转次数、职责权利对称情况、业务流程及衔接情况、系统管控效能、机制作用效果、系统资源配置合理程度等指标。

（6）运行效率指标。主要包括系统运行效率、工作效率、环节和要素运行效率等指标。

2. 外部综合评价指标

外部综合评价指标主要包括信息、客户反应、知名度、美誉度、竞争力、外部印象等指标。

按照物流企业绩效评价指标的可否计算性可以划分为定量和定性指标两大类。

（1）定量指标。主要包括成本、利润、资金收益率、管理费用、工资等指标。

（2）定性指标。主要包括服务、信息、机制作用效果、业务流程及衔接情况等指标。

6.6.1.4 评价标准

它是判断评价对象绩效优劣的基准。现代物流企业的绩效评价标准取决于它的评价目的。为了使评价指标有一个可靠的依据，以便计算各指标的准确得分，对物流企业的经营绩效做出客观恰当的判断，我们认为应该有一个三维的评价坐标系。

1. 历史标准

即纵向趋势的比较，是以企业前几年的绩效作为评价标准，进行自身的比较，判断企业是处于成长还是衰退状况。

2. 标杆标准

标杆标准是将企业与行业中优秀企业的绩效水平进行比较，这样比较的结果可以判断出企业的市场竞争力。通过横向比较，物流企业可以认清自己在市场中的位置，找到自身的瓶颈，并加以改进，不断提升竞争的实力和地位。

3. 客户要求标准

物流企业为了提高顾客的满意度，与顾客建立良好的合作伙伴关系，必须努力使客户服务水平达到顾客的要求。通过比较可以了解企业的业绩水准是否达到顾客的要求，其结果可作为企业今后计划和努力的方向。

6.6.1.5 评价方法

这是现代物理企业绩效评价的具体手段。有了评价指标和评价标准，还需采用一定的方法对评价指标和评价标准进行实际运用，以取得公正的评价结果。没有科学、合理的评价方法，其他要素就失去本身存在的意义。

6.6.1.6 分析报告

现代物流企业得出的结论性文件即分析报告，通过将评价对象的评价指数的数值状况与预先确定的评价标准进行比较，通过差异分析，找出产生差异的原因、责任及影响，得出评价企业绩效优劣的结论，形成结论评价报告。

以上 6 个基本要素共同构成一个完整的现代物流企业绩效评价体系，它们之间相互联系、相互影响。

6.6.2 物流企业绩效评价量化指标体系设计

6.6.2.1 运输活动绩效评价量化指标

1. 运输经济性指标

（1）单位运输成本

单位运输成本＝运输费用/货物周转量

运输费用主要包括燃料、各种配件、养路、工资、修理、折旧及其他费用支出。货物周转量是运输作业的工作量，它是车辆完成的各种货物的货运量与其相应运输距离乘积之和。单位运输成本指标可用来对企业运输作业效益高低以及综合管理进行评价。

（2）运输费用效益

运输费用效益＝经营赢利额/运输费用支出额

（3）紧急交货时的费用

主要指特殊情况下交货的费用增加情况。

（4）里程利用率

里程利用率＝载重行驶里程/车辆总行驶里程×100％

减少车辆空载，可以加快物资流转，节省运力，节约能源，降低运输耗费，是运输管理的目标之一。里程利用率指标反映了车辆的实载和空载程度，可以评价运输调度组织管理，促进车辆管理人员采用双程运输、定时搬运等管理措施，减少空载行驶，提高运输车辆使用效率。

(5) 燃料消耗定额比

燃料消耗定额比＝百公里燃料消耗量/百公里燃料定额量

燃料消耗是运输费用中的重要支出，节约燃料消耗，可降低物资流转中的耗费。燃料消耗量定额比反映驾驶人员消耗燃料是否合理，促进企业加强对燃料消耗的管理。

2. 运输可靠性指标

(1) 正点运输率

正点运输率＝正点营运次数/营运总次数×100％

准时运送物资是物资流转通畅的一种保证。正点运输率指标是对此管理工作的评价，它反映运输工作的质量，促进企业做好运输调度管理，采用先进的看板运输管理技术，保证物资流转的及时性。

(2) 货损货差率

货损货差率＝货损货差票数/办理商品发运抵达总票数×100％

3. 运输能力指标

评价运输能力从交货柔性与服务性两方面来考虑，运输服务性的指标可围绕运输服务的成套性或货主的满意程度两方面得以建立。

(1) 迅速交货的能力

在客户要求大批量或者迅速交货的时候，这是体现服务能力柔性的一个重要指标。

(2) 减少前置时间的能力

交货前置时间越小，对客户来讲，经营灵活性越强。

(3) 一票运输率

货主经一次购票（办理托运手续）后，由企业全程负责，提供中专联程服务至到达目的地的运输，叫一票运输。该指标反映了运输一条龙或一体化服务程度的高低。

一票运输率＝一票运输数/同期票号总数×100％

(4) 意见处理率

影响运输服务性的因素很多且不易考核，对此，通常采用设置意见箱收集货主意见的办法进行操作。在货主针对运输服务质量问题指出的诸多意见中，企业予以及时查处并给予货主必要的物质或精神补偿，取得满意效果的意见，称为已处理意见。

意见处理率＝已处理意见数/货主提出意见数×100％

(5) 满意率

企业对货主进行满意性调查，凡在调查问卷上回答对运输服务感到满意及以上档次的货主，称为满意货主，意见处理率和满意率均可按季度计，必要时也可按月计。前者反映了货主对运输服务性好坏的基本倾向及企业补救力度的大小；后者是对运输服务质量的总体评价。

满意率＝满意货主数/被调查货主数×100％

4. 运输可达性（方便性）指标

由于有些运输方式如铁路、航空等，不能直接把货物运至最终目的地，所以要利用直达性这个标准来评价物流企业提供多式联运服务的能力。尤其是当商品来往于机场、铁路端点站、港口时，直达性就显得尤为重要。

货物直达率＝直达票号数/同期票号数×100％

5. 运输安全性指标

（1）事故频率｛次/（万车千米）｝

指单位行程内发生行车安全事故的次数，一般只记大事故和重大事故。反映车辆运行过程中随时发生或遭遇行车安全事故的概率。

事故频率＝行车安全事故次数/评价期总行程

（2）安全间隔里程

指平均每两次行车安全事故之间车辆安全行驶的里程数，该指标是事故频率的倒数。

安全间隔里程＝评价期总/行车安全事故总数

6. 中转时间指标

商品待运期：

商品待运期＝评价期逐日累计待运商品的吨数/评价期逐日累计商品发运吨数

6.6.2.2　仓储绩效评价指标体系

1. 反映仓库生产成果数量的指标

反映仓库生产成果数量的指标主要有吞吐量、库存量和库存周转率等。

（1）吞吐量

它是指计划期内进出库物资的总量，其计量单位为吨。

吞吐量＝入库量＋出库量＋直拨量

物资入库量是指运到仓库经过验收入库记账的物资数量，不包括到货未验收、不具备验收条件、验收发现问题的物资数量。物资出库量是指按出库手续已经点交给用户或承运单位的物流数量，不包括备货待运的物资数量。直拨量是指仓库从车站、码头、供货单位或专用线等提货点办理完退货手续后，直接从车站、码头、专用线站点及供方存货点分拨转运给用户的物资数量。

（2）库存量

它是指计划期内平均库存量，同时也是反映仓库平均库存水平和库存利用状况的指标，计算单位为吨。其计算公式为：

月平均库存量＝（月初库存量＋月末库存量）/2

库存量指仓库内所有纳入仓库经济技术管理范围的全部木单位和代存单位物资数量，不包括待处理、待验收的物资数量。

（3）库存周转率

库存周转率是评价物流企业购入库存、入库保管、销售发货等环节的管理状况的综合指标，它是在一定时期内销售成本与平均库存的比率，用时间表示库存周转率就是库存周转天数。其计算公式如下：

库存周转率（次）＝销售成本/平均库存

库存周转天数＝360/库存周转率

式中：销售成本是指企业销售产品、商品或提供服务等经营业务的实际成本。平均库存是指库存年初数与年末库存数的平均值。即

平均库存＝（库存年初数＋库存年末数）/2

物流企业必须重视库存周转率的分析研究，本指标的目的在于针对库存控制中存在的问题，促使物流企业在保证经营连续性的同时，提高资金使用率，增加企业短期偿还能力。库存周转率在反映库存周转速度及库存占用水平的同时，也反映物流企业运营状况。一般情况下，该指标越高，表示物流企业运营状况良好，有较高的流动性，库存转换为现今或应收账款的速度快，库存占用水平低，提高物流企业的变现能力。另外，运用该指标还应该考虑进货批量、季节性变动及库存结构等因素。

2. 反映仓储生产作业质量的指标

仓储质量是指物资经过仓库储存阶段，其使用价值满足社会生产的程度和仓储服务工作满足货主和用户需要的程度。反映仓储质量的指标主要是进、发货准确率、物资完好率、收发差错率、业务赔偿率、账卡物相符率、自然损耗率等。

（1）进、发货准确率

进、发货准确率＝（期内吞吐量—出现差错总量）/同期吞吐量×100％

出现差错总量包括因验收不严、责任不明确造成错收、错发的物资总量，不包括丢失、被盗等因素造成的物资损坏量。

（2）物资完好率

$$物资完好率=\frac{期内平均库存量-期内丢失、损坏、变坏的物资总量}{同期平均库存量}\times 100\%$$

丢失、损坏、变质的物资总量包括由于保管条件差或保管方法不恰当或没有进行维护保养或维护保养不善及其他失职而造成的物资损失量。

（3）业务赔偿率

业务赔偿率＝期内业务赔罚款总额/上期内业务总收入×100％

业务赔偿率是指在入库、保管、出库阶段，由于管理不严，措施不当而造成库存物资损坏或丢失所支付的赔款和罚款，以及以延误时间等所支付的损失不计。业务总收入指计划期内仓储费和进出库费收入之和。

（4）购卡物相符率

购卡物相符率＝相符项数目/总考核项目数×100％

购卡物相符指物资库存台账、库存卡所反映的库存状况应与库存实物的状况一致。这是库存作业最基本的要求，也是一项重要基础工作。

质量指标由于各物流企业仓库的管理水平不同，技术水平也不同。因此，国家有关部门没有进行统一的规定，而由各级、各部门、各单位的仓库根据同行业的水平和本仓库的

历史经验，在计划初期确定一个目标，如业务赔偿率0.3%，期末据此考核生产作业质量，评价仓储经济效益。

3. 反映储存业务物化劳动和活劳动消耗的指标

反映储存作业物化劳动和活劳动消耗的指标包括材料、燃料和动力等物资消耗指标，平均验收时间、整车（零担）发运天数、作业量系数等工作时间的劳动消耗指标、进出库成本、仓储成本等综合反映人力、物力、财力消耗水平的成本指标等。

（1）物资消耗指标

储存作业的物资消耗指标是指材料、燃料和动力的消耗定额。

（2）平均验收时间

平均验收时间=期内各批验收天数之和/期内验收批数

每批物资验收天数是指从物资具备验收条件的第二天起，至物资验收完毕单据返回财务部门为止的累计天数。当日验收完毕并退单的按半天计算。入库验收批数以一份入库单为一批计算，金属材料类物资的验收天数规定不能超过9天。其他物资不能超过7天，不论每批数量多少，都应按期完成。

（3）发运天数

整车平均发运天数=期内各车发运天数之和/期内发运车总数

整车平均发运天数是从调单到库第二天起，到向承运点交完作业的累计天数，在库内专用线发运的物资，是从调单到库第二日起至车皮挂车走为止的累计天数。

零担平均发运天数=期内各批零担发运天数之和/期内零担发运总指数

发运天数指标不仅可以反映出仓库组织出库作业时的管理水平，而且可以反映当期的交通运输状况。随着综合运输体系的建立和完善，以及运输能力的加强，货运进度会加快，发运天数就相应缩短。

（4）进出库成本和仓储成本

进出库成本=期内进出库总费用/期内进出库物资总量

仓储成本=期内物资储存费用/期内各月平均库存量之和

4. 反映仓库资源利用程度的指标

该指标主要有仓库面积利用率、仓库使用率、设备利用率。

仓库面积利用率=库房、货棚、货场占地面积之和/仓储总面积×100%

仓库利用率=一定时期内仓库平均库存量/最大库存量×100%

设备利用率=期内设备作业总台时/期内设备应作业总台时×100%

式中，库容量指仓库设计能力。仓库面积利用率、仓库利用率指标反映仓库能力的利用情况以及仓库规划水平的高低，其值随着物资的接收量、保管量、发放量、物资的性质、保管的设备、物资的防止方法、通路的布置方法、库存管理方法而异。

5. 反映储存生产劳动效率的指标

反映储存生产劳动效率的指标主要是全员劳动生产率。

6. 反映储存生产的经济效益指标

反映储存生产的经济效益指标主要有成本赢利率、资金利润率、人均赢利率等。

思考题

1. 什么是绩效管理？绩效管理有什么作用？
2. 简要说明绩效管理与绩效评估之间的关系？
3. 试分析绩效管理流程。请简要说明各个环节之间的关系？
4. 如何设计绩效指标体系？
5. 什么是绩效评估？如何实施绩效评估？
6. 讨论绩效评估方法的分类，进行绩效评估的方法主要有哪些？它们的优缺点分别是什么？
7. 如何理解绩效反馈的重要性？
8. 想要进行成功地反馈面谈需要掌握哪些原则与技巧？结合实际工作谈一谈你的经验。
9. 绩效评估结果在人力资源管理决策中有哪些作用？结合实际说明理由。
10. 什么是绩效改进计划？请讨论绩效评估与绩效改进之间的关系。
11. 试简述现代物流企业绩效体系评价的框架和体系的设计。

案例分析

第三方物流企业绩效评价

发达国家的物流实证分析表明，只有独立的第三方物流（Third Party Logistics，简称"3PL"）占物流总量的50%时，现代物流业才能形成。巨大的需求、广阔的发展空间，是中国3PL的基本情况。2003年我国第三方物流市场的规模已超过600亿元人民币，摩根士丹利预测，中国第三方物流市场到2010年年增长率将达到16%～25%。据IDC（国际数据公司）的调查结果表明，45%的企业将在未来一两年内选择新的物流商，其中75%的企业将选择新型物流企业，而不是原来的仓储运输企业，并且64%的企业将把所有的综合物流业务外包给新型的物流企业，这几个数字反映出第三方物流的市场需求相当可观。

目前我国第三方物流的发展水平仍较为低下，企业对第三方物流的不满意比例高达五成以上。企业面对数量日益增加的形形色色的物流服务商，总是无从选择；第三方物流涉及的服务范围很广，很多物流服务商甚至难以对自己的整体水平做出一个客观的评判。只有对第三方物流企业进行绩效评价与分析，才能够正确判断3PL企业的实际经营水平，提高企业的经营能力，进而增加企业的整体效益。由于物流活动具有多方性、过程复杂性和形成多样性等特点，长期以来，物流绩效的衡量缺乏行之有效的标准。目前，我国物流行业处于发展阶段，如果在建立物流系统的同时，实时进行绩效评价，对不断完善和提高物流管理水平，使其成为企业的"第三利润源泉"具有重要意义。因此，如何科学、全面地分析和评价物流企业的绩效，已成为物流企业迫切需要解决的课题。

多年的实践证明，众多传统的企业绩效评价方法存在如下几方面的缺陷：侧重于单一企业或单个职能部门的评价，不注重供应链整体绩效的衡量；数据往往来源于财务结果，在时间上略为滞后，不能反映供应链动态运营情况，导致企业只注重短期利益，而损害企业长远发展潜力；侧重于对事件结果的事后评价，不能对供应链的业务流程进行实时评价分析，使企业不能及时地纠正经营过程的偏差；只注重企业内部评估，不重视企业与外部利益相关者的关系。因此，在3PL迅速发展的今天，建立一套系统的绩效评价方法，对3PL企业进行准确客观的评价，显得日益重要。

一、3PL企业绩效评价体系建立的原则

在建立3PL企业评价指标体系时，一般应遵循以下原则。

(1) 系统性原则。3PL企业须针对内外的各种情况都设立相应的指标，系统科学地反映3PL企业的全貌，达到对企业整体的科学评价。

(2) 层次性原则。指标应分出评价层次，在每一层次的指标选取中应突出重点，要对关键的绩效指标进行重点分析。

(3) 可比性原则。评价指标体系所涉及的经济内容、时空范围、计算口径和方法都应具有可比性，所以在建立体系的时候要参照国际和国内同行业的物流管理基准。

(4) 通用性原则。评价指标体系在3PL企业应该普遍适用，同时应在理论和实践的发展变化中具有相对的稳定性。

(5) 经济性原则。评价体系应当考虑到操作时的成本收益，选择具有较强代表性且能综合反映3PL企业整体水平的指标，以期既减少工作量，减少误差，又能降低成本、提高效率。

(6) 定量与定性结合的原则。由于第三方物流企业的绩效涉及的客户满意度等方面很难进行量化，所以评价指标体系的建立除了要对物流管理的绩效进行量化外，还应当使用一些定性的指标对定量指标进行修正。

(7) 动态长期原则。由于选择3PL企业后，货主方与物流供应商之间是战略伙伴的关系，所以对3PL企业的评价不应该只局限在目前的企业状况，而应考虑3PL企业的长远发展潜力和对企业的长期利益，要与企业的发展目标和战略规划相一致。

二、3PL企业绩效评价体系的建立

根据以上的七条原则，本书建立的绩效评价体系分为三个大类，经过细化的底层指标都可以直接量化或者容易给出定性评价。

1. 功能指标：功能指标反映3PL企业各个增值环节的功能实现情况

(1) 客户服务水平：缺货频率、送货出错率、顾客满意度、平均交货期、订单处理时间、准时送货率、交货柔性、订单完成稳定性、顾客保持率、每个顾客服务成本、信息沟通水平、事后顾客满意率；

(2) 配送功能：配送安全性、配送成功控制、产品可得性、检货准确率；

(3) 运输功能：运输能力、正点运输率、运输经济性、运输车辆满载率、运力利用率、在途时间、运输准确率、商品损坏率；

(4) 库存功能：库存能力、库存周转率、收发货物能力、库存结构合理性、库存准确

率、预测准确率；

(5) 采购功能：交付期、付款条件、订单处理、与供应商的关系；

(6) 流通加工功能：工艺合理性、技术先进性、流通加工程度、对消费的促进作用。

2. 经营指标：经营指标反映3PL企业当前的经营状况

(1) 客户服务水平：缺货频率、送货出错率、顾客满意度、平均交货期、订单处理时间、准时送货率、交货柔性、订单完成稳定性、顾客保持率、每个顾客服务成本、信息沟通、事后顾客满意率；

(2) 管理水平：产品的残损率、物流系统纠错处理时间、供应计划实现率、设备时间利用率、业务流程规范化、管理人员比重；

(3) 企业实力：财务投资能力、信息技术能力、设备先进水平、同行业影响力及业务范围、市场占有率、市场增长率、新用户开发成功率；

(4) 信息化水平：硬件配备水平、软件先进程度、信息活动主体的水平、信息共享率、信息利用价值率、实时信息传输量、信息化投资、客户变动提前期、客户变动完成率、网络覆盖率、平均传输延迟、传输错误率；

(5) 成本水平：单位产品的物流成本、物流成本占制造成本的比重、物流成本控制水平、每个顾客服务成本，订单反映成本、库存单位成本；

(6) 赢利水平：净资产利润率、总资产利润率、资金周转率。

3. 稳定性指标：稳定性指标反映3PL企业的发展潜力，影响到3PL企业可长期经营，并且与企业长期合作的可能性

(1) 客户服务水平：缺货频率、送货出错率、顾客满意度、平均交货期、订单处理时间、准时送货率、交货柔性、订单完成稳定性、顾客保持率、每个顾客服务成本、信息沟通、事后顾客满意率；

(2) 技术实力：技术人员比重、技术开发经费比重、开发创新能力、技术改造资产比重、专利拥有比例、设备技术领先程度、硬件设施稳定性；

(3) 赢利能力：净资产利润率、总资产利润率、资金周转率；

(4) 应变力：信息化系统水平、预测能力、集成度、外部沟通、流程再造与延迟物流；

(5) 企业聚合力：领导层的团结进取力、职工的凝聚力、员工满意度；

(6) 经验指标：行业服务时间、提供服务种类、成本节约比例、人才培养与培训、客户稳定性、供应商稳定性、历史合作情况、利益与风险共享性、核心能力、战略观念兼容性；

(7) 企业形象：员工素质、经营理念、市场信誉、社会责任。

三、3PL企业绩效评价方法和技术

目前国内学者提出的3PL企业绩效评价方法有以下几种：以功效系数法为主、综合分析法为辅的评价方法；用层次分析法进行系统综合评价；采用综合评价方法（模糊理论）对物流绩效进行评价；利用模糊综合评判法对3PL企业绩效进行综合评判；用数据包络分析法（DEA）对物流绩效进行评价；用模糊聚类方法来分析物流绩效；利用效用理论方法

对物流绩效进行评价；采用两阶段的物流系统综合评价法（DEA/AHP）等，这些方法各有其优缺点及适用范围，在具体应用时要根据3PL企业具体情况采用。

结合案例思考以下问题：

（1）结合案例，简要概括第三方物流企业绩效评价方法和技术与一般企业有何异同。

（2）试讨论目标管理在第三方物流企业绩效考核中如何发挥作用？

7 物流企业的薪酬管理

学习目标

- 了解薪酬管理的含义。
- 理解薪酬的构成。
- 了解有关薪酬类型的基本分类。
- 掌握薪酬体系的设计与管理。
- 了解不同类型员工的薪酬管理模式。
- 掌握职位薪酬的概念，并掌握基于职位薪酬的计算公式。
- 了解能力薪酬的概念，以及几种薪酬的方法。
- 熟悉福利管理。
- 掌握物流企业薪酬体系的建立。

引导案例

CMT 物流公司的薪酬管理

CMT 公司是一家民营物流企业，创立于 1996 年，现已发展成为专业从事国际贸易、国际物流和国内物流的企业集团，总部位于大连，在全国各主要区域设有分支机构。它的工资水平在大连市同行业中处于领先水平，在各分公司所在地也是很有竞争力的，尤其是中高层管理人员和业务人员的工资在行业内是位居中上游的。员工的办公条件优越，工作环境宽松，管理人性化。

2007 年 1 月份，由于业务拓展及规范化管理需要，CMT 公司急需招聘大批员工，其中 50%是中高层管理人员岗位。这也是陈然上任以来面临的最紧迫的任务。目睹了前任招聘工作零敲碎打地开展的局面，他决定接下来的招聘工作一定要有组织、有计划地进行，要体现规范，力求实效。而在制订招聘计划时，他就遭遇了困惑：公司基础资料实在匮乏，没有明确的组织框架、岗位说明书，也没有任何宣传、介绍资料；网站信息早已过期。更重要的是没有明确的薪酬福利制度和岗位薪酬标准。

专员小张告诉他，公司的工资是保密的，各个岗位的工资标准也许只有负责做工资的吕华最清楚。他找到吕华，吕华似乎也很无奈："哪有什么固定标准啊，一个岗位是有很多标准的，你想了解哪个岗位的，我可以告诉你一些数；工资也不是我定的，我只管做工资，告诉我多少我就做多少。”“即便这样，那应该有个范围吧?”“怎么划定范围啊，有的岗位工资差别是很大的，没什么参考性。比如财务部，出纳的工资远远高于会计的工资，仅次于财务部经理的工资。而且你就是划定了一个范围也没用，给多少工资，最后也得老总定，是因人而异的。”陈然指导，机械专业毕业的吕华来公司已经八年了，对公司的人、事可谓了如指掌。小张还反映：公司从来没有考勤，无论病假、事假，工资一律照发；公司惯例是每月月末发工资，而吕华往往在月初就把工资表做好了，月末只要把绩效工资更改一下就行了。

可是，二十多个工位的大规模招聘，薪酬标准不确定，如何做好供需双方的双向沟通，又如何把握薪酬尺度？更别提进行人力资源成本预算和控制了。

第二天，陈然到总经理办公室，征求总经理的意见，尚总的回答是：“你们先将各岗位确定一个工资范围，然后对号入座，是什么样的水平就给什么样的工资。”可是，薪酬标准的合理确定是一个系统过程，而招聘在即，哪有时间、精力去做啊。不得已，陈然又找到了吕华，大致了解了公司各岗位的现行工资标准，凭借自己的经验判断，给拟招聘的这些岗位分别确定了一个薪酬范围，但他知道，这也只能做到心中有数，必要的时候在尚总那里把把薪酬关而已，是无法公开的。其中让人挠头的还有福利问题，有大企业或外企工作背景的人更关注法定福利缴费基数和缴费比例的问题，而 CMT 的绩效基数偏低，严重削弱了公司薪酬的外部竞争力。

接下来的招聘工作中，尽管陈然努力在新员工和老员工，总经理、各主管经理与应聘者之间寻求薪酬标准的最佳平衡。但还是又出现了一些不协调现象：先后进入公司的同一岗位员工，薪酬差别很大；同岗新员工工资大大高出老员工；不同部门同类岗位工资差别很大……

本章将讨论薪酬管理的相关问题，从而制定出合理的薪酬福利结构，留住员工、激励员工。

7.1　薪酬与薪酬管理概述

薪酬是激励员工的重要手段，科学的薪酬管理不仅能激发员工的积极性，而且能在日趋激烈的竞争中吸引和保留住一支富有竞争力的员工队伍。

7.1.1　薪酬概述

1. 薪酬的含义

薪酬从本质上说是员工因向其所在单位提供劳动或劳务而获得的各种形式的酬劳或答谢，体现的是一种公平的交易或交换的关系，即员工向雇主或组织让渡其劳动或劳务使用权后获得的报酬，体现了劳动力的价格水平。这种报酬可以表现为 wage、salary、compensation，甚至是 tota rewards 的形式。

2. 薪酬的构成

薪酬由内在薪酬和外显薪酬构成，具体内容如图 7 - 1 所示。

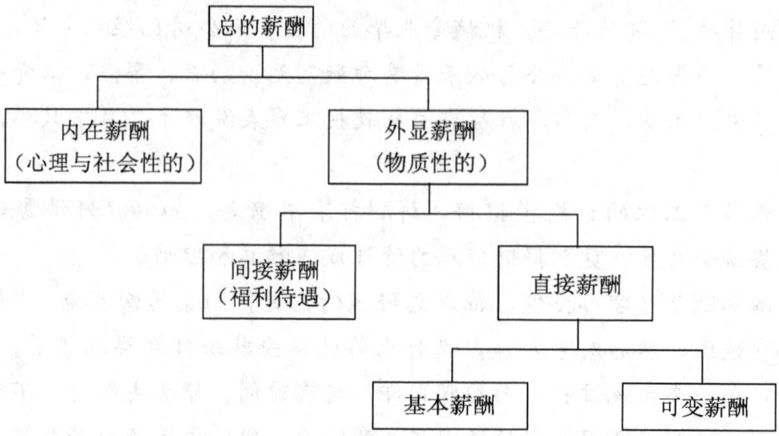

图 7 - 1　员工薪酬的构成

内在薪酬是指劳动者由于从事工作和占据一定的职位所带来的主观上的心理感受，如安全感、成就感、满意感、挑战性、公平感、自我实现感、尊重感等。虽然这种内在薪酬是看不见、摸不着的，但其作用绝对不可忽视。

外显薪酬是指能够看得见、摸得着的各种物质报酬，如货币、假期、保险等金钱和福利待遇。外显薪酬又分为直接薪酬和间接薪酬两种。直接薪酬就是以货币形式支付的薪水或工资。支付方式可以是年薪、月工资或小时报酬。此外，分红、津贴、补贴等以货币支付的报酬也都属于直接薪酬的范畴。间接薪酬是组织提供的不以货币形式支付的各种物质待遇，即福利。许多管理者都承认，虽然福利的支付金额比薪水少，但却可以收到比薪水更好的效果。良好的组织福利不仅能够解决员工为组织服务的后顾之忧，更重要的是它能满足员工的各种心理需求，对于员工的成长和发展具有重要的意义。

管理案例

温州 E 路通物流有限公司员工薪酬/福利待遇制度

1. 薪资结构

(1) 本公司人员的薪资结构由以下几项组成：

A. 基本工资	D. 伙食津贴	G. 电话补贴	J. 优秀奖金
B. 加班工资	E. 住房津贴	H. 工龄奖金	K. 年终福利
C. 职位津贴	F. 差旅补贴	I. 全勤奖金	

(2) 薪资各项说明：

A. 基本工资：进入公司的基本底薪，金额按《员工薪资表》执行。

B. 加班工资：按照国家规定，公司部门要求员工加班并且超出法定劳动时间的工作量付给的加班费用，金额按《员工薪资表》执行。

C. 职位津贴：经部门申报，行政部审核，总经理批准，方可颁发此津贴。

D. 伙食津贴：公司包吃，为了统一管理，在外就餐人员公司也不补助此费用。

E. 住房津贴：公司包住，为了统一管理，在外住宿人员公司也不补助此费用。

F. 差旅补贴：车队司机每趟补贴 200 元。业务员每月补贴 450 元。

G. 电话补贴：经理级职员、部门主管、车队司机每月补贴 100 元，以及公司指定人员每月补贴 100 元。

H. 工龄奖金：在公司工作满一年以上的员工，工龄奖每年递增 50 元/年（10 年为限）。部门管理人员/公司老员工可根据工作年限，得到总经理批准每年可享有国家法定假以外的有薪假期一个月，在公司工作一年以上的管理人员，每年可享受 7 天有薪假，工龄每增加一年，假期递增 1 天，依次类推（最长不超过 15 天）。

I. 全勤奖金：公司规定正常上班时间内无请假、旷工、月迟到不超过 3 次（包括单次 15 分钟以上），迟到累计不超过 15 分钟的人员，按《员工薪资表》发放奖金 30 元。

J. 优秀奖金：公司部门/员工每年度进行综合评比，各部门评定出优秀的部门，奖金 1000 元发放到部门；各部门评定出一名最优秀员工，奖金 1500 元发放到员工。

K. 年终福利：人力资源部和财务部可根据当年公司的经营境况和员工的工作年限，给予各部门人员合理分配年终花红。

2. 薪资计算执行准则

(1) 薪资标准计算方法：每月底薪/该员工实际出勤日 * 正常出勤天数，其他按各项补贴（话补、差旅补）、扣费（宿舍水电费、异常、社保、扣款）计算。

(2) 员工试用期 2 个月，若在当月 15 日（含）前进公司，试用期从当月开始计，若在当月 15 日后进公司，则当月不计入试用期，推至下月开始计算。

(3) 国家法定假日（元旦 1 月 1 日/春节除夕、正月初一、初二/清明当日/劳动节 5 月 1 日/端午节当日/中秋节当日/国庆节 10 月 1、2、3 日）为员工休息日，特殊岗位安排轮休，当日值班人员安排调休。

(4) 入职满一年职工婚假（3 天）、丧假（3 天）、年假（3 天）、产假（30 天），均属有薪假期，计发该员工基本工资。

7.1.2 薪酬管理概述

1. 薪酬管理的含义

所谓薪酬管理是指一个组织针对所有员工所提供的服务来确定他们应当得到的报酬总额、报酬结构和报酬形式的过程。在这一过程中，组织必须就薪酬水平、薪酬体系、薪酬结构、薪酬形式以及特殊员工群体的薪酬做出决策。同时，作为一种持续管理过程，组织还要不断地制订薪酬计划，拟定薪酬预算，就薪酬关系问题与员工进行沟通，同时，对薪酬系统本身的有效性做出评价并不断予以完善。

2. 薪酬管理的目标

薪酬管理对于任何一个组织来说都是一个比较棘手的问题，这主要是因为组织的薪酬管理体系以及管理过程的公平性、有效性和合法性三大目标。所谓公平性是指员工对于本人薪酬与组织外部劳动力市场薪酬状况、组织内部不同职位上的人，以及类似职位上的人薪酬水平之间的对比结果。所谓有效性是指薪酬管理系统在多大程度上能够帮助组织实现预定的经营目标。所谓合法性是指组织的薪酬管理体系和管理过程是否符合国家的相关法律规定。

薪酬管理的三个目标之间存在着紧密相连的关系。但是，这三大薪酬目标之间有时是存在一些内在矛盾和冲突的。因此，组织必须在薪酬的公平性、有效性以及合法性三大目标之间找到平衡，这也是薪酬管理的主要任务和目标。在薪酬管理的过程中，要综合考虑以上目标，灵活地制定出有效的薪酬制度和薪酬方案，一方面为组织发展吸引到优秀人才，另一方面为实现组织的经营目标奠定良好的基础。

7.1.3 薪酬制度

7.1.3.1 薪酬制度的含义

薪酬制度也叫工资制度，是指组织用于规定薪酬的分配方式、划分薪酬标准的基本准则，是组织内部薪酬分配的基础，是确定和调整组织各类人员薪酬关系的依据。它包括确定不同员工的薪酬构成项目，以及各种薪酬项目所占的比例，还包括薪酬的支付方式，即确定薪酬计算的基础，是按照劳动时间还是按照生产量或销售量来支付薪酬。

7.1.3.2 薪酬制度的分类

1. 岗位工资制

岗位工资制是以岗位劳动责任、劳动强度、劳动条件等评价要素确定的岗位系数作为支付工资报酬的根据，工资多少以岗位为转移，岗位成为发放工资的唯一或主要标准的一种工资制度。

岗位工资的特点是对岗不对人，它有多种形式，如岗位薪点工资制、岗位等级工资制，不论哪一种岗位工资制，岗位工资的比重都应占到整个工资收入的60%以上。实行岗位工资，要进行科学的岗位分类和岗位劳动测评，岗位工资标准和工资差距的确定，要在岗位测评的基础上，引进市场机制，参照劳动力市场中的劳动力价格加以合理确定。

2. 能力工资制

能力工资制是按照员工自身所具备的工作能力来确定工资等级，并按照确定的等级工资标准计付劳动报酬的一种制度。这种制度适用于技术复杂程度较高，员工劳动差别较大，分工较粗以及工作物等级不固定的工种。其主要作用是区分不同工作之间和相同工作内部的劳动差别和工作差别。

能力工资制的特点是员工的薪酬主要根据其所具备的工作能力和发展潜力来确定。能力不同，技术等级不同，则工作也不同。员工通过学习和培训获得技能提高，那么工资将相应提高。例如，职能工资、能力资格工资以及技术等级工资制度等均属于能力工资制。

3. 绩效工资制

绩效工资主要是根据员工的工作成绩而支付的工资，工资支付的唯一根据是工作成绩和劳动绩效，即以实际的最终劳动成果确定员工薪酬的工作制度。

绩效工资制的特点是员工的薪酬主要根据其近期的工作绩效加以确定，薪酬水平随员工工作绩效的不同而发生变化。处于同一岗位、职务或者技能等级的员工，并不一定拿到相同数额的劳动报酬。例如，计件工资、销售提成工资、效益工资、佣金制等就属于绩效工资。

4. 组合工资制

组合工资制就是将薪酬分解为几个部分，每个组成部分分别依据不同的因素，如绩效、技术和培训水平、职务、岗位、年龄和工龄等来确定薪酬的等级。

组合工资制的特点是它能够将员工在各个方面的情况都与其要获得的薪酬相对应，员工在某一因素上较其他员工的优势会通过其薪酬反映出来，从而强化激励作用。例如，岗位技能工资制、薪点工资制、岗位效益工资制，以及目前我国公务员实行的职级工资制等都属于组合工资制。

7.1.4 薪酬水平

1. 薪酬水平的含义

薪酬水平是指组织中各职位、部门以及整个组织的薪酬高低程度。组织的薪酬水平直接影响到组织在劳动力市场的竞争力。这种竞争力包括两个方面：一是在吸引外部人才上表现出来的竞争性，这种竞争性不仅仅体现在组织整体薪酬平均水平的相对优势上，更多的是通过同一组织不同职位之间、不同组织中的相同或者类似职位之间的薪酬水平差距来体现。另一个方面则表现在激励和防止内部人才外流上的影响力。

2. 薪酬水平的影响因素

影响组织薪酬水平的因素包括组织外部因素和组织内部因素两大类。对于个人薪酬水平，还取决于个人职位、资历、努力程度、绩效等因素。

组织外部因素主要有国家宏观经济发展水平、劳动生产率、政府政策法规的调节、劳动力市场供给状况、物价变动、工会组织的作用、地区差异等。组织内部因素主要包括组织薪酬政策和经营价值观、组织的规模和发展阶段、经济效益与薪酬支付的能力等。

员工自身的因素也会对个人薪酬水平产生影响，尤其是在技能、能力薪酬体系中，个人因素更起到了重要的作用。影响薪酬水平的个人因素主要有个人特征、个人绩效和工作因素。

3. 薪酬水平的决策

组织的薪酬水平决策就是为本组织选择具有外部竞争性的薪酬水平策略。组织进行薪酬水平决策受到竞争对手或者市场平均薪酬水平、组织薪酬策略、经济效益、物价波动以及工会政策等因素的影响。薪酬水平决策的目的在于提升组织的竞争力，塑造组织形象；吸引、保留和激励员工；控制劳动力成本，提升经济效益。

竞争性的薪酬水平不是简单地表现为组织的整体平均薪酬水平具有优势，还要着重考虑组织内部的薪酬结构、薪酬等级、薪酬差距等因素，体现为薪酬构成是否具有多样性及吸引力、权重不同的岗位间薪酬差距是否合理等方面。事实表明，薪酬内部差异不合理比薪酬水平的高低更会导致员工的跳槽，原因在于员工卓越工作的相对价值得不到更大程度的体现，使工作积极性受挫。

按照与市场平均水平关系的不同，可将薪酬水平决策分为领先型、跟随型、滞后型和综合型。

领先型薪酬水平决策是组织支付高于市场平均水平的薪酬策略。采用这种策略的组织通常具有这样的特征：所需人才市场供给不足，投资回报率较高，市场上的竞争者少，薪酬成本在组织经营总成本中所占的比率较低，多为资本密集型产业。像惠普、微软这样的大型跨国企业大都采用这种策略。

跟随型薪酬策略是使本组织的薪酬水平与市场平均水平及发展趋势基本相同的决策类型，也是一种常用的策略。实施跟随型策略的组织力图使本组织的薪酬水平与竞争对手基本保持一致，同时又希望自己有一定的吸引力和保留员工的能力，不至于在劳动力市场上输给竞争对手。这种类型的薪酬策略在高素质人才竞争上没有明显优势，但也没有领先型策略带来的风险和过多的成本负担。

滞后型薪酬策略是组织的薪酬水平按照低于当前市场薪酬水平的标准予以实施。采用这种策略的组织通常处于竞争性的产品市场中，边际利润率比较低，成本承受能力很弱，多为劳动密集型的中小企业。

综合型薪酬水平决策是指组织根据职位的类型或者员工的类型来分别制定不同的薪酬水平，而不是像上述三种形态的薪酬策略那样对所有的职位和员工均采用相同的薪酬水平定位。这种薪酬策略既有利于组织保持在劳动力市场上的竞争力，又有利于控制劳动力成本。

上述四种薪酬水平决策的对比情况如表 7 - 1 所示。

表 7 - 1　薪酬水平的效果比较

薪酬水平决策类型	薪酬目标				
	人才吸引力	人才保持力	劳动力成本控制	降低对收入的不满	提高劳动生产率
领先型	好	好	不确定	好	不确定
跟随型	中	中	中	中	不确定
滞后型	差	不确定	好	差	不确定
综合型	好	好	好	中	不确定

7.1.5　战略性薪酬管理

7.1.5.1　战略薪酬的概念

战略薪酬是指以战略为指导，注重组织目标和价值观的体现，将薪酬管理作为实现组织战略的手段，以及赢得和保持组织战略优势的重要工具。战略薪酬必须服从和服务于组织发展战略。设计薪酬战略所依托的价值观体系、所依托的关键资源、所期望达到的主要目的都必须与组织的发展战略相吻合或者兼容。一般来说，战略性薪酬需要回答以下几方面的问题。

(1) 薪酬管理的目标是什么？即薪酬如何支持组织的经营战略，当组织面临着外部环境的压力时，组织应该如何调整自己的薪酬战略？

(2) 如何保持薪酬的内部一致性？即在本组织内部，如何对不同职位和不同的技能或能力支付不同的薪酬？

(3) 如何实现外部竞争力？即对于组织的竞争对手，组织在劳动力市场上的薪酬水平应该如何定位？

(4) 如何认可员工的贡献？即基本薪酬调整的依据是什么，是个人或团队的绩效，还是个人的知识、经验增长以及技能的提高，或是物价指数的变化？是否需要根据员工不同表现及其业绩状况制订不同的绩效奖励计划？

(5) 如何管理薪酬系统？对于员工而言，薪酬决策的公开和透明程度应该是怎样的？应该由谁来设计和管理薪酬体系？

(6) 如何提高薪酬成本的有效性？即如何有效地控制薪酬成本，同时又能提高生产效率？

7.1.5.2 战略薪酬的作用

1. 对提升组织绩效的作用

战略薪酬在提升组织绩效方面的作用主要表现为以下四个方面。

(1) 降低人工成本。人工成本一般要占组织整体运作成本的20%～50%，服务行业人工成本的比重更大，甚至可以高达60%～70%以上。因此，降低人工成本是组织竞争优势的重要来源。对于初创组织和处在困难时期的组织，依靠有效的薪酬管理可减少薪酬开支，对组织的生存和发展具有关键的作用。

(2) 吸引和留住人才。一方面，薪酬管理具有吸引和筛选人才的作用，较高的薪酬水平和较新的薪酬形式可以吸引和奖励组织稀缺和创新的人才；另一方面，薪酬问题一直是员工流失的主要原因，尤其在人才市场竞争激烈的今天，如何建立公平、合理的薪酬激励体系对于维系人才是十分关键的。

(3) 引导员工行为。一个设计和实施优良的薪酬体系可以传达这样的信息：什么样的员工是组织需要和关注的？什么样的行为是组织认可并给予奖励的？比如，岗位薪酬约束员工尽职尽责的行为，技能薪酬奖励员工学习知识和掌握更多技能的行为，而绩效薪酬则激励员工为组织价值增值做出更大的贡献。组织可以根据对员工鼓励的需要，设计符合战略需求的薪酬体系。

(4) 促进劳资和谐。薪酬管理是一把双刃剑，不科学或不公平的薪酬管理往往是劳资争议的焦点，但战略的薪酬管理是建立在和谐的劳资关系基础上的，它不仅有利于缓解劳资冲突，而且可以保证组织的永续发展。

2. 对增强组织竞争优势的作用

战略薪酬在增强组织竞争优势方面的作用主要表现为以下三个方面。

(1) 价值性。即薪酬管理能否对控制人工成本、吸引和维系人才，以及影响员工的态度和行为等有直接和较强的影响。应该说，对上述因素不产生影响或影响较弱的薪酬管理行为，不具有对组织竞争优势的显著价值型。也就是说，尽管工作评价是组织薪酬管理的基础性技术，但对它们的选择和使用无助于促进组织的竞争优势。

(2) 难以模仿性。如果一个薪酬决策很容易被模仿，那么所有的组织都可以通过它来获得竞争优势，其优势也就不复存在了。因此，为了使薪酬战略具有难以模仿性，必须使得薪酬管理具有组织的专属性特征——它根植于组织内部，内化为员工行为，最终与组织文化融为一体。

(3) 有效执行性。战略性薪酬管理的关键不仅在于它的制定是否科学，更重要的是它能否得到贯彻和执行，唯有如此，才能为组织带来竞争优势。在当前的组织薪酬管理领域从不缺乏有效的战略，缺乏的是战略执行，而薪酬的战略执行性又主要体现在组织全体成员对薪酬战略的理解能力和接受能力上。

7.2 薪酬体系的设计与管理

薪酬设计是指在薪酬调查和系统分析的基础上，对复杂而又因素众多的薪酬管理体系进行逻辑分析和综合判断的过程。设计合理的薪酬体系不但可以充分体现岗位与员工的工作价值，还可以起到良好的激励作用，有助于组织战略目标的实现。

组织设计薪酬时必须遵循一定的原则，包括战略性原则、经济性原则、激励性原则、公平性原则、竞争性原则、团队奖励原则、多元化原则、合法性原则等。

7.2.1 职位薪酬体系的设计与管理

7.2.1.1 职位薪酬体系的含义

所谓职位薪酬体系是指组织根据每个职位的相对价值确定薪酬等级，通过市场薪酬水平调查确定每个等级的薪酬幅度的一种报酬制度。这种薪酬体系以职位或工作为基础，根据职位或工作的性质及其对组织的价值来决定某种职位或工作的薪资水平。它的理论依据是职位价值在一定程度上等同于任职者的价值，职位价值越大，任职者的价值越大，薪酬水平越高。

以职位为基础的薪酬体系的显著优点是它能较好地体现内部公平性，实现同工同酬，因此一定程度上是按劳分配的具体体现；有利于按照职位系列进行薪酬管理，操作比较简单，管理成本比较低；比较直观、简单易行，而且在薪酬水平调整、岗位设置发生变化等情况发生时，很容易对已有的薪酬体系进行修改。

基于职位的薪酬体系也存在着一定的缺点。由于薪酬与职位直接挂钩，容易形成管理独木桥，员工晋升的机会比较小，成长的规划比较窄，影响了员工工作的积极性、主动性和创造性；由于职位相对稳定，因此与职位联系在一起的员工薪酬也就相对稳定，这显然不利于组织对多变的外部环境做出迅速的反应，也不利于及时激励员工；同时员工容易质疑岗位价值的评估，因为岗位价值直接决定了该岗位上的员工可以获得的薪酬水平，而岗位评估的要素选择和权重分配带有一定的主观成分，并不能完全做到客观、公正、合理。

7.2.1.2 职位薪酬体系的设计流程

如何才能科学有效地评定职位的价值，进而设计一套职位薪酬体系呢？一般需要经历如图 7-2 所示的 5 个基本环节：

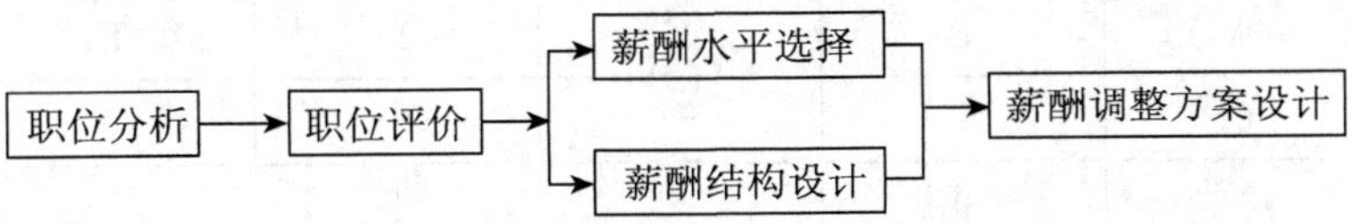

图 7-2 职位薪酬设计的五个基本环节

其中，职位分析作为人力资源管理的基础工作，完成对职位职责、工作环境以及人员任职资格的规范界定与描述，为职位评价奠定了有关职位的全面信息的基础。职位评价则是用来评定组织内职位之间相对价值的方法与过程，是设计职位薪酬的核心环节，评定得出的职位价值分布则成为薪酬等级分布的基础。接下来的薪酬水平选择则是要通过对劳动力市场职位价格信息的调查与参照，选择相应的薪酬水平策略。薪酬结构设计则是要将组织内部职位价值的结构化分布于外部市场的职位价格分布相对应，对职位薪酬的薪等、薪级、交叉等方面展开具体设计。最后，是在设定好的薪酬结构的基础上，对薪酬的调整方式进行规范和设计的。

以上五个环节是一套完整的职位薪酬体系所必不可少的基本方面，职位薪酬设计的各种具体的应用技术也都包含其中。下面将对这些关键环节进行更加详细的说明。

1. 工作分析

将组织内所有岗位进行科学的工作分析，对每一岗位的具体工作职责、权限、内容、强度、环境、任职资格等进行全面分析，在此基础上对不同的岗位建立职位说明书。由于本书第三章已经做过详细介绍，这里就不再累述。

2. 职位评价

在全面的工作分析基础上，对每一岗位按该岗位所应承担的责任、知识与技能、工作环境和其他要素等进行评价，确定企业内部各职位相对价值大小的过程。常用的职位评价的方法有排序法、归类法、要素累计法、要素比较法和海氏评估法等。

(1) 排序法。它是最简单的一种职位评价方法，这种方法通常依据“工作困难程度”或者“工作重要程度”这样的总体评价要素，比较各个岗位的相对价值，然后按价值高低顺序依次进行排序。这种方法要求评估人员对所要排列的职位非常熟悉。具体操作时，一般可采用直接排序法、交替排序法和配对比较法。直接排序法是指根据对职位的总体判断，按照重要性或者对组织贡献度的高低顺序将职位依次进行排列。交替排序法与直接排序法类似，只是排列职位时的顺序有所不同。需要先从待评职位中找出最高价值和最低价值的职位，然后在剩余职位中找出价值最高和价值最低的职位，如此循环，直到把所有的职位都排列完毕为止。配对比较法是将待评职位进行两两比较，以最终比较的结果对职位做出排序，如表 7－2 所示。排序法相对比较简单，但是由于报酬要素少，并且是整体性评价，因此，只能比较出各个岗位相对价值的高低，无法客观评价岗位价值的实际大小和每个不同岗位的价值差异数值。

表 7－2　　配对比较法举例

职位	A	B	C	D	E	总结
A	0	+	+	+		2
B		0	+	+		0
C			0	+		−2
D				0		−4
E	+	+	+	+	0	4

（2）归类法。它是根据工作内容、职责权限、任职资格等显著特征要素将职位分成不同的类别，每一类职位又可以根据其他特征差异进行价值排序。归类法常用于政府部门、事业单位，它的优点是标准简单、操作容易，但仍然有很强的主观性。在薪酬体系中，同等级的薪酬可能对应不同类别职位的不同等级，不易管理。

归类法操作要点为：先进行职位分析，理解职位的主要工作职责、工作环境、劳动强度及其对任职者的资格要求等内容；再进行职位分类，一般是先分大类，然后在大类下再细分小类；接着制定分等的标准，常见的做法是先选择报酬因素，然后制定同报酬因素的数量或基准有关的等级说明书；最后将所有职位归类，这一步的工作主要是把需要评估的职位填入对应的表格中。

（3）点数法。又称要素计点法，主要有三个基本特点：一是有薪酬要素，二是要素的等级可以量化，三是权重反映各要素相对的重要性。其操作要点是：首先进行职位分析，以理解职位的主要工作职责、工作环境、劳动强度及其对任职者的资格要求等内容；然后确定薪酬要素，并对其进行分解，按照其在工作中重要性的大小分为不同的等级，继而确定各个薪酬要素的权重和同质因素不同等级的点数，最后计算出该工作的总点数。

（4）要素比较法。它是一种运用比较广泛的职位评价方法。在操作过程中，首先进行职位分析，以理解职位的主要工作职责、工作环境、劳动强度及其对任职者的资格要求等内容；然后选择职位评价的关键因素和基准工作，根据关键因素对基准工作进行排序，继而再参照市场薪酬水平，为基准工作的不同关键因素确定薪酬额，不同关键因素薪酬额相加就是基准工作的职位薪酬。其他工作的薪酬水平则通过与基准工作的关键因素的比较来计算。

要素比较法职位评价实例如表 7-3 所示。

表 7-3　　要素比较法职位评价实例

职位：物流经理（管理岗）							
报酬要素	程度×权重=合计						
	1	2	3	4	5		
技能（40%）							
智力				*		20%	80
经验			*			20%	60
努力（30%）							
身体方面		*				15%	30
精神方面				*		15%	60
责任（20%）							
错误影响				*		10%	40
创造性			*			10%	30
工作条件（10%）							
环境	*					5%	5
危险	*					5%	5

从表 7-3 中可以看出，这种点数的计算是通过等级与比重所代表的权数相乘得到的，这是一种比较传统的做法。明确了职位的每个要素点数后，把各个要素点数相加，就得到了职位的总点数。在确定了职位点数后，下面的工作就是制定职位评价手册、修正并推广方案、建立职位价值序列。

（5）海氏职位评价系统。又称“指导图标—形状构成法”或海氏三要素评估法，它有效地解决了不同职能部门的不同职位之间相对价值的相互比较和量化的难题，被业界广泛接受。海氏职位评价系统是将付酬因素进一步抽象为普遍适用性的三要素，即知识、技能等综合素质要素，解决问题能力要素和责任要素，相应设计了单套标尺性评价量表，最后将所得分值加以综合，计算出各个工作职位的相对价值。海氏评估三要素的关系如图 7-3 所示。

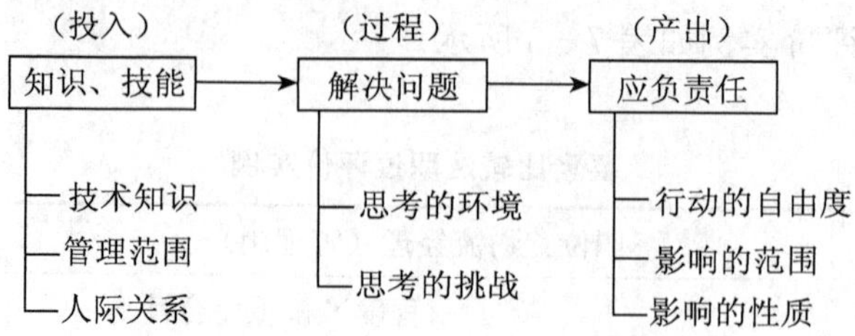

图 7－3　海氏评估三要素的关系

3. 薪酬水平的选择

薪酬水平通常是指企业支付给不同职位的平均薪酬水平。一个企业所支付的薪酬水平的高低直接影响企业在劳动力市场上对人员的吸引能力，从而影响企业的外部竞争力。

市场经济条件下，不同企业支付给相同的工作或者技能的薪酬是不同的，不存在通行的薪酬水平。市场劳动力供求关系、产业环境、产品市场状况及其包括企业规模、企业经营战略等组织状态在内的诸多因素都会对企业的支付能力产生影响，进而影响实际薪酬水平的高低。

企业一般会根据薪酬调查获得的数据信息及市场薪酬线来描绘企业自身的薪酬政策线，选择自己的薪酬水平策略。通常来说，企业可选择的薪酬水平策略主要有四种。

（1）领先型策略。它常常用高于市场平均薪酬水平的 25 个百分点来界定，高成长企业、垄断型企业或极具竞争力的企业一般采用这种策略。

（2）跟随型策略。这是企业最常用的策略，企业的薪酬水平与相关劳动力市场的平均薪酬水平相似。

（3）滞后型策略。企业的薪酬水平落后于相关劳动力市场的平均薪酬水平，它常常以市场平均薪酬水平的 75%来界定。采用这种薪酬策略的组织一般实行成本领先战略。

（4）混合型策略。所谓的混合型主要是指薪酬水平是浮动和权变的，它可以根据组织的战略、环境、文化、发展时期等因素进行调整。这一策略主要针对规模较大的企业，针对不同的人才、部门等采用不同的薪酬战略。混合型策略具有较强的针对性和灵活性，使企业能吸引和保留所需的优秀人才，也有利于组织对人工成本的控制。

4. 薪酬结构的设计

薪酬结构是指在同一组织内部不同职位（或不同技能）薪酬水平的排列形式。它强调薪酬水平等级的数量，不同薪酬水平等级之间的差距（级差），以及决定薪酬级差的标准。

基于职位的企业薪酬结构设计应包括以下三个基本方面：一是划分薪酬等级，即回答“设定多少个薪酬等级”的问题；二是确定每一个薪酬等级内部的薪酬浮动范围，即回答“每个薪酬等级幅度多大”的问题，最高值、中间值以及最低值是三个关键的数值；三是确定相邻两个薪酬等级之间的交叉与重叠关系。

（1）划分薪酬等级

划分薪酬等级的依据是通过职位评价所得到的职位的价值等级（入股使用要素计点法完成职位评价的话，则一般用点数来表示职位的价值等级）。把薪酬点数基本相同的不同职位归纳在一起成为一个等级，因此，每一个薪酬等级应包括价值（点数）相同或相当的若干个职位。企业规模不同，薪酬等级的数量也不相同，大企业的薪酬等级数量比小企业的要多，如华信惠悦的全球职等系统以全球500强企业规模数据为基础，得出了最高为25等的职位等级。一般来说，企业的薪酬等级平均在10～15级。

确定薪酬等级的数目时，主要考虑薪酬管理上的便利和各种工作之间价值差异的大小。在组织价值最大的工作和价值最小的工作的职位评价点值差异既定的情况下，一方面，如果建立职位等级的点值范围太大，即薪酬等级数量较少，那些在工作任务、责任和工作环境等要素上差别很大的员工因被划到同一级别而支付相同的薪酬，这样建立职位等级的点值范围太大，即薪酬等级数量较少，那些在工作任务、责任和工作环境等要素上差别很大的员工因被划到同一级别而支付相同的薪酬。这样就会损害薪酬的内部公平性。另一方面，薪酬等级的划分还必须充分考虑组织内部的管理层级因素，组织内统一管理层级的职位最好能够划分到同一职位等级中，这样既可以体现相同的管理层级对组织价值创造的同一性，又使薪酬管理更加便利。下面我们以某企业划分薪酬为例进行说明，如表7－4和表7－5所示。

表7－4　根据职位评价点数对职位进行的排序

顺序	职位名称	职位评价点数
1	秘书	160
2	信息与统计项目经理	210
3	出纳项目经理	235
4	绩效薪酬项目经理	255
5	投资管理高级项目经理	270
6	外事服务高级项目主管	300
7	绩效薪酬经理	360
8	投资管理经理	370
9	财务管理经理	375
10	人力资源部总经理助理	415
11	财务部总经理助理	425
12	人力资源部副总经理	480
13	财务部副总经理	485
14	人力资源部总经理	545
15	财务部总经理	555

表 7-5　　根据点数分布进行职位等级划分

职位等级	等级点值段	职位名称	职位评价点数
2	140～199	秘书	160
3	200～259	信息与统计项目经理	210
		出纳项目经理	235
		绩效薪酬项目经理	255
4	260～319	投资管理高级项目经理	270
		外事服务高级项目主管	300
5	320～379	绩效薪酬经理	360
		投资管理经理	370
		财务管理经理	375
6	380～439	人力资源部总经理助理	415
		财务部总经理助理	425
7	440～499	人力资源部副总经理	480
		财务部副总经理	485
8	500～559	人力资源部总经理	545
		财务部总经理	555

（2）确定薪酬区间

薪酬区间也就是薪等的幅度（往往也被称作“薪级”），是指每一个薪酬等级内最低薪酬到最高薪酬的变动幅度，它是组织中处于相同职位等级内的不同员工获得的不同薪酬的范围。我们知道，同一薪酬等级内的工作具有相同的薪酬标准，但是在相同职位上工作的员工对组织贡献和价值的大小，除了受职位本身价值的影响，员工个人的能力、经验、努力程度、绩效水平等因素也对其有影响。因此，在建立薪酬等级之后，我们还应该为每一个薪酬等级设计一个合理的薪酬区间，这个薪酬区间反映了企业针对某一特定职位，愿意支付给不同绩效或经验的员工的薪酬的合理差距。

确定薪酬浮动范围首先要确定薪酬区间的中间值。中间值通常是依据前面已经确定的每个职位等级的市场薪酬水平来确定的。这个市场薪酬水平是由薪酬政策线得出的，薪酬政策线穿过每一职位等级上的这个点，就是该等级薪酬浮动幅度的中间值，薪酬区间的中间值反映了员工经过实践经验的积累或培训完成胜任职位时可得到的薪酬水平。如图 7-4 所示。

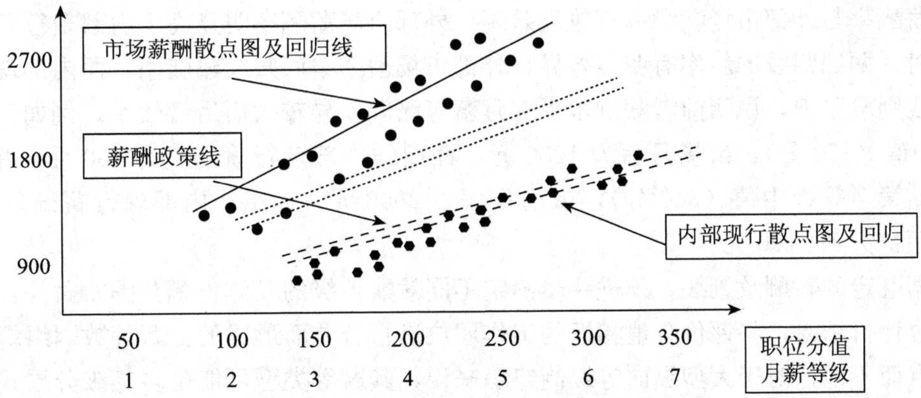

图 7－4　薪酬政策线的推导与设计

薪酬区间中间值确定以后，接下来就要确定区间的最高值和最低值。最高值和最低值代表了企业愿意支付给职位等级的最高薪酬和最低薪酬。在设计薪酬浮动范围时，我们一般不直接确定薪酬的最高值和最低值，而是先确定等级的薪酬浮动幅度（即“带宽”），再根据中间值和浮动幅度来确定薪酬的最高薪酬和最低薪酬。带宽表示了某个职位等级薪酬区间的最高值和最低值之间相差的比率，组织中不同职位等级的薪酬区间的带宽是不同的。一般来说，在一个组织中，职位价值越小，其对应的薪酬区间的带宽就越小；职位价值越大，其对应的薪酬区间的带宽就越大。另外，高等级的职位由于责任、能力、贡献的要求更高而晋升的空间更小，所以，薪等的浮动幅度会更大，带宽也更大。当然，带宽与企业文化也相关，也是鼓励拉开收入差距的企业文化，企业的薪酬浮动幅度就会设置得较大；平均主义倾向比较强的企业文化，其薪酬区间的幅度就会较小，如图 7－5 所示。

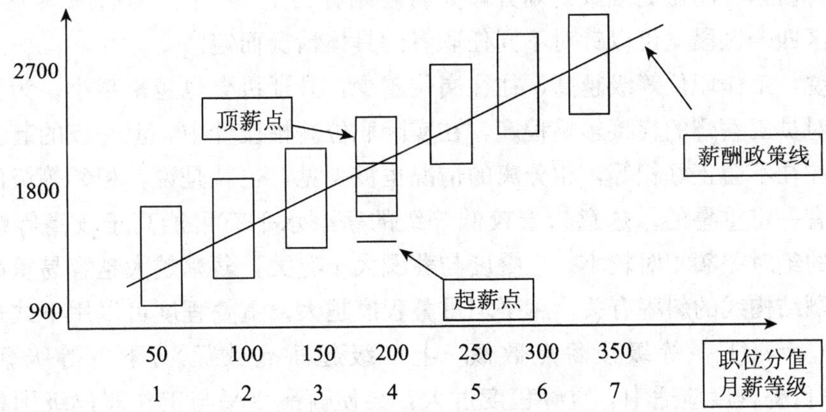

图 7－5　职位薪酬等级划分与薪酬范围图解

在实际进行薪酬政策线设计时，可以将工作职位评价相对分值与已有或现行的薪酬率（如月薪），以及市场调查的薪酬率（月薪）进行比较，并用散点图直观地描述出来。根据散点图，可以拟合一条回归线，这就得到薪酬政策线。从图 7－5 中可以看出，该组织内部现行薪酬率与外部市场薪酬率有较大差距，外部市场薪酬率明显高于内部现行薪酬率水平；同时，两回归线的斜率有明显差异，外部市场薪酬率回归线较陡峭，而内部现行薪酬率回归线则较平坦，说明前者薪酬水平在月薪等级间差异较大而后者较小。例如，月薪第3等级中值（150分），市场月薪为1200元，而组织内部现行薪酬只有450元，相差650元；月薪第7等级中值（340分），市场月薪为2600元，而组织内部现行薪酬只有1500元，差距扩大到1100元。

根据既定的薪酬政策线，须进一步确定不同薪酬等级的具体付酬范围。薪等，是按照工作职位评价结果，将评价分值相近的工作职位进行合并而形成的。薪等数因组织规模和结构特点而不同，对于大型纵向等级制组织来说，其薪等类型可能是多等级分层式的；而扁平团队网络型组织，可能采取的是少等级平行式薪等模式。同一薪酬等级内部，也可以进一步根据技能、绩效或年功差别划分为若干档次。薪幅，又称“宽带”，即一个职位等级内薪酬变化的范围，其下限一般称为等级起薪点，中间薪酬政策线穿越的为中点，上限即顶薪点。薪幅大小与薪等数多少直接相关，一般情况下，薪等数越多，薪幅就会越小，反之则较大。

薪幅差一般在10%～120%之间，其中，初级职位一般在10%～35%之间，中级职位一般在35%～60%之间，高级职位一般在60%～120%之间。如果薪幅变化是对称的，即中点距上下限的值相等，那么，一旦根据薪酬政策线确定了薪幅中点，并依据判断确定了薪酬变动浮动百分比，就可以按照下面的计算公式确定薪幅的起薪点和顶薪点：

$$\text{起薪点}=\frac{\text{中点}}{(100\%+1/2\ \text{薪酬变化幅度}\%)}，\text{顶薪点}=\text{起薪点}\ (1+\text{薪酬变化幅度}\%)$$

例如，如果中点薪酬值为1000元，薪酬变化幅度为30%，那么起薪点＝1000元/（100%＋15%）＝869.5元；顶薪点＝869.5元×（1＋30%）＝1130.4元。在操作实务中，还可以将薪幅区间做更细致的划分，如将之划分为上1/4区，中上1/4区，中下1/4区和下1/4区四个区段，可以针对不同任职者的具体情况而定。

一般来说，工作职位等级越高，往往岗位越少，升迁机会也越来越小。为了减弱由于岗位数少而对员工薪酬的直接影响程度，在实际职位薪幅设计中，上一级的起薪点与下一级的顶薪点往往不会正好相等，相分离的情况也极少见，也就是说，相邻等级的薪幅大多数情况下是有一定重叠的。这意味着较低等级的薪酬水平有可能高于较高等级的薪酬水平，薪等间的绝对差额相对较小。重叠度与薪酬大小有关，薪幅越大越容易重叠；而重叠程度又与薪酬结构线的斜率有关，越平坦重叠程度越大。重叠程度可以用下式来衡量，即重叠度（%）＝（下一等级顶薪点数额—上一级起薪点数额）/下一等级薪幅差额×100%。薪酬重叠程度应适中，重叠程度过大，会使薪酬水平与工作职位级别相关程度降低，薪酬在各职级间拉不开档次会造成“提职不增薪”、平均主义等不合理状况；反之，重叠程度过小，如果提职机会有限，也会影响支薪灵活性和薪酬激励作用。薪酬区间渗透度（%）＝（实际所得薪酬－薪酬区间最低值）/（薪酬区间最高值－薪酬区间最低值）×%，它考察的是员工薪酬水平在其所在区间的相对位置。

此外，在各工作职位类别间的薪幅可以是相同的，也可以是变化的，一般情况下是设计成递增性的。这是因为职位级别越高，其劳动性质和工作价值差别就越大，所以薪酬变化幅度也应该拉大些。同样，在不同等级之间，较高等级的薪酬级差变化的幅度也应该大些。在同一等级中，高档次之间的薪酬极差也应该比低档次间要大一些。总之，设计薪幅应统筹考虑薪酬级别数及涵盖面和薪酬结构线斜率等因素，并恰当平衡他们之间的相互关系。

虽然所有员工的薪酬水平原则上都应限定在薪酬区间内，但是，由于市场突变或为了维持企业内部平衡，一部分职位的薪酬可能需要突破此区间。在这种特殊情况下，可对一部分职位实行超过薪酬区间范围的临时水平，那些因特殊需要而设定在薪酬区间上限之上的职位通常称为“红圈职位”，用于认可那些的确需要高出上限薪酬水平但无法获得职位晋升的任职者；相应地，设定在薪酬区间下限之下的职位通常称为“绿圈职位”，它的功能正好与“红圈职位”相反，往往强调职位等级（而非薪酬水平）给任职者带来的激励效用。

(3) 确定相邻薪等间的交叉

从理论上讲，组织中相邻薪酬等级之间的薪酬区间可以设计成有交叉重叠的，也可以设计成没有交叉重叠的。然而，在实践中，大多数企业倾向于在薪酬结构中设计交叉重叠。相邻薪等之间存在适当的交叉重叠有着重要的功用，主要在于，职位等级越高，职位的数量越少，人们基于职位的晋升空间也越有限，时间也越长；相应地，基于职位等级晋升来提升薪酬的机会也就越小，时限也就越长，这显然会对薪酬的激励效果产生负面影响，这时，如果存在相邻薪等的交叉，那么在低薪等级上的员工也有了获得相邻高薪等级上较高水平薪酬的余地和机会，特别是在不到职位晋升而需要给予较高薪酬激励的情况下，交叉就提供了有效的空间。但是对于具体的薪酬结构中应设计多大的交叉程度，往往没有通用的标准，这主要取决于企业的具体实际情况。同时，交叉程度的大小也反映了企业的管理倾向；交叉程度越小，说明企业越鼓励低职位等级的员工通过职位的晋升来获取更高的薪酬，从而引导员工去寻求并接受晋升机会或必要的培训；相反，交叉程度大，表示企业不鼓励员工致力于职位的晋升，并控制员工晋升的速度。

5. 职位薪酬的调整

薪酬管理是一个动态管理的过程，为了使相对静态的薪酬体系能适应组织外部环境和内部成长性的变化，需要对薪酬进行适度、适时的调整。因此，员工所获得的职位薪酬并不是一成不变的。职位薪酬的调整主要分为两个层次：一是企业整体性的调整，这是指按照统一的政策针对企业内部所有的员工进行的基本薪酬的调整；二是员工个体性的调整，即针对员工个体成长或绩效表现进行的基本薪酬的调整。

在进行企业整体性的薪酬调整时，往往关注当前职位薪酬的中间值是否能够客观反映各职位的市场薪酬水平，并对薪酬区间定期作制度性的调整。通常在每年年初（如每年的1月），人力资源部门基于相关市场数据的调查结果，同时考虑组织的赢利或费用预算情况，提出薪酬区间的调整建议，一旦该薪酬区间调整生效，通常保持一年不变。

在针对员工个体时，主要是将职位薪酬与员工在该职位上的绩效联系起来进行薪酬调整，即日常的考核调薪或年度的绩效薪酬。绩效调薪一般遵循以下三个原则：第一，根据员工的绩效水平，处于薪酬区间不同位置的员工获得不同的绩效调薪幅度；第二，在薪酬区间处于相同位置的员工，绩效水平卓越的员工应获得最高的加薪幅度；第三，绩效水平为有待改进的员工将不能获得加薪，绩效水平为不及格的员工将被减薪。

此外，调薪一般不可使员工的薪酬超过上限，如果由于降职而导致员工薪酬高于上限，通常需将薪酬水平降至薪酬区间的上限。处于1/4区与上限的员工若期望得到更大的薪酬增长空间，应鼓励其寻求晋升机会。

管理案例

某物流公司的宽带薪酬结构

某物流公司实行宽带薪酬结构，部门经理级的管理人员最高月薪为7200元，最低月薪为4800元，其中财务部经理月薪为6800元。试求该公司经理级月薪的薪酬区间、中值、薪酬变动率以及财务部经理的薪酬区间渗透度。根据相关计算公式可得：

薪酬区间：最小值4800元，最大值7200元

中值：(7200－4800) /2＋4800＝6000元

薪酬变动率：(7200－4800) /4800＝50%

区间渗透度：6800/6000＝113%

7.2.1.3 职位薪酬体系的实施条件

为了更好地发挥职位薪酬体系的作用，要求组织在实施职位薪酬体系之前，做到以下几个方面。

1. 职位的内容已经明确化、规范化和标准化

职位薪酬体系要求组织待评价的职位必须是明确、具体的。因此，组织必须保证各项工作有明确的专业知识要求、有明确的责任。同时这些职位所面临的工作难点也是具体的、可以描述的。

2. 职位的内容基本稳定，在短期内不会有很大的变动

职位薪酬体系以各职位的工作内容为基础来确定各职位等级。因此，只有当职位的内容保持基本稳定的时候，组织才能使工作的序列关系有明显的界限，不至于因为职位内容的频繁变动而使职位薪酬体系的相对稳定性和连续性受到破坏。

3. 组织具有按个人能力安排职位或工作岗位的机制

由于职位薪酬体系是根据职位本身的价值来向员工支付报酬的，因此，如果员工本人的能力与所担任职位的能力要求不相匹配，其结果必然会导致不公平的现象发生。因此，组织必须保证按照员工个人的能力来安排适当的职位，既不能存在能力不足者担任高等级职位的现象，也不能出现能力较强者担任低等级职位的情况。

4. 组织中存在相对较多的级别

在实施职位薪酬体系的组织中，无论是比较简单的工作还是比较复杂的工作，职位的

级数应该相当的多，从而保证组织能够为员工提供一个随着个人能力的提升从低级职位向高级职位晋升的机会。否则，一旦职位等级很少，大批员工上升到一定职位之后就无法继续晋升。

5. 组织的薪酬水平足够高

组织的薪酬水平必须足够高，以便处于最低职位级别的员工也能够依靠其薪酬来满足基本的生活需要。如果组织的总体薪酬水平不高，职位等级又很多，则处于职位序列最底层的员工所得到的报酬就会非常少。

7.2.2 技能薪酬体系的设计与管理

7.2.2.1 技能薪酬体系的含义

在薪酬体系中，通常会出现能力、技能、胜任力这样的基本概念，因此有必要首先来明确这几个概念。能力（Ability）是指一位员工完成工作的实际能力。技能（Skill）是能力概念的一种延展，它包括了绩效标准在里面，例如，一位技术工人就是指一位能够很容易、很准确地完成工作的人。胜任力（Competency）则是技能概念的一个变种，它与技能之间的差异主要在于包括能力的范围不同和应用的职业范围不同两个方面。总的来说，技能往往是指蓝领工作以及事务性工作所需要的工作技能，而胜任力则通常在对管理人员、专业人员、技术人员以及其他白领工作进行讨论时才会被提到。

所谓技能薪酬体系是指组织根据不同岗位和职务对技能的深度和广度以及员工实际所具备的水平来支付基本薪酬的一种报酬制度。这种薪酬决定体系的一个共同的特征是员工所获得的薪酬是与知识、技能联系在一起的，而不是与职位联系在一起的。要适用技能薪酬体系，组织必须建立一套技能水平评估标准，员工薪酬随着技能等级的变化而变化。

7.2.2.2 技能薪酬体系的设计流程

1. 通过工作分析创建岗位的工作任务清单

由于技能薪酬体系将中心从员工所需完成的工作任务转移到了员工的技能水平，因此，首先必须对员工所完成的工作进行准确的理解和深入分析，这样才能确定对所要完成的工作有价值的技能，从而进行技能的区分以及技能水平的划分。因此，设计技能薪酬体系的第一步就是通过工作分析创建工作任务清单，系统地描述所设计的各种工作任务。

2. 划分技能类型与技能等级的定价

组织按照从事不同类型工作人员的技能要求和技能水平，将技能类型分成基础技能、核心技能、可选择技能三个模块：基础技能是员工从事工作所必须具备的基础知识和能力；核心技能是员工保证生产系统正常运转、完成本职工作任务必不可少的知识和技能；可选择技能是员工在本职工作之外附加的专业能力，是更高层次的技能。

对技能模块的定价实际上就是确定每一个技能单位的货币价值。虽然这一操作步骤的重要性得到了广泛的承认，但是至今也没有一种标准的技能等级定价方法。要特别强调的是，在技能定价时需要遵守的一个重要原则是：组织必须确保某职位的任职者在全部具备完成该职位所需要的各项技能后才能获得本职位的市场薪酬水平。组织在这个原则的基础上确定技能模块的相对价值。

在通常情况下可以按照下列几个方面的维度来确定技能模块之间的相对价值：第一，失误的后果。由于技能发挥失误所导致的财务、人力资源及组织后果；第二，工作的重要性。技能对于完成组织认为非常重要的那些工作任务的贡献程度；第三，基本的知识水平。指学习一项技能所需要的基本的数学、语言以及推理方面的知识；第四，工作或操作的水平。工作中所包括的各种技能的深度和广度，其中包括平行工作任务和垂直工作任务；第五，监督责任。指在该技能等级上涉及的领导能力、小组问题解决能力、培训能力以及协作能力等的范围大小。

按照技能模块定价，不同类型的员工掌握不同模块的技能，而掌握不同模块的技能也可以获得相应的薪酬定价。员工通过掌握的技能模块的增加来获得薪酬水平的提高。

7.2.2.3 技能薪酬体系的应用范围

从人员对象上，这种薪酬制度通常适用于所从事的工作比较具体而且能够被界定出来的操作人员、技术人员以及办公室工作人员。

从组织对象上，技能薪酬体系在以下几类行业中有比较高的使用率：一是运用连续流程生产技术的行业，比如食品加工业、林产品行业，以及冶金和化学行业；二是运用大规模生产技术的行业，如电子行业、汽车以及零部件制造行业，以及计算机生产行业等；三是服务行业；四是运用单位生产或小批量生产技术的行业，比如加工工业等。近年来，技能薪酬体系已经被广泛应用于电信、销售、银行、保险公司，以及其他一些服务行业的组织。

7.2.3 能力薪酬体系的设计与管理

7.2.3.1 能力薪酬体系的含义

能力薪酬体系中所谓的能力严格上说实际上是一种胜任力，而不是一般意义上的能力。为行文的方便，通常以能力的概念来代替胜任力的说法。所谓能力薪酬是指组织根据一个人所掌握的与工作有关的能力以及知识的深度和广度支付基本薪酬的一种报酬制度。与技能薪酬相对应，以能力为基础的薪酬主要适用于组织专业人员和管理人员。从组织层级来看，技能薪酬体系实施的对象更多地倾向于组织的基础员工，而能力薪酬体系实施对象更多地倾向于组织的中高层员工。

从现代管理学（人力资源管理）意义上来说，能力薪酬的产生、应用和发展有如下几个方面的原因。

(1) 随着社会分工的发展，人类劳动的专业化与职业化程度越来越高，这种专业化要求一方面落实为不同的职位和职业设计，另一方面则落实为人们专业化技能和职业化素质的要求。为了鼓励人们的专业化技能不断提高，为能力付酬就成为一种自然而然的选择（主要是鼓励技能的纵向提升）。同时，由于同种职业人员的工作性质和内容基本上是相似的，当通过工作、职位来区分其激励差别变得困难时，基于能力确定报酬等级就成为了一种必要的方式。

(2) 在分工走向细化带来效率的同时，每个人的能力发展也受到了一定的束缚。一些生产性企业发现，其实流水线上的工人可以完成更多的工作，从而创造更多的效率；社会也越来越强调人的能力的符合性发展。特别是进入知识经济和知识社会以来，相对于体力来说，人的智能在工作中扮演了更加重要的作用。工作对人的心智水平要求的提高，突破了传统意义上基于一纸职位说明书“照章办事”的机械化工作方式，组织需要促进人们通过更多的学习来灵活地完成工作；同时，工作内容的丰富化、工作关系的团队化和复杂化使得对职位进行分析和评价的难度更大。因此，对能力的关注和激励在理念上变得日趋流行，在技术上也变得越发必要。

(3) 随着人们自我开发意识的增强，特别是知识性的专业工作者，他们再也不愿意成为仅仅按照说明书来运转的工作机器。强烈的自我实现动机使他们更关注自身能力的提升和发展，他们需要基于能力的激励。

总之，人的能力的深度和宽度对于提高工作效率本身具有直接的意义，这种意义在工作内容日趋丰富化、工作要求日趋智能化的今天日趋突出，再加上组织和个人进行能力开发的意愿逐步增强——作为一种关注能力提升的激励方式，能力薪酬作为对职位薪酬的一种突破，获得了相应的应用和发展，并受到越来越多的重视。

7.2.3.2　能力薪酬体系的设计流程

能力薪酬体系设计的操作步骤和技能薪酬体系的操作步骤基本上是相同的，只不过在技能薪酬体系中所要分析和评价的是技能，而在这里主要是对能力进行分析和评价。

1. 能力的界定与提取

能力薪酬体系的基础是确定组织准备支付薪酬的能力，而能力的确定又是应该在组织战略目标的导向下进行的。图 7 - 6 是组织能力的提取与分解模型，给出了提取和分解组织能力的基本思路。组织所在产业和市场的定位决定了组织战略。通过组织战略的分析，确定组织应该具备什么样的关键因素。在这个过程中，组织价值观也会起到决定的作用，而产业的关键成功因素、产业核心能力在相应的环节也起到了影响作用。确定组织的核心能力后，还需要把这些能力要求进行分解，首先是针对不同的团队形成能力域的要求，在此基础上分解成个人所需要的能力。所有这些能力最终包括两个部分：能为组织创造竞争优势的能力和其他必要的能力。

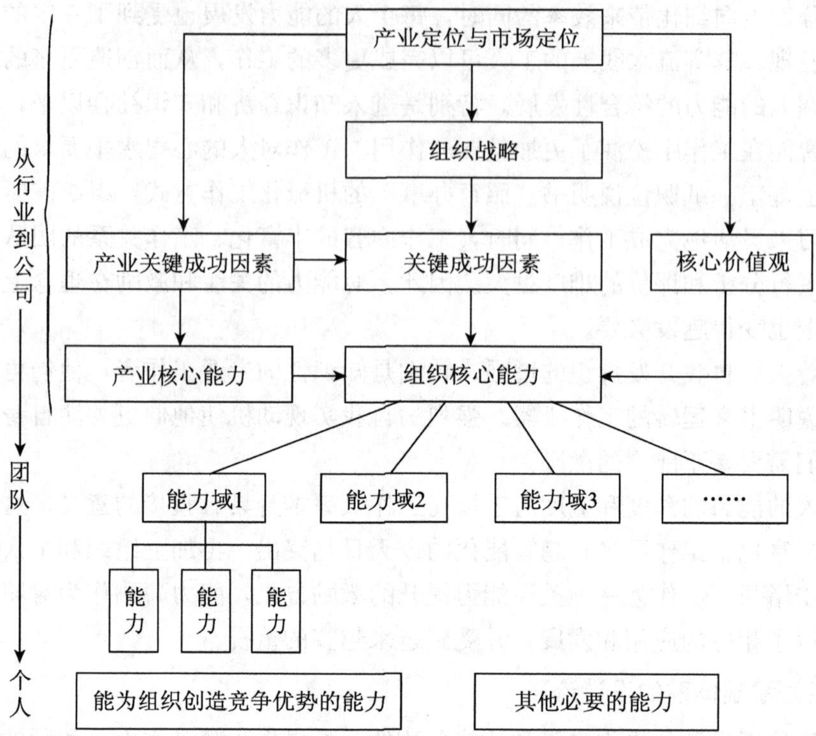

图 7－6　组织能力的提取与分解模型

2. 能力的评估

通常有两种思路来进行员工能力的评估：第一，将组织所需要的每一项能力视为独立的技能部件，对每个技能部件设置技能等级及与之相对应的衡量标准，然后根据这些标准来衡量员工的能力。第二，将组织所需要的能力细化到职位簇中，为每个职位簇开发出与其相对应的任职资格体系，然后再根据任职资格的要求来衡量员工所具备的能力。这两种方法各有优劣。由于后一种思路与职位结合得比较紧密，可操作性更强，所以被很多组织采用。使用该种思路来衡量员工能力的关键点在于开发一个适应组织实际情况的任职资格体系。

3. 能力与薪酬的结合

一般来说，能力与薪酬挂钩有三种基本形式：第一种，在职位评估中体现能力，将薪酬与职位价值挂钩，这种方法在职位评估中加大了能力的权重，突出了能力的重要性；第二种，将薪酬与任职资格挂钩，或者说将薪酬与个人角色挂钩；第三种，将薪酬直接地、完全地与个人能力挂钩。这是纯粹意义上的能力薪酬，它并不计较员工做什么事，完全依据个人能力来确定薪酬。

能力应该在多大程度上影响薪酬并没有固定的说法，薪酬设计是权变的，组织应该根据自身情况来对这三种方式加以选择。但是无论是哪种挂钩方式都存在操作上的难点。第一种方法必须准确确定能力的种类，并且给能力恰当的权重；第二种方法很难客观地将能力分等分级，员工认同性差，容易流于形式；第三种方法过于灵活，容易导致工资的膨胀，并且可能会与同工同酬的原则发生理念上甚至法律上的冲突，这些方面都是必须引起组织关注的。

7.2.3.3 能力薪酬体系的设计方法

1. 技能工资与知识工资的基本设计方法

技能工资是能力薪酬计划中设计技术相对成熟的一种计划，特别是基于技能模块的设计技术是大多数采用技能工资的企业所采取的方法。对技能进行分类和分级是操作的关键，技能的“类型—等级”矩阵是一种简化的方法。某物流公司采用了这种方式，将其物流流程中的装储、配货、运达和服务水平四个主要步骤作为技能的大类，每类技能都划分出三个等级水平，得到了如图 7－7 所示的矩阵图。

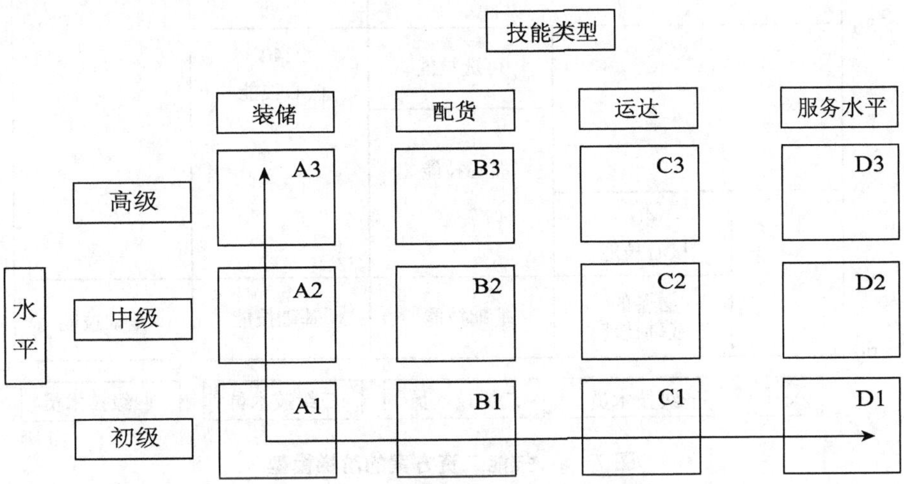

图 7－7 技能类型——等级模型

矩阵中的每一个模块都应包含相应的培训计划和技能认证标准，一个进行原料处理的初级员工，当他完成 A1 模块中的所有培训计划并且达到了所规定的技能认证标准后，就可以向更高的等级晋升或向其他专业扩展技能（激励技能的深度和广度）。员工所处的技能等级越高、掌握的技能类型越多，累积的点数就越多，工资水平也就越高。

另一种在设计技能工资时常用的技能模块方法——阶梯模型，通过给具体的技能条目赋予点值，将技能与薪酬更加细致地联系起来。

从图 7－8 所示的阶梯模型可知，使用该计划的公司将技能分为基础技能，核心技能和可选技能三大类。将支付对象的技能等级分为五等并显示了每一类技能中具体的培训计划和技能条目。新入门的员工被要求必须完成基础技能中的培训课程，培训后通过鉴定，具备了所有基础技能的人员可成为一级技术员，此时他可以享受 11 美元/小时的工资水平。如果他还想拿到二级技术员的工资，那么他必须在核心技能内选择总点数为 40 点的技能条目，一旦经鉴定获得了这些技能，他便成为二级技术员，可以拿到更高的工资。依此类推，为了获得更高的技能等级和工资水平，员工必须不断学习并掌握达到点数要求的核心技能及相应的可选技能，达到四级的人员则掌握了所有的核心技能（365 点）和五项可选技能，他便成为一个可以完成或参与任何一项任务的技术能手。显然，这种阶梯式的技能工资计划可以激励员工一步步地去掌握更多的技能本领。

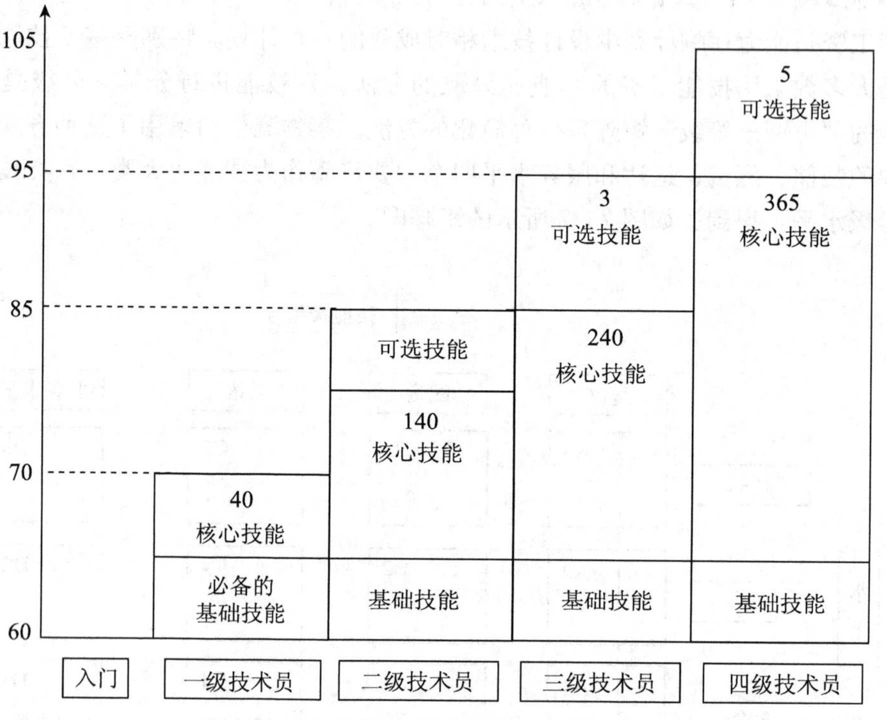

图 7-8　技能工资方案的阶梯模型

同时，我们可以发现，技能工资计划与相应的培训计划是密切联系的，具体技能项目的获得一般都要求通过各种方式的培训和鉴定来确认，因此，在实践中，也有企业直接将工资水平与培训计划的课程设置联系起来，这些被定价的课程等级，即所谓的“课程模块”，本质上就是技能模块的变形，将技能阶梯模型中的技能类别和条目转化为培训课程的类别和项目。可见，技能工资和知识工资计划的设计方法基本上是一致的，因此人们通常将两者作为同一种计划方案使用。

2. 胜任力工资设计方法的探索

如果说技能工资和知识工资作为激励具体技能的方案，其技术路线已相对成型，那么对于关注人的抽象素质的胜任力工资来说，其设计方法尚未形成广泛认同的主流模式。两种工资计划基本设计方法最重要的区别在于，这里所要激励的胜任力与组织的价值观和战略目标层面的要求更加接近，其来源并非是具体的工作内容和技术要求。

一个素质模型的构成一般包括针对某个人或某专业群体所应具备的素质条目、每个素质词条的界定，及其所对应的能力等级或行为等级描述。根据公司战略目标的调整，素质模型的各个方面都需要进行调整。比如，每季度进行一次 360 度的能力分析与绩效反馈，如果是个人本身没有达到合理的能力要求，就为其提供相应的培训，如果个人超过模型要求发挥出了更高的能力水平和潜质，就可以通过薪酬计划进行及时的激励和强化。

此外，由于胜任力工资的适用对象主要是组织中的中高层经营管理者和技术专家，企业都会特别强调与这些核心人力建立长期、深入的承诺，因此，一些与职业生涯体系相联系的胜任力工资方法也被研究者提出，且在实践中得到运用。如职业生涯阶段模型假设人的整个职业发展过程可以划分为四个阶段，每个阶段具有各自的典型特征，因此在每个阶段个人所应侧重的胜任力要求也各不相同。同时有关研究指出，组织中大致有75%的人处在职业发展的第1、第2阶段，25%的人处于职业发展的第3、第4阶段（见表7-6）。

表7-6　　职业生涯阶段模型

职业发展阶段	阶段特征	能力要求
第1阶段学习	学习如何工作并达到标准要求	技术能力和运营能力
第2阶段应用	应用并进一步发展专业领域的技能，有可能达到较高的水平	
第3阶段指导	在更广泛的领域应用专家技能，对他人进行开发和教练指导	人际交往能力和商业能力
第4阶段塑造	提出战略性领导力，对整个组织发展做出贡献	理念形成能力与战略制定能力

相应地，从时间发展来看，组织应基于核心人力的不同职业阶段，对所对应的能力进行开发和激励；从当前的人力结构来看，组织应基于不同的人力类型，强调对不同能力的开发和激励。

总之，胜任力工资计划关注与战略层面相联系的人的深层特质和潜力，而非具体工作相联系的技能，是为比较抽象的能力埋单。素质模型方法为它提供了有关能力分析、提取、界定、分级和动态维护的方法。人们似乎更加关注“如何确定胜任力”，素质模型方法也似乎越来越流行，但是在将薪酬与素质模型联系起来方面，尚未形成一套非常主流的、广泛认同的方法体系，它正处于发展与探索之中。

3. 对能力层次的综合激励：基于任职资格的工资计划

以上分别介绍了侧重于技能、知识和胜任力的工资计划的设计方法，这里介绍了一种将各种能力层级进行综合考虑的工资计划，即基于任职资格的工资计划。任职资格体系其实是将有关任职者所需的知识、技能、经验、胜任力等各方面的能力要素进行整合、分类、分级的能力体系。

在一个组织内部，任职资格体系一般都基于职类、职种来进行分类梳理和设计，针对各类专业人员建立其任职资格序列等级（技术序列、销售序列、生产序列等），任职资格序列的每一等级都对应着具体的知识、技能、经验和胜任力等能力要求，这些能力要求的等级描述一般会作为进行职称评定的标准，通过评定的人员即获得相应的职称等级。基于任职资格的薪酬以任职资格等级作为薪酬支付的基础，薪酬水平等与职称（或内部任职资格等级）密切挂钩，如表 7－7 所示。

表 7－7　　　　任职资格与薪酬对应

任职资格等级					研发类		技术、客服类		市场类		专业类	
一	二	三	四	五	等级	工资额	等级	工资额	等级	工资额	等级	工资额
				D	R16	8	M16	6	S16	4		
				C	R15	7.2	M15	5.5	S15	3.75		
				B	R14	6.4	M14	5	S14	3.5		
			D	A	R13	5.6	M13	4.5	S13	3.25	A13	4
			C		R12	4.8	M12	4	S12	3	A12	3.6
			B		R11	4	M11	3.5	S11	2.8	A11	3.3
		D	A		R10	3.5	M10	3	S10	2.6	A10	3
		C			R9	3	M9	2.7	S9	2.4	A9	2.6
		B			R8	2.5	M8	2.4	S8	2.2	A8	2.3
	D	A			R7	2.1	M7	2.1	S7	2	A7	2
	C				R6	1.8	M6	1.8	S6	1.8	A6	1.8
	B				R5	1.6	M5	1.6	S5	1.6	A5	1.6
D	A				R4	1.4	M4	1.4	S4	1.4	A4	1.4
C					R3	1.2	M3	1.2	S3	1.2	A3	1.2
B					R2	1	M2	1	S2	1	A2	1
A					R1	0.8	M1	0.8	S1	0.8	A1	0.8

同时，任职资格体系作为与职位、职务等级相并列的序列系统，也往往成为员工职业生涯通道的重要基础。可见，任职资格等级作为一种综合了知识技能、胜任力和职业生涯发展的能力标准等级，能够为薪酬提供较为丰富的支付基础，因此，相对于各种针对特定能力层次的工资计划来说，基于任职资格的工资计划在管理实务中往往得到了更多的应用。

7.2.3.4　能力薪酬体系的实施环境

能力薪酬体系并不一定适合每一个组织，也不一定适合组织中的每个部门。一般而言，只有员工的能力在很大程度上决定组织业绩的情况下，这一机制才较为适用。除此之外，组织的处境也决定了采用该机制的程度。比如，完全以能力为基础提供报酬的机制一般适用于处于困境的组织或者是刚刚起步的小型组织，而大型的、结构复杂的组织最好综合采用各种报酬机制。

7.2.4 绩效薪酬体系的设计与管理

7.2.4.1 绩效薪酬体系的含义

绩效薪酬有广义和狭义之分。通常认为与绩效相关的薪酬即为绩效薪酬，它是由一系列与绩效相关的报酬形式组成的。所谓绩效是指员工通过努力所达成的对组织有价值的结果，以及他们在工作过程中所表现出来的符合组织的文化和价值观，同时有利于组织战略目标实现的行为。与固定薪酬相比，它属于薪酬中的可变部分和浮动部分，因此也可称为浮动薪酬或可变薪酬。

激励薪酬是指根据绩效评估结果支付的、旨在激励员工绩效的组合薪酬形式，具有规范性、系统性和全面性等特征。

7.2.4.2 绩效薪酬体系的设计流程

绩效薪酬的设计其实主要是从直接的、外在货币薪酬层面，寻找组织目标与个人目标直接挂钩、相互契合的操作办法和联动机制，探索组织战略性激励管理的具体实现形式和途径。总的来说，绩效薪酬的设计应遵循如下一些基本原则。

1. 继续必须同薪酬相挂钩

要让员工明白组织所要求的工作目标任务是什么，并且让他们明白通过自己努力可以达到。提高生产效率和工作效率后可以得到他们想得到的东西，为此组织也应提供良好的工作条件，如必要的工具、设备和培训等。

2. 绩效薪酬方案要有可行性

绩效薪酬方案必须为大家所理解和接受，收益计算方法简单易懂，便于操作，如同海尔的3E卡那样，是每个员工个人都能方便地计算出个人绩效水平所对应的报酬或收益。

3. 绩效标准须公平合理

绩效考评体系应被大家所认可，要有公平性。绩效水平标准应是平均绩效水平，使大多数员工经过积极努力可以达到的。标准必须明确、具体，不能含糊其词，模棱两可。

4. 要有确保计划执行的具体措施

应将绩效薪酬计划制度化、契约化，一旦订立并开始运作就要严格执行，并有相应的配套措施保证计划能够顺利实施。

5. 要注意与基本薪酬配合进行

绩效薪酬计划、设计与管理要以基本薪酬为基础，并与之在操作层面相衔接。

7.2.4.3 个人、群体与长期薪酬激励计划

1. 个人激励计划

个人激励计划是指针对员工个人工作绩效提供奖励的一种报酬计划。主要有直接计件工资计划、标准工时计划、差额计件工资计划和与标准工时相联系的可变计件工资计划。

2. 群体激励计划

群体激励计划是指主要通过物质报酬等手段来激励员工创造集体绩效，而不是激励他们的个人绩效。当把激励的对象从员工个体转移到协同工作的员工群体时，激励薪酬的重

心就由个体激励转向群体激励。

群体激励计划源于团队工作，团队的优势主要体现在对外能快速反映客户与市场的需求，对内能够凝聚智慧，实现团队成员的信息交流与知识、经验共享，充分发挥群体的创造性，积极寻求问题解决方案。

群体激励计划通常可以划分为利润分享计划、收益分享计划、成果分享计划以及团队奖励计划等几种类型。

3. *长期薪酬激励计划*

长期薪酬激励计划是指将特定员工尤其是组织经营者与组织长期发展结合起来的一系列激励手段和措施。长期激励计划对组织发展具有重要作用，可降低代理成本，提高长期绩效，推动组织薪酬制度的改革与创新，有利于组织吸纳、保留和激励优秀人才，可以保持长期项目经营的稳定性，可以作为处于成长阶段的组织或高科技组织重要的人力资本投资工具之一。

长期薪酬体系主要有员工持股计划、股票期权计划、虚拟股份、收益分享、管理层收购等。

7.2.4.4 绩效薪酬体系的优缺点

绩效薪酬体系的优点体现为：有利于组织通过灵活地调整员工的工作行为以达成组织的重要目标，从而避免员工的行为脱离组织的战略主线而产生本位主义倾向；减轻了组织在固定成本开支方面的压力，有利于组织根据自身的经营状况灵活调整自己的支付水平，而不至于因为成本的压力而陷入困境；有利于组织整体绩效水平的改善。

绩效薪酬在使用过程中也有其不可避免的缺点，主要体现在：在绩效标准不公正的情况下，绩效薪酬可能流于形式；可能导致员工之间或员工群体之间的竞争，而这种竞争可能不利于组织的整体利益；在其设计和执行过程中可能增加管理层和员工之间产生摩擦的机会；绩效薪酬对组织的人力资源管理非常敏感，如果没有相关的管理支持，其效果很难发挥。

7.3 薪酬管理模式

不同类型的员工在组织中所做的贡献和所起的作用是不相等的。在进行薪酬管理模式的设计和应用时，要把他们区别对待，设计不同的薪酬管理模式来与之相对应，以达到应有的激励作用。

7.3.1 高层管理人员的薪酬管理

高层管理人员的管理劳动表现出比较高的人力资本的投入、成果的无形性、收益的滞后性和效益的间接性。这些特征导致了其薪酬管理的差异性。

总体来说，高层管理人员的薪酬体系主要由基本薪酬、短期激励、长期激励和福利四个部分组成。

1. 基本薪酬

基本薪酬是高管人员的基本收入，一般会占到薪酬总额的1/3～2/3不等。基本薪酬对高管人员来说属于固定收入，虽然在激发其积极性方面所起的作用不是很明显，但能为他们提供可靠的收入。

这部分收入应根据组织规模、经营者的需要、个人才能、所承担的责任和风险水平来确定。从总体上来说，绝大多数组织都会选择使高管人员的基本薪酬超出、至少是相当于市场平均水平。高层管理人员往往都有很长的工作年限和丰富的工作经验，市场供给的人数相对较少，他们和外部市场打交道比较多，因此追求外部公平性的意识比较强烈。

2. 短期激励

对高层管理人员的短期激励主要是奖金。奖金是组织高层管理人员薪酬的重要组成部分。一般情况下，组织向管理人员支付奖金，以便其在特定的时间段里（通常是一年）为组织绩效做出的贡献进行补偿和奖励。通常意义上的奖金都是以组织的总体经营业绩为基础的。由于高管人员对于组织总体经营业绩的达成情况有着比普通员工更大的影响力，因此，给予他们的奖金与组织总体经营业绩之间的关系更为紧密，使高层管理人员能够在组织经营绩效的改善中获得自己应得的薪酬。

在具体计算方面，高管人员的奖金往往以管理者的基本薪酬为依据，具体数额取决于高管人员对于经营结果的实际贡献大小。在对其短期绩效进行衡量时，组织既有可能使用总体努力水平等单一指标，也有可能使用对于组织成功而言同等重要的多重指标。在后一种情况下，组织必须把握好不同指标之间的权重。

短期激励是基于高层管理人员当年的经营绩效而定的，因此具有很大的灵活性，克服了基本工资作为固定收入缺乏动态弹性的弊端。但短期激励的弊端也很明显，奖金会促使高层管理人员行为短期化，追求眼前利益。另外，由于经营绩效不只是由高管人员的个人努力所决定的，还有很多其他因素（外部市场环境、竞争对手情况、交通、气候等）的影响，有时当期绩效不一定能正确反映高管人员的努力水平。因此如果奖励不当可能会造成负面影响。

3. 长期激励

近年来，以各种股票计划为主要内容的长期激励方案越来越多地受到欢迎。究其原因主要有三：第一，高层管理者的绩效表现对于组织经营状况的重要性已日益显露出来，高层管理人员在组织当中的作用越来越重要，然而所有者对其工作和努力程度进行有效监管的难度较大，而长期激励是对其进行有效激励的最佳途径之一；第二，长期激励方案与组织的经营目标保持一致，从而激励他们关注组织的长期发展以及持续性地达到更高的绩效水平；第三，长期激励计划给组织提供了一种合理避税的机会，另外由于其对高管人员的奖励是在几年之后支付的，可以为组织节约一定的薪酬成本。

长期激励主要有员工持股计划、股票期权计划、期股计划、管理层收购等。

4. 福利

高层管理人员通常都享受到名目众多的福利和服务。除了针对普通员工的福利以外，还有特别针对高层管理人员的福利。由于留住管理者对于组织而言是至关重要的，而特定内容的福利和服务在吸引和挽留这些核心员工方面又有着不可低估的功效。针对高层管理人员的福利则还要包括在职福利和退休福利。

(1) 在职福利。在职福利实质上是组织给予高层管理人员一定的特权。在职福利主要有：在组织内部为高层管理人员提供舒适的工作环境，如豪华的办公室、经理餐厅、专门的停车场等；在组织外部为高层管理人员的工作提供良好的服务，如代缴更新知识的学费，参加与业务和专业有关的活动费用，报销饭店、飞机、汽车费用等；在生活上为高层管理人员提供优越的个人居室，对高层管理人员在生活方面遇到的问题尽量给予解决；享受带薪休假等。这些措施对组织高层管理人员产生较大的激励效果。

(2) 退休福利。退休福利主要包括：建立高层管理人员社会保障制度，设计各种形式的“金色降落伞”，以消除或弥补高层管理人员退休前后物质利益和心理角色方面的巨大反差，从制度设计角度预防和控制“59 岁现象”；废除国有企业高层管理人员硬性划线退休制度，对于经营业绩一直很好的高层管理人员，其任职年限不受年龄的限制；允许高层管理人员退休后在组织董事会中担任董事，或担任组织高级顾问之类的角色，这样既给高层管理人员提供一个消除退休前后巨大心理反差的“缓冲”机会，又可以充分利用高层管理人员的经验，促进组织发展。

7.3.2 销售人员的薪酬管理

销售人员是企业从事销售业务的人员，与管理人员相比，他们的工作具有明显的群体特征，也表现出其独特性：第一，工作业绩直接影响企业的生存；第二，工作时间不确定，他们的工作时间分配常常取决于客户；第三，工作场所不固定；第四，业绩不稳定，波动性大。销售人员的业绩除了自己的主观努力之外，还有一部分取决于外界环境因素，这不是由销售人员所能控制的，因此其业绩常常表现出不稳定性，各统计期间业绩的差距常常很大。

目前市场上普遍使用的销售人员的薪酬管理模式大致有以下 5 种，即纯基本工资制、纯销售提成制、基本工资加销售提成制、基本工资加奖金制和基本工资加销售提成加奖金制。

1. 纯基本工资制

纯基本工资制指的是对销售人员实行固定的工资制度，而不管当时销售完成与否，其基本模式表示为：

$$个人收入=固定工资$$

纯基本工资制适合实行终身雇佣制的企业。纯基本工资制的优点是：使用简单，易于管理；销售人员的收入有保障，能增强其安全感；易使员工保持高昂的士气和忠诚度。但是纯基本工资制也存在着其自身无法克服的缺陷：由于对销售人员缺少金钱的刺激，容易形成“大锅饭”氛围和平均主义倾向；不能形成有效的竞争机制，不能吸引和留住进取心较强的销售人员；不利于形成科学合理的工资晋升机制。

2. 纯销售提成制

纯销售提成制即销售人员的工资收入全部来自于销售额提成，即其报酬按销售额的某一百分分（通常是企业事先规定的）提取，这个百分比一般根据产品的加工、销售量、推销的难易程度确定。其基本模式表示为：

个人收入＝销售额（或毛利、利润）×提成率

纯销售提成制一般适用于那些营销难度较高、市场广阔而很难界定营销范围的销售行业，如房地产、保险、药品、化妆品等，对于临时性的推销人员也非常合适。

纯销售提成制的优点表现在：一是销售目的非常明确，报酬的透明度非常高，能充分调动销售人员的积极性，发挥其激励作用；二是将销售的风险完全转移到销售人员身上，大大降低了企业运营成本的压力。但是其缺点也是非常明显的，主要表现在：第一，销售人员的目标过于单一，使其热衷于有利可图的交易，有时甚至会损害公司的形象；第二，不利于企业的长期发展。由于销售人员只注重眼前利益，只做能够立即产生效益的事情，因此对于客户关系的处理，以及企业良好形象的建立等方面则不注意；第三，不利于企业销售队伍的稳定。由于这种模式给销售人员带来了巨大的风险和压力，当销售人员的收入达不到与其的水平时，就会选择离开，这削弱了销售队伍的稳定性和企业凝聚力。

3. 基本工资加销售提成制

基本工资加销售提成制是指销售人员的收入包括基本工资和销售提成两部分。在这种薪酬模式下，销售人员一般都有一定的销售定额，当月不管是否完成定额，均可得到基本工资即底薪；如果销售人员当月完成的销售额超过设置的销售定额，则超过部分按比例提成。基本工资加销售提成的基本模式表示如下：

个人收入＝基本工资＋（当期销售额－销售定额）×提成率

基本工资加销售提成制实质上是纯基本工资制和纯销售提成制的混合模式，它兼具两者的优点，使得销售人员收入既有固定工资作保障，又与销售业绩相挂钩；既有提成的刺激，又给员工提供了相对固定的基本收入，使他们不至于对未来收入产生恐慌。正因为它既克服了纯基本工资制和纯销售提成制两者的缺点，又吸收了两者的优点，所以被企业和销售人员广泛接受，成为当前最通行的销售人员的薪酬模式。

尽管基本工资加销售提成制兼顾了纯工资制和纯销售提成制的优点，但是仍然存在着一些弊端，比如其在兼顾纯佣金模式特点的同时，也冲淡了纯工资制促进团队合作的积极功能。

4. 基本工资加奖金制

这种薪酬模式与基本工资加销售提成制有些类似，但奖金制度与销售提成制是不同的。奖金虽然也是根据营销额、利润额、配额目标的达成率等标准来设计并支付的，但在通常情况下，只要销售人员所达到的业绩超过了某一销售数量，就可以获得一定数量的奖金。因此，奖金与报酬的关系是间接的。

除了根据销售额来设定奖金之外，还有根据新客户开发、贷款回收速度、市场调查报告、客户投诉、企业规章执行等各种因素，按照超过特定的标准或达成特定的目标设定奖金。为了激励销售人员发挥团队精神，还可以按部门、分公司、营业所等为单位分别制定

奖励标准。

5. 基本工资加销售提成加奖金制

鉴于基本工资加销售提成存在的缺点，一些企业提出了基本工资加销售提成加奖金这一混合模式，按照这一模式，销售人员的工资收入由基本工资、销售提成、奖金三部分组合而成。

在这种模式下，企业一般给销售部门整体一个一定时期的销售定额，销售部门将这个整体的销售定额按照一定比例分解给每一个销售人员，作为单个销售人员的销售定额。销售人员不论是否完成定额，都获得基本工资；销售人员超额完成定额，超额完成的部分可按比例提取佣金；销售部门超额完成整体销售定额可提取部门奖金总额，销售部门将奖金总额按个人完成销售额占部门整体完成销售额的比例分发给每一个销售人员。

基本工资加销售提成加奖金制的最大优点是它兼顾基本工资、销售提成、奖金这三种报酬的特点，考虑到销售人员工资的独特性，充分发挥薪酬在调动销售人员积极性方面的激励作用，因此它是基本工资加销售提成制的补充，在国内外企业界被广泛接受。但是它也有不可避免的弊端，它的最大弊端是加大了企业的销售成本，并且使成本变得不可控制；另外，它操作起来难度较大，销售定额、提成率以及提成率的核定需要考虑方方面面的因素，要经过浮躁烦琐的测算，因此，加大了销售管理的工作量。

简单地判断哪种模式更好是毫无实际意义的，对企业来讲，上述五种模式只有适用与否之分，没有优劣之分。表 7－8 对这五种销售人员的薪酬模式的特点进行了比较。选择哪种模式对自己企业更有效，管理者应根据自己企业的特点进行分析和判断，明白该策略的意义和需要达成的目标是什么，同时还要考虑薪酬总额的控制。

表 7－8　　销售人员各薪酬模式的优缺点比较

模式	优点	缺点
纯基本工资制	员工收入稳定，有一定保证	完全没有激励性
纯销售提成制	激励性非常强	员工收入无保证
基本工资加销售提成制	员工收入稳定且有较强激励性	—
基本工资加奖金制	员工收入稳定且有一定激励性	激励性不强
基本工资加销售提成加奖金制	员工收入稳定且有较强激励性，有归属感	—

7.3.3 研发人员的薪酬管理

研发人员在进入科研领域之前，一般都进行了高于一般水平的人力资本投资。即使进入科研领域之后，由于要不断地进行高水平的知识更新，并开拓新的科学技术领域，仍要继续进行高水平的人力资本投资。因此，研发人员的薪酬，一方面要补偿他们的人力资本投资，使研发人员的收入首先反映其从事科技劳动、形成科技劳动力的生产成本，这是科技人员价值决定的一个方面；另一方面，还应按照市场规律的要求，以高于一般物质资本投资的内在报酬率，使研发人员获得人力资本投资的收益。

设计研发人员薪酬模式时，要考虑的因素有：一是保证较高的收入水平；二是注重激励，鼓励科技创新；三是激励方式要结合本组织实际，形式灵活，重在讲求实效。概括起来，以下是研发人员的几种主要薪酬管理模式。

1. 单一的高工资制

单一的高工资制就是一般不给予奖金，而是给予高工资。这种模式特别适用于基础性研究工作，即在短期内无法确定准确的工作目标，进而无法把工作成果作为薪酬决定基础的研究工作。

2. 工资加奖金制

这种模式以研发职位等级和能力资格为基础，首先确定较高水平的工资，然后仍以较高的职位等级为基础。此种模式一般与研发人员的具体业绩联系不大，收入也较为稳定，基本保证了研发人员在员工收入排序中的地位，但激励作用一般。

3. 工资加提成

这种模式多适用于担负新产品开发的研发人员。为了鼓励研发人员瞄准市场、多出成果、快出成果，采取了产品营销收入提成、营销净收入提成或利润提成方法。这种方式的激励作用是显而易见的。因此，应用也较广。例如，海南椰树集团就是采用产品营销利润提成奖励的办法。他们的做法是：企业自开发椰子汁伊始，就对产品研发人员实行了奖励政策。只要一个新产品研制出来，首先给予500～1000元的一次性奖励。在新产品投产之后，每年再从新产品产生的利润中提取3%～5%作为奖金，持续奖给产品研发人员。这种薪酬模式极大地调动了研发人员对市场适销对路产品开发的积极性。

4. 科研项目薪酬制

此种模式是将研发人员的薪酬列入科研项目费，并按项目实行费用包干。这是一种按任务定薪酬的办法，其目的是鼓励研发人员快出成果。采用这一模式，往往还有后续的其他激励措施，如营销提成奖励。例如，宝钢为了加大研发人员的分配和科研力度，积极探索按技术要求参与分配的形式，在不突破其公司岗位绩效薪酬制的基础上对研发人员实行了科研项目工资制。该公司的主要做法是：首先，设计科研项目薪酬的构成，该公司设计的结构是基础工资加科研业绩奖；其次，确定科研项目薪酬的水平。该公司确定：科研人员的基础工资水平在公司其他职工平均工资的基础上提高30%，个体基础工资按其所参与科研项目的重要程度和其在科研项目中的身份确定。

科研业绩奖根据对科研项目的中间成果、年度科研业绩等的鉴定和考核结果，对项目研究人员实行一次性奖励。

5. 股权激励制

股权激励制有不同的形式，即给予研发人员股份优先购买权，并鼓励研发人员持有组织较多的股份；向研发人员赠送干股；采取科研成果折股的形式；实施具有长期激励机制的股票期权；实行兼有激励与约束机制的期股等。例如，联想等一些高科技公司都在明晰资产和量化资产的过程中引入了职工持股制度，对科技人员，特别是科技骨干实施了力度较大的股权激励措施。

7.3.4 生产人员的薪酬管理

以下是生产人员薪酬管理的几种常见设计模式。

1. 岗位薪酬制

岗位薪酬制是指对不同的岗位规定不同的薪酬标准，并按生产人员实际操作的岗位确定薪酬标准的一种制度。岗位薪酬设计的一般程序是：首先，根据各行业的性质和特点，对岗位进行分类，确定岗位数目；其次，根据岗位的技术复杂程度、劳动繁重程度、工作责任大小来划分各岗位工作的等级；最后，确定岗位薪酬标准。岗位薪酬制有一岗一薪制和一岗多薪制两种。

(1) 一岗一薪制。实行一岗一薪制的岗位，要全面测评岗位责任范围和责任程度、岗位对上岗者的技能水平要求、岗位劳动程度、岗位劳动条件等因素，得出综合分数，据此确定岗位系数，并确定相应的薪酬额。实行一岗一薪制的生产人员，必须熟知岗位劳动规范，达到岗位要求的技能水平，精神和体力能够承受岗位劳动强度，适应岗位劳动条件，才能上岗并执行规定的岗位薪酬标准。实行一岗一薪制的主要是劳动技能要求比较单一，不需在岗位内部区分技能水平的岗位。

(2) 一岗多薪制。一岗多薪制中，岗位薪酬标准由以下三项组成：岗位序号、岗位系数和薪酬额。各岗位之间可以采用等差系数，也可以根据实际情况采用不规则系数。实行一岗多薪制的岗位，基本的规范要求与一岗一薪制相同。在岗位测评时，以岗位对上岗者最低的技能要求，加上劳动责任、强度、条件等因素评分，确定岗位系数，为“基本系数”。依据基本系数确定的岗位薪酬，为该岗位起点薪酬，再根据岗位对上岗者较高的技能要求，确定“技能附加系数”。岗位基本系数加上技能附加系数即为“岗位技能综合系数”。依据岗位技能综合系数确定的岗位薪酬，为该岗位最高薪酬。岗位起点薪酬与最高薪酬之间再视情况划分为几个薪酬档次。同岗位的员工，因技能水平不同，岗位技能综合系数不同；同技术水平的员工，因所在岗位不同，岗位技能综合系数也不同。实行一岗多薪制的岗位，主要是那些对技能要求弹性幅度较大，需要在岗位内部区分技能水平的岗位，包括一部分生产操作岗位工人、科研工程技术人员等。

2. 岗效薪点制

岗效薪点制即岗位效益薪点薪酬制。在这种薪酬模式中，薪酬标准不以金额表示，而是用薪点数表示，点值取决于经济效益，员工的收入与组织的经济效益、个人贡献紧密挂钩，薪酬对应效益较为明显。岗位薪点制适用面广、导向性强，虽然组织各类人员各有不同的劳动特点、劳动条件、劳动环境、劳动内容及个人因素，但岗效薪点制对各类人员都普遍适用，既可以根据经营管理的需要在一些重点要素中增加权重或做相应的政策倾斜，还可以根据不同时期的社会分配水平，按一定的导向适当加以调整。

组织岗效薪点制的实施包括以下环节。

(1) 严格进行岗位分类。岗效薪点制是以岗位要素为主体的薪酬模式，因此首先必须对组织岗位类别进行划分。

(2) 确定岗位的考核标准。各岗位要素点按考核结果实行动态管理，一般每一岗位分为A、B、C三个档次，劳动者以其质量、劳动责任、劳动繁简和贡献大小评定考核档次。薪点档次的确定以年度考核为基础，原则上在当年年初确定，特殊情况下视员工的贡献和表现也可以随时进行调整。

（3）设计各类岗位的薪点标准并做初步测算。经过权衡比较和计算，确定合理的薪点标准和倍数关系。如在岗位类别中，某岗位最高A档的岗位要素点为900点，最低C档的岗位要素点为300点，倍数关系为3∶1。

（4）确定薪点点值。薪点点值一般是以组织的经济效益为基础的，依据当年工效挂钩结算的可使用数和组织的实际支付能力计算确定。岗效薪点制的点值可按以下公式计算：

$$X=(A-G-R)/\Sigma D\div 12$$

式中：X——点值（单位：元）；

D——员工个人岗位薪点总数；

A——本年度核定的薪酬总额；

G——预算的奖金总数；

R——薪酬含量内津贴与补贴的年度总数。

由于组织工作总额受组织效益制约，所以薪点点值及职工收入都将随着组织经济效益的升降而相应浮动。

岗位薪点制实行动态管理，以岗定薪，易岗易薪，员工岗位晋升或调低岗位，则按新岗位最低档核定岗位要素点。

岗效薪点制也可以将薪酬结构设计成四部分：岗位基本薪酬、岗位业绩薪酬、岗位附加薪酬（工龄补贴、工作补贴、加班补贴）和岗位专项奖金。其中岗位基本薪酬占30%，岗位业绩薪酬占60%，岗位附加薪酬和岗位专项奖金占10%。

3. 综合薪酬制

这种模式主要适用于生产维修人员。其薪酬体系一般由三部分构成：基本薪酬、附加薪酬和奖金。

（1）基本薪酬。基本薪酬由起点薪酬、经验薪酬和工龄薪酬组成。其中，起点薪酬分为三种类型：一是对应届学生，针对不同学历确定薪酬；二是对有工作经验者，一般以本人实际就职时的薪酬为基础，根据工作年限、工作经验，比照组织同等工作人员的薪酬标准确定；三是对应届学生以外的非熟练工，一般以本人初次就职时的薪酬为基础，考虑工作年限、技术能力等因素确定。经验薪酬一般按同种经验、相关经验和非同种经验，分别确定薪酬标准。工龄薪酬分为一般工龄和本企业工龄或本工种工龄等几种不同的薪酬。

（2）附加薪酬。附加薪酬一般分为资格津贴和技能津贴。资格津贴一般根据生产维修人员取得的资格类型和等级确定不同的薪酬；技能薪酬是依据生产维修人员技能测验的成绩，分别给予不同等级的津贴。

（3）奖金。奖金有工作业绩奖和集体成绩奖。前者依据维修人员的维修工作量，按其薪酬水平的一定比例发放；后者是在集体取得奖金的情况下，个人依据其表现获得的奖励。

7.4 福利管理

7.4.1 福利的概念

在组织的薪酬体系设计中，工资、奖金与福利项目是三个主要组成部分，它们发挥着不同的作用。如果说工资所具备的是基本的保障功能、奖金起的是明显而直接的激励作用的话，那么福利项目所起的作用则是比较隐含和间接的。好的福利项目设计，能够稳定员工队伍，降低员工离职率，增加员工的归属感和组织的凝聚力；反之，如果福利项目设计得不合理，则不但会增加组织的人工成本，而且起不到激励员工和稳定员工队伍的作用。

在传统的福利项目设计中，福利常常是属于普惠性质的，组织中所有或大多数员工都能享用，不仅激励性不强，而且在一些时候还会引起组织员工的不满。同时，随着社会的不断进步，人们的物质、文化生活水平也不断提高，组织员工对福利的要求也越来越高，因而福利项目也越来越趋向于多元化与个性化。

7.4.1.1 福利的定义

对于什么是员工福利，不同国家、不同学术机构乃至不同学者都有着不同的理解。

1. 西方国家对于福利的定义

西方国家主要从福利计划的角度给员工福利下定义，具有代表性的如美国商会（American Chamber of Commerce）和美国社会保障署（The U. S. Socia Security Administration）对于员工福利计划的定义以及美国学者对于员工福利的界定。

（1）美国商会对员工福利计划（Employee Benefit Plan，EBP）采用广义的解释，它认为员工福利计划是相对应直接工资（Direct Wages）以外的任何形态的工资而言的。美国商会把 EBP 的内容分成五大类。

第一类：对于员工经济安全所需的法定给付，包括老年、遗嘱、工作能力丧失的收入和健康保险、失业保险、强制性的短期工作能力丧失收入保险、针对铁路员工的特殊退休、工作能力丧失收入补偿和失业津贴。

第二类：养老金和其他承诺的给付，包括养老金、人寿保险和其他的死亡给付，但带薪病假、私营失业补助金和遣散费除外。此外还包括其他一些承诺的给付，例如员工购买商品的折扣、免费进餐、员工认股、员工子女学费补助等。

第三类：上班中非生产时间的给付，包括在休息时间、午餐时间、洗涤时间、外出时间、更衣时间、准备时间和工作时间短暂休息的照付工资。

第四类：为工作时间的给付，包括带薪休假和放弃休假的特别奖金、假日照付工资、带薪病假、服役、陪审等公假照付的工资。

第五类：为其他福利，即除了薪金以外而未包括在上述种类之中的所有福利。

(2) 美国社会保障署的定义

美国社会保障署则采用狭义的解释来定义 EBP，它认为员工福利计划是雇主和员工单方面或共同赞助创立的任何形态的给付措施，必须有雇佣关系。一般而言，其目的在于使用一个有秩序的、预定冒失的措施，以提供因死亡、意外、疾病、退休或失业等正常所得收入终止期间收入的持续和由于生病和伤害通常面临的特殊费用的补偿。

由此可见，美国社会保障署对于员工福利计划的内容只限于对死亡、意外、疾病、退休或失业所提供的经济安全保障，而带薪假期、员工折扣优惠、工作期间的休息、免费进餐等项目则不属于此，同时也不包括国家的老年、遗嘱保险、工作能力丧失的收入、健康保险和失业保险等。

(3) 美国学者对于员工福利的界定

加里·德斯勒认为，员工福利包括健康和人寿保险、休假和保育设施，大体可以归纳为四类：一是补充性工资，二是保险福利，三是退休福利，四是员工服务福利。约翰·E．特鲁普曼在他所提出的由十种薪酬成分组合而成的整体薪酬中认为，"间接工资，即通常所说的福利工资。福利工资有别于以单位工作时间计算的薪酬方式，该费用由雇主全部或主要承担，我们可以把它看作是整体薪酬方案的一部分。"乔治·T．米尔科维奇在《薪酬管理》一书中界定"员工福利是总报酬的一部分，它不是按工作时间给付的，是支付给全体或部分员工的报酬（如寿险、养老金、工伤保险、休假）。"

2. 我国学者关于员工福利的界定

在我国，对于福利及其内涵的界定存在不同角度和方式。具体而言，主要有以下两种。

(1) 从广泛意义上的"福利"角度界定的职工福利

有些学者认为，用于改善人民物质、文化生活的公益性事业所采取的一切措施均可称为福利。从享受的范围、水平和举办者的地位的角度来划分，福利事业可以分为三个层次：最高层次是在全国范围内以全体居民为对象而举办的福利事业，称作国家福利；第二层次是在一定行政区域或地域内以该地区居民为对象而举办的福利事业，一般是由当地政府举办，称作地方福利；而职工福利则属于第三层次的福利，它是给企业、事业、国家机关等事业单位通过建立集体生活设施和服务设施，以及补贴制度等方式贴补本单位（或本系统）职工在物质文化生活方面的集体消费以及共同性需要或特殊生活困难而举办的公益性事业。

(2) 从福利受益者——员工的角度界定的员工福利

有些学者认为，对员工而言，福利有广义和狭义之分。广义的福利包括三个层次：首先，作为一个合法的国家公民，有权享受政府提供的文化、教育、卫生、社会保障等公共福利和公共服务；其次，作为组织的成员，可以享受组织兴办的各种集体福利；最后，还可以享受到工资收入以外的、组织为员工个人及其家庭所提供的实物和服务等福利形式。狭义的员工福利又称职业福利或劳动福利，它是组织为满足劳动者的生活需要，在其工资收入以外，向员工本人及其家庭提供的货币、实物及其他一些服务形式。

另外一些学者认为，狭义的福利可以定义为"在相对稳定的货币工资以外，企业为改善企业员工及其家庭生活水平，增强员工对于企业的忠诚感、激发工资积极性等为目的而支付的辅助性货币、实物或服务等分配形式”。

7.4.1.2　福利与工资的关系

正如前面提到的，在组织的薪酬体系设计中，工资、奖金与福利项目是三个主要组成部分。其中福利是以非现金的形式支付给员工的。对于组织来说，员工的福利支出通常会占到工资总额的40%～60%之多。

福利和工资两者之间既有区别又有联系。它们的联系体现在：第一，两者都是员工的劳动所得，是由于员工在组织工作，对组织做出来贡献才得到的，都属于劳动报酬的范畴，在薪酬总额一定的情况下，两者存在一定程度上的此消彼长或者说替代关系；第二，两者均具有经济保障功能；第三，两者都要在一定程度上受到政府法律法规的约束；第四，两者均具有一定的弹性，可以依据经济条件的变化而做出调整，以满足不同的员工需求。

福利和工资之间的区别则主要有以下几点。

（1）所起的作用不同。工资对员工的生活水平起决定作用，而福利在很大程度上起的是一种保障和提高的作用。

（2）支付依据不同。一般情况下，工资是依据员工的职位高低、能力大小、业绩多少支付的。不同岗位的员工工资有差异，即使是同一岗位的员工，其能力或业绩不同，工资也可能存在很大的差别；而福利则在很大程度上是按需支付，即根据用人单位的工作和员工的需要支付，员工之间福利差别一般不大。

（3）支付形式不同。工资采取现金支付的方式，而福利则多以实物和延期支付为主。

7.4.1.3　福利的类型

福利从构成上来说可以分成两类：法定福利和组织福利。法定福利是国家或地方政府为保障员工利益而强制各类组织执行的报酬部分，包括基本养老保险、医疗保险、失业保险、工伤保险和住房公积金等，即通常所说的“五险一金”；而组织福利是建立在组织自愿基础之上的，项目的多少和支付方式均由组织自行决定，常见的组织福利包括免费工作餐、交通服务或交通补贴、住房福利、购车福利、补充养老保险、带薪假期、卫生设施及医疗保健、文娱体育设施、教育福利、寿险、意外险、财产险、休闲旅游等。

1. 法定福利

法定福利又称为强制性福利，是国家通过立法的形式来强制实施的员工福利政策，主要有两大类：社会保险和休假制度。

（1）社会保险

社会保险是国家通过立法的形式，由社会集中建立基金，以使劳动者在年老、患病、工伤、失业、生育等丧失劳动能力的情况下能够获得国家、社会补偿和帮助的一种社会保障制度。按照国家劳动法律法规的规定，我国城镇的国有企业、集体企业、外商投资企业、港澳台投资企业、私营企业等各类企业以及事业单位都必须参加法定的社会保险。社会保险费用的来源有政府、组织和员工个人三个方面。目前在我国，法定的社会保险有基本养老保险、医疗保险、失业保险、生育保险、工伤保险五种。

(2) 休假制度

目前我国的休假制度主要包括四项内容，即公休假日制度、法定节假日制度、年休假制度、探亲假制度。

第一，公休假制度。公休假制度又称为周休制度，是法律规定两个相邻的工作周之间应休息的时间。世界各国一般都规定至少有1天休息，相当一部分国家还规定每周2天的休假制度。我国目前就实行每周2天的休假制度。

第二，法定节假日制度。法定节假日制度是指根据各国、各民族的风俗习惯或纪念要求，由国家法律统一规定的用以进行庆祝及度假的休息时间。

第三，年休假制度。年休假制度，是指职工每年享有保留工作和工资的连续休假制度。目前世界各国已广泛地实行年休假制度。假期一般规定为5～30天，工资照发。

第四，探亲假制度。探亲假制度是指按我国规定，给予与家属分居两地的职工在一定时期内回家与父母或配偶团聚的假期制度。

在我国将来普遍实行带薪年假之后，如何处理探亲假与年休假的关系还需要进一步研究。

2. 组织福利

组织福利也称非法定福利、非固定福利等。由于它不是强制性的，由雇主和员工自愿参加，因而组织福利又被称为“边缘薪酬”。这种福利起源于20世纪四五十年代的西方企业，主要是雇主用来吸引优秀人才的。后来随着工会集体谈判力量的增强，促进了这部分福利计划在非工会会员群体中的实施。到目前为止，组织福利已经成为薪酬体系中非常重要的一个组成部分。许多员工在选择雇主时，往往看重的是这部分福利，而不仅仅是基本工资有多少。

组织福利的类型很多，包括免费工作餐、交通服务或交通补贴、住房福利、购车福利、补充养老保险、寿险、意外险、财产险、带薪假期、卫生设施及医疗保健、文娱体育设施、教育福利、子女教育辅助计划、法律和职业发展咨询、休闲旅游、员工股票所有权计划等。

由于组织福利不具有强制性，因而组织有权决定它的内容和给付方式。组织可以根据自身的经营效益、利润完成等情况实行。组织还可以同时结合组织发展的情况，在了解员工需求的基础上，或增加新型的福利项目，或停止不适宜的福利项目。

7.4.1.4 福利的重要性及其影响因素

1. 福利的重要性

各种各样的调查显示，福利对于增加员工的安全感、忠诚度和工作热情，提高组织对于高素质人才的吸引力等起着非常重要的作用。在某些时候，福利甚至比工资更具吸引力。福利对于组织的重要性至少体现在以下五个方面。

(1) 增加对优秀员工的吸引力。优秀员工是组织发展的最宝贵的财富。以往的一些观点认为，组织主要靠高工资来吸引优秀员工，现在越来越多的管理者认识到，良好的福利有时比高工资更能吸引优秀员工。

(2) 提高员工的热情与干劲。良好的福利使员工无后顾之忧，全身心投入工作，使员工与组织同荣共辱，士气必然会高涨。

(3) 建立员工忠诚度，稳定员工。流失率过高必然会给组织带来一定的损失，而良好的福利会使许多可能流动的员工打消流动的念头。

(4) 更好地激励员工。良好的福利会使员工产生由衷的工作满意感，进而激发员工自觉为组织目标而奋斗的动力。

(5) 提高组织的投资回报率。良好的福利一方面可以使员工得到更多的优惠，另一方面可以使组织在员工身上的投资产生更多的回报。

2. 影响福利的因素

影响组织中员工福利的因素很多，综合起来，可以归结为以下四种因素。

(1) 管理者的管理思想。有的管理者认为员工福利能省则省，有的管理者认为员工福利只要合法就行，有的管理者认为员工福利应该尽可能好。不同的管理者为员工提供不同的福利。

(2) 有关的政策法规。许多国家和地区的政府都明文规定组织员工应该享有哪些福利，一旦组织不为员工提供相应的福利则视为违法。比如我国《劳动法》规定，所有用人单位应该为签订正式雇用合同的员工办理法定社会保险。

(3) 医疗费用的急剧增加。由于种种原因，近年来各类组织的医疗费用都大幅增加。员工一旦没有相应的福利支持，如果患病，尤其是危重病人，往往会造成生活困难。这就需要组织提供良好的福利支持。

(4) 与同行的竞争。如果同行业的类似组织都提供了某种福利，出于竞争的压力，组织也应该为员工提供这种福利，否则会影响员工的工作积极性。

7.4.1.5 福利制度的新趋势

站在员工的立场，福利绝对是越多越好。然而组织基于成本考虑，且福利的本质为“易放难收”，因此组织当然不希望福利成本年年攀升；但是，组织又希望可以满足员工个人不同的需求，并能够给组织带来更多的好处。因而可以认为，未来福利制度的发展将具备以下趋势。

1. 福利项目的选择将更富有弹性

员工将更重视自主选择权，期待能当自己福利的主人，尤其是来自福利委员会的福利资金的运用上。因此，一套福利制度打遍天下的情况将不复存在。

对于一般员工来说，组织将倾向于向其提供符合法律法规和产业标准的法定或行业标准福利。例如，一般员工的工作时间要求、年休假、退休金或遣散费等；对于高层主管或绩效优秀的员工，组织有可能向他们提供优厚的体检补助、俱乐部会员、高尔夫球证或停车位等福利；还有许多组织可能会强调福利与员工绩效相联结。总之，无论组织的福利项目设计还是员工的自主选择都将趋向于多样化和更富有弹性。

2. 福利将更具有系统性

越来越多的组织将把零散的福利项目整合成更富于建构特性的福利信息系统，并直接将之与薪酬系统联结；一些组织可能会将非核心的福利事务外包，委托其他机构或企业来处理这些事务，以节省人力，提高组织营运效率。

3. 借助福利创新营销组织形象

财力雄厚的组织可能会借助福利制度的创新来向公众展示良好的组织形象，营销自己的自主品牌。比如台湾联华电子集团就在台湾新竹科学园区耗资三亿元兴建了一个名为“联园活动中心”的健身俱乐部。这个俱乐部楼高四层，不仅拥有五十米长的八水道室内游泳池，还有SPA水疗池、篮球场、台球间、电动玩具间、韵律操馆等。该集团建造的这个设备先进、完善的健身俱乐部，不但造福员工及其家属，也对一般公众开发放，因而在企业内外都树立了良好的企业形象。

7.4.2 弹性福利制度

一般而言，组织花在员工身上的福利费用占整体薪酬的25%～40%，可见福利支出是一项不少的支出。除了提供法令规定的福利之外，一般组织也提供不少额外的福利来吸引人才与满足现有员工的需求，例如旅游补助、团体保险、健康检查、节日福利等，都是相当普遍的福利项目。既然组织愿意投入这么多的成本来让员工享受福利，那么如何将钱花在刀刃上，让福利的效用最大化？对一些企业的福利情况调查结果显示，已经有越来越多的企业开始实行“弹性福利制度”，尤其是在高科技行业与银行业。

7.4.2.1 弹性福利的概念

何谓“弹性福利”？弹性福利又称“自助餐福利”（Cafeteria Benefits），在美国于20世纪80年代蓬勃发展起来，其出现的背景主要是由于当时劳动人口结构改变、劳工的自我意识抬头以及企业界和管理学界对于人性化管理的重视之趋势的形成。弹性福利常常被称作“自助餐福利”是因为这种福利制度有别于传统的固定式的员工福利制度，它允许员工从组织提供的一份列有各种福利项目的“菜单”中自由选择所需要的福利。另外，弹性福利制度非常强调员工的参与过程，希望从别人的角度来了解他人的需要。

从道理上讲，既然是让员工自主选择福利组合，那么应该是每一个员工都有自己“专属的”福利组合。但事实上，出于成本控制以及福利管理的需要，实施弹性福利制度的组织并不会让员工毫无限制地随意挑选福利项目。大多数组织通常都会根据员工的薪水、年资或家眷等因素来设定每一个员工所拥有的福利限额。而在组织提供给员工的福利清单上，在每一个列出的福利项目后面都会附一个金额，员工只能在自己应该享受的福利金额限额内选择喜欢的福利项目。

7.4.2.2 弹性福利制度的优点

相比传统的福利制度，弹性福利制度具有以下显著优点。

1. 能够满足不同员工与不同人生阶段的需求

例如，已婚和有小孩的员工，希望有医疗保险盒托儿服务等福利；年纪较大的员工，需要定期的全面健康检查等福利。

2. 使组织的福利成本控制更加容易

组织在作福利预算之时，可以根据员工层级和人数的多少，在一定的预算金额之内，让员工自由选择福利；而在传统福利制度中，每个福利项目是分别预算的，而每个福利项目有多少员工享受又难以准确估算，因而给组织福利预算带来困难。

3. 提升组织的社会形象

弹性福利制度是一种新型的福利制度，它充分体现了管理的人性化，因而组织如果执行弹性福利制度，一方面可以提高员工的满意度，另一方面可以提升组织的社会形象。

7.4.2.3 弹性福利制度的种类及实施方法

由于组织经营环境的多样化，弹性福利制度在实际的操作过程中逐渐演化为以下几种有代表性的类型，组织可以根据自己的不同需要加以选择和比较。

1. 附加型弹性福利计划

附加型弹性福利计划是最普遍的弹性福利制度，指的是在现有的福利计划之外，再提供其他不同的福利措施或扩大原有福利项目的水准，让员工去选择。例如，某家企业原先的福利计划包括房租津贴、交通补助费、意外险、带薪休假等，如果该企业实施此种类型的弹性福利制度，它可以将现有的福利项目及其给付水准全部保留下来当作核心福利，然后再根据员工的需求，额外提供不同的福利项目供选择，如国外休假补助、人寿保险等。但这些福利项目通常都会标上一个“金额”作为“售价”。每一个员工根据他的工资水平、服务年限、职务高低或家眷数等因素，得到数目不等的福利限额，员工再以分配到的限额去认购所需要的额外福利。有些组织甚至还规定，员工如未用完自己的限额，余额可折发现金，不过现金的部分于年终必须合并其他所得纳税。此外，如果员工选择的额外福利超过了限额，也可以从自己的税前工资中抵扣。

2. 核心加选择型弹性福利计划

核心加选择性福利计划由“核心福利”和“弹性选择福利”两部分组成。“核心福利”是每个员工都可以享有的基本福利，不能自由选择，可以自由选择的福利项目全部放在“弹性选择福利”之中，这部分福利项目都附有价格，可以让员工选购。员工所获得的福利限额，通常是未实施弹性福利制度之前所享有的福利价值的总和。

3. 弹性支出账户

弹性支出账户是一种比较特殊的弹性福利制度。员工每一年可以从税前总收入中拨取一定数额的款项作为自己的“支用账户”，并以此账户去选择购买雇主所提供的各种福利措施。拨入支用账户的金额不需扣缴所得税，不过账户中的金额如未能于年度内用完，余额就归组织所有，既不可在下一个年度中并用，亦不能够以现金的形式发放。各种福利项目的认购款项如经确定就不能留用。其优点是福利账户的钱免税，相当于员工的净收入增加，所以对员工很有吸引力，不过行政手续较为烦琐。

4. 福利套餐型弹性福利计划

福利套餐型福利计划是由组织同时推出不同的“福利组合”，每一个组合包含的福利项目或优惠水准都不一样，员工只能选择其中一个弹性福利套餐。这种福利计划就好像西餐厅所推出来的A餐、B餐一样，食客只能选择其中一个套餐，而不能要求更换套餐里面的内容。在规划此种弹性福利制度时，组织可依据员工群体的背景（如婚姻状况、年龄、有无眷属、住宅需求等）来设计。

5. 选高择低型弹性福利计划

选高择低型弹性福利计划一般会提供几种项目不等、程度不一的“福利组合”供员工选择，以组织现有的固定福利计划为基础，再据此规划数种不同的福利组合。这些组合的价值和原有的固定福利相比，有的高，有的低。如果员工看中了一个价值较原有福利价值还高的福利组合，那么他就需要从薪水中扣除一定的金额来支付其间的差额。

7.4.2.4　弹性福利体系的设计步骤

组织在设计弹性化的福利体系时，一般可以遵循以下步骤：

（1）系统地清点组织目前所提供的法律规定的和自行设立的福利项目；

（2）查明自行设立的福利项目的原因；

（3）对向员工个人和员工整体按规定提供的和自行设立的福利项目进行精确的年度预算，包括绝对数值和所占的百分比（例如占工资总额、销售额、赢利和行业平均数的比例）；

（4）定期开展员工调查，了解他们对所设立的福利项目的重要性和满意程度的意见；

（5）定期将自己的福利政策与工会和其他行业协会政策，以及人力资源市场上存在竞争关系的组织的政策（依据相关的薪酬和福利调查）进行比较；

（6）为了达到随时为员工提供有吸引力的福利的目标，需要不断调整组织的福利政策以适应环境条件的变化，当然这样做必须符合经济原则；

（7）为保证福利政策和实践的统一，必须将其全面、系统地编写到员工手册中。

7.4.3　社会保障

7.4.3.1　社会保障概述

社会保障是指国家通过立法，积极动员社会各方面资源，保证无收入、低收入人以及遭受各种意外灾害的公民能够维持生存，保障劳动者在年老、失业、患病、工伤、生育时的基本生活不受影响，同时根据经济和社会发展状况，逐步增进公共福利水平，提高国民生活质量。

《中华人民共和国宪法》明确规定：“中华人民共和国公民在年老、疾病或者丧失劳动能力的情况下，有从国家和社会获得物质帮助的权利。”这是对我国社会保障最简洁的概括。从公民的权利与义务角度讲，参加社会保险是公民的义务，获得社会保障并享受社会经济发展成果是公民的权利。从政府职能角度讲，对公民实行社会保障是政府义不容辞的一项基本责任。

目前，我国的社会保障作为一种国家制度或社会政策，一般包括社会保险、社会福利、社会救济、社会优抚和安置及社会服务等几方面的内容。组织员工作为社会劳动者的主要构成部分，是社会主义的保障对象，也是社会保险的主体。

我国的社会保障体系如图 7－9 所示。

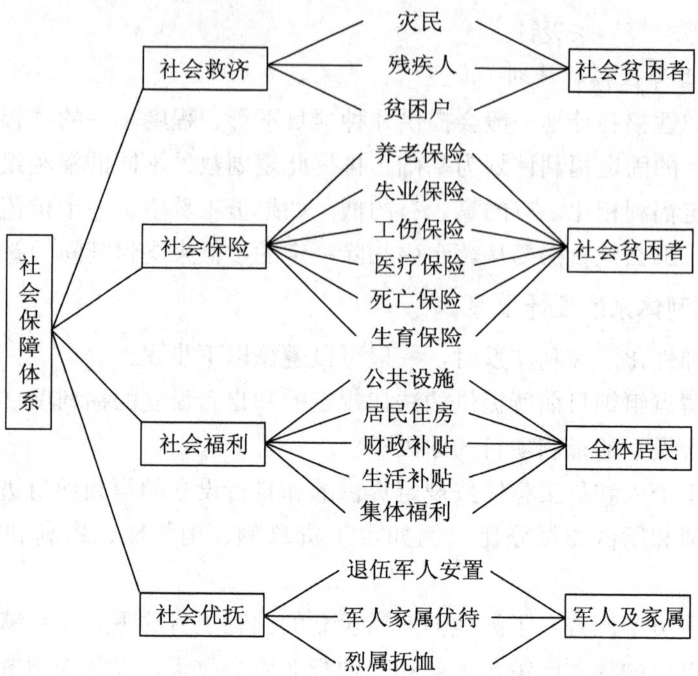

图 7－9　我国社会保障体系结构

社会保障体系中最核心的部分是社会保险。社会保险和社会保障两者的主要区别是社会保险不包括社会救济和社会优抚，而社会保障项目则同时带有福利和救济的性质。

7.4.3.2　社会保险及其内容

社会保险是指国家通过立法多渠道筹集资金，对劳动者在因年老、失业、患病、工伤、生育而减少劳动收入时给予经济补偿，使他们能够享有基本生活保障的一项社会保障制度。作为社会保障体系的核心，社会保险保障的对象是全体劳动者，目的是保障基本生活，具有补偿收入减少的性质。社会保险具有强制性、共济性和普遍性等特征，其资金来源主要是用人单位和劳动者本人，政府也给予一定资助并承担最终责任。社会保险实行权利和义务相对应的原则，劳动者只有履行了缴费义务，才能获得相应的收入补偿权利。有的国家社会保险的一些项目还覆盖全体国民。

目前我国的社会保险主要包括养老保险、失业保险、医疗保险、工伤保险和生育保险等项目。

1. 养老保险

所谓养老保险是指国家和社会根据一定的法律和法规，为解决劳动者在达到国家规定的解除劳动义务的劳动年龄界限，或因年老丧失劳动能力退出劳动岗位后的基本生活而建立的一种社会保险制度。我国是一个发展中国家，经济还不发达，为了使养老保险既能发挥保障生活和安定社会的作用，又能适应不同经济条件的需要，因此，我国的养老保险由三个部分组成：第一部分是基本养老保险，第二部分是企业年金，第三部分是个人储蓄性养老保险。

2. 医疗保险

医疗保险就是当人们生病或受到伤害后，由国家或社会给予的一种物质帮助，即提供医疗服务或经济补偿的一种社会保险制度。

医疗保险具有社会保险的强制性、共济性、普遍性等基本特征。因此，医疗保险制度通常由国家立法强制实施，建立基金制度，费用由用人单位和个人共同缴纳，医疗保险费由医疗保险机构支付，以解决劳动者因患病或受伤害带来的医疗风险。

3. 失业保险

失业保险是指国家通过立法强制实行的，由社会集中建立基金，对因失业而暂时中断生活来源的劳动者提供物质帮助的制度。

4. 生育保险

生育保险是国家通过立法，对怀孕、分娩职工给予生活保障和物质帮助的一项社会政策。生育保险的宗旨在于通过向职业妇女提供生育津贴、医疗服务和产假，帮助她们恢复劳动力，重返工作岗位。

5. 工伤保险

工伤保险是社会保险制度的重要组成部分，是指国家和社会为在生产、工作中遭受事故伤害和患职业性疾病的劳动者及其亲属提供医疗救治、生活保障、经济补偿、医疗和职业康复等物质帮助的一种社会保险制度。

工伤即职业伤害所造成的直接后果伤害到职工生命健康，并由此造成职工及家庭成员的精神痛苦和经济损失，也就是说劳动者的生命健康权、生存权和劳动权利受到影响、损害，甚至被剥夺了。劳动者在其单位工作劳动，必然形成劳动者和用人单位之间相互的劳动关系，在劳动过程中，用人单位除支付劳动者工作待遇外，如果不幸发生了事故，造成劳动者的伤残、死亡或患职业病时，劳动者就自然具有享受工伤保险的权利。

6. 住房公积金

住房公积金是指国家机关、国有企业、城镇集体企业、外商投资企业、城镇私营企业及其他城镇企业、事业单位、民办非企业单位、社会团体及其在职职工缴存的长期住房储金。

目前在大部分省市公积金的缴纳属于强制性的职工福利，但在少数地区，仍然由单位根据自身情况酌情处理。

7.5 物流企业薪酬体系的建立

本节以 JH 盐业物流公司为例，探讨物流企业薪酬体系的建立。

JH 盐业物流公司是福建省盐业公司和福建省盐业进出口公司共同出资组建的国有企业。公司成立于 2006 年 1 月，总部设在厦门，在全省八个地市（福州、厦门、漳州、龙岩、三明、南平、宁德）设有分支机构——配送中心。公司的商务模式是经营食盐和其他货物仓储、运输，提供国内、国际货运代理和信息咨询服务。公司业务流程：客户拨打

800 订货电话发出订货需求——800 接线员制作订单——调度员根据审核后的订货信息安排货源和运输工具——发货地配送中心负责装车、送货——配送员送达客户、用 POS 机结算贷款。

7.5.1 JH 公司原有的薪酬制度

JH 物流公司原有薪酬制度采用系统内各盐业公司普遍采用的职务等级薪酬制。适用对象为全体员工，薪酬结构为：薪酬＝岗位工资＋效益工资＋工龄工资＋年终奖金。

1. 岗位工资

岗位工资分为 9 级，每级三个档次，岗位工资每年 1 月调整一次，年终工资考评成绩优秀者，岗位工资为一等，良好者为二等，称职者为三等。员工岗位工资如表 7－9 所示。

表 7－9　JH 盐业物流公司员工岗位工资

职级	职务	岗位工资			对应职务系数
		一等	二等	三等	
9 级	总经理		4200		3.5
8 级	副总经理		3000		2.5
7 级	中层正职	2376	2160	1944	1.8
6 级	中层副职	2112	1920	1728	1.6
5 级	主任	1848	1680	1512	1.4
4 级	组长	1584	1440	1296	1.2
3 级	业务主办	1386	1260	1134	1.05
2 级	二级员工	1320	1200	1080	1
1 级	一级员工	1188	1080	972	0.9

2. 效益工资

效益工资按与岗位工资比例约为 1∶1 的原则，视当月公司经济运行状况确定发放基数。效益工资为四档，根据员工当月工作考评得分发放。员工工作考评如表 7－10 所示，其中四级员工（含 4 级）以下由部门负责人和办公室主任共同考评，5 级、6 级、7 级员工由公司领导考评。

表 7－10　　　　员工月工作考评

部门：　　　　　　　　　　　　　　　　　　　　　年　　月

姓名	工作成效（50%）				努力程度（25%）				协作性与创新（25%）				工作失误扣分（－20～0）		综合得分				
	A 50	B 45	C 40	D 30	A 25	B 22.5	C 20	D 15	A 25	B 22.5	C 20	D 15			一等（95～100）	二等（85～94）	三等（75～84）	四等（65～74）	不合格（<65）

一等：1.1×基数；二等：1.0×基数；三等：0.9×基数；
四等：0.8×基数；月考评低于65分者，取当月效益工资

3. 工龄工资

工龄工资按员工参加工作年限计算，每年5元，于每年1月调整一次。

4. 年终奖金

年终奖金发放基数在公司年度财务核算后，根据当年完成利润指标情况和相关费用开支情况，由公司总经理确定年终奖发放基数。员工年终奖金计算方法是：

员工年终奖金＝奖金系数×年终奖金发放基数×职务系数

职务系数如表2－7所示。

奖金系数分为四档：一等：1.1；二等：1.0；三等：0.9；四等：0.8。

一等：年度综合评价：95～100分；

二等：年度综合评价：85～94分；

三等：年度综合评价：75～84分；

四等：年度综合评价：65～74分。

每年1月，公司成立由公司领导任组长的年终工作考评小组，对每个员工进行工作考评，得出考核组评价分。考核内容与月度考核内容一致（见表2－8）。

员工年度综合评价分数为考核组评价分，与员工月度考核分按7∶3的比例加权评价，计算公式为：

员工年度综合评价分数＝考评组评价分×70%＋（全年每月考核分之和/12）×30%。

7.5.2 JH公司宽带薪酬设计方案

根据上述提及的公司经营战略与薪酬战略，JH物流公司按以下五大步骤来设计宽带薪酬方案，如图7－10所示。

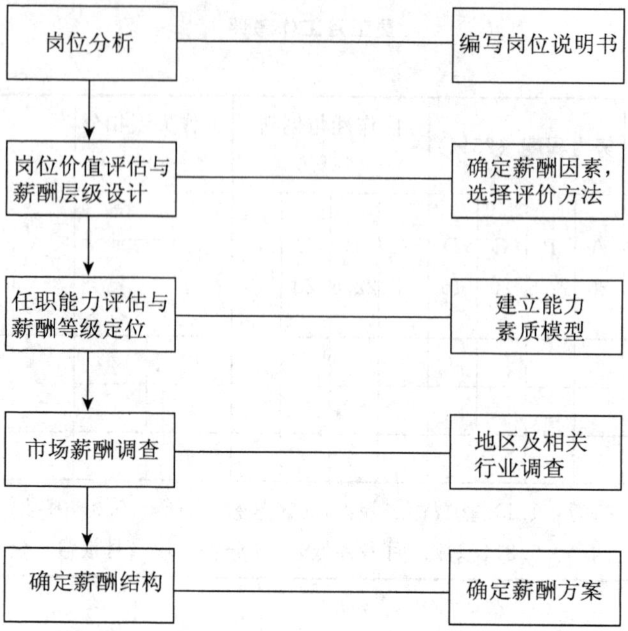

图 7－10　JH 盐业物流公司薪酬方案设计流程

1. 岗位分析

作为薪酬制度改革的最基础工作，公司成立了专门工作小组，花了大量人力和时间，根据公司的业务特性和自身岗位特点，收集大量有关资料，对公司内 21 个基本岗位、43 个细分岗位进行分析。着重分析了各岗位的工作任务和岗位职责。即分析岗位工作任务的性质、内容、步骤、方法、使用的设备、器具以及工作影响的对象、岗位责任的大小、重要程度等。此外，还对岗位的基础信息、岗位关系、素质要求、岗位绩效要求等方面进行分析。通过岗位分析，形成公司内部各岗位的职位说明书。公司岗位说明书的职责、内容和评价标准等较为详尽，这就为岗位价值评估提供了较好的依据。

2. 岗位价值评估与薪酬层级设计

（1）岗位价值评估

为确保公司岗位价值评估结果的公平性和有效性，公司成立了由各层次人员组成的岗位价值与任职能力评估小组。成员包括：公司中层以上管理人员、基层配送中心代表、普通员工代表等。小组成立后，由办公室主任负责对小组成员实施全面培训。培训的内容包括：实施薪酬设计的目的和原则、设计思路、设计流程、岗位价值评估方法、任职能力评估方法及相关注意事项等。评估小组成立后，按以下 6 个步骤开展岗位价值评估。

第一，设计岗位价值评估模型。主要内容是提炼出各岗位进行工作评价的共同因素，为每一项因素确定权重，并为每一项工作评价因素进行分级并分别定义。

第二，进行正式评估准备。主要工作是对评估小组成员进行培训，让小组成员熟悉评估模型和各岗位的岗位说明书和岗位任职要求。

第三，试评估。评估小组选择了 10 个标准岗位进行评估练习，形成了统一评价标准。

第四，正式评估。评估小组成员以标准岗位的得分作为基准，为每一个岗位进行评估打分，提出每个岗位的价值得分。

第五，评估审核。评估小组集中对每个小组成员的评估结果进行审核和必要的重新评估，确保评估结果的客观、公正和公平。

第六，统计评估结果。由公司人力资源管理部门及部门评估小组成员一起，对所有评估数据进行统计排序，编写评估报告。

该公司采用的是目前应用比较广泛的要素加权评分法开展岗位价值评估。通过对"责任"、"知识技能"、"努力程度"和"工作环境"四大要素、二十八项细分要素进行定义、确定权重、划定等级、确定分数，建立岗位价值评估模型。由于各个要素对职务价值影响的大小是不同的，要素权重的确定关乎岗位价值评估是否科学、合理，决定岗位价值评估的成败。为此，公司成立了专门小组，对职务评价的四大要素、二十八项细分要素的重要性进行比较排序。为强调和突出"努力程度"要素，同时兼顾统筹平衡，公司确定四大要素的权重分别是："责任"要素 30%，"知识技能"要素 30%，"努力程度"要素 30%，"工作环境"要素 10%，各细分要素的权重如表 7－11 所示。

表 7－11　JH 盐业物流公司岗位价值评估要素权重

评价因素		最高得分	合计数	百分比（%）
责任	1. 风险控制的责任	60	300	30%
	2. 成本控制的责任	30		
	3. 指导监督的责任	30		
	4. 内部协调的责任	25		
	5. 外部协调的责任	25		
	6. 工作结果的责任	30		
	7. 组织人事的责任	30		
	8. 法律上的责任	50		
	9. 决策上的层次	20		
知识技能	1. 最低学历要求	30	300	30%
	2. 知识多样性	30		
	3. 熟练期	20		
	4. 工作复杂性	40		
	5. 工作灵活性	40		
	6. 工作经验	40		
	7. 语文知识	25		
	8. 数学知识	25		
	9. 综合能力	50		

续 表

评价因素		最高得分		
努力程度	1. 工作压力	60	100	10%
	2. 精力集中程度	60		
	3. 体力要求	20		
	4. 创新与开拓	60		
	5. 工作紧张程度	55		
	6. 工作均衡性	45		
工作环境	1. 工作时间特性	30	100	10%
	2. 工作危险性	30		
	3. 职业病	15		
	4. 环境舒适性	25		
合计			1000	100%

根据公司建立的评估模型，评估小组按照试评估、正式评估和评估审核的流程，评估出公司所有岗位的评估价值分。下表选择了部分具有可比性的岗位的评估加以说明，如表 7－12 所示。

表 7－12　　　　JH 盐业物流公司部门岗位评估价值

岗位	评估分值
总经理	952
副总经理	676
财务部经理	452
配送中心主任	351
接线组组长	256
调度员	274
接线员	213

（2）薪酬层级设计

第一，设计薪酬层级。

薪酬层级设计师根据岗位价值评价结果和公司薪酬政策，将各岗位的薪酬水平用不同的等级体现出来。公司薪酬层级设计解决两方面内容，一是层级数的确定，包括各个层级分几个梯级数；二是设计每个梯级的薪资幅度。

公司以组织结构的层级为准，把公司薪酬层级设计为 5 级（A、B、C、D、E）。公司领导层对应 A 级，部门负责人岗位对应 B 级，主任级岗位对应 C 级，组长级岗位对应 D

级，普通员工级岗位对应E级。其中A层级设10个梯级，B层级设10个梯级，C层级设12个梯级，D层级设14个梯级，E层级设16个梯级。根据各层级岗位价值评估的最高分和最低分，可以得出各层级内平均梯级差分。见表7-13。

表7-13　各层级岗位价值评估最高分、最低分及平均梯级差分

层级	对应岗位	岗位价值评估最高分	岗位价值评估最低分	梯级数	平均梯级差分
A	公司领导者	955	590	10	45
B	部门负责人	503	413	10	10
C	主任层	366	278	12	8
D	组长层	305	227	14	6
E	普通员工	297	207	16	6

根据表的平均梯级差分，可算出各梯级的标准岗位价值分如表7-14所示。

表7-14　薪酬层级

层级	标准岗位价值分	层级系数	层级	标准岗位价值分	层级系数	层级	标准岗位价值分	层级系数	层级	标准岗位价值分	层级系数
A1	995	4.80K	B7	443		D1	305	1.47K	E3	285	
A2	950		B8	433		D2	299		E4	279	
A3	905		B9	423		D3	293		E5	273	
A4	860		B10	413	1.99K	D4	287		E6	267	
A5	815		C1	366	1.77K	D5	281		E7	261	
A6	770		C2	358		D6	275		E8	255	
A7	725		C3	350		D7	269		E9	249	
A8	680		C4	342		D8	263		E10	243	
A9	636		C5	334		D9	257		E11	237	
A10	590	2.85K	C6	326		D10	251		E12	231	
B1	503	2.42K	C7	318		D11	245		E13	225	
B2	493		C8	310		D12	239		E14	219	
B3	483		C9	302		D13	233		E15	213	
B4	473		C10	294		D14	227	1.1K	E16	207	1.0K
B5	463		C11	286		E1	297	1.43K			
B6	453		C12	278	1.34K	E2	291				

由（表 7－14）可以看出，C、D、E 三个层级间的岗位价值分别出现叠幅，可用薪酬层级模型图直观地表现出来。如图 7－11 所示。

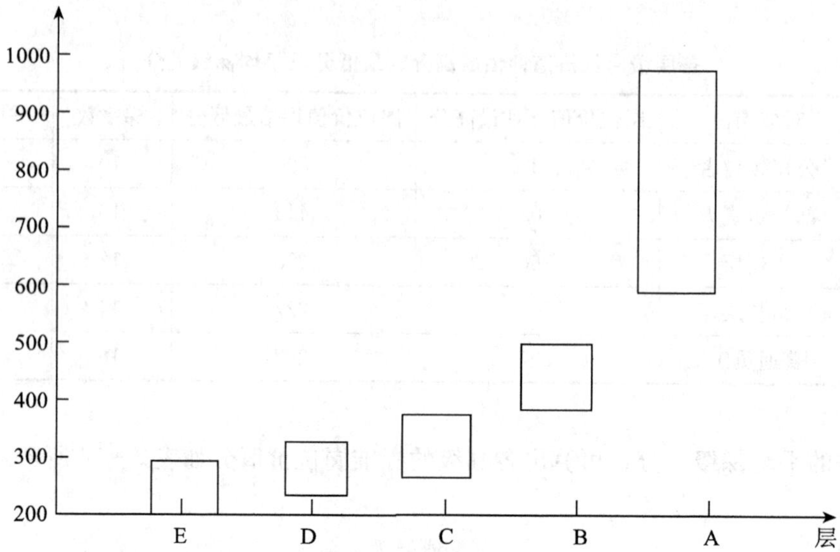

图 7－11　薪酬层级模型

第二，确定岗位薪酬等级区间。

在完成了薪酬层级设计后，接下来是确定每个岗位的标准薪酬级别及最高薪酬级别与最低薪酬级别，由此来确定每个岗位的薪酬等级区间，即该岗位的薪酬通道。由各岗位价值的评估分值在薪酬层级表中找到该岗位所对应的岗位层级，将此岗位层级作为该岗位的标准薪酬级别，在同一层级内，将此标准薪酬级别高或低两个梯级的梯级设定为该岗位的最高和最低薪酬级别，由此构成该岗位的薪酬通道。以部分岗位为例，公司薪酬等级区间如表 7－15 所示。

表 7－15　　公司部分岗位薪酬等级区间

层级	总经理	副总经理	财务部经理	配送中心主任	接线组组长	调度员	接线员	层级	总经理	副总经理	财务部经理	配送中心主任	接线组组长	调度员	接线员
A1								D1							
A2								D2							
A3								D3							
A4								D4							
A5								D5							
A6								D6							

续表

层级	总经理	副总经理	财务部经理	配送中心主任	接线组组长	调度员	接线员	层级	总经理	副总经理	财务部经理	配送中心主任	接线组组长	调度员	接线员
A7								D7							
A8								D8							
A9								D9							
A10								D10							
B1								D11							
B2								D12							
B3								D13							
B4								D14							
B5								E1							
B6								E2							
B7								E3							
B8								E4							
B9								E5							
B10								E6							
C1								E7							
C2								E8							
C3								E9							
C4								E10							
C5								E11							
C6								E12							
C7								E13							
C8								E14							
C9								E15							
C10								E16							
C11															
C12															

3. 任职能力评估与薪酬等级定位

(1) 任职能力评估

任职能力评估是指对岗位任职者的知识结构与知识水平、技能水平、职业素质水平等作为任职能力的依据，与该岗位能力素质的具体要求进行对比，从而评估任职者的任职能力达到岗位能力素质要求的程度。公司通过建立能力素质模型，开展任职能力评估，找出任职者与岗位能力素质要求的差距，同时得到员工任职能力评估的量化值。公司根据要素重要性，从“工作年限”、“学历”、“综合知识”、“综合技能”和“职业素养”五方面来评估员工任职能力的符合度。

（2）薪酬等级定位

根据任职能力评估表，公司评估小组对公司全体员工进行任职能力评估。表 7－16 是调度员庄某某与邓某某两位员工的任职能力评估表。

表 7－16　　部分员工任职能力评分

员工姓名	岗位名称	评价因素及重要性因素					合计
		工作年限（权重系数：1）	学历（权重系数：2）	岗位综合知识（权重系数：3）	综合素养（权重系数：5）	职业素养（权重系数：4）	
庄某某	调度员	5	3	4	3	4	54
邓某某	调度员	1	2	2	2	2	29

在正常情况下，根据任职能力评估表开展的任职能力评估得分范围应在 15～75 分，如果得分小于 15，则可以认定该员工的任职能力完全达不到该岗位的能力素质要求。如果得分大于 75 分，则可以认定该员工的任职能力超过了该岗位的能力素质要求。出现这两种情况都应当对该员工进行岗位调整。

以下以调度员为例，介绍岗位薪酬等级定位。根据岗位价值评价结果，该岗位的薪酬区间为 E7—E3 五个梯级，而一般员工任职能力评估分值范围为 15～75 分，把这个范围分为五个相等的分区，分别为 15～26 分、27～38 分、39～50 分、51～62 分、63～75 分，将五个分区分别对应 E7—E3 五个薪酬级别，见表 7－17，调度员庄某某评估得分为 54 分，处在 51～62 分区间，其所对应的薪酬等级为 E4；邓某某评估得分为 29 分，处在 27～38 区间，其所对应的薪酬等级为 E6。以同样的方法，完成对所有岗位工作人员的薪酬层级定位（见表 7－17）。

表 7－17　　薪酬层级定位

E7	E6	E5	E4	E3
15～26	27～38	39～50	51～62	63～75

4．市场薪酬调查

（1）调查方法及目标公司。调查方法主要有两种，一是通过厦门市统计信息网和查询 2005 年以来的厦门特区统计年鉴，查询厦门市在岗职工月平均收入以及厦门市部分工种的工资指导价；另一种是选择厦门物流行业部分公司，如建发物流、裕利集装箱公司、盛辉物流、泽华物流等企业，作为薪酬调查的目标公司。

（2）涉及的岗位。由于要在一个企业或组织中获得全部的工作资料往往难以办到，所以只调查各个岗位级别的一些基准岗位，即同行业中为大家所熟知的工作，便可反映出整个薪酬水平。同时确保所调查的基准岗位是相对稳定的，具有岗位代表性。

在外部薪酬调查基础上，公司根据企业自身的成长性和人力资源战略，确定公司领先型薪酬策略，即员工薪酬水平略高于社会平均水平。

5. 确定薪酬结构

薪酬构成包括薪酬结构的组成部分和薪酬结构的比例两个方面。由于薪酬构成各不相同，所以不同构成的薪酬结构模型的特点也各不相同。典型的薪酬结构模型包括以下三种：高弹性的薪酬结构模型（高激励低保健），高稳定性的薪酬结构模型（低激励高保健），以及调和性的薪酬结构模型。

（1）确定薪酬结构组成部分

本公司确定薪酬结构的决策因素有两方面，一方面是企业所处的发展周期，另一方面是企业所处的行业特性。由于本公司处于成长期，如果薪酬结构中固定薪酬占主体，会助长员工的求稳心态，容易导致不思进取、不求提高的工作氛围。而本公司目前所有的业务均来源于本系统内，尚未完全市场化，业务量和业务收入相对稳定，经营成效主要考核两方面，一方面是客户满意度，另一方面是经营成本。如果薪酬结构中可变薪酬的比例过大，会影响员工的士气和安全感，影响其对企业的信任感和忠诚度。为增强企业的竞争力，吸引并留住更多优秀人才，本公司在薪酬结构的策略选择上，采取调和性的薪酬模式，基本薪酬和绩效薪酬各占一定的比例，这样既对员工有激励性，又使得员工有安全感，能够充分发挥薪酬的激励作用，也可以有效地控制人工成本。

公司薪酬结构有两种形式，领导层薪酬结构和员工薪酬结构，领导层薪酬结构由基准工资、风险奖金和福利三部分组成。员工薪酬结构由四部分组成，即基本工资、绩效工资、加班工资和福利。其中基本工资包括岗位工资和工龄工资，绩效工资包括月度绩效工资和年度奖金，福利为养老保险、医疗保险等各项社会保险和公积金。

（2）确定薪酬结构比例

公司薪酬结构组成部分的岗位工资和绩效工资构成员工年度标准薪酬，而工龄工资和加班工资所占比例较小，只是对员工年度标准薪酬的一种补充。因此，公司设计薪酬结构比例主要就是设计岗位工资和绩效工资的比例。公司根据各部门工作性质和服务对象的不同，将岗位分为两大类型职系。为使薪酬激励作用达到良好的效果，公司采用了调和性的薪酬结构模型，在不同岗位层级和不同职系设计了不同的薪酬结构比例。其中中层以上管理人员薪酬结构中的绩效工资所占比例略高于中层以下员工，客户服务类员工薪酬结构中的绩效工资所占比例略高于后勤管理类员工，使得薪酬的激励作用能较好地发挥作用，而员工又有安全感。员工薪酬结构比例如表 7－18 所示。

表 7-18　　薪酬结构比例

	岗位级别	后勤管理类	客户服务类
薪酬比例：岗位工资/绩效工资	高管层	50/50	50/50
	中层管理者	50/50	50/50
	主任层	60/40	50/50
	组长层	60/40	50/50
	普通员工层	60/40	50/50

思考题

1. 什么是薪酬？薪酬包括哪些内容？薪酬管理包括哪些内容？

2. 薪酬制度有哪些？

3. 什么是薪酬水平？薪酬水平由哪些因素决定？

4. 什么是战略薪酬？战略薪酬的作用有哪些？

5. 什么是薪酬体系？薪酬体系包含哪些内容？

6. 什么是职位薪酬体系？

7. 什么是技能薪酬体系？怎么设计？它的实施条件是什么？

8. 什么是绩效薪酬体系？怎么设计？它有哪些优点和不足？

9. 企业经营者的薪酬管理模式一般由哪几部分构成？

10. 销售人员的薪酬管理模式主要包括哪几种？

11. 福利的作用是什么？怎样看待薪酬体系中福利与工资之间的关系？

12. 一些雇主认为福利增加了企业的人工成本，而激励作用又不明显，不如直接给工资和奖金来得实在。请评价这种说法。

13. 企业福利的种类繁多，请考虑一下一个企业的福利项目应该如何选择和组合？

14. 弹性福利制度的实施需要哪些条件？如果一个企业实施了弹性福利制度，但员工反而不领情或觉得不好，你认为可能是由哪些原因造成的？

15. 某企业同一薪酬区间内甲、乙、丙三名技工的实际基本薪酬分别为 3850 元、4100 元和 4200 元，该薪酬区间中值为 4000 元，而同等技工的市场平均薪酬为 4200 元。试从内部比较和外部比较的角度分别计算薪酬比较比率，说明该组员工实际获得的基本薪酬与相应薪酬区间中值之间的比较关系，以及薪酬区间中值与市场平均薪酬水平之间的比较关系。

16. 某公司对行政管理人员实行月薪制。全年每月应工作天数都按 30 天计算（节假日视同应工作天数）。员工李华月标准工资为 1500 元，当月请事假 4 天，其中含法定节假日一天，病假 3 天。按照其工龄和公司有关规定，其病假期间工资按月标准工资的 80%支付。试根据以上条件计算李华当月的计时工资。

案例分析

卓力物流有限责任公司薪酬体系

1. 薪资体系

(1) 卓力物流公司总经理、副总经理、部门经理实行年薪制(见表7-19)。

表7-19　　年薪制工资

职位	年薪上限	执行年薪	月底基础年薪70%	年度考核兑现30%	基础工资	考核工资
总经理	80000	65000	45500	19500	5000	1625
副总经理	60000	45000	31500	13500	4000	1125
部门经理	50000	35000	24500	10500	3000	875

说明:

①年薪=月度基础年薪+年度考核兑现;

②月度基础年薪基数=月度考勤工资+考核工资=年薪×70%;

③年度考核兑现=年薪×30%×纯利润任务指标完成率A(50%≤A≤100%)运营中心全年纯利润指标完成率低于50%时,不进行年度考核兑现;

(2) 卓力物流公司C级以下员工薪酬实行岗位工资制(见表7-20)。

表7-20　　岗位制工资

职级	职位	岗位工资上限	工资	基本工资(60%)
D	部门副经理	2100	2100	1260
E	采购专员	1900	1900	1140
E	物流规划专员	1700	1700	1020
E	仓库管理员	1400	1400	840
E	商品储运员	1400	1400	840
E	理货保管员	1400	1400	840

2. 薪酬结构

(1) 薪资=基本工资+福利补贴+考核工资(考核工资包括:月度考核、季度考核与年度考核)。

(2) 基础工资、考核工资权重各占岗位工资的60%和40%。

基本工资与个人绩效考核工资(运营经理实行月度管理考核),按月发放,部门关键绩效考核按季度发放；

注：福利补贴不参与绩效考核，按员工所担任的职位给予，与基本工资同时发放（见表 7-21、表 7-22）。

表 7-21　卓力物流公司福利补贴参考

福利项目/职位	总经理	副总经理	部门经理和总管	部门副经理	专员
通信补助	200	100	70	50	80
交通补助	100	100	70	50	80
出差补助	按《出差管理规定》执行				
旅游费用	投入固定旅游班车，定期组织员工进行旅游				
医疗费用	每年投入医疗费用 50 万元，供生病员工免费使用				
正负费用	当月员工行为奖、罚金				

表 7-22　商务运营中心季度考核与年度考核基数

		核基准	基数	核兑现
A	总经理	1189.9×3 个月	793.28	19500
B	副总经理	552×3 个月	588	13500
C	部门经理	380×3 个月	380	10500
D	部门副经理	340×3 个月	340	无
E	采购专员	168×3 个月	392	无
E	物流规划专员	154×3 个月	308	无
E	仓库管理员	132×3 个月	286	无
E	商品储运员	128×3 个月	278	无
E	理货保管员	126×3 个月	274	无

结合案例思考以下问题：

(1) 该公司薪酬制度是否合理？

(2) 请根据所学内容为该公司做一份薪酬设计。

8 物流企业的职业生涯管理

学习目标

- 了解职业、职业生涯、职业生涯管理的含义。
- 掌握职业锚的含义和类型。
- 了解职业生涯管理的意义。
- 掌握主要的职业选择理论。
- 掌握主要的职业生涯阶段理论。
- 了解职业生涯规划编制中员工和组织的责任。
- 掌握职业生涯各阶段的特点、问题和管理对策。
- 学会设计自己的职业生涯规划。

引导案例

长航油运员工职业生涯管理

1. 长航油运企业简况

长航油运其前身为南京水运实业股份有限公司，于 1997 年 5 月在上海证券交易所上市，实际控制人为中国外运长航集团有限公司。中国外运长航集团有限公司由原中国长航和中国外运两大中央企业于 2009 年 3 月重组成立，主营综合物流、航运和船舶工业业务。

长航油运经过多年的艰苦创业，已发展成为能够承运成品油、原油、液化气、化工品、沥青、乙烯等多种液体货物，航线辐射全球各大主要港口的大型油轮运输企业。特别是 2002 年以来，针对中国能源消费快速增长的态势，适时制订并实施“江海转型”战略，稳步扩充海上油轮运力，实现主营业务由长江、沿海向国际的转型。进入 2007 年，为了抓住“国油国运”的历史机遇，进一步实现跨越式发展。公司通过定向增发方式，实现了与控股股东资产与业务的重组，开始专业从事海上油品运输业务。目前，长航油运正在加快发展远洋进口原油运输、国际清洁油运输和化工品、液化气、沥青等特种运输三支主力船队，至 2011 年年底已拥有包括 VLCC、MR 油轮在内的各类营运船舶 88 艘，年运输能力 8000 万吨以上，其油轮规模已具全国第一位。

2. 长航油运人力资源基本情况

航运企业的生产工具是船舶，按照工作环境不同，一般把在陆地工作的管理人员、操作人员称为岸员，在水上船舶工作的员工称为船员。船员是航运企业员工的主体，一般占员工总数的90%。而按照相关海事法规，岸员中相当大一部分员工也必须具备在船舶工作的经历。长航油运目前涉及原油、成品油、化学品、液化气、沥青、乙烯六大类货种运输，同时兼顾江、海、洋的全程物流服务，是中国液体货物运输航线最广、货种最全的危险品运输航运企业。截至2011年12月底，长航油运员工总数3228名。

(1) 岸员基本情况

岸员总数320名，其中：高层管理人员10名，中层管理人员61名，一般管理人员233名，操作人员16名。总体来说，岸基员工层次结构、年龄结构比较合理，文化素质整体较高，本科以上学历占67.18%，专业技术职称具有优势，中级以上职称的人数占岸基员工总数达到55%。作为专业性航运企业，岸基员工中绝大多数毕业于航海类专业院校，有105人持有各类船员适任证书，占岸基员工总数的32.81%，直接从事船舶管理（含船舶技术）、航运经营、船员管理（含人力资源）的人数占岸基员工总数的70%以上。岸员整体素质虽与战略目标要求相比仍有一定差距，但基本能够满足公司目前发展需要。

(2) 船员基本情况

船员总数2908名，其中：船长、轮机长、大副、大管轮586名，二副、二管轮、三副、三管轮及电机员740名，船舶政委31名，其他普及船员及实习生1551名。

从船员结构来看，长航油运共有外贸船员2184名，内贸船员724名。外贸船员数量总体满足当前船员配置需求，但船长、大副、大管轮、电机员以及餐务员、水手岗位比较紧缺，其他岗位略有富余。内贸船员总量较多，除水手、餐务员、机工等普通船员及电机员外，其他岗位船员都有富余。

从船舶配员来看，长航油运合计为72艘船舶实施整体配员，其中对内配员62艘，对外劳务配员10艘。其外，通过委托管理等方式，由境外船务公司为自有船舶实施整体配员的总计21艘。

3. 长航油运职业生涯管理实践

在超常规发展过程中，长航油运充分认识到人力资源的重要地位，把人力资源看成是支持发展规划目标是否能够实现的战略性资源，提出具有自身特色的人才观——能出色履行好岗位职责的都是企业人才。倡导用感情留人、待遇留人和事业留人，特别是结合企业发展计划，引导员工与企业共同成长，让员工用企业为之提供的平台实现个人的职业生涯目标。

自2008年重组之后，长航油运健全了人力资源制度体系，把员工职业生涯管理作为人力资源的重要理念，完善了岗位设置、员工选拔、培训开发、绩效管理、薪酬激励制度，明确了员工职业成长的途径和标准，初步搭建了职业生涯管理的基本框架。

(1) 岗位编制设置

利用2007年年底重组改革的契机，长航油运梳理了岗位，制定了每个岗位的任职资格、适任条件与岗位职责，并标识了各岗位之间的相互关系，形成了《职责手册》，使员工职业发展的基础得以建立。

(2) 员工选拔机制

长航油运建立了以组织选拔为主、公开招聘和竞争上岗为辅的员工选拔机制。对岗位空缺，企业内部难以补充适任人员的，发布招聘信息，对外实施公开招聘，为培养后备力量而引进的大学毕业生，也采取对外招聘的方式；对岗位空缺，企业内部可以找到适任人员的，采用组织选拔的方式，即由用人部门的负责人推荐适任人选，人力资源部组织审核，首先核查拟任人选的基本条件是否满足岗位任职资格的规定，再结合其工作经历、工作业绩等信息评估对岗位适任条件的符合性，最后提交会议研究决定。对于有多个适任人选，难以确定选拔对象的，采取竞争上岗的方法，即在企业内部公布岗位空缺信息，由符合条件的员工根据个人职业发展需要自行申报，再通过资格审查、笔试、面试、竞职答辩等环节筛选合格人员。

(3) 培训开发体系

长航油运的培训开发体系包括三个方面：一是新员工的培训开发。除人力资源部门组织对企业文化、企业战略、劳动保护等知识教育外，还落实新进员工所在部门制订详细的培训计划，帮助新员工尽快熟悉企业、了解岗位、掌握工作技能。二是脱产培训。由各部门根据实际，提出脱产培训需求，经人力资源部门评估后纳入培训计划，组织实施。三是在岗培训。即不脱离岗位的培训，这是提升员工履职能力的有效手段，由各部门结合自身实际和员工情况，制订内部学习或自学计划，安排培训。

(4) 绩效管理制度

长航油运建立了三个层次的绩效考核体系，包括：董事会对企业经营层的考核、公司对各部门的考核、各部门对员工的考核。其中对员工采取岗位绩效考核，根据员工岗位职责，制定岗位考核指标与考核标准，通过绩效管理信息系统，按照员工个人自我评价、直接领导考核评价、部门负责人审核确定的流程完成绩效管理任务。

(5) 薪酬激励政策

结合江海重组改革，长航油运在岸员中建立了多层级的宽带薪酬制度，根据岗位的重要性、工作难度、责任、风险等因素进行岗位评价，对各岗位在企业内进行综合排序，确定各岗位在企业中的位置，使员工可以通过不同岗位的变动来实现薪资水平的增长。在船员方面，一直采取与市场接轨方式的职务工资制度，不同职务的船员享受相应的薪酬标准，船员可以通过职务的晋升实现薪酬的增长。

本章主要介绍物流企业职业生涯规划的相关理论。

8.1 职业生涯管理的概念和意义

职业生涯管理对于当今的中国人来说，已不再是一个陌生的字眼，但是大部分人依旧只是把职业生涯管理简单归结为个人的职业定位与职业发展，其中包括了很大一部分从事组织人力资源管理的人员。然而，事实真的是这样吗？

8.1.1 职业生涯管理的概念

8.1.1.1 职业生涯和职业生涯管理的含义

在目前整个世界经济一体化与中国社会经济转型加速的背景之下，在“毕业分配工作”完全被劳动力市场“自主择业、双向选择”所取代时，职业（occupation）的概念逐步被职业生涯（career）的概念所代替。人们越来越不满足于在同一个工作岗位上一直工作，而是随时寻找更好的发展机会、更大的事业舞台，职业从此不再重要，重要的是能够根据自己拥有的资源、自我个性化需求以及社会需要随时调整自己的定位，寻找最适合自己的职业生涯发展路径。

首先来了解一下职业、职业生涯、职业生涯管理这几个相关概念。

1. 职业的含义

“职业”一词，每个人都不陌生，然而何谓“职业”，不同人有不同观点。以下摘录一些职业的含义供大家参考。

（1）职业是指在同一个行业不同的职位所从事的各种工作的过程（或者理解为职业＝职位＋行业）。

（2）职业是指人们从事的相对稳定的、有收入的、专门类别的工作。职业是对人们的生活方式、经济状况、文化水平、行为模式、思想情操的综合性反映，也是一个人的权利、义务、权力、职责，从而是一个人社会地位的一般性表征。①

（3）职业是一个人为了不断取得个人收入而连续从事的具有市场价值的特殊活动，这种活动决定着从业者的社会地位。

（4）职业的社会学概念可以解释为一套成为模式的与特殊工作经验有关的人群关系，这种成为模式的工作关系的整合，促进了职业结构的发展与职业意识形态的显现。

综合以上含义，可总结出职业含义如下。

职业是指人们为了谋生和发展而从事的相对稳定、有收入的、专门类别的社会劳动。其中“职”指职责、权力和工作位置，“业”指业务、技术和工作本身。

有关职业的理解，一个常见的误区就是将职业等同于工作（job）。事实上，职业与工作有着密切关系，但是两者之间又不完全等同。传统意义上的工作仅仅是人们谋生的手段。职业是人一生所从事的工作、岗位和所扮演的一系列角色的综合，它既是可以从中获取报酬的岗位，又是扮演一定社会角色、履行自身社会职责的天地，它还是使个人的人生价值得以体现的场所。

有关职业的理解，还有一个常见的误区就是将职业等同于事业（enterprise）。实际上，职业与事业也是密切相关但不等同的两个概念。事业是指值得个人投注一生心力，以获得最大实现可能性的生涯目标。在一个事业体中，通常包含较广泛的职业范畴。例如，教育事业、慈善事业、医疗事业、科技事业、文化事业等。很明显，职业是用来养家糊口

①黄维德．人力资源管理［M］．上海：上海财经大学出版社，2006.

的。而干“事业”就不同了，当你把一种职业当成人生追求，有了热情，甚至激情，达到如醉如痴的地步，愿意为之付出而不再图回报时，恐怕才能称为“事业”。经常听到老板在教育员工敬业时说，要像经营自己的事业一样从事职业。这句话正隐含了职业和事业的区别。因此，理想的状态是将一个人谋生的职业和追求的事业紧密结合。

2. 职业生涯的含义

有关职业生涯含义的描述也有很多种，以下摘录一些供大家参考。①

(1) 职业生涯表现为连续性的分阶段、分等级的职业经历。

(2) 职业生涯是指一个人一生中与工作相关的经历，包括职位、职务经验和工作任务等。

(3) 职业生涯是指一个人一生中与工作相关的活动、行为、态度、价值观、愿望等的有机体。

(4) 从经济的观点来看，职业生涯就是个人在人生中所经历的一系列职位和角色，它们和个人的职业发展过程相联系，是个人接受培训教育以及职业发展所形成的结果。

(5) 职业生涯是生活中各种事件的演进方向与历程，统合了个人一生中各种职业与生活的角色，由此表现出个人独特的自我发展类型。生涯是人生自青春至退休之后，一连串有酬或无酬职位的综合，除了职位之外，还包括任何和工作有关的角色，如副业、家庭和公民的角色等。

(6) 职业生涯分为狭义和广义两种。狭义的职业生涯是指直接从事职业工作的这段时间，其上限从任职前的职业学习和培训开始；广义的职业生涯是指从职业能力的获得、职业兴趣的培养、选择职业、就职，直至最后完全退出职业劳动这样一个完整的职业发展过程，其上限从出生开始。

综合以上含义，可总结职业生涯含义如下：

职业生涯是指一个人一生中从事职业的全部历程，包括一个人所有的工作、职业、职位的外在变更和对工作体验、工作态度的内在变更。

职业生涯具有以下几个方面的性质。

(1) 独特性。每个人都有自己的职业条件，有自己的职业理想，有自己的职业选择，有为实现职业理想所做的种种努力活动，从而有着自己与别人相区别的、独特的生涯历程。

(2) 阶段性。每个人的职业生涯发展过程都有着不同的阶段，可以划分为不同的时期。

(3) 发展性。每个人的职业生涯，都是一种动态的、不断发展和演进的过程。

(4) 终生性。每个人的职业生涯作为一个动态的发展历程，根据个人在不同阶段的需求和内外部条件而不断变化与成长，直至最终离开职场。

(5) 整合性。由于每个人所从事的工作或职业往往决定他的生活形态，而且职业与生活两者之间又很难区别，因此职业生涯具有整合性，涵盖人生整体发展的各个层面，而不

①廖泉文．人力资源管理［M］．北京：高等教育出版社，2003.

是仅仅局限于工作或职位。

(6) 互动性。每个人的职业生涯，都是个人与他人、个人与环境、个人与社会互动的结果。每个人的自我观念、主观能动性、个人掌握的社会职业信息和职业决策技术等，对于其职业生涯都有重要影响。

3. 职业生涯管理的含义

职业生涯管理是指员工和组织对员工个人职业历程的规划、职业发展的促进等一系列活动的总和，包含职业生涯决策、设计、发展和开发等内容。

职业生涯管理可以划分为员工个人层面和组织层面两层：第一，组织职业生涯管理。从员工层面来看，组织中的大多数员工都有从自己现在和未来的工作中得到成长、发展和获得满足的强烈愿望和需求。为了实现这种愿望和需求，他们不断追求理想的职业，根据个人特点、组织发展的需要和社会发展的需要，制定自己的职业生涯规划，这就是个人的员工职业生涯管理。它是以实现个人发展的成就最大化为目的，通过对个人兴趣、能力和个人发展目标的有效管理来实现个人发展愿望；第二，自我职业生涯管理。从组织层面来看，在广大员工希望得到不断成长、发展的强烈需求推动下，组织人力资源管理与开发部门为了解员工个人的特点，了解他们成长和发展的方向及兴趣，不断提高他们的满意度，并使他们能与组织的发展和需求协调，制订有关员工个人成长和发展与组织需求和发展相结合的计划，这就是组织的员工职业生涯管理。它以提高组织人力资源质量，发挥人力资源管理效率为目的，通过个人发展愿望与组织发展需求的结合来实现组织发展的目标。

从职业生涯管理的发展历史可以发现，西方在 20 世纪 70—80 年代中期，组织职业生涯管理是主导的职业生涯管理。然而，随着组织稳定性下降，组织倒闭、兼并、裁员增多，员工对组织能否长期提供工作产生了动摇，不得不自己考虑自己的职业前景，逐渐地变成了职业生涯管理的主体，现在是组织和个人均进行职业生涯管理，也许将来有些组织的职业生涯管理完全由个人来进行。Hall 和 Moss（1998）敏感地观察到了这种变化，认为职业管理的主体在发生变化，未来的职业发展将主要由个人管理，而非组织管理；未来的职业发展是连续的学习，是自我导向的、是关系式的、在挑战性的工作中进行；未来的职业发展不一定是正式的培训，不一定是再培训，不一定是向上流动。

良好的职业生涯管理应具备以下四个方面的特征。

(1) 可行性：职业生涯规划要有事实依据，而不能仅仅是美好幻想或不着边的梦想，否则将会延误职业生涯发展机遇。

(2) 适时性：职业生涯规划是预测未来的行动，确定将来的目标，因此各项主要活动的内容，何时实施、何时完成，都应有时间和顺序上的详细安排，以作为检查行动的依据。

(3) 适应性：规划未来的职业生涯目标，牵涉多种可变因素，因此规划应有弹性，应留有余地，以增加其适应性。

(4) 持续性：人生每个发展阶段应能持续、连贯、前后衔接。

8.1.1.2 职业锚的含义及其类型

与职业生涯管理密切相关的一个概念是职业锚（Career Anchor）。职业锚是由美国著名职业指导专家埃德加·H. 施恩（Edgar H. Schein）教授提出的。

1. 职业锚的含义

埃德加·施恩认为，职业生涯管理实际上是一个持续不断的探索过程。在这一过程中，每个员工都根据自己的天资、能力、动机、需要、态度和价值观等慢慢地形成较为明晰的与职业有关的自我概念。随着个人对自我了解的不断深入，他就会逐渐形成一个占主导地位的职业锚。那么，什么是职业锚？

职业锚就是当一个人不得不做出职业选择的时候，他无论如何都不会放弃的那种职业中至关重要的东西或价值观。

职业锚是自我意向中的一个习得部分，是个人进入早期工作情境后，由工作中习得的实际工作经验所决定，与在经验中自省的动机、需要、价值观、才干相符合，达到自我满足和补偿的一种长期稳定的职业定位。职业锚是人们选择和发展职业时所围绕的中心。每一个人都有自己的职业锚，影响一个人职业锚的因素包括天资和能力、工作动机和需要、人生态度和价值观等。

2. 职业锚的类型

施恩根据自己对麻省理工学院毕业生的研究，提出了以下五种职业锚。

（1）技术或功能型职业锚。具有较强的技术或功能型职业锚的人，往往不愿意选择带有管理性质的职业，而倾向于那些能够保证其在既定的技术或功能领域发展的职业，追求在技术或功能能力领域的成长和技能的不断提高，只坚持在能力领域内得到提升。他们一般多从事工程技术、营销、财务分析、系统分析、组织计划等工作。在我国过去不培养职业经理人的时候，经常将技术拔尖的科技人员提拔到领导岗位，但他们本人往往并不喜欢这个工作，更希望能继续研究自己的专业。

（2）管理型职业锚。具有管理型职业锚的人具有分析能力、人际沟通能力和情感能力的强强组合，强烈希望成为管理人员，以提升等级和收入作为衡量成功的标准。他们愿意担负管理责任，且责任越大越好。与不喜欢甚至惧怕全面管理的技术或功能型职业锚的人不同，他们倾向于全面管理，掌握更大权力，肩负更大责任。具体的技术工作或职能工作仅仅被看作是通向更高、更全面管理层的必经之路；他们从事一个或几个技术职能领域工作，只是为了更好地展现自己的能力，是获取专职管理权之必需。

（3）创造型职业锚。具有创造性职业锚的人意志坚定、勇于冒险，要求有自主权、管理能力，能施展自己的才华，具有强烈的创造需求和欲望。他们要求有自主权、管理能力，能施展自己的才干。但是，这些不是他们的主要动机、主价值观，创造才是他们的主要动机和价值观。

（4）自主与独立型职业锚。具有自主与独立型职业锚的人追求在工作中享有自身的自由，有较强的职业认同感，认为工作成果与自己的努力紧密相连。他们认为，组织生活非常限制人，是非理性的，甚至侵犯个人私生活。他们追求自由自在、不受约束或少受约束的工作生活环境。他们并不愿意在组织中发展，而是宁愿做一名咨询人员，成为自由撰稿人，或是独立从业，或是与他人合伙开业。

（5）安全型职业锚。具有安全型职业锚的人追求安全、稳定的职业前途，对组织有较强的依赖性，但其职业生涯的开发与发展往往会受到限制。他们的安全取向主要为两类：一种是追求职业安全，稳定源和安全源主要是一个给定组织中的稳定的成员资格，例如大公司安全性高，做其成员稳定系数高；另一种是注重情感的安全稳定，包括一种定居，使家庭稳定和使自己融入团队的感情。目前我国绝大多数的人都选择这种职业定位，很多情况下，这是由于社会发展水平和就业竞争压力大等因素决定的，而并不完全是本人的意愿。

这五种职业锚之间的划分不是绝对的，相互之间可能有明显的交叉，如自主与独立型职业锚的人可能同时具有技术或功能型职业锚，或者同时具有创造型职业锚。组织在实际的职业生涯管理工作中，可以通过对员工的调查，了解员工的职业兴趣、能力和人生价值观，提供必要的培训指导和其他条件，帮助员工确定其职业锚，并针对员工的不同情况，设法使员工特别是核心员工"抛锚"，这样有利于组织正确选择、使用和留住所需要的人才。

8.1.2 职业生涯管理的意义

职业生涯管理必须从员工个人和组织两个层面来理解，那么职业生涯管理的意义也可以从员工和组织两个层面来阐述。表 8－1 列出了职业生涯管理对于员工个人和组织的意义。

表 8－1　　职业生涯管理的意义

对个人的意义	• 认清自我，准确评价个人特点和强项 • 明确职业方向，提供人生奋斗策略 • 找出个人未来目标与现状之间的差距 • 重新认识自身的价值并使其增值 • 发现新的职业机遇 • 强化个人职业竞争力 • 将个人、事业与家庭联系起来
对组织的意义	• 深入了解员工的兴趣、愿望、理想，激励员工 • 强化管理者与员工的接触，鼓励员工上进和为组织做出更大的贡献 • 通过了解员工的各种想法，管理者可以安排对员工进行相应的培训 • 可以使员工个人目标和组织目标更好地统一起来，降低员工的失落感和挫折感 • 能够使员工感觉到自己在组织中的希望和目标，从而稳定员工队伍

8.1.2.1 职业生涯管理对员工的意义

职业生涯管理对于员工个人来说，意义重大。正如本·富兰克林所言："一个人，拥有一份工作就拥有了一定的资产。但只有那些做他们最擅长的事情的人，才能赢得财富和荣誉。”可以说，拥有一份工作是重要的，更进一步，则是要拥有一份适合自己的工作。拥有一份有成就感和自我实现感的职业是生活幸福、个人充分发展的重要基础，而个人职业的成功需要每个人认真规划。

1. 职业生涯管理有助于帮助自己确定职业发展目标

职业生涯发展要有计划、有目的，不可盲目地“撞大运”。很多时候人们的职业生涯受挫就是由于职业生涯规划没有做好。好的计划是成功的开始，古语讲，“凡事预则立，不预则废”，就是这个道理。职业生涯规划的重要内容之一就是对个人进行分析。通过分析，认识自己，了解自己，估计自己的能力、智慧以及性格，找出自己的特点，明确自己的优势，正确设定自己的职业发展目标，并制订行动计划，使自己的才能得到充分发挥，以实现职业发展目标。

2. 职业生涯管理有助于鞭策自己努力工作

对许多人来说，制定和实现职业生涯规划就像一场比赛，随着时间推移，你一步一步地实现职业生涯规划，这时你的思维方式和工作方式也会渐渐改变。有一点很重要，你的职业生涯规划必须是具体的，可以实现的。

3. 职业生涯管理有助于帮助自己抓住工作重点

制定职业生涯规划的最大好处是有助于员工个人安排日常工作的轻重缓急。通过职业生涯规划，能使他们紧紧抓住工作的重点，增加成功的可能性。

4. 职业生涯管理有助于评估目前工作成绩

职业生涯规划的一个重要功能是提供了自我评估的重要手段。员工可以根据规划的进展情况评价其目前取得的成绩。

5. 职业生涯管理有助于引导个人发挥潜能

职业生涯规划能助员工集中精力，全神贯注于自己有优势并且会有高回报的方面，这样有助于他尽可能大地发挥潜力，最终实现成功的目标。一份行之有效的职业生涯规划将会：第一，引导员工正确认识自身的个性特质、现有与潜在的资源优势，帮助其重新对自己的价值进行定位并使其持续增值；第二，引导员工对自己的综合优势与劣势进行对比分析；第三，使员工树立明确的职业发展目标与职业理想；第四，引导员工评估个人目标与现实之间的差距；第五，引导员工前瞻与实际相结合的职业定位，搜索或发现新的或有潜力的职业机会；第六，使员工学会如何运用科学的方法采取可行的步骤与措施，不断增强职业竞争力，实现职业目标与理想。

6. 职业生涯管理有助于提升个人应对竞争的能力

当今社会处在变革的时代，到处充满着激烈的竞争。物竞天择，适者生存。职业活动的竞争非常突出，尤其是我国加入 WTO 后。要想在这场激烈的竞争中脱颖而出并保持立于不败之地，必须设计好自己的职业生涯规划。只有这样才能做到胸中有数，不打无准备之仗。而不少应届大学毕业生不是首先做好自己的职业生涯规划，而是拿着简历与求职书到处乱跑，总想会撞到好运气，找到好工作。结果是浪费了大量的时间、精力与资金，到头来感叹招聘单位是有眼无珠，不能“慧眼识英雄”，叹息自己英雄无用武之地。这部分大学毕业生没有充分认识到职业生涯规划的意义与重要性，认为找到理想的工作靠的是学识、业绩、耐心、关系、口才等条件，认为职业生涯规划纯属纸上谈兵，简直是耽误时间，有那时间还不如多跑两家招聘单位。这是一种错误的理念。实际上未雨绸缪，磨刀不误砍柴工，先做好职业生涯规划，有了清晰的认识与明确的目标之后再把求职活动付诸实践，这样的效果要好得多，也更经济、更科学。

管理案例

李燕的职业生涯规划

TL物流（中国）有限公司是中国台湾TH国际公司的一个分公司，TH国际公司是一家集货物运输、仓储、报关及物流为一体的综合性、专业化的国际货运代理集团。公司成立之初，以中国台湾阳明海运公司的代理资格进驻中国大陆。随着网点的增加，尤其是美国代理网点的逐步增加，开始与该船公司签订美国航线的运价合约，开拓美国航线集装箱业务，同时也和其他船公司开始签约，将业务范围拓展到其他航线。

随着近几年来业务的发展，公司规模不断壮大，但同时也不可避免地出现一定比例的人员流失。公司决定招聘航线操作人员，通过广告应征的方法吸引有能力的求职者。员工李燕大专毕业于国际贸易专业，有一年的航线操作经验，在通过笔试、面试后作为航线操作被公司录用。他们这批新进员工经过一周的简单培训之后，被分配到操作部的各航线组。李燕被分在操作部的美国航线组。

李燕性格温和，踏实肯学，由于有一年的航线操作工作经验，所以适应得很快。经过两个多月的操作磨合，已经基本上熟悉和适应了美国航线的操作流程，而且她也很喜欢这个岗位。因为美国航线是公司的优势航线，业务量大，业务类型多样，可以在工作中学习到很多操作知识和技能。

三个月试用期结束时，经理把她叫到了办公室。经理告诉李燕，公司对其表现还是比较认可的，经过进一步的考核，她已被正式录用。但是岗位会有一点变化。公司准备成立一个客户服务部，经过研究准备安排李燕和另一名员工过去。

“客户服务做什么工作，和航线操作工作有大的差异吗?”李燕问道。

“我了解到的情况是，总公司为了加强公司的竞争力，更好地为客户和海外代理提供服务，才增设的部门和岗位。但具体的工作职责和工作范围我不能说得很详细，一些具体的工作内容只能在以后的工作中慢慢学习。”经理答道。

“那公司能给我们提供一些这方面的前期培训吗?”李燕问。

“目前公司还没有这样的安排。另外，因为公司之前没有这个部门的编制，所以公司暂时只能按照操作部门的待遇标准给你定薪，对于这个调整你有什么意见吗?”

“能进公司我已经很高兴了，公司给我这样一个岗位的安排，我会努力去做。”

在新的岗位，李艳认真工作，尽可能地熟悉工作的内容和业务流程。但是新工作不仅对英语要求很高，对市场评价水平和业务流程的很多细节都要求掌握得非常熟练。这对于李燕来说是一个很大的挑战，也增加很多压力。李燕希望在外面找培训机构，但是相关的讲座和培训是很难找到的。李燕在非正式的场合曾几次问过经理，总公司是否有这方面的培训计划和安排，但是得到的回复是目前各分公司都在忙着开拓业务，短时间内估计没有这方面的安排。

TL物流公司在2001年年初遵从总公司的要求开始进行绩效考评，年终的奖金和下一年度的薪资调整即按照这个考核的结果来执行。因为客服岗位不是给公司直接创造效益的，加之经理对这个岗位的重视程度也不高，所以，在对客服部的绩效考核评定中，给李燕的打分一直在中等水平，这也影响了李燕的工资调整。李燕的工资涨幅一直有限，李艳觉得自己的收入和付出的努力很不成正比，而经理对李燕在工作中的委屈也缺少关心。李燕向经理提出能否报销一些自己参加补习班的学费或是提高一点相关方面的补助，经理都以公司没有相关规定拒绝了她。下半年李燕的工作热情不断下降，加上总公司对客服部门要求的不断提高，李艳感觉到压力很大。

在公司年会上，李燕深切感受到她在客服工作上与国外和南方公司的资深客服人员的差距。在与澳大利亚代理公司的经理谈话中，托马斯先生给李燕讲了很多关于他们澳洲公司对员工培训的事情，以及在澳洲有很多工商学院开设物流专业课程的信息，当李燕告诉托马斯先生她进TL公司这么长时间没有接受过一次公司安排的正规培训时，托马斯先生表示十分吃惊。在交谈结束后，托马斯先生给了李燕一些建议，提出如果李燕想到澳洲留学的话，他可以提供一些帮助。

年会后的一段时间里，李燕经历过一番思想斗争，考虑到在公司无法获取个人成长，现有岗位无法再给自己更大的提高下，李燕在通过雅思考试，申请澳大利亚墨尔本大学成功后，毫不犹豫地选择了离职。

8.1.2.2 职业生涯管理对组织的意义

对于组织来说，职业生涯管理同样具有重要价值。现代组织能否赢得员工献身精神的关键因素之一就是能否与员工确立共同的目标，达成一致，使员工感到组织、部门的发展目标与其个人的发展目标息息相关，从而激发他们的主动性、成就感和创新意识。要做到这些，在管理中首先应当考虑的是组织是否为员工发展创造了条件，使员工感到组织总是在帮助他们寻找机会获得一个有成就感和实现个人理想的职业。现代人力资源管理的基本假设是，组织有义务最大限度地利用员工的能力，并且为每一位员工提供最好的机会，以及挖掘个人最大的潜力，创造职业成功的机会。因此，现代管理者最为重要的一项管理技能就是员工职业生涯管理。

1. 职业生涯管理能使组织有效开发人力资源

职业生涯管理是组织人力资源合理配置的基础。任何成功的组织，其成功的根本原因是拥有高质量的管理者和高质量的员工。人力资源是一种可以不断开发并不断增值的可持续发展资源，通过人力资源的开发能不断更新人的知识、技能，提高创造力，更进一步使无生命的“物”充分尽其所用。尤其是处于这个以人为本的社会中，掌握和创造知识的都是人，因此组织更应注重人的智慧、技艺、能力的提高与全面发展。如果离开“人”的合理配置，组织资源的合理配置就是一句空话。

例如，中远集团非常重视员工职业生涯发展，把员工个人职业发展需求与企业发展规划予以统筹规划。通过建立公平、公开、公正的人才选聘机制、提供多元化的培养渠道、建立以学历与实际工作能力相结合的用人机制、建立以工作绩效为评价标准的考核体系等，鼓励员工全面提升自身的综合能力。充分、合理、有效地利用内部的人力资源，实现企业人力资源需求和员工个人职业生涯需求之间的平衡。对人力资源的开发与管理进行深化与发展，最大限度地发展人才队伍。通过规划员工的职业生涯发展，促进员工与企业共同进步。

2. 职业生涯管理能使组织留住优秀核心人才

人的才能和潜力能得到充分发挥，人力资源不会虚耗、浪费，组织的生存成长就有了取之不尽、用之不竭的源泉。发达国家的主要资本不是有形的工厂、设备，而是他们所积累的经验、知识和训练有素的人力资源。通过职业生涯等管理努力提供员工施展才能舞台，充分体现员工的自我价值，是留住人才、凝聚人才的根本保证。

美国人力资源专家布拉纳姆在《留住核心员工——24 种赢得人才的策略》一书中认为，核心员工是企业最重要的、难以获得的、不可或缺的、难以替代的、保证公司经营策略成功的关键人物。美国沃顿商学院人力资源中心主任比特·卡普里教授认为：企业需要留住核心员工，其中包括核心的管理人员、技术人员等直接关系到企业利润及价值创造的人才。杨巍（2001）认为，核心员工是企业的稀缺人力资源，是企业核心竞争力的根本来源。只要有效地利用核心员工这种人力资源，激发其潜力去实现企业目标，则他们可以长期有效地为企业创造价值。

例如，五年前，S 航运公司的进出口总额已达到骄人的业绩，但是，似乎至此 S 公司再也未能在业绩上有较大的突破。而且，一批又一批随同 S 航运公司共同成长的骨干员工不约而同地纷纷离开公司。一般，当从业人员在历经了 4～5 年的学习后，都已转变为有经验、了解市场、了解供应商、了解相关行业的比较成熟的业务骨干。但该公司却还没有明确他们的发展方向，使人才无法继续对工作十分投入，找不到前进的方向，因而出现跳槽的情况。而且年轻人之间会经常沟通，渐渐地可能会抱怨公司怎么不给自己明确的定位，自己在公司的发展前途是什么？然后慢慢探讨什么地方有好的发展，渐渐地就会有了跳槽的意向。这些昔日的创业者，S 航运公司的功臣们，在离开 S 航运公司后，都多多少少带走了有多年交道的客户。现在，越来越多的业内人士都将 S 航运公司戏称为“人才培训学校”。

3. 职业生涯管理能使组织保证组织未来人才的需要

现代物流企业作为劳动密集、知识密集、资本密集和技术密集为一体的外向型和增值性服务行业，人力资源结构相对一般服务行业来说有更多层次，包括了搬运、运输、理货等简单体力劳动者，也有物流工程技术、决策以及管理人员等复杂脑力劳动者。物流行业本身业务涉及面广泛，每家企业都可能涉及长距离、长时间的大跨度距离的物流作业，这种点散网宽的行业特点对各种人才需求都很大。传统物流行业多数岗位劳动强度大、工作烦琐重复、条件艰苦，加上严厉的提成加薪制度，导致跳槽频频发生。物流企业的招聘成本和培训成本不断提升，而且人员的流动造成的失误对企业正常运营影响非常大。

职业生涯管理能充分调动人的内在积极性，更好地实现组织目标。职业生涯管理的目的就是帮助员工提高在各个需求层次的满足度，使人的需求满足度从金字塔形向梯形过渡最终接近矩形，不仅使员工的低层次物质需求逐步提高，也使他们的自我实现等精神方面的高级需求的满足度逐步提高。真正了解员工在个人发展上想要什么，协调其制定职业生涯规划，帮助其实现职业生涯目标。这样就必然会激起员工强烈的为组织服务的精神力量，进而形成组织发展的巨大推动力，更好地实现组织目标。

4. 职业生涯管理能使组织塑造优秀的组织文化

组织文化的核心是组织员工的共同价值观，其主要内容就是如何认识组织的使命、如何看待顾客和员工。对于这些问题的认识水平，决定了一个组织的组织文化水平。现代组织要正确认识其使命及其员工，就应树立职业生涯发展观。树立职业生涯发展观，实质上就是肯定和强调人的重要性，这是现代优秀组织文化的基本特征。

知识链接

船员正成为稀缺性职位

船员具有较大的流动性，使船员成为一个稀缺性的职位，原因如下。

第一，随着经济的发展，岸上就业机会的增多，船员队伍受到较大的冲击。企业用人制度的改革，个体船员的出现，以及高级船员缺口的拉大，使一些航运公司面临着高级船员流失的被动局面。

第二，伴随着航运企业体制改革的深入，原有固定的人事聘用关系被打破。企业不再有终身聘用某个船员的义务，船员也没有了专属于某家公司的“身份"。从这种意义上说，船员是一种“自由职业者”。自由意味着较大的流动性，船员流动形成了船员劳务市场。船员市场高度的开放性，工资福利等信息的透明化，使船员流动更多体现出“双向选择、自主流动”的市场规律和法则。

第三，船员在选择船公司的过程中，有其衡量的标准，包括公司规模、公司信誉、管理制度、船况、工资、福利、升职空间等。由于船员劳务市场的高度开放性，仍有一些高级船员向往更好的公司和更高的工资，向往到能够更快发展的航运企业任职。对船员队伍稳定性的威胁并不仅仅来自航运界内部。

第四，在人们通常的观念中，船员是一个比陆上职业低等的行业。海船高风险、高强度的作业环境，漫长的航次和远离家人的寂寞枯燥，使船员一直就是一种不受人们欢迎的职业。从长远趋势看，一个地区的海运人才必然会向其他就业领域流失，这是经济和社会发展的客观规律。统计表明，年纪轻、学历高的船员与经济增长呈反向流动。由于船岸收入差距的缩小，经济发展促使陆地就业、发展机会增多，导致许多青年尤其是经济发达地区的年轻人从事船员的比例日趋减少。船员职业的非终身制趋势日益扩大化。我国船员人才队伍流失率增大。据统计，高级船员从船舶一线流失率大多在每年6%左右。尤其是一些本科类的航运人才，由于岸上就业机会多，发展空间大，长期留在船上的寥寥无几。

第五，近几年来，由于国际船员市场高级船员供应不足，国外船东、船级社、造船业、保险业等与航运相关的组织机构竞相以高薪从中国“挖”船员。另一方面，国内政府管理部门、航运相关服务机构也纷纷招募高级船员从事岸上工作，这无疑加剧了中国船员的单向流动。

知识链接

职业生涯导向的人力资源管理

职业生涯导向的人力资源管理，不仅仅是增加了一个新的管理内容，更重要的是通过生涯管理这根“红线”，把人力资源管理几乎全部的传统内容穿了起来，换言之，生涯管理带来了人力资源管理方法上的巨大变革。

(1) 职业生涯导向的员工招聘。职业生涯管理中的员工进入组织，正好对应于人力资源管理中组织的人员招聘工作。招聘工作的质量也决定了职业生涯管理工作的难易程度以及人力资源开发的水平。适应职业生涯管理需要，企业的招聘政策调整表现在两个主要方面：其一，职业发展导向的招聘过程突出对应聘者价值观、人性和潜力的选择；其二，职业发展导向的招聘对象定位于为初级岗位补充空缺。

(2) 职业生涯导向的培训管理。职业生涯管理与培训的联系很密切，积极的培训政策为员工的职业发展创造了条件。在职业生涯导向的人力资源管理中，培训不仅是根据当前时期岗位对现职者要求，也是下一时期岗位对未来任职者的要求来进行，重视员工个人生涯发展的需要。这种“职业生涯导向”的培训也称为“发展性培训”，它强调根据员工的发展需要来进行培训的系统安排。针对处于职业发展不同时期的员工，安排不同的培训内容，可以提高培训的内容有效性；通过有针对性的教育与培训促进其职业生涯规划的实现，促进员工的职业发展，满足员工自我实现的心理需求，可以实现培训的激励有效性。

(3) 职业生涯导向的绩效评估。在生涯导向的人力资源管理中，绩效考评的结果既是帮助员工改进绩效，也是修正生涯发展中可能出现的偏差、修改或调整生涯计划的重要依据。如何建立绩效的动态管理，连续的分析和反馈制度是职业生涯管理中必须解决的问题。绩效是集工作能力、工作态度、工作行为、工作业绩于一体的综合体。从职业生涯管理角度看，绩效考核是进行职业生涯管理的重要手段，绩效考核的结果是员工职业发展如晋升、岗位轮换和培训的依据；对于个人来说，绩效考核的结果是自我认识的重要途径，也是个人制定职业生涯发展目标的基础。发展性绩效评估针对开发和指导，而把重点放在员工未来发展，试图去确定被评价者可以改进的知识和技能，从而达到开发其潜能的目的。

(4) 职业生涯导向的薪酬管理。生涯导向的薪酬管理，要求奖酬、福利系统和制度具有更多的灵活性。雇员在职业生涯发展的不同时期，将有不同的价值观和需要，人们越来越有必要在这方面创造出更多的选择机会，让雇员自己来选择，满足其个性化的需求，从而最大限度地激励员工。如对年轻工程师来说，带薪参加工程学术会议可能对其是一个很大的激励；对处于职业生涯中期的双职工雇员来说，他们最需求的可能是带薪假期和一些涉及老人、小孩的福利政策；而对于资深经理来说，股权可能是他的需求偏好等。

8.2 职业生涯管理理论

职业生涯管理是个系统工程，必须运用科学的管理方法。关于职业生涯管理的理论主要有职业选择理论和职业生涯阶段理论两大类。

8.2.1 职业选择理论

哲学家罗素曾经说过："选择职业是人生大事，因为职业决定了一个人的未来……所以说，选择职业就是选择将来的自己。"① 职业的选择，不管是初入职场时的第一次选择，还是在职人员的再次选择，都是人生中最重要的选择之一。西方学者对职业选择课题进行了大量研究，从最初的匹配理论发展到现在的择业决策理论，其中最有影响力的理论主要有以下四种。

8.2.1.1 帕森斯的职业－人匹配理论

这是用于职业选择、职业指导的经典性理论。最早由美国波士顿大学教授弗兰克·帕森斯（Frank Parsons）提出。1909 年，帕森斯在其《选择一个职业》著述中，明确阐明职业选择的三大要素和两种类型。

1. 主要内容

（1）职业选择的三大要素

影响职业选择的有三大要素或条件：

第一，应清楚地了解自己的态度、能力、兴趣、智谋、局限和其他特征；

第二，应清楚地了解职业选择成功的条件及所需知识，在不同职业工作岗位上所占有的优势、不利、补偿、机会和前途；

第三，上述两个条件的平衡。

帕森斯的理论内涵即是在清楚认识、了解个人的主观条件和社会职业岗位需求条件基础上，将主客观条件与社会职业岗位（对自己有一定可能性的）相对照、相匹配，最后选择一个职业与个人匹配相当的职业。

（2）职业与人匹配的两种类型

第一，因素匹配。即需要专门技术和专业知识的职业与掌握该种特殊技能和专业知识的择业者相匹配。例如，脏、累、苦等劳动条件很差的职业，需要吃苦耐劳、体格健壮的劳动者与之匹配。

---

①杜映梅．职业生涯管理［M］．北京：中国发展出版社，2006.

第二，特性匹配，即需要一定特长的职业与具有这些特长的择业者相匹配。例如，具有敏感、易动感情、不守常规、个性强、理想主义等人格特性的人，宜于从事审美性、自我情感表达的艺术创作类型的职业。

2. 评价

帕森斯的职业—人匹配论，作为职业选择的经典性理论，至今仍然是正确和有效的，并对职业生涯管理、职业心理学的发展起到了重要的指导作用。

8.2.1.2 霍兰德的人业互择理论

约翰·霍兰德（John Holland）是美国约翰·霍普金斯大学心理学教授，美国著名的职业指导专家。他于1959年提出了具有广泛社会影响的人业互择理论。这一理论首先根据劳动者的心理素质和择业倾向，将劳动者划分为6种基本类型，相应的职业也划分为6种类型。

1. 主要内容

霍兰德认为，同样类型的劳动者与同样类型的职业互相结合，便是达到了人业互择的良好状态。在这种状态下，劳动者找到了适宜的职业岗位，其才能与积极性得以充分发挥；职业岗位也找到了适宜的劳动者，其要求得到充分满足。霍兰德以大量的调研资料为依据，把劳动者分为六大类型，并与这六大类型相联系，把社会上的职业也分成六种（见表8-2）。职业选择过程，就是尽量使不同类型劳动者与相应类型职业相匹配的过程。

表8-2　劳动者类型与职业类型对应表①

类型	劳动者	职业
实际型	①愿意使用工具从事操作性工作； ②动手能力强，做事手脚灵活，动作协调； ③不善言辞，不善交际	主要是指各类工程技术工作、农业工作。通常需要一定体力，需要运用工具或操作机器。 主要职业有：工程师、技术员；机械操作、维修、安装工人，矿工、木工、电工、鞋匠等； 司机、测绘员、描图员；农民、牧民、渔民等
研究型	①抽象思维能力强，求知欲强，肯动脑，善思考，不愿动手； ②喜欢独立的和富有创造性的工作； ③知识渊博，有学识才能，不善于领导他人	主要是指科学研究和科学实验工作。 主要职业：自然科学和社会科学方面的研究人员、专家；化学、冶金、电子、无线电、电视、飞机等方面的工程师、技术人员；飞机驾驶员、计算机操作员等

①李庶泉．职业指导人职匹配理论评述［J］．常州技术师范学院学报，2002（8），47—49.

续 表

类型	劳动者	职业
艺术型	①喜欢以各种艺术形式的创作来表现自己的才能，实现自身的价值； ②具有特殊艺术才能和个性； ③乐于创造新颖的、与众不同的艺术成果，渴望表现自己的个性	主要是指各类艺术创作工作。 主要职业：音乐、舞蹈、戏剧等方面的演员、艺术家编导、教师；文学、艺术方面的评论员； 广播节目的主持人、编辑、作者；绘画、书法、摄影家；艺术、家具、珠宝、房屋装饰等行业的设计师等
社会型	①喜欢从事为他人服务和教育他人的工作； ②喜欢参与解决人们共同关心的社会问题，渴望发挥自己的社会作用； ③比较看重社会义务和社会道德	主要是指各种直接为他人服务的工作，如医疗服务、教育服务、生活服务等。 主要职业：教师、保育员、行政人员；医护人员；衣食住行服务行业的经理、管理人员和服务人员；福利人员等
开拓型	①精力充沛、自信、善交际，具有领导才能； ②喜欢竞争，敢冒风险； ③喜爱权力、地位和物质财富	主要是指那些组织与影响他人共同完成组织目标的工作。 主要职业：经理企业家、政府官员、商人、行业部门和单位的领导者、管理者等
常规型	①喜欢按计划办事，习惯接受他人指挥和领导，自己不谋求领导职务； ②不喜欢冒险和竞争； ③工作踏实，忠诚可靠，遵守纪律	主要是指各类与文件档案、图书资料、统计报表之类相关的各类科室工作。 主要职业：会计、出纳、统计人员；打字员； 办公室人员；秘书和文书；图书管理员；旅游、外贸职员、保管员、邮递员、审计人员、人事职员等

2. 评价

霍兰德的人业互择理论丰富和发展了帕森斯的职业—人匹配理论，指明了劳动者进行职业选择时要尽量选择与自己类型一致的职位。但是，同一类型职业，往往有多种职务可供选择，劳动者该如何选择？对于这一问题，该理论尚未给出解释。

8.2.1.3 弗鲁姆的择业动机理论

维克多·弗鲁姆（Victor H. Vroom）是美国心理学家。1964 年，在《工作和激励》一书中，他提出了解释员工行为激发程度的期望理论。

1. 主要内容

(1) 期望理论的公式

期望理论的公式：

竞争系数＝职业缺口数÷求职者数目

职业实现概率＝职业需求×竞争力×竞争系数×随机概率

职业效价＝职业价值观×职业中各要素评估值

职业动机强度＝职业效价×职业实现概率

员工个体行为动机的强度取决于效价大小和职业实现概率的高低。效价越大，职业实现概率越高，员工行为动机越强烈，就是说为达到一定目标，他将付出极大努力；如果效价为零乃至负值，表明目标实现对个人毫无意义。在这种情况下，目标实现的可能性再大，个人也不会产生追逐目标的动机，不会为此付出任何积极性，付出任何的努力；如果职业实现概率为零，那么无论目标实现意义多么重大，个人同样不会产生追求目标的动机。

(2) 期望理论运用的步骤

弗鲁姆将这一期望理论用来解释个人的职业选择行为，具体化为择业动机理论。该理论的应用，即个人如何进行职业选择，分两步走。

第一步，确定择业动机。用公式表示为：择业动机＝职业效价×职业概率。式中，择业动机表明择业者对目标职业的追求程度，或者对某项职业选择意向的大小；职业效价是指择业者对某项职业价值的评价；职业实现概率是指择业者获得某项职业可能性的大小。

第二步，比较择业动机，确定选择的职业。择业者在对其视野内的几种目标职业评估和获取了该项职业可能性的评价后，在测定对几种职业的择业动机的基础上，横向进行择业动机的比较。择业动机是对职业的全面评估，它已经对多种择业影响因素都进行了全面考虑与利弊得失的权衡。一般来讲，大多数择业者都会以择业动机分值高的职业作为自己选定的结果。

2. 评价

弗鲁姆的择业动机理论丰富和发展了霍兰德的人业互择理论。劳动者在选择与自己类型一致的职业时，对于同一职业的不同职务如何进行选择的问题，弗鲁姆用择业动机的强弱给予了恰当的解释。然而，当今社会是一个快变社会，职业之间的界限逐渐模糊，弗鲁姆的理论在运用时受到挑战。

8.2.1.4 伽勒特的择业决策理论

随着欧美等发达国家向信息时代迈进，社会经济结构发生了较大的变化。一些职业消失，一些新的职业又纷纷出现，职业之间的界线也逐渐模糊。在这个变化节奏加快的时代，职业的不确定性更高。美国实用主义者杜威说，由于“新发明、新机器、新的运输和交往的方法，正在一年一年地改变整个行动的面貌。教育儿童在一生中固定地在任何一个位置上是绝对不可能的。”儿童如此，任何劳动者也都是这样。一个职业成功与否并不取决于他的第一个职业，而是取决于他对纷繁复杂的世界的自我决策能力。在此背景下，伽勒特（Gellatt）和乔普生（Jeopson）等人提出了择业决策理论，以职业指导来培养与增进个人决策能力或解决问题的能力。

1. 主要内容

择业决策理论强调职业决策意识与决策行为在个人职业成熟与发展的整个过程中所起的重要作用，认为职业发展过程就是职业决策或解决问题的过程。

在以往的经济学决策理论中，以价值和概率两者为其主要内涵，个人的决策取决于效用价值。效用就是收获或效果。与效用有关的事项，如成本、冒险性及损失等都被纳入考虑范围。决策者针对每一种可能的选择方案收集各种资料，在分析出每一方案的预期效用后，以最大预期效用者为其决策对象。由于对效用不易进行客观的分析，故必然涉及主观的判断，因此最后的决策实际上是价值与可能性两者主观的结合。

由于决策过程涉及决策者复杂的内部过程，因此尽管效用价值标准是决策的主要依据，但它却不足以对决策过程做出完整的解释。在日常生活中，效用价值往往因人而异；而且在实际决策过程中，诸如个人的年龄、经验、反应方式等因素也都会对决策产生重要影响。因此，心理学家常常从态度的改变、认知失调、意愿、价值澄清等不同的角度去探讨个人对效用价值的分析过程、价值改变或强化的条件、资料的收集与使用方式，以及不当决策的原因等与决策行为密切相关的地方。

2. 评价

择业决策理论不断吸收心理学和其他行为科学的思想，从个人与环境之间的交互作用过程来分析个人的职业决策行为，并在这一基础上提出职业决策选择中的基本问题，强调从影响个人职业决策的环境、遗传、学习经验等因素分析中提出职业选择的主要任务。

8.2.2 职业生涯阶段理论

每个人在漫长而短暂的一生中，其职业生涯要经历许多阶段，而每个阶段又都有各自不同的特征。因此，认清各阶段的特点和需要也就显得非常重要：对于员工个人而言，有利于正确制订个人发展计划；对于组织而言，则有利于引导和协助员工职业发展、协调组织与员工个人目标、提供相应的培养机会和晋升机会，从而吸引人才、用好员工、留住员工，最终实现最大限度地开发员工潜能，为组织做贡献这一目标。

我国孔夫子根据自己的亲身经历，将人生十年作为一个阶段。孔夫子曰："三十而立，四十而不惑，五十而知天命，六十而耳顺，七十而从心所欲，不逾矩。"（《论语·为政篇》）其基本含义是：三十岁确立人生目标；四十岁就不会困惑了；五十岁就会知道哪些事可以做，哪些事不能做，较客观地了解自己；六十岁更能理解他人，判别是非，分清真假；七十岁便能随心所欲，任何念头都不会越出规矩。

一些著名的管理学专家对职业生涯发展过程这一课题进行了长期研究，他们发现并总结了许多关于职业生涯发展的理论和规律，其中比较有影响的主要有以下四种。

8.2.2.1 萨珀的职业生涯阶段理论

唐纳德·萨珀（Donald E. Super）是美国一位很有代表性的职业生涯发展大师。萨珀集差异心理学、发展心理学、职业社会学及人格发展理论之大成，通过长期的研究，系统地提出了有关职业生涯发展的观点。1953 年，他根据自己"生涯发展型态研究"的结果，将人生职业生涯发展划分为成长、探索、建立、维持和衰退共五个阶段。

1. 主要内容

萨珀根据年龄将人生职业生涯发展划分为五个阶段。

(1) 成长阶段（0～14 岁）。成长阶段属于认知阶段。在这个阶段，孩童开始发展自我概念，学会以各种不同的方式来表达自己的需要，且经过对现实世界不断地尝试，修饰他自己的角色。这个阶段发展的任务是发展自我形象，发展对工作世界的正确态度，并了解工作的意义。这个阶段共包括三个时期：第一，幻想期（4～10 岁），它以“需要”为主要考虑因素，在这个时期幻想中的角色扮演很重要；第二，兴趣期（11～12 岁），它以“喜好”为主要考虑因素，喜好是个体抱负与活动的主要决定因素；第三，能力期（13～14 岁）：它以“能力”为主要考虑因素，能力逐渐具有重要作用。

（2）探索阶段（14～25 岁）。探索阶段属于学习打基础的阶段。该阶段的青少年，通过学校的活动、社团休闲活动、打零工等机会，对自我能力及角色、职业做了一番探索，因此选择职业时有较大弹性。这个阶段发展的任务是：使职业偏好逐渐具体化、特定化并形成职业偏好。这阶段也包括三个时期：第一，试探期（15～17 岁），考虑需要、兴趣、能力及机会，做暂时的决定，并在幻想、讨论、课业及工作中加以尝试；第二，过渡期（18～21 岁），进入就业市场或专业训练，更重视现实，并力图实现自我观念，将一般性的选择转为特定的选择；第三，试验承诺期（22～24 岁），生涯初步确定并试验其成为长期职业生活的可能性，若不适合则可能再经历上述各时期以确定方向。

（3）建立阶段（25～44 岁）。建立阶段属于选择、安置阶段。由于经过上一阶段的尝试，不合适者会谋求变迁或作其他探索，因此该阶段较能确定在整个职业生涯中属于自己的职位，并在 31～40 岁，开始考虑如何保住该职位并固定下来。这个阶段发展的任务是整合、稳固并求上进。这个阶段细分又可包括两个时期：第一，尝试期（25～30 岁），个体寻求安定，也可能因生活或工作上若干变动而尚未感到满意；第二，稳定期（31～44 岁），个体致力于工作上的稳固，大部分人处于最具创意时期，由于资深往往业绩优良。

（4）维持阶段（45～65 岁）。维持阶段属于升迁和专精阶段。个体仍希望继续维持属于他的工作职位，同时会面对新进人员的挑战。这一阶段发展的任务是维持既有成就与地位。

（5）衰退阶段（65 岁以上）。衰退阶段属于退休阶段。由于生理及心理机能日渐衰退，个体不得不面对现实，从积极参与到隐退。这一阶段往往注重发展新的角色，寻求不同方式以替代和满足需求。

2. 评价

萨珀以年龄为依据对职业生涯阶段进行了划分，但在现实生活中职业生涯往往是一个持续不断的过程，各个阶段的时间并没有严格的界限，其经历时间的长短常因个人条件的差异及外在环境的不同而有所不同。有的人在每个阶段都发展顺利，有的人则在不停地转换工作或变动职业，有时还可能出现阶段性反复。

8.2.2.2 施恩的职业生涯阶段理论

美国著名职业指导专家埃德加·H. 施恩教授提出了职业生涯九阶段理论和职业锚理论。此处主要介绍施恩的职业生涯阶段理论。

1. 主要内容

施恩教授立足于人生不同年龄段面临的问题和职业工作主要任务，将职业生涯分为 9 个阶段。

(1) 成长、幻想、探索阶段 (0～21 岁)。处于这一职业发展阶段的主要任务是：第一，发现和发展自己的需要和兴趣，发现和发展自己的能力和才干，为进行实际的职业选择打好基础；第二，学习职业方面的知识，寻找现实的角色模式，获取丰富信息，发现和发展自己的价值观、动机和抱负，做出合理的受教育决策，将幼年的职业幻想变为可操作的现实；第三，接受教育和培训，开发工作世界中所需要的基本习惯和技能。在这一阶段所充当的角色是学生、职业工作的候选人、申请者。

(2) 进入工作世界 (16～25 岁)。处于这一职业发展阶段的主要任务是：第一，进入劳动力市场，谋求可能成为一种职业基础的第一项工作；第二，个人和雇主之间达成正式、可行的契约，个人成为一个组织或一种职业的成员。在这一阶段所充当的角色是应聘者、新学员。

(3) 基础培训 (16～25 岁)。处于这一职业发展阶段的主要任务是：第一，了解、熟悉组织，接受组织文化，融入工作群体，尽快取得组织成员资格，成为一名有效的成员；第二，适应日常的操作程序，应付工作。在这一阶段所充当的角色是实习生、新手。

(4) 早期职业的正式成员资格 (17～30 岁)。处于这一职业发展阶段的主要任务是：第一，承担责任，成功地履行与第一次工作分配有关的任务；第二，发展和展示自己的技能和专长，为提升或进入其他领域的横向职业成长打基础；第三，根据自身才干和价值观，根据组织中的机会和约束，重估当初追求的职业，决定是否留在这个组织或职业中，或者在自己的需要、组织约束和机会之间寻找一种更好的配合。在这一阶段所充当的角色是组织新的正式成员。

(5) 职业中期 (25 岁以上)。处于这一职业发展阶段的主要任务是：第一，选定一项专业或进入管理部门；第二，保持技术竞争力，在自己选择的专业或管理领域内继续学习，力争成为一名专家或职业能手；第三，承担较大责任，确立自己的地位；第四，开发个人的长期职业计划。在这一阶段所充当的角色是正式成员、任职者、终生成员、主管、经理。

(6) 职业中期危险阶段 (35～45 岁)。处于这一职业发展阶段的主要任务是：第一，现实地评估自己的进步、职业抱负及个人前途；第二，就接受现状或者争取看得见的前途做出具体选择；第三，建立与他人的良师关系。在这一阶段所充当的角色是正式成员、任职者、终生成员、主管、经理。

(7) 职业后期 (从 40 岁以后直到退休)。处于这一职业发展阶段的主要任务是：第一，成为一名良师，学会发挥影响，指导、指挥别人，对他人承担责任；第二，扩大、发展、深化技能，或者提高才干，以担负更大范围、更重大的责任；第三，如果求安稳，就此停滞，则要接受和正视自己影响力和挑战能力下降的现实。在这一阶段所充当的角色是骨干成员、管理者、有效贡献者。

(8) 衰退和离职阶段 (在 40 岁之后到退休期间)。处于这一职业发展阶段的主要任务是：第一，学会接受权力、责任、地位的下降；第二，基于竞争力和进取心下降，要学会接受和发展新的角色；第三，评估自己的职业生涯，着手退休。

(9) 退休 (离开组织或职业的年龄因人而异)。处于这一职业发展阶段的主要任务是：

第一，保持一种认同感，适应角色、生活方式和生活标准的急剧变化；第二，保持一种自我价值观，运用自己积累的经验和智慧，以各种资源和角色对他人进行传帮带。

2. 评价

施恩关于职业生涯阶段的划分基本上是依照年龄增大的顺序并根据不同时期的职业状态、任务、职业行为等进行的划分，其划分只是给出了一个大致的年龄跨度，并且不同职业阶段所包括的年龄跨度还有所交叉。这种划分比萨珀仅仅按照年龄划分职业生涯阶段更加清楚、明了。

8.2.2.3 金斯伯格的职业生涯阶段理论

伊莱·金斯伯格（Eli Ginzberg）是美国著名的职业指导专家、职业生涯发展理论的代表人物之一，同时也是职业生涯发展理论的先驱者。其研究重点是从童年到青少年阶段的职业心理发展，其研究对象则是美国富裕家庭的人。

1. 主要内容

通过比较人们从儿童期到成年早期和成熟过程中的各个关键点上有关职业选择的想法和行动，金斯伯格把人的职业选择心理的发展分为幻想期、尝试期和现实期三个阶段。

(1) 幻想期（11 岁之前）：在这一时期，儿童们对大千世界，特别是对于他们所看到或接触到的各类职业工作者充满了新奇、好玩的感觉。这个时期职业需求的特点是：单纯凭自己的兴趣爱好，不考虑自身的条件、能力水平和社会需要与机遇，完全处于幻想之中。

(2) 尝试期（11～17 岁）：这是由少年儿童向青年过渡的时期。从此时起，人的心理和生理在迅速成长发育和变化，有独立的意识，价值观念开始形成，知识和能力显著增长和增强，初步懂得社会生产和生活的经验。在职业需求上呈现出的特点是：有职业兴趣，但不仅限于此，更多的是客观地审视自身各方面的条件和能力；开始注意职业角色的社会地位、社会意义，以及社会对该职业的需要。

(3) 现实期（17 岁以后的青年和成年时期）：在这一时期，即将步入社会劳动，能够客观地把自己的职业愿望或要求，同自己的主观条件、能力，以及社会现实的职业需要紧密联系和协调起来，寻找适合于自己的职业角色。这段时期所追求的职业不再模糊不清，而是有着具体、现实的职业目标，表现出的最大特点是客观性、现实性、讲求实际。

2. 评价

金斯伯格的职业生涯发展理论，事实上是前期职业生涯发展的不同阶段，也就是说，是最初就业前人们职业意识或职业追求的变化、发展过程。金斯伯格的职业生涯发展理论对实践产生过广泛影响。

8.2.2.4 格林豪斯的职业生涯阶段理论

美国生涯发展研究专家格林豪斯（Greenhouse）从人生不同年龄阶段职业生涯发展所面临的主要任务的角度出发，对职业生涯发展进行了研究。

1. 主要内容

格林豪斯研究人生不同年龄段职业发展的主要任务，并以此将职业生涯划分为 5 个阶段。

(1) 职业准备（0～18 岁）。这一时期的主要任务：发展职业想象力，对职业进行评估和选择，接受必需的职业教育。

(2) 进入组织（18～25 岁）。这一时期的主要任务：在一个理想的组织中获得一份工作，在获取足量信息的基础上，尽量选择一种合适的、较为满意的职业。

(3) 职业生涯初期（25～40 岁）。这一时期的主要任务：学习职业技术，提高工作能力；了解和学习组织纪律和规范，逐步适应职业工作，适应和融入组织；为未来的职业成功做好准备。

(4) 职业生涯中期（40～55 岁）。这一时期的主要任务：需要对早期职业生涯重新评估，强化或改变自己的职业理想；选定职业，努力工作，有所成就。

(5) 职业生涯后期（55 岁直至退休）。这一时期的主要任务：继续保持已有的职业成就，维护尊严，准备引退。

2. 评价

萨珀和金斯伯格的研究侧重于不同年龄阶段对职业的需求与态度，而格林豪斯的研究侧重于不同年龄阶段职业生涯所面临的主要任务。

总之，以上各种职业生涯发展的阶段理论对职业发展阶段的划分并不完全一致，但是，它们的出发点和基本思路是相同的：它们都假设生命的发展阶段和职业的发展阶段是高度相关的，所以，它们都是以年龄作为划分职业生涯发展阶段的一个重要的依据。它们都认为，个人的职业心理在童年时代就开始逐步产生，随着年龄的增长，受教育程度的提高、经验的积累和社会环境的变化，人们的职业心理也会发生变化。职业生涯的发展常常伴随着年龄的增长而变化，尽管每个人从事的具体职业各不相同，但在相同的年龄阶段往往表现出大致相同的职业特征、职业需求和职业发展任务。据此，可以将一个人的职业生涯划分为不同的阶段。认识职业生涯发展的不同阶段有哪些任务和发展趋势，可以帮助个人更有效地管理自己的职业生涯，也可以帮助组织管理和开发他们的人力资源工作。当然，职业生涯发展阶段的划分，只是一个大概的区间，而不是一个绝对的标准。

知识链接

新兴的职业生涯理论

无边界职业生涯理论，即雇员不再是在一个或两个组织中完成终身职业生涯，而必须在多个组织、多个部门、多个职业、多个岗位实现自己的职业生涯目标。无边界职业生涯理论最突出的一点是强调个人学习和技能发展的重要性，如何通过跨越组织边界、通过即时的学习来提高自己的胜任力，增加便携式的知识、技能和跨越多个组织的才干，以便帮助人们提升在人才市场中的可雇用性。

Hall 提出易变性职业生涯理论，他把易变性职业生涯定义为“21 世纪的职业生涯是变化多端的，职业生涯的驱动力来自个人而非组织，人们随着自身和环境的变化不时调整各自的职业生涯。”在传统的职业生涯时代，组织是安排员工职业发展的主体，而易变性职业生涯观念认为，员工本人要对自己的职业生涯管理负主要责任。易变性职业生涯的目标是获得一种心理成就感。

8.3 职业生涯规划的制定

职业生涯规划涉及员工本身和所属的组织，完整的职业生涯规划应该由两者共同努力完成，双方都负有具体的责任。员工对自己的职业生涯规划负有主要责任，因为职业生涯规划必须由员工亲自来做，只有员工知道自己真正从职业中得到什么，并且这些愿望都是因人而异的。组织对员工的职业生涯规划负有次要责任，组织的责任主要是制定和向员工传递组织内所存在的职业选择，改善环境和创造条件，以促进员工职业生涯规划的制定和获得职业发展（见图 8-1）。

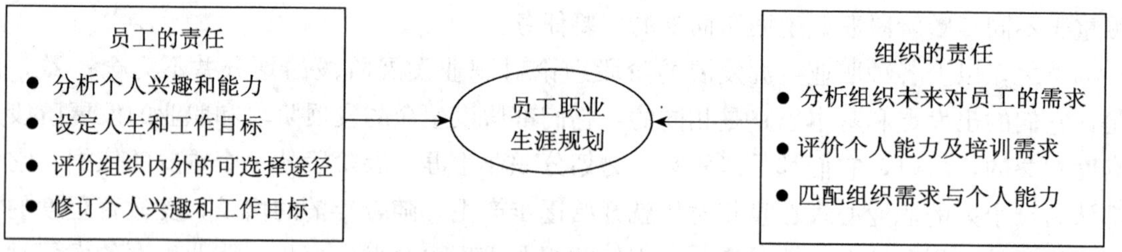

图 8-1 职业生涯规划中员工和组织的责任

8.3.1 职业生涯规划中员工的责任

职业生涯规划中员工的责任就是员工根据自身的主观因素和客观环境的分析，确立自己的职业生涯发展目标，选择实现这一目标的职业，以及制订相应的工作、培训和教育计划，并按照一定的时间安排，采取必要的行动实施职业生涯目标。

在职业生涯规划时，员工应进行的工作主要有：自我评估，对发展机会进行分析判断，确定自我发展目标，制定具体的发展计划或规划，实施发展计划等。

8.3.1.1 确定志向

志向是一个人事业成功的基本前提。在设计职业生涯时，首先要确立志向，这是设计职业生涯的关键。

8.3.1.2 评估自身的优劣势

评估自身的优劣势就是要全面地了解自己。一个有效的职业生涯设计必须是在充分且正确认识自身条件与相关环境的基础上进行的。要审视自己、认识自己、了解自己，做好自我评估，包括自己的价值观、个人需求、兴趣、气质、性格、能力等。即要弄清自己想干什么、自己能干什么、自己应该干什么、在众多的职业面前自己会选择什么等问题。只有了解自己，才能选定适合自己发展的职业生涯路径，才能对自己的职业发展做出最佳抉择。

1. 分析自身的价值观

价值观能够左右一个人的生活，对人的一生产生异常重要的作用。如果一个人做出的职业选择是违背自己价值观的，那么他就不会心甘情愿地为之付出时间、精力和金钱，就不会有为了事业努力奋斗的激情，就不会有百折不挠的意志力。

2. 分析自身的需求

行为科学理论认为，人的行为是由动机决定的，而动机又是由需求决定的，因此要想在职业上取得成功，必须准确地分析自身的需求，根据自身需求选择职业、设定职业目标、选择职业生涯路径等。马斯洛认为，人的需求包括生理需求、安全需求、社交和归属需求、尊重和自尊需求、自我实现需求五个由低到高循序发展的需求，他们对人们规划职业生涯都有重要的意义。比如说，为了满足生理和安全层面的需求，就会选择能够带来足够收入的、可以满足自己衣食住行和繁衍后代等方面需要的职业；为了满足归属和尊重层面的需求，就希望通过职业活动为自己开辟一方新天地，结识一定的群体，归属一定的群体，获得一定的声望；为了满足自我实现层面的需求，就期望在职业活动中不断发展自己的长处，提升自己的能力，从而在有成就地为社会服务的过程中对自己更加充满信心，更加清楚地看到自己生命的价值。

3. 分析自身的兴趣

兴趣对人生职业的发展至关重要，当人的兴趣的对象指向职业活动时，就形成了人的职业兴趣，职业兴趣对人的职业活动有着重要的影响。一份符合自己兴趣的工作常常能够给自己带来愉悦感、满足感。在选择职业时，人们往往会将自己是否对此有兴趣作为考虑因素之一。如果从事的是自己感兴趣的职业活动，人们就会激发出强烈的探索和创造的热情，可以在良好的体能、智能和情绪状态之下从事职业活动，可以激发自己全身心地投入而感觉心甘情愿。例如，喜欢从事具体的工作，喜欢制作看得见、摸得着的产品并从中得到乐趣，希望很快看到自己的劳动成果，并从完成的产品中得到满足，则适合选择室内装饰、园林、美容、理发、手工制作、机械维修、厨师等职业。

4. 分析自身的气质

气质是指一个人稳定的心理活动的个性心理特征。气质类型心理学家把气质分为多血质、胆汁质、黏液质、抑郁质四种类型。不同气质类型的人在生活和工作中会表现出不同的心理活动和行为方式。气质本身并无好坏之分，每种气质都有积极和消极的一面，多血质和胆汁质的人比较适合一些要求做出迅速、灵活反应的工作，黏液质、抑郁质的人比较适合做要求细致的工作。气质是制约人们选择职业的重要因素之一，不同职业对人的气质有特定的要求，如医务人员要求耐心、细致，飞行员要求机智、灵敏、注意力集中等特点。气质具有相对的稳定性，但后天也可以锻炼改造，况且纯粹属于某一气质类型的人很少，大多数人都是几种气质类型兼具的混合体。在选择职业时要注意扬长避短。

5. 分析自身的性格

性格是指一个人对现实的态度和行为方式中比较稳定的个性心理特征。许多工作对性格品质有着特定的要求，要选择某一职业就必须具备这一职业所要求的性格特征。比如说，传统型的人在事务性的职业中最为常见。这一类人容易组织起来，喜欢和数据型及数字型的事实打交道，喜欢明确的目标，不能接受模棱两可的状态；艺术型的人喜欢选择音乐、艺术、文学、戏剧等方面的职业。他们认为自己富有想象力，直觉强，易冲动，好内省，有主见；现实主义型的人真诚、坦率，较稳定，讲求实利，害羞，缺乏洞察力，容易服从。他们一般具有机械方面的能力，乐于从事半技术性的或手工性的职业（如管道工、装配线工人等），这类职业的特点是有连续性的任务需要，却很少有社会性的需求，如谈判和说服他人等；社会型的人喜欢为他人提供信息，帮助他人，喜欢在秩序井然、制度化的工作环境中发展人际关系和工作。社会型的人适于从事护理、教学、市场营销、销售、培训与开发等工作；创新型的人喜欢领导和控制他人（而不是去帮助他人），其目的是为了达到特定的组织目标。这种类型的人自信，有雄心，精力充沛，健谈；调查研究型的人为了知识的开发与理解而乐于从事现象的观察与分析工作。生物学家、社会学家、数学家多属于这种类型。

6. 分析自身的能力

能力是直接影响活动的效率、使活动顺利完成的个性心理特征。人们的能力可分为一般能力和特殊能力两大类。一般能力通常又称为智力，包括注意力、观察力、记忆力、思维能力和想象力等。一般能力是人们顺利完成各项任务都必须具备的一些基本能力；特殊能力是指从事各项专业活动的能力，也可称特长，如计算能力、音乐能力、动作协调能力、语言表达能力、空间判断能力等。这里所说的能力是指劳动者从事社会生产活动的能力，亦即职业工作能力。职业工作能力是一个人能否进入职业的先决条件，是能否胜任职业工作的主观条件。无论从事什么职业总要有一定的能力做保证。职业工作能力的不同，对职业选择就有差异。没有任何职业工作能力根本谈不上进入职业工作，对个人来讲也就无所谓职业生涯可言。

8.3.1.3 评估职业生涯机会

员工在进行职业生涯规划时，除了对自身的优劣势进行分析和评价外，还要对外部环境进行分析，分析环境发展的变化情况、环境条件的特点、自己与环境的关系等，以便评估职业生涯机会，设计合理的职业生涯路径。外部环境因素包括组织环境和社会环境两个方面。

1. 组织环境分析

组织环境对一个人的职业发展产生重要影响，对组织环境的分析可以确保员工对组织环境的了解，分析组织中是否存在自己发展的机会，这些机会是否满足自己职业发展的需要，以便抓住组织环境给自己职业发展带来的机会。对组织环境的分析主要包括：对组织性质分析，对组织发展目标的把握，对组织最需要人才类型的了解，对组织已经存在的竞争对手和潜在竞争对手的把握，以及会影响职业选择和职业发展的组织的其他因素。

2. 社会环境分析

社会环境是指组织环境之外的宏观环境，这些因素不仅影响员工的职业，还影响员工生活的方方面面。对生活环境的分析，可以帮助员工把握组织外部环境中与职业选择和职业发展最相关的问题。对社会环境的分析主要包括：了解组织所在地区的经济发展形势和该地区所提供的发展机会，分析所属行业的发展态势和该行业所能提供的发展机会，考虑其他地区、行业或组织是否存在更好的发展机会，以及会影响职业选择和职业发展的社会其他因素。

8.3.1.4　选择职业

选择职业就是职业定位，是为自己的潜能、主客观条件以及职业目标谋求最佳匹配的职业。良好的职业定位是以自己的最佳才能、最优性格、最大兴趣、最有利的环境等信息为依据的。职业定位过程中要考虑专业与职业的匹配、兴趣与职业的匹配、性格与职业的匹配、特长与职业的匹配等。

1. 选择职业的原则

在个人进行职业定位时要遵循以下几条原则。

（1）要实事求是。职业定位时要依据客观现实，考虑个人与组织、社会的关系。

（2）要鉴别比较。职业定位时要比较职业的条件、要求、性质与自身条件的匹配情况，选择条件更合适、更符合自己特长、更感兴趣、经过努力能很快胜任、有发展前途的职业。

（3）要扬长避短。职业定位时要看主要方面，不要追求十全十美的职业。

（4）要审时度势。职业定位时要及时调整，要根据情况的变化及时调整择业目标，不能固执己见、一成不变。

2. 选择职业的步骤

在职业定位时一般要遵循先定行业、再定组织、最后选择部门的顺序。

（1）选择行业。在选择职业阶段，一般先要选择行业，再选择行业中的某一类职位。在选择行业时，个人先要拟定几类合适的行业进行考查，收集行业发展的资料。在对某行业进行考查时，拟出该行业某职位的相关知识门类和能力特点，如果选定了该行业，列出清单，结合自己的情况逐一加以学习和培养。

（2）选择组织。在了解自己对职业前途的需求状况之后，选择最适宜的组织是关键的一步。什么是最适宜的组织呢？薪酬待遇固然重要，但更多的是要注重组织的发展机会，要注意这个组织的组织文化的优越性与管理系统的规范性等因素。

（3）选择部门。接下来则是找准自己适合就职的部门了。客观地说，这是一件非常复杂的事情，它必须和个人的学业专长、爱好、学习体验结合起来考虑。员工应该选择最能适合自己发展的职能部门，比如说，有些职能部门工作量大，业务复杂，但同时有比较多的发展机会，员工可以优先考虑这些部门。

8.3.1.5　选择职业生涯路径

一旦确定了职业之后，就面临着职业生涯路径（Career Path）的选择。所谓职业生涯路径，就是指当一个人选定职业后从什么方向上实现自己的职业目标，比如说是向专业技术方向发展，还是向行政管理方向发展。可以说，职业生涯路径是整个人生规划的展开。

由于发展路径不同，对个人的要求也就不同。而且在现实生活中，即使是同一职业也有不同的岗位。因此，在职业生涯规划中必须做出抉择，以便使学习、工作和各种行为沿着自己的职业生涯和预定的方向前进。实际上，职业生涯路径选择也是职业发展成功的重要步骤之一。

1. 职业生涯路径的模型

在一个组织中，最常见的职业生涯路径有三条：第一，向专业技术方向发展；第二，向行政管理方向发展；第三，先向专业技术方向发展，再转向行政管理方向发展。

典型的职业生涯路径是一个“V”形图（见图 8－2）。假定 22 岁大学毕业参加工作，即 V 形图的起点是 22 岁。从起点向上发展，V 形图的左侧是专业技术路径，右侧是行政管理路径，中间是技术→管理路径。将路径分成若干等份，每等份表示一个年龄段，并将专业技术等级、行政职务等级分别标在路径图上，作为自己的专业生涯目标。个人则通过对自身因素和环境因素进行系统分析，权衡利弊，做出路径选择，挑出能够实现自身目标的最佳路径。

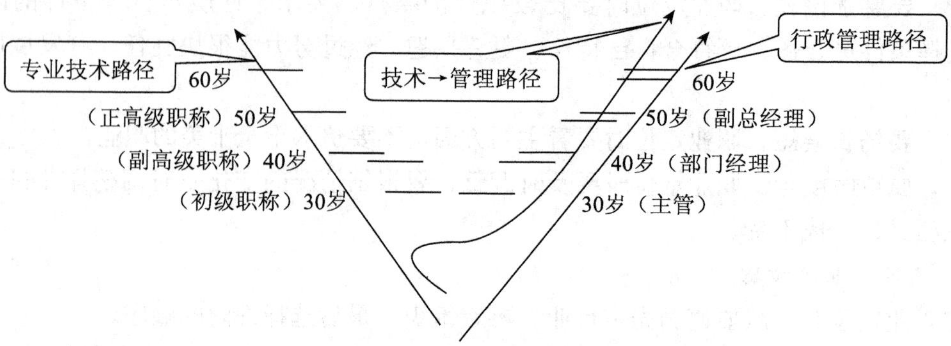

图 8－2　组织职业生涯路径

2. 选择路径时的考虑因素

在选择职业生涯路径时，要对职业生涯各要素进行系统分析，可以从以下四个方面对其进行考虑。

（1）我想往哪一条路径发展？在这方面主要应当考虑自己的价值、理想、成就动机等主观因素，以便确定自己的目标取向。

（2）我适合往哪一条路径发展？在这方面主要应当考虑自己的性格、特长、经历、学历、家庭影响等一些客观条件对职业生涯路径选择的影响，以便确定自己的能力取向。

（3）我可以往哪一条路径发展？在这方面主要应当考虑自身所处的组织环境、社会环境、政治与经济环境等，来确定自己的机会取向。

（4）哪条路径可以取得发展？一旦选定自己希望和适合的发展路径后，还应当进一步综合分析各方面的因素，判断自己的这条职业目标的实现路径是否可以取得发展。

从职业路径角度讲，员工发展大致可以分为传统职业路径、横向技术职业路径、网状职业路径及双重职业路径四种类型。

传统职业路径，即纵向发展，指职务等级由低级到高级的晋升，从而获得自身发展所需要经历。该路径的不足在于粥少僧多且适用面窄。

横向技术职业路径，即横向发展，指在同一层次不同职务之间进行调动。这种横向发展可以发现自身才能与工作的最佳结合点，同时又可以积累各个方面的工作经验，获得新的发展机会，对处于职业中期员工来讲，是一条行之有效的职业路径。

网状职业路径，是纵向职业发展的职务序列与横向发展的职务机会综合交叉的职业路径。该途径可使员工晋升到较高层职务之前丰富经历和经验。

双重职业路径，即向核心方向发展。虽然职务没有晋升，但是却担负了更多的责任，有了更多的机会参与组织的各种决策活动。使组织既可以培养拥有高技能的管理者，又可以培育和造就拥有高技能的技术人员。①

8.3.1.6 设定职业生涯目标

职业生涯目标的设定是在继职业和职业路径选择后，对人生目标做出的又一次抉择，是职业生涯规划的核心。职业生涯目标的选择，一方面应该是实际可行的；另一方面职业生涯目标应该是具有挑战性和激励性的，激励个体不断发展和提高自己。

职业生涯目标的制定包括人生目标、长期目标、中期目标和短期目标的制定。短期目标一般为1～2年，中期目标一般为3～5年，长期目标一般为5～10年。短期目标必须清楚、明确、现实和可行。中期目标应既有激励价值，又要现实可行。长期目标、人生目标要尽可能远大，但不要求具体详细，在符合自己价值的基础上，与社会发展需求相适应。

8.3.1.7 制定职业生涯策略

在确定了职业生涯路径和职业生涯目标后，还必须有相应的职业生涯策略作保证，这就需要制订行动计划了。没有行动，职业生涯目标只能是一种梦想。这里所指的行动是指落实目标的具体措施，包括工作、训练、教育、轮岗等方面的措施。

1. 提升个人对组织的价值

增加个人对组织的价值，保住现有工作，为个人职业生涯目标的实现奠定基础。一个人只有对组织有用才能长期留在组织中，因此如果决心在本组织内发展，首要的一步就是要保住现有工作。为此，在个人职业生涯规划中要明确自己预期在哪里、哪个岗位或哪项工作上能为组织持续地提供增值服务。

2. 承担更多的工作任务

请求担当责任更大、更繁重的工作，并切实完成好工作任务。这样做一方面可以增加自己对组织的价值贡献，另一方面也可以展示和证明自己的实际能力，为实现个人职业生涯目标、获得职业成功创造条件。

3. 补充知识和技能

预计成功实现未来目标将需要何种知识、技能，并事先设计好以何种方式去获得这些

①王有志．基于职业生涯规划的双重职业路径存在的问题与对策［J］．理论学刊，2006（5）：74－75.

知识和技能。这是个人职业生涯规划成功的核心内容。职业成功与否固然有机遇因素，但是起决定作用的根基还在于个人的知识和解决问题的能力。在这一过程中，个人的职业期望必须与培训、开发活动相结合，通过不断调整知识结构、提高运用能力来拓展职业成功的要素。

4. 培养和提高沟通能力

培养和提高人际交往能力，搞好组织内工作场所的人际关系。工作场所人际关系包括与上级的关系、与同级同事的关系以及与下属的关系。人际关系反映了员工的一种工作环境，如果处理不好，就会成为个人职业成功的障碍。人际关系的好坏不仅反映了员工人际关系交往能力的大小，也反映了员工适应环境、能动地改造环境的能力，同时还能折射出员工的思想意识和个人特质。因此，职业成功要求个人在处理人际关系时应当努力加强人际交往，建立良好的人际关系，为个人职业生涯目标的实现寻求支持与帮助，以便促进职业生涯目标的顺利实现。

总之，像参加组织的教育、培训与轮岗，构建人际关系网，参加业余时间的课程学习，掌握额外的技能与知识等，都是实现职业生涯目标的具体策略。

8.3.1.8 评估与调整

职场上常说，计划赶不上变化。随着职业生涯设计因素的不断变化，为使职业生涯设计行之有效，员工在行动过程中，往往需要不断地对职业生涯规划进行评估和调整，调整的内容侧重于职业生涯路径的选择、职业生涯目标的修正以及职业生涯策略等。

员工职业生涯规划的各项工作，可以通过员工职业生涯规划表来反映，如表 8－3 所示。

表 8－3　　员工职业生涯规划

<table>
<tr><td>姓名</td><td></td><td>性别</td><td></td><td>年龄</td><td></td><td>政治面貌</td><td></td></tr>
<tr><td>工作单位</td><td colspan="3"></td><td colspan="2">毕业时间</td><td colspan="2"></td></tr>
<tr><td colspan="2">毕业学校及专业</td><td colspan="6"></td></tr>
<tr><td colspan="2">个人因素分析</td><td colspan="6"></td></tr>
<tr><td colspan="2">环境因素分析</td><td colspan="6"></td></tr>
<tr><td colspan="2">职业选择分析</td><td colspan="6"></td></tr>
<tr><td colspan="2">生涯路径选择</td><td colspan="6"></td></tr>
</table>

续 表

<table>
<tr><td rowspan="3">职业生涯目标</td><td>长期目标
（5 年）</td><td></td></tr>
<tr><td>中期目标
（3 年）</td><td></td></tr>
<tr><td>短期目标
（1 年）</td><td></td></tr>
<tr><td>完成长期目标计划与措施</td><td colspan="2"></td></tr>
<tr><td>完成中期目标计划与措施</td><td colspan="2"></td></tr>
<tr><td>完成短期目标计划与措施</td><td colspan="2"></td></tr>
<tr><td>所在部门意见</td><td colspan="2">部门经理</td></tr>
<tr><td>职业生涯发展评估</td><td colspan="2">人事处</td></tr>
</table>

8.3.2 职业生涯规划中组织的责任

职业生涯规划中组织的责任就是组织根据自身的发展目标，结合员工的发展要求，制定组织职业发展需求战略、职业变动规划与职业通道，并采取必要的措施对其加以实施，以实现组织目标与员工就业发展目标的统一。

在职业生涯规划时，组织应进行的工作主要有：进行员工测评和明确职业发展目标，设置职业通道和帮助员工进行职业选择，批露信息，制定培训措施等。

8.3.2.1 对员工进行分析和定位

组织应当帮助员工进行比较准确的自我评价，同时还必须对员工所处的相关环境进行深层次的分析，并应根据员工自身的特点设计相应的职业发展方向和目标。这一阶段的主要任务是开展员工个人评估、组织对员工进行评估和环境分析三项工作。

1. 员工个人评估

职业生涯规划的过程是从员工对自己的职业生涯需求、兴趣、能力及其目标的评估开始的。个人评估的重点是分析自己的条件，特别是个人的需求、兴趣、性格与特长等，至少应考虑兴趣与职业的匹配、性格与职业的匹配以及特长与职业的匹配。个人评估是职业生涯规划的基础，直接关系员工职业的成功与否。个人评估可采取多种方法，同时也可以应用相关的计算机软件。

2. 组织对员工的评估

组织对员工的评估是为了确定员工的职业生涯目标是否现实。组织可以通过以下几种渠道来对员工的能力和潜力进行评估：第一，利用招聘筛选时获得的信息进行评估，包括能力测试、兴趣爱好、受教育情况以及工作经历等；第二，利用当前的工作情况，包括绩效评估结果、晋升记录以及参加各种培训情况等；第三，利用个人评估的结果。

目前，许多国际著名的公司都建立或使用评估中心来直接测评员工将来从事某种职业的潜力。评估中心的评估可以帮助组织确定员工可能的发展路径，同时也引以帮助员工知道自己的优势与劣势，以便于员工更加现实地设定自己的职业发展目标。

3. 环境分析

人是社会的人，任何一个人都不可能离群索居，必须生活在一定的环境中。环境为每个人提供了活动的空间、发展的条件、成功的机遇。环境分析主要是通过对组织环境、社会环境、经济环境等有关问题的分析与探讨，弄清环境对职业发展的作用、影响及要求，以便更好地进行职业选择与职业目标规划。

8.3.2.2 帮助员工选择职业

职业的选择是职业发展的起点，选择的正确与否直接关系到职业的成败。组织应开展必要的职业指导活动，通过对员工的分析与组织岗位的分析，为员工选择适合的职业岗位。

在具体的实施上，组织要首先分析员工的理想型职业选择和现实型职业选择。两者的距离越近，双方的冲突就越小。因此，职业的选择往往是个人理想与组织现实两者之间的折中。但必须看到，对一位参加工作的成年人来说，职业生涯的开发是贯穿终生的不断调整、适应的过程。

8.3.2.3 帮助员工选择职业生涯路径

员工职业生涯路径的选择，既需要员工自己的决定，也要受到组织的职业生涯路径体系的客观限制。

1. 传统的职业生涯路径体系

一般组织的职业生涯路径分为技术和管理两大系列。在传统的职业生涯路径中，技术路径所提供的升迁机会十分有限，同时，管理人员的职业发展道路要比技术人员职业发展道路所提供的经济报酬高得多，所以传统的职业生涯路径体系显示出重管理、轻技术的特点。在知识型员工日益重要的今天，这对于组织而言有着巨大的危害。

在这样的职业生涯路径体系下，一方面，由于地位低、工资少、晋升机会有限，技术人员很可能会选择离开组织，跳槽到更有利他们发展的地方去，这样会损害组织的核心竞争力；另一方面，如果科技人员希望得到地位和高薪，他们也可能放弃科研技术工作而去从事他们并不擅长的管理工作，而很多组织也认为对科研技术人员最好的非物质激励就是将其提拔到管理层。这样对组织来说是一种极大的浪费，是用一个出色的专家换来了一个蹩脚的经理。

2. 双重职业生涯路径体系

美国很早便在一些组织实施“双阶梯激励机制”（Dual Ladders）。双梯阶激励也叫双重职业生涯路径（Dual Career Paths），它是为了给组织中的专业技术人员提供与管理人员平等的地位、报酬和更多的职业发展机会而设计的一种职业生涯路径系统和激励机制。

双重职业生涯路径的具体形式就是在组织内通过设计两条平行的职业生涯路径，一条是行政管理路径，即管理梯阶；一条是专业技术路径，即技术梯阶。管理人员沿管理梯阶的提升意味着员工享有更多的制定决策的权力，同时要承担更多的责任。技术人员沿技术梯阶的提升意味着员工具有更强的独立性，同时拥有更多从事专业活动的资源。在两条路径的平行层级结构中，相同级别的人员具有同样的地位、报酬和奖励。这就使得走技术梯阶的人员能与管理人员享有平等的发展机会和发展层级。同时，这种双梯阶机制允许技术人员自行决定其职业发展方向，他们可以继续沿着技术梯阶发展，也可以转入管理梯阶发展。

“双阶梯激励机制”的另外一种拓展形式是“多阶梯激励机制”，也就是设计多条平行的职业生涯路径，例如，美国道康宁公司的职业生涯路径一共分为管理、研究、开发、工艺工程和技术服务五个阶梯，后四个统称为专业技术阶梯。天津天士力集团设计有多元晋升通道，将所有职位分为管理类、专业类、技术类、研发类、营销类、操作类六大类晋升阶梯，其原理和“双阶梯晋升路径”是一样的。

双重职业生涯路径体系的运用具有以下优点：第一，降低员工离职率。采用双重职业生涯路径体系后，沿技术梯阶发展的优秀专业人才可获得更大的工作满足，提高了专业人才的地位，降低了专业人才的离职率①；第二，提高雇用成功率。对于那些无管理兴趣和管理能力的专业人员来说，技术梯阶是一个极具吸引力的职业生涯选择；第三，降低人才培训和开发的成本。传统的培训和开发重点是使专业人才成为既懂管理又懂技术的全能员工。在双重职业生涯路径体系下，人才培训和开发的重点是提高专业人才的专业技能和能力，而无须将90%的时间浪费在提高管理能力上；第四，降低管理成本。专业人才的专业技能不断提高，使管理者花费在他们身上的沟通、协调、组织、控制的时间减少，降低了对管理人员的需求；第五，提高技术生产率。专业技术人员拥有和管理人员对等的地位、报酬和奖励，这将对他们产生极大的激励作用，从而大大提高生产率。

8.3.2.4 帮助员工制定职业生涯目标

组织内部的职业信息系统是为员工制定职业生涯目标时的重要参考。在员工确定时间的职业目标之前，他们往往还需要知道有关职业选择及其机会方面的情况，包括可能的职业方向、职业发展道路以及具体的工作空缺。

为此，组织的职业信息系统要做好以下工作：第一，提供职务工作说明信息。例如，不同职位工作的关系、各自所需要的知识和技能、对教育和经历的要求等。第二，提供绩

①何湘江．双梯阶激励机制［J］．中国人力资源开发，2003（11）：12-13.

效考评信息。这是个人职业生涯规划的中心内容。定期考评员工并及时反馈给个人，帮助员工认清差距的同时，明确今后的发展方向。第三，建立好各种职业发展的信息。提供有关职务开发与调整的信息、职位空缺信息，开展员工职业发展咨询等工作等。

8.3.2.5 帮助员工制定职业生涯策略

在积极实施员工职业生涯规划的同时，根据员工的不同情况采取不同的职业生涯策略，对组织和员工的发展同样具有十分重要的意义。一般来说，在人生的不同年龄阶段，员工的价值取向、兴趣等都会有所转变。因此，组织也就应当对不同年龄阶段的员工采用不同的职业生涯策略方法。

对新员工的职业生涯策略是提供一个富有挑战性的最初工作。大多数专家都认为，组织能够做的最重要事情之一就是争取为新员工提供一份富有挑战性的工作。在一项以美国电报电话公司（AT&T）的年轻管理人员为对象的研究中发现，这些员工最初的工作越有挑战性，其工作成绩也就越有效率、越成功，即使在工作了5～6年的老员工中，这种情况依然存在。提供富有挑战性的起步性工作是帮助新员工取得职业发展的最有力、最简单的途径之一。

对中期员工的职业生涯策略是：提拔、晋升，使职业通路畅顺。这一策略主要应用于有培养前途、有作为、能独当一面的员工。对于他们，组织依然要充分信任，大胆地将富有挑战性的工作和新的工作任务交与他们。

对老年员工的职业生涯策略是：到职业后期阶段，员工的退休问题必然提到议事日程上来。大量事实表明，退休很可能伤害了员工，对组织的工作也会产生影响。为减少和避免可能的伤害与影响，对员工退休事宜给予细致周到的计划和管理。在老年员工的职业生涯规划上，要注意做好细致的思想工作，完善退休后的计划与安排，并及时完成退休之际的工作衔接。

8.3.2.6 评估与调整

由于种种原因，最初组织为员工制定的职业目标往往都是比较抽象的，有时甚至是错误的。经过一段时间的工作以后，有意识地回顾员工的工作表现，检验员工的职业定位与职业方向是否合适。这样，在实施职业生涯规划的过程中评估现有的职业生涯规划，组织就可以修正对员工的认识与判断，通过反馈与修正，纠正最终职业目标与分阶段职业目标的偏差。同时，通过评估与修正还可以极大地增强员工实现职业目标的信心。

管理案例

邮政速递物流公司的职业生涯规划

互联网络、电子商务的迅猛发展以及新型物流业的突起，使传统邮政物流面临着巨大的竞争压力。数据显示，目前中国物流行业的员工流失率一般在10%左右，而国有物流企业的员工流失率要远远大于这个数字，有的企业人员流失率甚至可能高达30%。在邮政物流中，不乏有一定学历和专业技能的管理人员、营销精英和技术骨干在流失。这类骨干人才掌握着关键技术、信息和大量客户资源，在公司工作一段时间后，对企业、对业务工作都已熟悉，多数为寻求更多的机会、更广的发展空间流向其他股份制的物流公司，或是其他相关国外物流管理公司。尽管近年来邮政速递公司已着手从高校、其他企业大规模招揽人才，但传统体制短期难以实现革新，所以人才流失问题未显著改善。

合理规划员工职业发展目标和方向，建立科学、合理的晋升渠道是邮政物流速递公司减少人才流失的一个重要途径。通过举办职业规划讲座让员工形成明确的职业定位，为员工成长创造条件，以个人目标需求为方向，结合个性特征、个人专长、个人能力等发展需要定期培训和确定绩效考核内容，优化民主评议晋升渠道。在组织内部形成清晰的职级定位体系，并把每一职级对应的任职条件制度化。只要员工明确了自己的职业目标，充分发挥个人才智，实现自我价值，使其工作成果得到尊重和认可，就能够减少员工流失。

8.4 职业生涯规划的管理

对职业生涯规划的管理指在员工职业生涯发展过程中出现了种种问题（如技能老化、职业发展顶峰、裁员等）时，员工和组织采取各种措施解决这些问题，使员工顺利实现职业生涯目标。本节主要针对员工职业生涯早期、中期、晚期的特点和所面临的主要问题，分析员工和组织各自的管理对策。

8.4.1 职业生涯早期的管理

职业生涯早期主要是指进入职业前的职业选择、职业培训到进入组织的一段时期。在这段时期，职业生涯管理可以分成两个亚阶段，即进入组织的一段时间和进入组织后的一段时间。进入组织前主要以员工自我职业生涯管理为主；进入组织后的职业生涯管理则是双主体的，既有组织的职业生涯管理，也有员工自我的职业生涯管理，其中组织的作用更为重要。

8.4.1.1 职业生涯早期的特点

了解职业生涯早期的特点是确立职业生涯管理对策的基础。职业生涯早期的特点体现在以下方面。

1. 初步接触职业

员工在确定了职业生涯领域后，开始接触职业生涯领域的知识、技能，并逐步尝试在所确立的职业生涯领域积累经验。一旦进入组织，员工除了对工作岗位缺乏经验外，对组织的文化也比较陌生，对周围的工作环境也不熟悉，需要逐步适应环境、适应主管的管理方式、适应与同事之间的交往合作方式等。另外，职业探讨也是这个时期的一个重要特点，尽管做出了初步的职业选择，但是否合适还需要通过实际学习、工作予以验证，如果觉得不合适，就需要调整和变更。

2. 精力充沛

处于职业生涯早期的员工，一般还没有成立家庭，或准备成立家庭，因此精力充沛，家庭负担比较轻，有足够的精力来应对可能出现的工作困难。

3. 存在独立和依赖的矛盾

刚开始参加工作，独立担当某种重要的岗位责任的机会比较少，常常会处于配合、支持其他有经验人员的地位。但是依赖是独立的前奏，当经过一段时间的学习和积累，工作经验和能力发展到一定程度时，就应该逐步地寻求独立，如果不能及时地克服依赖，就难以发展独立性，对职业生涯发展造成消极影响。

8.4.1.2 职业生涯早期的问题

在职业生涯早期，员工需要确立合适的职业、进入合适的组织、适应组织的文化，良好的开端是成功的一半，大多数人在职业生涯早期所要解决的问题包括以下几个方面。

1. 选择自己喜欢的职业

青少年期间，人生的追求在不断变换，对职业的认同完全是情境性的，缺乏稳定性。随着认识能力的提高，这种状况有所改变，兴趣、能力的作用开始加大，出现了以自我心理特点为中心选择职业的时期。然而，正如上文所分析的那样，职业的选择要受到自身因素的制约。因此，员工在确定职业方向时，需要尽可能全面准确地考虑自己的价值观、能力和其他个人特点。

此外，社会因素的制约也必须要考虑。自我是可以把握和控制的，社会则是个人力量难以改变的。由于学生时代很少接触社会现实，因此个人的职业目标往往充满了理想化色彩。但个人喜欢的在现实社会中可能没有机遇，而社会提供的选择和机会个人可能又不愿意接纳。因此如何综合考虑个人理想、自身条件和社会实际做出合理的选择，就成为职业生涯早期面临的一大难题。

2. 确立职业生涯目标

科学、合理的职业生涯目标对于职业生涯的成功有着重要的意义。然而职业生涯目标的确立需要考虑多方面因素，因而也是处于职业生涯早期的员工所面临的一大困惑。简单来说，在确立职业生涯目标时，除了要考虑个人的实际能力、价值观等内部因素外，还要对社会环境、组织的现状以及前景、人际关系等方面进行分析。

3. 与组织文化存在冲突

一般员工在进入组织前，对组织文化的了解通常有以下几种情况：一是已经相当了解，二是有一些推论性的认识，三是基本不了解。通常，由于不同的组织有不同的经营管理理念，因此组织在挑选员工时，与组织相似的员工就会被吸引过来，组织在这些员工中进行筛选，将合适的员工招聘进来。如果挑选和被挑选者双方没有发生误解，所挑选的员工就会与组织的文化一致，这些新员工就会很快融入组织，建立良好的同事关系，持续地在组织中发展；如果员工发现自己的价值观与组织所宣传的价值观，或者是自己感觉到的价值观发生冲突，产生摩擦，就需要个人或组织的一方做出调整或让步，即进行工作调试，如果调试失败，个人就可能离开组织。

4. 难以适应工作群体

工作群体是组织的一个部分，尽管组织有组织的文化，但工作群体的文化有时与组织的不一致，这也是新员工应该适应的一个方面。此外，在组织中，常常会遇到一些非正式群体，特别是在组织管理不是十分规范的情况下，这些非正式群体往往起着十分重要的作用。新员工在面对这些非正式群体时，往往处于两难境地，如果损害了非正式群体的利益，可能会使工作寸步难行；如果能融入非正式群体，与他们打成一片，则可能如鱼得水，工作生活都会更顺利。

8.4.1.3 职业生涯早期员工的管理对策

在职业生涯早期阶段，组织一般会为员工制定出切合实际的个人职业生涯规划，对个人的职业生涯规划进行管理。为了更好地实现个人职业生涯目标，个人应该按照组织的发展目标和发展方向，配合组织进行个人职业生涯管理。

1. 熟悉工作环境，树立良好形象

作为新员工进入组织后，个人应当及时去熟悉组织环境、工作环境、人际环境和组织文化等，并应通过衣着服饰、言谈举止、良好的工作态度等给人留下良好的初期印象。

2. 掌握职业技能，学会如何工作

承担职业任务、做好本职工作，是员工的基本任务和重要责任。对于新员工来说，第一步就是要掌握职业技能，学会如何在组织中开展工作。在这一过程中需要注意以下三个方面的问题：第一，弄清岗位职责，明确工作任务；第二，克服依赖性心理，学会自主开展工作；第三，从小事做起，树立良好的职业形象。

3. 适应组织环境，学会与人相处

新员工进入组织后要想尽快融入组织必然要经历一个适应组织环境的过程，这也是新员工学会工作、做好工作、获得发展的必要条件。在适应组织环境的过程中，需要注意以下三个方面的问题：第一，要接受组织现实的人际关系；第二，要尊重上司，学会与上司融洽相处；第三，寻找个人在组织中的位置，建立心理认同。

4. 正确面对困难，学会如何进步

对于刚开始工作的新员工来说，在工作中经常遇到各种障碍或困难是难免的。面对障碍或困难千万不要心灰意冷，畏缩不前，而是必须学会如何解决障碍或困难，因为这不仅能够表明新员工个人的能力、素质和进取精神，而且还在很大程度上决定了新员工未来的职业发展道路。同时，要在困境中学会如何进步。

8.4.1.4 职业生涯早期组织的管理对策

1. 主管需要尽快熟悉新员工

新来的员工，往往缺乏实践经验。为了让下属尽快熟悉工作，主管应该关心下属，了解其优点和不足，有针对性地进行指导，让下属获得成功体验。帮助下属取得好的工作成绩，既是领导者本身的职责，也融洽了上下级关系，为今后更好地合作共事奠定良好的基础。了解下属，可以通过工作中的观察，也可以通过日常的交往，还要考虑下属的工作实际状况，同时也应该注意避免各种知觉误区。

2. 帮助员工确立职业生涯目标

主管可以通过绩效评估，帮助员工确立适宜的职业生涯目标。虽然能力可以测量，但组织更关心的是能力的发挥状况，即员工在岗位上的表现，特别是持久的表现。不论情境如何变化，有些员工始终能够有优异的绩效。绩效评估往往是对既定岗位的考核，如果指标体系过窄，针对性过强，反而可能不利于进行职业指导和进一步职业生涯发展目标的确立。因此在给员工确立职业生涯目标时，一方面要结合员工的绩效表现，另一方面还要适当地观察员工工作以外的其他特点。与工作有关的表现可以通过日常的工作来确定，而工作之外的表现就要通过其他的方法。

3. 为员工制定职业生涯管理

对员工有了一定了解之后，主管要帮助员工制定职业生涯规划。这个规划必须是由上司和下属通过协商达成的共识，在规划中要帮助员工和组织明确努力方向，采取具体可行的方式保证目标的达成。

4. 促进员工的社会化

员工的社会化是指组织中的新员工融入组织文化的过程。员工社会化一方面要靠员工自己的努力，另一方面也需要组织提供相应的条件。培训是促进员工社会化的一种比较好的形式，应选择与员工的适应和发展相关的内容。此外，组织可以为员工安排正式的导师，这在国外已经被证明是成功的经验。导师对组织文化比较了解，可以将组织的价值观和行为准则有效传递给徒弟。另外，表彰先进也是促进员工社会化的重要途径，通过这些活动给员工传递组织的经营理念、价值观，让员工的个人价值与组织的观念一致起来。

5. 支持员工的职业探索

员工对自我的认识有一个探索过程。为了使工作岗位更适合员工，组织应该提供各种职位空缺的信息，并进行广泛传播，让感兴趣的员工都有机会参与职位的竞争，进而发现那些有潜力的员工。

管理案例

T航运集团的新员工职业生涯管理

T航运集团在专业人才招募上一直存在难度。由于有专业经验的人员不多，因此T航运集团制定了“校园招募加后期培养”的人才培养策略：首先对于所需职位进行职位分析，确定具体的职位空缺计划，收集与职位相关的所有信息。职位分析人员事先拟定了一套切实可行、内容丰富的问卷，然后由员工进行填写，通过问卷调查和与相关部门经理进行面谈的方式来决定空缺的职位，然后再将相关专业的应届毕业生通过一定方法招聘与选拔进来，通过一系列的招聘测试，包括做心理测试、模拟经营、无领导讨论和面试来决定录用哪些学生，再对他们进行针对性的培训。

针对应届毕业生，T航运集团专门设计了循序渐进的训练路径，通过公司与部门相结合、专业与通识相结合的方式，分四个阶段来培养专业人才，即新进人员职前训练、专业知识技能训练、管理通识训练、专业向管理过渡训练。

第一阶段：职前训练 助力“新鲜人”

每年，有大批应届毕业生从全国各地来到T集团，针对新进员工，公司统一安排了为期四天半的新人入职训练。

为了让大家尽快地以开放的心态迎接未来的工作和生活，同时建立起学员的团队情谊，第一天的活动和课程会让大家对公司、工作环境有一个初步的了解。新人训练的第一堂课，就通过游戏让大家互相认识、彼此熟悉。接着老师会介绍公司的基本概况，发展历程，企业文化以及食、住、行、乐、行为礼仪等，并且会由专人带领在宿舍区办理入住手续。

入职训练的第二天，公司会向学员们介绍产业概况、工安系列、人事规章制度、电脑系统使用等内容，并通过测试验收其学习成果。同时，公司还会安排各社团介绍、高阶主管座谈会、迎新会等软性活动，让新人们尽快接纳并融入T航运的大团队。

第二阶段：学习专业知识 投入技能训练

在以专业知识、技能训练为主的第二阶段，公司和各部门会相互配合，为新员工提供必要的专业知识和技能训练。

这个阶段的培训时间约为三个月，分三个阶段进行。新进员工通过课堂学习、e-learning自习，循序渐进地掌握专业知识，并要通过最终的测试。新人通过每个阶段中设定的基础课程后，方可进入下一阶段的课程学习。

在这三个月中，部门的主管及教育训练干事会针对每位新人将来要从事的具体工作，为其设计出与所需专业技能相匹配的在职训练课表，并以测试、实作、报告的方式验收学习成果。经过三个月的集中训练，使新人能够基本掌握自己工作领域所需的专业知识。

第三阶段：掌握管理通识 促进自我成长

考虑到职场新鲜人的特质，三个月的专业知识、技能训练完成后，接下来的训练重点将会转移到管理通识和自我成长训练。

在新人入职的前两年，训练重点落在团队合作、服务意识建立、简报能力、时间管理能力上，在让新人建立对企业的认同感的同时，帮助他们树立起正确的职场价值观。

经过两年左右的训练与培养，新员工慢慢地成长起来，逐渐成为各部门的中坚力量。同时，他们会逐渐遇到一些新的问题，因此，在入职第三、四年中，会议组织能力、个人情绪调节能力、问题分析解决能力成为工作技能培养的重点。这些能力的培养将能够帮助他们渡过瓶颈期，向更高的方向发展。

入职四年以上的员工已经成为部门的资深人员，拥有了丰富的工作经验，因此自然要承担起知识、经验传承的重任。所以整理Know—how、教导新人成为他们工作的一部分。在这一阶段，教学能力、专案管理能力、工作传承能力的提高就显得尤为重要。

第四阶段：从技术人才到管理人才

经过五年以上的学习与积累，部分员工成长为部门的骨干人员，主管将赋予他们更重的任务。T航运公司通过绩效管理来评判一个员工是否能够晋升。对于员工的工作量和工作效果都有记录，同时也会时常巡查员工，关心他们对于工作的积极性。通过质量和数量相结合的方式来进行评分，也会与企业制定的工作标准相对照的方式来确定绩效评估。骨干人员在做好自己工作的同时，还要能够作为一个团队的带领者，辅导和协助其他同人达成部门绩效指标。该骨干员工在具备了这些能力之后，他们有可能被提升为管理者。

在这个阶段，公司会安排相关课程，帮助员工从专业领域向管理领域拓展。通过这一阶段的学习，学员掌握了带领一个小团队时涉及的管理知识与技能，并通过回训、课后发表及主管评估验收其学习成效，为其未来的进一步发展打好基础、做好准备。

经由以上完整且具有针对性的培训，新进员工将获得不断的提升与成长，在最短的时间内持续有序地发展，完成从“新鲜人”到“企业人”的完美蜕变，乃至于成长为企业的中流砥柱。

8.4.2 职业生涯中期的管理

许多人面临第一次严重的职业危机是在进入职业生涯中期阶段以后。在这一时期，一个人的绩效水平可能持续改进，也可能保持稳定，或者开始下降。

8.4.2.1 职业生涯中期的特点

1. 职业发展逐步稳定

在职业生涯中期，员工往往能取得事业上的成功。但是由于各人所处的环境不同、家庭发展状况不同，这个时期人与人的差异也比较大。同时，到了职业生涯中期，进一步往上发展的压力很大，因为人才济济，而组织所能够提供的高级职位有限，竞争过于激烈，这种发展瓶颈是许多步入职业生涯中期的人要面对的。

2. 家庭方面的负担逐步减轻

在职业生涯中期，绝大多数员工已经组建了家庭，生活逐步稳定。由于已经具备相关的工作技能和经验，员工的收入比职业生涯早期有较大的提高；再加上早期的经济积累，员工在家庭方面的负担逐步减轻，生活质量逐步提高。

3. 身体健康状况开始下降

在职业生涯早期阶段，员工往往处于身体状况最好的青年时期，精力充沛。但随着工作年限的增加，员工的身体状况往往开始下降，这一方面是自然趋势，同时，前期的工作也往往给员工带来身体和精神的压力，积累到一定程度，直接危害了员工的身体健康。

8.4.2.2 职业生涯中期的问题

1. 职业生涯发展机会减少

处于职业生涯中期的员工，面临的主要问题之一是个人的发展机会减少，即个人的发展愿望没有得到满足，组织成为制约个人发展的瓶颈。造成这种状况的原因之一是组织结构的制约。通常组织对各类人员的需求量不同，初级层次的人员较多，中间层次次之，高级层次的需求相对较少。整个组织的人员层次分布类似于金字塔。由于组织对低、中、高级的人才需求呈金字塔形，初期和中期的竞争可能不是十分激烈，但争取高级职位就比较困难。许多人由于缺乏竞争力，会感到前途渺茫。此外，组织成熟度本身也是一个十分重要的制约因素。在组织的开拓时期，由于事业发展很快，不断产生新兴事业，不断需要人才配合，个人发展机会比较多。一旦事业发展走向成熟期，新的岗位增加缓慢，老的岗位基本已经被占据，导致晋升机会减少，个人发展困难。

2. 出现技能老化

所谓技能老化是指员工在完成初始教育后，由于缺乏对新的工作流程、技能和技术知识的了解而导致的能力下降。员工的技能老化使组织不能为顾客提供新产品和新服务，从而丧失竞争优势。

3. 出现工作与家庭冲突

职业生涯中期是家庭、工作相互作用最强烈的时间段。工作和家庭冲突有两种基本形式，即时间性冲突、紧张性冲突和行为性冲突。时间性冲突是指由于时间投入到一个角色中而使执行另一角色提出的要求变得困难。行为性冲突是指一个角色中要求的行为使执行另一个角色提出的要求变得困难。处于职业生涯中期的员工，从家庭和事业角度看，对人的时间和精力的需求都在增加，而从生理角度看，个人的精力又有下降趋势，因此冲突在所难免。从而导致很多人精神压力过大，健康状况不佳。

8.4.2.3 职业生涯中期员工的管理对策

1. 适当考虑降低职业生涯目标

在职业生涯早期，每个人都有很多梦想和追求。如果由于种种原因，个人的潜力没有充分发挥出来，对于组织和个人来说都是一件十分遗憾的事情。但是如果组织的措施得当，个人也努力了，目标还是没有实现，那就不是选择或环境问题了，而是个人能力问题。人与人之间的能力差异是一种客观存在，个人不能以精英标准来苛求自己。在职业生涯中期阶段，正是一个人的理智最发达的阶段，因而也就应该以更加实际的态度调整自己的职业目标，以更加豁达的眼光来看待自己的禀赋。如果职业目标过高，就要降低自己的职业生涯目标。

2. 学会成功求职的技巧

在职业生涯中期，如果组织中缺乏合适的机会和岗位，而个人又有能力，就可以考虑寻找新的发展机会。如果发展领域不合适，就需要重新发现自我，更换合适的职业生涯领域。但是由于人处中年，体力和精力等相对于年轻人来说都缺乏竞争力。这时，员工就需要重新复习或学习有关求助技巧。比如，通过媒体、亲朋好友广泛地搜集职业空缺信息，撰写包含显示自身优势在内的履历表，把握招聘者的心态，准备成功地进行面试等。

3. 树立终生学习的理念

随着知识经济社会的到来，单靠体力的工作岗位竞争越来越激烈，辛苦而且报酬也很低；即便是一些技术含量低的岗位，也正在逐渐被高技术设备所取代。而职业生涯中期又是个人任务繁重的时期，职业发展也呈现复杂化和多元化，各种危机和困难不断加大。在这种形势下，只有不断学习新知识、新技术，与社会一同进步，才能在本职工作岗位上保持领先的地位。因此，个人必须将压力转化为动力，制订合理的学习计划，利用各种途径和机会不断进取，才会有进步，才能远离困境。

4. 保持身心健康

在职业生涯中期，人生负担比较重，此时更应采取有效的措施来应对压力，使自己保持良好的心态。比如，寻求继续学习和提高的机会，加强心理保健，合理安排工作和休息娱乐时间等。

8.4.2.4 职业生涯中期组织的管理对策

1. 为员工提供更多的职业发展机会

组织需要为发展到一定阶段的员工创造发展机会，是解决处于职业生涯中期的员工职业生涯顶峰的问题，同时也是组织留住人才的关键。这一问题的解决方案有以下几种：一是开辟新的开发项目，以增加组织的新岗位；二是通过一定的形式，承认员工的业绩，给予一定的荣誉；三是进行岗位轮换，丰富员工的工作经验，使员工的成长需求得到满足。

2. 帮助员工实现技能更新

组织帮助处于职业生涯中期的员工实现技能更新的方案有以下一些：一是从主管的角度来说，需要鼓励员工掌握新技能，同时让员工承担具有挑战性的工作；从同事角度来说，要与员工共同探讨问题，提出想法，鼓励员工掌握新技能；从组织奖励体系来看，可以通过带薪休假、奖励创新、为员工支付开发活动费用等方法鼓励员工更新技能和知识。

3. 帮助员工形成新的职业自我概念

职业生涯中期，由于个人的职位、地位上升困难，许多员工经历过一些失败，使早期确立的职业理想产生动摇。因此需要重新检讨自己的理想和追求，建立新的自我。为此，个人需要获得相关的信息，比如关于职业发展机会的信息，自己的长处和不足的信息等。

4. 丰富员工的工作经验

工作经验的丰富本身就是职业生涯追求的目的。有意识地进行工作再设计，可以使员工产生对已有工作的再认识、再适应，产生积极的职业情感。

5. 协助员工解决工作家庭冲突

研究表明，来自家庭和来自工作场所的社会支持有助于减少工作和家庭冲突。这些社会支持可以是情绪性的，也可以是工具性的。工作环境的支持主要体现在组织的一些政策和管理者的行为上。组织可以有意识地采取一些政策和措施，以便部分地减轻员工的家庭负担，帮助员工平衡工作责任与家庭责任。

管理案例

李经理辞职

M航运集团有限公司有近三十年的历史了。1996年组建为B航运集团有限公司，下属有14家全资子公司，直属单位2家，参股公司2家；在珠江三角洲各港口联营的客运口岸12个，货运口岸13个，初步形成了覆盖粤、港、澳的水上运输网络。其中C船队的品牌业务在粤港澳航运界享有很高的知名度。

但是在庞大的规模下，M航运集团传统人力资源管理模式已经不堪重负，人力资源管理价值无法充分得到体现，而对于"人"的管理瓶颈也逐渐表现在几大难点中。就在M航运集团整体人力资源管理遇到难以突破的境况时，航运部C船队的李经理辞职了。

李经理毕业于上海海事大学，毕业后由调度做起，三年后转入C船队任业务员，十几年一路做下来，逐渐成为公司的业务骨干。辞职的前两个月，他因为忘记公司规定上班时要戴胸牌，而被罚了业绩奖金二百元。他认为公司的业绩奖金一直只抓劳动纪律却不看个人工作绩效，只罚不奖，这种制度很不合理。他这几个月一直忙着为C船队节省船期创造更多利润，这样的业绩没有比别人多拿工资，却因为胸牌这种小事倒扣了钱，这让他对M航运集团的发展产生质疑，也对自己未来的发展产生质疑。另外，春节前航运市场复苏，他和同事一起抓住机会使C船队的运航指数直线上升，业务利润上升了六个点，经济利益更是可观。为此上级提出奖励他们团队一笔奖金。但是公司并没有制定有关员工个人的奖金标准，也不考核部门绩效，所以这笔钱虽然批了下来，但却是上级采用了暗补的方法。但是李经理却莫名被人告发贪污劳务费，而所谓的劳务费就是这笔暗补的钱。由此，他开始考虑：自己的工资一直不如同行高，但是公司没有任何激励机制，反而让自己对企业的忠诚遭到了打击。不久，他接受了D航运公司邀请，毅然辞职。M航运集团的C船队失去了大量李经理联系的客户，业绩开始下滑。

所有迹象表明，M航运集团的人力资源管理变革迫在眉睫。对此公司董事长提出一方面要有坚持地发展愿望和动力，另一方面要加强对人的管理，建立现代化的管理制度，改造管理流程，重建薪酬管理，促进激发员工工作的积极性，并在人才竞争中胜出。

8.4.3 职业生涯晚期的管理

对于那些通过了职业生涯中期阶段继续发展的人们来说，职业生涯后期阶段通常是个令人愉快的时期。这时，他们可以有所放松，并且扮演一种元老的角色。他们以自己多年日积月累并经过多次经历验证的判断力，以及与其他人共享其知识和经验的能力，向组织证明其存在的价值。

8.4.3.1 职业生涯晚期的特点

一般而言，职业生涯晚期可以划定在退休前5～10年的时间。这一阶段主要是完成交接班，为退休做准备，以便适应退休生活，安度晚年时光。这一阶段的特点是：

1. 经验丰富

不论是工作上，还是人际关系上，处于职业生涯晚期的员工都处于成熟时期，尽管精力下降较多，身体状况较以前差，但知识和经验相当丰富。

2. 个人的社会地位和影响力较高

经过一生的职业生涯发展，人们多多少少积累了一定的成就，取得了一定的地位，相对于一般的年轻人，有更高的影响力。

3. 知识观念相对老化

当今科学技术的进步可谓一日千里，及时赶上知识更新换代的速度并非是一件容易的事情，需要持续改进和不断地学习，而处于职业生涯晚期的员工，不论是体力上还是脑力上往往都不允许他们自身的知识技能进行更新，同时，由于这个时期的员工在性格上比较固执、守旧，因而直接导致其知识和观念的老化。

4. 对新生事物的敏感性下降

虽然经验丰富，但处于职业生涯晚期的员工对新事物的态度趋于保守，喜欢根据经验办事和思考问题。这个阶段的人，喜欢回忆过去的成功，通过追忆过去来评价和回味人生。

8.4.3.2 职业生涯晚期的问题

1. 不安全感增加

即将退休的人不安全感很多，比如经济上的不安全感、心理上的不安全感等。

2. 疾病增多

职业生涯晚期的员工，一般在年龄上已经步入中老年，身体的各方面机能往往大不如从前，身体的抵抗力和免疫力也逐步下降，再加上多年工作压力的积累，这个时期的员工是疾病的高发人群，身体健康状况比较差。

3. 不适应退休后的生活

有些员工在职期间，过度专注于工作，业余爱好没有得到很好的培养，除了工作别无所好。当他们从工作岗位上退下来，便不知道该干些什么，很容易产生空虚感和失落感，甚至导致身体状况恶化。

8.4.3.3 职业生涯晚期员工的管理对策

1. 学会接受和发展新角色

处在职业生涯后期阶段，个人要勇敢地面对和欣然接受生理技能衰退及其所导致的竞争力、进取心下降的客观现实，另辟新径，寻求适合于自己的新职业角色，以发挥个人的专长与优势。比如说，当师傅带徒弟，培育新员工；充任教练，对员工进行技能培训；充当参谋、顾问等角色，或出谋划策，提供咨询；或者从事力所能及的事务性工作等。

2. 学会接受权力、责任和中心地位的下降

首先，要从思想上认识和接受“长江后浪推前浪”是必然规律，心悦诚服地认可个人职业工作权力、责任的减少以及中心地位的下降，求得心理上的平衡；其次，将思想重心和生活重心逐渐从工作转移到个人活动和家庭生活方面，善于在业余爱好、家庭、社交、社区活动和非全日工作等方面寻找新的满足感。

3. 学会应对“空巢”问题

在职业生涯后期，“空巢”的出现是家庭生活的一大变化，也是人生的一大转折。应对好这一变动，对于员工职业生涯后期的工作和个人发展都很重要。比如说，思想重心向家庭生活倾斜，发展个人的业余爱好和兴趣，注重社会人际交往，积极参加社会活动等。

4. 做好退休生活的准备工作

在职业生涯结束之时，员工应当很好地回忆一下自己所走过的职业生涯道路，总结和评价自己的职业生涯，为自己的职业人生画上一个完满的句号。同时，通过总结自己职业生涯成功的经验和失败的教训，现身说法地对新员工进行培训教育。

与此同时，还要做好退休前的各项准备工作：第一，做好退休的充分思想准备，培养

个人兴趣，策划退休后的生活；第二，抓紧退休前的时间，使自身职业工作能够有一个圆满的结束和交代；第三，为退休做好财务准备。

8.4.3.4 职业生涯晚期组织的管理对策

1. 灵活管理

针对退休问题，组织应该根据实际情况制定相应的政策和措施。一般情况下，应该严格地按照组织规定的相关制度对待退休员工，但也要考虑实际，做一些适应市场变化和特殊情况的差别化处理。员工有各自的情况和不同的类型，多数员工的贡献能力不会随着正式退休而结束，组织如果需要相关的人员，可以采取兼职、顾问或其他方式优先考虑聘用他们。

2. 真诚关心

组织对于即将退休的员工需要真诚关心。很多老员工对工作单位有很深的感情，非常关心组织的发展。组织可以用退休员工座谈会、联谊会等形式，向退休者通报组织发展情况，征求他们对组织的意见和建议，加强员工之间的沟通、联系和友谊。

3. 提前准备

在退休前夕，组织应做好新老交替工作，其次还应该有计划地组织一些活动，帮助即将退休的员工了解退休后的生活，尝试适应这种生活。

4. 发挥优势

处于职业生涯晚期的员工，有许多经验和教训，这些经验和教训都是宝贵的财富，如果将这些传授给年轻的员工，让这些年轻的员工吸取成功的经验、避免失败的教训，无疑有利于员工的顺利成长，为组织培养优秀员工创造条件。

思考题

1. 简述职业、职业生涯、职业生涯管理的含义。
2. 什么是职业锚？职业锚的类型有哪些？
3. 简述职业生涯管理的意义。
4. 简述主要的职业选择理论。
5. 论述主要的职业生涯阶段理论。
6. 简述职业生涯规划编制中员工的责任。
7. 简述职业生涯规划编制中组织的责任。
8. 论述职业生涯早期的特点、问题和管理对策。
9. 论述职业生涯中期的特点、问题和管理对策。
10. 论述职业生涯晚期的特点、问题和管理对策。
11. 用职业锚理论阐述其对大学生职业生涯规划的意义。

案例分析

吴晓燕的调离报告

中国某航运公司是一家国有大型航运企业，以运输各种集装箱为主。一直以来，该公司发展状况良好，在国内外均有一定名誉。该公司以地域为标准，分为三个事业部。其中第一事业部主要负责中国与欧洲贸易的集装箱运输，由于第一事业部所负责的市场是该公司最新开拓的市场，一直以来都存在很大的困难，没有足够多的固定客户，所以经营的难度很大。吴晓燕任第一事业部部长，全面主管事业部工作。

吴晓燕系大连海事大学国际航运专业毕业，1984 年，刚刚离开大学校园就被分配来到该厂。或许是初生牛犊不怕虎，吴晓燕在工作中敢说敢做，带着自己年轻的拼劲，带着自己的蓬勃朝气，她在工作中如鱼得水，一直都很顺利。她待人谦和，乐于帮助身边有困难的同事，当同事遇到工作上的难题的时候，她会毫无保留地将自己的看法以及经验讲述给同事，当同事在生活上遇到困难的时候，她也会及时地伸出援助之手。所以，在同事眼中，吴晓燕是一位可亲可敬的好朋友，在领导眼中，吴晓燕是一个值得信任，可以赋予重任的好下属。也正是因为领导及同事的信任，一路走来，吴晓燕走得无惊无险，可以说是一帆风顺。最初吴晓燕从事技术工作，她理论知识扎实，勤奋好学，工作兢兢业业。两年以后，她成为事业部的技术骨干，开始独当一面。1986 年年底，经公司里业绩考核以及领导讨论决定，她被提升为事业部副部长。1989 年，原事业部部长年届 60，吴晓燕顺理成章地任事业部部长。

吴晓燕任部长以后，并没有因为自己的升职而变得骄傲，她觉得自己可以做部长完全是因为领导和同事的信任，她觉得自己应该做的不是每天对自己的下属唠叨个不停，也不是没事做的时候就去指责自己的下属这没做好那没做好，而是应该更加努力地回报领导及同事的信任，把自己的工作做得更好，不是每天待在办公室里欣赏自己之前取得的成绩，而是应该如何使公司未来取得更好的业绩。凭着技术功底和几年做副部长的工作经验，抓了三项重点工作，一是开辟新的服务项目；二是提高服务质量；三是强化内部管理，将考核指标分解到人，实行功效挂钩。采取这三项措施以后，事业部的经营发生了明显的变化，运输收入大增，职工积极性大大提高。第一事业部也连续 6 年保持全公司收入第一，其收入占总收入的 50%。

一直以来，吴晓燕在公司里都很受同事的欢迎，职工都很高兴自己可以拥有这样一个没有架子又真正有能力的领导，所以吴晓燕的下属在工作中也都是兢兢业业，从来不会拉公司的后腿。因为自身的努力和下属的全力配合，吴晓燕在公司里干部考核中连续两次被评为优秀，多次获得“先进生产者”、“优秀党员”称号。鉴于吴晓燕在工作中的出色表现，董事长和党委书记一致决定派她到经营困难、职工思想混乱的第三事业部任党总支书记，协助事业部部长搞好经营工作。领导希望吴晓燕在第三事业部可以像在第一事业部时一样，很好地开展自己的工作，使一直以来业绩都不怎么好的第三事业部能有所起色。

吴晓燕虽然有近10年党龄，把自己之前负责的工作也做得很好，但是对于如何做好职工的思想工作考虑不多也缺乏经验。任党总支书记之后，面对职工思想混乱，积极性不高的局面并不知道该如何下手，同时又在事业部如何经营方面与部长存在严重分歧。调入4年来，工作一直打不开局面，在企业民主评议中被职工评为不称职干部。董事长和党委书记意识到吴晓燕无法继续在第三事业部工作，但是各行政部门都有负责人，调任谁都会觉得不妥，于是决定成立机关党委，调她任机关党委书记。党委书记找到吴晓燕谈话，吴晓燕不同意，表示愿意做业务干部。书记反复做工作也没有结果。

最后，由于吴晓燕觉得自己在第三事业部再也没有办法继续待下去，其他部门又无法安排，董事长只能安排吴晓燕到公司下属的合资公司做一般的技术人员。合资公司经理分配她负责货物装箱的最后检验。

半年以后，吴晓燕提交了辞职报告。

根据案例回答以下问题：

(1) 吴晓燕离职的原因是什么？其离职对她本人及企业造成什么影响？

(2) 如果吴晓燕的离职报告交到了你手里，你会怎么办？

(3) 试结合职业生涯规划理论与本案例的讨论，作为企业领导者，应该如何避免优秀人才流失？

9 物流企业的劳动关系管理

学习目标

- 了解劳动关系的含义、特征与类型。
- 掌握劳动关系与劳务关系的区别。
- 掌握劳动关系管理与改进方法。
- 能够区别劳动合同与集体劳动合同。
- 熟悉劳动合同的履行与变更。
- 了解劳动争议处理的方法。
- 了解劳动保障。

引导案例

A 公司劳动关系管理

A 公司是一家上海的从事国际航线集装箱运输的班轮企业，为上海市国资委下属投资企业。经交通部批准于 1989 年成立，业务经营以集装箱班轮服务为主，建立了以上海为中心，辐射至日本、中国台湾、中国香港、越南、泰国等二十余个港口的集装箱班轮服务网络。投资企业的业务范围涵盖了船舶代理、货运代理、长江沿海内支线集装箱运输、集装箱租赁、船员劳务服务等方面。当前全球经济形势继金融危机后有所复苏，但进程缓慢，经济形势依然复杂多变，A 公司作为航运业的一分子，要审时度势，危中求机，不断调整以适应内外部环境的变化。

进入 21 世纪，国家将航运业作为国家重点发展的支柱产业。2009 年经国务院批准，上海已启动国际航运中心的建设。这都为航运企业带来了巨大的商机。特别是 A 公司对立足于上海的、拥有资源优势，依托上海市国资委，与上海港口各码头企业拥有良好的合作关系的 A 公司而言，更是千载难逢的机会。但是 2008 年年底金融危机的爆发及向实体产业渗透趋势，使航运业进入调整期。

A 公司已形成集船舶代理、货运代理、长江沿海内支线集装箱运输、近洋航线集装箱运输、集装箱租赁、船员劳务服务于一体的产业化管理的竞争优势；凭借准点的班期、合理的价格及优质的服务在国际航运市场中赢得了良好的声誉。但仍存在不足，人力资源管理模式以传统人事管理为主，劳动关系存在不和谐的因素。

内外部环境的变化引发公司企业战略目标的调整，对人力资源管理部门提出新的问题和挑战。人力资源管理部门应根据企业战略目标的调整，制定相应的人力资源管理战略，调整及完善人力资源管理各项工作，为企业的战略目标实施提供保障和支撑。

和谐的劳动关系是人力资源管理的核心，有助于增强企业凝聚力，提升企业竞争力。A公司亦非常重视，尤其是《劳动合同法》实施后。开展专项研究，认为A公司在劳动关系方面存在不足之处，归结起来主要因素有四个。

第一，人本理念有待落实。公司倡导“以人为本”，无论是公司的人力资源方面的规章制度还是企业的宣传标语，字眼都清晰可见。工会也定期组织职工参与各类文体活动，每年中秋节、春节等传统节日开展送温暖活动。但是在实际经营管理过程中，“以人为本”缺乏落实与执行，流于形式，表现在规章制度方面缺乏人性化。比如休假制度严格按照国家规定的，工龄满1年不足10年，年休假5天，这对于年轻人非常不利。

第二，人力管理缺乏危机意识。危机事件的应对体现一个组织面临环境变化迅速做出反应的能力。在本次专项调查中发现：一方面，公司基于国际公约的要求自2002年在安全生产管理方面建立危机管理机制。但是公司层面在涉及人方面的危机管理意识比较薄弱。另一方面，企业信息沟通机制缺失，沟通渠道缺乏。这种信息不畅通，员工的不满得不到及时疏解，给劳动关系留下隐患。

第三，工资增长机制缺失。自2007年至今，工资一直未增长，甚至某些年度在减少。而物价水平上涨、社会保险缴纳增加，员工可支配收入在减少，生活水平在下降。另一方面工会力量比较薄弱，维护员工权益力量有限。

第四，人力资本投资有待加大。现代人力资源管理将人作为资本进行投资，将个人的发展和企业的发展结合起来。而A公司还是拘泥于传统人事管理思路，认为培训不能产生直接经济效益，在人力资本投资方面欠缺。

正是由于上述因素的存在，尽管A公司目前仍以主导地位控制着劳动关系的运行发展，但是劳动关系矛盾逐步从潜伏压制中凸显出来。自2008年至今，员工流失率一直在15%以上，且有上涨趋势，且2009年发生两起上访事件。如再不及时应对，势必会对A公司造成巨大损失。

劳动关系是现代社会最重要的社会经济关系之一。它关系劳动者和组织的利益，关系着整个国家的经济发展和社会稳定。发达的市场经济国家都把建立协调稳定的劳动关系作为重要的目标。

9.1 劳动关系概述

我国改革开放30多年来，随着社会主义市场经济的确立和逐步发展，经济体制改革的逐步推进和国有企业改革的不断深化，经济结构的调整到多种经济共同发展，劳动关系领域也发生了深刻的变化。

改革开放前，我国的劳动关系调整工作是以“铁饭碗”和“铁工资”为代表的浓厚计划经济特征，劳动关系的建立和运行都是由政府通过自上而下的行政指令或计划来实施。经过了30多年改革的逐步探索，我国劳动关系基本完成了市场化转型，初步建立了与市场经济体制相适应的劳动关系协调机制和劳动争议调处机制，形成了以市场调节为基础、以法律法规为依据的“劳动关系双方自主协商、社会三方协调、政府依法调整”的劳动关系调整格局。劳动关系的运行逐步为由政府控制转变到市场调节，国家不再直接对劳动关系进行干预，而是通过劳动法律法规来规范和约束劳动关系双方的行为，劳动力资源的配置则由市场发挥基础作用。

9.1.1 劳动关系的含义与类型

9.1.1.1 劳动关系的含义

劳动关系是指机关、企事业单位、社会团体和个体经济组织（统称用人单位）与劳动者个人之间，依法签订劳动合同，劳动者接受用人单位的管理，从事用人单位安排的工作，成为用人单位的成员，从用人单位领取报酬和受劳动保护所产生的法律关系。

劳动过程的实现，必须以劳动力和生产资料两个要素相结合为前提。或者说，劳动过程即劳动力和生产资料两个要素的动态结合过程。在劳动力和生产资料分别属于不同主体的社会条件下，只有这两种主体之间形成劳动力与生产资料相结合的社会关系，劳动过程才能够实现。劳动关系本质是劳动力所有者与劳动力使用者之间在实现劳动过程中建立的社会经济关系。从广义上讲，即人们在劳动过程中发生的一切关系，包括劳动力的使用关系、劳动管理关系、劳动服务关系等。劳动者与任何性质的用人单位之间因从事劳动而形成的社会关系，都属于劳动关系的范畴。从狭义上讲，现实经济生活中的劳动关系是指按照国家劳动法律法规的劳动法律关系，即双方当事人是被一定的劳动法律规范和确认的权利与义务联系在一起的，其权利和义务的实现是由国家强制力来保障的。

在实际生活中，用人单位没有与劳动者签订劳动合同的现象相当普遍，但只要双方实际履行了上述权利义务，即形成事实上的劳动关系。事实上的劳动关系与劳动关系相比，仅仅是欠缺了书面合同这一形实要件，但并不影响劳动关系的成立。劳动关系由《中华人民共和国劳动法》规范和调整，而且建立劳动关系必须签订书面劳动合同。

9.1.1.2 劳动关系的发展

西方国家劳资关系从产业革命至今，已经经历了两个多世纪的发展演变，其运行机制和基本格局基本适应现代生产力社会化、市场化、民主化发展的要求。通过不断地调整和发展，从无序化、放任化转变成有序化、法制化，从利益冲突型转变成利益协调型，逐渐形成了比较完善的制度和比较规范的法律体系。西方市场经济国家劳资关系的历史发展进程，大致可以分为四个阶段。

1. 政府放任劳动关系阶段

第一阶段，从产业革命开始至19世纪上半叶，资本主义国家对劳资关系调整采取自由放任政策，资本主义的发展处在自由竞争时期，劳资关系从总体上看充满着激烈的阶级对抗和阶级冲突。由于工业化的快速发展使大量手工业者失去了工作的机会，逐渐沦为城市贫民，极为恶劣的工作条件、原始的剥削方式使工人的劳动条件和生活状况急剧恶化。在这样的处境下，欧洲各国产业工人开始了各种形式的抗争，并在抗争中产生了各种类型的工人组织。处于经济起飞阶段的西方国家政府以不干预的立场面对这种劳资冲突，任由劳资双方自行处理劳资关系问题，而这种立场进一步加强了资强劳弱的劳动关系格局。

2. 国家干预劳动关系阶段

第二阶段，19 世纪下半叶到 20 世纪初，西方市场经济国家开始从自由竞争向垄断过渡，对于劳资关系的调整，政府从自由放任政策转向国家干预政策。19 世纪末，工会组织在欧洲国家相当普遍，工人力量的增强，使劳资关系中的力量对比发生了明显的变化，谈判成为代表劳工的工会和雇主进行解决劳资矛盾的一个重要形式，伴随着社会经济发展和政治民主化的推进，劳资矛盾和劳资斗争的方式日渐多样化，一些雇主也开始改变策略，对雇用工人做出一些让步，努力以种种较为和平的方式处理对抗中的劳资关系。

3. 规范管理劳动关系阶段

第三阶段，劳资关系领域在两次世界大战之间处于一个过渡期，从初期的国家干预进入制度化、法制化阶段。20 世纪 20 年代末到 30 年代初，西方国家出现了空前严重的经济危机，大量企业破产，大批工人失业，使劳资关系重新紧张起来，社会危机一触即发。1936 年，J. M. 凯恩斯在《就业、利息和货币通论》中提出了资本主义经济危机和大规模失业的有效需求理论，认为投资和储蓄不可能自动形成均衡，主张国家干预经济，并将较低的失业率作为政府宏观干预的主要目标之一。一些国家接受了凯恩斯政策的主张，通过政府大规模投资和提供就业机会来干预失业，加强劳动部门的就业管理职能，对劳动力市场进行宏观干预。同时，经济萧条所引起的严重社会后果使越来越多的国家开始反思社会保障制度的作用，强制性社会保险在不同国家推广，社会保险的范围日益扩大直至覆盖所有就业人群。社会保障制度的建立和发展，成为协调劳资关系中重要的制度保证，也成为弱势人群的社会安全带，对缓和劳资冲突、促进劳资关系和谐稳定起到了很大的作用。

4. 法治管理劳动关系阶段

第四阶段，第二次世界大战以后的历史时期，随着国家垄断资本主义的发展，在第三次科技革命和社会改革浪潮的推动下，西方国家政府对劳资关系的直接干预力度进一步加强，并形成了一套规范化、制度化的法律体系和调整机制，并日趋健全和完善，劳资关系发生的重大转折性变化，使劳资关系建立在民主法治基础上，形成了经济、社会相对协调发展的“黄金发展期”。

西方国家实践经验和理论成果，对于解决我国由计划经济向市场经济过渡进程中有增无减的劳资纠纷、劳动冲突，稳定协调劳资关系，建立、健全协调的劳动关系，促进社会经济的发展和国家政局的稳定，实现全面建设小康社会的宏伟目标，具有一定的启示和借鉴意义。

管理案例

中远集团的"船员关怀"

2007年4月27日，是中远集团成立46周年的纪念日。《中国远洋报》发表了题为"坚持继承光荣传统　致力打造百年中远"的文章。文章总结了中远成立46年来的基本经验，其中的一条是：坚持以人为本，实施人才强企，是中远发展壮大的"保证"。曾经有人统计，国际企业人员流失率的合理标准为5%～10%。而中远集团总公司的员工流失率是多少呢？答案是"一直保持为0"。

有一句话说得好，"没有海员的贡献，有一半世界在受冻，另一半世界在受饿"，海员是当今国际海运乃至经济发展的重要人力因素。但不同于许多职业，海员的生产生活环境具有特殊性。海员们工作流动、分散，要面临大风浪和海盗对生命的威胁；要适应高科技设备在船上应用和港口国、船东不断提出的更高要求；要常年生活在长一二百米、宽二三十米具有强磁场的狭小而且颠簸震荡、昼夜噪声的船体内，处在信息闭塞、缺少陆地支援、缺少家庭亲情的环境中。

针对船员的工作性质和具体情况，中远集团坚持共建共享和谐企业，切实解决好职工群众最关心、最直接、最现实的问题，重点关注船员等弱势群体，做到改革成果惠及全体职工。

"中远严格执行国家相关法律法规和国际劳工公约的相关规定，雇船员必须签订劳动合同或劳动协议，保证船员工资待遇、伤亡保险、劳动保护、休息时间等各项保障措施。"中远（集团）总公司党组书记、中远（集团）总公司副总裁张富生说，"此外，船员在船工作期间，书信可以通过各港口代理接转，各公司有专门信件收发室，保证船员的书信邮寄；在航行期间可以通过船上通信设备给家里打电话，在港期间可以用岸上IP电话与家里沟通联系。各公司均有专门的收发室，随时掌握最新船舶动态，通过国内、国际邮局及各港口船舶代理，能够保证船舶与家庭邮件的顺利接收。"

中远还保障船员正当休假的权利，下船期间有休假工资，并保证各项社会保险和住房公积金的缴纳，保障船员的各项权利。比如，中远以人为本解决两地分居问题，开国内先河，采取驻外人员家属随任制、高级船员家属随船制。又如，为解决远洋船员的后顾之忧，中远集团把各地船员家属组织起来，在全国成立了324个"船员家属联络站"，使船员家庭互帮互助。中远集团公司曾有30多名困难船员的子女面临失学，公司号召各部室认领捐助，短短一个小时内，孩子们被"抢领"一空。

2006年2月，《2006年海事劳工公约》在第94届国际劳工大会上高票通过，使全球海员劳动和社会保护有了统一的国际标准。《公约》涵盖了海员就业条件、上船工作最低要求、船上设施、海员社会保障等方面的内容。我国政府如能批准实施该《公约》，将对我国海员权益保护、海运业持续发展产生积极、重要的影响。张富生建议组织开展《公约》研究工作，并加快《中华人民共和国海员法》的立法步伐。目前我国尚无针对海员劳动和保障方面的法律，设立《海员法》有利于体现国家对海员队伍的鼓励和保护，增强海员的职业自信心和安全感，促进海员队伍的稳定发展。

由此可见，中远集团在制定决策时的确把维护职工利益放在了首位。

9.1.1.3 劳动关系的特征

劳动关系的基本特征是建立劳动关系调整机制的基础。这些特征在不同时期有不同的表现，劳动关系管理和和调整机制应该适应这些变化。在现代市场经济中，劳动关系的一般特征主要表现在以下几个方面。

1. 劳动关系兼有人身性与财产性

劳动过程是用人单位投入生产资料，与劳动者的劳动力相结合，最终生产出社会财富的过程。劳动力是人的劳动能力，与劳动者人身密不可分。劳动关系一旦建立，意味着用人单位可以在法律许可的范围内，支配和使用劳动者的劳动能力。因而劳动关系具有人身性。另一方面，劳动者提供劳动力完成劳动过程，又有权获得劳动报酬。实质上是向用人单位转让了劳动力的使用权，使劳动关系又具有财产性特征。

2. 劳动关系兼有平等性和隶属性

劳动关系的平等性可由两方面表现出来：一是用人单位和劳动者都是平等的主体，双方按照平等、自愿、协商一致的原则依法缔结和解除劳动关系；二是劳动者按照用人单位的要求提供劳动，用人单位按双方约定支付给劳动者劳动报酬。但是，当用人单位与劳动者建立劳动关系后，用人单位便成为劳动力的支配者和管理者，劳动者则是劳动力的提供者，双方形成了管理与被管理的隶属关系。

3. 劳动关系兼有对抗性和合作性

由于用人单位追求利润最大化和劳动者追求工资福利最大化的不同目的，双方不可避免地存在利益上的矛盾和冲突。因为，在收入一定的时候，双方利益是此消彼长的关系，具有对抗性。但是，用人单位的长期发展和劳动者的稳定就业，又离不开双方的真诚合作。

4. 劳动关系兼有稳定性与非稳定性

社会生产过程的持续进行，需要用人单位和劳动者不断投入生产资料和劳动力；而劳动者要熟练地完成某一岗位的生产任务，获得职务晋升，也必须追求劳动关系的稳定。因此，稳定的劳动关系对双方都有利。但是，劳动力市场配置条件下，社会经济结构、生产环境以及用人单位、劳动者自身需求都在发生变化，劳动关系也可能发生变更甚至被解除。

9.1.1.4 劳动关系的类型

可以按照期限、签约主体、用工形式等标志将劳动合同分类（见表 9－1），从而形成各种劳动关系。

表 9－1　　劳动合同的种类

分类标志	合同类别	合同特征	合同形式
合同期限	固定期限劳动合同	约定了劳动合同终止时间	书面
	无固定期限劳动合同	未约定劳动合同终止时间	书面
	以完成一定工作任务为期限的劳动合同	以完成约定工作任务为期限	书面
签约主体	个人合同	劳动者个人与用人单位签订	书面/口头
	集体合同	劳动者组织与用人单位签订	书面
	劳务派遣协议	劳务派遣单位与用人单位签订	书面
用工形式	全日制用工合同	工作时间为每天 8 小时、每周 40 小时	书面
	非全日制用工合同	工作时间为每天 4 小时、每周 24 小时以内	口头

固定期限劳动合同指用人单位与劳动者约定了合同终止时间的劳动合同。合同到期时，双方可以续签合同，也可以解除合同。

无固定期限劳动合同指用人单位与劳动者约定无确定终止时间的劳动合同。其实质是给予劳动者终生保障。无固定期限劳动合同，可以由双方自愿签订，也存在法律强制签订的情形。《劳动合同法》第十四条规定，出现下列情形之一，劳动者提出或同意续订、订立劳动合同的，除劳动者提出订立固定期限劳动合同外，应当订立无固定期限劳动合同：一是劳动者在该单位连续工作满十年的；二是用人单位初次实行劳动合同制度或者国有企业改制重新订立劳动合同时，劳动者在该用人单位连续工作满十年且距法定退休年龄不足十年的；三是连续订立二次固定期限劳动合同，且没有出现《劳动合同法》第三十九条、第四十条规定的由于劳动者的原因或过错导致用人单位可以单方解除劳动合同的情形。

以完成一定工作任务为期限的劳动合同，指用人单位与劳动者约定以某项工作的完成时间为合同期限的劳动合同。例如，培训讲师完成一个周期的培训任务；专业技术人员完成某项目的研究与开发等。

集体合同是由工会、劳动者代表与用人单位或用人单位代表签订的劳动合同。它可以是综合性的劳动合同，也可以是劳动安全卫生、女职工权益保护、工资调整机制等专项合同；它可以由单位内部的工会与用人单位签订，也可以由整个行业、区域的工会与行业、区域用人单位代表签订。集体合同的草案应提交职工代表大会或全体职工讨论通过。

劳务派遣协议是劳务派遣单位与接受劳务派遣形式用工的单位订立的协议。协议应当约定派遣岗位、人员数量、派遣期限、劳动报酬、社会保险费数额及支付方式、违约责任等内容。

9.1.2 劳务关系的含义和区别

9.1.2.1 劳务关系的含义

劳务关系是劳动者与用工者根据口头或书面约定，由劳动者向用工者提供一次性的或者是特定的劳动服务，用工者依约向劳动者支付劳务报酬的一种有偿服务的法律关系。劳务关系由《中华人民共和国民法通则》和《中华人民共和国合同法》进行规范和调整，建立和存在劳务关系的当事人之间是否签订书面劳务合同，由当事人双方协商确定。

目前，与劳动关系相近的劳务关系大致有下列几种情形。

(1) 用人单位将某项工程发包给某个或几个人员，或都将某项临时性或一次性工作交给某个或几个人，双方签订劳动合同，形成劳务关系。

(2) 用人单位向劳务输出公司提出所需人员的条件，由劳务输出公司向用人单位派遣劳务人员，双方签订劳务派遣合同，形成劳务关系。

(3) 用人单位中待岗、下岗、内退、停薪留职人员，在外从事一些临时性有酬工作而与另外的用人单位建立的劳务关系，由于这些人员与原单位劳动关系依然存在，所以与新的用人单位只能签订劳务合同，建立劳务关系。

(4) 已经办理离退休手续的人员，又被用人单位聘用后，双方签订聘用合同后，这种聘用关系类似于劳务关系，又不全是劳务关系。

9.1.2.2 劳务关系的区别

实践中事实上的劳动关系与劳务关系很容易发生混淆，因而产生很多纠纷，正确区分两者是正确适用法律解决纠纷的前提。两者主要的区别如下。

1. 主体资格不同

劳动关系中的一方应是符合法定条件的用人单位，另一方只能是自然人，而且必须是符合劳动年龄条件，且具有与履行劳动合同义务相适应的能力的自然人；劳务关系的主体类型较多，如可以是两个用人单位，也可以是两个自然人。

2. 隶属关系不同

隶属关系的含义是指劳动者成为用人单位中的一员，即劳动者成为该用人单位的职工或员工（以下统称职工）。存在着隶属关系是劳动关系的主要特征。而劳务关系中，不存在一方当事人是另一方当事人的职工这种隶属关系。如某一居民使用一名按小时计酬的家政服务员，家政服务员不可能是该户居民家的职工，与该居民也不可能存在劳动关系。

3. 当事人的义务不同

劳动关系中的用人单位必须按照法律法规和地方规章等为职工承担社会保险义务，且用人单位承担其职工的社会保险义务是法律的确定性规范；而劳务关系中的一方当事人不存在必须承担另一方当事人社会保险的义务。如居民不必为其雇用的家政服务员承担缴纳社会保险的义务。

4. 人事管理不同

用人单位具有对劳动者违章违纪进行处理的管理权。如对职工严重违反用人单位劳动纪律和规章制度、严重失职、营私舞弊等行为进行处理，有权依据其依法制定的规章制度解除当事人的劳动合同，或者对当事人给予警告、记过、记过失单、降职等处分；劳务关系中的一方对另一方的处理虽然也有不再使用的权利，或者要求当事人承担一定的经济责任，但不含当事人一方取消当事人另一方本单位职工“身份”这一形式，即不包括对其解除劳动合同或给予其他纪律处分形式。

5. 报酬不同

劳动关系中的用人单位对劳动者具有行使工资、奖金等方面的分配权利。分配关系通常包括表现为劳动报酬范畴的工资和奖金，以及由此派生的社会保险关系等。用人单位向劳动者支付的工资应遵循按劳分配、同工同酬的原则，必须遵守当地有关最低工资标准的规定；而在劳务关系中的一方当事人向另一方支付的报酬由完全由双方协商确定，当事人得到的是根据权利义务平等、公平等原则事先约定的报酬。

9.2 劳动关系现状

9.2.1 我国劳动关系的现状

由于我国企业中劳动关系问题较多，颇具代表性，本节以企业为例，分析我国企业劳动关系的特点、原因，并探讨解决方法。

9.2.1.1 我国企业劳动关系的特点

当前，我国经济社会发展已进入一个关键时期。一方面，经过改革开放 30 多年的不懈努力，我国经济发展和现代化建设已经取得了举世瞩目的伟大成就，改革发展稳定呈现出难得的大好局面；另一方面，随着社会主义市场经济深入发展和经济转轨、社会转型和企业转制的加快，反映经济关系和社会关系一个极为重要方面的劳动关系，也正在经历着前所未有的重大变化。我国由于长期的计划经济的影响，处于向市场经济转轨时期的劳动关系还存在诸多的问题。就目前我国的状况而言，主要特点如下。

1. 我国劳动力配置的双重机制并存

劳动力市场配置机制和行政配置机制同时对劳动关系发生作用，市场配置机制对劳动合同关系的运行起支配作用，同时在一定程度上影响着非劳动合同关系的运行；劳动力行政配置机制仍支配着非合同劳动关系的运行，并对劳动合同关系有一定的制约作用。因而，在劳动关系的运行过程中，存在着两种劳动力配置机制的摩擦。按照社会主义市场市场经济的要求，不同所有制性质劳动关系将逐步按统一规则运行；劳动合同关系将逐步成为劳动关系的普遍形式；劳动力市场配置机制将逐步取代劳动力行政配置机制，并对劳动关系起支配作用。

2. 部分企业劳动合同签订率低

劳动合同制度是市场经济条件下用人单位和劳动者确立劳动关系，明确双方权利义务的法律制度。实行劳动合同法有利于依法规范企业的劳动用工行为，保护劳动者的合法权益，促进劳动关系的和谐稳定。但有些企业用工不规范，不依法签订劳动合同，影响劳动关系和谐稳定。不签订劳动合同表现在以下四个方面。

（1）民营企业中的小企业以及农民工劳动合同签订率和覆盖率不高。比如，据云南省总工会 2011 年企业劳动关系状况调查显示，仍有部分企业未与职工依法签订书面劳动合同。部分民营企业故意漏签劳动合同，如 100 个职工的企业，只有 10 人签订劳动合同，以应付劳动执法检查。

（2）合同期限较短，续签率低。一些企业仅在职工进厂时签订了一年合同，而且没有到劳动部门备案，到期后又没有续签。

（3）合同的履约率低，约束乏力。特别是外来务工人员流动性比较大，不签订劳动合同，一旦发生争议则往往处于无据可查、无理可辩的弱势地位。

（4）滥用劳务派遣工。很多组织把劳务派遣作为规避《劳动合同法》的重要手段，除较为集中使用劳务遣派工的冶金、建筑、采矿、交通运输行业外，通信、邮政、电力等行业也在大量使用，少的占企业职工总数的 25%，多的达到 60%。甚至有的国有改制企业不但大量使用劳务派遣工，而且将原有职工也改为劳务派遣工，职工的职业稳定性下降，损害劳动者合法权益的事件屡屡发生。

2011 年，四川大学公共管理学院的牟旭等人对成都市中小型物流企业《劳动合同法》的实施情况进行了调查。根据统计数据显示，劳动合同签订的比例为 55%，签订比例较低。劳动合同期限 3 年以下的占了 64%，这说明在我国目前就业市场供过于求的情况下，出现了劳动合同期限短期化的现象。在与企业签订劳动合同的劳动者中，只有 55%的企业为其购买了社会保险，在劳动力市场供过于求的情况下，一方面，企业为了进一步降低成本，不给员工买社保，违反了劳动合同法；另一方面，劳动者为了得到一份工资高点的工作，根本不考虑企业是否为自己购买社保。总体来说，在中小物流企业中，劳动合同法实施不够完善，落实不到位，劳动合同制度不够规范，这些客观存在的现实导致物流业的中小企业从业人员的权益缺失，从而成为影响劳动关系的因素之一。

3. 用人单位劳动合同管理不规范

部分企业与劳动者签订劳动合同后不报送劳动保障行政部门备案，不给劳动者本人一份合同，劳动合同到期后不及时续签、变更、解除和终止劳动合同。劳动关系不够规范，随意变更、解除劳动合同的现象时有发生。

4. 职工合法权益难以得到有效保护

职工合法权益难以得到有效保护表现在，有的企业虽然效益每年都在增长，而职工的工资却不能随企业效益增长而增加，导致职工工资偏低。工资集体协商制度覆盖面不大，工资由企业单方决定现象仍较普遍，管理者与普通员工的收入差距过大，尚未形成普通员工工资正常合理增长机制。据调查，工资集体协商制度推进难。有些企业不愿为简单体力劳动用工、流动性大的用工以及农民工参保，造成职工的合法权益得不到保护。

2011 年，牟旭等人对成都市中小型物流企业工会及劳动争议处理情况进行了调查。根据统计数据显示，65%的中小物流企业没建立工会，且其他 35%的不知道企业是否建立了工会。中小物流业缺乏劳动争议处理机制，被调查的所有企业都没有劳动争议调解委员会或类似组织。再者劳动者本身法律意识薄弱，当企业违反劳动法或劳动合同法时，没有一个人求助于工会，仅有15%的人会运用法律武器维护自身的权益，大多数人都选择默默忍受。由于劳动者缺少表达利益诉求的正当渠道，必然致使利益诉求表达不畅或权利主体利益受损，劳动者就可能转而寻求以一种较为激烈的方式表达出来，严重影响劳动关系的和谐稳定，这也是影响劳动关系的重要因素之一。

9.2.1.2 我国企业劳务关系的成因

1. 国家管理体系不健全

国家管理体系不健全表现在四个方面。一是目前我国对市场经济下企业综合管理、协调服务还缺乏完善的体系，往往是参与管理部门多，具体责任却不很明确。二是劳动监察部门由于人员配备少，办案经费短缺，监察力度、处理手段等方面还不能适应劳动争议矛盾上升、情况复杂的现状。三是劳动保障的法律法规宣传、检查、落实不够，社会监督约束机制不健全。四是政府对侵犯职工合法权益的行为缺乏有效的防范机制，查处力度不够。

2. 企业劳动保障意识淡薄

部分企业经营者劳动保障意识和社会责任意识淡薄。他们只重视生产经营，不重视劳动关系的和谐。只注重保护身边人和少数管理、技术等骨干人员的利益，不注重保护大部分普通劳动者的合法权益。有的企业只是追求利益的最大化，而忽视社会责任和义务。

3. 企业管理制度不规范

有一些企业技术水平低，经营环境差，本小利薄，只能维持生存。同时，经营者知识水平、法律意识和管理能力普遍不高，雇员文化程度、工作技能、敬业精神普遍不高，加之经营波动性和员工流动性大。这些决定了企业经营状况不大好，管理不太规范，劳动关系难稳定、问题多。

4. 劳动者地位处于弱势

由于劳动力市场供大于求，就业和再就业困难，劳动者不敢理直气壮地主张自身权益，宁愿委屈自己也不敢得罪企业，为企业逃避法律约束创造了一定条件。

5. 基层工会组织维权不力

由于部分企业劳动用工流动性大，变动频繁，增加了工会组建的难度，造成企业工会组织不健全。建立工会组织的企业，工会协调劳动关系、维护企业职工劳动权益的作用未能充分发挥出来。

一些非公企业没有建立工会，如何产生协商代表成了难题，集体协商无从谈起。非公企业工会组建有的只是完成一个挂牌仪式，不签集体劳动合同或仅将签集体合同当作“达标”任务；集体协商有的只是资方代表与工会代表在政府或上级工会提供的样本化合同文本上签字盖章的仪式，集体合同制度在劳方“无力”、工会“无为”的讨价还价的形式化推进中走了样。体制内工会有组织、缺群众，谈判力较弱，出现了“体制内工会缺位、第二工会补位”和“野猫罢工”的现象。

知识链接

我国物流企业人本管理下的养老风险问题分析

第一，人口多，缴费总额高，资金风险大。物流行业作为我国的朝阳行业和重点发展产业，在几十年间得到了迅猛发展，从业人员迅速增加。日益增加的物流从业人员在增加物流产业效益的同时，也极大地提高了物流产业的运营成本。随着国家对于企业人员保障力度加大，大多数物流企业对于从业人员进行养老保险金缴纳，虽然企业只是承担了缴费额度中的一部分，但是这笔费用随着行业的快速发展和国家对于企业保险责任的加大，在企业的成本核算中比重越来越大，由此带来的企业成本和资金风险在大大增加。

第二，人口流动性强，企业需要重复投保，容易造成资金人力浪费。物流行业的人员流动性较强，这种人员特征决定了物流公司人本管理中养老保险事务重复烦琐，比如新进人员的保险办理、退出人员的保险管理及其重复办理保险的问题处理等，各种问题增加了物流企业人本管理的难度，同时增加了企业养老风险管理上人力和经济上的负担。

第三，多工种、多层次人力资本结构使养老保险管理状态表现出多层次化。物流行业人员多层次化是其突出的特征，从员工保险身份上可以分为城镇职工、农民、城镇灵活就业人员，这就要求物流企业人本管理中对员工的养老保险处理分别对待，不能搞“一刀切”，相对于其他行业人员性质的单一性，物流企业人本管理中养老风险管理呈现出多层次化状态，事务管理较为复杂。

第四，很多企业不愿实施企业年金。目前在国家的养老保险机制中，基础养老保险、个人储蓄性保险、企业年金一直是国家努力构建的养老保险架构。企业年金是企业人员养老保险的有益补充，现阶段国家对于企业年金的政策要求是政策引导、企业自愿，这种非强制性执行的思路造成很多企业不愿对员工实施企业年金，物流企业也同样存在这种状况。究其原因，年金的推行虽然加强了员工养老风险保障，但同时加重了企业的经济负担，对于企业来说，这是必须考虑的成本问题。企业年金作为福利保障对于激励员工有着积极意义，可以稳定人心，同时也顺应了国家保险机制发展的方向，物流企业如何协调这个矛盾关系，对于物流企业的发展具有一定的影响作用。

第五，物流企业养老风险管理的区域性问题。物流企业由于其业务在多区域开展，所以企业成员呈现出分散分布状态，企业人员来自多个地方，各个地区保险虽然政策方向一致，但是在细节推行上存在着差异，所以对于本区域员工的养老保险处理既要考虑企业制度，同时还要结合当地情况进行。这种情况加剧了物流企业对于员工养老保险参保管理的难度。妥善处理这些问题，对于物流企业的养老风险管理具有示范性的意义。

第六，不同保险模式下员工保险转换和处理。由于物流企业工种较多，所以员工的保险模式也存在多种不确定性，如长期在本地工作的外地员工可能决定在本地居住、农民出身的员工转为城市非农业户口而成为城市居民、事业单位的员工进入企业工作等多种情况，这些情况都要求物流企业的人力资本管理拥有成熟完善的机制来确保员工的养老保险得到保障。

第七，基层员工的养老风险管理任务比较突出。在目前多数中小物流企业里，物流企业的组织结构呈现明显的金字塔结构，基层员工数量在企业结构中的比重相对较大。这部分员工社会保障较低，同时工资待遇较低，流动较为频繁。如何通过养老风险管理加强员工的稳定性、增加员工对于企业的凝聚力等问题，是物流企业人本管理的一个难题。同时这个问题也说明，物流企业加强基层员工的养老保险力度尤为重要。从事搬运或者运输的基层员工多为农民工，由于这些人员的流动性较强，同时企业为了节省资金，往往不和这些员工签订劳务合同，忽略了这部分员工的养老保险等其他社会利益保障，导致这些员工的养老保障只能依靠国家的农村基本养老保险。但是随着农村经济的发展，农村的花费开支在逐渐增加，另外有的员工已经在所在城市定居，农村的基本养老保险额度对于这个群体来说远远不够。

从以上分析可以看出，物流企业人本管理中的养老风险管理存在着工作内容复杂、事务烦琐、成本较高、影响较大等突出特点。这些特点决定了在处理物流企业养老风险管理时需要根据国家政策并结合行业特点开展工作，只有这样，才能使物流企业人本管理中的养老风险管理取得卓有成效的成果。

资料来源：黄敏，金春．物流企业人本管理中的养老风险研究［J］．物流技术，2013，32（3）：27－29.

9.2.2 劳动关系的改善方法

对劳动关系运行中出现的新情况、新问题，必须要予以高度重视，要认真研究对策、措施，形成社会合力，推动企业建立稳定的劳动关系，促进社会和谐发展。从政府层面而言，应该通过舆论引导来营造和谐的劳动关系、完善劳动关系的协调和保障机制、加大劳动监察力度等措施来改善企业的劳动关系。从企业层面而言，可以通过让员工参与管理、规范工作设计等措施来改善劳动关系。

9.2.2.1 鼓励员工参与管理

职工参与企业管理是企业对职工进行有效激励和约束的重要手段，是降低双方信息不对称、提高企业管理效率、促进劳动关系和谐的重要途径。

由于实行员工参与管理可能会有较多的难题需要解决，在实施的过程中应该采取必要的方式、方法，所采取的方法必须能通过向经理和员工们传达新的经验而改变其思维假设和价值观。根据国外企业的经验，开始转变自己员工影响政策的企业都是先允许有这种倾向的经理在外围的工厂、分支机构或是部门里做实验，给予他们塑造新文化的自由，从而在企业内部产生出可以用于教育其他经理的示范典型。另一些转变员工影响模式的企业建立一个遍布于企业内部的咨询培训机构，通过咨询、授课、劝告和培训他们的经理来支持这些变化，机构里的专业人员可能是人事专家、公司内部或外部的咨询人员或是临时被委派支持这些变革的一线经理。当然，一个为经理、管理人员和普通员工所准备的关于员工影响政策变化的广泛的教育计划也是必不可少的。

除此之外，企业要完善职工代表大会制度，从立法上增强职工代表大会的参与权力，提高参与水平，强化监督功能；要建立健全工人董事、监事制度，同时赋予工人董事否决有损职工利益的决议的权力，监事会中的职工成员有权对企业经营进行全面的监督；要建立在职工参与制度基础之上的员工持股计划。只有基于共同治理模式下的职工持股计划，才能从根本上保证持股职工的利益，促进劳动关系的和谐。

9.2.2.2 完善制度机制建设

改善劳动关系的最终目标是实现劳资双方利益的平衡，使雇主与雇员双方的利益得以维护，达到双赢。

(1) 在企业内部，完善“劳资自治”机制。劳动关系最终是雇主和雇员之间的关系，其和谐取决于双方利益的共赢。实施并推行“劳资自治”，就是以劳动关系双方利益最大化为基本原则，通过逐步完善劳动关系内部利益制衡机制，增强自治能力，增进劳资双方的合作意识和责任意识，实现劳资双赢的合作博弈，从根本上减少劳资冲突，即使发生冲突也基本能在双方之间解决，避免劳资矛盾的显性化和外部化。

(2) 给予利润分配的权利，让员工享有工资以外的经济效益。

9.2.2.3 规范工作系统设计

工作设计的目的是建立工作系统。工作系统是工作内容、技术员工素质、管理方式的特殊复合体。工作系统的核心是工作内容本身，工作系统既可能强调员工直接从事工作的能力，也可能强调员工的发展潜力。即使新员工技能与素质上不尽如人意，管理人员也能通过建立完善的工作系统，选择合适的工作框架，使他们的技能和素质朝着预期的方向发展和完善。

1. 工作系统的衡量

工作系统完善与否可从以下几方面衡量。

(1) 员工积极性。员工越是从事适合、满意的工作，他工作的推进力、成就感和责任心就会越高。

(2) 工作动力。员工参与的广泛性会增加企业对更多有潜力的员工的吸引力，它也会激发员工的工作能力和自豪感。

(3) 企业效益。工资和利润的效益并不会由于工作系统设计的革新而降低。事实上，它反而会增加。同时离职率和缺勤率将下降，并且灵活性、接受能力、生产率和素质都将提高。

(4) 内部凝聚力。如果工作系统被各个团体认同，那么管理层、工会和员工三者之间更易就共同的利益达成一致。现在的工作系统主要是受到泰勒的科学管理思想的影响。泰勒制是建立在悲观人性的假设之上，它的影响是广泛的。在泰勒制管理思想指导下的工作系统设计的特点是严密的监督、计件付酬、适应个人工作的最低限度培训、低成本地吸收人才等。泰勒制由于对人性的压制使上述四个衡量方面均存在严重缺陷，极不适应现代企业市场竞争的需要。

2. 工作设计的内容

由于工作系统在发挥各类员工的能力方面具有至关重要的作用，人们对工作系统设计做了很多的思索和研究，认为工作设计应同时考虑以下两方面内容。

(1) 鼓励参与。20世纪60年代发展起来的行为学说鼓励管理者采纳新管理措施。道格拉斯·麦克格雷格在《企业的人事管理》(1960年)一书中认为"无论管理者或理论家利用什么样的工具，一个管理的基本哲学、人性本身的真正内涵在于员工的参与。"关于人们行为的流行理论（X理论）产生于人类动机的悲观假设论，麦克格雷格认为：工人能自我调节地完成所分配的任务，他命名此人性理论和动机理论为Y理论。在他看来，管理的主要挑战在于有效地组织企业，从而让员工自我定位并主动工作以及发掘其创新的潜力。该理论的直接产品是20世纪70年代中期在美国工厂出现的质量控制小组，日本人通过运用它也获得巨大的收益。参与问题解决小组是另一种形式。其思路是：一位参与本职工作决策的员工将负责降低成本并提高质量，而这些正是管理者自认为能做到并想做的，问题解决小组逐渐成为改善工作生活质量（Quality Of Work Life）的主要机制。它对管理者、工会和工人都有利。在美国，问题解决小组已经成为沟通工人与管理信息的主要工具。

(2) 工作丰富化。根据F. 赫兹伯格的研究理论，在工作中主要有两组因素在起作用：第一组为环境因素，它包括公司的政策监管的措施、报酬计划和工作条件等；第二组因素为激励因素，它包括认知、绩效、责任心、进步、个人的成长和能力等。赫兹伯格认为：虽然单独地改变环境因素并不能激励员工，但是员工认为这些因素很重要。所以，任何激励员工的设计都必须尽量减少员工对环境因素的不满，只有当这些条件满足时，向员工提供激励因素才能真正鼓励员工的努力工作。通过对工作系统中工作内容的丰富性设计，可以一方面改善环境因素，提高员工的满意度，另一方面增强工作上的内在激励因素。工作丰富性体现在以下五个方面：一是技能的多样性。也就是完成一项工作涉及的能力范围，包括各种技能和能力。二是工作的完整性。即在多大程度上工作需要作为一个整体来完成，从工作的开始到完成并取得明显的成果。三是任务的重要性。即自己的工作在多大程度影响其他人的工作或生活，不论是在企业内还是在工作环境外。四是主动性。即工作在多大程度允许自由、独立以及在具体工作中个人制订计划和执行计划时的自主范围。五是反馈性。即员工能及时、明确地知道他所从事的工作的成果和效率。

通过重新设计工作系统从而增加工作的多样性、完整性、重要性、自主性和反馈性，员工的心理状态能得到改善，个人所从事的工作越有意义，越是清楚地知道他们努力的结果，员工对工作将更负责，这种心理状态使工作在多方面得到改善。在重新设计的工作中能观察到下列结果，员工内在的工作激励越高、工作的质量越高，对工作越满意、缺勤率和离职率则越低。

知识链接

我国中小物流企业劳动关系规制策略

1. 地区性、行业性工会的构建

个体劳动者团结起来通过工会集体劳权的行使，与雇主通过集体谈判，达到提高劳动者就业条件目的，这是世界上先进工业国家劳动者维权的基本途径。我国物流业由于大量小规模物流公司的客观存在，很多公司不能够满足基层工会的构建要求。依据我国《工会法》第十条规定："企业、事业单位、机关有会员25人以上的，应当建立基层工会委员会；不足25人的，可以单独建立基层工作委员会，也可以由两个以上单位的会员联合建立基层工作委员会，也可以选举组织员一人，组织会员开展活动。"据此针对小规模物流企业，可以成立基层工作委员会，以乡镇、村社、街道社区为单位的工会组织，具体的管理可以借鉴义乌模式，比如非公企业工会实行属地管理，会员实行"流动会员制度"，会员关系随劳动关系流动。通过地区工会或行业工会来代表劳动者与雇主签订集体合同来规范物流业底层劳动者的就业基准，从而实现劳动者权益的维护，这一方面昆山工会的《上一级工会代行基层工会部分维护职责办法》值得借鉴，"代行办法"中对上一级工会代行基层工会部分维护职责的内容和范围进行了规定，解决了基层工会履行、维护职责时，在地位上、信息上、措施上的不对称，提高工会维权能力。

2. 非官方劳工组织的参与

我国一元化的工会维权模式下，受过去制度惯性和当今社会政治结构的影响，具体运行中工会维护劳动者权益存在着效率低、积极性不够等现象。对此，有的专家认为主是由于内在动力不足，即工会是否维权与工会的存在发展之间没有必然的因果关系，即使工会不维权，并不会导致工会的萎缩与消亡。在这一背景之下，在我国沿海以及内陆的一些发达地方自发地出现了如兄弟会、同乡会、打工者协会这些具有工会性质的组织，用来维护劳动者的权益。而这一形式与我国法律所规定的一元化的工会模式相抵触，对这一矛盾的解决必须进行慎重的考虑，不能仅仅因为其不是上级工会同意成立而对其维护劳动者权益的行为进行禁止，这样只会激化劳资双方的矛盾，导致社会的不稳定。我们可以采取灵活务实的措施，将其规范到工会的体系之中，放宽工会申请成立的标准，给予他们一些必要的政策上和经济上的支持，用以增加维权形式的灵活性，比如民间的同乡会、作为注册的工人团体（如北京的小小鸟文化传播中心）以及一些NGO组织。劳动者自发维权组织可以避免既存工会诸如缴费形式、组织构建引起的雇主抵制。

对于非官方性劳工组织代表劳动者维权的合法性，这是一个值得商榷的问题。综观国外西方发达工业化国家大多采取的是多元化工会模式，譬如美国以工联主义作为工会存在的前提，强调对美国自由的企业体制的承认，强调工会要解决的是工资、工时等问题，要利用一定的程序解决工资场所的劳动争端。据此《美国国家劳资关系法》指出："劳工组织一词是指雇员参加的任何种类、任何组织，或任何代理机构，或雇员代表委员会和计划，其存在的全部或部分目的是为了各种申述、劳资争议、工资、工资等级、工作时间和工作条件等问题同雇主进行交涉”。通过借鉴国外成功的经验来规范国内的非官方的劳工组织，引导企业内合理的劳动诉求，将其正确引导，使其在制度内解决纠纷，降低突发性停工给企业带来的损失，尤其是物流业，大量货物的运输对时效性有严格的要求，突发停工会给企业经济、声誉上带来严重的打击。

3. 严格执行《劳动合同法》，促进行业整合

夹缝中生存的中小型物流企业一方面有着较大的灵活性、低价格的优势，对地方经济的发展有一定的积极作用，但是另一方面，一些企业通过采用违规运营与员工不签劳动合同，少上保险、不发加班费、劳动设施的配置和保护用品不达标等手段，给物流业带来了恶性竞争，导致劳动条件的“探底”(Race To The Bottom)，影响到整个物流业的良性发展，只有通过物流业的有效整合，将一些不规范的物流公司淘汰掉，才能有利于整个行业长久的发展，而今劳动合同法的实施就是一个契机。比如《劳动合同法》第八十四条：“用人单位违反本法规定，扣押劳动者居民身份证等证件的，由劳动行政部门责令限期退还劳动者本人，并依照有关法律规定给予处罚。”多年来，在公路运输行业和快递行业，司机和快递送货人员带车带货携款逃跑的诈骗事件屡有发生，中小企业为此采取简单的扣证件、收押金的管理手段。劳动合同的严格执行必定对该类企业产生困扰，引起劳资争议。只有达到一定规模的企业方有能力构建新的信用体系，而这必须建立在规范稳定的劳动关系基础之上，这是中小企业无法回避的。此外，尽管《劳动合同法》第八十五条对劳动报酬、加班费、经济补偿做出了规定，但是由于物流业存在流动性较强的行业特点，这种客观原因造成超出劳动时间的“加班”是普遍存在的，例如集港压车和长途运输途中出现的路阻压车等现象经常发生，加班费的支付需要企业完善薪酬体系，与员工通过协商解决，避免由此引发劳动争议。劳动合同法的逐步落实过程中，整个行业的劳动条件也会不断提高，劳动者权益也会得到保障。

从物流行业整体来看，《劳动合同法》的实施为企业带来成本的增加是客观事实，短时期内也不可能全部转嫁到服务对象上，这必然促进行业的优胜劣汰，适者生存，其中必有阵痛，但这是一个完善物流体系构建所必须承担的。这也是物流企业形成真正竞争力的必由之路。

资料来源：李亮山．中小物流企业劳动关系规制策略［J］．物流科技，2013（2）：127－129.

9.3 劳动合同管理

9.3.1 劳动合同的概念

1. 劳动合同的含义

劳动合同又称为劳动契约，是指员工与组织之间建立劳动关系、明确双方权利和义务

的协议。劳动合同是确立劳动关系的法律依据，具有法律约束力，双方必须遵守合同规定的各项条款。劳动合同的约定条款，可分为必要条件和补充条件。必要条件是劳动合同中必须具备的条款，补充条件是指非劳动合同必备的条款，由双方当事人协商一致后形成的条款。根据《中华人民共和国劳动合同法》第三条规定："应当遵循合法、公平、平等自愿、协商一致、诚实信用的原则。"

2. 集体合同的含义

集体合同是员工代表与组织就劳动报酬、工作时间、休息休假、工作条件、劳动安全卫生、保险福利等问题在协商一致的基础上签订的协议。

《中华人民共和国劳动合同法》第五十一条规定："集体合同由工会代表企业职工一方与用人单位订立；尚未建立工会的用人单位，由上级工会指导劳动者推举的代表与用人单位订立。"

《中华人民共和国劳动合同法》第五十四条规定："集体合同订立后，应当报送劳动行政部门；劳动行政部门自收到集体合同文本之日起十五日内未提出异议的，集体合同即行生效。""依法订立的集体合同对用人单位和劳动者具有约束力。行业性、区域性集体合同对当地本行业、本区域的用人单位和劳动者具有约束力。职工个人与企业订立的劳动合同中劳动条件和劳动报酬等标准不得低于集体合同的规定。"

根据《集体合同规定》，集体合同包括以下几个方面。

第一，劳动报酬。

第二，工作时间。

第三，休息休假。

第四，保险福利。

第五，劳动安全与卫生。

第六，合同期限变更、解除、终止集体合同的协商程序。

第七，双方履行集体合同的权利义务。

第八，履行集体合同发生争议时协商处理的内容。

第九，违反集体合同的责任。

第十，双方认为应当协商约定的其他内容。

集体合同签订步骤可分为：准备阶段、协商谈判阶段、审议和正式签署阶段。一旦集体合同签订后，双方当事人必须遵守合同的各项条款。如果当组织生产经营遇到困难而停产、转产或因国家法律法规的调整，使集体合同无法履行，组织和员工可提出变更或解除集体合同。如果集体合同的期限已满或集体合同的一方不存在，集体合同可自行终止。

9.3.2 劳动合同的内容

2008 年 1 月 1 日实施的《劳动合同法》，进一步规范了劳动合同的订立、履行、变更和解除，加强了用人单位的法律责任，有效地制约了不签合同、签霸王合同、拖欠劳动者工资、侵犯劳动者权益等现象。同时，也对用人单位的劳动合同管理提出了新的要求。

1. 劳动合同期限

根据《中华人民共和国劳动合同法》第十二条、第十九条规定："劳动合同分为固定期限劳动合同、无固定期限劳动合同和以完成一定工作任务为期限的劳动合同。劳动合同期限三个月以上不满一年的，试用期不得超过一个月；劳动合同期限一年以上不满三年的，试用期不得超过二个月；三年以上固定期限和无固定期限的劳动合同，试用期不得超过六个月。以完成一定工作任务为期限的劳动合同或者劳动合同期限不满三个月的，不得约定试用期。

2. 工作内容

这项条款应明确员工在组织中从事的工作岗位、性质、工种以及应完成的任务，应达到的目标等，劳动者应事先对从事的工作做到心中有数。

3. 劳动保护和劳动条件

组织应根据国家的有关规定，结合自身实际情况，建立健全劳动卫生制度、劳动安全制度等，还应配备必要的劳动防护设备、用品等。

4. 劳动报酬

劳动报酬是员工在付出一定劳动后的回报，组织应根据国家的法律法规，结合员工的实际工作，合理、定期地发放劳动报酬，劳动报酬有工资、奖金、津贴等形式。

5. 劳动纪律

劳动纪律是组织为了其正常的生产经营而建立的一种劳动规则。根据组织的实际情况，有工作时间纪律、生产纪律、保密纪律、防火纪律等。员工应自觉遵守组织制定的劳动纪律。

6. 劳动合同终止的条件

组织与员工之间约定的终止合同效力的内容，以《中华人民共和国劳动合同法》第三十六条至第三十八条规定，以下情况员工可以解除劳动合同：未按照劳动合同约定提供劳动保护或者劳动条件的；未及时足额支付劳动报酬的；未依法为劳动者缴纳社会保险费的；用人单位的规章制度违反法律、法规的规定，损害劳动者权益的；提前30日书面通知用人单位解除劳动合同的。

7. 违反劳动合同的责任

组织与员工任意一方由于自身的原因造成合同无法履行或不能完全履行，应按照合同的有关规定进行处罚，如《中华人民共和国劳动合同法》第八十七条规定："用人单位违反本法规定解除或者终止劳动合同的，应当依照本法第四十七条规定的经济补偿标准的二倍向劳动者支付赔偿金。"

依据《中华人民共和国劳动合同法》第八十八条规定，用人单位有下列情形之一的，依法给予行政处罚；构成犯罪的，依法追究刑事责任；给劳动者造成损害的，应当承担赔偿责任：

第一，以暴力、威胁或者非法限制人身自由的手段强迫劳动的；

第二，违章指挥或者强令冒险作业危及劳动者人身安全的；

第三，侮辱、体罚、殴打、非法搜查或者拘禁劳动者的；

第四，劳动条件恶劣、环境污染严重，给劳动者身心健康造成严重损害的。

9.3.3 劳动合同的履行

《中华人民共和国劳动合同法》第二十九条至第三十五条对劳动合同的履行与变更规定如下。

第一，用人单位与劳动者应当按照劳动合同的约定，全面履行各自的义务。

第二，用人单位应当按照劳动合同约定和国家规定，向劳动者及时足额支付劳动报酬。

第三，用人单位拖欠或者未足额支付劳动报酬的，劳动者可以依法向当地人民法院申请支付令，人民法院应当依法发出支付令。

第四，用人单位应当严格执行劳动定额标准，不得强迫或者变相强迫劳动者加班。用人单位安排加班的，应当按照国家有关规定向劳动者支付加班费。

第五，劳动者拒绝用人单位管理人员违章指挥、强令冒险作业的，不视为违反劳动合同。

第六，劳动者对危害生命安全和身体健康的劳动条件，有权对用人单位提出批评、检举和控告。

第七，用人单位变更名称、法定代表人、主要负责人或者投资人等事项，不影响劳动合同的履行。

第八，用人单位发生合并或者分立等情况，原劳动合同继续有效，劳动合同由承继其权利和义务的用人单位继续履行。

第九，用人单位与劳动者协商一致，可以变更劳动合同约定的内容。变更劳动合同，应当采用书面形式。变更后的劳动合同文本由用人单位和劳动者各执一份。

9.3.4 劳动合同的无效

无效劳动合同是不受国家法律保护的、对用人单位和劳动者双方均无约束力的劳动合同。无效劳动合同有两种形式。一是合同无效，即该合同自订立之日起对双方就没有法律约束力。二是合同部分条款无效。其中无效的条款不受国家法律保护，有效条款仍具有法律效力。

1. 劳动合同无效的确认条件

（1）以欺诈、胁迫的手段或者乘人之危，使对方在违背真实意思的情况下订立或者变更劳动合同。“欺诈”指一方当事人故意告知对方当事人虚假的情况，或故意隐瞒真实情况，诱使对方当事人做出错误意思表示的行为；“胁迫”指以给对方当事人生命健康、荣誉、名誉、财产等造成损害为要挟，迫使对方做出违背真实意思表示的行为；“乘人之危”指一方当事人乘对方处于危难之机，为牟取不正当利益，迫使对方做出不真实的意思表示，严重损害对方利益的行为。例如，用人单位强迫劳动者交纳巨额集资款、风险金、培训费、保证金、抵押金等为前提签订的劳动合同；用人单位虚假承诺优厚的工作条件签订的劳动合同；劳动者伪造学历、履历或者提供其他虚假情况签订的劳动合同。

（2）用人单位免除自己的法定责任、排除劳动者权利的合同。实践中，很多劳动合同都是由用人单位提供的格式合同，其中可能包括对劳动者合法权利限制的内容。例如，约定劳动者自行负责工伤、职业病，规定劳动者在合同期限内不准恋爱、结婚、生育等违反《劳动合同法》和劳动安全保护制度等法律法规的条款。

（3）违反法律、行政法规强制性规定的合同。主要有：一是主体资格不合法的劳动合同，如与童工签订的劳动合同，劳动合同期满后用人单位强迫劳动者续签的合同；二是内容不合法的劳动合同，如违反《职业病防治法》《安全生产法》等法律法规条款，以及试用期超过 6 个月，不购买社会保险，设定无偿或不对价的竞业限制条件等条款的劳动合同；三是损害社会和第三人合法利益的劳动合同，如双方恶意串通，以合法形式掩盖非法目的合同等，均为无效合同。

对劳动合同无效或部分条款无效有争议的，由劳动争议仲裁机构或者人民法院确认。

2. 劳动合同无效的法律后果

劳动合同无效的，劳动合同应该解除。劳动合同部分条款无效的，其他条款仍然有效。

对无效劳动合同的处理，遵行“过错责任原则”，即由有过错的一方承担责任，如果给对方造成损失，还应负赔偿责任。具体有三种情况。

（1）劳动者无过错。即导致劳动合同无效，不是由于劳动者过错而是其他客观或主观的原因，用人单位应该向劳动者支付经济补偿金；劳动者已付出劳动的，还应该向劳动者支付劳动报酬，其数额参照本单位相同或者相近岗位劳动者的劳动报酬确定。

（2）用人单位的过错。由于用人单位的过错造成劳动合同无效的，用人单位应该按经济补偿金的二倍向劳动者支付赔偿金。对劳动者造成损害与损失的，按劳动部《违反〈劳动法〉有关劳动合同规定的赔偿办法》补偿：一是造成劳动者工资收入损失的，按劳动者本人应得工资收入支付给劳动者，并加付应得工资收入 25%的赔偿费用；二是造成劳动者劳动保护待遇损失的，应按国家规定补足劳动者的保护津贴和用品；三是造成劳动者工伤、医疗保险待遇损失的，除按国家规定为劳动者提供工伤、医疗待遇外，还应支付劳动者相当于医疗费用 25%的赔偿费用；四是造成女职工和未成年职工身体健康损害的，除按国家规定提供治疗期间的医疗待遇外，还应支付相当于其医疗费用 25%的赔偿费用；五是劳动合同约定的其他赔偿费用。

（3）劳动者的过错。由于劳动者的过错造成劳动合同无效，用人单位可随时解除劳动合同，不必支付经济补偿金。劳动者给用人单位造成损失的，也应该按照《违反〈劳动法〉有关劳动合同规定的赔偿办法》的规定赔偿下列损失：一是用人单位招收、录用其所支付的费用；二是用人单位为其支付的培训费用，双方另有约定的按约定办理；三是对生产、经营和工作造成的直接经济损失；四是劳动合同约定的其他赔偿费用。

除上面三种情形以外导致劳动合同无效的，可以依照当事人的过错大小以及造成的实际损失，由当事人协商，或者交由劳动合同仲裁机构和人民法院依法裁量。

9.4 劳动争议处理

根据《中华人民共和国劳动法》的有关规定：劳动争议又称劳动纠纷，是指员工与用人单位之间在履行劳动合同的过程中，发生的因权利与义务之间的纠纷。劳动争议的内容主要有以下几个方面：一是因用人单位开除、除名、辞退或职工辞职、离职而发生的终止劳动关系的劳动争议；二是用人单位和职工之间因执行国家有关工资、福利、保险、培训、劳动保护规定而发生的劳动法规的劳动争议；三是履行劳动合同的劳动争议，包括用人单位和员工之间因执行、变更、解除劳动合同而发生的争议；四是其他劳动争议。用人单位与员工发生劳动争议，当事人可以依法申请调解、仲裁或提起诉讼，也可以协商解决。

《中华人民共和国劳动法》第七十七条至第八十条规定："用人单位与员工发生劳动争议，当事人可以协商解决或依法向在本单位设立的劳动争议调解委员会申请调解，调解不成可申请仲裁，对仲裁不服，可申请提起诉讼。解决劳动争议，应当根据合法、公正、及时处理的原则，依法维护劳动争议当事人的合法权益。"

9.4.1 调解

劳动争议发生后，当事人可以向在本单位设立的劳动争议调解委员会申请调解，《企业劳动争议调解委员会组织及工作规则》中规定，企业劳动争议调解委员会受理劳动争议的案件范围包括以下内容。

第一，因企业开除、除名、辞退或职工辞职，离职而发生的劳动争议。

第二，企业和员工之间因执行国家有关工资、福利、保险、培训、劳动保护规定而发生的劳动法规的劳动争议。

第三，履行劳动合同的劳动争议，包括企业和员工之间因执行、变更、解除劳动合同而发生的争议。

第四，其他劳动争议。

调解委员会可通过当事人申请，填写申请表；其次调解委员会受理案件，填写受理通知书，通知双方；然后调解委员会对事实进行全面调查，了解事实真相，听取双方意见，制作调解协议书等步骤进行调解。

9.4.2 仲裁

《中华人民共和国劳动法》第八十一条规定："劳动争议仲裁委员会由劳动行政部门代表、同级工会代表、用人单位代表方面的代表组成。"劳动争议仲裁委员会受案范围包括以下内容。

第一，因用人单位开除、除名、辞退或职工辞职、离职而发生的劳动争议。

第二，用人单位和员工之间因执行国家有关工资、福利、保险、培训、劳动保护规定而发生的劳动法规的劳动争议。

第三，履行劳动合同的劳动争议，包括用人单位和员工之间因执行、变更、解除劳动合同而发生的争议。

第四，其他劳动争议。

知识链接

事实劳动关系受法律保护

事实劳动关系是指用人单位招用劳动者后不按规定签订劳动合同，或者双方签订劳动合同到期后，用人单位同意劳动者继续在本单位工作却没有与其及时续签劳动合同。我国法律保护事实劳动关系，劳动部《关于贯彻执行〈中华人民共和国劳动法〉若干问题的意见》中规定："中国境内的企业、个体经济组织与劳动者之间，只要形成劳动关系，即劳动者事实上已成为企业、个体经济组织的成员，并且为其提供有偿劳动，适用劳动法。"

如有劳动争议发生，当事人需向委员会提出书面申请。劳动争议仲裁委员会接到仲裁申请书后，将对申请书进行认真审查，资料不全者给予补充，经审查合格者，填写《立案审批表》报仲裁委员会审批，自填表 7 日内做出立案准备，若不符立案手续的，应及时通知申诉人。委员会先听取双方答辩，征询双方当事人意见，可先行调解，若不宜调解或调解无效的，应及时休庭合议并宣布裁决结果。根据《中华人民共和国劳动法》第八十二条规定，当事人申请仲裁要求应自劳动纠纷发生之日起 60 日内向劳动争议仲裁委员会提出申请。仲裁委员会收到申请后，应在 60 日内做出结案。对仲裁裁决无异议的当事人必须执行。

9.4.3 诉讼

若劳动纠纷当事人不服裁决，可向人民法院提起诉讼，按照司法程序对案件进行审理。根据《中华人民共和国劳动法》第八十三条规定，劳动纠纷当事人不服裁决，可在收到仲裁裁决书之日起，15 日内向人民法院提起诉讼。一方当事人在法定期内不起诉又不履行仲裁裁决的，另一方当事人可向人民法院申请强制执行。若期满不起诉的，裁决即发生法律效力。

管理案例

服务员送外卖出车祸，公司说不存在劳动关系

2011 年，20 岁的颜杰在成都一家餐饮公司找到一份服务员的工作。没想到一场车祸，不仅让他住进医院，还让他与公司打起了官司。成都高新区法院开庭审理此案。颜杰是不是在校学生成为双方争议焦点。

2011年5月，颜杰在一家餐饮公司找到一份服务员的工作。“两个月后我就转正了，工资还涨了200元。”颜杰说，他到公司面试前还是某职业学校学生，后来成为公司正式员工，但没有签劳动合同。

2011年10月21日，颜杰骑电瓶车给公司送外卖时，在路口被一辆轿车撞倒在地，他脑部受伤，在重症监护室躺了7天，做完开颅手术后，才脱离生命危险。

出院后，颜杰被鉴定为8级伤残，和车方打完官司后，他只获得4万多元赔偿。但因为脑部受损，他的记忆力与语言能力都下降了，医生说这次受伤很可能会留下永久的后遗症。

颜杰认为自己是在上班时间受伤，又是公司的正式员工，应该属于工伤，遂向当地人社局提起工伤认定申请。

2012年5月，经颜杰申请，劳动仲裁部门裁决公司与他存在劳动关系。“这意味着我有权要求公司对我的工伤做出赔偿。”当颜杰拿着裁决书准备着手工伤赔偿时，公司却将他告上法庭，要求法院撤销劳动仲裁部门的裁决，认定双方不存在劳动关系。

公司的理由是，颜杰是以在校学生的身份打暑期工，公司只是给他提供了一个勤工俭学的机会，因此双方并不存在劳动关系。按照劳动保障部的有关规定，在校生利用业余时间勤工俭学，不视为就业，未建立劳动关系，可以不签订劳动合同。

颜杰和公司争议的焦点之一，就在于他是不是在校生，双方都认为这将影响到劳动关系的认定，最终将影响到是否能认定工伤。然而，据了解，颜杰打工后由于一直没有上课已被学校除名，这就意味着他在去年10月出事的时候，已经是公司员工。因此，颜杰上班时间出事故受伤就应该是工伤，公司应该要给予赔偿。

（案例来源：鲍闻．服务员送外卖出车祸公司说不存在劳动关系［J］．四川劳动保障，2012（9）：34.）

9.5 社会保险制度

《中华人民共和国劳动法》第七十条规定：“国家发展社会保险，建立社会保险制度，设立社会保险基金，使劳动者在年老、患病、工伤、失业、生育等情况下获得帮助和补偿”。而社会保险水平应当与社会经济发展水平和社会承受能力相适应。

9.5.1 劳动保险的范围

我国规定的保险项目有：养老保险、疾病保险（疾病保险是指劳动者非因公患病、负伤、残废、死亡时获得经济资助的一种社会保险制度）、工伤保险、失业保险（失业保险待遇包括失业救济金、困难补助金、患病医疗补助金、丧葬补助金、遗属抚恤金等）、生育保险。具体如下。

1. 员工因工负伤、致残、死亡保险

工伤保险是国家对因工负伤、致残、死亡或暂时或永久丧失劳动能力的员工及其供养亲属提供经济帮助的一种社会保险制度。员工工伤实行“无责任补偿”的原则，我国对工伤保险制度的设计为：实行差别费率和浮动费率办法。根据《中华人民共和国劳动保险条例》规定：员工因工负伤医疗费用和住院时膳食全部由单位负担，医疗开始至医疗终止时止，医疗期间原标准工资照发，直到医疗结束时止。凡被确诊患职业病的员工，职业病诊断机构应发给《职业病诊断证明书》，享受国家规定的工伤保险待遇和职业病保险待遇。员工因工负伤患病治疗终结，经劳动鉴定委员会鉴定，确认为残废，按其残废程度发给工伤伤残等级证书并享有伤残待遇：

第一，完全丧失劳动能力的，按规定实行退休。

第二，部分丧失劳动能力的，由原单位安排力所能及的工作，若因换工作降低工资，用人单位应发给因工伤残补助费。

2. 员工非因工负伤、致残、死亡保险

《中华人民共和国劳动保险条例》、《劳动保险条例实施细则》规定：企业员工患病或非因公负伤，用人单位按其工作时间长短给予一定的医疗期，医疗期长短按照《企业职工患病或非因公负伤医疗期规定》第三条的规定执行：实际工作年限10年以下的，在本单位工作年限5年以下的为3个月，5年以上的为6个月；实际工作年限10年以上的，在本单位工作年限5年以下的为6个月，5年以上10年以下的为9个月；10年以上15年以下的为12个月；15年以上20年以下的为18个月；20年以上的为24个月；停工治疗在6个月以内的，发给本人标准工资60%～100%的病假工资；停工治疗在6个月以上的，发给本人标准工资40%～60%的疾病救济费。员工非因工残废，经医院证明和劳动鉴定委员会确认部分丧失劳动能力，由用人单位安排合适工作；完全丧失劳动能力的，又不具备退休条件的，按月发给本人标准工资的40%退职生活费。

3. 员工疾病的公费医疗保险

员工医疗费用由社会统筹基金账户和个人缴费账户两部分组成。员工患病，先从个人账户支取费用，不足部分从社会统筹基金账户中报销一定比例。根据《违反和解除劳动合同的经济补偿办法》规定：“在医疗期内，其医疗待遇和病假工资与固定工相同，医疗期满后因不能胜任原工作，也不能从事企业安排的其他工作，待遇按照不低于6个月工资的医疗补助费，同时按照其在本单位的工作年限，每满1年发给相当于1个月工资的经济补偿金，患重病和绝症的还应增加医疗补助费，患重病的增加部分不低于医疗补助费的50%，患绝症的不低于100%。”

4. 员工退职、退休（含离退）保险

退职是指员工丧失劳动能力，但未达到退休条件，根据规定退出劳动工作。退职后，按其本人标准工资的40%发放生活费，《国务院关于工人退休、退职的暂行办法》（国发〔1978〕104号）规定：“凡符合下列条件之一的，可以退休：第一，男年满60周岁，女年满50周岁，连续工龄满10年的；第二，从事井下、高空、高温、特别重体力劳动或者其他有害身体健康的工作，男年满55周岁，女年满45周岁，连续工龄满10年的；第三，男年满50周岁，女年满45周岁，连续工龄满10年的；由医院证明，并经劳动鉴定委员会确认，完全丧失劳动能力的；第四，因工致残，由医院证明，并经劳动鉴定委员会确认，完全丧失劳动能力的。”

退休的待遇按照下列规定：第一，连续工龄满 20 年的，按本人标准工资的 75%发给。第二，连续工龄满 15 年的，按本人标准工资的 70%发给。第三，连续工龄满 10 年的，按本人标准工资的 60%发给。

5. 员工的优异保险

员工的优异保险是指对有特殊贡献的职工，包括劳模、功臣、战斗英雄、标兵等，给予更高层次的特殊保险。

6. 员工供养直系亲属的保险

根据《中华人民共和国劳动保险条例》及其实施细则规定：“员工因工死亡，由原单位发给员工平均工资的 3 个月工资作为丧葬费，每月按照标准另支付其供养的亲属一定的抚恤金。”

7. 女员工的生育保险

根据《中华人民共和国劳动法》、《女职工劳动保护规定》的规定：“我国生育社会保险的享受对象为企业的女职工，可享受下列待遇：生育费用实行公费医疗，女员工生育，产前产后共休假 90 天，产假期间工资照发，女员工怀孕 7 个月小产时，给予 30 天以内的产假，产假期间工资照发，女员工难产时，增加产假 15 天，多胞胎生育后，每多生一个婴儿增加产假 15 天。产假期满后，仍不能工作者，经医院证明，按病假处理。”

9.5.2 劳动保险的基金

根据《中华人民共和国劳动法》第七十条、第七十二条的有关规定：国家应逐步设立社会保险基金制度，社会保险基金应按照保险类型确定资金来源，逐步实行社会统筹。具体规定如下。

1. 依法参加社会保险

定时交纳保险费，采取用人单位缴费与个人缴费相结合的方式养老保险金由用人单位缴纳的基本养老保险费和个人缴纳的基本养老保险费构成，用人单位缴纳的基本养老保险费按本组织员工工资总额和当地政府规定的比例在税前提取。

员工缴纳的基本养老保险费的月工资收入按国家统计局规定列入工资总额统计的项目计算，包括工资、奖金、津贴、补贴等收入；员工月工资收入超过当地职工平均工资200%或 300%以上的部分，不记入个人缴费工资基数，低于平均工资 60%的，按 60%计算。

2. 社会统筹与个人账户相结合

社会统筹是指用人单位和员工个人缴纳的基本养老保险费转入社会保险管理后在银行开设的“养老保险基金专户”，实行专项储存，专款专用；个人专户是指个人缴费部分和用人单位缴费的一部分，一起记入员工的个人账户，累计储存，到员工退休时使用。

思考题

1. 劳动关系有哪些特征？
2. 劳动合同的类型有哪些？
3. 劳务关系的含义及与劳动关系的区别有哪些？
4. 劳动合同一般包括哪些内容？
5. 劳动争议处理的方式有哪些？
6. 试分析我国劳动保险体系与内容。
7. 结合实际分析我国的企业劳动关系。

案例分析

中远集团的劳动关系管理

1. 工会工作机制

中远集团各级工会组织紧紧围绕企业改革发展战略目标和中心工作任务，依法履行维护职工合法权益的基本职责，协调企业劳动关系，充分调动广大职工的积极性和创造性，推动建设和谐企业，促进企业健康发展。工会以组织建设为基础，以机制建设为核心，全面加强工会自身建设，不断增强工会组织的凝聚力和影响力，努力把工会建设成为组织健全、维权到位、工作活跃、作用明显、职工信赖的职工之家。

2. 劳动合同签订

中远集团依法保障企业和职工的合法权益，维护稳定和谐的劳动关系，各级工会组织依据《中华人民共和国工会法》《中华人民共和国劳动法》等国家法律法规的规定，依法履行维护职能，使维权工作从关注员工的具体困难、解决具体问题向关注员工的根本利益、依法建立维权机制方面转变。中远集团及各级公司严格实施《中华人民共和国劳动合同法》，按照规定与员工签订定期劳动合同、无固定期劳动合同及农民工用工合同等劳动合同，构建和谐稳定的劳动关系。

3. 劳工与管理层沟通机制

中远集团各级工会组织依照法律规定通过职工代表大会和其他形式组织员工参与本单位的民主决策、民主管理和民主监督，重视发挥职代会联席会议在职代会闭会期间的民主决策作用，积极推进职工代表巡视工作，确保员工在企业生产经营管理和涉及员工切身利益的重大问题前，充分行使民主管理和民主监督权利。

4. 重大事项提前通报制度

中远集团按照国家有关要求不断创新厂务公开的形式，推广形成了厂务公开大会、网上厂务公开栏、领导与员工对话会、职工座谈会、专题通报会等有效形式；厂务公开的机制不断完善，工作实现了经常化、规范化。建立重大事项提前通报制度，有关重大事项提前通报率达到100%。为营造公开、透明、公正的企业环境、为调动职工积极性，保持队伍稳定和决策科学发挥了重要的积极的作用。

5. 工作条件和社会保护

中远集团致力于为员工提供满足国家法律要求、体面的工作条件，高度关注工作场所的条件与安全性，努力改善员工劳动工作条件，确保工作条件符合国家法律法规，并与适用的国际劳工标准相一致。根据国家法律、法规或集体协议对工作条件的规定，持续提高员工工资待遇和福利并及时足额支付工资和其他形式的报酬，实施满足规定的工作时间、休息时间、带薪休假、加班补偿等制度。通过加强劳动保护方面的资金投入，切实改善员工劳动工作环境，为职工配发劳动保护用品，定期为职工进行健康体检，积极维护广大员工的生命健康权益，坚决制止一切损害员工安全和健康权益的劳动用工行为。

6. 社会对话

中远集团通过建立有效的沟通、协商等形式的社会对话机制，就涉及企业和员工相关利益的议题，进行谈判、磋商或信息交流，推进劳动关系领域的民主化进程，实现企业与员工的和谐劳动关系。集团总公司及下属单位均建立了符合法律规定的工会组织，由工会通过平等协商和集体合同等制度，协调劳动关系，维护企业职工劳动权益。在涉及职工工作条件、工作时间、休息时间、假期制度、劳动保护、社会保障等关系到员工职业健康安全等议题时，工会代表职工与企业签订集体合同，杜绝侵犯员工劳动权益的行为。

7. 员工满意度

为全面了解总部员工的思想动态，收集员工对企业管理各个方面的意见建议，增强员工对企业的认同感，提高企业的凝聚力，进一步提高中远集团总部的管理水平，促进企业与员工共同成长，我们在中远集团总部员工中开展了员工满意度调查工作。员工满意度调查拟采取不记名问卷调查方式，分别从工作基础条件、工作岗位、工作发展、工资福利待遇、员工培训和企业理念六个方面进行调查。

根据案例回答下列问题：

(1) 结合我国的劳动关系相关法律，分析中远集团在劳动关系方面的主要做法。

(2) 结合本案例，分析物流企业如何改善劳动关系状况。

10 国际物流企业人力资源管理

学习目标

- 了解跨国公司人力资源管理的内涵。
- 熟悉影响跨国公司人力资源管理的主要因素。
- 了解跨文化人力资源管理的内涵。
- 了解各国企业文化模式与管理特点。
- 理解跨文化冲突的概念。
- 了解跨文化冲突带来的影响以及应对跨文化冲突的战略方法。
- 了解跨文化人力资源的职业生涯培训线。
- 了解各国人力资源管理的模式。
- 熟悉跨国公司人员的来源及招聘标准。
- 了解跨国公司人力资源的培训与开发。
- 了解执行全球人力资源管理的系统。

引导案例

联邦快递公司的企业文化建设

联邦快递 FedEx 在全球拥有超过 24 万名员工，目前亚太区也拥有九千多名员工。那么联邦快递 FedEx 是如何在保持企业文化统一性的同时促进人才本地化的呢?

21 世纪以来，联邦快递通过创造和培养一个清晰和一致的企业文化来实现其战略目标。联邦快递 FedEx 正是基于这样的理念与愿景，为员工提供良好的工作环境，在公司内部形成独特的管理文化，帮助员工的成长与发展。联邦快递员工队伍庞大，员工有着不同的文化背景，因此考虑员工的文化差异非常重要。语言、文化习惯、程序和工作理念等因素对一个跨国企业来说都可能成为巨大的障碍。从公司价值观角度来说，员工—服务—利润的本质是让公司平稳地消除全球员工当中的文化差异。“职业发展无界限”和“内部提拔”是联邦快递管理战略的两大方面，它们与公司的“员工—服务—利润”理念结合为一体。公司的“员工—服务—利润”哲学从真正意义上将员工团结在了一起，保证公司的准则、最重要的原则和最佳的经验能得到发扬。

当然，文化、核心价值观对于员工而言非常重要，在联邦快递 FedEx，它们包括了正直、诚信、开放、辅导、信任、关怀，联邦快递 FedEx 的价值观正是与这些对于人而言非常重要的因素紧密相连，从而将员工紧密团结在了一起。从招聘战略角度来说，联邦快递 FedEx 长期以来都在通过招聘“文化匹配”的管理人员到合适的位置来降低文化差异的影响，所谓的“文化匹配”也就是说，公司招聘那些与目标地区相适应，拥有相似文化背景的人员到合适的岗位上。这样的战略旨在降低文化差异所造成的影响，它使员工感到他们的声音受到管理层的重视和处理。只有这样，联邦快递的文化和价值观才能真正被员工理解、接受和分享。目前联邦快递 FedEx 大约 65%的总监和管理人员是本地人。从交流沟通角度来说，联邦快递提倡开放式和双向交流，公司的管理者认真倾听员工声音，及时做出反应，并将最终结果传达给员工。这也就是说，除了要在招聘员工时考虑到人才与当地市场和环境的匹配之外，为了使公司全球统一的价值观与文化能在各地推行和分享，联邦快递通过体系和制度来保障沟通的有效性，并通过管理人员的表率作用使员工认同和接受公司的价值观。

10.1 全球经营与跨国人力资源管理

10.1.1 面临全球化竞争的人力资源管理

全球化竞争的影响可以在世界许多知名公司的海外扩张中看到。如宝洁、麦当劳、IBM、通用等这样的大型跨国公司早就广泛地开展了全球化布局，希望能从像亚洲和世界其他地区快速的经济增长中获益。这也给组织带来了一些挑战，组织必须从全球角度协调资源配置、控制生产计划，同时组织还要设计出符合不同需求的人力资源管理政策和服务体系。

本书从跨国公司的视角阐述跨国人力资源管理的定义。

10.1.1.1 跨国公司的定义

（1）必须是一国以上拥有或控制资产，并从事价值增值活动的企业，即母公司控制下的多国经营实体。

（2）组成这个集团的各个企业之间，在人和资金方面拥有统一的核算体制。

（3）企业应有全球性的经营战略。

（4）企业的海外资产和海外收益已达到相当的规模。

10.1.1.2 跨国经营的种类

1. 跨国建立子公司、分公司

采购、销售、生产、研发或全能子公司。例如，海尔在美国建立子公司，成立了一个比国内还大的科技园，总部搬到美国，雇用美国本十的工人和管理人员，在美国采购原材料、生产，而且也在美国市场进行销售。

2. 跨国并购

如联想兼并 IBM 全球 PC 业务，TCL 并购德国公司。

3. 跨国建立合资企业

比如北京松下公司、西安杨森公司、北京惠普公司、北京现代公司都是这种类型的合资公司。

10.1.1.3 跨国公司人力资源管理的内涵

跨国人力资源管理（Internationa Human Resource Management，IHRM），其主要活动包括全球人力资源的获取、配置和利用，具体表现为：跨国人力资源战略规划、员工招聘、绩效管理、培训与开发、薪酬福利，以及劳资关系等。

与跨国人力资源管理相关的三种国家类型：东道国、母国和其他国家。

跨国公司员工的三种类型：东道国员工（Host－country nationals，HCNs），母国员工（Parent－country nationals，PCNs）和其他国员工（Third－country nationals，TCNs）。

摩根（Morgan）将跨国人力资源管理定义为人力资源管理活动、员工类型和企业经营所在国这三个维度之间的互动组合，如图 10－1 所示。

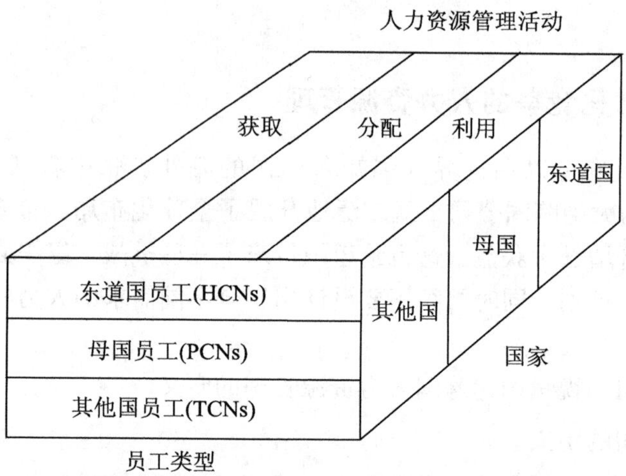

图 10－1 跨国人力资源管理的内涵

资料来源：Morgan，P. V.（1986）. International Human Resource Management：Fact or fiction，Personnel Administrator，31（9）：44.

10.1.2 影响跨国人力资源管理的因素

1. 社会和文化因素

文化差异主要是母国与东道国之间的文化距离（Culture Distance）。文化因素是影响跨国公司经营管理的一项极其重要而复杂的变量。文化差异对跨国公司经营方式产生影响，对公司战略决策产生影响，对人际关系产生影响等。当然，国与国之间在文化上的差异要求跨国公司在不同的分支机构中实施不同的人力资源管理模式。例如，一项研究调查了中国内地、中国香港以及美国的三百多名管理人员，研究发现，美国的管理人员最关心的是把工作做完；中国内地的管理人员最关心的是维持一种和谐的工作氛围，而香港的管理人员是介于两者之间①。文化的差异作为最常见的障碍，会影响人力资源管理的政策。

2. 经济和产业因素

经济发展的模式，市场开放程度的差异也会演化成不同的人力资源管理模式。不同产业的国际竞争模式差别很大，多国产业链、全球产业链使得经济体制和产业关系广泛影响着跨国公司的战略规划，因此跨国公司在生产成本和劳动力成本上产生也会有明显的差异。

3. 政治和法律因素

不同国家的政治与法律体系各有不同，美国等发达国家的公司比较适应相对比较稳定的政治体制和完备的法律制度。此外，跨国公司又不得不策略性地研究当地的法律，因为各国人力资源的法律法规也存在巨大差异。例如，在一些欧洲国家，由于受到工会和雇用劳工方面的法律约束，高额的解雇费用使减少员工数量非常困难；很多国家法律中都包含防止就业歧视等内容，公平就业的立法在不同程度上都存在。

4. 高层管理者态度

如果高层管理者缺乏有力的国际化导向，很可能在制定企业的长期和具体目标上不会强调跨国经营的重要性，企业只关注国内的问题，这样会给跨国人力资源管理带来很大的难度。

那么在华投资的跨国公司人力资源管理模式的选择会受哪些方面因素的影响呢?

（1）公司的经营价值观会影响人力资源管理模式的选择。如：雀巢公司在中国投资已经 20 年，仍然采取民族中心的人力资源管理模式，这与欧洲公司本身的保守投资理念有关。

（2）跨国公司的发展战略，以及中国子公司在其战略中所扮演的角色，也会影响人力资源管理模式的选择。如：利洁时公司目前采取的是本土化模式，管理人员以中国内地员工为主，中国子公司是该跨国公司主要的生产基地，专注于生产。由于生产型企业的管理比较容易规范化，所以公司授权给中国大陆的管理人员进行管理。

（3）跨国公司的人才战略也会影响其人力资源管理模式的选择。国内和海外的竞争会迫使跨国公司将自己在世界各地的业务看作一个整体，有些跨国公司就采取了全球视野的人才战略，如可口可乐公司。

（4）当地是否具有跨国公司所需要的人才，也是跨国公司在人力资源管理模式选择上需要考虑的问题。很多企业均未选择中国内地本土员工承担中国区总裁的职位，是由于这些跨国公司没有找到合适的承担中国区总裁职位的中国内地本土员工。摩托罗拉公司和雀巢公司的高管人员分析其原因主要有以下几点：一是很多中国内地的管理人员在语言上与母国人员的交流存在障碍；二是中国内地的管理人员普遍缺乏创新和敢于挑战权威的精神。如在经营管理中，有时需要内地的管理人员提出自己的观点和看法，而不是单纯的服

①David Ralston，等．东方的视角：美国、中国香港、中国的管理方式比较［J］．应用心理学，2002（5）．

从管理，才能提高管理效率。[①]

10.2 跨文化的人力资源管理

10.2.1 跨文化人力资源管理的内涵

在不同的文化背景下，不同的社会文化习俗、信仰传统、市场状况、技术水平、人力自然资源的条件，能给国际企业创造丰富的市场机会和丰厚的利润回报，实现了企业跨国经营的“跨文化优势”。但与此同时，跨文化给企业跨国经营所构成的巨大挑战会发生不同文化的交汇与撞击。到不同的文化地域进行跨国经营所形成的国际企业，作为“一种多文化的机构”（Drucker，1974），必然会面临来自不同文化体系的文化摩擦与碰撞。不同的文化环境，还有不同的经济、社会和政治等因素，必会形成较大的文化差异。一个跨国企业中，处于不同文化背景的各方管理人员由于不同的价值观念、思维方式、习惯等的差异，对企业经营的一些基本问题上往往会产生不同的态度。

10.2.1.1 跨文化与跨文化管理的含义

1. 文化的含义与构成

关于文化的定义，至今仍没有一个统一的认识。从最广义的角度说，文化是人类所创造的一切物质财富和精神财富的总和。文化学的奠基者泰勒的名著《原始文化》里给文化下了一个经典的定义：“所谓文化，就其广泛的民族志的意义上来说，是知识、信仰、艺术、道德、法律风俗及任何人作为社会成员而获得的所有能力和习惯的复合的总体。”人们在学习、工作、生活中的一举一动、一言一行，无不体现文化的内涵。

打一个不完全恰当的比喻，文化就像是我们戴的一副“眼镜”，我们透过它来观看及诠释、了解周围的世界。但“文化眼镜”同时也限制了我们的视野，使我们文化背景不同的人对事物有不同的看法。就像对同一幅画，戴着太阳眼镜看和戴着老花眼镜看结果一定不同。其实，画是不变的，变的是你所看到的结果，因为你所戴的眼镜大大左右了你。

美国著名组织行为学家薛恩在其名著《组织文化与领导》中，将文化分解为三个由表象至基础的层面。在创建组织文化时，人们是由基础往顶层砌筑的，但在认识它时，却是由可见的表象逐层深挖到它隐含的基础去的。这三个文化层面就是：一是表层，包括一些可见的事实，如成员的行为模式，许多有形的、但具有象征性标饰意义的事物。如企业使命说明、口号标语、英雄样板的轶事说明、礼仪典章规范等可以感知的软件和硬件等。二是中层，包括群体或组织共同信奉与提倡的精神、原则等是对表层所含内容的解释与说明。三是基础（核心层），指那些人们外显行为的基本假设和理念，如价值观等。

这三个层面不应逐一分割开来对待，而应视为一个一体化的整体，每一个外层都是其

---

①资料整理自：中国人力资源开发网 www.chinahrd.net.

内层的反映，核心是反映其基本理念的共同价值观。许多跨文化专家从文化的三层次角度出发，把文化比喻成“冰山”，一座浮在海洋上的冰山，一般只露出10%的体积，其余90%都隐藏在海面之下，随时对船只构成威胁。而文化正如一座冰山，冰山的小角显而易见，如打招呼、使用名片、办公室的穿着、用餐礼仪、风俗习惯、社会传统等。只要你是一个敏锐的文化观察者，通常都不会引起严重的跨文化问题。但是，一座冰山的大部分都深藏在海面以下，而这部分才是造成船难的原因。当我们与文化背景不同的人相处时，引发问题的诱因也多为文化中被深藏的一面，如藏于文化表面下的价值观、信仰、思考及沟通模式等。这些看不见的文化差异，往往在跨文化关系中造成“船难”。

2. 跨文化的含义与层次

当一种文化跨越了不同的价值观、宗教、信仰、精神、原则、沟通模式、规章典范时，我们就称之为跨文化。说到跨文化，人们通常会想到跨文化差异。正因为不同文化之间存在差异，才有跨文化管理的必要性。

跨文化差异指的是不同群体或组织的文化差异。它包括三个层次的差异，主要是指：一是双方母国（或民族）文化背景差异：这是跨文化差异的宏观层面。由于它的典型性和分明性，学者们在研究跨文化管理时通常以一国为单位，以合资企业和跨国企业为研究主体。厦门大学人力资源研究所所长廖泉文教授认为，这一层次的跨文化差异还应包括双方母地区、母城市的文化背景差异。最典型的如港资企业、台资企业、中资企业，这些企业中的员工都来自中华民族，可是由于历史的原因，中国香港、中国大陆、中国台湾之间的文化内涵已大有不同。此外，即使同是大陆的员工，由于中华人民共和国的多民族性，幅员广大，土地辽阔，少数民族的员工、东西部的员工……仍然存在程度不等的文化差异，跨文化管理同样成为这些企业的管理者所不得不面对的一大挑战。二是双方母公司自身特有的“公司文化”风格差异：这是跨文化差异的中观层次。这一点在通过兼并收购而重组的企业中特别明显。例如，海尔兼并青岛红星电器厂时，只派了三个人去，没有增加一分钱的投资，没有换一台设备，主要是去营造公开、公平、公正、竞争的文化氛围，灌输并实践海尔的生产经营理念。结果兼并的当年，红星电器厂即转亏为盈。应该说，当时海尔公平、公正的企业文化与青岛红星电器厂拉帮结派、办事讲圈子的企业文化是大相径庭的。正因为海尔成功地实施了跨文化管理，才成功地救活了一个企业。三是个体文化差异：这是跨文化差异的微观层次。年长者和年轻者、男性和女性、上级和下级、不同部门的员工之间等等任何不同的两个人身上都可能存在跨文化差异。企业管理者如果能洞察每个人身上的文化差异，并且审慎分析，对症下药，就不愁管理不好企业。由于跨文化管理的多层次性和复杂性，目前许多相关的研究都侧重于不同国家层次上的跨文化人力资源管理，其文化单元主要指民族文化，即使在企业文化中，也主要指企业中不同国别员工表现出来的民族文化特点。

3. 跨文化管理的含义

科特和詹姆斯·赫斯克特在《企业文化和经营》根据文化的不同特性把企业文化分为两个层次：第一层次的企业文化，称之为“共同的价值观念”，是较深层次的不易察觉的层面；第二层次的企业文化，即部门行为规范，是浅层次的较易察觉的层面。

跨文化管理就是利用跨文化优势，消除文化冲突。企业成功跨国经营的战略选择，其核心是从一个全新的视角来思考和分析企业整个经济组织的运行，把企业管理和文化之间的联系视为企业发展的生命线。

10.2.1.2 跨文化人力资源管理的含义

所谓跨文化人力资源管理就是跨文化企业的人力资源管理。跨文化企业，顾名思义，是指由来自不同文化背景的、存在跨文化差异的员工所组成的企业。具体来说，跨文化人力资源管理是指以提高劳动生产率、工作生活质量和取得经济效益为目的而对来自异文化背景下的人力资源进行获取、保持、评价、发展和调整等一系列管理的过程。

在跨文化人力资源管理中，由于企业或公司是由两国或多国企业合伙在东道国组成的跨地域、跨民族、跨政体、跨国体的跨文化经营管理的经济实体，所以文化因素对人力资源管理的影响是全方位、全系统、全过程的。

10.2.1.3 跨文化人力资源管理的文化制度

在某种程度上可以说跨国公司的人力资源管理就是不同文化之间的协调。跨国公司文化是一种全新的文化，是多重文化接触、碰撞的结晶。创造跨国公司文化需要建立面对面的人际关系；创建国际化的项目小组；发展国际化的管理培训和发展方向；建立利益共享体系，鼓励区域组织提出意见；寻求灵活的管理方法，鼓励不同的价值观存在。

10.2.2 各国企业文化模式与管理特点

人力资源管理起源于美国，人力资源管理的许多理论和实践都是以美国为背景发展起来的。这些理论和实践应用到其他国家和地区时，都随当地的环境进行了调整，于是就出现了许多各具特色的人力资源管理模式，如日本的人力资源管理模式、中国的人力资源管理模式和欧洲的人力资源管理模式等。

1. 美国企业文化模式与管理特点

美国的企业文化以个人主义为核心。企业管理以个人能动主义为基础，鼓励员工个人奋斗，实行个人负责、个人决策。以个人主义为特点的企业文化缺乏共同的价值观念，企业的价值目标和个人的价值目标是不一致的，企业以严密的组织结构、严格的规章制度来管理员工，以追求企业目标的实现。员工把企业看成是实现个人目标和自我价值的场所和手段。

美国传统的组织设计的最主要特点包括：鲜明的劳动分工；职位等级化，下属受上级控制和监督；始终如一的规章制度有助于确保在工作中尽职尽责和相互配合；根据技术资格聘用员工，不随意裁员。

2. 欧洲国家企业文化模式与管理特点

（1）英国——企业经营中墨守成规，冒险精神差。

（2）法国——企业管理封闭守旧。

（3）德国——企业管理中决策机构庞大，决策集体化，决策质量高。

（4）意大利——企业管理中组织纪律差，企业组织的结构化程度低。

3. 日本企业文化模式与管理特点

(1) 日本企业文化以和亲一致的团队精神为特点。

(2) “和”被日本企业视为管理中最高的哲学观念，是企业行动的指南。

(3) 企业是利益的共同体，共同的价值观念使企业目标和个人目标具有一致性。

10.2.3 跨文化人力资源管理的模式

跨文化人力资源管理有本地移植和嫁接两种方式，具体可分为：实地文化模式、母公司文化移植模式、母公司文化嫁接模式、文化融合创新模式。

1. 实地文化模式文化“移植”

在公司经营管理中，将每一个地区和国家都视为独立的个体，公司政策的制定和执行完全参照当地企业模式进行，并不把母公司的人事运行模式强加于各子公司或合资公司、并购公司（以下统称为关联公司）之上，而是根据各关联公司的相应情况，制定适合当地实情的人事管理政策。在管理人员的任用上，并没有十分明确的地域或者国籍概念。既任用母公司人员，也聘请大量的当地员工，借助他们熟悉当地的风俗习惯、市场动态以及政策法规的优势，使母公司在当地站稳脚跟。“实地文化模式”有利于母公司降低派遣人员和跨地、跨国经营的高昂费用，能够最快、最好地适应当地复杂的企业环境，避免在当地的文化冲突，但却很难形成母公司强硬、统一的管理政策。采用这种模式成功进行跨国经营的外国公司很多，如IBM公司就非常强调本地化战略，尽可能雇用本地员工，培养他们对公司的忠诚。ABB公司也是实施本地化战略的典范，尽管它在世界各地拥有1300家子公司，但是它却鼓励其子公司淡化母公司的民族背景，完全按东道国公司的方式运作。

2. 母公司文化移植模式

采用这种模式的特点是，母公司的派遣人员担任关联公司的重要职位，以保证信息的沟通及对关联公司及时、有效地监控。母公司通过这些高级主管和管理人员，把母公司文化习惯全盘移植到各个国家和地区的关联公司中，让关联公司里的当地员工逐渐适应接受这种外来文化，并按这种文化背景下的工作模式来开展日常业务。人力资源管理政策统一由母公司制定，各个国家和地区的关联公司只是严格地执行已经标准化的管理政策。这种模式要求母公司具有雄厚的经济实力和市场影响力，具有成熟的企业文化，并且为社会广泛认可。其优势是能够在较短的时间内建立起关联公司的企业文化和管理模式，统一企业员工的认识，使关联公司尽快进入正常的经营和管理轨道。但移植能否成功，要取决于包括母公司企业文化的活力、所派遣管理人员的素质和能力等众多因素。海尔文化“激活休克鱼”就是这种模式的成功案例。

3. 母公司文化嫁接模式

这种模式以母公司的文化作为关联公司主体文化的基础，把关联公司所在地文化和关联公司原有企业文化嫁接到母公司的文化之中。具体是关联公司的人力资源政策以母公司的政策框架为基础，根据当地情况，制订具体的政策和实施措施。在人员配置上，关联公司的高级管理人员大部分由母公司派遣，其他人员则由当地人担任。这种模式能够兼顾母公司整体的统一战略，并根据不同国家、不同地区的文化背景而采取灵活的策略，但两种文化的嫁接需要满足许多苛刻条件，而且该模式的成功运行所需时间较长。而将关联公司所在地文化和关联公司原有文化中的积极因素进行嫁接，以及区分鉴别积极因素与消极因素等都是建立该模式的难题。

4. 文化融合创新模式

这一模式强调母公司文化与关联公司所在地文化及其原有文化平行相容，并在融合之中创新，在关联公司中产生新的企业文化和管理模式。母公司的文化在关联公司中并不作为其主体文化，把双方文化中的积极因素结合，创造出新的文化。母公司文化与关联公司文化之间虽然存在着巨大的差异，但并不互相排斥，反而互为补充，其人力资源政策同时运行于公司的经营活动中，充分发挥跨文化优势。但是，实施这种模式要花费很长时间和很多精力，并受到许多其他因素的制约。此外，还有文化规避模式、渗透模式和借助第三方文化等跨文化人力资源管理模式。各种模式虽然不尽相同，但每种模式都有其自身的优势，适用于不同的情形。

10.2.4 跨文化冲突的形式与对策

跨文化冲突是国际经营管理中不同文化相互接触的一种反应，无论是跨国并购之初，还是在此后的经营决策、日常管理活动中，都可能出现种种不和谐的音符，发生矛盾，产生摩擦。

10.2.4.1 跨文化冲突的形式

1. 显性文化的冲突

显性文化的冲突即通常所说的由于表达方式（语言、神态、手势、面部表情、举止等）所含意义不同而引起的冲突。来自不同文化背景的行为者，相同的表达方式所含的意义不同往往也会引起冲突。

2. 价值观方面的冲突

文化与价值观的不同会导致不同的管理实践，包括组织中的评价、选择、奖惩、上下级关系、群体的行为等。在风险观念方面，中国企业家一般缺乏风险意识和冒险精神，在不确定的条件下不敢贸然决策，往往失去市场竞争机会；而西方企业家则勇于冒险、敢于探索，尤其是在研制新产品、开拓新市场、运用新技术等方面表现突出。在对待工作成就的态度方面，中国企业缺乏灵活的激励机制，员工缺乏工作主动性；而西方企业员工有较大自主权，并对上级有一定建议权和质疑权。在不同意见的表达方式上，中方人员表达方式委婉，并喜欢背后议论，而西方则是直截了当地说明真相；从工作态度上看，西方员工普遍信奉拼命干活，拼命享受的价值观。在他们看来，干活就得像干活的样子。尽管中国人视劳动为美德，但中方员工目前对只有通过努力工作才会得到物质满足的观念认识还不够，表现出干活时缺乏主动性，能歇就歇，能停则停，工作时间闲聊，这些往往是外方的管理人员无法接受的。从工作方法上看，大多数中方职员比较重人伦，习惯于以领导的意图和上级的文件作为开展工作的依据和指南；外方人员在工作中很大程度上是遵循“法、理、情”的事理顺序来开展工作，下级在自己的职责范围内有较大的自主权。

3. 劳动人事方面的冲突

在企业人员的工资待遇上，中方较偏重于考虑企业人员的资历、学历和职称。在工资政策上，把工资增长基数与企业经济效益直接挂钩。西方则根据员工工作的性质和能力确定工资，把工资调整与物价指数和生活费用指数结合起来。员工的待遇和他们所从事的工作性质有关，只有当工作内容发生变化时，才会考虑调整工资待遇。在人才的选拔使用方面，中方比较注重德才兼备，重视人的政治素质、个人历史和人际关系，以至于选拔的干部往往具有文凭和技术，却不一定具备组织和管理才能。西方管理者更多地把能力放在第一位，量才而用。在人才流动方面，中方尚不太习惯员工“跳槽”，并由此影响到对人才的培训观念，并且常以某些条件和理由限制人才的流出。而外方认为，人员流动可以保持企业活力，鼓励自己的职工不断流动，形成合理的年龄、知识、技能结构，企业对员工的培训以及人员自由流动是吸引人才、留住人才的手段。

4. 制度文化的冲突

西方企业习惯于在法律比较完善的条件下开展经营管理，会用法律条文作为行动的依据；而中国企业，尤其是国营企业，习惯于按上级行政管理机构的指令行事，上级的条文、指令、文件便是企业的决策依据和办事章程。西方社会是法治社会，一切都用外在的非人际关系的硬件力量去约束，因此在企业管理上就表现为规范管理、制度管理和条例管理，追求管理的有序化和有效化；中国社会重伦理，偏重于人的作用和价值实现，却忽略了制度效应和条例管理，以“情”治理使员工对制度的执行比较松懈，以致规章制度往往难以发挥有效的作用。

10.2.4.2 跨文化冲突的影响

跨文化冲突对跨国经营的企业的影响是多方面的，往往会产生以下后果。

1. 极度保守

文化冲突影响了跨国公司与当地员工之间的和谐关系，这使经理们也许只能按照呆板的规章制度来控制企业的运行而对员工更加疏远，与此同时，员工则会对工作变得更加不思进取，经理的行动计划实施起来也会更加艰难，结果是双方都不可能有所作为，他们之间的社会距离也会进一步加大。

2. 勾通中断

距离与职工的社会距离加大，自然会影响彼此间的沟通。当这个距离大到一定的程度时，自上而下的沟通就会中断。

3. 非理性反应

经理人员如果不能正确理解不同的文化存在差异，就可能会对来自不同的文化背景的职工采取情绪化或非理性的态度。这种非理性的态度很容易招致员工的非理性报复，结果是误会越来越多，矛盾也越来越深，对立与冲突更趋剧烈。

4. 怀恨心理

对于发生的冲突结果，冲突双方如不耐心地从彼此的文化背景中寻求文化“共享”，而一味地抱怨对方的鲁莽或保守，结果只会造成普遍的怀恨心理。

10.2.4.3 跨文化冲突的对策

跨文化冲突不可避免，作为一个跨国公司可以采取以下几种战略避免冲突，确保公司的发展。

1. 文化支配

当一个组织比其他组织有较强的优势时，这个强势组织就会起支配控制作用，并且通常情况下继续按他们在本土文化背景中的规矩行事。这意味着，在企业中，某一方国家的文化居于统治地位，组织内的决策及行为均受这种文化支配，这种策略的前提是不能影响企业的生产效率。

2. 文化顺应

这种方式与文化支配策略相反。经理试图运用这种方式效仿东道主的文化，并试图把两者融为一体。表现在跨国经营的企业中文化顺应的例子有：管理者学习当地的语言或说得很流利，或者在订立合同时，采用对方国家的货币形式，而非自己国家的。

3. 文化妥协

这是两个很强的团队组合时使用的策略，即双方在某些问题上都做出让步以做出更为有效的工作。常常势力强的一方让步少一些，但是双方必须做出让步。

4. 文化回避

亚洲的经理经常使用这种方式。他们在工作和管理中似乎没有文化冲突的存在。这种方式强调要给人留面子，使脸面显得更加突出。当尚待解决的问题并没有当时情况或谈判的最终结果那么重要时，这种方式被使用得最为频繁。

5. 文化协作

在跨文化商务环境中，这种选择方式发展了一种全新的解决途径。它尊重所有的文化，同时也增加了对有效工作的选择。

10.2.5 各国人力资源管理的模式

10.2.5.1 美国人力资源管理模式

美国的人力资源管理模式是指以注重劳动力资源的市场配置、自由就业政策。实行制度化的管理、对抗性的劳资关系和强调物质刺激的工资制度为特征的人力资源管理模式。它是产生最早、最完善的一种模式，它是现代企业制度、资本主义大规模生产和精细严密分工的产物。

美国独特的人力资源管理体系包括灵活的人力资源配置，劳动力市场的竞争极为激烈，企业和个人都具有充分、自由的选择；以详细工作分析为基础的制度化管理；不遗余力的员工培训制度；强烈物质刺激为基础的工资制度。例如 IBM 公司的薪酬体系有三个明显的特点：以职位为基础、以员工的能力和业绩为导向和注重市场化运作。

1. 美国人力资源管理的工作流程

美国式的人力资源管理的工作流程，可以从选人、用人、育人、留人、裁人五个环节来看。

（1）选人。美国企业选人招聘制度的主要特点是以工作分析为基础的自由雇用制，其具体表现有：以战略为导向的工作分析是美国企业人力资源管理的基石；根据企业战略与工作分析做出人力资源需求计划并进行合理的招聘和选拔；根据工作分析确定工作岗位的能力要求进行雇员甄选。选人的主要标准是个人的实际能力与工作岗位的匹配程度，一般采取“高不求，低不就”的方针；由于外部劳动力市场较发达，雇主有权自由雇用或解雇员工，劳动者可以按照意愿自由择业或辞职；整体经济形势与雇佣（就业）紧密相关；员工流动很频繁，变换工作经常发生，但自由雇用制受到法律和契约的有效约束。

（2）用人。美国企业用人制度的主要特点是实行以能力为核心的人才竞争机制。其具体表现有：一是根据职位分析明确员工的工作职责和内容，以此为基础给员工安排工作任务；二是实行优留劣汰制，始终保持员工素质与岗位之间的最佳匹配状态，也即提高企业适岗率；三是持续地对员工进行业绩监督和指导，定期对员工进行工作业绩考核与评价，考评结果与培训、薪酬、晋升等密切联系；四是以能力和业绩为标准实行快速升降制度；五是市场压力型用人机制，以提高本企业员工工作积极性；六是在员工个人之间创造竞争气氛，鼓励个人奋斗。

（3）育人。主要特点是以社会教育为主的专业知识与技能培训制度。其具体表现有：美国的社会教育非常发达，企业大量的培训工作是由社会教育培训机构协助完成的；企业实行专业化人才培训制度，培训内容主要是员工的专业知识和技能；任职前培训与就职中培训两种形式相结合；培训设施先进，手段多样化。

（4）留人。留人策略主要特点是以工作分析和职位评价为基础的职位工资制度。人力资源部门会根据企业战略与工作分析，评价每个岗位对本企业相对价值的高低；根据职位评价，确定应付给每个职务岗位占有者的薪酬（包括基薪、奖励性报酬和福利津贴）；根据定期的工作业绩考评，确定奖励性报酬和晋升；提供公平的薪酬与客观的考评以及快速的晋升，提供发挥能力的舞台以及成就感。

（5）裁人。主要特点是以工作绩效考评为基础的员工优留劣汰制度。实行员工优留劣汰制，去留比较自由，具有市场导向；裁人策略也是以企业战略、工作分析与绩效考核为依据，以法律和契约为基础进行的。

2. 美国人力资源管理模式的优点

（1）员工聘任与升降政策、工资政策及培训政策等都能够充分调动人的积极性，特别是对人的潜力的挖掘以及创造性的提高都有很大的促进作用。

（2）高刺激、具有吸引力的薪酬政策网罗了一批世界各地的精英人才。

（3）开发人力资源的综合政策和各种刺激手段，以及不惜成本地吸收人才的做法大大提高了企业员工的素质。

（4）自由就业政策、详细的职务分工、严格的考评手段等对于提高企业的竞争力，发挥员工的竞争力和降低企业的成本都起了重要的作用。

3. 美国人力资源管理模式的缺点

（1）短期行为现象十分严重，打乱了企业的长期培训计划，影响了企业发展战略的实施。

(2) 收入差距的不断加大，普通员工的流失率增加。

(3) 自由的就业政策也给许多员工带来了严重的不安全感，降低了他们对企业的忠诚度。

(4) 劳资的对抗性、决策权的过度集中也显示出较大的弊病，致使员工也缺乏责任心和自觉性。

10.2.5.2 欧洲人力资源管理模式

欧洲的人力资源管理较为复杂，世界上没有哪个地区能像欧洲那样在这么小的范围内集中那么多不同的历史、文化和语言。每一个欧洲国家都有自己的人力资源管理方式，自己的法律、工会、教育、培训体系以及自己的管理文化；另外，欧洲各国又存在着许多共同的特点，特别是欧盟的建立和货币的统一更是增强了这种共性。因此在欧洲的政治、经济和文化等社会基础上，提出了独特的多元化的欧洲人力资源管理模式；人力资源管理受到较多来自文化和法律方面的影响；社会平衡的思想蕴藏于欧洲人力资源管理中，员工管理得到了前所未有的重视。

欧洲式的人力资源管理和开发的特点可以从以下几个方面来说明：

(1) 选人——主要方式是内部招聘，对公司现有员工进行排名选出能够承担新职位的最佳人选，这是欧洲企业招聘的主要方式；外部招聘被作为一种辅助方式。

(2) 育人——学徒制和初级职业培训、再培训和再教育以及职业教育等培训开发。德国的双规制职业教育体系是欧洲的典型代表。欧洲还普遍实行以经理人员为培训开发对象，内容包括岗位培训、生产实践、出国培训、工作轮换与参与计划和生产小组。利用与海外人士的接触进行语言培训和跨文化培训班等一系列管理和培训模式。①

(3) 用人——劳资双方双向选择，自由雇用；强调在工作分析基础上的绩效考核与升降奖惩制度；主张长期雇用。

(4) 留人——薪酬留人；文化留人。

(5) 裁人——禁止突然解雇。

10.2.5.3 日本人力资源管理模式

日本企业人力资源管理基本特点是以人为本，重视通过教育培养人才和加强员工系统的在职培训，在员工的培训中，注重教育与企业发展、市场需求的变化和国际化经营需要相结合，注重挖掘员工的工作潜力、进取精神、与人合作的能力以及小组的智慧。

1. 日本人力资源管理的基本理论

(1) 终生雇用制。日本企业的员工自从大学毕业被雇用之后，一般都要在该企业工作直到退休年龄为止，这被称为终身雇用制。终身雇用制主要适用于大型企业的核心员工，能与员工达成长期雇用的心理契约。终身雇用制在企业中起很大作用，它可以解除员工离职的后顾之忧，促使他们对工作采取长期规划和一往无前的精神态度，有利于提高生产率。同时终身雇用制还迫使企业不断改善管理水平，以解决随技术进步导致的人力过剩等

---

①李英，等．国际人力资源管理［M］．山东：山东人民出版社，2006.

问题。

（2）企业内工会。日本的工会是在企业内部成立，不管学历如何，员工进入企业后自动加入工会成为工会会员，只有课长以上的管理人员才不是工会会员，但他们之前也是工会成员之一。日本的企业内工会是调和的工会，在与公司股东交涉和斗争时，几乎不出现尖锐的对立与抗争，而是采取温和的方式进行。

（3）年功序列制。年功序列制指依据职工的年龄、工龄、学历等条件决定工资多少和福利待遇与晋升的一种薪酬制度；有的公司形成了深厚的文化渊源，如松下公司等。在年功序列制度下，员工的工资和晋升一半取决于工龄，一半取决于能力和贡献，员工一旦离开企业，将失去所有的工龄，并很少有机会在其他企业找到工作。随着日本企业的技术水平的提高，员工的技术和能力显得越来越重要，随着年龄和工龄增长的经验逐渐退居次位。与此相适应，企业改革了年功序列制，借鉴美国人力资源管理模式，引进能力工资和年薪制，以及采用新的考核系统来取代年功序列制。

2. 日本的人力资源管理和开发的特点

日本的人力资源管理和开发的特点从以下几个方面来说明。

（1）选人——主要特点是以毕业生选拔为主的招聘制度。具体表现有：一是以中高等学校毕业生为主，中途录用为辅；二是重学历和毕业的学校；三是重视员工的基本素质与可开发性；四是进人程序严格慎重，往往需要通过书面测验、面谈、适应性考评等过程。

（2）用人——主要特点是以长期雇用为主的用人制度。其具体表现有：一是长期（终生）雇用的惯例。人员的超稳定性，员工的安定感，形成命运共同体；二是会社（公司）主义，以社为家，与企业共同成长；三是转职不易。以内部劳动力市场为主；四是讲求忠诚奉献与协作；五是强调知识技能的熟练与积累。

（3）育人——主要特点是以能力开发为目标的企业内部培训制度。其表现在：一是日本社会各阶层对教育的普遍关注；二是重视员工培训，把员工培训看作企业的安全投资和办好企业的关键；三是以能力开发为目标，重视传帮带，重视团队协作；四是企业内教育训练发达，企业办大学，形成分层次、分类别、分时期的系统培训，重视轮岗训练和基层锻炼。特殊培训学校培养出相当于西方等级水平技能的技术工人；五是征税体制保证政府投入培训计划以及赞助提供培训的公司。

（4）留人——主要特点是体现年功和能力相结合的薪酬制度。其表现在：一是实行年功序列工资制度，随企业工龄定期增薪；二是年功与能力相结合的职务晋升制度；三是重视职工的福利保险，包括企业内部退休金制度、住宅贷款制度、社宅制度、休假制度等；四是重视企业文化建设，重视情感沟通；讲求平均平衡；讲求长期稳定。

（5）裁人——主要特点是一般不轻易裁人，但是现在正在变化。其表现在：一是企业极少主动裁人，以平均降薪代替裁人；二是内部离职，提前退休；三是优厚的退休补偿。

3. 日本人力资源管理模式的优点

（1）长期稳定的雇用政策，这有利于提高日本员工的素质、技术水平以及知识的积累。

（2）劳资关系的全面合作也增强了员工的安全感和归属感，提高了员工对企业的忠诚度。

4. 日本人力资源管理模式的缺点

(1) 雇用政策给企业带来沉重的负担。

(2) 激励手段的单一，收入差别的缩小严重影响和压制了企业经理阶层的积极性和创造性。

10.2.5.4 各国人力资源管理模式比较

各国人力资源管理各有本国鲜明的特点，且相互碰撞与整合。如美国渐渐引入了日本的人本化管理；日本则运用美国的能力工资制度。

日本式管理更像是主妇型管理。其特征是对内管理精细，对客户经营周到，不断改进技术与产品，追求完美。企业战略上有些短见。日本的主妇型管理已落伍，日本式管理需要有战略的眼光和创新的勇气。美国式管理通常可以理解为“丈夫型”或“男性型”管理方式。其特征是：对内分权与变革十分理性，对外市场的扩展性强，经营具有开拓性，不断创新技术与产品。美国的丈夫型管理勇于开拓和创新，具有长远的战略眼光和理性的操作计划，更适应全球化与知识经济的挑战。各国的人力资源管理模式比较如表10－1所示，其中包括了像韩国这样美、日特征兼具的亚洲国家。

表10－1　　各国人力资源管理模式比较

国家差异	美国	日本	德国	韩国
	松散的集体	有较强内聚力	松散的集体	大家庭
等级差别	以职能联系的管理等级	非常强调普遍的等级	等级弱化	极为强调森严的等级制度
雇用关系	劳资买卖关系，忠诚度低，流动频繁	终身雇用制	双向选择，自由雇用	准长期雇用
人际关系	对立，人情关系淡薄，人际理性、制度化管理，顺序是法、理、情	和谐，人际微妙，和为贵，顺序为情、理、法	强调合作，照章办事，人际关系单一	企业强调员工忠于企业主
培训	工会做具体工作进行在职培训，职业培训、工作表现培训、人才管理培训	为多种工作进行在职培训，经营即教育	国家、企业共同提供培训，以能力为本位，加强关键能力培训	普遍的在职培训和同工种有关的培训
管理手段	集中在特定范围的特定工作，突出专业化	工作轮换、范围灵活	专业分工严格，强调技术和工作效率	大量工作轮换、范围机动灵活

续 表

国家差异	美国	日本	德国	韩国
	松散的集体	有较强内聚力	松散的集体	大家庭
绩效评估与升迁	能力主义，强力表现、快速评价、迅捷晋升、现实回报、无情淘汰的考绩制	年功序列制和日本式的福利型管理，重视能力、资力和适应性三者平衡，晋升机会平等	小幅度定期提薪与晋升、调换工作，公平竞争的择优机制	竞争的择优机制，重视员工责任感、忠诚感
劳资关系	劳资对立、零和思维	劳资和谐，缓和劳资矛盾	政府干预，劳资协调机制，社会伙伴关系	稳定协调，工会力量弱，力量对比悬殊
市场化	市场调节，竞争与淘汰机制	市场化程度低	高度发达的人力资源市场，禁止突然解雇	发达的市场化、转职机制
员工参与管理	有限度参与管理，强调各司其职	强化员工主人翁意识，职工建议制	职工参与决定制，联合管理	
招聘与引进	全球范围内的发达市场体制	重视教育、崇尚名牌大学，强调基本素质，注重与学校的合作	市场机制完善	
法律规范	法律条文众多，重视保护雇员利益	有一定的约束性法律条文	法律条文众多，政府行为规范，专业化的司法组织	政府与企业主同属一条线
薪资水准	市场化运作，能力、绩效贴现	基于教育学历和服务年限	高工资，人员精干	最初学历、能力、绩效

10.3 跨国公司的人力资源的配置

在开展跨国公司经营，创办或扩张跨国分公司或分支机构时，公司的全球化组织人力资源配置问题就成为国际人力资源的核心。这个过程需要包括甄别合适的人员填补在海外的重要职位，进行跨国性的经营活动。

10.3.1 跨国公司人员的来源[①]

本章第一节里谈到了跨国公司雇用的几类员工类型，包括母国员工、东道国员工和第三国员工。母国员工是指跨国公司总部所在国家的人员；东道国员工是指工作所在地国家的人员；第三国员工是指来自母国和东道国之外的其他第三国的人员。

从西方工业国家跨国公司配置人员的经验，可以了解到他们是怎样来挑选、配备跨国公司人力资源的：一是挑选经过总部公司培训的并富有经验的本国人员；二是经过东道国分公司教育培训并有经验的东道国人才；三是从第三国中选拔合适的跨国人才。一般的跨国大公司的高层主管是由母国公司派出，中下层管理者从东道国或第三国优秀人才中选拔；其他所有员工，尤其是基层员工从东道国内选配。

1. 母国外派人员

公司在国外开设分支机构的初期，母国外派人员的选派显得尤为重要，因为他们对母公司的战略意图与规划设想非常了解，能够快速而顺利地贯彻公司高层的经营战略，他们也是最理想、合适的人选。但是当跨国公司海外机构扩张，从母国外派的人员可能满足不了这一需求，另外这项外派工作的成本往往非常大，所以一些有能力的母公司管理者常常被连续派往多个国家进行公司管理指导和人才培养。

被选拔外派的企业员工，不仅要拥有相应的专业技术，而且需要了解所管理组织的不同人员的跨文化素质。选择到跨国公司工作的人员要进行岗前培训，了解派驻国家的语言、文化、风俗习惯和管理方式等。这些培训课程的进修往往对他们在今后的管理会很有帮助。

2. 东道国招聘人员

现今几乎所有的跨国公司都有从东道国中招聘大量人员。许多发展中国家更将招聘东道国人员，帮助解决就业设置为准入办企业的必要条件之一。从东道国招聘人员有诸多好处：能克服语言上的障碍，减少培训费用，解决管理人员适应跨文化差异的问题。此外还能利用东道国廉价而优质的劳动力，促进当地的产品购买力和需求量，从而提高公司的品牌影响。

但招聘东道国也有些不足之处，如东道国与母国人员往往会因为不同的工作与管理方式产生矛盾，东道国员工一下难以适应总部的基本要求。因此，对东道国招聘人员进行前期培训，使其了解总公司战略要求，能够更快适应。

跨国公司招聘东道国的第一批员工，对于设立跨国分公司或分支机构的公司来说是一个挑战，良好的开端有益于创造符合于东道国的企业文化，防止员工因管理模式冲突产生的流失，这个难度是很大的。目前很多成功的跨国公司都是通过与当地公司建立战略伙伴关系来实现。

3. 第三国员工的选择

随着全球化市场和跨国公司规模的扩大，高层管理人员也越来越国际化，现在许

①赵曙明，马希斯·杰克逊．人力资源管理［M］．北京：电子工业出版社，2003.

多跨国公司在招聘企业管理人员时，往往更多地考虑他们的经营能力和创新意识，而不是他们的国籍，一个拥有多国工作经验的管理人员往往非常抢手。第三国员工如果精通外语，了解他国文化，能很快适应从一个国家到另一国家的跨国影响；也能克服企业高层近亲繁殖和思维狭隘的管理方式，从而使企业更好地挖掘其经营管理潜能。跨国公司不应该仅仅在全球范围内调配和使用生产资源和技术，更应该在全球范围内合理地配置人力资源。

10.3.2 跨国公司人员的招聘

在挑选跨国公司人员，尤其是挑选经理人员时，一般而言首先考虑的标准是他们的道德、国际活动能力与专业知识和管理水平；尤其是他们是否具有冒险精神、乐观的态度、扎实的基础教育，是否能适应不同文化和自然环境；第三，他们是否有各方面的成功经验与失败教训；第四，他们是否有很强的独立自主精神；第五，他们是否有与外国人打交道的经验，是否有与别人合作、与别人和睦相处的本领；第六，他们是否有相信别人而且能取得别人信任的能力。

跨国公司在挑选海外高层经理时，越来越重视海外工作经验和跨国经营管理的才能。现在，跨国公司往往把有培养前途的年轻经理人员派遣到国外工作，使他们及时获得跨文化的管理经验，以便他们在年富力强时能担任需要这种经验的高级管理职务。跨国公司总部的高级经理人员中有国外工作经历的人越来越多。

跨国公司招聘人员方法很多，最为常见的是运用测试法、面谈法进行。一些世界流行的心理测试技术都广泛地使用，在具体运用过程中，要考虑跨国公司所在地的文化特点。表 10－2 介绍了一些面谈考察选派出国人员的面谈问题，可供参考。

表 10－2　　跨国公司招聘人才面谈内容

动机
• 询问应试者愿意出国的原因及迫切程度。
• 询问应试者过去是否喜欢旅游，是否接受语言方面的训练，喜欢读什么书，以及是否与外国人有过交往等。通过这种询问去证实应试者是否真有出国工作的愿望。
• 询问应试者的配偶对其出国工作所持的态度。
语言能力
• 考查一下应试者是否具备学习一种新的语言的能力。 • 考查应试者过去语言学习的情况及口语能力（主要是确定应试者是否能在语言上适应出国工作的需要）。
• 询问其配偶的外语能力。

续 表

家庭情况
• 这次出国其配偶抱有什么目的？
• 想把孩子们都带出国去吗？为什么？
• 有哪些生活上需要适应的问题是应试者可以预料的？
• 应试者的家庭成员对其出国都有些什么看法？
机敏与创新精神
• 应试者是否具有独立自主的能力？是否能自己对某一个问题做出决策和判断并坚持自己的看法？
• 在出国执行任务的过程中，有时会出现职责和权力都不十分清楚的情况。在这种情况下，应试者是否能随机应变、灵活处理？
• 有没有自我约束能力？在处理一些复杂问题时，有没有足够的自信心去克服所碰到的困难？
• 在国外，有时通信设施缺乏，工资支持系统也不完善。在这种困难条件下，应试者是否也能有效地工作？
适应能力
• 应试者待人接物是否敏感？对别人是否能开诚布公？是否能很好地与人协作共事？能够做到互让互谅？
• 对文化差异是否敏感？能否融合不同的文化？
• 应试者怎样应付面临的危机？
• 在国外，是否能同自己的同事一道与别人谈判和签订合同？
职业计划
• 除了把出国工作看成是一次短暂的海外旅游外，应试者还有其他一些什么考虑？
• 出国工作是否有利于其职业发展？公司是怎样考虑这个问题的？
• 应试者对待公司的基本态度是什么？
经济状况
• 是否存在会影响应试者出国工作的家庭经济问题和法律问题？譬如，住房的购置、子女的抚养费用和大学的学费、汽车的购置等问题。
• 家庭经济问题是否是一个不利的因素？也就是说，是否因为要出国工作才使雇员本人和他的家庭承受巨大的经济压力？

10.4 跨国公司的人力资源的培训与开发

许多跨国公司为了获得更大的竞争优势，从提升员工的技能和素质着手，不断强化企业的人力资本投资，在人员培训上投入了大量的精力和资金，不断尝试应用更多、更有效的培训方法和手段，以帮助员工能适应复杂多变的国际环境，提高海外企业管理水平和竞争力。

10.4.1 跨文化培训与开发的目标

10.4.1.1 跨文化培训与开发的目标

跨国公司必须制订长期和持续的人力资源培训与开发计划，以配合其全球战略和业务。为了尽快发现有潜力的管理人才能够到合适的岗位上去，跨国公司建立一个国际经理人才储备库是必要的，目的是保证有前途的人才不会丧失海外工作的机会。

一项针对国外派遣员工的美国公司所做的调查显示，只有42%的公司通过正规的培训计划来让外派员工了解东道国的一些情况。在跨国公司普遍进行的跨文化的培训教育中，培训目标主要包括以下内容。

(1) 围绕企业发展战略，全面提高员工的技能和素质。

(2) 提高派往国外的员工或在其母国的各种文化背景的公司代表的跨文化技能。

(3) 提高公司跨国活动的效率，尤其涉及跨文化控制系统、沟通、决策和客户关系等。

(4) 通过培养有关文化差异及其对行为影响的意思，提高员工与不同文化背景的人际交往能力。

(5) 在开展海外业务时减少文化冲突，并为员工提供更多的跨文化经历。

那么对这些重要的管理人员需要进行怎样特殊的培训呢？一家专门从事该类项目的公司提出了一种四步培训法：一级培训着重文化差异的影响，让被培训者了解这些差异可能对经营生产的影响；二级培训的目标是让被培训者理解人的态度是如何形成的，以及它们如何对人的行为产生影响。例如，一些陈旧的习俗可能会影响到新经理对待东道国员工的方式；三级培训要向被培训者提供拟派往国家的一些实际知识；四级培训则需要在语言及调整适应能力等方面提供技能培训。

10.4.1.2 跨文化培训与开发的内容

面临文化的不同、对异域文化的不了解，跨国公司首先要做的是跨文化培训。跨文化培训是解决文化差异，减少文化冲突，搞好跨文化管理最基本、最有效的手段。通常，跨文化培训的主要内容如下。

(1) 语言培训。即学习东道国的语言，以便工作中正常的交流。

(2) 对方民族文化及原公司文化的认识和了解。通过研讨会、课程、语言培训、书籍、网站和模拟演练等方式对员工进行培训，以便缩小可能遇到的文化距离，使之迅速适应环境。

(3) 文化的敏感性培训。训练员工对当地文化特征的分析能力，弄清楚当地文化是如何决定当地人的行为的，掌握当地文化的精髓，从而使员工更好地应付不同文化的冲击，减轻他们在不同文化环境中的苦恼或挫败感。

(4) 文化的适应性训练。派到海外工作、出差或者学习。比如韩国三星公司每年都会派出有潜力的年轻经理到其他国家学习，学习计划由学员自己安排。除了提高语言能力外，还要深入了解所在国家的文化和风土人情等。通过这样的方法，三星公司培养了大批熟悉其他国家市场和文化的国际人才。

(5) 沟通及冲突处理能力的培训。管理者通过各种正式非正式的、有形无形的跨文化沟通组织与渠道，引导员工学习处理人际关系、谈判和沟通的技能，从而促进员工之间的交流与合作。

一些传统的培训和开发项目也继续被使用，例如新员工上岗引导（Employee Orientation）给新员工提供有关企业的基本背景情况。在很多跨国公司中都有非常正式的教育引导活动。日本不论是企业还是政府部门，每年 4 月 1 日招聘新员工都有这样的培训活动。

工作轮换也使海外管理人员变得更加专业，像 IBM 在世界各地建立管理技能开发中心，高层管理人员可以在这里提高他们的技能。在皇家壳牌石油公司，人员在全球范围内进行工作轮换已成为一个主要的培训手段，即使在该公司扩展到巨大规模时，也能保持灵活性和敏感度。工作轮换能够帮助经理人同世界各地的同事建立联系，这种联系又能帮助这些人做出适当的决策。

此外，定期的研讨会，研讨公司的价值观、战略和政策，这样的活动也很有用。这种做法可以建立统一的价值观、标准及公司文化，从而可以加强公司对各地分公司机构的控制。

在外派培训和技能的开发方面存在几个趋势：首先，企业不仅在员工外派前提供跨文化培训，还在外派员工进入工作角色后继续提供这类培训；其次，企业使用海外归来的管理人员为总部的其他员工进行“全球思维”教育。例如 BOSCH 博世公司就经常让海外归来的经理们将自己的经验和知识传授给那些正在重新被安置的管理人员及家庭。同时，企业也越来越多地使用软件和互联网等信息技术来进行跨文化培训。①

10.4.1.3 跨文化培训与开发的原则

跨文化培训内容多，范围大，时间有限，因此正确选择培训内容关系到培训活动的效率。跨文化培训内容的选择应遵循以下三个原则。

1. 主流性原则

把培训开发的重点放在跨文化环境中，将占主导地位的文化，即社会中大多数成员的世界观、思维方式、价值取向及行为标准，以及相关的企业管理、技术研发管理等内容进

①德斯勒，曾湘泉．人力资源管理［M］．10 版．北京：中国人民大学出版社，2007.

行重点认识和理解，如表 10－3 所示。

表 10－3　本田公司跨文化培训内容

<table>
<tr><th></th><th colspan="2">培训内容</th></tr>
<tr><td rowspan="3">知识认知类</td><td>国际化与企业战略关系</td><td>何谓国际化
日本人和国际性本田与国际化、全球本土化
本田对肩负全球本土化重任的人才的要求</td></tr>
<tr><td>文化影响</td><td>影响商务运作的文化因素
信息差异与行业差异
危机管理
对差别的认识
对隐私的不同理解
语言冲突
礼仪、举止、忌讳
人生观、劳动观和组织观
组织成立、功能组建与秩序维持
招聘、培养、评价考核与待遇问题
从比较文化的角度理解日本人的沟通模式</td></tr>
<tr><td>对国际合同的再认识</td><td>合同意义
缔结合同意义
合同内容与缔结过程
履行合同的意义
对缔结合同的一般态度</td></tr>
<tr><td rowspan="3">经验技能类</td><td>跨文化适应的基本技能</td><td>收集跨文化信息的技能
商务活动中必要的跨文化交往技能
在跨文化环境中解决问题的方法
跨文化环境中解决问题的一般模式
本田式解决问题的方法
推进工作的方法</td></tr>
<tr><td>跨文化沟通技能</td><td>如何开发与运用非语言沟通能力
有助于提高交往效率的沟通能力</td></tr>
<tr><td>训导技能</td><td>培训、指导当地员工培训方法的定位以及指导的基本态度与原则
培训、指导方面的具体注意事项</td></tr>
</table>

本田公司外派人员的培训内容包括两个方面。一方面是知识认知类，包括国际化与企业战略关系、对国际合同的重新认识，以及对文化影响的了解。另一方面是经验类技能，

要求外派人员掌握跨文化下的应变能力和沟通能力。既赋予感性认识，又有理性的理论学习，增加外派人员对东道国文化的认识。

2. 实用性原则

跨文化培训内容必须与受训者的未来工作岗位、环境、经营管理活动内容密切联系。要结合工作实际，激发受训者学习跨文化知识的兴趣，用实际案例、资料、数据等使受训者对东道国文化有切实了解，不要让受训者认为跨文化培训过于抽象和空洞。

3. 方法论原则

在选择培训内容的同时考虑培训方法。培训方法的选择是提高学习者的跨文化交际及经营意识、培养跨文化交际能力的关键要素。例如，对外派人员进行目的国语言文化培训，就可以通过情景式方法，让培训者沉醉在东道国语言的氛围中，通过同东道国使用者的亲身接触，增加外派人员对东道国语言文化的感性和理性认识。

10.4.2 跨文化职业生涯管理

在跨文化环境中的职业生涯规划可以分为两类：外派人员跨文化职业生涯培训线和东道国人员跨文化职业生涯培训线。

外派人员的职业生涯规划是遵循公司人事配置的指导，由人力资源管理部门依据外派人员在跨文化环境中将要遇到的职业晋升、职业保持而采取的针对性的培训。这些培训包括：出国新任命培训、出国以后东道国岗位培训，为调整文化震颤而进行的多元文化整合培训，离任回国为适应职务、新任命的培训和回国以后工作岗位再适应的培训五类。

对于东道国员工，跨文化培训和职业生涯的发展与跨文化融合密切相关。本国文化和母公司文化的差异既可能带来兴奋和学习、不同思想的碰撞和启迪，也可能带来冲突和不适应，因此培训对东道国员工更快地适应多元化管理十分有利。

进入公司以前进行上岗培训，面对的挑战是如何拥有和工作匹配的工作技能、知识，熟悉工作流程和工艺、企业文化口号，以及形成相应的态度。培训目标是：掌握新的工作知识和拥有相应的能力。为了进一步融合到公司文化中，东道国人员可以通过到母公司实习，了解母公司的文化、工艺、工作流程、新的方法，亲身感受母公司的文化，学习工作流程、新工艺和新的技术以及管理方法。

随着公司本地化战略的进一步完善，东道国人员的职业生涯将得到进一步的提高，公司还可以通过培训，使本地员工认识文化障碍，了解公司多元文化，使自己的职务晋升更加顺畅快捷。

10.5 执行全球的人力资源管理系统

10.5.1 执行全球人力资源管理系统的手段

由于人力资源管理实践在全球范围内存在广泛的文化差异，这就导致多数人会质疑，一个公司在全世界所有的分支机构里实行某个标准的人力资源管理系统，这现实吗？根据一些研究建议，答案是肯定的。研究发现，虽然在某些问题上要区别对待，人力资源管理在全球存在差异，但总的来说，这并不意味着某些差异是解决这个问题的核心。最为重要的是要明确如何建立和执行一个全球的人力资源管理系统。

全球人力资源管理系统的创建往往需要经过一些有效的手段，使其能够慢慢发展并被世界各地的管理人员接受。

（1）培养公司和管理人员从全球的角度和视野来考虑问题。统一的人力资源管理系统并不是简单的复制和相加，真正全球化的组织系统要求管理人员在全球团队中工作，在全球范围内甄选、招募和任用员工。一个美国经理要能立即到海外的其他地方工作，只有这样，各个区域经理才能接受全球化的命令，使用更标准的人力资源管理系统。

（2）评估差异的产生原因，使用适当的做法。如果发现确实存在一些问题，就不能硬性地推进改革，而是要评估当地的文化和其他差异，了解当地法律，允许差异的存在，在合适的时候再决定推出新的系统。例如，陶氏公司想在海外某区域实行网络招聘和甄选，但是那里的招聘经理却指出，当地没有经理们是这样做的。公司对所谓的文化障碍进行了调查，事先进行了宣传，然后实时推出了改进后的新举措，最后发现，网络求职者蜂拥而至，招聘人员质量明显提高。

（3）创建强烈的企业文化，并在此之下开展工作。强势的企业文化能有助于克服地理上的差异。当公司要在全球实行标准化的人力资源管理系统时，比较容易获得各地员工的支持。

10.5.2 执行全球人力资源管理系统的有效性

研究者发现，要保证人力资源管理系统的有效性，最好做到以下四点。

（1）形成全球人力资源管理工作网络。世界各地的管理人员应当意识到，他们不仅仅是某个区域的人力资源管理人员，还是整个公司的一部分，是全球人力资源管理网络的一部分。例如，有些跨国公司组成全球人力资源管理开发团队，让这个团队来执行人力资源管理系统。实际上这项工作成功与否最关键的因素是要在世界各地创建伙伴式的基础，支持当地的活动，帮助你理解各地系统的实际问题，这个团队往往不是以执行者的角色来承担任务，而是各地管理人员的伙伴。

（2）标准化的结果就是分配管理权限，而不是具体方法。跨国公司在力求做到全球标准的甄选方法，但关键之处在于，要评价的是什么，这要做到标准化，至于如何评价，可以灵活进行。因此，IBM虽然采取了标准化的招募和人员甄选程序，但不同国家在细节上存在着差异，例如，由谁负责面试（是负责招募的经理还是要招募员工的部门负责人），在甄选前是在电话里谈还是要求本人前来等。

（3）记住沟通无止境。需要不断地在与各个国家的决策者，以及执行和使用这个系统的人进行接触沟通。

（4）实行全球人力资源管理系统要提供适当的资源。例如，不要寄希望于当地的人力资源管理人员某一天会突然开始执行新的工作分析程序，总部应该为这些活动提供适当的资源。

思考题

1. 全球化背景下跨国公司的人力资源管理基本内涵是什么？
2. 什么是跨文化认知？跨文化认知在人力资源管理中的主要作用是什么？
3. 跨文化冲突是什么？跨文化冲突的主要特征有哪些？
4. 跨文化人力资源管理的主要功能是什么？是否有助于提高企业经济效益？是如何提高的？
5. 试简要说明在华投资的跨国人力资源管理模式的选择会受哪些方面因素的影响？
6. 美欧日三国的跨国人力资源管理模式各有哪些优缺点？
7. 跨国公司的人员组成是怎样的？跨国公司招聘的标准又是什么？
8. 假设你接受了一个在国外工作的机会，你和你的家人需要进行什么样的培训？
9. 跨文化培训和一般培训的区别是什么？

案例分析

西门子公司的跨文化管理

西门子在全球195个国家与地区拥有近30万名员工，是一家高度全球化的跨国产业巨头，在公司施行多元化的雇员政策。尽管是一种非常多元化的工作环境，但外国员工在西门子中国公司的比例只有1%左右，所以西门子又是人才管理本土化的典范。

在多元化的工作氛围中，西门子尽量减少不同国家与文化的雇员之间在文化上沟通的误解，并充分利用不同文化所带来的优势。在多元化的工作氛围中，不同的文化带来不同的思维方式与想法，为西门子决胜市场竞争带来了不同的解决之道。所以西门子的人才素质模式中对员工工作经验要求方面，明确提出要求员工具备“跨文化的经验”，以适应西门子多元化的氛围与跨文化的沟通与管理。西门子频繁将员工调派到世界各地，从事跨文化的工作，锻炼跨文化管理能力。西门子公司本土化的战略是：把西门子公司的发展融入所在国的经济发展之中。本土化战略的核心内容就是加强本土化人才战略。

在中国，西门子这个名字总能唤起人们愉快的记忆和美好的遐思，这并不奇怪，因为西门子自19世纪以来就成为中国的最佳合作伙伴。早在1872年，西门子将第一封电报发到了中国：7年后的1879年，西门子用其发明的电力照明系统首次照亮了上海港。在西门子，中国员工的晋升速度非常快，本土化的队伍很快成长起来，许多方面甚至要比其他国家更加突出。西门子在中国的2万名员工中，外国员工所占的比例仅仅为1%，包括公司的高层领导以及普通的工程师、专家等各层面的员工。西门子之所以杰出，在于拥有最佳的技术专长和深入了解客户需求的独特能力。知识是每个公司最宝贵的财富，不论是现在还是将来，知识是所有解决方案的关键。面对日趋激烈的国际竞争和不断缩短的产品周期，主动学习使改善和提高成为可能，使西门子在竞争中领先一步。在西门子，知识由全球 40 多万员工共同分享，西门子重视通过强大的培训对员工坚定不移的信任，促进全球各地员工的成长，使他们成为本地西门子的精英力量。全球化与本土化的目的是“融合”，而不是绝对的全球化与绝对的本土化。西门子在权衡全球化、本土化之间度上正追求最佳。

结合案例思考以下问题：

(1) 西门子是如何克服不同国家、文化的员工之间沟通障碍的？

(2) 通过案例，怎么样才能理解本土化和全球化的内在联系？

参考文献

［1］ MORGAN P V. International human resource management：fact or fiction［J］. Personnel Administrator，1986，31（9）：44.

［2］ 毕意文，孙永玲．平衡计分卡中国战略实践［M］．北京：机械工业出版社，2006.

［3］ 陈数文，乔坤．人力资源管理［M］．北京：清华大学出版社，2010.

［4］ 德斯勒，曾湘泉．人力资源管理［M］．10 版，中国版．北京：中国人民大学出版社，2007.

［5］ 邓瑾轩，人力资源管理［M］．重庆：重庆大学出版社，2002.

［6］ 董福荣，赵云昌．招聘与录用［M］．大连：东北财经大学出版社，2007.

［7］ 董克用，叶向峰．人力资源管理概论［M］．北京：人民大学出版社，2003.

［8］ 杜映梅．职业生涯管理［M］．北京：中国发展出版社，2006.

［9］ 方振邦．战略与战略性绩效管理［M］．北京：经济科学出版社，2005.

［10］ 方振邦，徐东华．战略性人力资源管理［M］．北京：中国人民大学出版社，2010.

［11］ 付亚和．工作分析［M］．上海：复旦大学出版社，2009.

［12］ 韩世伟．跨国企业的跨文化冲突管理［M］．北京：人力资源开发杂志，2005.

［13］ 韩政敏．跨文化人力资源与管理［M］．南京：东南大学出版社，2013.

［14］ 何湘江．双梯阶激励机制［J］．中国人力资源开发，2003（11）：12－13.

［15］ 黄敏，金春．物流企业人本管理中的养老风险研究［J］．物流技术，2013，32（3）：27－29.

［16］ 黄维德．人力资源管理［M］．上海：上海财经大学出版社，2006.

［17］ 李宝元．薪酬管理［M］．北京：清华大学出版社，北京交通大学出版社，2009.

［18］ 李德伟．人力资源招聘与甄选技术［M］．北京：科学技术文献出版社，2006.

［19］ 李林，闫洁，宋铭鑫．知识经济时代物流企业人力资源管理新理念［J］．物流技术，2012，31（7）：103－104.

［20］ 李亮山．中小物流企业劳动关系规制策略［J］．物流科技，2013（2）：127－129.

［21］ 李英，等．国际人力资源管理［M］．济南：山东人民出版社，2006.

［22］ 李庶泉．职业指导人职匹配理论评述［J］．常州技术师范学院学报，2002（8）：47－49.

［23］ 李旭旦，吴文艳．员工招聘与甄选［M］．上海：华东理工大学出版社，2009.

[24] 李中斌，万文海，陈初升．国际人力资源管理［M］．北京：中国社会科学出版社，2008.

[25] 廖泉文．人力资源管理［M］．北京：高等教育出版社，2003.

[26] 林溪顺．JH盐业物流公司宽带薪酬方案的设计［D］．厦门：厦门大学，2008.

[27] 林新奇．国际人力资源管理［M］．上海：复旦大学出版社，2004.

[28] 林新奇．跨国公司人力资源管理［M］．北京：首都经济贸易大学出版社，2008.

[29] 林忠，金延平．人力资源管理［M］．大连：东北财经大学出版社，2006.

[30] 林忠．人力资源招聘与选拔［M］．沈阳：辽宁教育出版社，2006.

[31] 刘远．人才测评［M］．北京：电子工业出版社，2007.

[32] 马丁·希尔伯．跨国人力资源管理［M］．李向红，徐卫卫，译．北京：中央编译出版社，2005.

[33] 孟祥林．人力资源管理——理论与案例［M］．北京：清华大学出版社，2012.

[34] 缪华，邵鸣．从企业战略到绩效管理——某物流企业绩效管理体系构建实践［J］．HR经理人，2008（5）：36-39.

[35] 牟旭．成都市中小型物流企业劳动关系影响因素调查研究［J］．企业导报，2012（4）：24.

[36] 诺伊，等．人力资源管理：赢得竞争优势［M］．刘昕，译．北京：中国人民大学出版社，2005.

[37] 欧阳武轶．现代物流企业以人为本管理模式探究［J］．经济与社会发展，2013（4）：45-47.

[38] 青云．如何衡量培训效果［J］．科技与企业，2004（1）：82-83.

[39] 邱小平．劳动关系篇［J］．中国劳动，2008（11）：22.

[40] 沈芳．现代物流企业柔性人力资源管理模式研究［J］．物流技术，2012，31（6）：31-33.

[41] 施永珍，陈春芳，黄远雷．物流企业人力资源管理略论［J］．科技创新，2012（4）：132.

[42] 孙彦红．CMT物流公司薪酬管理案例研究［D］．大连：大连理工大学，2007.

[43] 宋涛．人员招聘与选拔管理［M］．北京：中国物价出版社，2005.

[44] 王国颖，陈天祥．人力资源管理［M］．3版．广州：中山大学出版社，2008：77.

[45] 王有志．基于职业生涯规划的双重职业路径存在的问题与对策［J］．理论学刊，2006（5）：74-75.

[46] 吴志明．招聘与选拔实务手册［M］．北京：机械工业出版社，2006.

[47] 萧鸣政．人员测评与选拔［M］．上海：复旦大学出版社，2005.

[48] 肖兴政．跨文化人力资源管理探讨［J］．四川理工学院学报，2005（2）．

[49] 徐菁．基于BSC的物流企业绩效评价体系研究［D］．武汉：武汉理工大

学，2007.

［50］徐世勇，陈伟娜．人力资源的招聘与选拔［M］．北京：清华大学出版社，北京交通大学出版社，2008.

［51］颜爱民，方勤敏．人力资源管理［M］．3版．北京：中国大学出版社，2012.

［52］杨倩．员工招聘［M］．西安：西安交通大学出版社，2006.

［53］杨巍．核心员工与企业核心竞争力［J］．煤炭经济研究，2001（11）：25-26.

［54］姚泽有，张建国．人力资源管理［M］．北京：北京理工大学出版社，2012.

［55］余建年．跨文化人力资源管理［M］．武汉：武汉大学出版社，2007.

［56］袁璐，谈毅．邮政速递物流公司人才流失问题探析［J］．经济与社会发展，2013（4）：45-47.

［57］张德．人力资源开发与管理案例精选［M］．北京：清华大学出版社，2002.

［58］张德．人力资源开发与管理［M］．3版．北京：清华大学出版社，2007.

［59］张红波，邹安全．物流企业人力资源管理［M］．北京：中国物资出版社，2006.

［60］赵海英．民营企业劳动关系评价指标的分析探讨［J］．现代经济信息，2012（11）：47.

［61］赵曙明．人力资源战略与规划［M］．北京：中国人民大学出版社，2002.

［62］赵曙明．国际企业：人力资源管理［M］．南京：南京大学出版社，2005.

［63］赵永乐．企业人力资源管理［M］．上海：上海交通大学出版社，2006.

［64］郑大奇．世界500强本土化人力资源实战范例［M］．北京：企业管理出版社，2007.

［65］郑晓明，吴志明．工作分析实物手册［M］．北京：机械工业出版社，2006.

［66］郑学敏．国企改制前后劳资关系变化研究［D］．南京：河海大学，2007.